Als am 1. 11. 1970 vom Biological Computer Laboratory der Universität Illinois der Forschungsbericht No. 9.0 veröffentlicht wurde, da konnten nur Insider ahnen, daß damit dem Verfasser, dem chilenischen Physiologie-Professor Humberto R. Maturana, ein »genialischer Welt- und Seinsentwurf« (G. Roth) gelungen war. Maturanas *Biology of Cognition* wird heute mit Wittgensteins *Tractatus* verglichen.

In den eineinhalb Jahrzehnten seither haben sich die von der Kybernetik zweiter Ordnung beeinflußten Ideen Maturanas, Varelas, von Foersters, von Glaserfelds u. v. a. m. über Autopoiesis (Selbsterzeugung), Selbstorganisation und Selbstreferenz als äußerst fruchtbar erwiesen. Philosophen und Psychologen, Biologen und Neurophysiologen, Soziologen und Managementforscher, Sprach- und Literaturwissenschaftler, Juristen und Ethnologen, Psychotherapeuten und Kunstwissenschaftler haben auf diesen Grundlagen neue Konzeptionen ihrer Disziplinen entworfen und erprobt. Damit ist im interdisziplinären Dialog eine neue Art des Denkens entstanden, die zusammenfassend als Radikaler Konstruktivismus bezeichnet werden kann.

Der Radikale Konstruktivismus ermöglicht eine empirisch fundierte Alternative zum neuzeitlichen Wissenschaftspositivismus, ohne dabei den modischen Trends irrationalistischer Wissenschaftskritik zu erliegen. Er führt in produktiver Weise über relativistische und skeptizistische Positionen hinaus, indem er nachweist, daß gerade die Subjektabhängigkeit unserer Wirklichkeitskonstruktionen unser erfolgreiches Handeln in einer sozial akzeptierten und scheinbar objektiven physikalischen Welt erklären kann. Er liefert Argumente für eine sinnvolle Überwindung europäischer Denktraditionen und verweist auf unsere volle Verantwortung für die natürliche und soziale Umwelt, in der wir leben.

Der vorliegende Band bietet eine einführende Übersicht über die wissenschaftlichen und philosophischen Grundlagen des Radikalen Konstruktivismus und zeigt an ausgewählten Beispielen ihre Anwendung und Weiterentwicklung in verschiedenen Disziplinen.

Der Diskurs des Radikalen Konstruktivismus

Herausgegeben
von Siegfried J. Schmidt

Suhrkamp

Die Deutsche Bibliothek – CIP-Einheitsaufnahme
Der *Diskurs des radikalen Konstruktivismus* / hrsg. von
Siegfried J. Schmidt. – Frankfurt am Main : Suhrkamp.
(Suhrkamp-Taschenbuch Wissenschaft ; ...)
NE: Schmidt, Siegfried J. [Hrsg.]
[1]. – 6. Aufl. – 1994
(Suhrkamp-Taschenbuch Wissenschaft ; 636)
ISBN 3-518-28236-0
NE: GT

suhrkamp taschenbuch wissenschaft 636
Erste Auflage 1987

Satz und Druck: Wagner GmbH, Nördlingen
Printed in Germany
Umschlag nach Entwürfen von
Willy Fleckhaus und Rolf Staudt

6 7 8 9 10 11 – 99 98 97 96 95 94

Inhalt

Vorbemerkung

»Der Großteil dessen, was ich gesagt habe, ist von Philosophen seit der Antike intuitiv erkannt und akzeptiert worden, niemand hat jedoch bis jetzt eine Erklärung angeboten, die die biologische Eigenart der Phänomene Kognition und Realität nachweisen könnte.« – Mit diesen Worten hat H. R. Maturana 1976 den philosophiegeschichtlichen Stellenwert sowie das zentrale Forschungsinteresse eines interdisziplinären Diskurses erläutert, der inzwischen unter dem Namen Konstruktivismus bzw. Radikaler Konstruktivismus international bekanntgeworden ist. Von einem Diskurs sollte hier eher als von einer einheitlichen Theorie gesprochen werden; denn der Radikale Konstruktivismus ist keine homogene Doktrin, sondern ein äußerst dynamischer interdisziplinärer Diskussionszusammenhang, der – kurz gesagt – mehr und mehr empirische Evidenz für G. Vicos und I. Kants Einsicht beibringt, daß wir nie mit der Wirklichkeit an sich umgehen, sondern stets mit unseren Erfahrungswirklichkeiten.

Der Diskurs des Radikalen Konstruktivismus wird beherrscht von Themen, die vor allem im Umkreis der Kybernetik zweiter Ordnung sowie der Biologie und Psychologie entwickelt worden sind: Themen wie Selbstreferentialität und Selbstorganisation, organisationelle Geschlossenheit und Strukturdeterminiertheit, autopoietische Systeme und neuronale Netzwerke, Evolution, Autonomie und Kognition. Dabei geht es nicht nur um eine einzelwissenschaftliche Modellierung dieser Konzepte, sondern auch um eine Klärung der erkenntnistheoretischen und wissenschaftstheoretischen ebenso wie der ethischen Konsequenzen, die aus einer konstruktivistischen Kognitionstheorie gezogen werden müssen.

In den letzten Jahren haben Biologen und Neurophysiologen, Philosophen, Psychologen und Psychotherapeuten, Soziologen und Managementwissenschaftler, Sprach- und Literaturwissenschaftler, Juristen, Ethnologen und Kunstwissenschaftler auf konstruktivistischen Grundlagen neue Konzeptionen ihrer Disziplinen entworfen und erprobt. Dabei hat sich der Radikale Konstruktivismus als Ferment zur Entwicklung einer empirisch begründeten Alternative zum neuzeitlichen Wissenschaftspositivismus erwiesen. Diese Alternative erliegt nicht den modischen Trends irrationalistischer Wissenschaftskritik; sie führt in produktiver Weise auch über relativistische und skeptizistische Positionen hinaus, indem sie nachweist, daß gerade die Subjektabhängigkeit unserer Wirklichkeitskonstruktion unser erfolgreiches Handeln in einer sozial akzeptierten und scheinbar objektiven physikalischen Welt erklären kann. Der Radikale Konstruktivismus liefert Argumente für eine sinnvolle Überwindung unhaltbar gewordener europäischer Denktraditionen. Indem er Abschied nimmt von absoluten Wahrheits- und Wirklichkeitsbegriffen, Objektivität in Intersubjektivität transformiert und alles Wissen an den Menschen und seine Handlungen bindet, verweist er zugleich auf unsere volle Verantwortung für die natürliche und soziale Umwelt, in der wir leben.

Der vorliegende Band bietet eine einführende Übersicht über die wissenschaftlichen und philosophischen Grundlagen des Radikalen Konstruktivismus. An einigen Beispielen werden auch Anwendungen und Weiterentwicklungen in verschiedenen Disziplinen vorgeführt. Dabei liegt das Schwergewicht auf solchen Anwendungsbeispielen, die konstruktivistische Konzepte theorieadäquat einsetzen und nicht der Gefahr erliegen, sie mehr oder weniger metaphorisch zu adaptieren (cf. die Beiträge von P. M. Hejl, W. K. Köck und G. Rusch).

Ausgewählt wurden für diesen Band zumeist Texte, die weniger bekannt oder nicht leicht zugänglich sind.* Dabei sollen einerseits die bereits »klassisch« gewordenen Einführungen zentraler Konzepte (wie Kognition, Autopoiese, Autonomie und Selbstorganisation) als auch Weiterentwicklungen der Maturanaschen Position vorgestellt werden (cf. die Beiträge von H. R. Maturana, F. J. Varela, E. Jantsch, H. von Foerster, J. Richards und E. von Glasersfeld und die Weiterentwicklung bei G. Roth); andererseits sollte auch der Diskussions- und Argumentationsstil des Radikalen Konstruktivismus anschaulich werden (cf. die Siegener Gespräche über Radikalen Konstruktivismus). Eingeleitet wird die Auswahl von einem Übersichtsartikel des Herausgebers, der

* Repräsentative Aufsatzsammlungen der drei »Altmeister« des Radikalen Konstruktivismus hat der Vieweg-Verlag in den letzten Jahren herausgebracht (cf. Humberto R. Maturana 1982, Heinz von Foerster 1985, Ernst von Glasersfeld 1986 – siehe die Bibliographischen Hinweise am Ende des Bandes).

Grundlagen, Konzepte und Konsequenzen der konstruktivistischen Kognitionstheorie zusammenfassend darzustellen versucht. Beschlossen wird der Band vom Versuch einer ersten zusammenfassenden historischen Darstellung der Theorien der Selbstorganisation (W. Krohn, G. Küppers und R. Paslack). Die angefügte Bibliographie dient einer ersten Orientierung in den verschiedenen Bereichen des konstruktivistischen Diskurses der letzten Jahre.

Münster, Juli 1986 — Siegfried J. Schmidt

Siegfried J. Schmidt
Der Radikale Konstruktivismus: Ein neues Paradigma im interdisziplinären Diskurs

Inhalt

1. Zur Entstehung des Radikalen Konstruktivismus aus dem Geiste der Kybernetik*

»Cybernetics«, so heißt es in einer 1983 formulierten *Declaration of the American Society for Cybernetics,* »Cybernetics is a way of thinking, not a collection of facts.«
Diese Charakterisierung trifft auch für denjenigen Denk- und Forschungsansatz zu, der im Mittelpunkt der folgenden Überle-

* Da konstruktivistische Autoren und Texte erst allmählich einer breiteren Öffentlichkeit bekannt werden, beschränke ich mich im folgenden nicht auf die Wiedergabe konstruktivistischer Positionen, sondern zitiere häufig, um auch Einblicke in die konstruktivistische Argumentations- und Ausdrucksweise zu vermitteln.

gungen stehen soll: den sog. Radikalen Konstruktivismus.[1] Doch nicht nur diese allgemeine Charakterisierung verbindet Kybernetik und Konstruktivismus; vielmehr stammen wesentliche Impulse zur Entwicklung des Konstruktivismus von Vertretern des »theoretischen Flügels« der Kybernetik. Ihre Überlegungen zu einer Erkenntnistheorie im Rahmen des Modells selbstorganisierender Prozesse haben sowohl zur Entwicklung einer biologischen Kognitionstheorie (durch H. R. Maturana und F. J. Varela) als auch zum Entwurf einer Theorie der Wissenskonstruktion (durch H. von Foerster, W. McCulloch und – im Anschluß an die Entwicklungspsychologie J. Piagets – durch E. von Glasersfeld) geführt oder doch zumindest wichtige Anstöße dazu geliefert.[2] Maßgeblich waren dabei Untersuchungen zu Selbstregulation, Autonomie und hierarchischen Ordnungen[3], die durch die allgemeine Systemtheorie inspiriert wurden, die P. Weiss und L. von Bertalanffy in den 40er Jahren entwickelt hatten. Im Verlauf dieser Untersuchungen wurden die Konzepte entwickelt, die seither von vielen Wissenschaftlern in verschiedene Disziplinen übernommen worden sind und die die Kybernetik zu einem *meta*disziplinären Forschungsbereich gemacht haben: System und Modell, Steuerung, zirkuläre Kausalität, Feedback, Äquilibrium, Adaptation oder Kontrolle. Als grundlegend für die Entwicklung einer konstruktivistischen Erkenntnistheorie haben sich dabei vor allem die Prozesse der Selbstreferenz und der Selbstorganisation erwiesen: »The epistemological implications of self-reference have an even wider range of influence in the cybernetical approach to the philosophy of science. Here there is a direct conflict with a tenet of the traditional scientific dogma, namely the belief that scientific descriptions and explanations should, and indeed can, approximate the structure of an ›objective‹ reality, a reality supposed to exist as such, irrespective of any observer. Cybernetics, given its fundamental notions of self-regulation, autonomy, and the informationally closed character of cognitive organisms, encourages an alternative view. According to this view, reality is an interactive conception because observer and observed are a mutually dependent couple. (...) Objectivity«, so zitiert die *Declaration* H. von Foerster, »is a subject's delusion that observing can be done without him. Invoking objectivity is abrogating responsability, hence its popularity« (*Declaration*, S. 5 f.).

In diesem Zitat sind in nuce die Grundzüge konstruktivistischen Denkens aus dem Geist der Kybernetik enthalten, die ich im folgenden näher erläutern möchte. Dabei werden neben der erwähnten kybernetischen auch die sprach- und entwicklungspsychologische, die evolutionstheoretische und die biologische Wurzel des modernen Konstruktivismus zur Sprache kommen, die u. a. mit Namen wie J. Piaget, G. Bateson und H. R. Maturana verbunden sind.[4]

Ich beginne diese Erläuterungen mit wahrnehmungs- und erkenntnistheoretischen Überlegungen, die als (empirisch gestützte) kognitionstheoretische Grundlage des Radikalen Konstruktivismus angesehen werden können. Danach stelle ich die philosophischen Konsequenzen dieser Modelle dar und wende mich abschließend der Aufnahme und Verarbeitung radikal konstruktivistischer Vorstellungen in verschiedenen Forschungsdisziplinen zu, um die interdisziplinäre Fruchtbarkeit konstruktivistischen Denkens exemplarisch zu illustrieren.

2. Grundzüge einer konstruktivistischen Kognitionstheorie

Die Erkenntnistheorie des Radikalen Konstruktivismus läßt sich kurz auf folgenden Nenner bringen: Sie versteht sich als *Kognitionstheorie* und sie ist *nicht-reduktionistisch*. Das soll heißen, sie ersetzt die traditionelle epistemologische Frage nach Inhalten oder Gegenständen von Wahrnehmung und Bewußtsein durch die Frage nach dem *Wie* und konzentriert sich auf den Erkenntnisvorgang, seine Wirkungen und Resultate.[5] Und sie ist nichtreduktionistisch, weil sie nicht auf fundamentale oder elementare Objekte oder Prozesse (etwa psychologistischer oder sensualistischer Art) fixiert ist, auf die Wahrnehmung und Bewußtsein »letztlich« zurückgeführt werden sollen.

Die grundlegenden Argumente der konstruktivistischen Kognitionstheorie werden im folgenden dargestellt, wobei ich mit den neurophysiologischen Aspekten beginne.

Der sogenannte gesunde Menschenverstand ebenso wie die meisten Wahrnehmungstheoretiker und Philosophen gehen bei ihren Überlegungen davon aus, daß wir über unser Wahrnehmungssystem in direktem Kontakt mit der Welt stehen. Evolutionstheoretisch informierte Theoretiker schränken zwar ein, daß unsere Sinnesorgane die Welt nur so gut abbilden, wie sie es im Laufe der menschlichen Entwicklung gelernt haben und wie es sich im Rahmen des physikalisch und physiologisch Möglichen bewährt (hat). Auch gibt man zu, daß die Sinne selektiv verfahren und vielen Täuschungen unterliegen können. Aber die grundsätzliche Erkennbarkeit der Welt wird deshalb nicht bezweifelt. Die Sinne bleiben in diesen Annahmen gewissermaßen »... die Tore des Gehirns zur Welt; durch sie strömt die jeweils spezifisch benötigte Information ins Gehirn ein und wird von diesem zur adäquaten Wahrnehmung, zum Teil unter Zuhilfenahme angeborener und erworbener Gestaltungsmuster zusammengefügt« (G. Roth 1985, 89).

Sieht man dagegen das Wahrnehmungsproblem nicht vom Aspekt der Sinnesorgane, sondern vom Standpunkt des Gehirns aus, dann eröffnet sich eine völlig andere Perspektive. Der wahrnehmungstheoretische Bezug auf das Gehirn wird von den Forschern, auf die ich mich im folgenden stütze[6], damit begründet, daß Wahrnehmung sich *nicht* in den Sinnesorganen vollzieht[7], sondern in spezifischen sensorischen Hirnregionen: »So sehen wir nicht mit dem Auge, sondern mit, oder besser in den visuellen Zentren des Gehirns [...] Wahrnehmung ist demnach Bedeutungszuweisung zu an sich bedeutungsfreien neuronalen Prozessen, ist Konstruktion und Interpretation« (Roth 1986a, 14).

Bereits um die Mitte des 19. Jahrhunderts formulierte der Neurophysiologe Johannes Müller das Prinzip der undifferenzierten Codierung, wonach die Erregungszustände einer Nervenzelle nur die Intensität, nicht aber die Natur einer Erregungsursache codieren (cf. H. von Foerster 1984, 8). Der Bremer Neurophysiologe, Biologe und Philosoph G. Roth, auf den ich mich im folgenden beziehe, formuliert diese Einsicht heute so: Das Gehirn ist kein umweltoffenes Reflexsystem, sondern ein funktional geschlossenes System, das nur seine eigene »Sprache« versteht und nur mit seinen eigenen Zuständen umgeht. Die Verbindung zur »Welt« erfolgt über Sinnesrezeptoren, die bereichsspezifisch arbeiten.[8] Diese Rezeptoren werden durch Umwelteinflüsse in ihren elektrischen Eigenschaften verändert, so daß sie elektrische Impulse abgeben können; d. h. sie übersetzen Ereignisse, die dem Nervensystem als einem geschlossenen System unzugänglich sind, in dessen »Sprache«. Bei diesem Übersetzungsprozeß aber geht das

»Original« verloren. Die »Sprache« des Nervensystems selbst ist bedeutungsneutral (oder wie H. von Foerster drastisch zu sagen pflegt: »›klick‹, ›klick‹ ist das Vokabular der Nervensprache«). Weil aber im Gehirn der signalverarbeitende und der bedeutungserzeugende Teil eins sind, können die Signale nur das bedeuten, was entsprechende Gehirnteile ihnen an Bedeutung zuweisen: »Wahrnehmung *ist* Interpretation, *ist* Bedeutungszuweisung« (Roth 1985a, 8). Diese Bedeutungszuweisung erfolgt nach Prinzipien, wie sie die Gestaltpsychologie seit den 20er Jahren unter Postulaten wie: Widerspruchsfreiheit, Prägnanz, gute Gestalt, gemeinsames Schicksal usw. formuliert hat (cf. etwa W. Metzger 1975).

Bei der Bedeutungszuweisung operiert das Gehirn auf der Grundlage früherer interner Erfahrung und stammesgeschichtlicher Festlegungen: erst dann wird ein Wahrnehmungsinhalt bewußt. Das heißt aber, bewußt wird nur das, was bereits gestaltet und geprägt ist.[9] Aufgrund dieser Arbeitsweise ist das Gehirn gar nicht in der Lage, Wirklichkeit als solche abzubilden oder zu repräsentieren: Es gibt kein Urbild. Das Gehirn »... kann nur (für sich und in sich selbst) präsentieren, es kann nur konstruieren« (Roth 1985a, 9). Da das Gehirn keinen direkten Zugang zur Welt hat, ist es als Teil des Nervensystems kognitiv und semantisch abgeschlossen. Es ist, wie Roth und andere Kognitionsforscher formulieren, *selbstreferentiell* und *selbstexplikativ.*[10] Die semantische Selbstreferentialität des Gehirns hat ihr Substrat in der funktionalen Selbstreferentialität der neuronalen Netzwerke (z. B. des visuellen Systems), wo jede Komponente die spezifischen Eigenschaften der anderen Komponenten definiert. Diese Komponenten sind funktional plastisch, d. h., sie können verschiedene Aufgaben übernehmen: »Alle komplexeren Wahrnehmungsleistungen beruhen auf solchen kognitiven Selbstdifferenzierungsprozessen, die lernabhängig sind« (Roth 1985, 15). Alle Bewertungs- und Deutungskriterien muß das Gehirn aus sich selbst entwickeln. Dabei erweist sich in evolutionstheoretischer Sicht die Unspezifität der Nervenimpulse als Vorteil; denn »... ihre freie Deutbarkeit und Übersetzbarkeit macht überhaupt erst eine Kommunikation der Sinnesempfindungen und eine Überführung von Wahrnehmung in Aktion möglich« (a.a.O., 11). Ein umweltoffenes Gehirn dagegen wäre als Reflexsystem fremdgesteuert, heteronom und nie in der Lage, komplexe Um-

welten zu bewältigen. Bei dieser Bewältigung, die einen hohen neuronalen Aufwand voraussetzt, spielen frühere sensomotorische Erfahrungen und damit verknüpfte Bewertungsprozesse eine entscheidende Rolle. Darum ist, wie Roth pointiert feststellt, unser *Gedächtnis* »unser wichtigstes Sinnesorgan« (a.a.O., 12).
Erkenntnistheoretisch bedeutsam ist die von Roth u. a. getroffene Unterscheidung zwischen *realem Gehirn* und *kognitiver Welt:* »Der reale Organismus besitzt ein Gehirn, das eine kognitive Welt erzeugt, eine Wirklichkeit, die aus Welt, Körper und Subjekt besteht, und zwar in der Weise, daß dieses Subjekt sich diese Welt und diesen Körper zuordnet. Dieses kognitive Subjekt ist natürlich nicht der Schöpfer der kognitiven Welt, dieser Schöpfer ist das reale Gehirn, es ist vielmehr eine Art ›Objekt‹ der Wahrnehmung, es erfährt und erleidet Wahrnehmung. Das reale Gehirn ist in der kognitiven Welt ebensowenig gegeben wie die Realität selbst und der reale Organismus« (1985a, 12).[11]
Schon Gestaltpsychologen wie W. Metzger oder W. Köhler haben darauf hingewiesen, daß die kognitive Welt in sich abgeschlossen ist (was auch U. an der Heiden 1985, 83, betont). Nur innerhalb der kognitiven Welt gibt es Innen und Außen, Raum und Zeit. Die kognitive Welt ist die räumliche und zeitliche Wirklichkeit des kognitiven Subjekts. Kognitive Raum-Zeit-Begriffe sind nicht auf die reale Welt anwendbar, die eine notwendige kognitive Idee, aber keine erfahrbare Wirklichkeit ist.
Das reale Gehirn muß seine Existenz und seine Eigenschaften aufgrund innerer Erregungszustände erschließen: »Wir können Wahrnehmungen nicht selbst wahrnehmen, wir sind Wahrnehmungen. Wahrnehmung ist die Selbstbeschreibung des Gehirns« (a.a.O., 14).
Umwelt, Körperwelt und Ichwelt sind hinsichtlich ihrer Repräsentation im Gehirn deutlich unterschieden: Die Nervenbahnen von Sinnesorganen projizieren zu getrennten Gehirnbereichen, und die Art der Repräsentation ist verschieden. So wird etwa Umwelt nur sensorisch, Körperwelt dagegen sensomotorisch rückgekoppelt repräsentiert.
Der gehirn-interne Gewinn von Kenntnissen über die Umwelt wird durch lange Lernprozesse geprüft. Daneben erfolgt eine parallele Konsistenzprüfung (z. B. durch Gleichgewichts- und Gesichtssinn) sowie eine konsekutive Konsistenzprüfung durch Gedächtnisvergleich (Roth 1985, 97). Abstraktion, Invarianten-

und Objektkonstanzbildung als überlebensnotwendige[12] Leistungen folgen dabei z. T. angeborenen Mechanismen bzw. solchen Mechanismen, die in ontogenetisch frühen Versuchs- und Irrtumsprozessen prägungsartig entwickelt worden sind.
Wichtig ist dabei zu berücksichtigen, daß das reale Gehirn individuelle Wirklichkeit nur unter spezifischen *sozialen Bedingungen* entwickeln kann: »In diesem Sinne ist die von unserem Gehirn konstituierte Wirklichkeit eine soziale Wirklichkeit und keine Monade im Leibnizschen Sinne, obwohl sie in der Tat kein Fenster nach draußen hat« (a.a.O., 107).[13]
Fassen wir diese neurophysiologischen Hypothesen zu Struktur und Funktion des Gehirns zusammen, dann ergibt sich folgendes Bild:

(a) Die Reizunspezifität des Gehirns nötigt ihm Selbstexplikativität auf.
(b) Komplexe Wahrnehmung für komplexe Verhaltenssteuerung setzt ein zirkulär organisiertes, kontinuierliches, selbst-evaluierendes neuronales System voraus.
(c) Das Gehirn leistet Komplexitätsreduktion (d. h. überlebensnotwendige Selektion) und nicht eine Wiedergabe »der Wirklichkeit«.
(d) Das Gehirn als neuronales Netzwerk kann Zustände rekursiv abbilden und damit die Grundlage für die Konstruktion von Hierarchien kognitiver Welten liefern.
(e) Erfolgreiche Umweltorientierung setzt keine isomorphe Repräsentation von Welt im Gehirn voraus (Roth 1986a, 16).

2.1 Mit den geschilderten neurophysiologischen Hypothesen voll vereinbar ist ein *kybernetisches Modell der Wahrnehmung*, das W. T. Powers (1973) entworfen und das J. Richards und E. von Glasersfeld (1984) philosophisch erläutert haben. Dieses Modell ist ebenfalls vereinbar mit J. Piagets Modell des Aufbaus der Wirklichkeit beim Kinde (1950), so daß sich hier ein kohärenter wahrnehmungstheoretischer Ansatz in Bereichen der Neurophysiologie, der Psychologie, Philosophie und Kybernetik abzeichnet (cf. E. von Glasersfeld 1985, 1985a). Powers' zentrale Hypothese lautet: Verhalten steuert Wahrnehmung (1973, X). Unter ›Wahrnehmung‹ versteht Powers nicht eine »... Aufnahme oder Wiedergabe von Information, die von außen hereinkommt, sondern (...) die Konstruktion von Invarianten, mit deren Hilfe der Organismus seine Erfahrungen assimilieren und organisieren kann« (Richards und von Glasersfeld 1984, 6). Invariantenbildung setzt ein Modell des Funktionierens unseres Gehirns voraus, das auf negativen Rückkoppelungssystemen basiert, die hierarchisch organisiert sind. Die Invarianten, die Piagets »operativen Schemata« vergleichbar sind, geben unseren Vorstellungen ihre offensichtliche Stabilität und Dauer, aber sie wirken auch als begrenzende Bedingungen für jede weitere Konstruktion.

In dem hierarchischen Ebenensystem der Konstruktion werden zunehmend komplexere Größen hergestellt: Objekte, Programme, Prinzipien, Systeme, Theorien, Modelle. Als obersten Bezugswert, der alle Operationen auf den verschiedenen Ebenen steuert, vermutet Powers ein inneres Prinzip wie »Selbst-Verwirklichung«.

Wichtig für die alte philosophische Frage nach dem Verhältnis von Theorie und Beobachtung ist Powers' Annahme, daß die Organisationsprinzipien der jeweils höheren Ebene die Definitionskriterien für das abgeben, was als Datum oder Evidenz gilt. Die Spitze der Systemhierarchie kontrolliert demnach, was wahrgenommen wird, und zwar auf allen hierarchietieferen Stufen. Das aber bedeutet: Es gibt keine Ebene organisationsfreier unmittelbarer Wahrnehmung. Anders akzentuiert: Als *Organismus* haben wir keinen *kognitiven* Zugang zu unserer Umwelt, sondern nur als *Beobachter*.[14] Und noch einmal anders pointiert: »Es gibt keine Trennung von Wahrnehmung und Interpretation. Der Akt des Wahrnehmens ist der Akt der Interpretation« (Richards und von Glasersfeld, a.a.O., 18). Welt ist Welt, wie wir sie sehen, sie ist *Erfahrungswirklichkeit*.

Damit wird – auch im Selbstverständnis vieler Konstruktivisten – Kants transzendentale Einsicht, daß wir die Welt so erkennen, wie sie uns erscheint, im Rahmen einer empirischen Kognitionstheorie gestützt[15] und der Anschluß an die europäische Bewußtseinsphilosophie hergestellt. Dabei spielt das *Konzept des Beobachters* eine zentrale Rolle. Maturana hat dieses Konzept bei der Unterscheidung zwischen System und Beobachter eingeführt. Ein System, das in der Lage ist, mit seinen internen Zuständen zu interagieren und von diesen Interaktionen Repräsentationen (sog. Beschreibungen) zu erzeugen, operiert als Beobachter und kann Konstrukte des Systems und seiner Umwelt kognitiv erzeugen.

Jede Erklärung der Kognition muß eine Erklärung des Beobachters und seiner Rolle enthalten. Erst für den Beobachter wird etwas, das er beschreiben kann, zu einem Gegenstand, den er von anderen unterscheiden kann. Jede Beschreibung schließt also notwendig den Beobachter ein: Er ist die letztmögliche Bezugsgröße für jede Beschreibung.
Bezüglich des Beobachters muß man deutlich zwischen *internem* und *externem* Beobachter unterscheiden. »Als interner Beobachter habe ich unbezweifelbare Gewißheit darüber, daß ich existiere und Subjekt von Wahrnehmungs- und Denkakten bin. Ich stelle fest, daß es außerhalb von mir eine Welt gibt (zu der auch mein Körper gehört) (...), die ich mit Hilfe meiner Sinnesorgane erfasse...« usw. (G. Roth 1978, 66). Der externe Beobachter beobachtet Organismen und deren Umwelt und bezeichnet deren Interaktionen als »Verhalten«, indem er Gesetzmäßigkeiten festzustellen versucht. »Innere Zustände« sind nur dem internen Beobachter zugänglich (cf. L. Ciompi 1985, 8), über sie hat er unmittelbare und absolute Gewißheit. Dem äußeren Beobachter ist nur die »Oberfläche« des Verhaltens zugänglich, über »innere Zustände« kann er nichts Verläßliches sagen.
»Die Bereiche des internen und des externen Beobachters sind überschneidungsfrei: es gibt keine Phänomene, die sich dem internen wie dem externen Beobachter in gleicher oder vergleichbarer Weise darstellen« (a.a.O., 67). Deshalb dürfen Aussagen aus den Bereichen der beiden Beobachter nicht zur gegenseitigen Begründung herangezogen werden, auch nicht in dem Fall, daß ein Beobachter sich selbst mit Hilfe von Apparaturen selbst extern beobachtet. (Er kann also nie feststellen, wie z. B. aus physiologischen Vorgängen »Empfindungen« werden!)
Viele der traditionellen philosophischen Probleme entstehen durch eine unzulässige Vermischung von Aussagen aus den beiden Beobachterbereichen oder aus einer Verkennung der Tatsache, daß sie nur entweder im Bereich des inneren *oder* des äußeren Beobachters gelöst werden können.

2.2 Damit ist in Grundzügen die radikal konstruktivistische Kognitionstheorie skizziert und ihre Differenz zu herkömmlichen Wahrnehmungs- und Erkenntnistheorien im Konzept der radikalen Konstruktivität lokalisiert. Um wenigstens anzudeuten, welche Konsequenzen sich daraus für die Behandlung weiterer erkenntnistheoretischer Probleme ergeben, gehe ich kurz auf die konstruktivistische Diskussion von Konzepten wie ›Bewußtsein‹, ›Geist‹, ›Ich‹, ›Selbst‹ und ›Identität‹ ein.

Wie G. Roth betont, sind vier funktionale Großbereiche des Gehirns an der Konstitution dessen beteiligt, was ›Bewußtsein‹ oder ›Ich‹ genannt werden kann:

- Hirnstamm und Formatio reticularis steuern Wachheit und Aufmerksamkeit;
- das thalamocorticale System des Zwischen- und Großhirns steuert die Sensorik und Sensomotorik der bewußten Wahrnehmung;
- das limbische System ist wichtig für das Gedächtnis;
- der Stirnbereich der Großhirnrinde bildet ein System der Handlungskoordination und -planung.

Diese Kooperation bedingt, daß »Ich« oder »Bewußtsein« keinen im Gehirn örtlich lokalisierbaren Sitz haben. Die vier Großbereiche sind untereinander hochgradig reziprok verknüpft und bilden mehrfach ineinandergeschachtelte Erregungskreise mit Milliarden von Nervenzellen. Roth vermutet daher, daß das Ich wahrscheinlich keine eigene Instanz ist, »... sondern ein spezifisch hervorgehobener komplexer Zustand des Gehirns, der in komplexen, selbstreferentiell organisierten kognitiven Systemen notwendig auftritt» (1985, 105).[16] Damit verweist er auf ein konstantes Moment der z. T. variierenden konstruktivistischen Bewußtseinskonzepte: nämlich auf die Annahme von der dynamisch-prozessualen »Natur« des Bewußtseins. Dabei wird »das« Bewußtsein nicht in irgendeiner Weise verdinglicht, sondern als Funktion eines rekursiver Interaktionen fähigen Nervensystems dargestellt. Bewußtsein wird dabei immer gesehen als Bewußtsein-von-etwas, d. h. als eine Relation, die dadurch hergestellt wird, daß das Nervensystem für seine eigenen Zustände sensibel ist und über seinen eigenen Zuständen operieren kann. Bewußtes Erleben ist eine Leistung des Gesamtorganismus (Rusch, 1985, 97); aber es ist keine Operation, die über die Aktivität des Nervensystems hinausginge oder diese überlagerte (a.a.O., 90).

Die Überlegungen konstruktivistischer Forscher zum *Selbstkonzept* hat G. Rusch wie folgt zusammengefaßt: »... das Selbst hebt sich gewissermaßen als eine konzeptuelle Größe, als ein Typ der Koordination bzw. Organisation von Erfahrungen wie eine Figur aus dem Grund der bewußtseinsfähigen Kognitionen heraus und wird dann – wie andere Objekte auch – zu einem potentiellen und – in diesem Fall bevorzugten – Bezugspunkt bzw. Organisationskern weiterer Erfahrungen« (1985, 137).[17]

Das Selbst als konzeptuelles Konstrukt ergibt sich aus den Modalitäten der individuellen und sozialen Kognition und unterliegt den Konsistenzbedingungen, die für subjektiv befriedigende Kognition erforderlich sind. Selbstkonzepte organisieren Erfahrungen, die an Wahrnehmungen des eigenen Körpers, der eigenen Befindlichkeiten, Gedanken, Gefühle usw. gebunden sind. Selbstkonzepte treten erst in relativ späten Phasen der kognitiven Entwicklung auf (nach Piaget etwa zwischen dem 8. und 10. Lebensjahr), sind durch bereits gemachte Erfahrungen geprägt und variabel. Wichtig ist dabei (nach Rusch), daß zum Aufbau eines Selbstkonzepts Erfahrungen nötig sind, die das Individuum mit anderen Personen macht. Erst im Medium sozialer Erfahrung einschließlich sprachlicher Artikulationen »... er-lebt man sich selbst gewissermaßen durch das eigene Erleben von anderen, durch die eigenen Erfahrungen mit anderen« (a.a.O., 139).[18] Das konstruktivistische Konzept modelliert ›Selbst‹ als einen organisationellen Kern von Konstruktionsprinzipien, mit dessen Hilfe eine Person Verhalten als ihr Verhalten synthetisiert, beobachtet, identifiziert und bewertet (a.a.O., 141).[19]

Dieses Modell ist vereinbar mit Ansätzen interaktionistischer Identitätstheoretiker (cf. G. McCall und J. L. Simmons 1974; L. Krappmann 1975 oder H. P. Dreitzel 1972), die Identität als einen dynamischen Prozeß der Ausbalancierung von Eigenerwartungen und Fremdansprüchen konzipieren, in dem eine Person sich interaktiv eine positiv bewertete, relativ stabile und zugleich hinreichend flexible Selbstbeschreibung zuordnet, die ihr Verhalten steuert.

3. Lebende Systeme als autopoietische Systeme

Die bisher skizzierten neurophysiologischen Aspekte der konstruktivistischen Kognitionstheorie können nun eingeordnet werden in die Theorie lebender Systeme, die die beiden chilenischen Biologen H. R. Maturana und F. J. Varela entwickelt haben (cf. u. a. Maturana und Varela 1979; Varela 1979; Maturana 1982).[20] Mit dieser Theorie versuchen die Autoren, die Organisa-

tion lebender Systeme in bezug auf ihren einheitlichen Charakter zu verstehen. Dabei wird – wie G. Rusch (1985, 31) betont – lebenden Organismen einerseits eine Art von Autonomie zugeschrieben, die über gängige Vorstellungen von Selbständigkeit und Unabhängigkeit weit hinausgeht; andererseits wird aber auch die Intensität und das Maß der Verflechtung zwischen lebenden Organismen und ihrer Umwelt radikaler als bisher betont.
Die Grundidee der Theorie autopoietischer Systeme läßt sich vielleicht in folgenden Sätzen zusammenfassen: Lebende Systeme sind selbsterzeugende, selbstorganisierende, selbstreferentielle und selbsterhaltende – kurz: autopoietische – Systeme. Die kritische Variable ihrer autopoietischen Homöostase ist die Organisation des Systems selbst.
Im folgenden soll versucht werden, die Theorie autopoietischer Systeme kurz zu charakterisieren.[22]
In empirischen Untersuchungen zur Farbwahrnehmung und zur Größenkonstanz in den späten 50er Jahren hatten J. Y. Lettvin, H. R. Maturana, W. S. McCulloch und W. H. Pitts (1959) in McCullochs Labor festgestellt, daß zwischen Außenweltereignissen und neuronalen Zuständen keine stabilen Korrelationen hergestellt werden können; daß andererseits aber stabile Korrelationen zwischen solchen Zuständen nachgewiesen werden können, die innerhalb der Nervensysteme liegen: Das Nervensystem operiert offenbar als funktional geschlossenes System. Andererseits ist evident, daß lebende Systeme materiell-energetisch offen sind, daß sie mit der Umwelt sowie mit anderen lebenden Systemen interagieren. Während die autopoietische Organisation im Sinne eines kausal in sich geschlossenen Zyklus der Interaktion zwischen den einzelnen Komponenten des lebenden Systems invariant gehalten werden muß, damit das System überleben kann, ist die Struktur lebender Systeme plastisch und kann sich laufend verändern (cf. W. K. Köck 1983).
Autopoietische Systeme erzeugen durch ihr Operieren fortwährend ihre eigene zirkuläre Organisation, die als grundlegende Größe konstant gehalten wird. Diese Organisation kann beschrieben werden als Netzwerk zur Produktion ihrer eigenen Bestandteile. Aufgrund dieser zirkulären Organisation sind lebende Symptome selbstreferentielle und bezüglich ihrer Organisation homöostatische Systeme, die ihrer Umwelt gegenüber autonom sind. Die Zirkularität der Organisation macht ein leben-

des System zu einer inferentiell arbeitenden Interaktionseinheit mit einem kognitiven Bereich: »Ein lebendes System ist aufgrund seiner zirkulären Organisation ein induktives System und funktioniert in prognostizierender Weise; was einmal geschehen ist, ereignet sich wieder. Seine Organisation (die genetische wie die sonstige) ist konservativ und wiederholt nur das, was funktioniert. Aus diesem gleichen Grunde sind lebende Systeme historische Systeme. Die Relevanz eines bestimmten Verhaltens oder einer Verhaltensklasse wird immer in der Vergangenheit determiniert« (Maturana 1982, 52).

Organisationelle Geschlossenheit lebender Systeme bedingt ihre Autonomie gegenüber ihrer Umwelt.

Durch Invarianthalten ihrer Organisation bewahren lebende Systeme eine spezifische Identität[23], die von Beobachtern des Systems als Individualität interpretiert wird. Durch die Organisation des lebenden Systems wird implizit die Umwelt (= Nische) bestimmt, mit der das System interagieren kann. Die so vorausgesagte Nische, definierbar als Bereich von Klassen von Interaktionen, stellt die vollständige kognitive Realität des Systems dar. Lebende Systeme sind kognitive[24] Systeme, Leben als Prozeß ist ein Prozeß der Kognition. Mit Nervensystem ausgestattete lebende Systeme erzeugen durch Selbstbeobachtung Selbstbewußtsein. Das Nervensystem erweitert den Kognitionsbereich lebender Systeme, indem es dem System Interaktionen erlaubt, durch die seine internen Zustände in relevanter Weise durch sogenannte reine Relationen, also nicht durch physikalische Ereignisse, modifiziert werden. Dadurch können Organismen mit eigenen internen Zuständen so interagieren, als ob diese von ihnen unabhängige Gegenstände wären: »Sie schaffen damit das scheinbare Paradox, ihren kognitiven Bereich innerhalb ihres kognitiven Bereichs zu enthalten« (Maturana 1982, 39).

Sobald ein Nervensystem imstande ist, »... seine intern erzeugten Aktivitätszustände als verschieden von seinen extern erzeugten zu behandeln, (...) also die Ursprünge von Interaktionen zu unterscheiden, ist es zu abstraktem Denken fähig« (Maturana, 1982, 50).

Lebende Systeme werden deformiert durch die Umwelt und durch sich selbst; durch externe Ereignisse sind sie aber nur modellierbar und nicht steuerbar. Aufgrund der Geschlossenheit der funktionalen Organisation des Nervensystems muß jede Zustandsänderung des Systems eine weitere Zustandsänderung hervorrufen, da das Nervensystem anatomisch und funktional so organisiert ist, daß es bestimmte Relationen zwischen den Rezeptor- und Effektoroberflächen konstant hält. Daraus folgert Maturana: »Verhalten ist daher ein funktionales Kontinuum, das dem Leben des Organismus durch alle seine Transformationen in seinem selbstreferentiellen Interaktionsbereich hindurch Einheit verleiht« (Maturana 1982, 51). Und er stellt die These auf: »Die anatomische und funktionale Organisation des Nervensystems sichert die Synthese von Verhalten, nicht eine Repräsentation der Welt« (Maturana 1982, 47).[25]

Damit gleichen Verhalten und Erkennen »... einem Instrumentenflug, bei dem die Effektoren (Motoren, Klappen usw.) ihren Zustand verändern, um die Werte der Meßinstrumente konstant zu halten oder zu verändern, entsprechend einer genau angegebenen Variationssequenz, die entweder festgelegt ist (durch Evolution spezifiziert) oder während des Fluges aufgrund des Flugzustandes verändert werden kann (Lernen)« (Maturana 1982, 51 f.; cf. bereits die Beschreibung dieser Situation bei W. T. Powers 1973). Indem ein System rekursiv Repräsentationen seiner Interaktionen erzeugt, wird es zu einem Beobachter: »Der Beobachter ist ein lebendes System, und jede Erklärung der Kognition als eines biologischen Phänomens muß eine Erklärung des Beobachters und seiner dabei gespielten Rolle beinhalten« (Maturana 1982, 35).

Eine wichtige Einsicht Maturanas besagt, daß lebende Systeme als selbstreferentielle geschlossene Systeme *informationsdicht* und *strukturdeterminiert* (autonom) sind. Sie haben keinen informationellen Input und Output; sie sind mit anderen Worten energetisch offen, aber informationell geschlossen. Das System erzeugt vielmehr selbst die Informationen, die es verarbeitet, im Prozeß der eigenen Kognitionen.

Strukturdeterminierte Systeme sind durch strukturelle Koppelung sowohl mit dem Medium als auch mit interagierenden lebenden Systemen verbunden. ›Strukturelle Koppelung‹ definiert Maturana wie folgt: »Zwei plastische Systeme werden aufgrund ihrer sequentiellen Interaktionen dann strukturell gekoppelt, wenn ihre jeweiligen Strukturen sequentielle Veränderungen erfahren, ohne daß die Identität des Systems zerstört wird.« Durch strukturelle Koppelung eines Organismus an sein Medium kommt es zu ontogenetischer Anpassung; aus einer strukturellen Koppelung zweier Organismen resultiert ein konsensueller Bereich, in dem strukturell bestimmte Zustandsveränderungen der gekoppelten Organismen sequentiell aufeinander abgestimmt werden (1982, 150f.).

Fassen wir noch einmal Maturanas wichtigste Bestimmungen autopoietischer Systeme zusammen:

– Autopoiese bezeichnet die Art der Organisation materialer und prozessualer Komponenten, die in lebenden Organismen angetroffen werden. Das hervorstechende Merkmal der Verknüpfung dieser Komponenten ist ihre Zirkularität.
– Autopoietische Systeme weisen eine Struktur auf, in der sich ihre autopoietische Organisation ausdrückt.
– Autopoietische Systeme sind organisationell geschlossen und in dieser Hinsicht autonom. Alle Informationen, die das System für die Aufrechterhaltung seiner zirkulären Organisation braucht, liegen in dieser Organisation selbst. Das System ist operational geschlossen, seine Operationen hängen von dem jeweiligen Zustand vor jeder Operation ab; in diesem Sinne sind autopoietische Systeme struktur- bzw. zustandsdeterminiert.
– Autopoietische Systeme sind selbstreferentiell, d. h. sie beziehen sich im Prozeß der Aufrechterhaltung ihrer Organisation ausschließlich auf sich selbst. Die funktionale Organisation selbst-herstellender Systeme wird erklärt als zyklische, selbstreferentielle Verknüpfung selbstorganisationeller Prozesse (Roth 1986a, 7).
– Autopoietische Systeme sind mit dem Medium, in dem sie existieren, sowie mit anderen Organismen strukturell gekoppelt.
– Autopoietische Systeme operieren induktiv und konservativ.
– Nervensysteme, die sich im Verlauf der Evolution autopoietischer Systeme entwickelt haben, sind (z. B. auch beim Menschen) funktional geschlossen. Die einzige Aufgabe des Nervensystems liegt in der Synthese von Verhalten, und zwar ».. . solchen Verhaltens bzw. solcher Interaktionen des Organismus mit seinem Medium, dessen bzw. deren Resultat eben dieser funktionierende Organismus ist« (Rusch 1985, 41). Daraus folgt, daß ein Organismus seine Welt aufgrund seiner physiologischen und funktionalen Beschaffenheit erzeugt. Die

ihm zugängliche Welt ist mithin seine kognitive Welt, nicht eine Welt »so, wie sie ist«. – »Wir erzeugen daher buchstäblich die Welt, in der wir leben, indem wir sie leben« (Maturana 1982, 269).[26]

4. Sprache, Denken und Kommunikation im konstruktivistischen Modell

Maturanas Annahmen über die Grundlagen des Funktionierens von Sprache und Denken basieren zum einen auf seiner Unterscheidung zwischen Beschreibungen erster und zweiter Ordnung, zum anderen auf Konzepten wie ›Beobachter‹ und ›Orientierungsverhalten‹. Das Konzept der Beschreibung erläutert Maturana mit Hilfe einer Situation, in der ein (externer) Beobachter zwei Kommunikanden beobachtet.

Ein Beobachter deutet jedes Verhalten eines Organismus als eine Aktualisierung der Nische, »... d.h. als eine Umweltbeschreibung erster Ordnung« (Maturana 1982, 52) (= BESCHREIBUNG). Kommuniziert ein Organismus mit einem anderen, dann erzeugt der erste Organismus eine BESCHREIBUNG seiner Nische, die das Verhalten des zweiten Organismus in dessen kognitivem Bereich auf eine Interaktion hin orientiert. Dieses durch Orientierung hervorgerufene Verhalten ist denotativ: »... es weist auf ein Merkmal der Umwelt hin, welches der zweite Organismus in seiner Nische antrifft und durch angemessenes Verhalten BESCHREIBT, und das er als eine selbständige Größe behandelt« (Maturana 1982, 53).

Das Orientierungsverhalten des ersten Organismus ist für den Beobachter eine Beschreibung zweiter Ordnung (= *Beschreibung*), »...die das repräsentiert, was sie seiner Auffassung nach bezeichnet. Im Gegensatz dazu ist das Orientierungsverhalten des ersten Organismus für den zweiten konnotativ und impliziert für ihn eine Interaktion innerhalb seines kognitiven Bereiches (...). Was Orientierungsverhalten konnotiert, ist eine Funktion des kognitiven Bereiches des Orientierten, nicht des Orientierenden« (Maturana 1983, 53).

Orientierende Interaktion bezeichnet Maturana als *kommunikativ* und hält sie für die Basis sprachlichen Verhaltens.

Wenn ein Organismus eine solche kommunikative Beschreibung

erzeugen und dann mit seinem eigenen Aktivitätszustand interagieren kann, der diese Beschreibung repräsentiert; und wenn damit eine andere Beschreibung erzeugt wird, die auf diese Repräsentation hin orientiert, dann wird der Organismus bei rekursiver Anwendung dieser Operation selbst zu einem Beobachter. Dieser Beobachter kann sich nun durch Orientierungsverhalten auf sich selber orientieren und dann kommunikative Beschreibungen erzeugen, die ihn selbst auf seine Beschreibung dieser Selbstorientierung hin orientieren. Diese Orientierung auf Selbstbeschreibung nennt Maturana – wie oben bereits erwähnt – Selbstbewußtsein und kennzeichnet es als einen neuen Interaktionsbereich des Organismus. »Ich-Bewußtsein ist folglich kein neurophysiologisches Phänomen, es ist vielmehr ein Epiphänomen, das als unabhängiger Interaktionsbereich aus dem selbstorientierenden Verhalten entsteht, und vollständig im sprachlichen Bereich liegt« (Maturana 1982, 65; s. o. Kap. 2.2).

Bei der Einführung dieser Begriffe ist folgende grundlegende Annahme Maturanas zu berücksichtigen: »Der sprachliche Bereich, der Beobachter und das Ich-Bewußtsein sind jeweils möglich, weil sie sich als verschiedene Bereiche der Interaktion des Nervensystems mit seinen eigenen Zuständen in Situationen ergeben, in denen diese Zustände verschiedene Modalitäten der Interaktionen des Organismus repräsentieren« (Maturana, 1982, 54). »Ein solcher Organismus wird dadurch, daß er sich selbst als sich selbst *beschreibend* in rekursiver Weise *beschreibt*, zu einem selbstbeobachtenden System, das den Bereich des Ich-Bewußtseins als Bereich der Selbstbeobachtung erzeugt« (Maturana 1982, 65).

Derjenige neurophysiologische Prozeß in einem zustandsdeterminierten Nervensystem, der darin besteht, daß das System mit einigen seiner internen Zustände interagiert, als handle es sich bei diesen um unabhängige Größen, wird von Maturana *Denken* genannt (Maturana 1982, 54). Dieser Denkprozeß ist unabhängig von Sprache.

Natürliche Sprachen[27] erlauben ein solches Orientierungsverhalten, das den zu Orientierenden innerhalb seines kognitiven Bereichs auf Interaktionen hin orientiert, die von der Art der orientierenden Interaktion unabhängig sind. Wenn die Interaktionsbereiche zweier Organismen in bestimmtem Maße miteinander vergleichbar sind, sind konsensuelle Orientierungsinteraktionen möglich. Dann können die daran beteiligten Organismen ein konventionelles, aber dennoch spezifisches System kommunikativer Beschreibungen entwickeln, »... um einander auf kooperative Klassen von Interaktionen hin zu orientieren, die für beide relevant sind« (Maturana 1982, 55).

Mit dieser Annahme wird erklärlich, warum soziale Interaktion und sprachliche Kommunikation auch zwischen organisationell geschlossenen Systemen wie menschlichen Individuen möglich sind. Der für sprachliche Kommunikation, Semantik und ähnliche Probleme wichtigste Punkt der Maturanaschen Argumentation liegt darin, daß Sprache seines Erachtens für die Sprecher konnotativ und nicht denotativ funktioniert. Die Funktion der Sprache besteht nach Maturana darin, »... den zu Orientierenden innerhalb seines kognitiven Bereiches zu orientieren, und nicht darin, auf selbständige Entitäten zu verweisen...« (Maturana 1982, 56). Wenn diese Annahmen zutreffen, dann wäre daraus der Schluß zu ziehen, »... daß es keine Informationsübertragung durch Sprache gibt. Es ist dem Orientierten überlassen, wohin er durch selbständige interne Einwirkung auf seinen eigenen Zustand seinen kognitiven Bereich orientiert. Seine Wahl wird zwar durch die ›Botschaft‹ verursacht, die so erzeugte Orientierung ist jedoch unabhängig von dem, was diese ›Botschaft‹ für den Orientierenden repräsentiert. Im strengen Sinne gibt es daher keine Übertragung von Gedanken vom Sprecher zum Gesprächspartner. Der Hörer erzeugt Informationen dadurch, daß er seine Ungewißheit durch seine Interaktionen in seinem kognitiven Bereich reduziert. Konsens ergibt sich nur durch kooperative Interaktionen, wenn das sich dabei ergebende Verhalten jedes Organismus der Erhaltung beider Organismen dienstbar gemacht wird. Ein Beobachter, der eine kommunikative Interaktion zwischen zwei Organismen betrachtet, die beide bereits einen konsensuellen sprachlichen Bereich entwickelt haben, kann die Interaktion als denotativ beschreiben. (...) Weil jedoch das Ergebnis der Interaktion im kognitiven Bereich des Orientierten unabhängig von der Bedeutung der Botschaft für den kognitiven Bereich des Orientierenden determiniert wird, liegt die denotative Funktion der Botschaft lediglich im kognitiven Bereich des Beobachters und nicht in der operativen Wirksamkeit der kommunikativen Interaktion. Das kooperative Verhalten, welches sich zwischen den interagierenden Organismen aus diesen kommunikativen Interaktionen entwickeln kann, stellt einen sekundären Prozeß dar, der unabhängig ist von ihrer operativen Wirksamkeit« (Maturana 1982, 57f.).

So wie das Nervensystem ein geschlossenes System ist, so ist auch der Bereich sprachlicher Äußerungen ein *geschlossener* Bereich, »... und es ist unmöglich, aus ihm durch sprachliche Äußerung hinauszutreten. Da der sprachliche Bereich ein geschlossener Bereich ist, ist es möglich, die folgende ontologische Aussage zu machen: Die Logik der Beschreibung ist die Logik des beschreibenden (lebenden) Systems (und seines kognitiven Bereichs)« (Maturana 1982, 64).

Wann immer wir mit Sprache interagieren, bleiben wir im Bereich von Beschreibungen (zweiter Ordnung), auch wenn wir über ›Welt‹, ›Wissen von Welt‹ usw. reden. Dieser Bereich ist begrenzt, insofern alles, was wir sagen, eine Beschreibung ist (Maturana 1982, 74).

›Denotation‹ ist mithin eine Beobachterkategorie, die denotative Funktion einer Botschaft liegt ausschließlich im kognitiven Bereich des Beobachters. Die Kontextabhängigkeit jeder sprachlichen Interaktion ist eine notwendige Bestimmung streng deterministischer Art: Bedeutung ist eine kontextuelle Relation. Syntax und Semantik können funktional nicht voneinander getrennt werden. Regeln gibt es nur als Beschreibungen im kognitiven Bereich des Beobachters. Universelle Regeln einer Universalgrammatik können nur in der »... Universalität des Prozesses rekursiver Strukturenkoppelung liegen, der beim Menschen durch die rekursive Anwendung der Bestandteile eines konsensuellen Bereichs außerhalb dieses konsensuellen Bereichs entsteht. Die Ursachen dieser Fähigkeit hängen ausschließlich vom Operieren des Nervensystems als eines geschlossenen neuronalen Netzwerks ab« (Maturana 1982, 261).

Sprachliche Kommunikation setzt nach Maturana voraus, daß eine grundlegende Bedingung für Kommunikation überhaupt erfüllt ist: Die Ausdehnung des kognitiven Bereichs in den Bereich reiner Relationen, die nicht-pyhsikalische Interaktionen zwischen Organismen in der Art erlauben, »... daß die interagierenden Organismen einander auf Interaktionen innerhalb ihrer jeweiligen kognitiven Bereiche hin orientieren» (Maturana 1982, 40). Sprachliche Interaktionen orientieren die Kommunikationsteilnehmer jeweils innerhalb ihres eigenen kognitiven Bereichs:

»Die basale Funktion der Sprache als eines Systems des Orientierungsverhaltens besteht nicht in der Übermittlung von Information oder in der Beschreibung einer unabhängigen Außenwelt, über die wir sprechen können, sondern in der Erzeugung eines konsensuellen Verhaltensbereiches zwischen sprachlich interagierenden Systemen im Zuge der Entwicklung eines kooperativen Interaktionsbereiches« (Maturana 1982, 73). »Erfolgreiche« Kommunikation wird also nicht primär durch Konventionalität erklärt, sondern vielmehr durch die Parallelität des Gebrauchs kognitiver Funktionen in sprachproduktiven und sprachrezeptiven Zusammenhängen. Erst diese Parallalität macht Konventionalität überhaupt möglich (cf. Rusch 1985, 181).
Damit ist eine außerordentlich weitreichende, aber weithin kontra-intuitive und deshalb zunächst schwer zu verstehende Erkenntnis- und Sprachtheorie skizziert, die durch ein längeres Zitat noch einmal zusammengefaßt werden soll, nicht zuletzt auch deshalb, um die Art der Argumentation Maturanas zu kennzeichnen: »Aufgrund der Art des kognitiven Prozesses und der Funktion der sprachlichen Interaktion können wir nichts über das aussagen, was unabhängig von uns ist, und womit wir nicht interagieren können. Dies würde eine *Beschreibung* implizieren, und eine *Beschreibung* als Verhaltensweise repräsentiert lediglich in Interaktionen gegebene Relationen. Da die Logik der *Beschreibung* die gleiche ist wie die Logik des *beschreibenden Systems,* können wir zwar die epistemologische Notwendigkeit eines Substrats für die möglichen Interaktionen behaupten, wir können jedoch dieses Substrat hinsichtlich seiner vom Beobachter unabhängigen Eigenschaften nicht kennzeichnen. Daraus folgt, daß eine Realität als eine Welt unabhängiger Gegenstände, über die wir reden können, notwendigerweise eine Fiktion des rein *deskriptiven* Bereiches ist, und daß wir den Begriff der Realität gerade auf den Bereich der *Beschreibungen* anwenden sollten, indem wir, die *beschreibenden* Systeme, mit unseren Beschreibungen so interagieren, als ob diese unabhängige Gegenstände wären. Diese veränderte Auffassung des Begriffs der Realität muß richtig verstanden werden. Wir sind es gewöhnt, über die Realität so zu reden, daß wir einander durch sprachliche Interaktionen auf das hin orientieren, was wir für sensorische Erfahrungen konkreter Gegenstände halten, was jedoch, wie im Falle von Gedanken und *Beschreibungen,* in Zuständen relativer Aktivität zwischen

Neuronen besteht, die wiederum neue *Beschreibungen* erzeugen. Die Frage *Was ist der Gegenstand der Erkenntnis?* wird damit sinnlos. Es gibt keine Gegenstände der Erkenntnis. Wissen heißt fähig sein, in einer individuellen oder sozialen Situation adäquat zu operieren. Wir können über das Substrat, in dem unser kognitives Verhalten gegeben ist, nicht reden, und worüber wir nicht reden können, darüber müssen wir schweigen, wie Wittgenstein betont hat (vgl. Wittgenstein 1922). Dieses Schweigen bedeutet jedoch nicht, in Solipsismus oder irgendeine Art metaphysischen Idealismus zu verfallen. Es bedeutet, daß wir anerkennen, daß wir als denkende Systeme in einem Bereich von *Beschreibung* leben (...) und daß wir durch *Beschreibungen* die Komplexität unseres kognitiven Bereiches unbeschränkt vergrößern können. Unser Weltbild und die von uns gestellten Fragen müssen sich daher entsprechend verändern. Diese Neufassung der Realität als eines Bereiches von Beschreibungen widerspricht außerdem weder dem Determinismus noch der Voraussagbarkeit in den verschiedenen Interaktionsbereichen, im Gegenteil, sie liefert das Fundament dafür, indem sie zeigt, daß sie eine notwendige Folge des Isomorphismus der Logik der *Beschreibung* und der Logik des *beschreibenden* Systems sind. Dies macht außerdem deutlich, daß Determinismus und Voraussagbarkeit nur im Bereich dieses Isomorphismus Geltung haben, d. h. daß sie nur für die Interaktionen, die einen Bereich definieren, gültig sind« (Maturana 1982, 76).

Die Bedeutsamkeit dieser Sprach- und Kommunikationstheorie liegt m. E. darin, daß sie das informations*technische* Modell von Kommunikation als Informationsübertragung ersetzt durch ein Modell der Informationskonstruktion *innerhalb* des kognitiven Bereichs autopoietischer Systeme. Dabei wird all das berücksichtigt, was an situativen, soziokulturellen und personalen Faktoren auf diesen Konstruktionsprozeß einwirkt. Aber alle Aspekte der Kommunikation werden plausibel beschrieben im kohärenten Modell des Funktionierens operational geschlossener autopoietischer Systeme.

Konsequenterweise tritt dabei der Orientierende hinter dem Orientierten zurück; denn wie immer der Orientierende auch auf den Orientierten einwirkt (ob sprachlich oder nicht sprachlich), ihn also im Sinne Maturanas »deformiert«: Es hängt vom Verhalten des Orientierten ab, wie er diese Deformationen beschreibt und welche Konsequenzen dies in seinem Verhalten haben kann: »Diese *seine* Definitionen und deren Konsequenzen in *seinem* Funktionieren (Sinnesleistungen, Kategorisierungsleistungen, Motorleistungen etc.) bedeuten die Informationen (...), die *seine* permanente Verhaltenssynthese ›steuern‹; es sind von ihm selbst, autonom erzeugte und in ihrer Art nur von ihm selbst abhängige Informationen« (Rusch, a.a.O., 157).

Ein zweiter wichtiger Aspekt dieser konstruktivistischen Sprach- und Kommunikationstheorie liegt m.E. in der Synthese von sprachlichem und nichtsprachlichem Verhalten. Für Organismen derselben Art gilt, daß nicht nur ihr sensomotorisches, sondern auch ihr kommunikatives Verhalten Parallelitäten aufweist, die in langwierigen Kulturations- und Sozialisationsprozessen verstärkt werden. Organismen prägen in sozialen Gemeinschaften in ihrem kognitiven Bereich strategische Verfahren aus, um andere auf solche Elemente ihres Kognitionsbereichs hin orientieren zu können, die sie auch anderen in deren Kognitionsbereichen unterstellen. Zu diesem Zweck verwendet ein Organismus alle ihm verfügbaren Mittel, so auch sprachliches Verhalten. Sprache dient, wie jedes andere Verhalten auch, basal der Aufrechterhaltung der Autopoiese. Empirische Untersuchungen (etwa von F. Goldmann-Eisler, P. M. Greenfield, K. Nelson und E. Saltzmann oder auch von E. Clark) haben plausibel gemacht, daß es einen »... general isomorphism between language and other forms of cognition« geben dürfte, so daß, mit anderen Worten, die Grenze zwischen sprachlichem und nichtsprachlichem Verhalten fließend ist und »... beide Verhaltensmodi strukturell auch durch ein Set gewissermaßen gemeinsamer verhaltenssynthetischer Regeln bestimmt werden« (Rusch, a.a.O., 180). Der (nicht-konstruktivistische) Sprachpsychologe H. Hörmann hat aus diesen und ähnlichen Resultaten den Schluß gezogen: »Sprechen ist nicht Abbildung eines Wissens im Handeln, sondern ein vielfach verflochtenes Ensemble verschiedener Handlungsmittel, die variabel zu den Zwecken Meinen und Verstehen eingesetzt werden können« (zitiert nach Rusch 1985). Hinsichtlich der Frage nach sprachlicher Bedeutung folgt daraus, daß sprachliche Äußerungen nicht etwa Bedeutungen *besitzen;* sie erhalten vielmehr Bedeutungen erst aufgrund der *operativen* Funktion, die ihrer Beschreibung im kognitiven Bereich eines Organismus zukommt: »Unterschiede in der Bedeutung sind Unterschiede in den Modalitäten der

Orientierung bzw. der operativen Funktion« (Rusch, a.a.O., 147).[28] Insofern ist diese konstruktivistische Semantik voll kompatibel mit den seit Peirce und Dewey bis zum späten Wittgenstein immer wieder neu formulierten Gebrauchstheorien von Bedeutung. Sie geht allerdings darüber hinaus, indem sie nicht nur die soziale (Gebrauchs-)Dimension erklärt – die Tatsache also, daß Sprache nur im Sprechen, nur im sozialen Interagieren existiert –, sondern auch die Dimension individueller Kognition. Und sie klärt deutlicher, als das bei Wittgenstein der Fall ist, daß und warum – wegen der strukturellen und funktionalen Bedingungen kognitiver Prozesse – enge Beziehungen zwischen syntaktischen und semantischen Strukturen natürlicher Sprachen und der Struktur nichtsprachlicher Kognitionen wahrscheinlich sind. Sprachliche und nichtsprachliche Modi der Kognition und Konzeptualisierung wirken, wie Rusch deutlich gemacht hat, in der Verhaltenssynthese, in der Synthese unseres Erlebens, in der Art und Weise, wie wir uns unseres Existierens, Denkens und Handelns bewußt werden, so eng zusammen, überlagern und verzahnen sich »... so vielfältig, daß sie im Bewußtsein (in unseren Vorstellungen, in unseren Bildern und im inneren Reden) zu einer Einheit verschmelzen, die zwar durch bewußte Aufmerksamkeit und Beschreibung (introspektiv) nach ihren Komponenten und deren Beziehungen analysiert, ansonsten aber nur im Traum oder in Zuständen der Bewußtseinsdissoziation aufgebrochen werden kann (und dann entsprechend unkoordiniert oder gar irrsinnig erscheint)« (a.a.O., 184). Darum ist es nicht verwunderlich, daß wir ständig Parallelitäten zwischen Wirklichkeits- und Wissensstrukturen feststellen, daß sprachliche Äußerungen die Deskriptivität zu besitzen scheinen, die abbild- und korrespondenztheoretische Semantiken und Wahrheitstheorien so fasziniert haben. Individuen halten ihre Welt durch die Ausführung gewohnten Verhaltens *und* durch den Gebrauch einer natürlichen Sprache aufrecht. Die Referenten in natürlichsprachigen Ausdrücken aber, so betont Rusch, »...sind Ausschnitte oder Aspekte der *Innenansichten,* die ein Organismus von seinem Funktionieren hat« (a.a.O., 99).

Allerdings läßt die hier skizzierte konstruktivistische Semantik – entsprechend den Voraussetzungen der konstruktivistischen Kognitionstheorie – keinen Zweifel daran, daß diese Parallelitäten keine Korrespondenzen zwischen unserem Denken und einer absoluten Wirklichkeit darstellen. Sie liegen vielmehr ausschließlich innerhalb der Kognitionsbereiche jedes einzelnen kognitiven Systems. Da aber Beschreibungen stets Interaktionen voraussetzen und da die »...beschreibenden Systeme ihre Bestandteile durch ihre Interaktionen vermittels ihrer Bestandteile beschreiben, gibt es einen konstruktiven Homomorphismus zwischen Beschreibungen und zwischen Verhalten im allgemeinen und auch zwischen dem Operieren der Systeme, die beschreiben können« (Maturana 1982, 269).

5. Haben ›Objektivität‹ und ›Empirie‹ noch Sinn im konstruktivistischen Modell?

Nachdem in den letzten Abschnitten ausschließlich über die Konstruktion von Wirklichkeitsmodellen, von Identität, Sinn und Bedeutung sowie über die Subjektdependenz allen Wissens und aller Bedeutungen gesprochen worden ist, soll jetzt die naheliegende Frage behandelt werden, wie es trotz Konstruktivität und Subjektabhängigkeit dazu kommen kann, daß wir uns in aller Regel gut in unserer Umwelt orientieren, mit anderen erfolgreich kommunizieren und selbst komplexeste technische Probleme (etwa der Raumfahrt) lösen können.

Die Antwort auf diese Frage operiert vor allem mit zwei Begriffen: ›Intersubjektivität‹ und ›Empirie‹.[29]

Lebende Systeme sind interagierende Systeme, die mit anderen Systemen konsensuelle Bereiche als sozial akzeptierte Wirklichkeiten aufbauen. Interaktionen dieser Art gehen also jeder Kommunikation voraus, und jede sprachliche Behauptung setzt solche Interaktionen voraus. Kommunikation kann nur funktionieren, weil Beobachter mit anderen Systemen interagieren, von denen sie unterstellen, daß sie selbst Beobachter sind – eine Unterstellung, die aufgrund gemeinsamer biologischer Ausstattung und im Falle vergleichbarer Sozialisation zu Recht erfolgt, die aber kein Argument gegen die Subjektabhängigkeit jeder Erkenntnis darstellt. Vielmehr gilt der Grundsatz, daß die Logik jeder Beschreibung isomorph ist der Logik des Operierens des beschreibenden Systems.

Erfahrung Machen in der sensomotorisch rückgekoppelten Interaktion mit der Umwelt und anderen Systemen führt im Verlauf der kindlichen Entwicklung zur kognitiven Konstruktion von Objekten, von Raum und Zeit, Bewegung, Wechsel, Kausalität usw. und zu deren Stabilisierung durch Sozialisation. Wahrnehmung, Perzeption und Propriorezeption führen zu figurativen (»sinnlichen«) Erfahrungen (Piaget), die so miteinander verbunden werden können, daß operative (»abstrakte«) Erfahrungen möglich werden. Die eigene Koordination von Sinneserfahrungen (= empirische Erfahrung) *unterschieben* wir, wie E. von Glasersfeld im Anschluß an Kant erläutert, ständig den anderen. Gelingt die Unterschiebung, gewinnt man einen Begriff von Objekt: »Man stellt nicht nur fest, daß die eigenen Erfahrungen erfolgreich sind; sondern man stellt auch fest, daß sie dem anderen erfolgreich unterschoben werden können« (1984, 2). Erfahrungen und Problemlösungen, die intersubjektiv unterschiebbar sind, werden so interpretiert, *als ob* sie »wirklichkeitsadäquat« wären, und sie werden wiederholt und erwartet, da lebende Systeme induktiv und prognostisch operieren. Die Welt, in der wir uns erleben, ist mithin kein sinnliches Abbild des Mediums, in dem wir existieren, sondern eine konstruktive konzeptionelle Größe, die wir in unserer soziokulturellen Gemeinschaft durch parallele Interaktionen erzeugen und erproben und die für unser individuelles wie soziales Leben, Denken und Verhalten relevant ist. Zwischen alternativen Als-Obs kann und muß also die *Praxis* entscheiden, nicht ein erkenntnistheoretischer Realitätsnachweis. E. von Glasersfeld führt dazu aus: »Ich konstruiere meine Wirklichkeit auf dem Passen meiner Annahmen. Und je weiter ich diese meine Annahmen oder Begriffe sozusagen vermiete an die Teilstücke meiner Erlebniswelt, desto komplizierter wird mein Wirklichkeitsbild und das Bild meiner Erlebenswelt« (a.a.O., 10).

M.a.W.: Der Radikale Konstruktivismus vertritt nicht etwa einen *ontologischen* Solipsismus (oder objektiven Idealismus), sondern – wenn überhaupt – dann einen *epistemologischen* Solipsismus, der an den Begriff des Beobachters gebunden werden könnte.[30] Der Radikale Konstruktivismus leugnet nicht »die Wirklichkeit«; er sagt nur, »... daß alle meine Aussagen über diese Wirklichkeit zu hundert Prozent mein Erleben sind. Daß dieses Erleben dann zusammenstimmt, das kommt natürlich aus der Wirklichkeit« (a.a.O., 7). »Natürlich« deshalb, weil Menschen als lebende Systeme den Bedingungen unterworfen sind, die das Medium, in dem sie leben, ihrer Existenz setzt. Aber diese Bedingungen können eben aufgrund der oben genannten Wahrnehmungs- und Verhaltensbedingungen lebender Systeme nicht unmittelbar, sondern nur im kognitiven Bereich erfahren werden als Grenzen, die das Medium dem Verhalten setzt. Um im Medium nicht nur zu überleben, sondern das Leben angenehmer, interessanter, lebenswerter zu machen, entwickeln und erproben lebende Systeme im soziokulturellen Kontext ständig neue Orientierungssysteme, die auf ihr Passen und ihre Nützlichkeit hin ausprobiert werden. Die Kriterien zur Bewertung neuer Orientierungssysteme liegen dabei ausschließlich im kognitiven Bereich; nur dort kann über Erfolg und Mißerfolg hinsichtlich verfolgter Ziele und zugrundegelegter Werte entschieden werden: »Nicht die (ikonische) Übereinstimmung mit der Wirklichkeit, sondern allein der Nutzen unseres Wissens im Prozeß unserer Kognition ist der entscheidende Faktor. Und nützlich kann hier nur solches Wissen sein, das uns einerseits in seiner Art nicht fremd, also aus Bekanntem hervorgegangen und an Bekanntes gekoppelt ist, und das andererseits nach Maßgabe unserer Kriterien effektiv ist« (Rusch 1985, 257). Um zu verdeutlichen, was man in einer radikal konstruktivistischen Erkenntnistheorie sinnvoll als empirisches Wissen darstellen kann, hat Rusch die Unterscheidung zwischen *ontologischem* und *empirischem* Wissen vorgeschlagen (1985). Unter ontologischem Wissen versteht er dabei das Realitäts- oder Weltwissen, das wir in unseren Konzepten von Objekten, Zuständen, Ereignissen, Folgen von Ereignissen usw. nach zeitlichen, räumlichen, konditionalen oder kausalen Aspekten organisiert haben. Wenn wir nun – systematisch oder unsystematisch – erproben, welche Folgen, Resultate und Konsequenzen die Konstruktion dieser Objekte und Ereignisse im Prozeß unserer Kognition bezogen auf uns zeitigt, dann entsteht empirisches Wissen: empirisches Wissen ist operationales, an Tätigkeiten oder Handlungen gebundenes Wissen. Empirisches Wissen wird dadurch ausgedrückt, daß wir die Arten und Weisen beschreiben, in denen unsere Tätigkeiten uns selbst, unsere Denk- und Handlungsmöglichkeiten betreffen: »In diesem Sinne ist empirisches Wissen Erfahrungswissen. Indem wir in den Begriffen unserer Kognition erleben, was uns während und infolge unserer Tätigkeiten widerfährt, machen wir Erfahrungen. Und nur diese Erfahrungen machen unser empirisches Wissen aus« (a.a.O., 261).

Insofern ist Empirizität im konstruktivistischen Rahmen an uns selbst und unsere kognitive Konstruktivität gebunden und nicht an die objektive Struktur »der« Wirklichkeit. Auch empirisches Wissen ist »nur« Wissen von der Welt, so wie wir sie uns denken können. Die Erfahrung, daß empirisches Wissen intersubjektivierbar ist, deutet nicht auf Kognitions-Unabhängigkeit hin, sondern auf den hohen Grad kognitiver Parallelität, der einerseits aus der Art des Erwerbs solchen Wissens herrührt, andererseits aus der Erfahrung, daß solches Wissen für entsprechend sozialisierte Personen überall und jederzeit demonstriert werden kann. Empirisches Wissen ist Wissen, das wir mit anderen teilen.
Von *wissenschaftlichem Erwerb* empirischen Wissens[31] spricht Rusch dann, wenn im wesentlichen folgende Bedingungen erfüllt sind:

- die Ziele des Wissenserwerbs müssen explizit sein, ihre Verfolgung sollte als sinnvoll oder nützlich plausibel gemacht werden können;
- es müssen explizite Bedingungen dafür angegeben werden, wann ein Ziel als erreicht gilt;
- die zielorientierten Strategien, Verfahren usw. müssen (sprachlich) explizierbar und in geeigneter Form dokumentiert sowie intersubjektiv lehr- und lernbar sein;
- die entwickelten Strategien und Verfahren müssen daraufhin geprüft werden, ob die intendierten Ziele durch ihre Anwendung in entsprechenden Handlungszusammenhängen intersubjektiv erreicht werden können;
- diese Prüfverfahren müssen intersubjektiv ausführbar, lehr- und lernbar sowie intersubjektiv zugänglich dokumentiert werden (a.a.O., 285).

Eine wichtige *Konsequenz* dieser Empirie-Konzeption liegt darin, daß Wissenschaft radikal menschenbezogen konzeptualisiert wird.[32]
Denn wenn die Idee der Erkennbarkeit einer absoluten Wirklichkeit ihren Sinn verliert, kann das Streben nach absoluter Wahrheitserkenntnis nicht mehr – wie noch heute in der sogenannten Grundlagenforschung oder reinen (sic!) Forschung – als Legitimation wissenschaftlicher Tätigkeit dienen. Vielmehr muß sich jede Forschungstätigkeit in jedem Falle hinsichtlich ihres Nutzens für menschliches Leben ausweisen. In diesem Sinne vertritt der Radikale Konstruktivismus ein pragmatisches Wissenschafts-

konzept: Wissenschaft dient der Sicherung der Autopoiese, der Optimierung unserer Lebensbedingungen und der langfristigen Sicherung des Überlebens der Art: Dies sind »realistische« Ziele wissenschaftlicher Tätigkeit. Diese Ziele sind, wie Rusch zu Recht betont, systematisch nur auf empirischem Wege, d.h. durch Erfahrungen im systematischen Umgang mit immer neuen Orientierungssystemen zu erreichen (a.a.O., 249).[33]

Mit diesem Konzept wird die Ausrichtung wissenschaftlichen Denkens von ontologischen auf operationale Fragen umorientiert. Dabei verlieren ontologische Vorstellungen einerseits ihren Eigenwertcharakter, der ihnen bis heute zugesprochen wird; sie gewinnen andererseits aber als Instrumente im Kognitionsprozeß, als verhaltenssynthetisch relevante (operative) Größen neue Bedeutung: ihr Nutzen zeigt sich in ihren Orientierungsleistungen und in ihrer Funktion für den Erwerb empirischen Wissens.

Eine zweite damit zusammenhängende wichtige Charakteristik dieser Empirie-Konzeption im Rahmen des Radikalen Konstruktivismus sehe ich in ihren *ethischen* Konsequenzen. Wenn Wahrheit und Wirklichkeit als absolute und letztverbindliche Berufungsinstanzen ausscheiden, weil sie prinzipiell von keinem Menschen erkennbar oder besitzbar sind, dann müssen wir für unsere Handlungen und Kognitionen die Verantwortung übernehmen, müssen in eigener Person für unser Verhalten und unsere Wissenskonstruktionen einstehen. Wir können dann nur versuchen, andere durch Argumente zu überzeugen, wir müssen uns einem nutzenorientierten Ideenwettbewerb aussetzen. Diese Konsequenzen hat Rusch eindringlich so zusammengefaßt: »Wenn wir erkennen, in welchem Umfange wir mit unseren eigenen Konstruktionen auf die Unterstützung und Hilfe der anderen angewiesen sind, wenn wir erkennen, wie sich mit dem Übergang zur radikal konstruktivistischen Perspektive die Bewertungsmaßstäbe unseres Wissens und Handelns von als absolut vorgestellten Kategorien auf die unmittelbare Qualität unseres Lebens und Zusammenlebens und also auch auf ethische Maßstäbe verschieben, dann wird auch klar, daß die bloße Machbarkeit, die Erreichung beliebiger Ziele als Selbstzweck nicht länger legitimierbar oder besser: nicht länger vor den Mitmenschen vertretbar ist« (a.a.O., 219).

6. Ist der Radikale Konstruktivismus nicht eine selbstaufhebende Doktrin?

Buchtitel wie »Die erfundene Wirklichkeit« (hrsg. von P. Watzlawick) oder H. v. Foersters »freche Behauptung«, daß »...die Umwelt, so wie wir sie wahrnehmen (...) unsere Erfindung (ist)«, führen immer wieder zu – teils aggressiv vorgetragenen – undifferenzierten Angriffen gegen Positionen des Radikalen Konstruktivismus.

Der trivialste Einwand, daß wir eben nicht einfach erfinden können, was wir wollen, ist leicht zu entkräften: er verwechselt epistemologischen mit ontologischem Solipsismus, Erfinden mit Phantasieren. Und er schließt fälschlich von biologischen Bedingungen lebender Systeme wie Selbstreferenz und organisationelle Geschlossenheit auf erkenntnistheoretischen oder gar handlungspraktischen Idealismus und Solipsismus.

Sehr viel gewichtiger ist der Einwand, der Radikale Konstruktivismus sei – ernstgenommen – *selbstaufhebend.* Dieser Einwand argumentiert so: Der Radikale Konstruktivismus kommt auf der Grundlage physikalischer, chemischer und biologischer *empirischer* Theorien zu der Behauptung, Menschen als autopoietische Systeme könnten nur in ihren Kognitionsbereichen handeln und die Wirklichkeit als solche überhaupt nicht erkennen. Wenn das stimmt, dann sind aber auch die Theorie autopoietischer Systeme sowie die darauf fußende radikal konstruktivistische Kognitionstheorie empirisch leer und für die wissenschaftliche wie philosophische Diskussion irrelevant.

Dieser Einwand, der den Radikalen Konstruktivismus offenbar elegant mit seinen eigenen Waffen aus dem Sattel hebt, verfängt deshalb nicht, weil er mit einer realistischen Auffassung des Konzepts ›empirische Theorie‹ bzw. ›empirisches Wissen‹ arbeitet. Demgemäß sind Theorien formale Systeme, die Wirklichkeit deskribieren und ihre wahren Strukturen allmählich approximieren.

Konzeptualisiert man dagegen ›empirisches Wissen‹ so wie im vorigen Abschnitt als ›intersubjektiv geteiltes operationales Wissen in unserem Kognitionsbereich‹, dann verschwindet die Irritation, daß empirische Theorien zu einer empirisch leeren neuen Theorie (nämlich der Theorie autopoietischer Systeme) führen können.

Wie G. Rusch gezeigt hat, läßt sich das Verhältnis zwischen realistischen und konstruktivistischen Positionen, die ja historisch aus realistischen Theorien hervorgegangen sind, folgendermaßen deuten: So wie eine zerfallende dissipative Struktur auf einem anderen Niveau eine neue, stabile Ordnung ausprägen kann, entsteht aus den konsequent zu Ende gedachten realistischen Orientierungssystemen der Radikale Konstruktivismus als ein neues konzeptionelles System (a.a.O., 225).

Dieses Argument trägt auch zur Beantwortung der Frage bei, ob denn der Radikale Konstruktivismus überhaupt *etwas Neues* sei. Natürlich (d. h. nach aller menschlicher Erfahrung) ist der Radikale Konstruktivismus keine vom Himmel gefallene brandneue Theorie – wäre er das, könnten wir ihn weder begreifen noch damit umgehen. Die Konstruktivisten selbst verweisen auf Vorläufer und Parallelen von den Pyrrhonisten über Vico, Berkeley, Kant bis zu Nietzsche und Vaihinger; von den Gestaltpsychologen bis zu Piaget und zur kognitiven Psychologie; von G. Simmel und L. Fleck bis zu soziologischen Interaktionisten und Ethnomethodologen usw. Aber diese Vorläufer und Parallelen haben – in den verschiedensten argumentativen Formen – nur das Dilemma aufgedeckt, daß unser Wissen wohl nicht das sein kann, wofür wir es halten, und nicht das leisten kann, was wir von ihm erwarten.[34] Der Radikale Konstruktivismus dagegen bringt dieses Dilemma zum Verschwinden, indem er erkenntnistheoretisch den Konstruktivismus ernst nimmt und zum Ausgangspunkt seines weiteren Denkens macht, d. h. »... indem er die Theorie autopoietischer kognitiver Systeme selbst zum Anlaß nimmt, um das Basisproblem [das oben genannte Dilemma, S. J. S.] zu lösen. Darin liegt seine Radikalität« (a.a.O., 212). Der Radikale Konstruktivismus nimmt nicht bedauernd zur Kenntnis, daß wir als Menschen »lediglich« Systeme von Beschreibungen erzeugen können; sondern er nimmt diese – von vielen Denkern vor ihm geahnte – »Tatsache« zum Anlaß, neue, an kognitionstheoretischen Konstrukten orientierte Konzepte von Wissen, Wirklichkeit und Erfahrung zu entwickeln, die in einer kohärenten und produktiven neuen Erkenntnistheorie zusammengefaßt werden. Im Unterschied zu Vorläufern und Parallelen zeigt der Konstruktivismus, daß man nicht radikal konstruktivistische mit realistischen Positionen mixen kann. Konstruktivist kann man nur »ganz«, nur »radikal« sein; denn sonst bringt man sich um genau

das Innovationspotential, das aus der Auflösung des realistischen erkenntnistheoretischen Dilemmas resultieren kann.[35]
Die Abgrenzung des Radikalen Konstruktivismus gegen Vorläufer und Parallelen betrifft auch den Vorwurf, diese hätten einem erkenntnistheoretischen Relativismus Vorschub geleistet. Dieser Einwand wird natürlich auch gegen den Radikalen Konstruktivismus erhoben: Dieser beraube uns der Möglichkeit, wahre Auffassungen von der Wirklichkeit von falschen unterscheiden zu können.
Tatsächlich liefert der Radikale Konstruktivismus keine Möglichkeit, in einem korrespondenztheoretischen Sinne zwischen Wahrheit oder Falschheit von Aussagen über »die Wirklichkeit« zu unterscheiden. Er liefert auch keine Handhabe, die Wahrheit seiner eigenen Aussagen (in diesem realistischen erkenntnistheoretischen Sinne) festzustellen. Vielmehr orientiert er – wie im vorigen Abschnitt ausgeführt – empirische Forschung radikal um auf die Frage, wie nützlich die neuen kognitiven Orientierungsrahmen für uns sind; was wir damit denken und tun können; wie sich die damit eröffneten neuen Denk- und Handlungsmöglichkeiten auf die Erreichbarkeit unserer Ziele und die Erfüllbarkeit unserer Wünsche auswirken (Rusch, a.a.O., 223). Um das herausfinden zu können, müssen wir *Erfahrungen* mit der konstruktivistischen Konzeption machen. Genau dies geschieht gegenwärtig in verschiedenen Disziplinen; und die bisher gemachten Erfahrungen deuten in der Tat auf die Nützlichkeit dieses neuen Instruments hin (cf. dazu die Abschnitte 8 ff.). Neben den erkenntnistheoretischen werden auch soziologische Einwände gegen den Radikalen Konstruktivismus vorgebracht. Sie laufen in der Regel auf einen Reduktionismusvorwurf hinaus, wonach der Radikale Konstruktivismus soziologische und gesellschaftspolitische Fragen auf biologische Fragestellungen reduziere und sie in ideologischer Einseitigkeit am Individuum festmache. Auf diese Einwände gehe ich weiter unten näher ein; hier sei dazu nur so viel gesagt, daß der Radikale Konstruktivismus in der Tat aus erkenntnistheoretischen Gründen mit kognitionsbiologischen Fragen beginnt, die am Individuum festgemacht werden. Damit aber werden sogenannte makrosoziologische Fragen ebensowenig ausgeschlossen wie Aspekte der soziokulturellen Faktoren bei der Ausbildung kognitiver Orientierungsinstrumente.

7. Konsequenzen aus dem Radikalen Konstruktivismus

In den voraufgegangenen Abschnitten habe ich versucht, erkenntnis- und wissenschaftstheoretische Aspekte einer radikal konstruktivistischen Position in aller Kürze vorzustellen. Dabei sind bereits gelegentlich Konsequenzen dieser neuen Konzeptualisierung von Wissen und Wirklichkeit angedeutet worden. In diesem Abschnitt will ich die erkenntnistheoretischen Konsequenzen kurz zusammenfassen und dann etwas ausführlicher auf ethische und gesellschaftspolitische Konsequenzen eingehen.

Die philosophischen Probleme bisheriger Erkenntnistheorien (realistischer Spielarten) entstehen durch folgende Prämissen:

- die Welt, um deren Erkenntnis wir uns in der Wissenschaft bemühen, ist eine vom Menschen, seinem Denken und Handeln weithin unabhängige objektive Größe, der der Mensch als Subjekt gegenübersteht;
- das Subjekt hat Zugang zur Welt nur durch seine Sinne und deren Qualität (realitätsrelevant sind dabei vor allem die sogenannten Fernsinne);
- Sprache bildet die Welt deskriptiv ab;
- empirische Erfahrung ist Sinneserfahrung, und nur empirische Erfahrung liefert eine richtige Erkenntnis der Wirklichkeit.

Gegen diese in allen dualistischen, realistischen und strukturalistischen Positionen prinzipiell vertretenen Prämissen setzt der Radikale Konstruktivismus ein »holistisch« und »monistisch« orientiertes Modell. Holistisch ist dabei die Annahme, daß wir nicht *in* der Welt leben, die wir als Medium von unserem Körper unterscheiden, sondern *mit* dieser Welt, zu der unser Körper und unser Selbst gehören. (Damit entfallen die erkenntnistheoretischen Subjekt-Objekt-Probleme.) Monistisch ist dabei die Annahme, »... daß menschliches Erkennen in seiner Qualität und in seinem Umfang als ein Phänomen in einem chemikophysikalischen Universum (Medium) vollständig abhängig ist von den Selbstorganisationskapazitäten dieses Universums, von den anatomischen und funktionalen Eigenschaften der autopoietischen Systeme, die in diesem Universum entstehen können, und als deren eine Realisation auch der Mensch angesehen werden muß, und schließlich abhängig ist von den Eigenschaften, die diese Systeme in ihren Ontogenesen und Phylogenesen entwickeln« (Rusch, a.a.O., 210). Zu den monistischen Aspekten gehört auch

die konstruktivistische Annahme, daß Materie und Geist nicht kategorial voneinander getrennt werden müssen, sondern daß sich Bewußtsein notwendig entwickelt, wenn lebende Systeme eine bestimmte materiale Komplexheit und selbstorganisationelle Selbstreferentialität entwickelt haben (cf. Abschnitt 2).
Damit verlieren auch die bislang gängigen Modelle von absolutem qualitativem Erkenntnisfortschritt ihre Plausibilität. Unser modernes Wissen ist »der« Wirklichkeit nicht näher gekommen. Die im Laufe der Menschheitsgeschichte unbestreitbar gemachten Fortschritte in der Anhäufung empirischen Wissens haben uns nicht »der Wahrheit« über die Wirklichkeit nähergebracht, sondern in erster Linie eine Veränderung menschlicher Gesellschaften, individueller Denk- und Lebensweisen, Werteinstellungen usw. bewirkt.
Die konstruktivistische *Umorientierung wissenschaftlicher Forschung* von wahrem (bzw. objektivem) auf brauchbares (bzw. für Menschen nützliches) Wissen, von Deskriptivität auf Problemlösungskapazität, von Objektivität auf Intersubjektivität von Erfahrungen in kognitiven Welten interagierender Partner, von Ontologie auf kognitive Methodologie (ohne *externe* Ontologie) bringt eine Reihe von hartnäckigen traditionellen erkenntnistheoretischen Problemen (wie z.B. Verifikation und Falsifikation, Adäquatheit, Approximativität) erfolgreich zum Verschwinden – woran man ja, nach Wittgenstein, die Lösung eines philosophischen Problems erkennen kann. Der Radikale Konstruktivismus ist ein *Modell,* wie E. von Glasersfeld immer wieder betont hat, das auf seine Nützlichkeit und nicht auf seine Wahrheit untersucht werden soll.
Und schließlich leistet der Radikale Konstruktivismus eine Depotenzierung überzogener Ansprüche und Erwartungen an die Wissenschaften und des blinden Vertrauens in ihre Ergebnisse, ohne in eine heute modische, bloß irrationale Wissenschaftsschelte auszuweichen. Der Radikale Konstruktivismus intendiert keine Letztbegründung und keinen Reduktionismus. Seine wichtigste erkenntnistheoretische Leistung kann man vielleicht so umschreiben: Konstruktivistisches Denken löst eine Fixierung auf, die in allen realistischen, dualistischen und strukturalistischen Philosophien besteht und die sich ausdrückt in einer Denk- und Stilfigur des Typs »... es *muß* aber doch X sein/geben/gelten«. Sie ersetzt diese zwanghafte Denk- und Stilfigur durch ein »... es kann für

uns so sein, daß ... und damit können wir ... tun«. Dieser Wechsel drückt nicht bloß den Erwerb einer neuen Doktrin aus: Er ist Ausdruck dafür, daß sich für den Radikalen Konstruktivisten die Welt und sein Leben geändert haben.

Damit kommen wir von den erkenntnistheoretischen zu ethischen und gesellschaftspolitischen Konsequenzen, die aus der Akzeptanz einer radikal konstruktivistischen Position folgen und die Maturana zu Recht als seine wichtigsten Einsichten bezeichnet hat (1982, 29). Maturana beginnt seine Überlegungen zur Ethik mit der Feststellung, daß wir leicht einer grundlegenden Art der Entfremdung verfallen: »... der Suche nach *der* Wahrheit, nach *dem* Absoluten; der Sehnsucht nach letztmöglicher Stabilität durch Ausschluß allen Wandels; der Sehnsucht nach einer festen und sicheren Welt, in der alle unsere Wünsche befriedigt werden« (a.a.O., 29). Den Grund dafür sieht Maturana in unserer biologischen Organisation als inferentiell arbeitende Systeme, die mittels Sprache Beschreibungen unserer Handlungen liefern und damit Maßstäbe für unser Handeln erzeugen. Durch die Verwirklichung unserer Biologie erzeugen wir so unsere Rationalität, erfinden stabile konsensuelle Systeme und geben sie als absolute Wahrheiten aus, der wir die Individualität anderer Menschen in anderen Bereichen unterwerfen. »Dies ist die stärkste Art der Entfremdung: unsere Blindheit gegenüber der Welt *relativer* Wahrheiten, die wir *selbst erzeugen* und für die daher der Mensch allein den absoluten Bezugspunkt darstellt, und unsere Hingabe an eine Ideologie, die diese unsere Blindheit rechtfertigt« (a.a.O., 29).

Den Zusammenhang zwischen den kognitionsbiologischen Annahmen und ihren ethischen Konsequenzen hat Maturana so präzise formuliert, daß ich diese Argumentation hier nur in Form eines längeren Zitates wiedergeben kann: »Als autopoietische, geschlossene, strukturdeterminierte Systeme haben wir keinerlei Möglichkeit, irgendeine kognitive Aussage über eine absolute Realität zu machen. Jede Aussage, die wir machen, ist eine Aussage mit Hilfe einer Sprache und gehört somit zu einem konsensuellen Bereich. Jedes Wertesystem, jede Ideologie, jede Beschreibung ist eine Operation in einem Konsensbereich, dessen Gültigkeit nur durch jene hergestellt wird, die sie durch ihr konsensuelles Verhalten validieren. Für mich ist dies eine meiner grundlegenden Entdeckungen. Viele haben davor Angst, da sie meinen, eine derartige Auffassung könnte alles rechtfertigen, und Gut und Böse, Wahrheit und Falschheit würden dadurch im Prinzip gleichbedeutend und gleichwertig. Dies ist natürlich nicht der Fall, und zwar nicht deshalb, weil es hier um apriorische Differenzen ginge, sondern weil es sich dabei um Kategorien handelt, die für die erkennenden Individuen, die ihre konsensuellen Bereiche als operationale Verhaltensbereiche durch die Verwirklichung ihrer Autopoiese *selbst* erzeugen, *operational* verschieden sind. Der Wert einer Verhaltensweise in einem Konsensbereich wird mit Bezug auf die an diesem Bereich Teilhabenden bestimmt, und seine Universalität beruht auf der Universalität der Merkmale dieser Teilhaber. Gut und Böse, Wahr und Falsch sind nicht kontextfreie absolute Werte, sie sind aber auch nicht beliebig, sondern vielmehr absolut referenzabhängig im Sinne eines invarianten generativen Bezugs auf denjenigen Referenten, der die Art ihrer Konstitution determiniert. Dieser Referent ist der Mensch, und zwar nicht der Mensch als absolute Entität, sondern der Mensch als relationales Individuum in einem von ihm selbst festgelegten Universum, der Mensch, der wie alle Entitäten und Geschöpfe in diesem Universum eben nur tun kann, was im Rahmen seiner existentiellen Situation möglich ist. In dieser Hinsicht sind alle Menschen gleichwertig, auch wenn sie aufgrund ihrer individuellen Existenzweise verschieden erscheinen« (1982, 29f.). Maturana sieht den Menschen im Verlauf der Evolution in einem ständigen Zwiespalt: Das Verlangen nach einer stabilen Welt mit festen Werten erzeugt Ausbeutung und Tyrannei; die Erfahrung von Empathie und das Bedürfnis nach Vertrauen, Anerkennung und Mitgefühl andererseits erweisen sich als Grundlage für die Bildung sozialer Systeme, die Ausbeutung und Tyrannei ablehnen. Liebe und gegenseitiges Vertrauen sieht Maturana als »... biologisch elementare Bindemittel menschlicher sozialer Systeme, denn sie führen durch die Schaffung zwischenmenschlicher Sicherheit und Zusammenarbeit zu individueller existenzieller Harmonie. (...) Eben dies gibt der Ethik eine biologische Grundlage« (a.a.O., 30). Soziale Systeme, die versuchen, ein optimales System stabiler sozialer Relationen zu entwickeln, übersehen, daß der Mensch sich selbst beobachten kann. Damit wirkt sein Verhalten rekursiv und selektiv auf seine Strukturveränderungen ein und macht den Ablauf des Lebens unvorhersehbar. Soziale Systeme, die das Leben auf vorgeschrie-

bene Wahrheiten und verordnete hierarchische Systeme festlegen wollen, brauchen daher Formen der Tyrannei, die wiederum langfristig soziale Instabilität erzeugen.
Die kognitionsbiologische Zurückweisung jedes subjektunabhängigen absoluten Erkenntnis-, Wahrheits- und Wertanspruchs erweist sich auch als bedeutsam bei allen Diskussionen über die Einheitlichkeit oder Verschiedenheit von Menschen und Kulturen. Und zwar in folgenden Hinsichten: Postuliert man erkenntnistheoretisch die Existenz einer von Menschen erkennbaren objektiven Wirklichkeit, dann spiegeln unterschiedliche Menschen und Kulturen nur verschiedene Weisen der Bearbeitung oder des Zugangs zu dieser objektiven Wirklichkeit wider. Kulturelle Unterschiede sind dann lediglich gerechtfertigt durch unterschiedliche historische Ursprünge. Damit aber werden kulturelle Unterschiede nicht als legitime unterschiedliche kognitive Bereiche angesehen, sondern nur als kontingente Differenzen, die zwar unter einer Perspektive besseren Wissens toleriert, aber doch langfristig überwunden werden müssen (cf. die Tendenzen der Industrieländer zur Nivellierung lokaler Kulturen). Solange das Modell einer objektiven Wirklichkeit – wie auch immer modifiziert – unserem Denken und Handeln zugrunde liegt, kann kultureller Wandel nur als soziale Transformation mit dem Ziel einer angemessenen Bearbeitung der objektiven Realität angesehen werden. Da die naturwissenschaftliche Erkenntnis aber immer noch als die erfolgreichste und angemessenste gilt, ist die Richtung dieser kulturellen Transformation vorgezeichnet und vollzieht sich auf der Legitimationsebene als ein Kampf zwischen Wahrheit und Falschheit. Toleranz gegenüber anderen Kulturen erhält damit notwendig eine Note überlegener Arroganz.
Ist man dagegen mit Maturana davon überzeugt, daß wir die Welt, in der wir leben, buchstäblich dadurch erzeugen, daß wir sie leben, dann besteht kulturelle Verschiedenheit nicht in unterschiedlicher Bearbeitung einer unabhängigen Realität, sondern im Aufbau gleichberechtigter unterschiedlicher Wirklichkeitsmodelle: »Kulturell unterschiedliche Menschen leben in unterschiedlichen kognitiven Wirklichkeiten, die eben dadurch, daß sie in diesen leben, in rekursiver Weise ausgebildet werden« (a.a.O., 308). Damit werden kulturelle Systeme beschreibbar als homöostatische Systeme, die die Einheitlichkeit der kognitiven Bereiche ihrer Mitglieder dadurch erhalten, daß sie ihre konkreten und

begrifflichen Erfahrungen bestimmen. Eine Kultur definiert den Bereich der möglichen Interaktionsgeschichten ihrer Mitglieder. Da Werte ausschließlich kulturspezifisch und historisch sind, gibt es keinen Maßstab, um eine Kultur als adäquater als eine andere auszuzeichnen. Erfolgreich kann eine Kultur nur innerhalb des Vorhersagebereichs sein, den sie definiert. Daher kann eine Kultur aus der Perspektive einer anderen Kultur auch nicht als erfolglos angeprangert werden. Wenn man eine kulturelle Einheitlichkeit der Menschen anstreben will, so muß diese erzeugt werden, indem man einen gemeinsamen subjektabhängigen Verhaltensbereich erzeugt, der eine gemeinsame subjektabhängige Wirklichkeit definiert.

Die gesellschaftspolitische Zielsetzung Maturanas läßt sich auf die Formel bringen: Gesellschaft ohne systematische Unterdrükkung, die das Individuum nicht negiert. Dieses Ziel hält Maturana für erreichbar, wenn sich die Menschen darauf einigen, eine finite, nicht-hierarchische Gesellschaft auf der Basis einer finiten, ökologisch stabilen Welt zu erzeugen. Dazu ist es erforderlich, alle Institutionen aufzulösen, die den Menschen dem Menschen unterordnen; alle Institutionen auf Zwecke der Befriedigung biologischer Bedürfnisse und kultureller Ziele zu orientieren; Einsicht in die Beziehungen zwischen biologischer Existenz und ökologischer Stabilität zu fördern sowie Einsicht in die Plastizität von Gesellschaften zu erhöhen, die als nicht-hierarchische Gesellschaften ein vom Menschen produziertes, hochartifizielles System darstellen.

Wer solche Ziele für utopisch hält, muß sich vergegenwärtigen, daß es weder historische noch soziale und ökonomische Gründe gibt, die ihrer Erreichung grundsätzlich im Wege stehen: »Es ist vielmehr unsere Unwilligkeit, auf unsere kulturell erlernte und zutiefst genossene Lust zu verzichten, andere Menschen zu zwingen, unsere angebliche Überlegenheit zu akzeptieren. Aus diesem Grunde verraten all die endlosen Diskussionen über die Mittel, ein bestimmtes Ziel zu erreichen, lediglich den Mangel an Einsatz, dieses Ziel tatsächlich zu erreichen« (a.a.O., 313).

Im Rahmen dieser Überlegungen wird die Homogenität des Maturanaschen Ansatzes deutlich, die im Aufweis der Zusammenhänge zwischen erkenntnistheoretischen, wissenschaftstheoretischen und soziopolitischen Modellen besteht: Absoluter Wahrheitsanspruch führt notwendig zur Unterdrückung. Wird dagegen abso-

lute Erkenntnis als unmöglich und objektive Wahrheit als Fiktion nachweisbar, dann entfällt zum einen die Möglichkeit, soziale und politische Konflikte nach dem Muster von Wahrheit und Falschheit zwangsmäßig zu lösen; dann wächst zum anderen die Einsicht in die Verantwortlichkeit des Menschen für die Gesellschaft, die er mitkonstruiert, indem er darin lebt, da jede Wertobjektivität oder jeder biologische Determinismus im ethischen Bereich zurückgewiesen wird.
In engem Zusammenhang mit den soziopolitischen Vorstellungen Maturanas steht seine Einschätzung der Individualität. Mit aller Deutlichkeit spricht er sich für die Einzigartigkeit und Unentbehrlichkeit des Individuums aus und verwahrt sich dagegen, die Biologie dazu zu benutzen, um die Entbehrlichkeit des Individuums zum Wohle der Gesellschaft oder der Menschheit zu legitimieren. Das Individuum ist unentbehrlich; gleichermaßen unentbehrlich ist aber auch die Interaktion mit anderen; denn konsensuelle Realität kann der Beobachter nur mit anderen Beobachtern erzeugen, und dieser konsensuelle Bereich ist die Grundlage aller weiterführenden Konsensbildungen höherer Ordnung, wie sie durch sprachliche Kommunikation erreicht werden. So verwundert es wohl nicht, daß Maturana seinen Aufsatz über die »Biologie der Sprache« gerade mit einem Appell an die Liebe schließt: »Jeder Mensch steht als autopoietisches System allein auf der Welt. Wir wollen jedoch nicht beklagen, daß wir in einer subjektabhängigen Realität existieren müssen. Auf diese Weise ist das Leben interessanter, denn die einzige Transzendenz unserer individuellen Einsamkeit, die wir erfahren können, entsteht durch die konsensuelle Realität, die wir mit anderen schaffen, d. h. durch die Liebe zueinander« (a.a.O., 271).

8. Erfahrung Machen mit dem Radikalen Konstruktivismus: Soziologie

Die vom Radikalen Konstruktivismus vertretenen kognitionstheoretischen Positionen, so war in den vorangegangenen Abschnitten betont worden, können nach ihren eigenen Prämissen nicht auf ihre wirklichkeitsreferentielle Wahrheit und Falschheit untersucht werden, sondern haben sich dem Nützlichkeitstest zu unterwerfen. D. h. wir müssen prüfen, welche Probleme wir mit ihrer Hilfe bzw. mit Hilfe von Theorien und Konzepten, die auf ihrer Grundlage entwickelt werden, zufriedenstellend lösen können. Um wenigstens an einigen Stellen exemplarisch anzudeuten, welche Erfahrungen Forscher in verschiedenen Disziplinen mit konstruktivistischen Theorien gemacht haben, will ich im folgenden kurz auf einige innerdisziplinäre Diskurse eingehen. Den Anfang macht dabei die Soziologie, weil – wie oben ausgeführt – einer der Haupteinwände gegen den Radikalen Konstruktivismus dahin geht, er sei individuenfixiert und leugne gesellschaftliche Faktoren bzw. berücksichtige keine makrosozialen Prozesse.

Den am weitesten ausgearbeiteten Entwurf einer konstruktivistischen Sozialtheorie hat meines Wissens P. M. Hejl mit seiner Deutung der Sozialwissenschaft als Theorie selbstreferentieller Systeme (1982, 1984, 1985, 1986) vorgelegt; auf diesen Entwurf beziehe ich mich daher in den folgenden Überlegungen.

Hejl fundiert seine konstruktivistische Sozialtheorie bewußt und unter Berücksichtigung aller Konsequenzen auf die Kognitionstheorie Maturanas, von Glasersfelds und von Foersters. Dementsprechend bestimmt er die Aufgabenstellung einer konstruktivistischen Sozialtheorie als Entwurf eines Prozesses, »... in dem Individuen ihrerseits ihre Realitäten konstruieren und sich damit Möglichkeiten erfolgreichen Handelns und Kommunizierens schaffen« (1985, 1 f.). Dabei ist der Sozialwissenschaftler als Theorienkonstrukteur in den gleichen Gegenstandsbereich eingebunden wie die Individuen in seinem Gegenstandsbereich; m. a. W. eine konstruktivistische Sozialtheorie »... muß sich also letztlich ihrem ›Gegenstandsbereich‹ i. w. S. zugehörig denken« (a.a.O., 2). Demgemäß gehen in die Theorienkonstruktion notwendig auch Elemente ein, die ihrem »Gegenstandsbereich« entstammen, wie z. B. Realitäts- und Rationalitätskriterien. Diese Zugehörigkeit der Sozialwissenschaft zu den von ihr als Gegenstandsbereich gewählten Prozessen ermöglicht ihr, nach Hejl, gerade ihre mögliche Nützlichkeit: »Sie gibt nicht vor, ein Abbild ›der‹ sozialen Wirklichkeit anzustreben oder gar anzubieten. Was sie vielmehr intendiert, ist der Vorschlag spezifischer Beiträge zum sozialen Prozeß der Erzeugung von Realitätskonstrukten« (a.a.O.).

Konstruktivistische Sozialtheorie ist nach Hejl eine spezifische Form des Problemlösens, die sich durch ihre Methode[36] und ihre

Viabilität (im Sinne E. von Glasersfelds), nicht aber durch Wirklichkeitsisomorphie auszeichnet. Damit sind die Grundzüge einer konstruktivistischen Sozialtheorie auf der Grundlage der radikal konstruktivistischen Kognitionstheorie entworfen, die wie folgt zusammengefaßt werden können:

- Eine konstruktivistische Sozialtheorie erarbeitet »... Konstrukte (Modelle, Systeme), die unsere (Als-)Wahr-nehmungen sozialer Phänomene dadurch erklären, daß die Komponenten der Modelle/Systeme durch ihre Interaktionen die als Problem gewählten Phänomene erzeugen.«
- »Die Überprüfungskriterien dieser Modelle sind nicht ihre Entsprechung mit »der« Realität, sondern ihre Problemlösungskapazität, ihre Konsistenz und ihre Verknüpfbarkeit mit Modellen aus anderen Disziplinen, z. B. der Psychologie[37] und der Biologie im Falle der Sozialtheorie.
- Aufgrund der erkenntnistheoretischen Annahmen müssen soziale Prozesse als Prozesse der Erzeugung von Realitäten und auf sie abgestimmter Handlungen verstanden werden. Dies zwingt jede konstruktivistische Sozialtheorie aus systematischen Gründen, sich mit dem Problemkreis zu beschäftigen, der durch die Vorsilben »selbst-« bzw. »auto-« gekennzeichnet wird« (a.a.O., 3).

Im Rahmen dieser disziplinfundierenden Voraussetzungen versucht Hejl nun eine Antwort auf die Frage, warum und wie Gesellschaften entstanden sind. Dabei bezieht er sich auf die evolutionäre Vergrößerung des Gehirnvolumens, vor allem des Frontalhirns, im Laufe der Phylogenese. Diese Vergrößerung und die damit verbundene Zunahme der Gehirnkapazität bedeutete offenbar zugleich eine Gefahr und eine Chance für lebende Systeme: ihre Umweltkonstruktionen wurden kontingenter, da sie auch als anders möglich erfahrbar wurden; andererseits führte die Erzeugung neuer Umwelten auch zu Überlebensvorteilen. Die Frage, wie die Gefahren vermieden werden konnten, ohne die Vorteile zu verlieren, haben lebende Systeme nach Hejls Ansicht gelöst durch die *»Erfindung von Gesellschaft«*. Dabei wurde die zunehmende Kapazität der selbstreferentiell organisierten Gehirne kanalisiert durch die »Erfindung« von Mythos und Religion, von Kunst und Wissenschaft. Die Verknüpfung individueller mit sozialen Realitätsdefinitionen sicherte dabei biologisches Überleben und erzeugte zugleich Bereiche, in denen kognitive Systeme innovativ werden konnten, ohne das Überleben zu gefährden. Hejl faßt diese evolutionsgeschichtliche Hypothese in folgender Formel: »Menschen leben sozial aus biologischen Gründen und können biologisch sein wie sie sind, weil sie sozial leben. Gesellschaft als solche ist somit biologisch notwendig« (a.a.O., 13). Diese These reduziert deshalb nicht etwa soziale auf biologische Phänomene, weil nur die Entstehung und das Bestehen von Gesellschaft, nicht aber *spezifische* soziale Regeln, Normen, Institutionen oder sozial definierte Wirklichkeiten als biologisch notwendig erklärt werden.

Soziale Bereiche entstehen dadurch, daß lebende Systeme durch Interaktion partielle Parallelisierungen der kognitiven Subsysteme und damit vergleichbare Realitätskonstrukte ausbilden. Alle als sozial bezeichneten Phänomene können auf diese Konzeptualisierung bezogen werden: Sozial ist jedes Verhalten, »... das auf der Basis einer sozial erzeugten Realitätsdefinition oder -konstruktion hervorgebracht wird oder das zu ihrer Veränderung führt« (a.a.O., 15). Soziale Bereiche bieten dem Individuum sozial erzeugte Möglichkeiten für Kommunikation und koordiniertes Handeln.

Soziale Systeme definiert Hejl als Gruppen lebender Systeme, wobei die Gruppenmitglieder eine gemeinsame Realität als Bereich sinnvollen Handelns und Kommunizierens erzeugen und auf ihn bezogen interagieren.

Gesellschaft kann nach Hejl konzeptualisiert werden als ein Netzwerk sozialer Systeme mit den Individuen als »Knoten«. Jedes Individuum ist in modernen, intern differenzierten Gesellschaften an der Konstitution mehrerer sozialer Systeme beteiligt. Daher versteht Hejl das Individuum soziologisch als Schnitt- oder Berührungspunkt sozialer Systeme.

Zu welchem Typ von Systemen gehören nun aber soziale Systeme? In der soziologischen Systemtheorie N. Luhmanns (1982, 1984, 1984a) wird der Versuch unternommen, soziale Systeme als autopoietische Systeme zu konzipieren. Durch eine genaue Analyse der Konzepte ›Selbstorganisation‹, ›Selbsterhaltung‹ und ›Selbstreferenz‹ gelingt es Hejl jedoch zu zeigen, daß soziale Systeme weder selbstorganisierend noch selbstreferentiell sind. Hejl stuft sie dagegen als *synreferentiell* ein, da die notwendige Ausbildung von parallelisierten Zuständen in den interagierenden lebenden Systemen sich als basale Eigenschaft, nämlich als die physiologische Basis sozial erzeugter gemeinsamer Realitäten, von Sinn und Bedeutung, erweisen müßte.

Bei der Entstehung dieser Zustände darf man nicht in reduktionistischer Weise *isolierte* Individuen betrachten; man kann dabei aber auch nicht ohne Berücksichtigung der Individuen auskommen.

Aufgrund der Funktionsweise kognitiver Systeme und wegen der Notwendigkeit, den systemtypischen synreferentiellen Bereich zu erhalten, sind soziale Systeme *konservativ:* Sozial präferiert werden Verhaltensweisen ihrer Miglieder, die sich in der Vergangenheit als erfolgreich erwiesen haben; denn die Existenz einer gemeinsamen Realität stabilisiert soziales Handeln.

Sozialen Wandel erklärt Hejl dadurch, daß Individuen stets mehrere soziale Systeme mitkonstituieren. Treten in den unterschiedlichen sozialen Systemen Änderungen der Realitätsdefinition und des damit verbundenen Verhaltens auf, so müssen Individuen die einander widersprechenden Handlungsanforderungen vor dem Hintergrund inkompatibel gewordener Realitäten ausgleichen; sei es durch Ausscheidung aus einem spezifischen sozialen System, sei es durch Verhaltensänderung oder die Variation von Realitätsmodellen. Sozialer Wandel kann aber auch durch Koevolution des Verhaltens und der Realitätsmodelle seiner Mitglieder geschehen, wobei in vielen Fällen ein Beobachter Wandel feststellt, während er für die Mitglieder des sozialen Systems selbst nicht als solcher bemerkbar wird.[38]

Die Frage schließlich, ob es sinnvoll ist, Gesellschaften als soziale Systeme zu bezeichnen, beantwortet Hejl mit dem Vorschlag, Gesellschaften als *Netzwerke* sozialer Systeme zu konzipieren. Damit wird das Problem, die Grenzen *des* sozialen Systems ›Gesellschaft‹ zu bestimmen, vermieden. Darüber hinaus wird auch schon auf konzeptioneller Ebene die Vorstellung von Gesellschaften als überindividuellen Akteuren ausgeschlossen.[39] »Gesellschaft wird damit theoretisch als pluralistischer Prozeß der im Netzwerk sozialer Systeme verteilten *Erzeugungen* von Realitäten verstanden, auf die die stets ebenfalls sozial verteilten *Anpassungen* an diese selbst erzeugten Realitäten folgen« (a.a.O., 31).

Damit ist eine Sozialtheorie entworfen, die auf einer konstruktivistischen Basis kohärent aufbaut. Die Kohärenz sehe ich vor allem darin, daß Hejl eine plausible Verbindung zwischen der kognitionstheoretisch unabdingbaren Konzentration auf das (sozialisierte) Individuum einerseits und der interaktiven sozialen Produktion gesellschaftlicher Bereiche und Systeme sowie Netzwerke sozialer Systeme andererseits gelingt. Den Einwand, der Radikale Konstruktivismus sei »gesellschaftsblind«, halte ich nach Vorliegen dieses Entwurfs für gegenstandslos. Erbracht ist hier ein erster Beleg, daß eine radikalkonstruktivistische Sozialtheorie möglich ist, daß sie innovative Problemlösungskapazität besitzt und daß sie kohärent strukturierbar ist.

9. Erfahrung Machen mit dem Radikalen Konstruktivismus: Managementwissenschaft

Radikal konstruktivistische Positionen haben in den letzten Jahren auch in der Managementforschung ihr Innovations- und Problemlösungspotential unter Beweis gestellt. Dabei haben sich vor allem Konzepte wie ›Wirklichkeitskonstruktion‹, ›Selbstorganisation‹, ›Selbstreferenz‹ und ›Verantwortung‹ als wichtig herauskristallisiert.

G. J. B. Probst (1985) z. B. versteht Management als Konstruktion von Wirklichkeit (»Management heißt Gestalten, Lenken und Entwickeln«). Managementwissenschaft entwirft theoretisch die Modelle, die dann realisiert werden sollen oder nach deren Muster gelenkt oder entwickelt wird; m. a. W., Managementwissenschaft produziert anwendungsorientiertes nützliches Wissen. »Nützliches Wissen kann nicht in Form von konkreten Lösungen in praktischen Problemsituationen bestehen, sondern aus generellen Vorgehensschritten, Regeln, Anhaltspunkten usw., die Konstruktionen von Wirklichkeiten in einer Problemsituation erlauben, generieren, weiterführen« (a.a.O., 1). Die Probleme, die dabei zur Debatte stehen, sind nun aber keineswegs etwas Gegebenes, sondern etwas Gemachtes oder Konstruiertes – so auch die Probleme, die sich die Managementwissenschaft aufgrund ihrer gewählten Perspektive zuordnet. An dieser Stelle wird die Managementwissenschaft mit dem erkenntnistheoretischen Problem konfrontiert, welches Wirklichkeitsverständnis sie vertreten will. G. J. B. Probst, H. Ulrich, P. Gomez, R.-W. Scheuss u. a. entscheiden sich angesichts dieser Frage für die Kognitionstheorie des Radikalen Konstruktivismus. Diese Entscheidung führt dazu, daß sie das organisierende Handeln von Managern bewußt als kontingente Konstruktion von substantiellen (materiellen) wie symbolischen (geistig-sinnhaften) Ordnungen betrachteten; daß sie daneben aber – innovativ für die Managementwissenschaft – Prozesse der Ordnungsbildung durch Selbstorganisation berücksichtigen. Dieser Neuorientierung wird ein Konzept sozialer Systeme zugrunde gelegt, das diese sowohl als »gemachte« als auch als »spontane« Ordnungen (im Sinne F. A. von Hayeks) betrachtet (cf. Probst und Scheuss, 1984): »Institutionen (i. S. von sozialen Systemen, S. J. S.) werden nicht am grünen Tisch baukastenartig funktionstüchtig entworfen und dann sozusagen per Dekret realisiert. Sie sind gleichermaßen das Resultat eines Gestaltungs- und eines selbstinduzierten und selbstproduzierten Entstehungsprozesses« (a.a.O., 481).

Nach Probst und Scheuss sind soziale Systeme Produkte gesellschaftlicher Konstruktionen, die mit der Gesellschaft in einem wechselseitigen Bestimmungs- und Produktionsverhältnis stehen, »... in dem durch Interaktion und gegenseitige gedankliche Bezugnahme die Systeme zwar in der Gesellschaft (Zweck) definiert werden, diese aber gleichzeitig durch ihr Handeln in einer Gesellschaft bestimmen und definieren« (a.a.O., 481).

Soziale Systeme sind kulturelle, komplexe und dynamische Gebilde. Ihre Komplexität ist dafür verantwortlich, daß die Konsequenzen von Eingriffen in sie nicht mit Bestimmtheit vorausgesagt werden können. Probst und Scheuss unterscheiden zwei Prozesse der Ordnungsbildung in sozialen Systemen: *Organisieren* und *Selbstorganisation*. In der bisherigen Managementwissenschaft stand Organisieren als konstitutiver Prozeß des substantiellen Gestaltens im Vordergrund des Interesses. Dadurch wurden zwei Aspekte ausgeblendet: symbolisches Gestalten (im Sinne von Sinnvermittlung, Handlungslegitimation, Motivationsmobilisierung, Implementieren von Innovationen usw.) einerseits und spontane Prozesse der Ordnungsbildung (Selbstorganisation) andererseits. Selbstorganisations-Phänomene wurden dadurch erkannt, daß die traditionelle Management- und Ordnungslehre sich darüber klar werden mußte, daß man zu keinem Entscheidungszeitpunkt in der Lage ist, ein produktives soziales System zu planen und logisch-rational führen zu können. Das dafür notwendige Wissen ist nicht verfügbar; und im Falle seiner

Verfügbarkeit wäre unsere geistige Kapazität nicht in der Lage, es zu bewältigen. Gleichwohl entstehen neben den geplanten Ordnungen in einem sozialen System spontane Ordnungen. Die Mechanismen der Entstehung, Aufrechterhaltung und Veränderung solcher spontaner Ordnungen sind über das System verteilt und nicht eindeutig lokalisierbar (Probst und Scheuss, a.a.O., 483). Sie bilden die Grenze der Planbarkeit und Strukturierbarkeit eines sozialen Systems, auch wenn sie Maßnahmen des Organisierens nicht einfach völlig ausschließen. Um Phänomene der Entstehung spontaner Ordnungen besser beschreiben zu können, greifen die genannten Managementwissenschaftler bewußt zurück auf die Theorie selbstreferentieller Systeme und konzentrieren sich auf die Konzepte ›Selbststrukturierung‹ und ›Selbstreferenz‹.

Selbststrukturierung im Sinne einer systeminternen Entwicklung von Funktionsstrukturen bezeichnet nicht-geplante Ordnungsmuster, die als Konsequenz der Eigendynamik eines sozialen Systems entstehen (oder, wie Probst und Scheuss sich ausdrükken, »dem System also schlicht und einfach passieren«, a.a.O., 486).

Selbstreferentielle Systeme nehmen auf sich selbst Bezug, wobei alle Vorgänge der Aufrechterhaltung der eigenen Identität untergeordnet werden; insofern sind sie autonom. Ihre internen Mechanismen erzeugen diese Autonomie unabhängig von Input-/Output-Beziehungen zu einer Umwelt.

Die Berücksichtigung selbstreferentieller Prozesse verändert den Ansatz der Managementwissenschaft in einem Sinne, der genau dem Wechsel von realistischen zu konstruktivistischen Epistemologien entspricht. Die traditionelle Managementwissenschaft (vor allem kontingenztheoretische und situative Ansätze) arbeitete fast ausschließlich mit Input-/Output-Modellen, wonach Systeme auf Veränderungen in der Umwelt reagieren und ihre Strukturen an die Umwelt anpassen. Eine konstruktivistisch orientierte Managementwissenschaft versucht, die inneren Zusammenhänge eines Systems zu beschreiben, um zu verstehen, wie ein System genau das tut, was es tut (a.a.O., 486). Input-/Output-Analysen werden damit nicht einfach ausgeschlossen; vielmehr soll ein klares erkenntnistheoretisches Bewußtsein dieses Ansatzes geschaffen werden, um die Prämissen und Konsequenzen seiner Verwendung überschauen zu können. Ziel der neuen Managementwissenschaft ist es, Institutionen (soziale Systeme) nicht nur in ihrer Außenorientierung, sondern vor allem auch in ihrer organisationellen Geschlossenheit zu verstehen.[40]

Bei der Übernahme von Konzepten aus der Theorie selbstreferentieller Systeme sind die genannten Autoren sorgfältig darauf bedacht, nicht in eine biologistisch-organismische Reduktion zu verfallen. Dementsprechend betonen sie, daß soziale Systeme künstliche, von Menschen geschaffene Systeme sind, die menschlichen Zwecken entsprechend konstruiert und umgeformt werden. Als Resultate menschlichen Handelns sind sie aber nicht nur von Planung und Intention, sondern auch von Selbstorganisation bestimmt: Sie sind nicht unbedingt Resultat menschlicher *Absichten.* »Organisieren und Selbstorganisation sind komplementäre und sich reflexiv beeinflussende Prozesse in sozialen Systemen. Beide zusammen charakterisieren das Funktionieren institutionaler Systeme« (a.a.O., 487).

Das Zusammenspiel von Organisieren und Selbstorganisation führt dazu, daß Problemlösungen in einem sozialen System nicht in vergangenheitsorientierten komplexen Kausalnetzwerken liegen können. Sie werden, wie Probst betont, durch die Gestaltungsfähigkeit zukünftiger Wirklichkeiten bestimmt: »Wir müssen uns gewissermaßen gestaltend, verändernd, in das System einschalten, um etwas über das Verhalten zu erfahren und ein System und seine Verhaltensmöglichkeiten zu erkennen. Das System wird also verändert – eine Wirklichkeit konstruiert –, um es verstehen zu lernen und etwas über seine Ordnung zu erfahren und eine Ordnung gestalten zu können» (1985, 4).[41]

Ein zweiter wichtiger Impuls aus dem Radikalen Konstruktivismus für die Managementwissenschaft betrifft das Problem der *Verantwortung*. Managementwissenschaft als anwendungsorientierte Wissenschaft, die soziale Systeme entwerfen und gestalten will, muß dafür auch Verantwortung übernehmen: »Aus der Anerkennung eines Radikalen Konstruktivismus folgt eine besondere Verantwortung jedes ›Konstrukteurs‹« (Probst 1985, 5, mit Hinweis auf E. von Glasersfeld). Diese Verantwortung versteht Probst als »schöpferische Teilnahme an der Gestaltung der Menschenwelt«. Der radikalkonstruktivistisch orientierte Manager soll neuartige Perspektiven und Sinnzusammenhänge vermitteln, also – im Sinne H. von Foersters – Handlungsmöglichkeiten eröffnen, in denen neue Wirklichkeiten erfunden werden können.

Wegen der Selbstorganisations-Komponente in sozialen Systemen kann es dabei nicht um eine Schaffung sozialer Wirklichkeiten durch bewußte Manipulation gehen. Manager können aber Kontexte für Wirklichkeitskonstruktionen schaffen, vor allem durch neue Interpretationsrahmen für Handlungen.
Übernahme von Verantwortung kann dabei nicht heißen, daß ein einzelner für das Verhalten eines ganzen sozialen Systems verantwortlich ist; denn der einzelne ist immer nur Teil eines komplizierten, vernetzten dynamischen Systems. Wohl aber ist jeder einzelne für »... seine Konstruktion der Wirklichkeit und damit für sein Handeln als Teil eines Systems verantwortlich« (a.a.O., 8 f.).

10. Erfahrung Machen mit dem Radikalen Konstruktivismus: Psychiatrie und Psychologie[42]

Zu den grundlegenden Annahmen des Radikalen Konstruktivismus gehört, daß die einfach gerichtete Kausalität als eine Beobachterkategorie nicht für die Erklärung der Wechselwirkung kreisförmiger Regelprozesse taugt, von denen die Selbstorganisation lebender Systeme bestimmt wird. Wie T. H. Brocher und C. Sies (1986) in ihrem Entwurf einer *konstruktivistischen Psychiatrie* gezeigt haben, eröffnet diese Einsicht innovative Entwicklungen in der Psychiatrie. Dabei steht die Arzt-Patient-Beziehung im Vordergrund des Interesses. »Die Arzt-Patient-Beziehung enthält, wie andere Bereiche der Beziehungen zwischen lebenden Systemen, die Fragestellung, wie in der Interaktion miteinander bestehende individuelle Grenzen aufrechterhalten und/oder verändert werden, die sich im Handeln als Realität wechselseitiger Bestätigung oder Infragestellung abbilden« (a.a.O., 1). Diese Frage taucht in der gegenwärtigen Psychiatrie nicht auf, weil diese den Patienten als physikalische und biochemische Maschine konzipiert, deren molekulare Mechanismen untersucht werden. Solche reduktionistischen Modelle der Biomedizin können aber Phänomene wie Sinneswahrnehmung, Gedächtnis, Schmerz, Affekte oder subjektive Bedeutungen nicht erklären. Eine Psychiatrie, die diese biochemisch-molekularen

Modelle adaptiert, konzipiert den Patienten als res extensa, den Psychiater als res cogitans, »... was ihn vor möglicher Selbsteinsicht oder Selbstveränderung in bezug auf seine Interaktion mit den Patienten bewahrt« (a.a.O., 3).
Modelliert man Interaktion und Kommunikation nun nach Maturanas Theorie autopoietischer Systeme, dann ist Kommunikation gebunden an einen konsensuellen Bereich zwischen Arzt und Patient. Die Kommunikation zwischen beiden wird damit weitgehend abhängig vom Selbst des Therapeuten. Modelliert man Wahrnehmung nach radikal konstruktivistischer Auffassung als Selektion und Konstruktion unter den Auspizien der Erhaltung der Selbstorganisation, dann stellt sich dem Therapeuten als Hauptproblem die *Erreichbarkeit* des Patienten. Gibt man schließlich das realistische Postulat einer objektiven Wirklichkeit auf, dann muß der konstruktivistisch orientierte Psychiater vom Versuch Abstand nehmen, dem Patienten wahr/falsch-Entscheidungen aufzuoktroyieren. Statt dessen stellt sich seine Problemkonzeption nun wie folgt dar: »In der Kommunikationsstruktur Arzt-Patient folgt der intersubjektive Interaktionsprozeß für beide Beteiligten der Autopoiese. Die Notwendigkeit der Selbstorganisation zur Selbsterhaltung läßt daher (auf beiden Seiten) nur jene Wahrnehmungen und Prozesse zu, durch die jeweils nur ein kompensationsfähiges Ungleichgewicht als Übergang einer Zustandsveränderung eintritt« (a.a.O., 5).
Berücksichtigt man die Subjektabhängigkeit der Erkenntnis und die Bedeutung der Autopoiese, dann muß sich der Arzt der Einsicht stellen, daß seine Beobachtungen von seiner eigenen Autopoiese abhängen. Strukturelle Koppelungen, die einen konsensuellen Bereich zwischen Arzt und Patient ermöglichen, beruhen dementsprechend nicht auf der Vermittlung von Informationen, sondern auf der Herstellung von Isomorphie: »Das ist nur in dem Ausmaß möglich, in dem der Arzt als Beobachter mit sich selbst so weit rekursiv interagieren kann, daß er seine strukturelle Koppelung an den Patienten wahrnehmen und für den Patienten in Sprache heben kann. Erst dadurch wird der Patient frei zur Entwicklung eines konsensuellen Bereichs mit sich selbst durch Interaktion mit seinen eigenen konsensuellen Zuständen« (a.a.O., 12).
Der Arzt muß sich darüber klarwerden, daß die von ihm (wie vom Patienten) vorausgesetzte Wirklichkeit bestimmend ist für

die Arzt-Patient-Beziehung in dem Versuch, »... die andersartige Wirklichkeit des Patienten dem kontemporären Konsens anzupassen, dem die ›organisationsbeladene‹ (von Glasersfeld) Wirklichkeit des individuellen und kollektiven Systems des Arztes sich verpflichtet fühlt« (a.a.O., 18).
Vor dem Hintergrund dieses konstruktivistisch orientierten Entwurfs einer Psychiatrie verdeutlichen Brocher und Sies die Situation der biochemisch geprägten Psychiatrie, in der der Arzt nicht dafür ausgebildet wird, sich in der Auseinandersetzung mit den Patienten-Konflikten selbst zu exponieren. Der Patient wird damit zum Objekt, das »be-handelt« wird. Hinzu kommt die Bindung des Arztes an ein »Clan-Gewissen«, zu dem auch eine deutliche Subjekt-Objekt-Trennung zwischen Arzt und Patient gehört. Psychische Phänomene werden entsprechend als epigenetische Erscheinungen primär organischer Zustände aufgefaßt; daher neigen Ärzte zur pharmakologischen Einflußnahme auf die »Organmaschinerie«, um dem mühsameren Prozeß des Verstehens unbewußter Hintergründe in Patient *und* Arzt zu entgehen. M. a. W.: Der Arzt bezieht sich nicht selbst als Objekt der Interaktion in seine Beobachtungen ein.
Ein Scheitern der Arzt-Patient-Beziehung kann beim Patienten Störungen hervorrufen. Daß auch beim Arzt Störungen auftreten können, wird nach Ansicht von Brocher und Sies im biochemischen Modell geleugnet, »... so als ob der Arzt gegen psychische Einwirkungen auf sein Selbstverständnis durch die distanzierend-objektive Perspektive unberührt bliebe« (a.a.O., 16). Die gezielte Ausschaltung der Möglichkeit von Selbsterfahrung auf der Seite des Arztes verhindert aber die »... Wahrnehmung jener Selbstverborgenheit des Arztes«, die erforderlich wäre, um einen konsensuellen Bereich mit dem Patienten aufzubauen.
Ein weiterer gravierender Nachteil der biochemisch orientierten Psychiatrie besteht aus konstruktivistischer Sicht darin, daß die Bedeutsamkeit der Erzeugung von Ordnung durch Fluktuation (i. S. von I. Prigogine) verkannt wird. Biochemische Psychiatrie versucht stets, Ordnung *von außen* an die Organmaschine heranzutragen. Damit aber ist eine erneute Störung des Arzt-Patient-Verhältnisses bedingt: Ärztliche Anordnungen bestärken das Autoritätsbedürfnis des Arztes; der Patient dagegen wird dominiert und in eine kindliche Rolle versetzt; er fühlt sich in seiner Autonomie abgelehnt. Schließlich regt eine konstruktivistisch

orientierte Psychiatrie an, das klassische »contained-mind-model« (J. Lilly 1984) des Verhältnisses von Leib und Seele zugunsten autopoietischer Modelle aufzugeben, in denen auch Selbstheilungsprozesse mitberücksichtigt werden können.
Ganz ähnliche Konsequenzen wie Brocher und Sies zieht auch J. Wippich (1983) aus einer Orientierung der Psychiatrie am Radikalen Konstruktivismus, wobei er diese Orientierung bis hin zu Prinzipien personenzentrierten Handelns in der Psychotherapie konkretisiert (a.a.O., 185). Auch Wippich plädiert für ein Denken in Wirkungs*netzen* (statt in Wirkungsketten). Auch er verlangt, daß der Standort des Therapeuten *in* das Arzt-Patient-Geschehen verlagert wird, da der Therapeut mit seinen sprachlichen und nicht-sprachlichen Verhaltensweisen »... lediglich Möglichkeiten für neue konsensuelle Bereiche schafft, in denen ein Organismus Bereiche auswählen kann, um seine eigene Autopoiese besser zu verwirklichen« (a.a.O., 95 f.).
Therapie muß nach Wippich (im Anschluß an M. Ericson) individuenzentriert arbeiten und versuchen, dem Patienten nicht nur sprachlich, sondern auf sämtlichen Sinneskanälen kongruent zu begegnen, sich ernsthaft auf sein Weltmodell und seine Sprache einzulassen und offen zu sein für alle Arten von Wahrnehmungen, die der Patient »sendet«. Wippich betont, daß es unmöglich ist, im Stil der klassischen Psychoanalyse Probleme des Patienten durch Sprache verstehen zu wollen, wenn man eine konstruktivistische Sprach- und Kommunikationstheorie zugrunde legt. »Die Worte des Klienten orientieren ihr eigenes Nervensystem auf eigene internale Strukturveränderungen, d. h. auf ganz persönliche Bedeutungen, Theorien, Ideologien, Glaubensbekenntnisse und persönliche Erlebnisse. Der Therapeut bewegt sich, indem er verbale Informationen des Klienten erfragt, innerhalb seines eigenen Modells. (...) Das Verharren des Therapeuten innerhalb seines eigenen Bezugssystems behindert den Klienten in ›seinem Sich-selbst-Finden‹« (a.a.O., 129). Daher muß ein Therapeut *sinnes*bezogen mit Patienten zu interagieren versuchen. Ziel dieser Interaktion ist es, Einschränkungen des Selbstkonzepts des Patienten aufzuheben, ihm zu helfen, sein inneres Bezugssystem zu erweitern, mehr Wahlmöglichkeiten für sich zu gewinnen, um seine Bedürfnisse erfüllen zu können. »Kongruenz ist eines der Hauptziele der Psychotherapie. (...) Wird Psychotherapie als ein Problemlösungsprozeß innerhalb von vernetzten Strukturen von viel-

fältigen Teilkomponenten eines ›Selbst‹ verstanden, so steht die Beziehungsstruktur, d. h. die Art der Verknüpfung der einzelnen Elemente und damit der Informationsfluß innerhalb dieser Beziehungsstruktur im Vordergrund« (a.a.O., 168).

Auf die Bedeutsamkeit radikal konstruktivistischer Positionen für die Psychologie[43] hat u. a. der Direktor der Sozialpsychiatrischen Universitätsklinik Bern, Luc Ciompi, mit der Entwicklung seines Modells einer *Affektlogik* (1985) hingewiesen. Der allgemeine Anschluß an den Radikalen Konstruktivismus drückt sich darin aus, daß Ciompi die Psyche als Teil eines autopoietischen Systems konzeptualisiert.

Ciompis Affektlogik, die direkt auf Maturana und Varela aufbaut, will Denken und Fühlen in ihrem dynamischen Zusammenwirken verstehen. Beide werden angesehen als komplementäre und einander ebenbürtige überlebensnotwendige Weisen der Wirklichkeitserfassung. Ciompi versucht mit diesem Ansatz, Freuds Konzentration auf die Affekte und Piagets Konzentration auf Kognitionen komplementär in einem systemtheoretischen Rahmen zu verbinden, ohne beide voneinander zu trennen oder sie aufeinander zu reduzieren; daher operiert er mit dem Konzept ›affektiv-kognitives Bezugssystem‹ als zentralem Begriff seiner Affektlogik.[44]

Nach Ciompi haben Gefühle direkten Bezug zum ganzen Körper. Sie werden verstanden als umfassende psycho-physische Reaktionen des ganzen Organismus. Denken dürfte sich entwicklungsgeschichtlich aus dem Fühlen heraus entwickelt haben. Denken und Fühlen sind beide Kognitionen (im Sinne von Reaktionen auf Deformationen des Systems). Beide »orten« Wirklichkeit wie Schnittlinien einer Peilung: »Das phylogenetisch ältere, körpernahe, deutlich trägere und unschärfere, aber viel umfassendere ›Fühlsystem‹ auf der einen Seite verleiht dem entstehenden, operationalen ›Bild‹ der Wirklichkeit gewissermaßen Tiefe und Ganzheitlichkeit, während das phylogenetisch jüngere, körperferne, abstraktere, präzisere, aber auch viel punktuellere ›Denksystem‹ zu seiner Schärfe beiträgt« (a.a.O., 17). Die aus diesem Zusammenwirken resultierende Tiefenschärfe steht im Dienste der Autopoiese.

Wie H. von Foerster oder E. Jantsch betont auch Ciompi – im Anschluß an Piaget –, daß die geistige Entwicklung des Kindes aus der konkreten Aktion erwächst, die sich durch viele Wieder-

holungen zu einem Schema verdichtet, das internalisiert wird und damit für künftige Aktionen zur Verfügung steht. Erst mit der Zeit und unter dem Einfluß der Sprache werden diese zunächst rein sensu-motorischen Schema ›geistig‹ (a.a.O., 19). Schemata als internalisierte kognitive Programme (= äquilibrierte psychische Strukturen) bilden Elemente in hierarchisch geordneten kognitiven Systemen. Sie verbinden sich mit zugehörigen Affekten, die den kognitiven Strukturen eine spezifische emotionale Färbung geben. Die Affektkomponenten entwickeln sich im Laufe der Zeit zu zunehmend stabilen, internalisierten Motivations- bzw. Wertsystemen, die (über-)lebenswichtige Lust-Unlust-Erlebnisse für das Verhalten verwerten. »Affektiv-kognitive Bezugssysteme erscheinen damit als synchron gewordene Niederschläge der gesamten diachronen Erfahrung; es sind aequilibrierte Fühl-, Denk- und Handlungsprogramme, die entsprechend den Piagetschen Einsichten assimilatorisch-akkomodatorisch in der ›Aktion‹ gebildet werden und homöostatisch regulierte Ganzheiten darstellen, welche schließlich nur noch aufgrund von nicht mehr assimilierbaren Störungen (z. B. massiven Widersprüchen) verändert und eventuell höher entwickelt werden« (a.a.O., 27).
Als symmetrisches Gegenstück zur Kognition sieht Ciompi den *Willen* als »verdichtetes Gefühl«. Wille erscheint als Gefühls- und Handlungsimpuls, der – von einem affektiv-kognitiven Bezugssystem höherer Ordnung ausgehend – hierarchisch niedrigere Bezugssysteme dominiert bzw. reguliert.
Die Psyche stellt sich für Ciompi also insgesamt dar als ein komplexes, hierarchisches Gewebe von affektiv-kognitiven Bezugssystemen.[45] Gehirn und Psyche sind nach Ciompi anfänglich nur rudimentär angelegte »Wegesysteme«, die im Gebrauch selber entstehen und sich in Interaktionen weiterentwickeln zu affektiv-kognitiven Programmen.
Affektiv-kognitive Bezugssysteme stellen, nach Ciompi, das eigentliche Gedächtnis dar; »... affektive Faktoren bestimmen, *was* beachtet und gespeichert wird und spielen später bei der Öffnung oder Hemmung des Zugangs zu Gedächtnisinhalten eine entscheidende Rolle« (a.a.O., 31). Affektive Faktoren sind auch wesentlich beteiligt am Erkennen kognitiver Stimmigkeiten, Abstraktionen und Äquilibrationen; umgekehrt bildet kognitives Erkennen übergeordneter Relationen die Voraussetzung für die Entwicklung »höherer Gefühle«.[46]

Lust und Unlust sind die Indikatoren erfolgreicher kognitiver Prozesse; bei kreativen Erkenntnisprozessen wirken Gefühle als Instrumente des Erkennens. »Es sind letztlich Gefühle, die gleich einem inneren Kompaß das Denken immerzu auf ›Stimmigkeiten‹, d.h. auf Gleichgewichtigkeiten bis hin zur vollen Piagetschen Reversibilität des Denkens hinleiten; umgekehrt besteht die ›Logik der Affekte‹ – und damit eigentlich des Körpererlebens! – gerade darin, daß das ›Gefühl‹ auf kognitive Unstimmigkeiten sehr empfindlich reagiert« (a.a.O., 36). Affekt und Intellekt äquilibrieren sich also gegenseitig und bilden damit, nach Ciompi, eine faszinierende Manifestation der *Selbstorganisation der Psyche.* Die »Bestandteile« der Psyche, eben die äquilibrierten affektiv-kognitiven Bezugssysteme lassen sich beschreiben als »Gestalten«, die schon durch Teile regelhaft als Ganze aktiviert werden können (a.a.O., 42). Die Aufgabe der Psyche wie des gesamten Organismus besteht – entsprechend der vorausgesetzten Theorie autopoietischer Systeme – im Ausgleich von Störungen und Widersprüchen, wobei dem Lustprinzip allgemeine Gültigkeit zugesprochen wird. Mit diesem Modell gelingt Ciompi auch eine Bestimmung von Gesundheit als optimal spannungsarmer, ökonomischer, von Krankheit als entsprechend spannungsreicher und unökonomischer interner Informationsverarbeitung.

11. Erfahrung Machen mit dem Radikalen Konstruktivismus: Empirische Literaturwissenschaft

Abschließen möchte ich die kurzen Hinweise auf Erfahrung Machen mit dem Radikalen Konstruktivismus mit einem Bericht über eine Konzeption von anwendungsorientierter Empirischer Literaturwissenschaft, die ich selber mit meiner Bielefelder und Siegener Arbeitsgruppe NIKOL entwickelt habe[47]. Bei diesem Versuch sind folgende Positionen des Radikalen Konstruktivismus wichtig geworden: die Kognitionstheorie als erkenntnistheoretische Basis; der konstruktivistische Empiriebegriff; konstruktivistische Modelle von Sprache, Kommunikation und Bedeutung; Anwendungsorientierung als Nützlichkeitsperspektive einer Empirischen Literaturwissenschaft sowie die Berücksichtigung der ethischen Konsequenzen aus der erkenntnistheoretischen Basis[48] (also Toleranz und Verantwortung).

Auf diesen Grundlagen wird (literatur-)wissenschaftliches Handeln konzipierbar als eine besondere Form sozialen Handelns nach bestimmten Regeln mit dem Ziel, Strategien zur Lösung von Problemen zu entwerfen, für deren Lösung in einer Wissenschaftlergruppe Bedarf besteht.

Die Frage, welche *Kriterien* und Werte für wissenschaftliches Handeln man akzeptiert, kann nicht abgetrennt werden von der Frage, welche Werte man auch in anderen sozialen Handlungssystemen (Kunst, Politik, Ökonomie usw.) verfolgt. Erst aus diesen gesellschaftspolitischen Zielvorgaben lassen sich Kriterien für wissenschaftliches Handeln ableiten. Die Zielvorgaben einer empirischen Literaturwissenschaft können folgendermaßen gekennzeichnet werden: Angestrebt wird Aufklärung im Sinne der Fähigkeit von Kritik und Selbstkritik, Selbstverantwortlichkeit und Rationalität; Solidarität als Reduktion der Herrschaft von Menschen über Menschen, als Reduktion von Wissens- und Wahrheitsterrorismus; Kooperativität als konfliktreduzierendes Interagieren und gemeinsames Problemlösen. Aus solchen Zielvorgaben folgt für wissenschaftliches Handeln, daß es explizit sein muß, systematisches Erfahrung Machen erlauben sowie intersubjektiv vermittelbar und überprüfbar sein muß. Außerdem muß es Anwendungsrelevanz in sozialen und individuellen Kontexten besitzen.

Besonders wichtig für eine Literaturwissenschaft sind natürlich die sprach- und kommunikationstheoretischen Prämissen, da sie direkt in die Konzeptualisierung des Gegenstands- bzw. Problembereichs einer Literaturwissenschaft eingehen. Grundsätzlich übernehme ich Maturanas Annahme, daß Kommunikation nicht als Austausch von Informationen, sondern als parallele Konstruktion von Informationen im kognitiven Bereich von Individuen angesehen werden kann, die durch strukturelle Koppelung bereits einen konsensuellen Bereich ausgebildet haben.[49]

Aus diesen Annahmen folgt zum einen, daß Bedeutung eine kontextuelle Relation ist, die theoretisch als mehrstelliger Begriff konzipiert werden muß (relativ zu Kommunikationsteilnehmern, Kommunikationssituationen und Zeitpunkten); daraus folgt zum anderen, daß Kommunikationsmittel nicht Bedeutung *besitzen*,

sondern daß Kommunikationsteilnehmer konsensuell vereinbarten Kommunikationsmitteln in ihrem kognitiven Bereich Bedeutungen *zuordnen*. Folglich muß man strikt unterscheiden zwischen dem Kommunikationsmittel – etwa einem sprachlichen Text – und den kognitiven Konstrukten, die ein System diesem Kommunikationsmittel zuordnet. Solche kognitiven Konstrukte, die stets emotional besetzt sind und hinsichtlich ihrer lebenspraktischen Relevanz eingeschätzt werden, nenne ich *Kommunikate*. Was als Kommunikationsmittel in einer sozialen Gruppe oder einer Gesellschaft akzeptiert ist und wie Kommunikationsmittel aufgebaut und benutzt werden, das lernt das Kind in einem langen Sozialisationsprozeß. Dort lernt es auch, wie Kommunikationsmittel die Funktion erfüllen können, innerhalb des kognitiven Bereichs zu orientieren. Gelingt eine solche Orientierung, dann wird Kommunikationsmitteln ein subjektabhängiges Kommunikat zugeordnet, wobei die jeweils aktuelle Lebenssituation insgesamt als Kontext fungiert. Da weder die kommunizierenden Subjekte noch ihre Lebenssituationen identisch sind oder bleiben und da die Subjekte mit Hilfe von konventionellen Kommunikationsmitteln nicht Informationsquanten transportieren, sondern aufgrund ihrer Interaktion mit den Kommunikationsmitteln Informationen erst in ihrem kognitiven Bereich *erzeugen*, kann man nicht davon ausgehen, daß etwa einem sprachlichen Text (als Kommunikationsmittel) von zwei Rezipienten dasselbe Kommunikat zugeordnet wird. Konsens in der sprachlichen Kommunikation kann also nicht durch Rekurs der Kommunikationspartner auf identische Gegenstände in der Realität oder auf autonome Bedeutungseinheiten im Text erklärt werden, sondern nur durch Rekurs auf Konventionen, die als Konstruktionsregeln für die Bildung von Kommunikaten sozialisationsgeschichtlich internalisiert werden. Diese Konventionalisierung erstreckt sich nach allen Erfahrungen aber nur auf lexikalische und syntaktische Stereotypen für rekurrente Sprachverwendungen in Normalsituationen. Sobald Sprachverwendungen individuell variieren (wie in literarischen Werken) oder Kommunikationssituationen spezielle Merkmale enthalten (wie z. B. emotionale Belastungen im Examen, im Verhör, beim Ehestreit usw.), treten gehäuft sogenannte Verständnis- oder Kommunikationsprobleme auf, weil Konventionen versagen oder dafür gar nicht entwickelt worden sind.[50]
Das Verstehen sprachlicher Texte wird heute in der Sprachpsy-

chologie weithin übereinstimmend als konstruktiver Prozeß gesehen (cf. N. Groeben, T. A. van Dijk, R. A. de Beaugrande, H. Mandl, u. a.; cf. W. Schnotz 1985), der je nach den Möglichkeiten und Fähigkeiten des Aktanten die verschiedensten kognitiven Prozesse und epistemischen Teilsysteme integriert. Damit ergibt sich langfristig durchaus eine Perspektive, hermeneutische und konstruktivistische Vorstellungen zu koordinieren, ohne die grundsätzliche Subjektdependenz und Konstruktivität aller Verstehensprozesse zu vernachlässigen.

Die Umsetzung dieser theoretischen Grundlagen in eine konstruktivistische Literaturtheorie wird vor allem vom konstruktivistischen Systembegriff orientiert. Das drückt sich aus in einer neuen Konzeption des Literaturbegriffs, der in der Empirischen Theorie der Literatur nicht wie in anderen Literaturtheorien über Texte oder Textcorpora definiert wird, sondern über Text-Handlungs-Syndrome. Als kleinste Einheiten werden Handlungen (samt ihren Bedingungen, Folgen und Konsequenzen) angesetzt, die solche Phänomene (meist Texte) fokussieren, die der Handelnde für literarisch hält. Handlungen dieser Art nenne ich *literarische Handlungen.* Grundsätzlich geht die Empirische Theorie der Literatur aus von vier elementaren Handlungstypen: von der Produktion, Vermittlung, Rezeption und Verarbeitung literarischer Texte. Kopplungen literarischer Handlungen führen zu *Literaturprozessen.* Die Gesamtheit der Literaturprozesse in einer Gesellschaft bezeichne ich als *Literatursystem.*

Das Literatursystem seinerseits ist Bestandteil im System-Netz Gesellschaft (im Sinne von P. Hejl 1984), das heißt, ein Literatursystem kann nur in systematischem Zusammenhang mit den anderen Handlungssystemen einer Gesellschaft und deren jeweiligem historischen Entwicklungsstand verstanden und erklärt werden. Die eine Gesellschaft bildenden Handlungssysteme sind zugleich selbstregulativ und funktional für das Gesamtsystem. Sie entfalten sich co-evolutiv. Eine Wissenschaft, die solche Systeme beschreiben und erklären will, hat sich an Verfahren der Sozialwissenschaften auszurichten.

Literatursysteme in modernen Gesellschaften lassen sich von anderen Handlungssystemen abgrenzen durch Konventionen, die nur im Literatursystem gelten. Die spezifische Funktion des Handelns in Literatursystemen kann als potentiell gleichzeitige und integrale Wertrealisierungen auf drei Ebenen angesetzt wer-

den: kognitiv als Entwurf alternativer Wirklichkeitsmodelle, Erlebnis- und Erfahrungsmöglichkeiten; normativ als öffentliche Thematisierung individueller Normkonflikte; und emotional als Befriedigung hedonistischer Bedürfnisse.
Im folgenden Abschnitt will ich kurz darlegen, welche Konsequenzen sich aus den bisher geschilderten theoretischen Vorgaben für die Konstitution einer Empirischen Literaturwissenschaft auf radikal konstruktivistischer Basis ergeben.
Die erste und grundsätzliche Konsequenz betrifft den Wissenschaftstyp und das Selbstverständnis einer Empirischen Literaturwissenschaft: Sie beschreibt und erklärt literarische Handlungen und Literaturprozesse in Literatursystemen in synchroner und diachroner Hinsicht mit dem Ziel, durch wissenschaftliches Handeln anwendbares Wissen für Handlungs- und Entscheidungsprozesse innerhalb und außerhalb des Literatursystems unserer Gesellschaft zu erarbeiten.
Die zweite Konsequenz läßt sich als systemorienterte Konzeption des Gegenstands- bzw. *Problembereichs* einer Literaturwissenschaft formulieren. Die Einsicht in die Subjektabhängigkeit jeder Erkenntnis führt dazu, nicht isolierte Texte zum literaturwissenschaftlichen Thema zu machen, sondern die Prozesse, die an und mit Texten in einer Gesellschaft stattfinden, m. a. W. Text-Handlungs-Syndrome im Literatursystem im Kontext der anderen Handlungssysteme einer Gesellschaft.
Alle textbezogene Arbeit muß Konsequenzen ziehen aus der in der Empirischen Literaturwissenschaft zugrunde gelegten konstruktivistischen Sprach- und Bedeutungstheorie, wobei vor allem die elementare Unterscheidung zwischen Text und Kommunikat wichtig ist. Diese Unterscheidung führt zu einer Verschärfung hermeneutischer Fragestellungen insofern, als nicht mehr ein ontologisch real gesetzter Text den objektiven Bezugspunkt, das letztes Datum literaturwissenschaftlicher Aussagen bildet, sondern als genau unterschieden werden muß zwischen Text und Kommunikat in den genannten vier Handlungsrollen. Semantische Analysen treffen also nirgendwo auf ein objektives Datum, bestenfalls auf Regulatorien vom Verbindlichkeitsgrad von Konventionen.
Die konstruktivistische Position hat natürlich direkte Auswirkungen auf das bisherige Zentralthema der Literaturwissenschaft: auf die *Werkinterpretation.* Sowohl die Unterscheidung zwischen

Text und Kommunikat als auch die Annahme einer strikten Subjektdependenz von Bedeutungen macht eine Vorstellung von Interpretation als Ermittlung der »richtigen« Bedeutung eines literarischen Textes oder als Ermittlung der Autorintention unsinnig: »Richtige« Bedeutungen könnte man nur ermitteln, wenn es einen objektiven Maßstab gäbe, der außerhalb subjektiver Kognitionsbereiche läge; und Autorintentionen sind unzugänglich, da Autorkommunikat und Autortext nicht einfach identifiziert werden können.

Damit scheidet die Interpretation – im oben angegebenen Sinne – als wissenschaftliche Operation aus dem Aufgabenkatalog einer Empirischen Literaturwissenschaft aus, während Textanalyse, Editions- und Überlieferungsgeschichte, Erzähl- und Stilanalysen u. ä. durchaus ihren Platz behalten. Daneben interessiert sich die Empirische Literaturwissenschaft verstärkt für die kognitiven Prozesse, die beim Produzieren, Rezipieren und Verarbeiten von literarischen Texten ablaufen (cf. dazu D. Meutsch 1985 sowie D. Meutsch und S. J. Schmidt 1985). Statt der Fixierung auf Interpretation öffnet sich der Empirischen Literaturwissenschaft ein weites Feld neuer Fragen: nach literarischem Verstehen und seinen Bedingungen; nach Persönlichkeitsprofilen verschiedener Typen von Literaturproduzenten; nach dem Literaturbegriff in Deutschland (Ost und West), seiner Entstehung und Tradierung; nach Voraussetzungssystemen exemplarisch ausgewählter Autoren usw.[51] Diese Entwicklung hat auch Auswirkungen auf den interpretationsfixierten Literaturunterricht, der langfristig im Sinne der Entwicklung der Empirischen Literaturwissenschaft umgestellt werden müßte, um das Interesse an literarischem Handeln zu erhalten.

Eine wichtige Rolle für die Lösung des Interpretationsproblems spielt die strikte Unterscheidung der Empirischen Literaturwissenschaft zwischen *Teilnahme* am Literatursystem und *Analyse* des Literatursystems. Diese Trennung ermöglicht eine deutliche Scheidung zwischen wissenschaftlichen und nichtwissenschaftlichen Handlungen im Bezug auf das Literatursystem; sie verlangt andererseits bei jedem Handlungstyp eine Reflexion darauf, ob er wissenschaftlich oder nicht-wissenschaftlich machbar und vor allem auch sinnvoll ist.

Unter die nicht-wissenschaftlichen, aber gleichwohl höchst sinnvollen und notwendigen Teilnahmehandlungen am Literatursystem zählt die Empirische Literaturwissenschaft die expertenhaften Deutungen, Wertungen und Erläuterungen zu literarischen Fragen, die im angelsächsischen Raum als literary criticism bekannt sind und dazu dienen, literarische Kommunikation in einer Gesellschaft über eine möglichst große Bandbreite historischer und aktueller Texte aufrechtzuerhalten. Literaturkritik verlangt Engagement und Risiko der literaturkritischen Experten; sie lebt von ihrer exponierten Subjektivität, nicht aber von Wissenschaftsansprüchen. Vom kulturellen Verständnis literaturkritischer Interpretationsdiskurse her stellt sich in der Empirischen Literaturwissenschaft die Frage, ob eine wissenschaftliche interpretatorische Ermittlung der richtigen Bedeutung eines literarischen Werkes – gesetzt den Fall, es gäbe sie – für die Entwicklung des Literatursystems überhaupt wünschenswert wäre, wenn man bedenkt, daß sie die Kommunikation über literarische Kommunikate abschneiden und sich selbst an deren Stelle drängen könnte. Der Literaturunterricht, in dem in aller Regel die Lehrerinterpretation die Rolle der richtigen Deutung spielt, zeigt dies überdeutlich: Schlaue Schüler lesen die Interpretation und nicht mehr den literarischen Text.

Die konstruktivistische Basis der Empirischen Literaturwissenschaft verändert auch die Argumentationssituation in der Frage nach *Literarizität* und *Fiktion.* Es liegt wohl auf der Hand, daß eine Konzeption der Realität als Konstrukt eine völlig veränderte Diskussion über »Kunst und Wirklichkeit« bedingt. Schon Mitte der 60er Jahre hat der englische Kulturtheoretiker Raymond Williams diese Debatte geführt (cf. Williams 1977), interessanterweise schon damals gestützt auf biologische Thesen J. Z. Youngs (bei dem H. R. Maturana von 1954-56 studiert hat!), die dieser bereits 1951 in seinem Buch *Doubt and Certainty in Science – a Biologist's Reflextions on the Brain* entwickelt hatte. Seine zentrale These lautete: Das Hirn eines jeden von uns schafft buchstäblich seine eigene Welt. Zusammen mit Sir Russel Brains durchaus konstruktivistischen Ansichten (niedergelegt in *Mind, Perception, and Science,* 1951) findet Williams hier eine Ausgangslage, die erst bei den Konstruktivisten wieder erreicht worden ist. Und er zog daraus damals schon dieselben Schlüsse wie wir heute: »... es kann aber kaum ein Zweifel daran bestehen, daß wir fortan davon ausgehen müssen, daß die *Realität, so wie wir sie erfahren,* in dem genannten Sinne eine menschliche Schöpfung darstellt, daß unsere gesamte Erfahrung eine menschliche Version der Welt ist, in der wir leben. Diese Version hat vor allem zwei Quellen: das menschliche Hirn, wie es sich langsam herausgebildet hat, und die Interpretationen, die wir von unserer Kultur geliefert bekommen. Die Version des Menschen von der von ihm bewohnten Welt hat eine zentrale biologische Funktion: sie ist eine Form der Interaktion zwischen ihm und seiner Umgebung, die ihm gestattet, sein Leben zu erhalten und größere Kontrolle über die Umwelt zu erlangen. Wir »sehen« auf bestimmte Weise, das heißt, wir interpretieren sensorische Informationen aufgrund bestimmter Regeln, entsprechend einer Lebensweise« (1977, 23). Damit ist für Williams der Gegensatz zwischen Kunst und Wirklichkeit endlich als falsch erkennbar. Wenn dieser Dualismus wegfällt, dann beginnt man zu begreifen, daß Literatur und Kunst zwei von vielen Kommunikations- und Beschreibungsmöglichkeiten für unsere Erfahrungen sind, die sich eben nicht durch ihre Konstruktivität, sondern nur durch den Gebrauch besonderer *Verfahren* von solchen wirklichkeitskonstruktiven Prozessen unterscheiden, die wir nicht als Kunst betrachten. Ein Blick auf die Kulturgeschichte zeigt, daß die kategoriale Auszeichnung bestimmter Teile gesellschaftlicher Wirklichkeitsmodelle als real oder als fiktiv eine kulturelle und keine ontologische Frage war und ist und daß die Bindung des Literaturbegriffs an die Fiktivitätskategorie poetologisch sehr variant vorgenommen worden ist. Ähnliches gilt für die Bestimmung der Literarizität von Texten: Sie kann nicht einfach durch eine Aufzählung und Kombination von Textmerkmalen erfolgen. Hier geht es vielmehr um eine nur historisch-empirisch zu lösende Frage, wer wann unter welchen Bedingungen Texten bestimmte Merkmale wahrnehmend zugeordnet und sie wertend als literarizitätsstiftend eingeschätzt hat.

Eine wichtige, aber problematische Konsequenz konstruktivistischer Fundierung einer Empirischen Literaturwissenschaft schließlich liegt im Fragenkomplex Anwendungsorientierung (cf. dazu NIKOL [Hrsg.], 1986). Literaturwissenschaftliches Handeln, organisiert im Wissenschaftssystem, hat aufgrund seiner Integration in das Gesellschaftssystem notwendig geplante Folgen und vielfältige ungeplante Konsequenzen, die bei einer Disziplin wie der Literaturwissenschaft, die stets in prekärer Nähe zu weltanschaulichen Überzeugungstaten stand, bisher viel zu wenig bedacht worden sind. Wenn nun in einer Konzeption von Literaturwissenschaft, die ihre wissenschaftstheoretischen Entscheidungen aus ihren gesellschaftspolitischen Zielvorgaben ableitet, über Folgen und Konsequenzen literaturwissenschaftlichen Handelns nachgedacht wird, dann liegt es nahe, bei der unvermeidlichen Selektion von Themen und Aspekten solche zu wählen, deren Behandlung zielrelevantes Wissen verspricht. Angesichts der heute schon erahnbaren Komplexität von Literaturprozessen muß man früh genug dabei einen Forschungsbereich *Experimentelle Literaturwissenschaft* vorsehen, in dem langfristige Prozesse und multifaktorielle co-evolutive Prozesse modellhaft simuliert werden können. Mit aller Vorsicht muß auch darüber nachgedacht werden, ob Literaturwissenschaft nicht Auftragsforschung übernehmen sollte, um Wissen zu gewinnen, für das Bedarf bereits besteht oder plausibel gemacht werden kann. Das betrifft etwa eine grundsätzliche Umgestaltung des Literaturunterrichts, um Jugendliche wirksam auf eine erfolgreiche spätere Teilnahme am Literatursystem vorbereiten zu können.

Die im vorangegangenen skizzenhaft geschilderten konstruktivistischen Grundlagen der Empirischen Literaturwissenschaft und die sich daraus ergebenden Konsequenzen führen dazu, daß Probleme, Verfahren, Ziele, Werte und Ergebnisse literaturwissenschaftlicher Arbeit im Vergleich zu bisherigen literaturwissenschaftlichen Ansätzen *insgesamt* (nicht nur partiell) neu und anders gesehen werden. Das bedeutet: Die Empirische Literaturwissenschaft betrachtet als ihre *Aufgaben:*

- die Beschreibung und Erklärung von Literaturprozessen in Literatursystemen,
- die Anwendung empirischer Verfahren aus den Sozialwissenschaften und die empirische Prüfung der erzielten Ergebnisse,
- das Bereitstellen anwendbaren Wissens für Aktanten innerhalb und außerhalb des Literatursystems,
- die Erarbeitung expliziter empirischer Theorien,
- interdisziplinäre Arbeit, die Intersubjektivität der verwendeten Fachsprache und rationale Argumentation voraussetzt,
- Teamarbeit im Rahmen expliziter Theorien und Methoden,
- die Orientierung an gesellschaftspolitischen Wertvorstellungen, die Prinzipien wie Selbstorganisation, Ordnung durch Fluktuation und Freiheit, Selbstbestimmung und Primat von Prozessen über Strukturen nahestehen.

Wenn aber sowohl im intellektuellen als auch im normativen Bereich, im Hinblick auf die Konzeptionen von Wissenschaft, Literatur und Literaturwissenschaft und ihre gesellschaftspolitischen Implikate als auch im Hinblick auf Konzepte von ›Sprache‹, ›Text‹, ›Bedeutung‹ und ›Ästhetik‹ zugleich grundlegende Veränderungen in einem Forschungsprogramm tatsächlich auftreten, dann kann wohl im Kuhnschen Sinne von Paradigmawechsel gesprochen werden, auch wenn die bis jetzt entwickelten Theorien noch nicht den Stand erreicht haben, der im Kuhnschen Sinne als paradigmatisch bezeichnet werden kann.

12. Der Radikale Konstruktivismus: Ein neues Paradigma im interdisziplinären Diskurs

In den vorangegangenen Abschnitten habe ich exemplarisch zu zeigen versucht, welche Erfahrungen Forscher in verschiedenen Disziplinen mit dem Radikalen Konstruktivismus gemacht haben. Dieser Bericht ist keineswegs vollständig; zu verweisen wäre etwa noch auf konstruktivistische Ansätze in der Historiographie (G. Rusch, 1985), in der Rechtstheorie (G. Teubner, 1984), in der Evolutionstheorie (G. Roth, 1986a, b), in der Sprach- und Kommunikationstheorie (W. K. Köck, 1978) usw.

Wichtig an diesen disziplinspezifischen Erfahrungen scheint mir zu sein, daß

- die konstruktivistische Berücksichtigung holistischer und monistischer Aspekte reduktionistische Forschungsansätze aufzulösen erlaubt (etwa in der Psychiatrie oder in der Managementwissenschaft) und komplementären Methodeneinsatz fördert,
- durchweg die Sensibilität für erkenntnistheoretische Grundlagen und Probleme *jeder* wissenschaftlichen Aktivität erhöht wird,
- die Aufmerksamkeit auf Selbstorganisation und Eigentätigkeit gelenkt wird statt bloß auf Steuerung oder einfaches Reagieren,
- Prozesse und Systeme gegenüber Strukturen komplementär berücksichtigt werden und in »Wirkungsnetzen« gedacht wird,
- die Fixation auf Denkmuster vom Typ »es muß aber doch ...« aufgelöst wird,
- wissenschaftliche Tätigkeit menschenbezogen und anwendungsorientiert gesehen wird,

– die ethischen Konsequenzen aus der Einsicht in die Konstruktivität und Subjektdependenz *alles* Wissens und *aller* Werte gezogen werden.

Zum Abschluß dieser Überlegungen zur Konzeption eines Radikalen Konstruktivismus, seiner Implikate und seiner möglichen Anwendungen in verschiedenen Forschungsbereichen möchte ich der Frage nachgehen, wie eine Gesamteinschätzung des Radikalen Konstruktivismus heute aussehen könnte. Dabei greife ich zurück auf den Anfang dieser Überlegungen, nämlich auf die Entstehung (zumindest *einer* Konzeption) des Radikalen Konstruktivismus aus dem Geiste der Kybernetik.

Einen entscheidenden Anstoß aus dem Forschungskontext der Kybernetik lieferte sicher die Theorie selbstorganisierender Systeme. Indem der Radikale Konstruktivismus diesen Anstoß aufnahm und ernst nahm, gelang ihm die Überwindung einer entscheidenden Einseitigkeit der Kybernetik: nämlich deren Fixierung auf das Modell von Informationsverarbeitung, das an Input-Output-Vorstellungen gebunden war. Genau diese Vorstellungen erwiesen sich als unproduktiv bei der Beschreibung lebender, selbstorganisierender, autopoietischer Systeme.

Die konzeptionelle Arbeit an der Beschreibung solcher lebender Systeme erwies sich als so innovativ, daß damit die Grundlagen der kybernetischen Denkweise erschüttert und ein Paradigmawechsel vorbereitet wurde, den F. Varela (1982, 84) als »Übergang von einer physikalischen zu einer biologischen Weltsicht« einstuft; einer Weltsicht, die nicht mehr ausschließlich fixiert ist auf Input und Output, auf Ursache und Wirkung, sondern die im physikalischen Weltbild besonders geächteten selbstbezüglichen Prozesse als besonders interessante Forschungsgegenstände bearbeitet.

Damit vollzieht sich eine Entwicklung, die unter zwei Gesichtspunkten interessant ist. Zum einen führt die konsequente Handhabung des physikalischen Weltbildes und seiner realistischen erkenntnistheoretischen Basis zur Erkenntnis und Relativierung des eigenen Bezugs- und Wahrheitssystems; zum anderen gelingt Maturana der Schritt über diese Relativierung hinaus, indem er nachweist, daß die Kontext- und Subjektabhängigkeit unserer Wahrnehmung und Erkenntnis überhaupt erst die Operationalität des Erkennens erklären kann. Damit geht der Radikale Konstruktivismus in einer produktiven und wirklich innovativen

Weise über relativistische und skezptizistische Positionen hinaus. In diesem Sinn darf er auch nicht vewechselt werden mit den seit Mitte der 70er Jahre modischen Trends irrationalistischer Wissenschaftskritik, Neo-Mythologie, Poststrukturalismus oder Postmodernismus, die in einer Art geistiger Wendehypnose das Ruder einfach herumzuwerfen versuchen, vom Kopf auf den Bauch umschalten, von Geschichte zum Mythos zurückwölken. New Age und Radikaler Konstruktivismus sind keine Verwandten! Der Radikale Konstruktivismus zieht vielmehr die Konsequenzen aus der abendländischen Forschungsgeschichte und pflegt nicht intellektuelle Wehwehchen in einem subjektivistischen Schmollwinkel. Er liefert keine neue Weltanschauung, sondern eine empirische wissenschaftliche Theorie, die ein ähnlich hohes Innovationspotential (vor allem für die Geistes- und Sozialwissenschaften) entwickeln kann, wie es in den 50er Jahren die Kybernetik für die Naturwissenschaft und Technik entwikkelt hat.

Wie jede Neuigkeit produziert auch eine neue Kognitionstheorie Mitläufer, die sich darauf beschränken zu können glauben, ein paar neue Vokabeln mehr oder weniger metaphorisch nachzusprechen. Diese Mitläufer sind lästig, aber nicht gefährlich. Sehr viel schwieriger ist für Radikale Konstruktivisten das Problem, eine angemessene Sprache für ihre Überlegungen zu finden; denn unsere Umgangssprache wie unsere Wissenschaftssprache sind imprägniert mit klassischer europäischer Philosophie und wissenschaftlichen Vorstellungen, sie sind durchgehend ontologistisch und dualistisch geprägt.[52] Wie soll man in einer solchen Sprache das unendliche Werden und Vergehen unserer kognitiven Welten beschreiben? Wie soll man in einer Subjekt-Prädikat-Objekt-Sprache ausdrücken, daß es unmöglich ist, »... zwischen dem zu unterscheiden, was dem System als ein Objekt erscheint, und der Art und Weise, wie das System aufgebaut ist«? (Varela, 1982, 88) Wie soll man – gegen die implizite Ontologie unserer Sprache – verdeutlichen, daß wir die Welt und alles in ihr nicht einfach als so und so gegeben voraussetzen können, daß wir nicht vergessen dürfen, »... was wir ursprünglich getan haben, um sie hervorzubringen« (a.a.O., 90).[53]

Wie in Abschnitt 6 angedeutet, ist der Radikale Konstruktivismus wegen seiner Kontra-Intuitivität vielfältigen Mißverständnissen ausgesetzt: Radikale Gegner mißdeuten ihn als ontologischen

Solipsismus oder Idealismus; wohlwollende Kritiker möchten ihn zu einer Spielart des Konstitutionismus domestizieren. Dagegen möchte ich die Einschätzung setzen, daß der Radikale Konstruktivismus ein neues Paradigma (in einem nicht-metaphorischen Sinne der Verwendung dieses Terminus) darstellt, wenn er als *radikaler* Konstruktivismus ernstgenommen wird. Dabei muß deutlich gesehen werden, daß es strenggenommen keine einheitliche Doktrin »Radikaler Konstruktivismus« gibt, die schon auf Lehrbuchniveau dargestellt werden könnte. Aber auch angesichts der heute vertretenen Varianten bleiben noch genügend Positionen und Charakteristika konstruktivistischen Denkens, die es erlauben, vom »Radikalen Konstruktivismus« zu reden. Dazu gehört die empirische Basis (in Biologie, Neurophysiologie, Psychologie usw.); die argumentative Stringenz; die Anerkennung grundlegender ethischer Implikate; die Anwendungsorientierung; die Orientierung aller Beschreibungen und Erklärungen menschlichen Verhaltens auf autopoietische Organisation und deren Aufrechterhaltung; die Verbindung mit dem evolutionären Erklärungsansatz (I. Prigogine) und der kognitiven Psychologie (J. Piaget) und die grundlegende Orientierung auf Konstruktivität statt auf Abbildung und Informationsverarbeitung.
Wie jede Kognitions- und Erkenntnistheorie ist auch der Radikale Konstruktivismus für *Alltagshandeln* und -kommunizieren irrelevant (darauf weist E. von Glasersfeld, 1984, ausdrücklich hin). Im Alltag gehen wir mit unseren kognitiven Welten um, als wären sie real, und bemerken diese Als-Ob-Fiktionen nicht einmal. In der Praxis brauchen wir einheitliche operationale Wirklichkeits- und Bezugssysteme sowie Werthierarchien (cf. L. Ciompi 1985, 44). Daraus kann kein sinnvoller Einwand gegen eine Erkenntnistheorie gewonnen werden, die den Als-Ob-Charakter dieser Praxiswelten erweist. Angesichts der ethischen Konsequenzen einer radikal konstruktivistischen Kognitionstheorie wäre m. E. dringend zu wünschen, daß der Konstruktivismus Eingang in die öffentliche – wissenschaftliche wie nicht-wissenschaftliche – Diskussion findet; nicht um unsere Orientierung in der Praxis zu erschweren und uns zu gestörten Tausendfüßlern zu machen; sondern um unsere *Legitimationspraxis* zu verändern, uns die Arroganz zu nehmen, die aus vermeintlichem Wahrheitsbesitz herrührt. Um uns dazu zu bringen, unsere Überlegungen zu Wirklichkeit, Wert und Sinn nicht in ein unfruchtbares und

gesellschaftspolitisch gefährliches Wahr-falsch-Schema zu pressen, sondern uns zu fragen, »... ob ein Weg, die Welt aufzufassen, gangbar, möglich, nützlich, wirkungsvoll ist« (Varela 1982, 89).

In diesem Sinne könnte der Radikale Konstruktivismus, der sein Innovationspotential als empirische Kognitionstheorie zu entfalten begonnen hat, einen wichtigen Beitrag zur Humanisierung und zur Entwicklung einer friedlicheren Welt leisten. Und genau darauf kommt es an; denn »Unsere Suche gilt letzten Endes nicht der genauen Kenntnis des Universums, sondern der Kenntnis der Rolle, die wir in ihm spielen – dem Sinn unseres Lebens« (E. Jantsch 1978, 127).

Anmerkungen

1 In der Literatur finden sich meist die Bezeichnungen ›Konstruktivismus‹ und ›Radikaler Konstruktivismus‹ nebeneinander, wobei die Bezeichnung ›Radikaler Konstruktivismus‹ meist mit dem Namen Ernst von Glasersfelds verbunden ist. M. E. ist die Bezeichnung ›Radikaler Konstruktivismus‹ zutreffender; die Gründe dafür diskutiere ich in Abschnitt 5 und 6. Nur aus stilistischen Gründen werde ich im folgenden also nicht immer das spezifizierende ›radikal‹ verwenden.

2 Cf. die historische Darstellung E. von Glasersfelds in der *Declaration* sowie im Vorwort Maturanas zur deutschen Übersetzung seiner Schriften (Maturana, 1982). Die wichtigsten Schriften von Foersters und von Glasersfelds liegen inzwischen in deutschen Sammlungen vor (von Foerster 1985; von Glasersfeld 1986). Eine Bibliographie zum Konstruktivismus haben P.M. Hejl und S.J. Schmidt (1985) zusammengestellt.

3 Von 1957 bis 1976 wurden in dem von H. von Foerster begründeten und geleiteten Biological Computer Laboratory an der University of Illinois (Urbana) bahnbrechende Arbeiten auf den verschiedensten Gebieten geleistet. Dazu zählten folgende Gebiete: Kybernetik, Kognition, Wahrnehmung, Lernen, Gedächtnis, Allgemeine Systemtheorie, Regelungstheorie und -technik, Theorie biologischer und sozialer Systeme, transklassische mehrwertige Logik, Computerwissenschaft, semantische Netzwerke, relationale Datenstrukturen, Automatentheorie, Kybernetik 2. Ordnung. Die Ergebnisse, die auf insgesamt 14000 Druckseiten festgehalten sind und auf 146 Microfiches zur Verfügung stehen, sind noch lange nicht hinreichend zur Kenntnis genommen worden (cf. von Foerster 1985).

4 Zur »Philosophie« und Entwicklung der system- und evolutionstheoretischen Aspekte des Konstruktivismus cf. u. a. P. F. Dell und H. A. Goolishian (1981).

5 »Man könnte sagen, daß diese Wie-Fragen auf eine ›Methodologie‹ menschlicher Kognition abzielen und daß die Antworten in der spezifischen Organisation, Struktur und Funktionsweise gesucht werden, wie sie in menschlichen Organismen verkörpert ist« (G. Rusch 1985, 56).

6 Cf. etwa die einschlägigen Beiträge in P. M. Hejl, W. K. Köck und G. Roth (Hrsg.), 1978; G. Roth und H. Schwegler (Hrsg.), 1981, und F. Benseler, P. M. Hejl und W. K. Köck (Hrsg.), 1980.

7 Cf. schon N. Hansons aufschlußreiche Feststellung: »People, not their eyes, see. Cameras and eye-balls, are blind« (1958, 9).

8 Die Modalität und Qualität der Sinnesempfindungen im Gehirn ist durch eine Topologie bestimmt, die weitgehend stammesgeschichtlich festgelegt ist. – Eine ausführliche Darstellung hat G. Rusch (1985) geliefert.

9 Die Gestaltpsychologen setzten dagegen primäre Sinnesempfindungen als Material und nicht als bereits Gestaltetes an.

10 Bereits der Gestaltpsychologe W. Metzger (1940) hat Selbstreferentialität als notwendiges Konstruktionsmerkmal aller Gehirne bezeichnet, die mehr sind als reflexhafte Reiz-Reaktions-Zuordnungen oder spezifische Signalempfänger.

11 Für die Einschätzung gehirnphysiologischer Forschung folgt aus dieser Unterscheidung, daß Neurophysiologen Gehirne als Bestandteil der kognitiven Welt untersuchen und nicht etwa als Objekte der realen Welt. Wahrnehmungen können nicht beobachtet werden, beobachtbar sind nur neuronale Prozesse. Das kognitive Gehirn als Resultat einer Selbstbeschreibung kann sich nicht selbst beschreiben: Wir machen *Modelle* des realen Gehirns nach Konsistenzkriterien der kognitiven Welt.

12 Nach Roth zeigt die Evolution, »... daß die entscheidende Funktion der Wahrnehmung nicht die Erkenntnis einer ›objektiven‹ Realität, sondern die überlebensfördernde Verhaltenssteuerung ist. Für diesen Zweck ist ein Wissen um objektive Sachverhalte völlig unwesentlich. (...) Das Überleben muß *vor allem* geleistet werden, aber keineswegs *nur* das Überleben« (1985a, 4).

13 Auch F. Varela (1984, 308) weist darauf hin, daß Regelmäßigkeiten unserer Erfahrungen »... aus unserer gemeinsamen Geschichte als biologische und soziale Wesen ...« entstanden sind und entstehen.

14 »Strenggenommen gibt es für den Organismus keine erkennbare Umwelt. Diese ist nur definierbar für einen Beobachter, der im Rahmen seines eigenen Erfahrungsfeldes einen Organismus konstruiert und ihn von der Umwelt absetzt. Es ist im wahrsten Sinne des

Wortes sinnlos, uns selbst und *unsere* Erfahrungswelt in einer Umgebung zu plazieren, d.h. einen mysteriösen Raum jenseits unserer eigenen Signale zu postulieren, in den wir einen noumenalen Ursprung für die Invarianten projizieren, die wir erahnen« (Richards und von Glasersfeld, a.a.O., 19).

15 U. an der Heiden hat zu Recht moniert, daß auch die Evolutionäre Erkenntnistheorie Kant für sich reklamiert, dann aber in der Evolution doch wieder ein Anpassungskonzept zu entdecken glaubt, das Objektivität verbürgt (1985, 76).

16 Cf. ganz ähnliche Hypothesen, die G. Bateson, A. Koestler oder E. Jantsch entwickelt haben und die alle auf eine Überwindung der Geist-Materie-Dualität hinauslaufen. So heißt es etwa bei Jantsch: »Geist erscheint in dieser Sicht als die Selbstorganisations-Dynamik schlechthin« (1979, 227). Oder A. Koestler (1981, 272) formuliert: »Der klassische Dualismus kennt nur eine einzige Barriere zwischen Geist und Körper. Die hierarchische Auffassung, auf der unsere Theorie beruht, impliziert eine vielstufige anstelle einer zweistufigen Anordnung: Die Umwandlung von physikalischen Vorgängen in geistige und umgekehrt geschieht nicht durch einen einzigen Sprung über eine einzige Barriere, sondern durch eine Reihe von Schritten auf der vielstufigen Hierarchie, wobei verschiedene Schwingtüren durchquert werden.« – Da Maturanas Überlegungen zu Ich und Bewußtsein eng mit seinen sprachphilosophischen Konzepten verbunden sind, gehe ich erst in Abschnitt 4 darauf ein.

17 Daß zum Selbst nicht nur ein »rationales« Selbstkonzept, sondern auch ein »emotionales« Selbstwertgefühl gehört, sei hier nur angemerkt. Zur Affekt-Kognitions-Debatte cf. Abschnitt 10.

18 Erkenntnistheoretisch muß dabei berücksichtigt werden, »... daß einem Organismus sein Selbst bzw. Ich nur im Bereich seiner Erfahrungen, im Bereich seines Er-lebens ›zugänglich‹ ist, d.h. die Instanz, die er-lebt und Erfahrungen macht, kann nicht selbst als solche er-lebt und erfahren werden; sie tritt nicht als ein Ding oder ein Prozeß im Erleben auf« (Rusch 1985, 137).

19 Cf. auch die Modellierung des Selbstkonzepts bei J. Wippich (1983, 142), der Selbst als eine Struktur darstellt, die ein »... innerer Beobachter anfertigt, indem er mit den Strukturveränderungen seines Nervensystems kommuniziert. Dabei fertigt er eine Struktur von Bedeutungen an. (...) Sie betreffen die Notwendigkeit, Kategorien und Ordnungssysteme zu haben, um mit einem Kontext, einem Milieu, einem konsensuellen Bereich in Beziehung treten zu können.« Die vom Organismus akzeptierten Verhaltensmodelle sind meist solche, die mit dem Konzept von Selbst übereinstimmen, wobei das Selbst, wie Wippich betont, nach »Ganzheitlichkeit« strebt (a.a.O., 158).

20 Zur Theorie autopoietischer Systeme bemerkt G. Roth (1986b, 1)

zusammenfassend: »Die Faszination der Theorie der beiden Autoren liegt einerseits in ihrem ungeheuren Anspruch: Hier wird – häufig auf ein paar Seiten zusammengedrängt – eine neuartige Erklärung der Phänomene des Lebens, der Funktion des Nervensystems, der Wahrnehmung, des Denkens, des Ich-Bewußtseins, der Sprache, der Evolution, der wissenschaftlichen Methode und vieles mehr angeboten, die – wenn dieser Anspruch zu Recht besteht – eine wirkliche Revolution der Biowissenschaften wie auch Kognitions- und Kommunikationswissenschaften einzuleiten vermag. Zum anderen wird die Theorie in einer Form präsentiert, die logisch-begriffliche Prägnanz mit großer inhaltlicher Unbestimmtheit verbindet. Der Maturana-Aufsatz »Biology of Cognition«, im Jahre 1970 als internes Papier des »Biological Computer Laboratory« in Urbana/Illinois entstanden und erst Jahre später einem größeren Leserkreis zugänglich gemacht, ist in der Tat ein genialer Welt- und Seinsentwurf, vergleichbar nur noch mit dem Wittgensteinschen »Tractatus logico-philosophicus«, wenn auch in eine völlig andere Richtung weisend.«

21 Eine Definition dieser Begriffe, die vorhandene Unklarheiten bei Maturana und Varela beseitigt und über den Stand der Diskussion bei diesen Autoren hinaus gelangt, hat G. Roth (1986a, 4 ff. sowie 1986b) geleistet.

22 Ich kann an dieser Stelle nicht eingehen auf die physiko-chemischen Grundlagen der Theorie autopoietischer Systeme. Dazu verweise ich auf die materialreiche und kohärente Darstellung bei Rusch (1985) sowie auf die dort ausgewertete Literatur von Chemikern, Physikern, Biologen usw. Angemerkt sei hier nur soviel, daß lebende Systeme zu dem Typ von Strukturen gehören, die I. Prigogine *dissipative Strukturen* genannt hat. Dissipative Strukturen erhalten ihre Organisation unter hohem Energieeinsatz fern von Gleichgewicht ständig selbst. Bei einer bestimmten Größe erlangen solche Systeme eine gewisse Unabhängigkeit (Autonomie) von den Bedingungen der Umgebung. Nach Prigogine müssen drei physikalische Bedingungen erfüllt sein, damit Leben entstehen, sich erhalten und entwickeln kann: Offenheit für Energie- und Materieaustausch mit der Umgebung; ein Zustand fern vom thermodynamischen Gleichgewicht und selbstreproduktive Organisation auto- und crosskatalytischer Prozesse (cf. Rusch, a.a.O., 82).

23 »Jedes lebende System hat seine eigene autonome Individualität, weil die Natur seiner Struktur spezifiziert, wie es sich bei bestimmten und allen anderen Interaktionen verhalten wird. Interaktionen spezifizieren nicht, wie sich das System verhalten wird; das System spezifiziert, wie es sich verhalten wird. Noch genauer, die Struktur des Systems spezifiziert, welche Ereignisse in seinem Medium mit ihm interagieren können und welche nicht« (P. F. Dell 1985, 8).

24 »Als autopoietische Systeme können und müssen wir kognitive Bereiche ausbilden, indem wir uns selbst (unsere Struktur) – auf eigenes Risiko – fortwährend verändern, diese Veränderungen beurteilen, in uns selbst wiederum rekursiv analysieren und abbilden, schließlich zu ›Bildern‹ mehr oder minder konsistenter ›Wirklichkeiten‹ verdichten, die als ›Onto-logien‹ dann unserer ›Epistemo-Logie‹ zugrundeliegen« (Köck 1983, 10). – Maturana weist nachdrücklich darauf hin, »... daß Kognition als ein Phänomen des Individuums der Autopoiese des Erkennenden untergeordnet ist und daß alle kognitiven Zustände als Zustände des Erkennenden durch die Art determiniert sind, in der dieser seine Autopoiese verwirklicht, und nicht durch die Bedingungen der Umwelt, in der sich dies ereignet. Kognition ist daher ein prinzipiell subjektabhängiges Phänomen« (1982, 303).

25 »Lebende Systeme im allgemeinen und ihre Nervensysteme im besonderen sind nicht geschaffen, die Umwelt zu handhaben, obwohl sie nur durch die Evolution ihrer Handhabung der Umwelt das geworden sind, was sie sind, Systeme der Art nämlich, daß wir imstande sind, über sie zu sagen, was wir sagen können« (Maturana 1982, 79).

26 In einem eben fertiggestellten Aufsatz hat G. Roth (1986b) plausibel gemacht, warum Maturanas Identifikation von Autopoiese und Kognition nicht haltbar ist. Roth zeigt, daß und warum etwa das menschliche Gehirn *kein* autopoietisches System ist. Während nämlich die im Prozeß der Autopoiese erzeugten und erhaltenen Komponenten sehr spezifisch funktionieren müssen, arbeitet der überwiegende Teil der Nervenzellen des Gehirns gerade nicht funktionsspezifisch, sondern ist funktional variabel. Evolutionsmäßig gesehen gewinnt das Gehirn seine Funktionsbreite gerade durch Befreiung von den Erfordernissen der Autopoiese, der es andererseits durch Handlungsplanung dient. Während autopoietische Systeme nur bedingt autonom gegenüber ihrer Umwelt sind, da sie energetisch und materiell von dieser abhängen, sind kognitive Systeme – und nur sie! – tatsächlich operational geschlossen und gehen nur mit ihren eigenen Zuständen um. Nur deshalb können kognitive Systeme (Selbst-)Beobachter erzeugen; aus diesem Grunde aber muß auch jedes kognitive System ontogenetisch immer wieder von vorne anfangen und kann auf keine ererbten (angeborenen) Wissensbestände zurückgreifen. Kognitive Systeme sind daher, so betont Roth, selbstreferentiell, aber nicht autopoietisch; Maturanas Gleichsetzung von Leben und Kognition ist mithin nicht haltbar.

27 »Natürliche Sprache ist notwendigereise generativ, da sie sich aus der rekursiven Anwendung der gleichen Operation (als neurophysiologischem Prozeß) auf die Resultate dieser Anwendung ergibt« (Maturana 1982, 60).

28 Wie Rusch zu Recht betont, können darum Lexika keine Bedeutungs-

explikationen zu Wörtern liefern; sie definieren nicht Bedeutungen, sondern sie charakterisieren sie durch andere Ausdrücke (1985, 167).

29 Zur Diskussion repräsentativer Themen in der gegenwärtigen Empirie-Diskussion cf. Schmidt (Hrsg.), 1985.

30 Allerdings betont Maturana nachdrücklich, daß auch der Beobachter nicht allein ist, »... da seine Existenz notwendig zumindest ein weiteres Wesen voraussetzt, das eine notwendige Bedingung für die Herstellung des konsensuellen Bereichs ist, in dem er als Beobachter existiert« (1982, 269). Damit aber erweist sich das Solipsismusproblem als Scheinproblem (a.a.O., 302).

31 E. von Glasersfeld (1984, 12) hat darauf verwiesen, daß es nicht-empirische Wissenschaften gar nicht gibt. Die Unterschiede zwischen den Wissenschaften liegen vielmehr in ihrer Komplexität. – Zur wissenschaftlichen Methode i. S. Maturanas cf. Abschnitt 8. – »Wissenschaft ist kein Bereich objektiver Erkenntnis, sondern ein Bereich subjektabhängiger Erkenntnis, der durch eine Methodologie definiert wird, die die Eigenschaften des Erkennenden festlegt. Mit anderen Worten, die Gültigkeit wissenschaftlicher Erkenntnis ruht auf ihrer Methodologie, die die kulturelle Einheitlichkeit der Beobachter bestimmt, und nicht darauf, daß sie eine objektive Realität widerspiegelt« (Maturana 1982, 309).

32 »An die Stelle der im Rahmen realistischer Konzeptionen üblichen Begriffe der Wahrheit, Adäquatheit, Korrespondenz, Wirklichkeit usf. treten hier Begriffe wie Glaubwürdigkeit, Verläßlichkeit, Interessantheit, Effektivität, Plausibilität, Kompatibilität, Lebbarkeit und Überlebbarkeit, Orientierungsvorteil, Möglichkeit, Vielfalt, Exploration, Verantwortlichkeit und Toleranz« (Rusch 1985, 218).

33 P. Finke (1982) hat mit der von ihm entwickelten Wissenschaftstheorie des Konstruktiven Funktionalismus einen solchen Wissenschaftstyp zur Grundlage der NIKOL-Konzeption einer Empirischen Literaturwissenschaft gemacht (dazu s. u. Kap. 11). – Cf. dazu auch P. Finkes Beitrag in NIKOL (Hrsg.), 1986.

34 So betont etwa Maturana ausdrücklich: »Der Großteil dessen, was ich gesagt habe, ist von Philosophen seit der Antike intuitiv erkannt und akzeptiert worden, niemand hat jedoch bis jetzt eine Erklärung angeboten, die die biologische Eigenart der Phänomene Kognition und Realität nachweisen könnte (...). Außerdem ist bis heute noch nicht gezeigt worden, daß es keinen Widerspruch zwischen der Subjektivität unserer Realität und unserem erfolgreichen Operieren in einer sozial gültigen und scheinbar objektiv physikalischen Welt gibt« (1982, 269).

35 Den Einwand von Vertretern der Evolutionären Erkenntnistheorie, der Mensch habe sich im Verlauf seiner Evolution sensorisch und

intellektuell so erfolgreich an sein Medium angepaßt, daß zwischen Erkenntnisstrukturen und Realitätsstrukturen (zumindest eine partielle) Isomorphie angenommen werden könne, hat E. M. Engels (1985) in ihrer konstruktivistischen Rekonstruktion der realistischen Grundlagen der evolutionären Erkenntnistheorie ausführlich widerlegt.

36 Die Methode wissenschaftlicher Realitätserzeugung hat Maturana wie folgt beschrieben: »Als Wissenschaftler machen wir wissenschaftliche Aussagen. Diese Aussagen werden durch das Verfahren validiert, das wir gebrauchen, um sie zu erzeugen: durch die wissenschaftliche Methode. Diese Methode kann durch folgende Operationen dargestellt werden:
(a) Beobachtung eines Phänomens, das als zu erklärendes Problem angesehen wird;
(b) Entwicklung einer Hypothese in Form eines deterministischen Systems, das ein Phänomen erzeugen kann, welches mit dem beobachteten Phänomen isomorph ist;
(c) Generierung eines Zustandes oder Prozesses, der entsprechend der vorgelegten Hypothese als vorhergesagtes Phänomen beobachtet werden soll;
(d) Beobachtung des so vorhergesagten Phänomens« (1982, 236f.).

37 Einen Versuch zur Klärung des Verhältnisses zwischen Psychologie und Soziologie hat Hejl selbst vorgelegt (cf. Hejl 1986).

38 Zu evolutionstheoretischen Modellen kulturellen Wandels cf. S. J. Schmidt (1984).

39 Ähnliche Positionen vertreten auch nicht-konstruktivistische Forscher, wie etwa F. von Hayek.

40 P. Gomez und G. J. B. Probst (1985) haben am Beispiel von Unternehmenskulturen sowie der römischen Kurie gezeigt, wie solche sozialen Institutionen ihre inneren Regularitäten erzeugen und ihre Organisation in einer sich ständig verändernden Umwelt aufrechterhalten. Dabei haben sie plausibel gemacht, daß sich solche Fragen leichter und besser mit dem konstruktivistischen Konzept der organisationellen Geschlossenheit als mit Input-/Output-Modellen (i. S. von Anpassungsmodellen) beantworten lassen: »Das System bewahrt seine Identität in einer sich verändernden Umwelt, indem es seine Überzeugungen und Glaubenssätze (Organisation) invariant erhält, während es alles andere an sich verändert (Struktur)« (a.a.O., 26). Komplementär dazu kann die *strukturelle* Anpassung einer sozialen Institution an jeweilige gesellschaftliche Erfordernisse – bei Wahrung der Organisation – hinreichend in einem Input-/Output-Modell beschrieben werden, wenn die damit verbundenen erkenntnistheoretischen Fragen geklärt sind.

41 Probst bezieht sich dabei explizit auf radikalkonstruktivistische

Grundsätze. »Willst du erkennen, lerne zu handeln« (H. von Foerster, 1981, 60) – »Erkennen ist letzten Endes stets nur durch Handeln möglich« (E. Jantsch, 1979, 368).

42 Der folgende kurze Bericht konzentriert sich auf neueste Arbeiten auf diesem Gebiet. Andere Aspekte der Diskussion findet man in den bekannten Publikationen von P. Watzlawick (siehe Literaturverzeichnis am Ende dieses Bandes) sowie u. a. bei M. Elkaim (*Psychothérapie et réconstruction du réel,* Paris: Edition Universitaires, 1983) und B. Keeney (*Aesthetics of Change.* New York: The Guilford Press, 1983) sowie B. Keeney und J. M. Ross (*Mind in Therapy.* New York: Basis Books, 1985).

43 Radikal konstruktivistische Aspekte der kognitiven Psychologie führe ich hier nicht auf; cf. dazu u. a. Schmidt (1986).

44 Damit vereinbar ist die neuere Behandlung des Dualismus von Gefühl und Kognition in der nicht-konstruktivistischen kognitiven Psychologie, cf. etwa die Beiträge in H. Mandl und G. L. Huber (Hrsg.), 1983.

45 Plausible neurochirurgische Parallelen zu diesem Modell sieht Ciompi im 3-Hirne-Modell von McLean (cf. dazu A. Koestler 1978 und S. J. Schmidt 1985).

46 Cf. dazu ähnliche Überlegungen bei F. Klix (1980, 110).

47 Cf. Schmidt (1980), (1982), sowie die Kurzfassung in Schmidt (1985), auf die ich mich im folgenden beziehe. Als Einführung und Übersicht cf. H. Hauptmeier und S. J. Schmidt (1985); zur Diskussion der Kritik an der Empirischen Literaturwissenschaft cf. Schmidt (1984). Zur Weiterentwicklung der in Schmidt (1980) und (1982) entwickelten Position cf. vor allem G. Rusch (1985).

48 Um eine wissenschaftstheoretische Position zu entwickeln, die mit der konstruktivistischen erkenntnistheoretischen Basis vereinbar ist, habe ich mich beim Aufbau einer Empirischen Literaturwissenschaft in den 70er Jahren zunächst orientiert am non-statement-view oder der Begriffskonzeption von Theorien, wie sie J. D. Sneed und W. Stegmüller in den 70er Jahren entwickelt haben, sowie an P. Finkes Ausarbeitung dieser Konzeptionen zu einem Konstruktiven Funktionalismus (Finke, 1982).

49 »In einer physikalischen Analogie kann Kommunikation am ehesten mit dem Phänomen der Resonanz verglichen werden, in welchem Oszillatoren praktisch ohne Energieübertragung andere Oszillatoren zum Schwingen in der gleichen Eigenfrequenz oder in veränderten Frequenzen stimulieren« (E. Jantsch 1978, 109).

50 Zu einer radikal konstruktivistischen Verstehenstheorie hat G. Rusch (1986) einen wichtigen Beitrag geleistet. Ein holistisches Verstehensmodell hat D. Meutsch (1985) entworfen. – Ein höchst interessantes, mit konstruktivistischen Positionen vereinbares Modell der Sprachproduktion und -rezeption hat Th. Herrmann (1985) vorgelegt.

51 Cf. D. Hintzenberg, S. J. Schmidt und R. Zobel 1980; S. J. Schmidt und R. Zobel 1983; G. Rusch und S. J. Schmidt 1983.

52 »Es ist für uns westliche Denker schwierig, Kognition als subjektabhängiges Phänomen anzusehen, da wir in einen denotativen Sprachbereich eingebunden sind, in dem sogar subjektbezogene Vorstellungen auf denotative Weise ausgedrückt werden, so als ob sie unabhängig von uns Betrachtern existierten« (Maturana 1982, 301).

53 »Our understanding of such a universe comes not from discovering its present appearance, but in remembering what we originally did to bring it about.« – Dieser Satz findet sich in Spencers Brown's *Law of Form* (Bantam Books 1973, S. 104).

Literatur

Benseler, F., Hejl, P. M. und W. K. Köck (eds.) (1980), *Autopoiesis, communication, and society*, Frankfurt–New York: Campus.

Brocher, T. H. und C. Sies (1986), »Paradigmenwechsel in der Arzt-Patient-Beziehung«, in: DELFIN VI 3. Jg., H. 2, April 1986, 5-16.

Ciompi, L (1985), »Zur Integration von Fühlen und Denken im Licht der ›Affektlogik‹. Die Psyche als Teil eines autopoietischen Systems«, in: *Psychiatrie der Gegenwart*, Bd. 1, 3. Aufl., Berlin usw.: Springer (im Druck).

Declaration of the American Society for Cybernetics (written by E. von Glasersfeld), September 1983.

Dell, P. F. (1985), »Von systemischer zur klinischen Epistemologie. 1. Von Bateson zu Maturana«, in: *Zeitschrift für systemische Therapie* (im Druck).

Dell, P. F. und H. A. Goolishian (1981), »›Ordnung durch Fluktuation‹: Eine evolutionäre Epistemologie für menschliche Systeme«, in: *Familiendynamik*, Bd. VI (2), 104-122.

Dreitzel, H. P. (1972), *Die gesellschaftlichen Leiden und das Leiden an der Gesellschaft*, Stuttgart: Enke.

Engels, E.-M. (1982), »Evolutionäre Erfahrung und Realismus. Kritische Überlegungen zur realistischen Grundlage der Evolutionären Erkenntnistheorie und eine konstruktivistische Rekonstruktion«, in: SPIEL 4 (1985), H. 1, 41-69.

Finke, P. (1982), *Konstrukiver Funktionalismus. Die wissenschaftstheoretische Basis einer empirischen Theorie der Literatur*, Braunschweig–Wiesbaden: Vieweg (Konzeption Empirische Literaturwissenschaft, Bd. II).

Foerster, H. von (1984), »Erkenntnistheorien und Selbstorganisation«, in: DELFIN IV, August 1984, 6-19.

Ders. (1985), *Sicht und Einsicht. Versuche zu einer operativen Erkenntnis-*

theorie, Braunschweig–Wiesbaden: Vieweg (Wissenschaftstheorie. Wissenschaft und Philosophie, Bd. 21. Autorisierte deutsche Fassung von W. K. Köck).

Glasersfeld, E. von (1985), »Konstruktion der Wirklichkeit und des Begriffs der Objektivität«, in: H. Gumin und A. Mohler (Hrsg.), 1-26.

Ders. (1985a), »Einführung in den radikalen Konstruktivismus«, in: P. Watzlawick (Hrsg.), *Die erfundene Wirklichkeit,* München–Zürich: Piper (2. Aufl.), 16-38.

Ders. (1986), *Begriffssemantik und Wissenskonstruktion,* Braunschweig–Wiesbaden: Vieweg (im Druck).

Ders. und J. Richards (1984), »Die Kontrolle von Wahrnehmung und die Konstruktion von Realität. Erkenntnistheoretische Aspekte des Rückkoppelungs-Kontroll-Systems«, in: DELFIN III, August 1984: 4-25 (autorisierte deutsche Übersetzung von »The control of perception and the construction of reality«, in: DIALECTICA, vol. 33, no. 1, 1979, 37-58, von S. J. Schmidt) (in diesem Band).

Gomez, P. und G. J. B. Probst (1985), »Organisationelle Geschlossenheit im Management sozialer Institutionen – Ein komplementäres Konzept zu den Kontingenz-Ansätzen«, in: DELFIN V, September 1985, 22-29.

Gumin, H. und A. Mohler (Hrsg.) (1985), *Einführung in den Konstruktivismus*, München: Oldenbourg.

Hanson, N. R. (1958), *Patterns of Discovery*, Cambridge: University Press.

Hauptmeier, H. und S. J. Schmidt (1985), *Einführung in die Empirische Literaturwissenschaft,* Braunschweig–Wiesbaden: Vieweg.

Heiden, U. an der (1985), »Kognitive Selbstreferenz«, in: G. Pasternack (Hrsg.), *Erklären, Verstehen, Begründen*, Bremen: Zentrum philosophische Grundlagen der Wissenschaften, 59-86.

Hejl, P. M. (1982), *Sozialwissenschaft als Theorie selbstreferentieller Systeme,* Frankfurt–New York: Campus.

Ders. (1984), »Towards a theory of social systems: self-organization and self-maintainance, self-reference and syn-reference«, in: H. Ulrich und G. J. B. Probst (Hrsg.), *Self-organisation and management of social systems*, Berlin, Heidelberg, New York: Springer, 1984, 60-78.

Ders. (1985), *Konstruktion der sozialen Konstruktion: Grundlinien einer konstruktivistischen Sozialtheorie,* LUMIS-Schriften 6, Universität Siegen (in diesem Band).

Ders. (1986), »Zum Begriff des Individuums. Bemerkungen zum ungeklärten Verhältnis von Psychologie und Soziologie«, in: G. Schiepeck (Hrsg.) (1986), *Systemische Diagnostik. Pro und Contra,* Weinheim–Basel: Beltz (im Druck).

Ders., W. K. Köck und G. Roth (Hrsg.) (1978), *Wahrnehmung und Kommunikation*, Frankfurt/M.: Lang.

Ders., und S. J. Schmidt (1985), »Bibliographie zum Konstruktivismus«, in: H. Gumin und A. Mohler (Hrsg.), 135-142.

Hintzenberg, D., S. J. Schmidt und R. Zobel (1980), *Zum Literaturbegriff in der Bundesrepublik Deutschland*, Braunschweig–Wiesbaden: Vieweg (Konzeption Empirische Literaturwissenschaft Bd. III/IV).

Jantsch, E. (1978), »Erkenntnistheoretische Aspekte der Selbstorganisation natürlicher Systeme«, in: P. M. Hejl et al. (Hrsg.), *Wahrnehmung und Kommunikation*, Frankfurt: Lang, 99-127.

Ders. (1982), *Die Selbstorganisation des Universums. Vom Urknall zum menschlichen Geist*, München: Hanser.

Klix, F. (1980), *Erwachendes Denken. Eine Entwicklungsgeschichte der menschlichen Intelligenz*, Berlin: VEB Verlag der Wissenschaften.

Köck, W. K. (1978), »Kognition-Semantik-Kommunikation«, in: P. M. Hejl et al. (Hrsg.), *Wahrnehmung und Kommunikation*, Frankfurt: Lang, 187-213 (in diesem Band).

Ders. (1983), »Erkennen = (Über-)leben. Bemerkungen zu einer radikalen Epistemologie«, in: *Zeitschrift für systemische Therapie*, Jg. 1, H. 1, 45-55.

Koestler, A. (1981), *Der Mensch – Irrläufer der Evolution*, München: Goldmann (Übersetzung der englischen Originalausgabe: *Janus. A summing up*, durch J. Abel).

Krappmann, L. ([4]1975), *Soziologische Dimensionen der Identität*, Stuttgart: Klett.

Lettvin, J. Y., Maturana, H. R., McCulloch, W. S. und W. H. Pitts (1959), »What the frog's eye tells the frog's brain«, in: *Proceedings of the institute of radio engineers*, New York 47 (1959), 11, 1940-1951.

Lilly, J. C. (1984), »Der Geist im Gehirn. Ein kybernetisches Glaubenssystem«, in: DELFIN IV, Dezember 1984, 51-58 (autorisierte Übersetzung des 7. Kapitels von *The Deep Self*, 1977, durch G. Rusch).

Luhmann, N. (1982), »Autopoiesis, Handlung und kommunikative Verständigung«, in: *Zeitschrift für Soziologie*, Jg. 11, 366–379.

Ders. (1984), »Die Wirtschaft der Gesellschaft als autopoietisches System«, in: *Zeitschrift für Soziologie*, Jg. 13, 308-327.

Ders. (1984a), »Das Kunstwerk und die Selbstreproduktion der Kunst«, in: DELFIN III, August 1984, 51-69.

Mandl, H. und G. L. Huber (Hrsg.) (1983), *Emotion und Kognition*, München–Wien–Baltimore: Urban & Schwarzenberg.

Maturana, H. R. (1982), *Erkennen: Die Organisation und Verkörperung von Wirklichkeit. Ausgewählte Arbeiten zur biologischen Epistemologie*, Braunschweig–Wiesbaden: Vieweg (Wissenschaftstheorie. Wissenschaft und Philosophie Bd. 19, autorisierte deutsche Fassung von W. K. Köck).

Maturana, H. R. und F. J. Varela (1979), *Autopoiesis and Cognition*, Boston studies in the philosophy of science, Boston: Reidel.

McCall, G. und J. L. Simmons (1974), *Identität und Interaktion*, Düsseldorf: Pädagogischer Verlag.

Metzger, W. (1940), *Psychologie*. Darmstadt: Steinkopf, 1975.
Meutsch, D. (1985), »Überlegungen zu einem holistischen psychologischen Modell literarischer Verstehensprozesse: Forschungsergebnisse, Beschreibungsebenen und die Entwicklung mentaler Modelle« (Arbeitspapier: Universität Siegen).
Ders. (1985a), *Literatur verstehen. Eine empirische Studie*, Braunschweig–Wiesbaden: Vieweg (Konzeption Empirische Literaturwissenschaft, im Druck).
Ders. und S.J. Schmidt (1985), »Über die Rolle von Konventionen beim Verstehen literarischer Texte«, in: SPIEL 4 (1985), H. 2: 381-408.
NIKOL (Hrsg.) (1986), *Angewandte Literaturwissenschaft*, Braunschweig–Wiesbaden: Vieweg (Konzeption Empirische Literaturwissenschaft).
Piaget, J. (1950), *Konstruktion der Wirklichkeit beim Kinde*, Stuttgart: Klett (dt. Übersetzung von J. U. Sandberger u. a.).
Powers, W. T. (1973), *Behaviour: The control of perception*, Chicago: Aldine.
Probst, G. J. B. (1985), »Management als Konstruktion von Wirklichkeiten – Die Konsequenz ›Verantwortung‹« (Manuskript).
Ders. und R. W. Scheuss (1984), »Die Ordnung von sozialen Systemen: Resultat von Organisieren und Selbstorganisation«, in: *Zeitschrift für Führung und Organisation*, Nr. 8: 480-488.
Roth, G. (1978), »Die Bedeutung der biologischen Wahrnehmungsforschung für die philosophische Erkenntnistheorie«, in: P. M. Hejl et al. (Hrsg.) (1978), 65-78.
Ders. (1985), »Erkenntnis und Realität. Das reale Gehirn und seine Wirklichkeit«, in: G. Pasternack (Hrsg.) (1985), *Erklären, Verstehen, Begründen*, Bremen: Zentrum philosophische Grundlagen der Wissenschaften, 87-109 (in diesem Band).
Ders. (1985a), »Die Selbstreferentialität des Gehirns und die Prinzipien der Gestaltwahrnehmung« (Manuskript); inzwischen in: *Gestalt Theory* 7 (1985), 228-244.
Ders. (1986a), »Selbstorganisation – Selbsterhaltung – Selbstreferentialität: Prinzipien der Organisation der Lebewesen und ihre Folgen für die Beziehung zwischen Organismus und Umwelt«, in: A. Dress et al. (Hrsg.), *Selbstorganisation. Die Entstehung von Ordnung in Natur und Gesellschaft*, München: Piper, 149-180.
Ders. (1986b), »Autopoiese und Kognition: Die Theorie H. R. Maturanas und die Notwendigkeit ihrer Weiterentwicklung (1)«, in: G. Schiepeck (Hrsg.) (1986), *Systemische Diagnostik, Pro und Contra*, Weinheim–Basel: Beltz (im Druck) (in diesem Band).
Ders. und H. Schwedler (eds.) (1981), *Self-organizing systems. An interdisciplinary approach*, Frankfurt/Main: Campus.
Rusch, G. (1985), *Von einem konstruktivistischen Standpunkt. Erkennt-*

nistheorie, Geschichte und Diachronie in der empirischen Literaturwissenschaft, Braunschweig–Wiesbaden: Vieweg (im Druck).

Ders. (1986), »Verstehen verstehen – Ein Versuch aus konstruktivistischer Sicht«, in: N. Luhmann und K. E. Schorr (Hrsg.) (1986), *Zwischen Intransparenz und Verstehen,* Frankfurt/Main: Suhrkamp, 40-71.

Schmidt, S. J. (1980-1982), *Grundriß der Empirischen Literaturwissenschaft,* 2 Bde., Braunschweig–Wiesbaden: Vieweg (Konzeption Empirische Literaturwissenschaft Bd. I, 1 u. 2).

Ders. (1984), »Empirische Literaturwissenschaft in der Kritik«, in: SPIEL 3 (1984), H. 2, 291-332.

Ders. (1985), »Aber noch haben wir Menschen uns nicht für den Frieden entschieden«, in: Katalog der Friedensbiennale Hamburg *Dem Frieden eine Form geben,* 9-26.

Ders. (1985a), »Vom Text zum Literatursystem. Skizze einer konstruktivistischen (empirischen) Literaturwissenschaft«, in: H. Gumin und A. Mohler (Hrsg.), 117-134.

Ders. (1986), »Texte verstehen – Texte interpretieren«, in: A. Eschbach (Hrsg.), *Perspektiven des Verstehens,* Bochum: Brockmeyer, 75-103.

Ders. (Hrsg.) (1985), Empirie, in: SPIEL, Jg. 4 (1985), H. 1.

Ders. und G. Rusch (1983), *Das Voraussetzungssystem Georg Trakls,* Braunschweig–Wiesbaden: Vieweg (Konzeption Empirische Literaturwissenschaft Bd. VI).

Ders. und R. Zobel (1980), *Textkomplexität und Leserverhalten,* Braunschweig–Wiesbaden: Vieweg (Konzeption Empirische Literaturwissenschaft Bd. IV).

Ders. und R. Zobel (1983), *Empirische Untersuchungen zu Persönlichkeitsvariablen von Literaturproduzenten,* Braunschweig–Wiesbaden: Vieweg (Konzeption Empirische Literaturwissenschaft Bd. V).

Schnotz, W. (1985), *Elementaristische und holistische Ansätze des Textverstehens,* Forschungsbericht Nr. 35 des Deutschen Instituts für Fernstudien an der Universität Tübingen.

Teubner, G. (1984), »Das regulatorische Trilemma. Zur Diskussion um postinstrumentelle Rechtsmodelle«, in: *Quaderni Fiorentini* 13, 109-149.

Varela, F. (1979), *Principles of biological autonomy,* New York–Oxford: North-Holland.

Ders. (1982), »Die Biologie der Freiheit«, in: *Psychologie heute,* September 1982, 82-93.

Ders. (1984), »Der kreative Zirkel«, in: P. Watzlawick (Hrsg.), *Die erfundene Wirklichkeit,* München: Piper, 294-309.

Williams, R. (1977), *Innovationen. Über den Prozeßcharakter von Literatur und Kultur,* Frankfurt/Main: Syndikat.

Wippich, J. (1983), *Begegnung,* Weissenau.

Humberto R. Maturana
Kognition

Daß wir kognitive Akte vollziehen, erscheint uns selbstverständlich. Genau im Vollzug dessen, was ich tue, erscheint mir Kognition als meine unmittelbare Erfahrung. Ich vollziehe einen Erkenntnisakt, wenn ich in einer Weise handle, die ich als Beeinflussung oder Manipulation der Welt beschreibe, in der ich existiere. Descartes' *cogito ergo sum* trifft diesen Sachverhalt und weist der Erfahrung der Erkenntnis eine zentrale Rolle zu: das cogito, der Akt des Erkennens, ist für Descartes der Ausgangspunkt. Oder mit anderen Worten: Kognition ist eine menschliche Eigenschaft und wird nicht weiter problematisiert. Das möchte ich ändern. Ich möchte darstellen, auf welche Weise ich Kognition zum Problem mache und wie ich die Frage beantworte: »Was für ein Phänomen ist das Phänomen der Kognition?«

Das Problem

Wenn Kognition als eine menschliche *Eigenschaft* und – so gesehen – als ein gegebener Bestandteil unserer selbst betrachtet wird und wenn wir dies – implizit oder explizit – als Ausgangspunkt unserer Überlegungen akzeptieren, dann wendet sich unsere Aufmerksamkeit notwendigerweise Fragen zu, die mit dem *Gebrauch* der Kognition verbunden sind. Wenn wir dagegen Kognition als ein Phänomen ansehen, das von unserem biologischen Sein produziert wird bzw. daraus hervorgeht, dann kann Kognition zu einem empirischen Problem gemacht werden, und wir können uns der Frage zuwenden: »Welche Art von biologischem Phänomen ist das Phänomen der Kognition?«
In dieser Weise werde ich an das Problem herangehen. Dementsprechend ist es meine Absicht, Kognition als ein biologisches Phänomen zu untersuchen. Zu diesem Zweck muß ich Kognition als ein biologisches Phänomen definieren, *wobei ich von Kognition Gebrauch mache;* oder ich muß zumindest *mit Hilfe von Kognition* zeigen, wie das Phänomen der Kognition in der Arbeitsweise lebender Systeme entsteht.

Die Schwierigkeit

Die Ansicht, Kommunikation sei eine *unanalysierbare* Eigenschaft, mit der menschliche Wesen ausgestattet sind, impliziert ein *Objekt*, nämlich Realität, die vom Erkennenden wahrgenommen wird. Der Kommunikationsakt verlangt einen Handelnden und ein Objekt. Unter dieser Perspektive ist die Universalität der Erkenntnis trivial: Es gibt wahrzunehmende Objekte, und ihre Anwesenheit bestimmt ihre Erkennbarkeit. Unwissenheit ist danach prinzipiell ein Fehler des Erkennenden. Wird Kognition hingegen als ein *analysierbares* Phänomen betrachtet, das aus der biologischen Arbeitsweise eines lebenden Systems resultiert, dann impliziert Kognition nicht notwendigerweise ein *Objekt* namens Realität, das vom Erkennenden wahrgenommen wird. Ob dies der Fall ist oder nicht hängt hingegen davon ab, wie sich Kognition als biologisches Phänomen ereignet. Bis wir eine Antwort auf diese Frage erhalten, müssen wir von Anfang an akzeptieren, daß die Objektivität unserer Erkenntnis und unseres Wissens eine offene Frage bleiben muß. Diese Antwort zu finden ist schwieriger, als es zu sein scheint; denn wir kommen nicht umhin, Kognition zu benutzen, um Kognition analysieren zu können; wenn man das nicht tut, kann das Phänomen der Kognition auch nicht erklärt werden.

Wenn Kognition nicht ein *Objekt* namens Realität impliziert, dann wird die Universalität des Wissens zu einem nicht-trivialen Akt sozialer Kreativität. Und Nichtwissen ist dann prinzipiell nicht ein Fehler des Erkennenden, sondern eine soziale Störung.

Der Ausgangspunkt

Jeder Versuch, das Kognitionsproblem zu lösen, benutzt Sprache als Instrument der Darstellung, der Mitteilung oder der Analyse. Wir gebrauchen Sprache, um Ansichten zu vertreten oder anzugreifen, um Aussagen zu stützen oder zu widerlegen. Sprache ist das gemeinsame Element jedes Erklärungsversuchs. Sprache jedoch kann entweder als etwas Gegebenes benutzt werden, dessen Grundlagen und Funktionsweise man nicht befragt. Oder sie kann als ein Instrument benutzt werden, das in sich selbst analysierbar ist und ein zentrales Problem aufwirft, wenn man ver-

sucht, Kommunikation als ein biologisches Phänomen zu verstehen. In diese Richtung zielt mein Vorschlag. Sprache ist mein Instrument, aber zur gleichen Zeit auch mein Problem.
Mein Ausgangspunkt ist unser Gebrauch der Sprache: *Was immer gesagt wird, wird von einem Beobachter zu einem anderen Beobachter gesagt, der er selbst sein könnte.* Wir sind Beobachter und lebende Systeme, und als lebende Systeme sind wir Beobachter. Was auch immer auf lebende Systeme zutrifft, das trifft auch auf uns zu. Darum besteht meine Aufgabe darin, Sprache zu benutzen, um lebende Systeme zu beschreiben und zu zeigen, wie sie eine Sprache entwickeln und Beobachter werden können, die Beschreibungen anfertigen können wie wir, und dabei Kognition anwenden, um Kognition zu analysieren. Entsprechend werde ich vorgehen.

Das Phänomen der Kognition

Als Beobachter erklären oder bewerten wir Kognition in einem bestimmten Bereich durch wirksames Handeln oder durch erfolgreiches Verhalten in diesem Bereich. Wir haben keine andere Möglichkeit und kein anderes Kriterium, das nicht eine Antwort auf die hier thematische Frage präjudizierte. Darum werde ich versuchen, die Phänomene »wirksames Handeln« und »erfolgreiches Verhalten« zu erklären. M. a. W., meine Frage soll lauten: »Was findet in lebenden Systemen in einer solchen Weise statt, daß sie in der Lage sind, in einem bestimmten Bereich – einschließlich der Sprache – wirksam und erfolgreich zu operieren?«
Dieser Ansatz impliziert eine grundsätzliche Abkehr von den Fragen, die heutzutage im Zusammenhang mit Kognition gestellt werden. Ich frage nicht nach Bedeutung, Information oder Wahrheit, sondern ich frage nach Mechanismen und Prozessen; ich stelle nicht die Frage, wie oder was wir wissen; sondern ich frage, was beim Erkennen vor sich geht. Wie sich zeigen wird, läuft das darauf hinaus, eine semantische in eine strukturelle Frage zu verwandeln. Zu diesem Zweck muß ich mich dem Problem zuwenden, lebende Systeme als Systeme zu betrachten und zeigen, wie sie operieren. Dabei werde ich Sprache zunächst als Beschreibungsinstrument verwenden und erst später ihren Ur-

sprung und ihre Mitwirkung am Phänomen der Kognition untersuchen.

Grundbegriffe

Bei der Beantwortung der Frage »Welcher Art Systeme sind lebende Systeme und wie operieren sie?« werde ich die folgenden Konzepte und Begriffe verwenden:

I *Erklärung:* Eine beabsichtigte Umformulierung oder Reproduktion, die von einem Betrachter als Modell des zu erklärenden Systems oder Phänomens akzeptiert wird, soll eine Erklärung sein.

II *Einheit* (oder operationales Ganzes): Ein Beobachter definiert eine Einheit, indem er die Unterscheidungsoperationen spezifiziert, die eine einzelne Einheit von einem Hintergrund unterscheiden. Der Beobachter kann so eine einfache oder eine zusammengesetzte Einheit ausgrenzen. Kennzeichnet er eine Einheit als ein »Atom«, also als eine Einheit ohne Bestandteile, dann grenzt er sie als einfache Einheit aus. Kennzeichnet er eine Einheit als aus Komponenten bestehend, dann grenzt er eine zusammengesetzte Einheit aus. Im Prinzip jedoch kann ein Beobachter immer eine sonst einfache Einheit als ein Kompositum behandeln *und umgekehrt;* dazu muß er nur die geeigneten Unterscheidungsoperationen spezifizieren.

III *Hintergrund:* Mit der Definition einer Einheit ist notwendig auch ein Hintergrund definiert, und beide – Einheit wie Hintergrund – sind ausgestattet mit den Eigenschaften, die von den sie trennenden Unterscheidungsoperationen spezifiziert werden.

IV *Organisation und Struktur:* Das Wort *Organisation* werde ich immer dann benutzen, wenn ich mich auf die Beziehungen zwischen den Komponenten beziehe, die eine zusammengesetzte Einheit als Einheit einer bestimmten Klasse definieren. *Struktur* dagegen benutze ich zur Kennzeichnung der tatsächlichen Bestandteile und Beziehungen, die eine bestimmte zusammengesetzte Einheit zu einem konkreten Fall einer bestimmten Klasse von Einheiten machen. Hieraus folgt: (a) nur eine zusammengesetzte Einheit besitzt Organisation und Struktur, während eine einfache Einheit nur Eigenschaften hat; (b) die Beziehungen, die die Organisation einer zusammengesetzten Einheit konstituieren, bilden eine Untermenge der Beziehungen, die an ihrer Struktur beteiligt sind; (c) die Klassenidentität einer zusammengesetzten Einheit bleibt unverändert, solange ihre Organisation unverändert bleibt; und (d) eine zusammengesetzte Einheit kann strukturelle Veränderungen ohne Verlust der Klassenidentität durchmachen und deshalb strukturell plastisch sein.

v *Raum:* Ein Raum wird durch die Eigenschaften einer Einheit als derjenige Bereich festgelegt, in dem die Einheit ausgegrenzt werden kann. Darum existiert eine einfache Einheit in dem Raum, der durch ihre Eigenschaften festgelegt wird, während eine zusammengesetzte Einheit in dem Raum existiert, der durch ihre Komponenten festgelegt wird; denn sie wird durch die Eigenschaften ihrer Bestandteile gekennzeichnet. Gleichwohl existiert eine zusammengesetzte Einheit, die als einfache Einheit behandelt wird, in dem Raum, den ihre Eigenschaften qua einfache Einheit festlegen.

vi *Struktur-spezifizierte Systeme:* Wenn alle Strukturveränderungen, die ein System (eine zusammengesetzte Einheit) durchmacht, in allen Fällen durch seine Struktur genau bestimmt sind, dann handelt es sich dabei um ein struktur-spezifiziertes System. M.a.W.: Wenn ein struktur-spezifiziertes System in eine Interaktion mit einer unabhängigen Einheit eintritt, dann ist alles, was ihm zustößt, durch seine Struktur spezifiziert und nicht durch die unabhängige Einheit, die in der Interaktion lediglich als Auslöser für Strukturveränderungen des Systems dient. Nochmals anders ausgedrückt: Eine unabhängige Einheit, die mit einem struktur-spezifizierten System interagiert, *selektiert* lediglich die Strukturveränderungen, die im System auf eine Interaktion folgen, aber sie spezifiziert diesen Strukturwandel nicht. Wissenschaft, betrachtet als der Bereich von Aussagen, die durch die wissenschaftliche Methode bestätigt werden, kann sich nur mit struktur-spezifizierten Systemen beschäftigen. Andere Systeme wären einer wissenschaftlichen Beschreibung nicht zugänglich; denn in diesem Fall würde sich der Wissenschaftler in der Lage des phrygischen Königs Midas (unter dessen Hand alles zu Gold wurde) befinden, der die Strukturen der Systeme, die er untersuchen will, durch die Berührung mit seinen Analyseinstrumenten immer schon spezifiziert. Wenn eine Interaktion in einem struktur-spezifizierten System eine Strukturveränderung auslöst, die dessen Organisation nicht verändert, dann handelt der Interaktionspartner nur als ein *Störfaktor*, und die Interaktion ist lediglich eine Störeinwirkung (perturbation). Löst jedoch die Interaktion eine Strukturveränderung aus, die die Organisation des Systems so verändert, daß sich die Klassenidentität wandelt, dann handelt es sich um eine zerstörende Interaktion und der Interaktant ist ein zerstörender (oder auflösender) Aktant. Ein strukturspezifiziertes System besitzt daher ebenso einen strukturspezifizierten Bereich von Störungen wie von Zerstörungen. Darüber hinaus legt die Struktur eines struktur-spezifizierten System auch fest, welche Konfigurationen des Mediums störend auf es einwirken und welche es auflösen. M.a.W., struktur-spezifizierte Systeme machen keine »instruktiven« Interaktionen durch.

Das lebende System

Wir können ein lebendes System erst dann identifizieren, wenn wir wissen, wie lebende Systeme beschaffen sind. Wissen, wie ein lebendes System beschaffen ist, heißt es erklären zu können, d. h. in der Lage zu sein, ein System zu beschreiben, das durch sein Operieren all die Phänomene erzeugen kann, die ein lebendes System erzeugen kann. Daher schlage ich vor, diejenigen Arten von Systemen zu kennzeichnen, die in ihrem Operieren ununterscheidbar sind von bekannten lebenden Systemen, und ich behaupte, daß – angemessene historische Kontingenzen einmal unterstellt – diese Systeme alle biologischen Phänomene erzeugen werden. Es gibt eine Klasse von Systemen, bei der jedes Element als eine zusammengesetzte Einheit (System), als ein Netzwerk der Produktionen von Bestandteilen definiert ist, die (a) durch ihre Interaktionen rekursiv das Netzwerk der Produktionen bilden und verwirklichen, das sie selbst produziert hat; (b) die Grenzen des Netzwerks als Bestandteile konstituieren, die an seiner Konstitution und Realisierung teilnehmen; und (c) das Netzwerk als eine zusammengesetzte Einheit in dem Raum konstituieren und realisieren, in dem es existiert. Francisco Varela und ich haben solche Systeme »autopoietische Systeme« und ihre Organisation

»autopoietische Organisation« genannt. Ein lebendes System ist ein autopoietisches System im physikalischen Raum (cf. Maturana und Varela 1975).
Da das Konzept der Autopoiese in verschiedenen Publikationen nachgelesen werden kann (cf. Maturana und Varela 1975; Maturana, Varela und Uribe 1974; Maturana 1970), gehe ich hier nicht ausführlich darauf ein, sondern beschränke mich auf einige Hinweise, die für den gegenwärtigen Zusammenhang wichtig sind.

I Autopoietische Systeme sind struktur-spezifizierte Systeme; ihre Struktur legt fest, welche strukturellen Veränderungen sie durchmachen können. Daher wird bei der Kennzeichnung von Autopoiese auch nichts über die Gesetzesartigkeit der Prozesse gesagt, die die Strukturveränderungen realisieren; diese Annahme steckt implizit in der Aussage, daß das autopoietische Netzwerk als eine zusammengesetzte Einheit in dem Raum konstituiert und realisiert wird, in dem seine Bestandteile existieren (d.h. in dem Raum, den sie definieren). Darum entsprechen lebende Systeme als autopoietische Systeme im physikalischen Raum den Gesetzen physikalischer Prozesse, andernfalls zerfallen sie.

II Die Tätigkeiten autopoietischer Systeme stehen im Dienst der Autopoiese, andernfalls zerfallen solche Systeme. Demzufolge arbeiten autopoietische Systeme hinsichtlich ihrer Organisation wie homöostatische Systeme und können nur solche strukturellen Veränderungen durchmachen, die nicht ihre Autopoiese beeinträchtigen.

III Ein autopoietisches System als ein dynamisches System unterliegt ständigem strukturellem Wandel. Gleichwohl legt die jeweils gegenwärtige Struktur zu jedem Zeitpunkt den Bereich möglicher struktureller Veränderungen eines autopoietischen Systems fest, und seine Organisation bestimmt die Grenzen, innerhalb derer diese Veränderungen tatsächlich stattfinden können, ohne daß das System seine Klassenidentität verliert. Dementsprechend ändert sich auch der Bereich möglicher Strukturveränderungen eines autopoietischen Systems ohne Verlust der Klassenidentität, weil seine Struktur sich während seiner Autopoiese verändert.

IV Wie im Falle zusammengesetzter Einheiten im allgemeinen, so existiert ein autopoietisches System, das als einfache Einheit behandelt wird, in einem Raum, der sich von demjenigen unterscheidet, in dem seine Bestandteile existieren; und es besitzt auch Eigenschaften als einfache Einheit, die durch ihre Organisation und nicht durch die Eigenschaften ihrer Bestandteile definiert sind.

v Einem Beobachter erscheint ein autopoietisches System als ein integriertes, reguliertes, homöostatisches Ganzes. Jedoch wird die Einheit oder Ganzheit, die ein Beobachter in einem autopoietischen System als Ergebnis seiner Autopoiese sieht, durch das Zusammenspiel (Operieren) der Eigenschaften seiner Bestandteile erzeugt (d. h. nur durch Kontiguitätsbeziehungen), und zwar in einer Weise, die diese Eigenschaften determinieren. Wenn sich daher die Eigenschaften eines Bestandteils der autopoietischen Einheit verändern, weil sie selbst zusammengesetzte Einheit sind und Strukturveränderungen durchmachen, dann kann sich auch die Art der Verwirklichung der Autpoiese ändern, da die Kontiguitätsbeziehungen, die das autopoietische Netzwerk erzeugen, sich geändert haben können. Wenn sich dies als Ergebnis der inneren Dynamik des Systems in einer Weise ereignet, die bestimmte Produktionsbeziehungen stabilisiert, dann kann der Beobachter diese Stabilisierung als Regelung oder Homöostase beschreiben. Wenn jedoch das Ganze operational nicht an diesem Prozeß teilnimmt, der von seinen Bestandteilen erzeugt wird, dann finden – was die Realisierung des autopoietischen Netzwerks betrifft – die Phänomene der Regulierung oder Homöostase nur in einem Metabereich statt.

vi Bei der Kennzeichnung autopoietischer Systeme ist weder etwas über die Medien gesagt worden, in denen sie realisiert werden, noch über die Merkmale der Bestandteile, die sie realisieren. Das ist deshalb geschehen, weil die Eigenschaften der Bestandteile eines autopoietischen Systems, die nicht an einem autopoietischen Netzwerk beteiligt sind, beliebig sein können, solange sie es nicht beeinträchtigen, und weil das autopoietische System das Medium, in dem es operiert, durch seine jeweilige Struktur determiniert.

vii Fortpflanzung ist kein konstitutives Merkmal der autopoietischen Organisation. Fortpflanzung ist für die Konstitution der zu reproduzierenden Einheit logisch und operational sekundär und daher auch für die autopoietische Organisation eines autopoietischen Systems sekundär. Für die Evolution dagegen ist Fortpflanzung natürlich notwendig.

VIII Im Hinblick auf seine Zustände operiert ein autopoietisches System als *geschlossenes* System, das nur Zustände der Autopoiese erzeugt. Oder anders ausgedrückt: Jeder Zustand in einem autopoietischen System ist ein Zustand der Autopoiese, anderenfalls befindet sich das System in einem Zustand der Auflösung. Bezüglich seiner Bestandteile ist ein autopoietisches System jedoch offen in dem Maße, in dem deren Produktion einen Austausch mit einem Medium impliziert.

IX Biologische Phänomene sind Phänomene, die in einem Bereich entstehen, der durch das Operieren lebender Systeme definiert wird. Darum ist ein gegebenes Phänomen nur dann ein biologisches Phänomen, wenn es die Autopoiese mindestens eines lebenden Systems involviert. Oder anders gesagt: Phänomene, die unter Mitwirkung eines lebenden Systems erzeugt werden, ohne sie aber durch die Verwirklichung ihrer Art zu involvieren, sind keine biologischen Phänomene. So ist z. B. das Zusammentreffen zweier Organismen bei der Brautschau ein biologisches Phänomen, ihr zufälliges Gegeneinanderrennen dagegen in keiner Weise. Entsprechend sind chemische Reaktionen, die bei der Autopoiese einer Zelle ablaufen, im Unterschied zu Prozessen etwa der Verdauung, keine biologischen Phänomene.

Das Nervensystem

Anatomisch gesehen besteht das Nervensystem aus zellularen Elementen verschiedener Arten, die je nach Ansicht des Beschreibenden sensorische oder effektorische Bestandteile enthalten können. Im folgenden möchte ich nicht versuchen, eine vollständige anatomische Kennzeichnung des Nervensystems zu liefern; ich werde alle seine Bestandteile *Neuronen* nennen. Dabei ordne ich in die Klasse der zellularen Elemente, die durch diesen Begriff bezeichnet werden, typische Nervenzellen ebenso ein wie sensorische und effektorische Elemente, die anatomisch ganz verschieden von diesen sind, die aber als Bestandteile des Nervensystems in einer vergleichbaren Art operieren. Ein Netzwerk von interagierenden Neuronen, in dem jeder Zustand relativer neuronaler Aktivität in einer geschlossenen Weise zu einem anderen Zustand relativer neuronaler Aktivität führt, ist ein Nervensystem. Oder anders gesagt: Ein Nervensystem ist ein System, das als ein geschlossenes Netzwerk interagierender Neuronen organisiert ist, in dem jeder Zustand relativer neuronaler Aktivität zu einem Zustand relativer neuronaler Aktivität führt. Und dieses System kann – falls die angemessenen historischen Kontingenzen gegeben sind – all diejenigen Phänomene erzeugen, die in lebenden Systemen für ihre Operationen mit einem Nervensystem angemessen sind. Dies ist zugleich eine Charakterisierung und eine Definition, daher sind folgende Kommentare erforderlich:

1 Das Nervensystem operiert als ein *geschlossenes* System. Als solches erzeugt es nur Zustände ein und derselben Art, nämlich Zustände relativer Aktivität zwischen ihren neuronalen Bestandteilen (Nervenzellen sowie Sensoren und Effektoren). Das Nervensystem besitzt keine Input-Output-Oberflächen als grundlegende Merkmale seines Operierens, und es operiert auch nicht als ein System, das Input- und Output-Beziehungen erzeugt. Input- und Output-Oberflächen werden vom Beobachter bestimmt, der das Nervensystem öffnet, indem er Perspektiven für seine Beschreibung der Operationen des Systems in einem Medium spezifiziert. Dementsprechend bilden die Sensor- und Effektoroberflächen, die ein Beobachter in einem Organismus sieht, keine Ausnahme von der operationalen Geschlossenheit seines Nervensystems. Tatsächlich führt jeder Aktivitätswandel an einer Effektoroberfläche eines Organismus zu einem Aktivitätswandel an einer Sensoroberfläche desselben Organismus und vice versa. Die Verbindung zwischen Effektor- und Sensoroberflächen wird hergestellt durch das, was der Beobachter als Umgebung sieht; doch ist diese Umgebung lediglich ein Mittel zur Verbindung, und nur als solches nimmt es teil an der Operation eines Nervensystems als eines Systems. Die Bedeutsamkeit der Umgebung für die Beschreibung des Beobachters sollte uns nicht irreführen. Der Beobachter steht in seinen Beschreibungen direkt in demselben Verbindungsweg des Nervensystems, zwischen den Sensor- und Effektoroberflächen des Organismus, und aus dieser Sicht erscheint ihm das Nervensystem als ein offenes neuronales Netzwerk. Dasselbe würde dem Beobachter ge-

schehen, wenn er miniaturisiert werden könnte und in einem synaptischen Spalt Platz fände. Er würde dann sowohl das interzellulare Medium in dem synaptischen Spalt als auch den Organismus als seine Umgebung ansehen, und das Nervensystem des Organismus würde ihm als ein offenes neuronales Netzwerk erscheinen, in dem die postsynaptische Membrane die Sensoroberfläche und die präsynaptische Membrane die Effektoroberfläche bilden würde.

ii Ich habe Neuronen noch nicht charakterisiert, aber ich habe mich auf sie bezogen, als wären sie Zellen mit Eigenschaften, die es ihnen erlauben, ein Netzwerk zu bilden und zu integrieren, insofern sie sich gegenseitig in einer räumlich festgelegten Art stören, wobei sie Interaktionsmustern folgen, die von der Architektur des Netzwerks bestimmt sind, und entsprechend eine Sequenz vollziehen, die durch den relativen Verlauf ihrer inneren Dynamik festgelegt wird.

iii Als Bestandteil eines lebenden Systems arbeitet ein neuronales System notwendigerweise so, daß es Beziehungen zwischen neuronalen Aktivitäten erzeugt, die der Autopoiese des lebenden Systems dienen; andernfalls würde das lebende System zerfallen. Dementsprechend besitzen verschiedene Organismen mit verschiedenen Strukturen auch unterschiedliche Nervensysteme (sofern sie überhaupt welche besitzen), die verschiedene Mengen von Beziehungen zwischen neuronalen Aktivitäten erzeugen, die selbst wieder in unterschiedlicher Weise an der Verwirklichung ihrer jeweiligen Autopoiese beteiligt sind. Ein Neuron kann dadurch, daß es ein vielfach vernetzter Knoten im geschlossenen neuronalen Netzwerk ist, zur selben Zeit an der Erzeugung zahlreicher verschiedener Beziehungen zwischen neuronalen Aktivitäten innerhalb des Netzwerks beteiligt sein. Welcher Fall auch immer vorliegt, die Unterordnung der Tätigkeiten des Nervensystems unter die Autopoiese des lebenden Systems, in das es integriert ist, führt zur Autopoiese des lebenden Systems, das notwendigerweise diejenigen Strukturveränderungen selegiert, die das Nervensystem durchmachen kann, selbst wenn solche Veränderungen kontinuierlich erfolgen.

Das Medium

Eine Einheit existiert in einem Medium, das durch seine Eigenschaften als der Bereich determiniert wird, in dem sie als Einheit operiert. Alles was einer Einheit als Einheit widerfahren kann, ist Teil ihres Mediums. Alles, wodurch eine Einheit aufgrund ihrer Arbeitsweise als Einheit operational gespalten werden kann, ist Teil ihres Mediums. Je nachdem, welche Einheit ein Beobachter unterscheidet, kann das, was er als Teile oder Zustände der Einheit ansieht, in ihr Medium einbezogen werden. Das Medium einer Einheit wird immer durch die Einheit als der Bereich definiert, in dem sie als Einheit operiert, und nicht durch den Beobachter. Der Beobachter kennzeichnet eine Einheit durch eine Operation, die in der ausgegrenzten Einheit eine Organisation impliziert, falls es sich um eine zusammengesetzte Einheit handelt; aber die Unterscheidungsoperation charakterisiert nicht die implizierte Organisation. Unter diesen Umständen ist es die implizierte Organisation der Einheit, die ihr Medium definiert, nicht die Unterscheidungsoperation, die der Beobachter vollzieht. Wenn daher ein Beobachter eine Einheit unterscheidet, dann hat er nicht notwendigerweise Zugang zu dem Medium, in dem diese als Einheit operiert, sondern er selbst legt einen Bereich fest, in dem er die Einheit als eine separierbare Einheit sieht. Den Bereich, in dem ein Beobachter eine Einheit als eine separierbare Einheit bestimmt, werde ich die *Umgebung* (environment) der Einheit nennen. Dementsprechend überlappen sich Medium und Umgebung, ohne daß die Umgebung im Medium notwendigerweise enthalten ist. In diesem Fall kann das Medium der Einheit Merkmale enthalten, die der Beobachter nicht als Teile der Umgebung der Einheit sieht, sondern die ihm innerhalb der Grenzen der Einheit zu liegen scheinen, obwohl sie operational gesehen notwendigerweise außerhalb liegen.

Kognition

Wenn alles, was in einem lebenden System stattfindet, durch dessen Struktur spezifiziert ist, und wenn ein lebendes System sich nur in Zuständen der Autopoiese befinden kann, weil es sonst zerfiele (und aufhörte, ein lebendes System zu sein), dann ist das Phänomen der Kognition, das dem Beobachter als erfolgreiches Verhalten in einem Medium erscheint, in Wirklichkeit die Realisierung der Autopoiese des lebenden Systems in diesem Medium. Für ein lebendes System bedeutet Leben Kognition, und sein kognitiver Bereich ist deckungsgleich mit dem Bereich seiner autopoietisch möglichen Zustände. Das Vorhandensein eines Nervensystems in einem Organismus schafft nicht das Phänomen der Kognition, sondern erweitert den kognitiven Bereich des Organismus, indem es dessen Bereich autopoietisch möglicher Zustände ausdehnt. Unter diesen Umständen müssen zwei grundsätzliche Fragen beim Studium der Biologie der Kognition beantwortet werden; und zwar: (a) Wie und warum ist es möglich, daß ein Organismus in jedem Augenblick eine Struktur besitzt, die es ihm erlaubt, erfolgreich in einem gegebenen Medium zu operieren? und (b) Wie verändert das Nervensystem den kognitiven Bereich des Organismus, der ein Nervensystem besitzt, und was geschieht in Organismen ohne Nervensystem? Die erste Frage bezieht sich auf das Problem der Strukturveränderung, die ich *strukturelle Kopplung* (structural coupling) nennen werde, die zweite Frage zielt ab auf die Operation in einem geschlossenen Netzwerk neuronaler Interaktionen unter Bedingungen der strukturellen Kopplung, die ich operationale Rekursivität nennen werde.

1 *Strukturelle Kopplung:* Jeden Wandel in den Beziehungen zwischen Bestandteilen mit unveränderlichen Eigenschaften in einer zusammengesetzten Einheit nenne ich strukturellen Wandel erster Ordnung; jeden Wandel in den Eigenschaften der Bestandteile einer zusammengesetzten Einheit nenne ich strukturellen Wandel zweiter Ordnung. Eine zusammengesetzte Einheit, deren Struktur sich ohne Verlust ihrer Klassenidentität, d. h. ohne Wandel in der Organisationsform, verändern kann, ist ein *strukturell plastisches System;* jeden plastischen strukturellen Wandel in einer zusammengesetzten Einheit nenne ich Zustandsveränderung. Da ein strukturspezifiziertes System nur Zustandsveränderungen durchmachen kann, die von seiner Struktur spezifiziert werden, ist der Bereich der strukturellen Plastizität einer zusammengesetzten Einheit durch ihre Struktur festgelegt und nicht durch das Medium, in dem die Einheit operiert und als Einheit realisiert wird.

Das Medium kann ein strukturell plastisches System nur stören und eine Zustandsveränderung auslösen, die es nicht spezifiziert. Unter diesen Umständen wirken sich die Störungen durch das Medium als Selektoren der strukturellen Wandlungen der gestörten Einheit aus; und die Abfolge von Störungen, die das Medium in der Geschichte der Interaktionen einer gegebenen Einheit auslöst, wirkt als Selektor der Abfolge oder des Verlaufs struktureller Veränderungen, der die Einheit in dieser Geschichte folgt. Daraus resultiert die Einrichtung einer strukturellen Übereinstimmung zwischen der jeweiligen Einheit und dem Medium, in dem sie operiert, die einem Beobachter als Anpassung oder strukturelle Kopplung erscheint. Die Form dieser strukturellen Kopplung oder Anpassung in einer Einheit, die einer bestimmten Abfolge von Störungen unterliegt, wird durch die Struktur des Organismus der zusammengesetzten Einheit spezifiziert, die ihrerseits den Bereich der möglichen strukturellen Veränderungen der Einheit sowie die Grenzen festlegt, die die Einheit nicht überschreiten kann, ohne sich aufzulösen. In lebenden Systemen sind diese Grenzen durch ihre autopoietische Organisation determiniert, die während der Lebenszeit des Systems unverändert bestehen bleiben muß; ihre strukturelle Kopplung führt daher notwendigerweise zu einer homöostatischen Stabilisierung der Autopoiese unter den Bedingungen der Struktur, durch die sie – in jedem individuellen Fall – verwirklicht wird. Das bedeutet allgemein: wann immer eine strukturelle, plastische zusammengesetzte Einheit gestört wird, folgt daraus strukturelle Kopplung in dem Raum, in dem die zusammengesetzte Einheit als eine einfache Einheit operiert *(ist);* und zwar eine strukturelle Kopplung mit denjenigen Strukturen des Mediums, die den Störungsbereich der Einheit darstellen. Da strukturelle Kopplung die Beziehungen der einfachen Einheit in ihrem Medium stabilisiert, sieht der Beobachter – im Falle einer dynamischen Einheit – ein Einpassen der Struktur der Einheit in eine Struktur, die es der Einheit erlaubt, im Medium der Kopplung erfolgreich zu operieren. Dieses Phänomen ereignet sich in lebenden Systemen durch zwei verschiedene Prozesse, die zwei verschiedene Bereiche der Variabilität für die Operation der selektierten Interaktionen beinhalten, die sie im Laufe ihrer Lebensgeschichte in ihrem Medium zu zwei verschiedenen Zeitpunkten durchmachen.

1.1 *Phylogenese:* Wenn die Organisation und Struktur einer zusammengesetzten Einheit im ganzen System einheitlich vorhanden sind und kein Bestandteil allein oder abgetrennt ist, dann kann eine einfache Spaltung zwei Einheiten derselben Art mit identischen oder verschiedenen Strukturen trennen. Dieses Phänomen heißt Fortpflanzung durch Teilung und findet in lebenden Zellen ebenso wie in einigen anderen Systemen statt. Wann immer sequentielle Fortpflanzung durch Teilung so stattfindet, daß jede zusammengesetzte Einheit andere Einheiten erzeugt, die sich später reproduzieren können, und so, daß die Einheiten, die in jedem Schritt der Fortpflanzung erzeugt werden, unterschiedliche Strukturen haben, dann findet durch ihre unabhängigen Interaktionen eine unterschiedliche Realisierung der Nachkommenschaft statt, und eine Phylogenie ist begründet. Aus der Begründung einer Phylogenie resultiert die strukturelle Kopplung der Mitglieder der Phylogenie an das Medium, in dem sie als einfache Einheiten operieren und in dem die Selektion stattfindet. Dem Beobachter erscheint dieses Phänomen als *Evolution,* als eine Geschichte der strukturellen Veränderung nacheinander erzeugter zusammengesetzter Einheiten derselben Art. In lebenden Systemen ereignet sich dieses Phänomen ohne weiteres, denn die Bewahrung der Autopoiese bei jedem Fortpflanzungsschritt erlaubt zugleich das Auftreten struktureller Verschiedenheit.

1.2 *Ontogenese:* Die individuelle Geschichte der strukturellen Veränderung einer bestimmten zusammengesetzten Einheit ist ihre Ontogenese. In einer struktur-spezifizierten zusammengesetzten Einheit legt die Struktur der Einheit zu jedem Zeitpunkt sowohl die Menge, oder Matrix, ihrer möglichen Zustandsveränderungen fest als auch die Menge, oder Matrix, der möglichen Störungen, die sie verkraften kann. Demgemäß würde jede der möglichen Störungen eine Zustandsveränderung der zusammengesetzten Einheit auslösen, die wiederum zu einer Veränderung in der Matrix möglicher Störungen der Einheit führen würde. Unter diesen Umständen determiniert eine bestimmte Störungsfolge in einer zusammengesetzten Einheit eine bestimmte Abfolge im Wechsel der Matrizen möglicher Störungen. Konsequenterweise sind die tatsächlich stattfindenden Störungen nicht durch die Struktur der zusammengesetzten Einheit determiniert, sondern durch die Struktur des Mediums, und diese Störungen selegieren den Verlauf der befolgten strukturellen Veränderungen, ohne den strukturellen Wandel der zusammengesetzten Einheit zu spezifizieren. Das Ergebnis eines solchen Prozesses besteht in der ontogenetischen strukturellen Kopplung jeder strukturell plastischen zusammengesetzten Einheit an das Medium, in dem sie realisiert wird. Was daher ein Beobachter als Resultat der Ontogenese in jeder einzelnen zusammengesetzten Einheit sieht, ist entweder erfolgreiches Operieren in der Umgebung, also strukturelle Kopplung, oder Zerfall. In lebenden Systemen ist ontogenetische strukturelle Kopplung (oder ontogenetische Anpassung) typisch, weil die Autopoiese und die Art ihrer Verwirklichung das einzige sind, was während der Ontogenese jedes einzelnen Organismus unverändert bleibt.

11 *Operationale Rekursivität:* Das Phänomen struktureller Kopplung findet in Beziehungen zu jedem Bereich statt, in dem eine strukturell plastische zusammengesetzte Einheit als eine Einheit definiert ist. So kann die Konfiguration der inneren Zustände einer zusammengesetzten Einheit (wie sie ein Beobachter sieht) auch als Teil des Mediums operieren, in dem die zusammengesetzte Einheit als eine einfache Einheit existiert. Wenn dieses stattfindet, dann findet strukturelle Kopplung der zusammengesetzten Einheit mit ihren eigenen Zuständen statt. Prinzipiell gibt es keine andere Begrenzung für dieses Ereignis als die operationale Unterscheidbarkeit der inneren Zustände des Systems durch die Operationen des Systems als einer Einheit durch ihre Interaktionen hindurch. In lebenden Systemen ist die geschlossene Organisation des Nervensystems besonders geeignet für Rekursivität dieser Art. Darum schlage ich vor, das Nervensystem unter der Perspektive seiner Operationen als System eines geschlossenen neuronalen Netzwerks zu betrachten:

11.1 *Wahrnehmung:* Ein Nervensystem operiert als ein geschlossenes neuronales Netzwerk, das Relationen relativer neuronaler Aktivität erzeugt, die durch eine Struktur spezifiziert werden, die im Laufe der Phylogenese und Ontogenese des Organismus herausgebildet wird, der diese integriert. Die gesamte

Dynamik seiner Zustände besteht demgemäß in einem kontinuierlichen Fluß wechselnder Beziehungen neuronaler Aktivitäten, der moduliert wird durch Störungen aus dem Medium, wobei diese Störungen zur Produktion und Stabilisierung von Beziehungen neuronaler Aktivitäten führen, die der Autopoiese des Organismus dienen. Aus der Beobachterperspektive konstituiert die Teilung des Bereichs der Störungen des Nervensystems, der operational gesehen durch die Interaktionen des Organismus mit seiner Umgebung stattfindet, den Wahrnehmungsbereich des Organismus. Hinzu kommt, daß ein Organismus für den Beobachter scheinbar auf die Umgebung einwirkt und sein Verhalten den Eigenheiten der von ihm wahrgenommenen Umgebung anpaßt. Hinsichtlich ihrer Zustandsdynamik jedoch operieren Organismus und Nervensystem ausschließlich als geschlossene Systeme, die lediglich strukturspezifizierte Zustände erzeugen, ähnlich wie sich ein Pilot beim Instrumentenflug verhält. Wenn der Pilot ohne Sicht fliegen und landen muß, dann muß er die Anzeiger der Instrumente seines Flugzeugs innerhalb genau spezifizierter Grenzwerte halten oder einer Reihe spezifischer Variationen folgen. Wenn der Pilot die Maschine nach der Landung verläßt, könnten seine Frau und seine Freunde zu ihm kommen und sagen: »Das war ein wunderbarer Flug mit einer exzellenten Landung! Wir hatten Angst wegen des Nebels!« Der Pilot könnte antworten: »Was für ein Flug? Was für eine Landung? Ich bin nicht geflogen, ich habe nur meine Anzeigegeräte in bestimmten Bereichen konstant gehalten.« Tatsächlich gab es einen Flug nur für einen äußeren Beobachter, und exakt dies geschieht mit einem Organismus und seinem Nervensystem. Ein Beobachter sieht ein bestimmtes Verhalten, Werbeverhalten z. B.; aber was im Organismus und seinem Nervensystem stattfindet, ist kein Werbeverhalten, sondern eine bestimmte Abfolge von Zustandsveränderungen in der Dynamik des geschlossenen Systems. Wahrnehmung gehört als Phänomen zum Bereich der Beschreibungen, den ein Beobachter festlegt.

11.2 *Wiederholung:* Schreiben, essen oder eine philosophische Konversation führen sind für einen Beobachter sehr verschiedene Tätigkeiten, die in sehr verschiedenen Bereichen stattfinden. Für das Nervensystem aber sind es nur verschiedene

Fälle einer einzigen Art von Phänomen, verschiedene Wege der Veränderungen von Beziehungen zwischen neuronalen Aktivitäten, die im Dienste der Autopoiese des Organismus stehen und von verschiedenen Störungen ausgelöst werden, die vom Medium ausgehen. Das hat eine fundamentale Konsequenz: Obwohl verschiedene Relationen oder Wege von Beziehungsveränderungen zwischen neuronalen Aktivitäten im Nervensystem unterschieden werden können, die im Interaktionsbereich des Organismus durch verschiedene Auslösefaktoren hervorgerufen werden, sind sie in der Dynamik des Nervensystems operational unterschieden durch verschiedene Beziehungen oder Wege der Beziehungsveränderungen zwischen neuronalen Aktivitäten. Was unter diesen Umständen in der Operation des Nervensystems stattfindet, ist immer dieselbe Art von Prozeß: Unterscheidungen zwischen Relationen relativer neuronaler Aktivitäten durch Beziehungen zwischen relativen neuronalen Aktivitäten usw. usw. in potentiell rekursiver Weise. Darüber hinaus können zur gleichen Zeit durch die Kopplung des Organismus an sein Medium die Tätigkeiten des Nervensystems zu dem führen, was der Beobachter als operationale Wiederholung von Unterscheidungen im Bereich der Interaktionen des Organismus ansieht.

II.3 *Repräsentationen:* Aus der Perspektive des Beobachters, der einen Organismus in einem Medium betrachtet, können die Zustandsveränderungen, die Störungen im Medium auslösen, Repräsentationen des Mediums konstituieren; und die Reaktionen des Organismus, die der Beobachter für das Ergebnis dieser Störungen hält, können Indikatoren oder Beschreibungen der Umstände bilden, die diese Reaktionen konstituieren. Daher kann der Beobachter den Organismus oder sein Nervensystem so beschreiben, als reagierten diese in ihrer geschlossenen Dynamik auf Reaktionen des Mediums, in dem sie Beschreibungen davon anfertigten. Obwohl also der Organismus und das Nervensystem nicht über Reaktionen operieren, weil sie strukturspezifizierte und operational geschlossene Systeme sind, kann die operationale Wiederholung von Unterscheidungen im Interaktionsbereich des Organismus einem Beobachter als eine Wiederholung in einem Repräsentationsbereich erscheinen, so als ob das Nervensystem Repräsentationen von Repräsentationen anfertigte.

Wenn Kognition das erfolgreiche Operieren eines lebenden Systems in einem Medium ist, und wenn dieses erfolgreiche Operieren in jedem Individuum das Ergebnis einer Geschichte phylogenetischer und ontogenetischer Kopplungen darstellt, dann ist im Prinzip die Frage nach dem Funktionieren von Kognition beantwortet. In der Tat sind Organismus und Medium in ihrer Zustandsdynamik operational unabhängige Systeme, von denen jedes seiner unabhängigen strukturellen Spezifikation folgt. Deshalb ist angemessenes Verhalten notwendigerweise nur als Ergebnis struktureller Kopplung möglich, und ein Organismus befindet sich daher entweder im Zustand struktureller Kopplung oder im Zustand der Auflösung. Zudem ist es nicht erstaunlich, daß sich ein Organismus in struktureller Kopplung befindet. Ein Organismus steht nie außerhalb einer Geschichte und befindet sich notwendigerweise immer in einem bestimmten Zustand und in einer bestimmten Position, die aus vorangegangenen Zuständen und Positionen resultiert. Konsequenterweise zerfällt ein Organismus (d. h. er verliert seine Autopoiese) dann, wenn er zu einem bestimmten Zeitpunkt nicht an ein Medium gekoppelt ist; entweder, weil die unabhängige Zustandsdynamik des Mediums zu einem Medienzustand geführt hat, an den der Organismus strukturell nicht gekoppelt ist, oder weil ein voraufgegangener Zustand des Organismus zu einem neuen Zustand geführt hat, der nicht an den gegenwärtigen Zustand des Mediums gekoppelt ist. Hinzu kommt, daß strukturelle Kopplung zwischen allen Organismen derselben Klasse kommutativ ist, die an dasselbe Medium angepaßt sind, so daß ein Austausch oder eine operationale Ersetzung ohne Anpassungsverlust zwischen ihnen stattfinden kann. Ob die strukturelle Kopplung durch Phylogenese, Ontogenese oder durch operationale Wiederholung erreicht wird, ist natürlich irrelevant. Die Durchführung beider Verhaltensmodi ist gleichermaßen strukturdeterminiert. Oder mit anderen Worten, instinktive und gelernte Verhaltensweisen unterscheiden sich nicht hinsichtlich ihrer strukturellen Determination, sondern sie unterscheiden sich nur hinsichtlich der Geschichte oder des Ursprungs derjenigen Strukturen, die sie determinieren. So wird instinktives Verhalten von Strukturen bestimmt, die im Laufe der Phylogenese entstanden sind, während erlerntes Verhalten von ontogenetisch erworbenen Strukturen determiniert wird. Hinzu kommt, daß beide Verhaltensweisen gleichermaßen von spezifischen (internen oder externen) Störungen ausgelöst werden, gleich welche Umstände sie erzeugen, und daß beide Verhaltensweisen unter Bedingungen stattfinden können, die ein Beobachter inadäquat nennen würde.

Wenn ein Hund sich einen Schuh zum Spielen schnappt, kann ein Beobachter behaupten, der Hund kenne die Verwendungsweise eines Schuhs nicht. Ebenso kann ein Lehrer, der einen Studenten beauftragt, die Höhe eines Turms mit einem Höhenmesser zu ermitteln, den Studenten durchfallen lassen, wenn dieser die Länge des Höhenmessers benutzt, um den Turm trigonometrisch zu messen, und so die Turmhöhe durch geometrische und nicht durch physikalische Verfahren gewinnt. Der Lehrer kann sagen, der Student verstehe nichts von Physik. Aber nur im Hinblick auf den Beobachter kann man im ersten Fall und hinsichtlich des Lehrers im zweiten Fall sagen, der Hund und der Student irrten sich oder hätten keine Ahnung. Tatsächlich haben der Hund und der Student sich genau gemäß ihren jeweiligen strukturellen Determinationen verhalten; aber jeder hat in einem Bereich gehandelt, der nicht erwartet worden war, und hat durch sein Verhalten eine Einheit definiert und angemessen behandelt, die anders war als die angebotene. Der Hund hat ein Spielzeug definiert und der Student ein geometrisches Problem. Darum sind der Mißbrauch des Hundes und der Fehler des Studenten ›Mißbrauch‹ und ›Fehler‹ nur in den Bereichen, die der Beobachter und der Lehrer festgelegt hatten, und nur im Hinblick auf deren Festlegungen ihrer jeweiligen Referenzsituationen. Die Verhaltensweisen des Hundes und die des Studenten sind in sich gesehen einwandfrei und lassen in jedem Fall eine strukturelle Kopplung erkennen, die verschieden ist von derjenigen, die Beobachter und Lehrer erwartet haben. Wahrheit und Falschheit gibt es also nur im Referenzbereich, der von einem Beobachter festgelegt wird.

Konsensuelle Bereiche

Wenn zwei strukturell plastische zusammengesetzte Einheiten miteinander interagieren und so als Selektoren ihrer jeweiligen

Wege struktureller Veränderungen wirken, dann findet gegenseitige strukturelle Kopplung statt. Das führt dazu, daß die Zustandsveränderungen des einen Systems rekursiv die Zustandsveränderungen des anderen auslösen und daß so ein Bereich koordinierten Verhaltens zwischen den gegenseitig angepaßten Systemen konstituiert wird. Wenn das zwischen lebenden Systemen während ihrer Ontogenese stattfindet, dann bildet sich ein Bereich koordinierten Verhaltens heraus, der nicht unterschieden werden kann von einem Konsensbereich, der zwischen Menschen aufgebaut worden ist. Darum werde ich einen solchen Bereich koordinierten Verhaltens, der zwischen Organismen als Ergebnis ihrer ontogenetischen, reziproken strukturellen Kopplung entsteht, einen *konsensuellen Bereich* oder einen Bereich der Übereinstimmung nennen.

Einem Beobachter, der zwei oder mehrere Organismen in einem konsensuellen Bereich operieren sieht, scheinen die Organismen mit konsensuellen Repräsentationen zu arbeiten; daher funktioniert für den Beobachter ein konsensueller Bereich wie ein sprachlicher Bereich, in dem die Verhaltensweisen der interagierenden Organismen konsensuelle Indizierungen oder Beschreibungen ihres Interaktionsbereichs schaffen. Darüber hinaus gilt: Wenn die strukturelle Kopplung – nachdem ein konsensueller Bereich geschaffen worden ist – so weitergeht, daß die Interaktionen innerhalb des konsensuellen Bereichs als Selektoren für weitere strukturelle Kopplungen innerhalb des Bereichs operieren, und wenn die teilnehmenden Organismen strukturell plastisch genug sind, dann findet eine Rekursion statt, in der die teilnehmenden Organismen konsensuelle Bestimmungen von konsensuellen Bestimmungen anfertigen. Ein sprachlicher Bereich mit solchen Merkmalen ist eine *Sprache*, und in ihr zu operieren bedeutet – vom Beobachterstandpunkt aus – in einem Beschreibungsbereich zu operieren, der rekursive Beschreibungen von Beschreibungen erlaubt.

An diesem Punkt sind folgende Bemerkungen erforderlich:

1 Aus der Beobachterperspektive ist jedes Verhalten ein Handeln in einem Bereich, und verschiedene Arten des Verhaltens unterscheiden sich hinsichtlich der Bereiche, in denen die Handlungen stattfinden. Hinsichtlich der Vorgänge im Nervensystem ist jedoch jedes Verhalten eine besondere Konfiguration relativer neuronaler Aktivitäten in einem geschlossenen

neuronalen Netzwerk. Dementsprechend würde das, was der Beobachter als verschiedenes Verhalten in verschiedenen Bereichen struktureller Kopplung (entweder in einem Bereich a-biotischer Komponenten oder in einem konsensuellen Bereich) ansehen würde, auf der Ebene des Nervensystems lediglich als verschiedene Instanzen von Phänomenen derselben Art gezeigt.

11 Jedes Verhalten kann von einem Beobachter als eine Beschreibung gesehen werden, die die Umstände ihres Entstehens konnotiert. Deshalb kann ein Beobachter einen konsensuellen Bereich als einen Beschreibungsbereich betrachten, in dem ontogenetisch entstandene Beschreibungen als Störungen in einem Bereich rekurrenter Interaktionen zwischen reziprok strukturell gekoppelten Organismen operieren. Darüber hinaus kann eine Beschreibung angesehen werden als eine Unterscheidung dessen, was sie konnotiert, und ein konsensueller Bereich als eine konsensuelle Unterscheidung. Daß diese Art von Rekursion in einem konsensuellen Bereich stattfinden sollte, bereitet natürlich keine intrinsischen Schwierigkeiten hinsichtlich der Operationen des Nervensystems als eines geschlossenen neuronalen Netzwerks. Aus eben diesem Grunde ist jedoch eine Beschreibung in konstitutiver Weise nicht eine Beschreibung von *Etwas,* sondern ein Verhalten in einem konsensuellen Bereich, in dem die Beschreibungen nur Operationen innerhalb des konsensuellen Bereichs konnotieren.

Der Beobachter

Wenn in einem sprachlichen Bereich ein Metabereich von Beschreibungen (oder Unterscheidungen) erzeugt worden ist, dann ist der Beobachter generiert. Anders gesagt: Beobachter sein heißt, in einem metasprachlichen Bereich operieren und Unterscheidungen von Unterscheidungen oder Bestimmungen von Bestimmungen machen. Ein Beobachter operiert darum nur in einem konsensuellen Bereich, und er kann nicht außerhalb dieses Bereichs existieren; jede Feststellung, die er trifft, ist notwendig konsensuell. Diese Feststellung beinhaltet vier grundlegende Implikate:

i Ein metasprachlicher Bereich ist nur vom Standpunkt des Beobachters aus ein Metabereich; denn nur innerhalb des Bereichs konsensueller Interaktionen und aus der Perspektive der Geschichte dieses Bereichs ist eine Unterscheidung eine Metaunterscheidung (a distinction of distinctions). Sonst sind Unterscheidungen und Metaunterscheidungen beide konsensuelle Operationen. Deshalb und wegen der Tätigkeit des Nervensystems als eines geschlossenen Netzwerks kann ein Meta-Metabereich von Unterscheidungen operational definiert werden, sobald ein Metabereich von Unterscheidungen operational definiert worden ist, und rekursiv immer so weiter. Unter diesen Umständen liegen die Grenzen infiniter Wiederholungen nicht in der Natur des Prozesses, sondern in den tatsächlichen Möglichkeiten struktureller Plastizität und Unterschiedlichkeit der möglichen Zustände der Nervensysteme der Organismen, die an dem konsensuellen Bereich teilnehmen. Darum kann ein Beobachter im Prinzip immer einen metadeskriptiven Bereich im Bezug auf seine gegenwärtigen Umstände definieren und so operieren, als wenn er im Verhältnis dazu extern wäre.

ii Alles, was in einem lebenden System stattfindet, ist eine Operation des Organismus in einem konsensuellen Bereich, die im Dienste seiner Autopoiese steht. Darum kann sprachliches Verhalten, obwohl es konsensuell ist, nicht den Gesetzen des Raumes widersprechen, den die Bestandteile des lebenden Systems bestimmen, weil das sprachliche Verhalten eines Organismus eine Art der Verwirklichung der Autopoiese in diesem Raum ist. Konsequenterweise besteht eine intrinsische Isomorphie in der relationalen Konsistenz der Operation innerhalb eines konsensuellen Bereichs und der relationalen Konsistenz der Operation eines Organismus in seinem Bereich der Autopoiese.

iii Die Operation eines Beobachters ist strukturell spezifiziert. Semantische Beziehungen, Bedeutungsbeziehungen, Symbole usw. sind nicht an der Tätigkeit des Beobachters als eines lebenden Systems beteiligt. Jedoch definiert der Beobachter Bedeutungsbeziehungen, Symbole usw. als konsensuelle Beziehungen zwischen Beziehungen in einem metasprachlichen Bereich, indem er einen Metabereich von Unterscheidungen im Hinblick auf einen Grundbestand von Unterscheidungen spezifiziert. Semantische Beziehungen sind für die Herstellung eines sprachlichen Bereichs nicht erforderlich, sondern sie gehen aus der rekursiven Anwendung von Unterscheidungen auf Unterscheidungen hervor.

IV Ein Beobachter agiert in zwei überschneidungsfreien Phänomenbereichen. Als lebendes System operiert er im Bereich der Autopoiese. Als Beobachter im eigentlichen Sinne operiert er in einem konsensuellen Bereich, der nur als ein kollektiver Bereich existiert, der durch die Interaktionen mehrerer (zweier oder mehrerer) Organismen bestimmt wird.

Allgemeine Kommentare

Beobachter und Sprache

Beobachter und Sprache sind durch die sprachliche Beschreibung lebender Systeme und ihrer Operationen generiert worden. Aber in diesem Prozeß erschien Sprache als ein inhaltsloses konsensuelles Verhalten, dessen Validität sich allein seiner Konsistenz innerhalb des Konsensbereichs verdankte. Den Beobachter habe ich jedoch durch die Bestimmung eines metasprachlichen Bereichs generiert, von dem aus gesehen Sprache einen Inhalt besitzt, und ich habe gezeigt, daß Sprache nur entsteht, wenn es zumindest zwei Organismen gibt, die interagieren und einen konsensuellen Bereich erzeugen. In diesem Prozeß jedoch erscheint Sprache als ein inhaltsleeres konsensuelles... Deshalb habe ich Objektivität geleugnet, indem ich Objektivität (im Sinne von Objekten, auf die sprachliche Beschreibungen sich beziehen) annahm. Was habe ich getan? Ich habe ein Netzwerk von Beschreibungsrelationen definiert, die, falls sie als objektive Relationen realisiert werden, einen Beobachter generieren, der durch sein konsistentes Verhalten lediglich inhaltsleere Beschreibungen in einem konsensuellen Bereich erzeugen kann, in dem Objektivität nur als eine Relation existiert, die in einem metasprachlichen Bereich bestimmt wird.

Objektivität

Objektivität qua Beschreibungsinhalt brauchen wir aus erkenntnistheoretischen Gründen nur, wenn wir über Sprechen sprechen. Dann befinden wir uns in einem metadeskriptiven Bereich, und die Logik von Metabeschreibungen erfordert ein Substrat, in dem die beschriebenen Phänomene stattfinden können. Jedoch können wir dieses Substrat, das wir nur aus erkenntnistheoretischen Gründen benötigen, nicht charakterisieren. Die tatsächliche Arbeitsweise der Sprache als eines ontogenetisch etablierten Systems koordinierter gegenseitiger Auslösung von Verhalten zwischen Organismen ist inhaltsleer. Um ein absolutes Objekt zu beschreiben, müssen wir mit ihm interagieren; aber bei der Interaktion kann das besagte absolut genannte Objekt in uns lediglich Zustandsveränderungen auslösen, die durch unsere Struktur bestimmt sind. Deshalb müssen die Zustandsveränderungen in uns, die eine solche Beschreibung des absoluten Objekts konstituieren würden, nicht etwa durch das absolute Objekt bestimmt sein, das in den relativen Konsensbeziehungen verschwinden würde, weil die Beschreibung uns nur in einer Interaktion widerspiegelt. Wir bewegen uns in der Welt wie der Pharmakologe, der ein biologisches Meßinstrument benutzt und die verschiedenen Substanzen, die ihn interessieren, mit den Zustandsänderungen seines Meßinstruments beschreibt. Wir jedoch sind unsere eigenen Meßinstrumente für die Beschreibungen, die wir anfertigen, sogar wenn wir von der Vorgehensweise des Pharmakologen sprechen. Daher benutzen wir unsere eigenen Zustandsveränderungen in der Autopoiese, um die Welt in einem Konsensbereich zu beschreiben, dessen einziger Anspruch auf Gültigkeit in seinem Beitrag für unsere Autopoiese liegt. Deshalb können wir keine andere ontologische Behauptung über die Natur des Substrats machen, das wir aus erkenntnistheoretischen Gründen für die Realisierung der Autopoiese brauchen, als daß seine relationale Struktur in irgendeiner Weise isomorph sein muß mit der relationalen Struktur des Bereichs der Beschreibungen.

Kognizieren (cognite) heißt leben, und leben heißt kognizieren. Als Beobachter existieren wir in einem Beschreibungsbereich, und dieser Bereich ist als konsensueller Bereich ein kognitiver Bereich. Tatsächlich operieren wir in vielen verschiedenen Kognitionsbereichen, die viele verschiedene Arten der Verwirklichung unserer Autopoiese konstituieren. Hinzu kommt, daß jeder kognitive Bereich einen geschlossenen Bereich von Beziehungen oder Interaktionen konstituiert, der durch Merkmale innerer Konsistenz definiert wird, die in der sie festlegenden strukturellen Kopplung spezifiziert werden. Daher konstituiert ganz allgemein jedes System von Anpassungen kognitive Bereiche. Dabei spielt es keine Rolle, ob sich die Anpassungen auf das a-biotische Medium, auf andere lebende Systeme oder auf beides richten bzw. ob das Anpassungssystem phylogenetisch (durch Symbiose, Parasitismus, besondere Arten von Wohnung) oder ontogenetisch (durch konsensuelle Bereiche, erlernte Tätigkeiten) etabliert worden ist. Im besonderen gibt es viele verschiedene konsensuelle Beschreibungsbereiche, die wir auf verschiedene Arten beschreiben, wobei jede bestimmt wird durch die Verfahren der Erzeugung der Feststellungen, die dazu gehören. Bei allen diesen Bereichen neigen Beobachter dazu, sie als »Wissen« zu beschreiben. Wissenschaft, eine politische Doktrin, eine bestimmte Religion und viele andere Kreationen, die uns als besondere kulturelle Systeme erscheinen, bilden solche Bereiche. Jedoch können wir als Beobachter immer einen metakognitiven Bereich festlegen, von dessen Standpunkt aus wir dazu extern sind und sie betrachten. Das können wir natürlich deshalb machen, weil in unserem Nervensystem alles in demselben Phänomenbereich geschlossener Relationen der relativen neuronalen Aktivitäten geschieht. Aber indem wir das tun, können wir beobachten, daß wir – und mit uns alle lebenden Systeme – in jedem kognitiven Bereich wie in einem Bereich objektiver (absoluter) Realität operieren, dessen Realität nur bestätigt werden kann, wenn wir hinaustreten und einen im Hinblick darauf metakognitiven Bereich definieren.

Lebende Systeme sind deterministische Systeme, sie sind struktur-spezifizierte Einheiten. Überdies können wir uns als Wissenschaftler nur mit struktur-spezifizierten Systemen beschäftigen; dies ist ein Merkmal des wissenschaftlichen kognitiven Bereichs, der durch die wissenschaftliche Methode spezifiziert wird. Die Tatsache jedoch, daß wir uns als Wissenschaftler nur mit determinierten Systemen beschäftigen können, bedeutet nicht, daß wir deren Zustandsveränderungen immer vorhersagen können. Determinismus ist ein Merkmal, das der Beobachter als Wissenschaftler verlangen muß, da er sich mit struktur-spezifizierten Systemen beschäftigt (andernfalls könnte er keine Erklärungsmodelle anfertigen); so gesehen ist Determinismus eine erkenntnistheoretische Notwendigkeit. Aber eine Voraussage ist eine Berechnung in einem System in einem Bereich (einem Modell), von der behauptet wird, sie sei isomorph mit einem System in einem anderen Bereich, wo die Beobachtung des vorausgesagten Ereignisses stattfinden wird. Darum ist das Eintreten oder Ausbleiben einer Vorhersage immer eine Funktion der Beziehungen, die der Beobachter zwischen beiden Bereichen herstellt, und liegt nicht unabhängig davon an einem der beteiligten Systeme. Darum ist jede ontologische Behauptung eines objektiven Indeterminismus, die auf wissenschaftlicher Analyse basiert, falsch. Schließlich liefert Voraussage keinen Beweis für Objektivität, sondern einen Beweis für einen Isomorphismus zwischen den relationalen Strukturen zweier kognitiver Bereiche. Die Effektivität der Beeinflussung der Umgebung, die der Erfolg der experimentellen Wissenschaften zeigt, ist daher nicht überraschend. Sie ist in der Tat ein notwendiges Ergebnis der grundlegenden letzten Bezugnahme unserer wissenschaftlichen Aussagen (qua Verhalten in einem konsensuellen Bereich) durch die Verwirklichung unserer Autopoiese in einem konsensuellen Bereich auf den Raum (den physikalischen Raum), den wir als autopoietische Systeme definieren.

Wir sind determinierte Systeme. Also sind Kreativität und Neuheit keine Merkmale unserer Operationen als autopoietische Systeme; wir stellen sie als Beobachter fest. Sie sind deshalb Merkmale des konsensuellen Bereichs, in dem wir als solche operieren. Wenn wir eine Interaktion vollziehen, die nicht in dem Konsensbereich spezifiziert ist, in dem wir operieren, erreichen wir einen strukturellen Wandel (erster oder zweiter Ordnung), der nicht bestimmt ist durch die strukturelle Kopplung des konsensuellen Bereichs, und ein neues Verhalten erscheint in bezug auf die Verhaltensweisen, die dem Konsensbereich angemessen sind. Unter diesen Umständen haben wir als teilnehmende Systeme als struktur-spezifizierte Systeme operiert, aber ein Beobachter hat ein neues Verhalten gesehen, das nicht von der Determination des konsensuellen Bereichs vorausgesagt werden konnte. Solche Interaktionen können nur deshalb stattfinden, weil das Medium und der Organismus in ihren Interaktionen als unabhängige Systeme operieren, von denen jedes in seinen dynamischen Zuständen durch seine eigene strukturelle Spezifikation bestimmt wird. Neuheit und Kreativität sind daher in lebenden Systemen immer das Ergebnis ihrer Interaktionen außerhalb ihrer Bereiche struktureller Kopplung und ereignen sich als solche nur für den Betrachter, falls er andere Voraussagen gemacht hat. Daraus folgt, daß strukturelle Kopplung notwendigerweise eine Reduktion von Kreativität und Neuheit zur Folge hat und daß die Formierung eines kognitiven Bereichs in der Reduktion von Neuheit und Kreativität in diesem Bereich besteht. Wir als Beobachter haben jedoch einen Ausweg aus der endgültigen Reduktion von Kreativität, die das notwendige Ergebnis unserer fortschreitenden strukturellen Kopplung wäre. Und das ist genau die Bedingung, die uns erst zu Beobachtern macht, nämlich unsere Operation in einem sprachlichen Bereich, der uns die Erzeugung eines Metabereichs von Beschreibungen erlaubt. Tatsächlich ist dies unser einziger (und der einzig lohnende) Anspruch auf Freiheit. Im Prinzip können wir immer Beobachter unserer Umstände sein. Damit dies geschieht, brauchen wir nur unsere Interaktionen über die Grenze unserer Bereiche struktureller Kopplung (konsensueller oder anderer Art) hinaus auszuweiten. Das ist auch der Grund, warum das letzte Ziel jedes totalitären politischen Systems eine prüde soziale Moralität ist, d. h. eine völlige Spezifikation der Erfahrungen der Menschen in ihrem Herrschaftsbereich. Das ist jedoch nicht leicht zu erreichen; denn es würde die Vernichtung des Beobachters und mit ihm der Sprache voraussetzen.

Ethik und Liebe

Menschliches Verhalten, das das Leben anderer Menschen beeinflußt, ist ethisches Verhalten. Darum sind alle unsere Verhaltensweisen mit anderen Menschen innerhalb konsensueller Bereiche unausweichlich Verhaltensweisen mit ethischer Bedeutung.
Da wir jedoch als Beobachter nur in einem sprachlichen Bereich existieren, würde ein Leugnen der ethischen Bedeutsamkeit unseres Verhaltens als Beobachter notwendig zu unserer Entfremdung führen. Als lebende Systeme existieren wir in vollständiger Einsamkeit innerhalb der Grenzen unserer individuellen Autopoiese. Nur dadurch, daß wir mit anderen durch konsensuelle Bereiche Welten schaffen, schaffen wir uns eine Existenz, die diese unsere fundamentale Einsamkeit übersteigt, ohne sie jedoch aufheben zu können. Nur dadurch können wir darüber hinaus einen Bereich von Selbst-Erkenntnis durch Selbst-Beschreibung in einem metadeskriptiven Bereich bestimmen, indem wir Objekte unserer Beschreibungen sind. Dazu brauchen wir den anderen, denn wir können uns selbst nur in den Spiegelungen eines konsensuellen Bereichs sehen. Wir können uns nicht sehen, wenn wir uns nicht in unseren Interaktionen mit anderen sehen lernen und dadurch, daß wir die anderen als Spiegelungen unserer selbst sehen, auch uns selbst als Spiegelung der anderen sehen. Glücklicherweise erzeugen wir als lebende Systeme spontan konsensuelle Bereiche mit anderen im allgemeinen und mit anderen Menschen im besonderen. Wir machen uns ein Bild von ihnen und genießen ihre Gesellschaft. Liebe ist nicht blind, weil sie nicht negiert; Liebe akzeptiert und ist daher visionär.

Übersetzt von S. J. Schmidt in Abstimmung mit dem Autor

Literatur

Maturana, H. R. und F. Varela (1975), »Autopoietic Systems«, in: *Biological Computer Laboratory,* Report No. 9.4., University of Illinois, Urbana/Ill.

Maturana, H. R. (1970), »Neurophysiology of Cognition«, in: P. Garvin (ed.), *Cognition: A multiple view.* Spartan Books, New York/Washington, 3-23.

Maturana, H. R., Varela, F. und R. Uribe (1974), »Autopoiesis: The organisation of living systems, its characterization and a model«, in: *Biosystems* 5 (4), 187-196.

Francisco J. Varela
Autonomie und Autopoiese

Einführung

Der Begriff der Autopoiese steht im Zentrum einer neuen Sicht auf biologische Phänomene; er drückt aus, daß die Mechanismen der Selbst-Erzeugung den Schlüssel für das Verständnis der Mannigfaltigkeit wie der Einzigartigkeit des Lebens liefern. Damit stellt er erneut in differenzierter Weise das Verständnis der Fortplanzung, der Evolution und kognitiver Phänomene zur Debatte.

Humberto Maturana und ich haben 1973 eine explizite Charakterisierung der Autopoiese und ihrer Folgen vorgelegt (Maturana und Varela 1973). Aber erst im Rückblick wird offenkundiger, welche Fülle von Implikationen wir damit abgedeckt haben. Denn indem Selbst-Erzeugung als der Schlüssel zum Verständnis biologischer Phänomene betrachtet wird, verlagert sich das Schwergewicht vom Aspekt der Kontrolle auf den der *Autonomie*. Tatsächlich kann der Begriff der Autopoiese zur Charakterisierung derjenigen Mechanismen herangezogen werden, die lebende Systeme mit der Eigenschaft der Autonomie ausstatten; Autopoiese ist eine Explikation der Autonomie des Lebens.

Es ist ein Thema für sich, warum ein Wechsel der Perspektive, der die Natur der Autonomie wieder ins Zentrum des Interesses rückt, Aufmerksamkeit verdient. In meinem letzten Buch (Varela 1979) habe ich meine Ansichten dazu erläutert. Im vorliegenden Aufsatz versuche ich, eine explizite Darstellung der Mechanismen der (autopoietischen wie nicht-autopoietischen) Autonomie zu geben. Die Unterscheidung zwischen Autopoiese, die den einheitlichen Charakter lebender Systeme im physikalischen Raum kennzeichnet, und Autonomie als einem allgemeinen Phänomen, das auch in anderen Interaktionsräumen angetroffen werden kann, ist ständig vermischt worden und ungeklärt geblieben.

Darum hoffe ich im folgenden viererlei zu erreichen: Zuerst möchte ich eine Kennzeichnung dessen anbieten, was ein autonomes System ist, oder genauer, welche Mechanismen ein System mit einem bestimmten Grad von Autonomie ausstatten; danach werde ich diese Charakterisierung auf drei relevante Fälle anwenden; drittens mache ich einige Bemerkungen zur Frage der Formalisierung dieser Ideen; und viertens und letztens schließe ich mit Bemerkungen über die Beziehungen zwischen Autonomie und kognitiven Phänomenen.

Organisationelle Geschlossenheit

Andere autonome Systeme teilen mit lebenden Systemen die Eigenschaft, daß auch bei ihnen die angemessene Erkenntnis der Einheit sehr eng verbunden ist mit der Organisation und Arbeitsweise der Einheit und in *demselben* Raum geschieht, der durch deren Organisation und Arbeitsweise festgelegt wird. Das genau konnotiert Autonomie: die Bestätigung der Identität des Systems durch ihr Funktionieren, und zwar dergestalt, daß Beobachtung sich durch die Kopplung zwischen dem Beobachter und der Einheit in demjenigen Bereich vollzieht, in dem die Einheit operiert. Diese Beschreibung verdeutlicht, was an der Kennzeichnung anderer Einheiten, die ein gewisses Maß an Autonomie aufweisen, als »autopoietisch« nicht zufriedenstellend ist. Die Beziehungen, die Autopoiese kennzeichnen, sind Beziehungen der Erzeugung von Bestandteilen. Hinzu kommt, daß diese Vorstellung der Produktion von Bestandteilen sich grundsätzlich auf *chemische* Produktionen bezieht. Aus dem Begriff der Erzeugung von Bestandteilen folgt, daß die Fälle von Autopoiese, die wir tatsächlich vorzeigen können, wie z. B. lebende Systeme oder das in Varela et al. (1974) beschriebene Beispiel,* eine topologische Grenze als Unterscheidungskriterium aufweisen, und daß die Prozesse, die sie bestimmen, entweder in einem tatsächlich gegebenen oder in einem computersimulierten Raum physikalischer Art ablaufen. Daher ist die Vorstellung der Autopoiese per definitionem beschränkt auf Produktionsbeziehungen einer bestimmten Art und bezieht sich auf topologische Grenzen. Diese zwei Bedingungen bereiten aber offensichtlich Schwierigkeiten bei der Behandlung anderer Systeme, die Autonomie aufweisen.

* Anm. d. Übers.: Eine deutsche Übersetzung dieses Beispiels liegt vor in H. Maturana (1982, 157ff.).

Betrachten wir als Beispiel eine Tiergesellschaft: sicherlich sind die Grenzen dieser Einheit nicht topologisch; und es wäre auch an den Haaren herbeigezogen, wollte man soziale Interaktionen als Produktion von Bestandteilen beschreiben. Mit solchen Dimensionen beschäftigt sich kein Entomologe, der Insektengesellschaften untersucht. In ähnlicher Weise hat es Vorschläge gegeben, bestimmte menschliche Systeme, etwa Institutionen, als autopoietisch zu verstehen (Beer 1975; Zeleny und Pierre 1976). Nach meinen bisherigen Überlegungen glaube ich, daß solche Vorschläge auf Kategorienfehlern beruhen, da sie Autonomie mit Autopoiese verwechseln. Statt dessen schlage ich vor, die Einsichten aus dem Studium der Autonomie lebender Systeme zum Zwecke einer operationalen Kennzeichnung von Autonomie im allgemeinen (d. h. innerhalb oder außerhalb des Bereichs des Lebendigen) heranzuziehen.

Autonome Systeme sind mechanistische (dynamische) Systeme, die durch ihre Organisation bestimmt sind. Allen autonomen Systemen gemeinsam ist die Tatsache, daß sie *organisationell geschlossen* sind. Dieser Begriff soll im folgenden definiert werden.

Definition

Eine organisationell geschlossene Einheit wird als zusammengesetzte Einheit bestimmt durch ein Netzwerk von Interaktionen der Bestandteile, die (I) durch ihre Interaktionen rekursiv das Netzwerk derjenigen Interaktionen regenerieren, das sie hergestellt hat, und die (II) das Netzwerk als eine Einheit in demjenigen Raum verwirklichen, wo die Bestandteile existieren, indem sie die Grenzen der Einheit als Ablösung vom Hintergrund konstituieren und spezifizieren.

Dazu einige Bemerkungen:

1. Die Prozesse, die eine geschlossene Organisation spezifizieren, können von jeder beliebigen Art sein und in jedem beliebigen Raum ablaufen, der durch die Eigenschaften der Bestandteile bestimmt wird, die den Prozeß konstituieren. Beispiele für solche Prozesse sind etwa die Herstellung von Bestandteilen, die Beschreibung von Ereignissen, das Umarrangement von Elementen, sowie ganz allgemein (Be)Rechnungen jeder Art (natürliche oder von Menschen angestellte). Wann immer die

Prozesse definiert und ihre Spezifität bei der Kennzeichnung organisationeller Geschlossenheit eingeführt ist, wird in diesem Sinne eine bestimmte Klasse von Einheiten definiert. Das bedeutet: wenn wir Prozesse der Produktion von Bestandteilen betrachten, die im physikalischen Raum ablaufen, ist organisationelle Geschlossenheit mit Autopoiese identisch.

2. Die Prozesse, die in einem System zusammen ablaufen, können sich auf viele Arten und Weisen miteinander verbinden. Organisationelle Geschlossenheit ist nur *eine* Form, die aus der zirkulären Verkettung der Prozesse entsteht, die ein interdependentes Netzwerk bilden. Wenn diese Zirkularität einmal entsteht, dann bilden die Prozesse eine sich selbst berechnende Organisation, die durch ihre eigenen Tätigkeiten Kohärenz gewinnt und nicht durch die Intervention von Kontingenzen aus der Umgebung. In welchem Raum auch immer diese Prozesse existieren: die Grenzen der Einheit sind unlösbar mit der Arbeitsweise des Systems verbunden. Wenn die organisationelle Geschlossenheit gebrochen wird, verschwindet die Einheit. Das ist das Charakteristikum autonomer Systeme.
3. Da es ein Unterscheidungskriterium im jeweiligen Raum gibt, können wir mit einem erkannten autonomen System interagieren. Wenn jedoch – bei näherem Zusehen – eine solche Unterscheidung nicht unlösbar an die Arbeitsweise des Systems gebunden ist, dann handelt es sich entweder nicht um eine organisationell geschlossene Einheit, oder die Beobachtung beschreibt sie nicht in dem Bereich, in dem die organisationellen Prozesse ablaufen. Nur wenn Organisation und Unterscheidung aufeinander bezogen sind, haben wir es mit einem autonomen System zu tun, und dieses kann nur aus organisationeller Geschlossenheit hervorgehen.
4. Nichts hindert den Beobachter daran, bei der Kennzeichnung organisationeller Geschlossenheit selbst Teil des Prozesses der Systemspezifikation zu sein, nicht nur indem er das System beschreibt, sondern auch indem er ein Glied im Netzwerk der Prozesse ist, die das System definieren. Hier liegt insofern eine besondere Situation vor, als der Beobachter sich nicht außerhalb der Einheit stellen kann, um ihre Grenzen und ihre Umgebung gleichzeitig zu betrachten; sondern er ist immer als eine bestimmende Komponente mit dem Funktionieren der Einheit verbunden. Solche Situationen, zu denen die meisten

der autonomen sozialen Systeme gehören, werden gekennzeichnet durch eine Dynamik, in der schon die Beschreibung des Systems das System verändert. Auf jeder Stufe bezieht sich der Beobachter auf das System durch ein Verständnis, das seine Beziehung zu dem System modifiziert. Das ist im wahrsten Sinne des Ausdrucks der hermeneutische Zirkel der Interpretationstätigkeit, der allen menschlichen Handlungen zugrundeliegt.

5. Wie im Falle der Autopoiese erzeugt organisationelle Geschlossenheit eine Einheit, die wiederum einen Phänomenbereich festlegt. Daher ist mit jeder Klasse von Geschlossenheit ein bestimmter Bereich verbunden. Wann immer solch ein Phänomenbestand hinsichtlich seiner Verschiedenheit und Bedeutsamkeit extensiv ist, wird sowohl dem Phänomenbestand als auch der Art der Geschlossenheit ein Eigenname verliehen, wie im Falle der Autopoiese und der biologischen Phänomene. Ein anderes Beispiel bieten die Geschlossenheit durch sprachliche Interaktion sowie Phänomene der Kommunikation.
6. Sobald eine Einheit durch Geschlossenheit begründet ist, bestimmt sie ganz offensichtlich einen Bereich, mit dem sie ohne Identitätsverlust interagieren kann. Solch ein Bereich ist der der Beschreibungsinteraktionen im Bezug auf die Umgebung, wie sie vom Beobachter betrachtet wird, d. h. ein *kognitiver* Bereich für die Einheit. Identitätsmechanismen, die Erzeugung eines Phänomenbereichs und ein kognitiver Bereich sind alles verwandte Begriffe, die um die Spezifikation einer Organisation durch Geschlossenheit in einem gegebenen Bereich gruppiert sind.

Die Geschlossenheitsthese

Lebende Systeme spielen bei der Charakterisierung organisationeller Geschlossenheit eine paradigmatische Rolle. Autopoiese ist ein Fall von Autonomie im allgemeinen und nicht etwa synonym mit Autonomie. Aber wegen der Detailkenntnisse, die wir von lebenden Systemen besitzen, und weil es einige besonders minimale Fälle wie die Zelle gibt, hat Autopoiese exemplarischen Charakter erhalten. Es gibt eine Fülle von Evidenzen und Erfahrungen in der Biologie, die beide die Annahme der autopoietischen Natur der Organisation des Lebendigen nahelegen und bestätigen. Darüber hinaus sieht es so aus, als ob in allen bisher einigermaßen genau untersuchten natürlichen Systemen die rekursive Interdependenz der Prozesse entdeckt worden wäre. Um diese Behauptung zu stützen, kann man aber nicht einfach Fälle empirischer Evidenz in verschiedenen Gebieten durchgehen. Und zwar deshalb nicht, weil die Art der Organisation empirischer Evidenz ihrerseits eine Funktion der gewählten grundlegenden theoretischen Perspektive ist. Darum gehe ich in diesem Aufsatz genau anders herum vor: Ich werde diesen Wissenshintergrund in eine theoretische Annahme verwandeln und diese dann auf verschiedene Bereiche anwenden, um ihre Validität im Sinne ihrer Brauchbarkeit zu erproben. Diese grundlegende theoretische Annahme werde ich im folgenden explizieren:

Die Geschlossenheitsthese

Jedes autonome System ist organisationell geschlossen. Mit ›These‹ meine ich hier einen heuristischen Leitfaden, der auf empirischer Evidenz basiert und einem intuitiven Begriff eine präzise Bedeutung gibt. In diesem Sinne ähnelt sie Churchs These in der Rechentheorie, wo der vage Begriff der Berechenbarkeit mit dem der rekursiven Funktion äquivalent gesetzt wird, basierend auf der Evidenz, daß alles, was bisher übereinstimmend als wirksames Verfahren akzeptiert worden ist, in Form rekursiver Funktionen ausgedrückt werden kann. Ähnlich wird hier aufgrund unserer Kenntnisse von natürlichen Systemen der vage Begriff der Autonomie äquivalent gesetzt mit dem der organisationellen Geschlossenheit. Damit wird die Aufgabe so verändert, daß nun versucht werden soll zu klären, was organisationelle Geschlossenheit für uns bedeuten kann.

Beispielfälle

Aus den vorausgegangenen Überlegungen sollte folgendes klargeworden sein: Um eine bestimmte Einheit als organisationell geschlossen einzustufen, müssen (a) ihre *Bestandteile* expliziert werden, und es muß nachgewiesen werden, daß sie den in der oben gegebenen Definition bestimmten Interaktionen genügen; weiterhin müssen (b) die *Interaktionen* expliziert und auch für sie muß nachgewiesen werden, daß sie der Definition genügen. Werden diese zwei Bedingungen nicht erfüllt, dann kann der Gebrauch dieses Ansatzes leicht zu bloßen Abstraktionen führen. Hier liegen auch die Grenzen dieses Ansatzes; denn in vielen Fällen ist es schwierig, wenn nicht gar unmöglich, diesen Anforderungen zu genügen.

Nach meiner Kenntnis gibt es in biologischen Systemen drei Fälle, wo die organisationelle Geschlossenheit einer Einheit explizit nachgewiesen worden ist. Es handelt sich dabei um:

1. Zellsysteme: In diesem Fall sind die Bestandteile Moleküle und die Interaktionen chemische Produktionen. Das macht Zellen zu autopoietischen Systemen (vgl. die Darstellung bei Maturana und Varela 1973), *also* zu organisationell geschlossenen Systemen.
2. Das Immunsystem: Hier sind die Bestandteile Klone von Lymphocyten, und als Interaktionen treten Beziehungen molekularer Co-Adaption zwischen den Oberflächendeterminanten auf den Lymphocyten auf. Wie anderswo gezeigt (Vaz und Varela 1978), führt diese Kennzeichnung zu einer sehr bemerkenswerten Geschlossenheit, die am deutlichsten zum Beispiel in der kürzlich erfolgten Demonstration anti-idiotypischer Antikörper gesehen werden kann. Die Interpretation von Immunsystemen als organisationell geschlossen führt zu einer Perspektive, die sich sehr deutlich vom klassischen Ansatz von Burnet unterscheidet. Ich kann den Leser nur einladen, die detaillierte Darstellung dieser Zusammenhänge in Varela (1979) nachzulesen, da ich hier nicht weiter auf dieses Thema eingehen kann.
3. Das Nervensystem: Hier sind »Neuronen« die Bestandteile, entweder im Sinne von Zellen oder von Aggregaten mit einer gewissen funktionalen Kohärenz (z. B. als kortikale Säule). Bei den Interaktionen handelt es sich um Zustände relativer Aktivität, die durch synaptische Kopplung hervorgebracht werden. Diese Ansicht vom Nervensystem als einem geschlossenen System wurde ursprünglich von Maturana (1969) vorgestellt und dann von Maturana und Varela (1973) sowie Maturana (1978) weiterentwickelt. Die Annahme der Autonomie des Nervensystems hat weitreichende Auswirkungen auf unser

Verständnis kognitiver Prozesse und informationeller Interaktionen. Auf einige dieser Konsequenzen werde ich weiter unten eingehen.

In jedem einzelnen dieser Fälle kann gezeigt werden, daß eine bestimmte Einheit ein autonomes Verhalten besitzt, das einen wesentlichen Aspekt der Natur des Systems enthüllt. In jedem einzelnen Fall sind die Bestandteile und die Interaktionen verschieden. Folgerichtig sind die Bereiche, in denen diese Systeme existieren, sehr verschieden. Das Immunsystem definiert dementsprechend seine Grenze nicht topologisch, sondern eher in einem Raum molekularer Konfigurationen durch Angabe der Bestimmungen, welche Gestalten zu jedem Zeitpunkt in die ablaufenden Interaktionen des Systems eindringen können. Diese Form der Autopoiese ist gekoppelt an die Autonomie des gesamten Organismus, in dem das Immunsystem existiert, aber sie ist nicht identisch damit.

Ich vermute, daß viele andere natürliche Systeme organisationelle Geschlossenheiten spezifischer Art aufweisen, die sich von den drei oben erwähnten unterscheidet. Ihre Kennzeichnung ist ein empirisches Problem, und wenn dieses gelöst ist, werden wir sehen, wohin uns diese Einsichten führen.

Eigenverhalten

In gewisser Hinsicht verallgemeinert die Idee der organisationellen Geschlossenheit den klassischen Begriff der Systemstabilität, der schon in den 30er Jahren vorgeschlagen wurde und den die Kybernetik von der klassischen Mechanik geerbt hat. Das gilt sogar so weit, daß man in diesem Formalismus ein System als ein Netzwerk interdependenter Variablen darstellen kann, dessen Kohärenzmuster (in den stabilen Trajektorien des Phasenraums) ein Unterscheidungsmerkmal liefert (die Variablen werden als beobachtbare Größen genommen). Es gibt viele Modelle dieser Art in der Literatur, darunter die Hyperzyklen von Eigen und Schuster (1978).

So kann in einigen Fällen die Stabilität eines dynamischen Systems als Darstellung der organisationellen Geschlossenheit eines autonomen Systems angesehen werden. Aber diese beiden Ideen: dynamische Stabilität und Geschlossenheit, dürfen nicht miteinander verwechselt werden; die erste ist eine spezifische Gestaltung der letzteren, weil Stabilität eine bestimmte Gestaltung von Unterscheidung ist. In der Tat kann eine Theorie differenzierbarer dynamischer Prozesse eine Reihe von Systemen, für die wir uns interessieren (wie Unterhaltungen, Nervensysteme u. ä.), nicht miteinander in Einklang bringen, weil diese einige Ebenen zu weit entfernt von ihren physiko-chemischen Grundlagen sind. Diese Grenzen spiegeln sich sehr dramatisch in frühen Versuchen wider, die Theorie differenzierbarer dynamischer Prozesse für eine allgemeine Behandlung lebensfähiger Systeme zu benutzen (Iberall 1973).

Bei dem hier vertretenen Ansatz wird der Begriff der Stabilität generalisiert zu Kohärenz oder Lebensfähigkeit im Sinne der Fähigkeit, in einem bestimmten Bereich unterscheidbar ausgegrenzt zu sein; und die Darstellung einer solchen Kohärenz wird zu irgendeiner Form solcher indefiniter Rekursion von Prozessen verallgemeinert, die den einheitlichen Charakter des Systems erzeugen. Ein allgemeines Problem bei der Formalisierung von Autonomie besteht daher darin, Situationen folgender übergreifender Art zu untersuchen:

$$F = \Phi (F) \qquad (1)$$

wo F für jede Art von Prozeß, Interaktion oder Rearrangement steht, und Φ eine Form der Beziehung zwischen solchen Prozessen, also ihre Art der Interdependenz bezeichnet. Man könnte dies als fixed-point-Darstellung der Geschlossenheit bezeichnen. Sie ist ein Schlüsselaspekt ihrer Formalisierung, aber nicht der einzige: der Aspekt der Grenze wird nicht explizit in Betracht gezogen.

Ausdrücke der Form (1) können selbst-referentiell genannt werden: F sagt etwas über sich selbst aus, nämlich daß Φ (F) der Fall ist. Ich habe dargelegt, daß der Begriff der Selbstreferentialität (Zirkularität, indefinite Rekursivität) zum Kern der Mechanismen der Autonomie gehört, daß er wirklich ein *circulus fructuosus* ist und daß wir seine formale Nützlichkeit rehabilitieren sollten. Auf einer fundamentalen Ebene habe ich meine Ansichten darüber im Zusammenhang mit dem grundlegenden Akt der Unterscheidung dargelegt (Varela 1975; Varela und Goguen 1978; Kauffman und Varela 1980; Varela 1979). Ich kann darauf an dieser Stelle nicht mehr eingehen. Es genügt darauf hinzuweisen, daß es keinen Grund dafür gibt, daß es keine mathematische Theorie zirkulärer systemischer Prozesse geben könnte. Sie wird sicher einige konzeptionelle und formale Neuerungen aufweisen, aber nicht mehr als zum Beispiel eine strenge Theorie der Vagheit.

Eine mögliche formale Behandlung der Geschlossenheit, die einige der Schwächen umgeht, die mit der Theorie dynamischer Prozesse verbunden sind, besteht darin, einen algebraischen Rahmen zu entwickeln (Goguen und Varela 1979; Varela 1979). Der dafür grundlegende mathematische Begriff ist der eines Operatorbereichs, wo Komponenteninteraktion in Form von (möglicherweise infiniten) Räumen solcher Operatoren ausgedrückt werden können. Geschlossenheit wird gefaßt als fixed-point-Lösung solcher Interdependenz; solche fixed-points können *Eigenverhalten* genannt werden; denn sie drücken die Invarianzen aus, die durch das System selbst spezifiziert werden. Dieser Ansatz basiert auf der Arbeit von Scott et al. (Scott 1971; Goguen et al. 1978) über die Semantik von Computersprachen. Sie hat den großen Vorteil, nicht in den quantitativen Rahmen eingezwängt zu sein, den die Theorie dynamischer Prozesse erfordert. Auf diese Weise ist sie näher an den Systemen, die Autonomie oberhalb des thermodynamischen Kontexts physiko-chemikalischer Interaktionen aufweisen (zur Diskussion von Beispielen cf. Varela 1979).

Sicher bleibt bei der Suche nach angemessenen formalen Werkzeugen noch viel zu entdecken. Ich glaube nicht, daß es hier nur einen exklusiven Lösungsansatz gibt. Aber es gibt zweifellos einige herausfordernde Probleme im Zusammenhang mit autonomen Mechanismen, wie zum Beispiel die folgenden: Was sind die brauchbaren Operatorenbereiche für Immunsysteme oder neuronale Netzwerke? Wie kann man Störungen aus der Umwelt in diesen Rahmen einbauen?

Schlußfolgerungen

Nach dieser Einführung des Begriffs der Geschlossenheit möchte ich einen Augenblick innehalten, um die Beziehungen zu untersuchen, die Autonomie mit Kognition verbinden, damit wir nicht die Hauptabsicht dieser Art des Denkens aus den Augen verlieren. Aus meiner Sicht bilden zwei Themen die Motivation für dieses Forschungsprogramm. Das erste Thema ist die Autonomie, die von Systemen in der Natur gezeigt wird; das zweite Thema sind ihre kognitiven Fähigkeiten. Diese beiden Themen beziehen sich aufeinander wie die Innen- und die Außenseite eines Kreises, der auf einer Fläche gezeichnet wird; beide Seiten sind getrennt und eigenständig und dennoch miteinander verbunden durch die Hand, die sie zeichnet.

Autonomie bedeutet wörtlich Selbst-Gesetz. Um die Implikationen dieser Bestimmung deutlich zu sehen, wollen wir den Begriff mit seinem Spiegelbild kontrastieren, nämlich mit Allonomie oder Fremd-Gesetz. Dabei handelt es sich natürlich um das, was wir *Kontrolle* nennen. Diese zwei Bilder, Autonomie und Kontrolle, führen gleichsam einen ständigen Tanz auf. Das eine Bild vertritt Erzeugung, innere Regulierung, Bestätigung der eigenen Identität: also Bestimmung von innen her. Das andere steht für Verbrauch, Input und Output, Bestätigung der Identität durch andere: also Bestimmung von außen her. Ihr Zusammenspiel spannt einen weiten Bereich von der Genetik bis zur Psychotherapie auf. Das grundlegende Paradigma unserer Interaktionen mit einem Kontrollsystem ist Instruktion; die unerwünschten Ergebnisse sind Irrtümer. Das grundlegende Paradigma unserer Interaktionen mit einem autonomen System ist ein Gespräch, und die unerwünschten Ergebnisse sind Verstehensabbrüche.

Die Art, wie ein System identifiziert und spezifiziert wird, hängt unlösbar mit der Art zusammen, wie seine kognitiven Akte verstanden werden. Ihre Kennzeichnung als Kontrolle ist engstens verbunden mit einem Verständnis von Information als Instruktion und Repräsentation. Das ist aber nicht notwendig der Fall, wenn wir ein System als autonom kennzeichnen. Darum ist jede neuerliche Prüfung, wie ein System seine eigene Identität kennzeichnet, *ipso facto* eine Prüfung der Frage, was Informationsaktivitäten bedeuten können. Wir werden dazu gebracht einzusehen, daß – was immer auch Information sein mag – sie von Instruktion verschieden ist und näher bei Konstruktion liegt; daß sie verschieden ist von Repräsentation und näher bei der Art liegt, in der angemessenes Verhalten die Lebensfähigkeit des Funktionierens eines Systems spiegelt.

Mit anderen Worten: Hinter der vorherrschenden Ansicht von Kontrolle und Information-als-Repräsentation finden wir eine Konstellation philosophischer Annahmen darüber, wie wir uns

auf natürliche Systeme beziehen. Ich spreche dabei nicht nur über lebende Systeme, sondern auch über Aggregate wie ökologische Netze, Managementkomplexe usw. Rosenberg hat treffend die vorherrschenden Ansichten auf diesem Gebiet als »Gestalt des Computers« gekennzeichnet (Rosenberg 1974). Ich glaube, er hat in einem doppelten Sinne recht. Zuerst geht es wirklich um so etwas wie eine Wahrnehmungsgestalt im Sinne einer bevorzugten Perspektive, die es sehr schwer macht, hinauszutreten und den eigenen Standpunkt zu erkennen. Zweitens verkörpert der Computer die Schlüsselmetapher, auf der alles andere beruht. So wird Information – in der Computer-Gestalt – eindeutig zu dem, was repräsentiert wird; und repräsentiert wird eine Korrespondenz zwischen symbolischen Einheiten in einer Struktur und ähnlichen Einheiten in einer anderen Struktur. Berücksichtigen wir dagegen den Autonomieaspekt natürlicher Systeme, dann wird die Computer-Gestalt fragwürdig. Es gibt niemanden im Gehirn, auf den wir uns beziehen können, um Korrespondenzen festzustellen. Wie bei anderen natürlichen Systemen auch, haben wir lediglich bestimmte Regularitäten, die uns als äußere Beobachter interessieren, die wir zugleich Zugang zu den Tätigkeiten des Systems *und* zu seinen Interaktionen besitzen.
Wenn wir uns entscheiden, diese Regularitäten kognitiv und informationell zu nennen, so verweisen uns diese Regularitäten stets auf den ganzheitlichen Charakter des untersuchten Systems, ob es sich nun um eine Zelle, ein Gehirn oder ein Gespräch handelt. Was wir aus dieser Perspektive Repräsentation nennen können, ist keine Korrespondenz zwischen gegebenen äußeren Zuständen, sondern eher eine Konsistenz mit dem Prozeß der Aufrechterhaltung seiner eigenen Identität.
Wechselt man also von einem Kontrollstandpunkt zu einem Autonomiestandpunkt, dann unterscheidet sich der Informationsbegriff in wichtigen Aspekten von demselben Begriff in einem Computer-Gestalt-Modell. Information wird nie aufgenommen oder übertragen, noch besteht irgendein Unterschied zwischen informationellen und nicht-informationellen Entitäten in der Umgebung des Systems. Dementsprechend muß Information neu bestimmt werden als co-abhängig oder konstruktiv ganz im Gegensatz also zu Repräsentation oder Instruktion. Das wird geleistet, indem man von Fragen semantischer Korrespondenz übergeht zu Fragen struktureller Muster. Eine gegebene Struktur

legt fest, was das System konstituiert und wie es mit Störungen aus seiner Umwelt fertig wird; aber das System benötigt für seine Operationen keinen Bezug irgendwelcher Art zu Abbildungen oder Repräsentationen.
Nun sind diese Ansichten nicht wirklich neu; sie heben nur die Bedeutung interpretativer Phänomene besonders hervor, die für viele kontinental-europäische Traditionen typisch ist. Aber sie tun dies im Kontext biologischer Funktionen und basierend auf deren Mechanismen. Darin liegt m. E. der Schlüssel zu ihrem Verständnis. Bis heute haben wir nur wenige Punkte dieses Forschungsprogramms substantiell ausgearbeitet. Der Rest muß noch entfaltet werden.

Übersetzt von S. J. Schmidt

Literatur

Beer, S. (1975), »Preface to ›Autopoiesis‹«, in: Maturana and Varela (1979).

Eigen, M. und P. Schuster (1978), »The hypercycle: A principle of natural self-organization. A. The emergence of the hypercycle«, in: *Naturwiss.* 64, 541.

Goguen, J. und F. Varela (1979), »Some algebraic foundations of self-referential system's processes«, in: *Int. J. Gen. Systems.*

Goguen, J., J. Thachter, E. Wagner und J. Wright (1978), »Initial algebra semantics and continuous algebras«, in: *J. Assoc. Comput. Mach.* 24, 68.

Iberal, A. (1973), *Towards a General Science of Viable Systems*, McGraw-Hill, New York.

Kauffman, L. und F. Varela (1980), »Form dynamics«, in: Journal of Social and Biological Structures, 3 (2), 173-206.

Maturana, H. (1969), »The neurophysiology of cognition«, in: P. Garvin (Ed.), *Cognition: A Multiple View*, Spartan Books, New York.

Maturana, H. (1978), »The biology of language«, in: G. A. Miller und E. Lenneberg (Eds.), *The Biology and Psychology of Language*, Plenum Press, New York.

Maturana, H. (1982), *Erkennen: Die Organisation und Verkörperung von Wirklichkeit*, Vieweg, Braunschweig-Wiesbaden (autor. dt. Fassung von W. K. Köck).

Maturana, H. und F. Varela (1980), *De Máquinas y Seres Vivos*, Editorial Universitaria, Santiago de Chile. Reprinted in: *Autopoiesis and Cognition*, Boston Studies in the Phil. of Science, D. Reidel, Boston.

Rosenberg, V. (1974), »The scientific premises of information sciences«, in: *J. Am. Soc. Inform. Sci.*, July-August.
Scott, D. (1971), »The lattice of flow diagrams«, in: *Springer Lecture Notes in Mathematics*, No. 188, Springer-Verlag, New York.
Varela, F. (1975), »A calculus for self-reference«, in: *Int. J. Gen. Systems*, 2, 5.
Varela, F. (1976), *From recursion to closure, Abstracts III. European Meeting on Cybernetics and Systems Res.*, Wien, April.
Varela, F. (1979), *Principles of Biological Autonomy*, Elsevier-North Holland, New York.
Varela, F. und J. Goguen (1978), »The arithmetic of closure«, in: *J. Cybernetics* 8, 125.
Varela, F., H. Maturana und R. Uribe (1974), »Autopoiesis, the organization of living systems: its characterization and a model«, in: *Biosystems* 5, 187.
Vaz, N. und F. Varela (1979), »Self and Non-Sense: an organism-centered approach to immunology«, in: *Medical Hypothesis* 4, 231.
Zeleny, M. und N. Pierre (1976), »Simulation of self-renewing systems«, in: E. Jantsch und C. Waddington (Eds.), *Evolution and Consciousness*, Addison Wesley, Reading, Mass.

Heinz von Foerster
Erkenntnistheorien und Selbstorganisation

Die Frage lautet. Aber wie?
Aber wie lautet die Frage. Aber wie?
lautet die Frage.
(Herbert Brün)[1]

Als *Delfin* die Welt erblickt (oder sie ihn) waren seine ersten Worte (Umschlag, erstes Heft, Juni 1983): »damit beginnen die gespräche wie wirklichkeit entsteht und verwandelt wird ... damit schöpferische unruhe in unserer gesellschaft bleibt.« Die Einladung zu dem Vortrag, dessen geschriebene Variante hier vorliegt, verdanke ich zwei Menschen, die ihr ganzes Leben hindurch für diese Unruhe gesorgt haben und noch weiterhin sorgen: Georg Verden (1914-1979), Dichter, Theatermensch, Tanzbesessener, Bauhausmitarbeiter, Freund Oskar Schlemmers, Bewußtseinsforscher, Schalk, Bewegungsphilosoph, Tuer, Sozialdenker; seine Frau, Dr. Gerda Verden-Zöller, Rhythmus-Musik-Bewegungstherapeutin, Mütter-Mutter, Wunderwirkerin, die schwer behinderte Kinder zu blühendem aktiven Leben bringt. Die beiden fragen nicht nur »Was können wir Kinder lehren?«, sondern auch »Was können wir von Kindern lernen?«, und um ihnen besser lauschen zu können, gründeten sie die Forschungsstelle für die Ökopsychologie der frühen Kindheit, die Ende 1979 von Gerda Verden-Zöller in Passau neu aufgebaut wurde. Getragen von der Begeisterung von jungen Frauen aus dem Bayerischen Wald mit ihren Kindern, von der Achtung und Anerkennung der Universität Passau und der Academia Cosmologica Nova, München, entstand der Entschluß, ein Symposium *Das naturwissenschaftliche Weltbild unserer Zeit und die Welterfahrung des Kindes* Anfang Mai 1982 in Passau abzuhalten. Vortragende (unter anderen auch ich) mit gemeinsamen Interessen, aber verschiedenen Kompetenzen wurden eingeladen. Unter den vielen, die kamen, waren Staatsbeamte, Politiker, Universitätsprofessoren, Kleriker, und natürlich auch die Mütter vom Bayerischen Wald. Des Deutschen etwas entwöhnt, hatte ich anfangs Schwierigkeiten, die jungen Frauen zu verstehen, und war daher besorgt, es ginge ihnen genau so mit mir. Daß mir besonders daran lag, von ihnen verstanden zu werden, ist sicherlich meinen Ausführungen anzumerken. Hier sind sie:

Wie Sie sich erinnern, wurde ich gebeten, über »Kosmische und biologische Evolution – Theorie der Selbstorganisation« zu sprechen. Ich habe mich aber von den Themen anderer Referate dieses Symposiums verführen lassen, ein paar Gedanken zu den Grundlagen dieser Themen beizutragen, ganz besonders deshalb, weil ich es für wichtig halte, daß Sie über die neuen Entwicklungen in Logik und Mathematik informiert sind, die, wie mir scheint, von den Bedürfnissen einer neuen Erkenntnistheorie stimuliert wurden. Ich möchte daher über Erkenntnistheorien und ihre Beziehung zur Selbstorganisation sprechen. Ich habe mich daher entschlossen, Ihnen das folgende Vier-Punkte-Programm zu unterbreiten:

I. Zuerst werde ich versuchen, Ihnen einen Vorgeschmack von der Art der logischen und epistemologischen Probleme zu geben, die ich im Rahmen dieses Symposiums für wichtig halte.

II. Danach möchte ich über Schwierigkeiten traditioneller Ansätze sprechen, hauptsächlich deshalb, um mit diesen Problemen fertig zu werden.

III. Dann werde ich die Geister dreier großer Männer beschwören, und zwar die des französischen Mathematikers Henri Poincaré, des Schweizer Epistemologen und Erziehers Jean Piaget und des amerikanischen Anthropologen und Philosophen Gregory Bateson, die uns helfen sollen, das Ziel unserer Suche nicht zu verfehlen.

IV. Schließlich werde ich unter dem Titel »Schließung« biologische, algebraische und formale Beispiele zitieren, die zu einer Realisierung jener Erkenntnistheorien führen sollen, die ich für eine Grundlegung der Ökopsychologie des Kindes für wesentlich halte.

I Logik

Wie Sie schon den vorhergehenden Vorträgen über Selbstorganisation entnommen haben, sind neue und interessante mathematische Entwicklungen dem Konzept »Organisation« gewidmet. Ich

kann mich daher damit begnügen, Sie auf einige neue logische und philosophische Entwicklungen aufmerksam zu machen, die sich mit dem Konzept »Selbst« beschäftigen.
In diesem Zusammenhang mag es Sie amüsieren, daß die Vorsilbe »Selbst-« in manchen Kombinationen durch das dieser Vorsilbe folgende Hauptwort ersetzt werden kann. Nehmen wir gleich den Zentralbegriff meines Themas »Selbst-Organisation«. Die Frage hier ist, unter allen möglichen Organisationen jene zu finden, die sich selbst organisiert, das heißt, die ihre eigene Organisation organisiert; die Organisation einer Organisation. Ähnlich ist es mit ›Selbstbewußtsein‹, wo es ganz klar ist, daß es sich hier um Bewußtsein von Bewußtsein handelt. Es wird durch diesen Schritt »selbst-« ein neuer logischer Bereich betreten, sozusagen ein logischer Bereich der zweiten Ordnung, der sich mit Begriffen beschäftigt, die sich auf sich selbst anwenden lassen. In der neuen Terminologie, die sich mit solchen Begriffen beschäftigt, spricht man von »autologischen Begriffen«. Ich könnte eine Menge andere autologische Begriffe anführen, wie z. B. lernen.
Es ist wichtig zu wissen, daß man von ›Lernen lernen‹ sprechen kann. Oder nehmen wir den Begriff »Erkenntnistheorie«. Es ist klar, daß eine Erkenntnistheorie eine Theorie des Verstehens ist. Aber eine Theorie von Etwas soll doch dieses Etwas verstehen machen. Mit anderen Worten, in einer Erkenntnistheorie soll das Verstehen verstanden werden.
Hinzufügen zu diesen Betrachtungen möchte ich noch eine Erweiterung dieser Gedanken, und zwar sind das die Begriffe, die sich selbst brauchen, um überhaupt entstehen zu können. Nehmen Sie z. B. ›Sprache‹. Angenommen es kommt jemand zu Ihnen mit der Frage: »Was ist Sprache?« – Wenn Sie guter Laune sind, können Sie antworten: »Wie kannst du mich das fragen, du mußt ja wissen, was Sprache ist, sonst hättest du ja nicht die Frage aussprechen können.« – Oder ein anderes Beispiel: Da ist jemand, der eine Theorie der Funktion des Gehirns schreiben möchte. Niemand von uns zweifelt, daß man ein Gehirn haben muß, um diese Theorie zu schreiben; also wenn das eine Theorie sein soll, die nur irgendeinen Anspruch auf Vollständigkeit besitzt, dann muß diese Theorie das Schreiben dieser Theorie erklären, das heißt, eine Theorie des Gehirns muß sich selbst beschreiben.
Ich möchte darauf aufmerksam machen, daß solche Begriffe, die

sich selbst brauchen, um zu entstehen, auch die merkwürdige Eigenschaft haben, daß sie für sich selbst einstehen müssen, d. h. sich selbst erklären müssen, d. h. weiter, für sich selbst Rechenschaft ablegen müssen.

Aber was schließlich die wichtigste Eigenschaft einer Erkenntnistheorie ist, die sich mit solchen autologischen Begriffen beschäftigt, ist, daß sie nicht nur eine Erkenntnistheorie ist, die für sich selbst einsteht, sondern auch eine Theorie ist, in der der Erkenntnistheoretiker für sich selbst einzustehen hat. Eine solche Epistemologie liefert daher eine Grundlage für Selbstbestimmung, damit auch für Verantwortung und schließlich die Grundlage für eine Ethik, in der es nicht um das Organisieren von Anderen geht, »Du sollst ...«, sondern um die Organisation eines jeden von sich selbst: »Ich soll ...«

II Schwierigkeiten

1. Paradox

Manche von Ihnen werden sich wundern, daß ich die Beschäftigung mit selbstbezüglichen Begriffen als eine neue Entwicklung in der Logik bezeichne; denn es sieht doch so aus, als ob es ganz selbstverständlich wäre, sich mit solchen Begriffen zu beschäftigen. Aber schon seit dem Altertum wurde in der traditionellen Logik alle Selbstbezüglichkeit zum Anathema, und zwar weil es Fälle gibt, in denen Selbstbezüglichkeit zu Paradoxien führt. Denken Sie für einen Moment, wie Sie sich verhalten würden, wenn Ihnen jemand sagt: »Ich bin ein Lügner!« – Glauben Sie ihm, daß er ein Lügner ist? Dann nehmen Sie an, daß er doch die Wahrheit gesprochen hat; aber wenn er die Wahrheit gesprochen hat, ist er doch kein Lügner! So hat er doch gelogen, als er sagte: »Ich bin ein Lügner« usw. usw. Es waren natürlich die Sophisten, die diesen logischen Spitzbubenstreich erfunden haben, um die Aristoteliker und die Platoniker ihrer Zeit zu ärgern. Aber dieses Ärgernis hat sich über das Mittelalter erhalten, bis zu Bertrand Russel, der noch vergeblich mit dem Problem dieses Paradoxons gerungen hat. Heute jedoch wissen wir, daß es zum ersten eine dynamische Lösung dieser Paradoxienfrage gibt[2,3], und zum zweiten, daß Selbstbezüglichkeit nicht nur nicht notwendigerweise Paradoxien erzeugt, sondern genau jene logischen Strukturen erzeugt, die wir zum tieferen Verständnis der später zu behandelnden Sensomotorik, Autonomie und organisatorischen Schließung benötigen. Als kleines Beispiel lade ich Sie ein, über die Lösung des folgenden Satzes nachzudenken:

Dieser Satz hat ... Buchstaben.

Die Frage ist nun, in die leere Stelle das Zahlwort hineinzuschreiben, das diesen Satz wahr macht. Sie können leicht sehen, daß, wenn wir das Zahlwort *Zwanzig* hineinschreiben, dieser Satz nicht wahr werden würde.[4]

Nun, gibt es überhaupt eine Antwort auf diese Frage? Für die zwei Schreibweisen von 30 (einmal mit einem »scharfen S«, das andere Mal mit »Doppel-S«) gibt es je eine Lösung. Eine will ich gleich verraten, um Sie davon zu überzeugen, daß es in der Tat »orthodoxe« Lösungen für solche selbstbezüglichen Probleme gibt. Die Lösung mit dem »scharfen S« ist

Dreißig,

das heißt, der Satz:

Dieser Satz hat dreißig Buchstaben

hat in der Tat dreißig Buchstaben (zählen Sie doch nach, bitte). Ich bitte Sie auch zu versuchen, die Lösung mit der anderen Schreibweise von 30 (mit »Doppel-S«) zu finden. Bei dieser kleinen Übung lernen Sie vielleicht mehr über die merkwürdigen Bedingungen, die erfüllt werden müssen, um Selbstbezüglichkeit zu ermöglichen, als wenn ich mich in langatmigen Erläuterungen erginge.

Lösungen für solche selbstbezüglichen Probleme werden »Eigenwerte« genannt, dem Vorbild David Hilberts folgend, der diese Bezeichnung um die Wende des neunzehnten Jahrhunderts für die Lösungen mathematischer Probleme ähnlicher logischer Struktur einführte.

2. Undifferenzierte Codierung

Eine zweite Schwierigkeit, mit der die Orthodoxie zu kämpfen hat, ist wesentlich tiefer als die, mit der wir es zuvor zu tun hatten, denn es hat ungefähr 120 Jahre gebraucht, bis diese Schwierigkeit überhaupt gesehen wurde.

Es handelt sich um ein Prinzip der Neurophysiologie, ein Prinzip, das schon in der Mitte des 19. Jahrhunderts von dem großen deutschen Neurophysiologen Johannes Müller gesehen und formuliert wurde. Ich werde es Ihnen zunächst in seiner neuen Fassung vorlegen, dann kurz beschreiben, worin dieses Prinzip besteht, und es schließlich noch einmal gegenwärtig machen.

Das Prinzip der undifferenzierten Codierung[5]:

»Die Erregungszustände einer Nervenzelle codieren nur die Intensität, aber nicht die Natur der Erregungsursache. (Codiert wird nur: »So-und-so viel an dieser Stelle meines Körpers« aber nicht »was«.)«

Wie Sie sich erinnern, besteht eine Nervenzelle aus einem Zellkörper, der den Kern enthält, zahlreichen verzweigten Auswüchsen, die sich nach einer Richtung ausdehnen, und einem dünnen Schlauch, dem Axon, das nach der anderen Richtung wächst, und an seinem Ende Kontakte mit anderen Nervenzellen an ihren Verzweigungen herstellt. Das Faszinierende an der Funktion dieser Nervenzellen ist, daß das Innere gegenüber dem Äußeren mit etwa $\frac{1}{10}$ Volt geladen ist. Eine Störung, die an irgendeiner Stelle der Zelle stattfindet, pflanzt sich in Form eines kurzen elektrischen Impulses von der eben genannten Größe von $\frac{1}{10}$ Volt längs der Nervenfaser (Axon) fort. In der Tat, wenn eine elektrische Mikrosonde in die Nähe eines solchen Axons gebracht und diese Sonde über einen Verstärker auf einen Lautsprecher geführt wird, hört man jedesmal einen »Klick«, wenn eine solche Störung die Mikrosonde passiert. Bei einer dauernden Störung folgt ein Impuls dem anderen mit immer kürzeren Abständen, je größer die Störung ist. Das heißt, bei einer kleinen Störung hört man im Lautsprecher nur eine langsame Folge von »Klick - Klick - Klick - ... (usw.)«, bei einer etwas stärkeren Störung »Klick, Klick,Klick, ...«, und eine schnelle Folge von Klicks bei einer noch stärkeren Erregung. Das heißt, »Klick« ist das Vokabular der Nervensprache (siehe Figur 1).

Das Erstaunliche nun ist, daß jede Sinneszelle, ein Stäbchen oder Zapfen auf der Retina des Auges, eine Haarzelle auf der basilaren Membran des Ohres, eine Druck- oder Schmerzzelle, eine Warm- oder Kaltzelle, alle nur die Sprache »Klick« sprechen: Die physikalische Ursache der Erregung einer Nervenzelle ist nicht in ihrer Aktivität enthalten, sondern ausschließlich die Intensität der Störung, die ihre Aktivität verursachte. Die Signale, die dem Gehirn

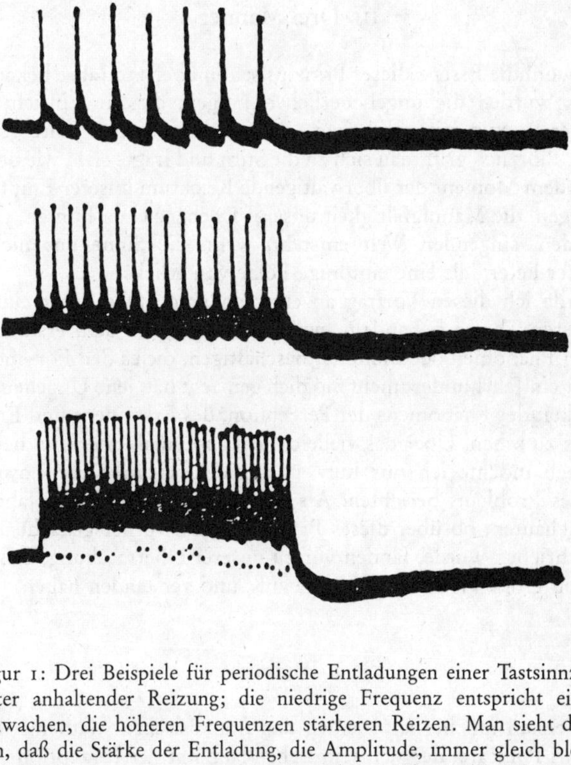

Figur 1: Drei Beispiele für periodische Entladungen einer Tastsinnzelle unter anhaltender Reizung; die niedrige Frequenz entspricht einem schwachen, die höheren Frequenzen stärkeren Reizen. Man sieht deutlich, daß die Stärke der Entladung, die Amplitude, immer gleich bleibt, und daß die Impulsfrequenz die Reizstärke – und nur die Reizstärke – wiedergibt.

zugeführt werden, sagen also nicht, blau, heiß, cis, au, usw. usw., sondern »Klick, Klick, Klick«, d.h. sie sprechen nur von der Intensität einer Störung und nicht von »was«, nur von »wieviel« und »woher«. Ich hoffe, daß im Rahmen dieser Kurzfassung einer Neurophysiologie das Prinzip der undifferenzierten Codierung zumindest als das Skelett eines Problems gesehen werden kann. Wie versprochen, zitiere ich es hier nochmal:

»Die Erregungszustände einer Nervenzelle codieren nur die Intensität, aber nicht die Natur der Erregungsursache. (Codiert wird nur: »So-und-so viel an dieser Stelle meines Körpers« aber nicht »was«.)

Obwohl die Essenz dieses Prinzips schon über 120 Jahre bekannt war, wurden die ungeheuerlichen Folgen, die die Einsicht in dieses Prinzip mit sich bringt, erst um die fünfziger Jahre gesehen. Plötzlich griff man sich an die Stirn und fragte sich, wie denn in jedem Moment der überwältigende Reichtum unserer Empfindungen, die Mannigfaltigkeit unseres Erlebens einer bunten, tanzenden, singenden Welt entsteht, wenn die Sinne uns nichts weiter liefern als eine eintönige Folge von Klicks.
Würde ich diesen Vortrag an einer anderen Stelle unter einem anderen Thema behandeln, würde ich mich mit dem erstaunlichen Phänomen der Blindheit beschäftigen, die es den Forschern über ein Jahrhundert nicht möglich gemacht hat, jene Ungeheuerlichkeit des Phänomens der Perzeption, des Erkennens und Erlebens zu sehen. Über das vielleicht ein andermal. Hier und heute jedoch möchte ich nur kurz über die Ursprünge der Lösung dieses Problems berichten. Als wir uns in den fünfziger Jahren umschauten, ob über dieses Problem schon vorher gedacht und geschrieben wurde, fanden wir zu unserer Überraschung, daß es schon große Geister vor uns gewußt und verstanden haben.

1. Poincaré

Als ersten möchte ich nennen den französischen Mathematiker Henri Poincaré, der sich sein Leben lang mit der Perzeption von Räumen beliebiger Dimensionen beschäftigt hatte. 1895, in einem kurzen, aber bedeutsamen Artikel »L'Espace et la géometrie« in der *Revue de métaphysique et de morale*, zeigt er ein für allemal, daß ein sensorisches System, das unbeweglich ausschließlich Wechseln der Sensationen ausgesetzt ist, ohne diese Wechsel durch eigene Bewegung herbeizuführen, im Prinzip nicht in der Lage ist, den Begriff eines Raumes jedweder Dimension zu erlangen.[6]
Es ist nötig, daß das »Motorium« durch willkürliche Bewegungen Veränderungen im »Sensorium« erzeugt, deren Bezugsetzung zu den Aktionen des Motoriums die »Errechnung« eines Raumes gestattet.

2. Piaget

In der Praxis wurden Poincarés Einsichten von Jean Piaget, dem Schweizer Experimentalpsychologen, aufs neue demonstriert. Piaget war fasziniert von der Art, wie Kleinstkinder sich eine motorische Kompetenz von den Dingen verschaffen, mit denen sie spielen und in ständigem Kontakt sind. Z. B. zeigte er, daß die Idee der Konstanz eines Gegenstandes erst langsam durch wiederholte Wechselwirkung zwischen Sehen und Betasten und Fühlen und den motorischen Aktivitäten, die die Sensation des Sehens, Tastens und Fühlens verändern, aufgebaut wird. D. h., wie Piaget es nannte, daß des Kindes Realität durch seine Sensomotorik »konstruiert« wird.[7]

In dieser sensomotorischen Konstruktion ist es wichtig zu sehen, daß die so erzeugten Konstruktionen durch eine gegenseitige Bezugnahme, d. h. eine Korrelation der Reize der verschiedenen Sinne, Gesicht, Getast, Gehör usw. entstehen, und daß daher der Begriff der ›Bestätigung‹, d. h. der Konfirmation, hier überhaupt nicht zutrifft. Es ist doch klar, daß das Bild auf der Netzhaut des linken Auges nicht das Bild des rechten Auges bestätigt. Es sind ja zwei ganz verschiedene Bilder. Es ist aber so, daß durch die Korrelation der beiden verschiedenen Bilder eine neue Dimension entsteht, die wir gewöhnlich durch eine motorische Korrelation mit den Bewegungen unserer Glieder als räumliche Tiefe interpretieren, usw.

In der letzten großen Diskussion, die Piaget zusammen mit seinen Protagonisten gegen eine große Gruppe von Antagonisten geführt hat, eine Diskussion, die unter dem Titel »Language and Learning«[8] erschienen ist, kristallisiert Piaget eine Position in dem Artikel, der dieser Debatte vorausgeht. Ich zitiere hier ein paar aufschlußreiche Stellen: »Fünfzig Jahre von Erfahrung haben uns gelehrt, daß Kenntnis, Wissen, Verstehen nicht lediglich aus einem Registrieren von Beobachtung erwächst, ohne daß nicht gleichzeitig eine strukturierende Aktivität des Subjektes stattfindet.«

»Eine Epistemologie, die mit den Daten der Psychogenese übereinstimmt, kann sich weder auf eine Empirik oder einen Präformismus stützen, sondern kann nur auf einem Konstruktivismus basieren, mit einer sich erneuernden Auswertung neuer Operationen und Strukturen.«

»Keine Erkenntnis kommt allein durch Perzeptionen, denn diese sind immer von Aktionsschemata begleitet. Erkenntnis, also, entwickelt noch eine Tätigkeit.« »Immer ist ein Beobachtetes oder ein ›Faktum‹ vom Moment der Wahrnehmung an interpretiert.« Daß Piaget das Wort »Faktum« unter Anführungszeichen setzt, heißt, daß wir dieses Wort nicht einfach kritiklos hinnehmen sollen. Faktum kommt ja vom lateinischen facere, und das heißt »machen«. Also schon die lateinische Wurzel deutet darauf hin, daß Fakten von uns »gemacht« sind. Hören Sie sich das nächste Zitat an:

»Der Gesamtprozeß der Konzipierung von Seiten des Subjekts schließt die Existenz ›reiner Fakten‹ als völlig außerhalb des Subjektes aus, umso mehr als ja das Subjekt die Phänomene verändern muß, um sie zu assimilieren.«

Ich nehme an, daß den meisten von Ihnen die Arbeiten Piagets bekannt sind. Vielleicht wissen auch die meisten von Ihnen, daß eine ganze Richtung des Denkens durch die Piagetsche Konzeption der Konstruktion einer Realität auf eine philosophische Richtung, Konstruktivismus, geführt hat. Für diejenigen von Ihnen, die sich für eine Geschichte des Konstruktivismus interessieren, empfehle ich einen Artikel von Ernst von Glasersfeld »Einführung in den radikalen Konstruktivismus«, der in einer Sammlung von Schriften ähnlich gesinnter Autoren unlängst erschienen ist.[9] An dieser Stelle mag es noch interessant sein zu erwähnen, daß in der Mitte des 19. Jahrhunderts eine kleine Gruppe Mathematiker, unter ihnen der Deutsche Kronecker und der Holländer Brouwer darauf bestanden, daß die Existenz von mathematischen Konzepten nicht durch Anrufung des Prinzips der reductio ad absurdum als Konsequenz ihrer Abwesenheit bewiesen werden dürfen, sondern nur durch ein Beweisverfahren, das diese Begriffe konstruiert. Diese Schule vertrat auch die Ansicht, daß mathematische Konzepte wie Zahlen, Theoreme, Axiome etc. nicht Entdeckungen, sondern unsere Erfindungen sind. Eine kurze, aber vielleicht nicht zu ungerechte Charakterisierung eines Konstruktivisten könnte man so geben: Wenn entschieden werden soll, ob wir eine Welt der Erkenntnis und Erfahrung, unsere Welt der Ordnung, der Symmetrie, der Begriffe, der Zahlen, der Naturgesetze, ja, sogar der Gegenstände, ob wir diese Welt entdecken oder erfinden, so neigt der Konstruktivist dazu, sich für erfinden zu entschließen.

3. Bateson

Vielleicht kann ich das noch deutlicher machen, indem ich mich nun Gregory Bateson zuwende. In seinen frühen Schriften hat er manche seiner philosophischen Gedanken in kleinen Vignetten in Form von Gesprächen eines Vaters mit seiner Tochter verkleidet. Ich möchte Ihnen gerne ein solches Gespräch, einen »Metalogue«, wie Bateson es nannte, mit dem Untertitel: »Was ist ein Instinkt?« vortragen[10]:

Tochter: Vati, was ist ein Instinkt?

(Wenn mich meine Tochter oder mein Sohn gefragt hätte, »Vati, was ist ein Instinkt?«, wäre ich glatt in die Falle gegangen, eine lexikale Definition dieses Begriffes zu geben, z. B. zu sagen: »Ein Instinkt ist ein Naturtrieb, eine unbewußte Verhaltensweise, die ererbt und ungelernt ist, etc. etc.«

Dieser Vater fällt darauf nicht herein. Er bezieht sich sofort auf die Bedeutung, die der Gebrauch des Wortes Instinkt in einem Dialog hat, wenn es von einem der Partner benützt wird. Er fragt sich, was bezweckt der Begriff »Instinkt« politisch, strategisch, dialektisch etc., wenn er in eine Debatte geworfen wird. Also der Vater antwortet:)

Vater: Ein Instinkt, mein Liebes, ist ein Erklärungsprinzip.

(Tochter ist natürlich nicht zufrieden mit dieser Antwort.)

T: Aber was erklärt es?

V: Alles, beinahe alles. Alles, was du willst, daß es erklären soll.

(Bitte lassen Sie sich nicht entgehen, daß wenn etwas alles erklärt, es nichts erklärt.)

T: Sei nicht so lächerlich. Gravitation kann es doch nicht erklären.

V: Aber das ist nur, weil niemand will, daß Instinkt Gravitation erklären soll. Wenn man es wollte, könnte es das. Wir würden dann einfach sagen, daß der Mond einen Instinkt hat, dessen Stärke sich umgekehrt mit dem Quadrat der Entfernung ändert ...

T: Aber das ist doch Unsinn, Vati.

V: Ich weiß. Aber du warst es, die Instinkt aufgebracht hat, nicht ich.

T: Gut, aber was erklärt dann Gravitation?

V: Nichts, mein Liebes, denn Gravitation ist ein Erklärungsprinzip.

T: Oh!
T: Willst du damit sagen, daß man mit einem Erklärungsprinzip nicht ein anderes erklären kann, niemals?
V: Hm ... fast nie. Das war es, was Newton gemeint hat, als er sagte: »HYPOTHESES NON FINGO«.
T: Und was heißt das, bitte?
(Beobachten Sie bitte in den Ausführungen des Vaters, die jetzt folgen, seine durchgehende Beziehung auf die Beschreibung von Tatsachen und nicht auf Tatsachen per se.)
V: Du weißt, was eine Hypothese ist.
Jede beliebige Formulierung, die zwei beschreibende Sätze zusammenfügt, ist eine Hypothese. Wenn du sagst, daß am ersten Februar Vollmond war und daß am 1. März wieder Vollmond war; und wenn du dann diese beiden Beobachtungen in irgendeiner Weise verbindest: der Satz, der sie verbindet, ist eine Hypothese.
T: Ja, und ich weiß, was »NON« heißt.
Aber was heißt »FINGO«?
V: Nun, FINGO ist ein lateinisches Wort für »machen«. Man kann damit ein verbales Substantiv »FICTIO« formen, von dem wir »Fiktion« herleiten.
T: Vati, willst du damit sagen, daß Sir Isaak Newton angenommen hat, daß alle Hypothesen einfach erfunden waren, wie Geschichten?
V: Genau!
T: Aber hat er nicht Gravitation entdeckt, mit dem Apfel?
V: Nein, mein Liebes, er hat sie erfunden.
T: Oh ...

IV Schließung

Ich hoffe, daß in meinen früheren Ausführungen ein Prinzip der Epistemologie, mit dem ich Sie bekannt machen möchte, wenn nicht direkt, so doch indirekt zum Ausdruck kam, nämlich das Prinzip der Schließung. Mit Schließung meine ich im wesentlichen nichts anderes, als was der Ausdruck im normalen Sprachumgang besagt: abgeschlossen, Anfang und Ende fallen zusammen, auf sich selbst bezogen, unbeeinflußt, autonom usw. Ich möchte Ihnen gerne diesen für meine Darstellung so wichtigen

Begriff der Schließung so klar wie möglich machen. Vielleicht helfen mir die folgenden vier Beispiele. Schließung im thermodynamischen Sinn; algebraische Schließung; Schließung in der Biologie; und schließlich eine formale Darstellung geschlossener Systeme.

1. Thermodynamik

Hier haben schon andere Vortragende die wichtige Unterscheidung thermodynamisch offener und geschlossener Systeme gemacht. Sie haben darauf hingewiesen, daß ein thermodynamisch geschlossenes System darin besteht, daß wir um das zu studierende System eine Hülle legen, die Energie in jedweder Form weder von außen in das System eintreten noch aus dem System entweichen läßt. Es wurde darauf hingewiesen, daß die großen Hauptsätze der Thermodynamik, der Hauptsatz der Erhaltung der Energie und der Hauptsatz der sich vergrößernden Entropie anhand des Begriffes eines abgeschlossenen Systems entwickelt wurden. Es wurde dann die wichtige Bemerkung gemacht, daß die Versuche, diese weitreichenden Sätze der Thermodynamik auch auf die Biologie anzuwenden, sich nicht als fruchtbar erwiesen. Der Grund dafür ist leicht einzusehen; denn wenn wir um eine Katze oder um eine Maus eine energetisch undurchdringliche Hülle legen, so wird das, was innerhalb dieser Hülle sich befindet, nicht lange eine Katze oder Maus bleiben. D.h., daß das Konzept eines thermodynamisch abgeschlossenen Systems hier nicht brauchbar ist, und man daher zu dem eines thermodynamisch offenen Systems übergehen muß. In der Tat waren die ersten Ansätze einer solchen Thermodynamik von dem Biologen von Bertalanffy[11] in den 30er Jahren begonnen worden und haben in den frühen Arbeiten über Selbstorganisation[12, 13] und in den Arbeiten von Prigogine[14] eine weitere Vertiefung erfahren. Diese Arbeiten sind so gut bekannt, daß ich glaube, auf eine weitere Diskussion thermodynamisch offener Systeme verzichten zu können. Halten wir nur in Erinnerung, daß ein lebendes System thermodynamisch betrachtet immer ein offenes System sein muß.

2. Algebra

Als Vorbereitung für das, was ich in meinem nächsten Punkt »Biologie« sagen werde, möchte ich kurz den Begriff der geschlossenen algebraischen Systeme beleuchten. Üblicherweise definieren zwei verschiedene Arten von »mathematischen Objekten« ein algebraisches System: Elemente und Operatoren. Die Menge der »natürlichen« Zahlen 0, 1, 2, 3, ... oder die der »ganzen« Zahlen 0, +1, −1, +2, −2, +3, −3, ... sind Beispiele für Elemente; Addition, Subtraktion, Multiplikation, Division, etc. Beispiele für Operatoren. Man sagt von einem algebraischen System, daß es geschlossen ist, wenn die Elemente und Operatoren so gewählt sind, daß die Operationen an den Elementen immer wieder nur Elemente des Systems liefern. Der Operator der Addition und die Elemente der natürlichen Zahlen geben ein algebraisch geschlossenes System; denn welche zwei natürlichen Zahlen auch immer man wählt, ihre Summe ist wieder eine natürliche Zahl ($5 + 6 = 11$, usw.). Fügt man Multiplikation dem vorigen System hinzu, so kann man sich leicht überzeugen, daß man es noch immer mit einem geschlossenen System zu tun hat. Subtraktion hingegen zerstört die Schließung. So hat z.B. die Operation $3 - 6$ keine natürliche Zahl als Resultat (-3 ist eine negative ganze, aber keine natürliche Zahl).
Ich glaube, daß mit diesen Andeutungen der nächste Punkt – nämlich der der organisatorischen Schließung lebender Systeme – leichter zu verstehen sein wird.

3. Biologie

Ich möchte Ihnen nun von einer entscheidenden Entwicklung in der Biologie berichten, die die organisatorische Schließung eines jeden lebenden Organismus postuliert. Dieses Konzept der biologischen Schließung wird von seinen Erfindern »Autopoiesis« genannt. Autopoiesis ist ein Konzept, das von drei chilenischen Neurophilosophen erdacht wurde: Umberto Maturana, Francisco Varela und Ricardo Uribe.[15] Das Wort ist abgeleitet von den zwei griechischen Worten αὐτό = »selbst« und ποίησις = »ein Machen«, »Erfundenes« (unser Wort »Poesie« hat hier seinen Ursprung) und soll die Organisation eines Systems andeuten, das sich selbst erzeugt. Die drei Autoren wollten mit diesem Ausdruck eine bestimmte Organisation von produktiven Reaktionen zwischen den Komponenten eines Systems identifizieren, die so sein soll, daß als Folge dieser Reaktionen genau die Komponenten dieses Symstems entstehen. D. h., wir haben es hier mit einem organisatorisch geschlossenen, selbstorganisierenden System par excellence zu tun. Dadurch, daß die durchfließende Energie die sich selbst reproduzierenden Reaktionen ständig aufrechterhält, bleibt die Organisation dieses Systems eine Invariante. Die Konsequenzen dieser Betrachtung lebender Organisation sind von außerordentlicher Tragweite.[16, 17] Zunächst ist es klar, daß ein autopoietisches System gleichzeitig als autonom gesehen werden kann. Und mit der Autonomie eines jeden lebenden Organismus muß auch der Grund seines Handelns in ihm gefunden werden. Auf der menschlichen Ebene erwächst aus dieser Betrachtung die Verantworlichkeit des einzelnen gegenüber seinen Handlungen, und eine Weiterführung dieser Gedanken läßt uns die Grundlagen einer Ethik sehen.

4. Formalismus

Unter einem »Formalismus« versteht man gewöhnlich ein System von Symbolen, die durch streng definierte Operationen in Bezug gesetzt werden können. Ein Formalismus ist sozusagen eine künstliche Sprache mit präzisen syntaktischen Regeln. Ich bin mir bewußt, daß ich mit meinem Vorhaben, die vorgebrachten Gedanken in eine solche Sprache zu übersetzen, Gefahr laufe, manche meiner Zuhörer zu verlieren. Man könnte mir vorwerfen, daß ich zwar meinen Zuhörern zumute, schnellstens eine neue Sprache zu lernen, während ich mich offenbar vor der Mühe drücke, meinen Thesen in allgemein verständlicher Umgangssprache die gewünschte Klarheit zu geben. Ich muß gestehen, daß dieser Vorwurf nicht unberechtigt ist, nur ist mein Heranholen eines Formalismus nicht meiner Faulheit, sondern eher meiner Unzulänglichkeit zuzuschreiben. Die Gedanken hier sind so neu, daß ihre Beschreibung noch nicht durch ständige und wiederholte Bemühungen die Glätte eines von Wind, Wasser und Sand polierten Kieselsteins besitzt. Mein Formalismus aber hat diese Politur. Vielleicht erinnern Sie sich auch an den Ausspruch Bertrand

Russells: »Ein guter Formalismus denkt für uns.« Das soll uns aber bitte nicht davon abhalten, mitzudenken.
Entscheidend jedoch an meinem Entschluß, Sie mit dem bevorstehenden Formalismus bekannt zu machen, ist, daß ich in ihm eine Brücke sehe, die das hier Dargestellte mit unserem Thema »Die Welterfahrung des Kindes« und ganz besonders mit den Arbeiten von Gerda Verden-Zöller verbindet.
Was soll nun im strengen Sinn formalisiert werden? Eine erste Formalisierung der Beobachtung der verschiedenen Phasen, die ein sich adaptierender oder ein lernender oder ein sich entwikkelnder Organismus durchläuft, findet ja schon immer statt, wenn wir unseren Beobachtungen sprachlichen Ausdruck geben. Wir schauen zum Beispiel einem Kind in seiner Gehschule zu, wie es versucht, einen Ball aufzuheben und über das Gitter hinauszuwerfen. Eine Beschreibung unserer Beobachtung könnte genau diese sein: »Ein Kind in seiner Gehschule versucht, einen Ball aufzuheben und über das Gitter hinauszuwerfen.«
Obwohl wir uns die kleine Szene hier gut vorstellen können, läßt diese globale Beschreibung doch völlig im Dunklen, in welcher Weise das Kind »versucht«, den Ball aus der Gehschule zu werfen. Es sind aber genau die einzelnen Phasen dieses »Versuchs« und seines eventuellen Gelingens, die wir brauchen, um zu verstehen, wie das Kind sich seine Verhaltenskompetenz »Ball« erarbeitet.
Der nächste Schritt zu einer etwas strengeren Formalisierung des Beobachteten ist gewöhnlich das »Protokoll«, eine Aufzeichnung der Sequenz von beobachteten Phasen der Aktivität des zu studierenden Organismus. Historisch gesehen ist Ivan Petrovitsch Pawlow vielleicht immer noch das große Vorbild eines vollkommenen Protokollisten, weil er nicht nur jede Aktion des Versuchsleiters und die des Versuchstieres, sondern auch den zeitlichen Verlauf dieses »Dialogs« aufs genaueste in seinen Laboratoriumsberichten registrierte. Jean Piaget ist ein anderes solches Beispiel. Das 12bändige Protokoll, das Gerda Verden-Zöller im Verlauf ihrer Arbeit mit Gabi A., einem blind geborenen, zerebral-bewegungsgestörten, epileptischen, gehbehinderten siebenjährigen Mädchen verfaßte[18], geht in mancher Hinsicht in Breite als auch in Tiefe noch über die genannten Beispiele hinaus.
Wie würde etwa das Protokoll von unserem Kind mit Ball in der Gehschule aussehen? In der Form genau wie jedes andere Proto-

koll, nämlich eine Sequenz von beobachteten Phasen der Aktivität des Kindes.

Also etwa:

(0) Kind (K) richtet seine Aufmerksamkeit auf einen Ball (B) in seiner Gehschule (G);

(1) K greift mit rechter Hand nach B; B rollt nach Norden (N).

(2) K krabbelt hinterher, stößt B mit rechter Hand in NO-Ecke von G;

(3) K schiebt mit linker Hand B nach S;

usw.,

usw.

Beachten Sie bitte, daß das Endprodukt der n-ten Eintragung der Ausgangspunkt für die (n+1)-te Eintragung wird.

Es gibt nun einen Formalismus, der wie maßgemacht diesen zirkulären Prozessen gerecht wird. Es handelt sich um die »Theorie der rekursiven Funktionen«[19, 20], ein Kalkül, der schon vor beinahe hundert Jahren von David Hilbert entwickelt wurde. »Rekursiv« heißt »wieder-durchlaufen«, und damit wird gemeint, daß das Resultat einer Operation aufs neue zum Ausgangspunkt dieser Operationen genommen wird, deren Resultat aufs neue zum Ausgangspunkt dieser Operation genommen wird ... usw., usw.

Zurück zur Gehschule: da der Ablauf jeder Phase das Kind dazu stimuliert, die nächste Phase einzuleiten, ist es klar, daß man hier ohne weiteres von einem »rekursiven Verhalten« sprechen kann. Das heißt, daß wir das Kind als »Operator« (Op) auffassen können, das seinen gegebenen Dispositionen zufolge aus den jeweiligen Phasen die darauf unmittelbar folgenden erzeugt. Wir brauchen jetzt nur noch ein Symbol, das für die einzelnen Phasen steht, und dann können wir den Formalismus für uns arbeiten lassen. Da die Phasen sich stets ändern, muß dieses Symbol eine »Variable« bezeichnen, und – wie Sie sich sicher noch von der Schule erinnern – Variablen werden traditionell mit x (oder y oder z) bezeichnet. Die Kurzschrift für unsere Anfangsphase (mit der Nummer (0)) ist daher x_0, die darauf folgende x_1, die nächste x_2, dann x_3 ... usw., usw.

Um schließlich anzudeuten, daß die jeweilige Phase aus einer Operation an der unmittelbar vorhergehenden hervorgeht, schreiben wir einfach

$$x_1 = Op\,(x_0),$$

und für den nächsten Schritt

$$x_2 = Op\,(x_1),$$

und den nächsten

$$x_3 = Op\,(x_2),$$

usw., usw., usw.

Bevor ich unserem Formalismus freie Zügel gebe, möchte ich kurz hier einschalten, daß im allgemeinen dem Operator Op und der Variablen x keine Bedeutung und keine Einschränkung gegeben wird, außer daß die beiden miteinander verträglich sein sollen. Nimmt man zum Beispiel Zahlen als die Variablen, dann müssen die Operatoren irgendwelche arithmetische Funktionen sein, wie Quadrieren, Wurzelziehen, Logarithmieren, usw. Nehmen wir die Quadratwurzel als Operator und fangen mit der Zahl 100 an:

$$Op = \sqrt{}$$

$$x_0 = 100$$

dann ist

$$x_1 = \sqrt{100} = 10$$

also $x_1 = 10$;

$$x_2 = \sqrt{10} = 3.162278\ldots$$

also $x_2 = 3.162278\ldots$;

usw., usw.

Ich hoffe, diese Andeutung reicht aus, um den wesentlichen Spielregeln dieses Formalismus zu folgen. Ich lade Sie daher jetzt ein, zuzusehen, wie unser Formalismus für uns denkt. Hier der erste von drei Schritten:

(1) *Teleskopieren:* Statt jede Phase der Rekursion neu anzuschreiben, erlaubt der Formalismus, das Resultat jeder beliebigen Phase (wie die ineinander passenden Segmente eines ausziehbaren Teleskops) durch alle vorhergehenden Phasen auszudrücken. Also:

$$x_1 = Op\,(x_0)$$

und

$$x_2 = Op\,(x_1);$$

aber wir wissen ja von der oberen der beiden Gleichungen den Ausdruck für x_1 und können ihn daher in der unteren verwenden. Also:

$$x_2 = Op\,\underbrace{(Op(x_0))}_{x_1}$$

x_3 wird dann mit dem obigen Ausdruck für x_2:

$$x_3 = Op\,\underbrace{(Op(Op(ox)))}_{X_2}.$$

Man sieht hier deutlich, wie sich die Ausdrücke für spätere Phasen entwickeln. Für die zehnte Phase zum Beispiel hätten wir:

$$x_{10} = Op(Op(Op(Op(Op(Op(Op(Op(Op(x_0)))))))))$$

usw.

(11) *Ad infinitum:* Sehen wir doch zu, was passiert, wenn wir die Rekursion nicht irgendwann abbrechen, sondern beliebig weiterlaufen lassen. Dann müssen wir wohl bis zum Jüngsten Gericht (und dann immer noch weiter) »Op« schreiben, und unsere Variable heißt dann nicht mehr x_{100} oder x_{1000}, usw., sondern mit Verwendung des Zeichens »∞« für Unendlich:

$$x_\infty = Op(Op(Op(Op(Op(Op(Op(Op(Op(Op \ldots$$

Macht das Zeug noch einen Sinn? Ist das nicht nur eine formale Seifenblase? Man kann doch nicht unendlich oft operieren; und wenn man es könnte, was käme schon heraus?

Es ist genau an dieser Stelle, wo der Formalismus uns zu Hilfe kommt, denn er hat die Antwort auf diese Frage sozusagen eingebaut.

Beobachten Sie doch bitte, daß wir mit x_∞ eine unendliche Kaskade von Operationen bezeichnen (das ist ja genau, was das »ist gleich«-Zeichen oben ausdrückt). Das heißt, daß wir auch umgekehrt jede unendliche Kaskade dieser Operationen durch x_∞ vertreten lassen können. Zum Beispiel:

$$x_\infty = \underbrace{Op(Op(Op(Op(Op(Op(Op(Op(Op(Op \ldots}_{x_\infty}$$

und daher

$$x_\infty = Op(x_\infty),$$

oder auch

$$x_\infty = Op(Op(x_\infty)),$$

usw., usw.

Was heißt das?

Das heißt, daß eine unbegrenzte Rekursion zu einem Wert (oder Werten) der Variablen x führen kann, der von weiteren Operationen nicht mehr verändert wird: wie die letzteren Ausdrücke oben andeuten, ist das Resultat der Operation Op an x_∞ ja wiederum x_∞. Man könnte auch sagen, daß x_∞ über den Operator Op sich selbst regeneriert.

Die große Frage ist jetzt: gibt es solche Werte?

(III) *Eigen-Werte:* Die Antwort ist ein entschiedenes »Ja«, und solche Werte werden von Hilbert aus offensichtlichen Gründen »Eigenwerte« genannt.* Lassen Sie mich das am Beispiel der Quadratwurzel als Operator demonstrieren. Ich setze einfachheitshalber mein früheres Beispiel weiter fort (erste Spalte):

Wie Sie sich mit einem Blick auf die angeführte Phasenfolge (siehe S. 154) überzeugen können, strebt der Wert dieser Phasen schon in wenigen (etwa 15) Schritten einem sich kaum mehr ändernden Wert zu, nämlich der Eins ($x_\infty = 1$), dem »Eigenwert« der Operation »Quadratwurzel«.

* Mit dem neu erwachten Interesse an rekursiven Funktionen sind einige ihrer Eigenschaften – sozusagen – neu erfunden worden. Das hatte zur Folge, daß eine wohletablierte Terminologie ignoriert und durch eine neue, modischere ersetzt wurde. So taucht in der gegenwärtigen Literatur für den Begriff des Eigenwertes unglückseligerweise der Ausdruck »Attraktor« (attractor) auf, als ob der Eigenwert eine Anziehungskraft auf die Phasen der Sequenz hätte.[21] Von Eigenwerten, die intuitiv nicht vorausgesehen werden, spricht man dann als von »seltsamen Attraktoren« (strange attractors) usw.

	I Op = $\sqrt{}$ $x_0 = 100$		II Op = $\sqrt{}$ $x_0 = 0{,}2$
x_1	$= \sqrt{100}$	$= 10$	0,442 ...
x_2	$= \sqrt{10}$	$= 3{,}162 \ldots$	0,669 ...
x_3	$= \sqrt{3{,}162}$	$= 1{,}778 \ldots$	0,818 ...
x_4	$= \sqrt{1{,}778}$	$= 1{,}334 \ldots$	0,904 ...
x_5	$= \sqrt{1{,}334}$	$= 1{,}155 \ldots$	0,951 ...
x_6	$= \sqrt{1{,}155}$	$= 1{,}075 \ldots$	0,975 ...
x_7	$= \sqrt{1{,}075}$	$= 1{,}037 \ldots$	0,988 ...
x_8	$= \sqrt{1{,}037}$	$= 1{,}018 \ldots$	0,99 ...
x_9	$= \sqrt{1{,}018}$	$= 1{,}009 \ldots$	0,997 ...
x_{11}	$= \sqrt{1{,}005}$	$= 1{,}002 \ldots$	0,999 ...
x_{12}	$= \sqrt{1{,}002}$	$= 1{,}001 \ldots$	1,000 ...
x_{13}	$= \sqrt{1{,}001}$	$= 1{,}001 \ldots$	1,000 ...
x_{14}	$= \sqrt{1{,}001}$	$= 1{,}000 \ldots$	1,000 ...
x_{15}	$= \sqrt{1{,}000}$	$= 1{,}000 \ldots$	1,000 ...
⋮			
x_{20}	$= 1{,}000$	$= 1{,}000 \ldots$	1,000 ...

Ich bin überzeugt, daß Sie schon immer gewußt haben, daß die Quadratwurzel aus eins eins ist:

$$\sqrt{1} = 1,$$

deshalb habe ich auch dieses Beispiel gewählt. Aber ich wollte Ihnen diese alte Bekannte von anderen Seiten zeigen, zum Beispiel in dieser Form:

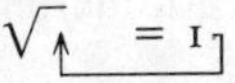

oder ganz allgemein in der Form:

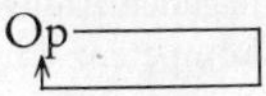

in der das Konzept der Schließung besonders deutlich wird. Damit Sie aber auch sehen, daß Eigenwerte von der Wahl der Anfangswerte unabhängig sind, finden Sie in der zweiten Spalte (Spalte II der vorigen Tabelle) die sich ergebende Sequenz, wenn der Anfangswert nicht 100, sondern, sagen wir, 0,2 ist: wieder ist der stabile Eigenwert gleich Eins.

Diese Unabhängigkeit des Eigenwerts vom Anfangswert hätten wir schon bei einer aufmerksamen Betrachtung der unendlichen Kaskade von Operatoren voraussagen können. In diesem Ausdruck tritt der Anfangswert x_0 nicht mehr auf, denn er ist ja in den seligen Jagdgründen des Unendlichen verschwunden.* Ich hoffe, daß wir während dieser Zahlenbeispiele das Kind in der Gehschule nicht aus den Augen verloren haben, wie es mit Beharrlichkeit aus jeder gegenwärtigen Phase mit seiner »Operation« immer wieder eine neue hervorruft, bis sich sein Verhalten stabilisiert – zu einem »Eigenverhalten« wird – mit stets demselben Resultat: der Ball fliegt aus der Gehschule heraus. Und wir wissen auch, daß sich dieses stabile Eigenverhalten ganz unabhängig von der zufälligen Konfiguration der Anfangssituation entwickelt. Was ich hier – um die Entsprechung mit dem Formalismus zu unterstreichen – »Eigenverhalten« nenne, ist offensichtlich die Verhaltenskompetenz des Kindes in bezug auf einen bestimmten Gegenstand, seinen Ball. Ich schlage vor, die Verhaltenskompetenz mit dem Namen des Gegenstandes zu bezeichnen, auf den sie sich bezieht: hier als »Ball«.

Vom Standpunkt eines Beobachters von Kind und Ball sieht diese Gleichsetzung von Verhalten und Gegenstand wie an den Haaren herbeigezogen aus.** Aber bedenken wir doch, daß das Kind seinen Ball ja ausschließlich durch seine Senso-Motorik *»sieht«*, *»versteht«*, *»begreift«*; das, was entgegenstand, wird zum (ent-) Gegenstand. Und es ist ja das Verstehen und Begreifen des Kindes, das wir verstehen und begreifen wollen (und damit schließlich auch das unsere).

Ich bin nun am Ende meiner Ausführungen angelangt und

* Für Fälle, in denen verschiedene Anfangswerte zu verschiedenen Eigenwerten führen, muß ich auf ausführlichere Literatur verweisen.[4, 19]

** Die Bedeutung der hier vorgeschlagenen Äquivalenz von Gegenstand und der ihm zugehörigen Verhaltenskompetenz wird vielleicht deutlicher, wenn man sich das Paradox des Unveränderlichen im Veränderlichen[22, 23] vergegenwärtigt: nicht nur nennen wir jeden Apfel »Apfel«, obwohl es keine zwei gleichen Äpfel gibt, sondern wir sind uns auch »desselben« Gegenstandes bewußt, obwohl kein Netzhautbild dieses Gegenstandes je einem anderen gleicht und ebenso keine taktile Sensation sich wiederholt.

möchte nur noch andeuten, wie die hier entwickelten Gedanken die Grundlage zu einer Gesellschaftstheorie liefern, in der die Prinzipien der Ethik sozusagen »eingewoben« sind und nicht erst von außen eingeführt werden müssen, so als ob man sich ihrer schließlich und endlich doch erinnerte.

Es ist klar, daß der Begriff des Gegenstandes, so wie wir ihn soeben als »Eigenwert« oder »Verhaltenskompetenz« entwickelt haben, sich nicht nur auf Äpfel oder Birnen zu beschränken braucht, sondern auch auf den Mitmenschen, den »Anderen« ausgedehnt werden kann: der Andere als einer meiner Eigenwerte, als eine meiner Verhaltenskompetenzen. Was sich aber gegenüber Äpfel und Birnen als wesentlich neu ergibt, ist, daß sich der Kreis der »Ich-und-Du-Beziehung« nun schließt (Figur 2): denn so wie der Andere zu einem meiner Eigenwerte, zu meiner Verhaltenskompetenz wurde, so werde ich jetzt zu einem Eigenwert, zu einer Verhaltenskompetenz des Anderen. Ich und du erzeugen sich gegenseitig; keiner wird ohne den anderen; oder noch anders ausgedrückt: man sieht sich selbst mit den Augen des Anderen.

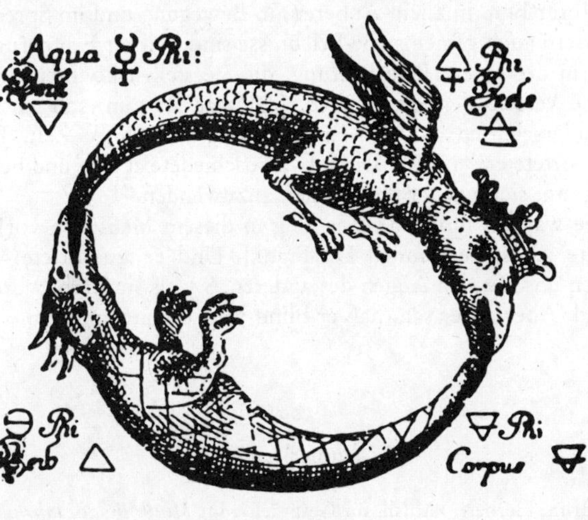

Figur 2: Ouroboroi

Als Parabel zu meinen Ausführungen möge die folgende Geschichte mich zum Abschluß bringen. Wie durch ein Wunder überlebte der Psychologe Viktor Frankl als einziger seiner Familie das Konzentrationslager. Als er, nach Wien zurückgekehrt, seine Praxis wieder aufnahm, bedeutete das Segen und Zuversicht für viele Menschen, die, durch Kriegserlebnisse erschüttert, ärztlicher Seelsorge bedurften. Da waren ein Mann und seine Frau, die, voneinander getrennt, ebenfalls wie durch ein Wunder die Jahre in den Lagern überlebten und – sie konnten es kaum fassen – sich in Wien wieder trafen. Jedoch wenige Monate danach starb die Frau an den Folgen der Gefangenschaft, und ihr Mann zog sich in tiefster Verzweiflung völlig von der Welt zurück. Er wollte mit niemandem mehr sprechen, aß kaum, hatte alle Hoffnung aufgegeben und saß stumm und teilnahmslos in einem Winkel seiner Wohnung. Schließlich gelang es Freunden, ihn zu überreden, Viktor Frankl aufzusuchen.

Soweit ich mich an diese Geschichte nach fast vierzig Jahren erinnere, fand dann das folgende statt. Etwa eine Stunde sprachen die beiden Männer miteinander, da stellte Dr. Frankl die Frage: »Angenommen, Gott gäbe mir die Macht, eine Frau zu erschaffen, die sich von der Ihren nicht unterscheidet. Nicht nur gleicht sie Ihrer Frau in allem Äußeren, in Bewegung und im Sprechen, sondern auch gemeinsame Erlebnisse sind in ihrer Erinnerung so wie in der Ihren. Jede Prüfung, die Sie stellen könnten, würde keine Verschiedenheit ergeben. Ich frage Sie nun: soll ich diese Frau erschaffen?« Der Mann schwieg eine lange Zeit. Dann antwortete er: »Nein.« Darauf verabschiedete er sich und begann langsam, sich wieder dem Leben zuzuwenden.

»Wie war das möglich? Was ging in diesem Menschen vor?« so fragte ich später einmal Dr. Frankl. Und er antwortete: »Wir sehen uns mit den Augen des anderen. So, als sie starb, wurde er blind. Aber als er sah, daß er blind war, konnte er sehen.«

Anmerkungen

1 Brün, Herbert, »Musik im Gespräch«, in: *Musik im 20. Jahrhundert (Vorankündigung)*, Saarländischer Rundfunk, Saarbrücken (16.00 Uhr, Samstag, den 27. Mai 1978).

2 Spencer Brown, G. (1969), *Laws of Form*, George Allen und Unwin, London.

3 Varela, Francisco (1975), »A Calculus of Self-Reference«, in: *Int. J. General Systems* 2, 5-24.
4 Von Foerster, Heinz (1976), »Formalisation de certains aspects de l'équilibration des structures cognitives«, in: *Epistémologie génetique et équilibration*, Delachaux et Niestlé, Neuchâtel, 76-89; auch als »Objects: Tokens for (Eigen-)Behaviors«, in: *Observing Systems*, Intersystems, Seaside (1981); und als »Gegenstände: Greifbare Symbole für (Eigen)Verhalten«, in: *Sicht und Einsicht*, Vieweg, Braunschweig–Wiesbaden (1984).
5 Von Foerster, Heinz (1981), »Das Konstruieren einer Wirklichkeit«, in: Paul Watzlawick (Hg.), *Die erfundene Wirklichkeit*, R. Piper & Co., München, 39-60.
6 Poincaré, Henri (1895), »L'Espace et la géometrie«, in: *Revue de métaphysique et de morale*, 631-640.
7 Piaget, Jean (1937), *La construction de réel chez l'enfant*, Delachaux et Niestlé, Neuchâtel.
8 Piatelli-Palmarini, Massimo (Hg.) (1980), *Language and Learning. The debate between Jean Piaget and Noam Chomsky*, Harvard University Press, Cambridge, Massachusetts.
9 Von Glasersfeld, Ernst (1981), »Einführung in den radikalen Konstruktivismus«, in: Paul Watzlawick (Hg.), *Die erfundene Wirklichkeit*, R. Piper & Co., München, 16-38.
10 Bateson, Gregory (1972), »Metalogue: What is an Instinct?«, in: *Steps to an Ecology of Mind*, Ballantine Books, New York, 38-60.
11 Von Bertalanffy, Ludwig (1932) (1942), *Theoretische Biologie*, Gebrüder Bornträger, Berlin, 2 Bde.
12 Von Foerster, Heinz (1960), »On Self-Organizing Systems and Their Environments«, in: M. Yovits und S. Cameron (Hg.), *Self-Organizing Systems*, Pergamon Press, London, 31-50, auch in: *Oberserving Systems*, Intersystems, Seaside (1981); und als »Über selbst-organisierende Systeme und ihre Umwelten« in: *Sicht und Einsicht*, Vieweg, Braunschweig–Wiesbaden (1984).
13 Von Foerster, Heinz und George Zopf (Hg.) (1962), *Principles of Self-Organization*, Pergamon Press, London.
14 Prigogine, Ilya (1955), *Thermodynamics of Irreversible Processes*, John Wiley & Sons, New York.
15 Varela, Francisco, Humberto R. Maturana und Ricardo B. Uribe (1974), »Autopoiesis: The Organization of Living Systems, Its Characterization and a Model«, in: *Biosystems* 5 (4) 187-196.
16 Varela, Francisco (1979), *Principles of Biological Autonomy*, North Holland, New York.
17 Zeleny, Milan (Hg.) (1981), *Autopoiesis, A Theory of the Living Organization*, North Holland, New York.
18 Verden-Zöller, Gerda (1979), *Der Imaginäre Raum. Fünf Modi der*

Welterfahrung als Voraussetzung menschlicher Theoriebildung. Dissertation zur Erlangung des Doktorgrades an der Philosophischen Fakultät der Universität Salzburg; Salzburg.

19 Von Foerster, Heinz (1982), »Understanding Understanding: An Epistemology of Second Order Concepts«, in: *Aprendizagem/Desenvolvimento* 1 (3) 83-85.

20 Davis, Martin (1958), *Computability and Unsolvability*, McGraw-Hill, New York.

21 Hofstadter, Douglas R., »Metamagical Themas«, in: *Scientific American* January 1981, 22-32; January 1982, 16-28.

22 Von Foerster, Heinz (1974), »Notes pour une épistemologie des objects vivant«, in: Edgar Morin und Massimo Piatelli-Palmarini (Hg.), *L'unité de l'homme*, Edition du Seul, Paris, 401-417; auch als »Notes on an Epistemology of Living Things«, in: *Observing Systems*, Seaside (1981); und als »Bemerkungen zu einer Epistemologie des Lebendigen«, in: *Sicht und Einsicht*, Vieweg, Braunschweig–Wiesbaden (1984).

23 Von Glasersfeld, Ernst (1974), »*Because* and the Concept of Causation«, in: *Semiotica* 12, (2) 129-144.

Erich Jantsch

Erkenntnistheoretische Aspekte der Selbstorganisation natürlicher Systeme*

1. Das im Entstehen befindliche Paradigma der Selbstorganisation

Das Studium natürlicher Systeme hat in den letzten Jahren zu einer weitgehenden Klärung des erkenntnistheoretischen Rahmens geführt, in welchem natürliche dynamische Phänomene diskutiert werden können. Es geht hier vor allem um Phänomene wie Selbstorganisation, kohärentes Verhalten in strukturellem Wandel, Individualität, Kommunikation mit der Umwelt und Symbiose, Morphogenese und Zeitverschränkung in der Evolution und andere. Die Grundprinzipien der Kybernetik und der Allgemeinen Systemtheorie, die über die letzten dreißig Jahre in wechselseitiger Abhängigkeit entwickelt wurden, erscheinen nun in neuer Sicht. Auf knappste Weise ausgedrückt, kann diese neue Sicht als *prozeßorientiert* bezeichnet werden im Gegensatz zur Betonung räumlicher Strukturen und Systemkomponenten in der bisher dominierenden Sicht. Diese beiden Perspektiven sind in ihren Konsequenzen nicht symmetrisch: Während eine vorgegebene Struktur, etwa eine Maschine, in hohem Maße die Prozesse bestimmt, die in ihr ablaufen können, und ihre Evolution verhindert, kann das Zusammenspiel von Prozessen unter angebbaren Bedingungen zu einer offenen Evolution von Strukturen führen. Der Begriff des Systems ist dann nicht mehr an eine bestimmte Struktur gebunden oder an eine wechselnde Konfiguration bestimmter Komponenten, noch selbst an eine bestimmte Gruppierung innerer oder äußerer Beziehungen. Vielmehr steht der Systembegriff nun für die Kohärenz evolvierender, interaktiver Sets von Prozessen, die sich zeitweise in global stabilen Strukturen manifestieren und die mit dem Gleichgewicht und der Solidität technischer Strukturen nichts zu tun haben. Der entscheidende

* Ein großer Teil dieses Beitrages entstand während eines Gastaufenthaltes an der Gesamthochschule Kassel im Sommersemester 1977.

Durchbruch, mit welchem 1967 die Formulierung einer neuen Erkenntnistheorie natürlicher Systeme einsetzte, waren die Theorie und nachfolgende empirische Bestätigung sogenannter dissipativer Strukturen in chemischen Reaktionssystemen und die Entdeckung eines in diesen Strukturen wirkenden neuen Ordnungsprinzips, »Ordnung durch Fluktuation«, welches sich jenseits des thermodynamischen Bereichs in Systemen fern vom Gleichgewichtszustand und mit bestimmten autokatalytischen Stufen ausdrückt. Die Entwicklung dieser Theorie, gemeinsam mit einigen ihrer wichtigsten philosophischen Grundlagen, wurde vor allem von Prigogine und seinen Gruppen in Brüssel und Austin/Texas geleistet (Nicolis/Prigogine 1977).
Ebenfalls in den letzten Jahren führten die unbefriedigenden Versuche, den Ursprung des Lebens als das in höchstem Maße unwahrscheinliche Resultat zufälliger molekularer Kombination (Monod 1971) oder zufälliger Reproduktion mittels Stereospezifizität (Kuhn 1973) zu erklären, zu Hypothesen, die sich auf autokatalytische Verstärkung und Beschleunigung von Prozessen stützten, deren Initiierung noch immer als zufällig angesehen werden konnte. Die gleichen Grundprinzipien der Selbstorganisation, die die Bildung chemischer dissipativer Strukturen ermöglichen, sowie die gleiche nichtlineare Ungleichgewichts-Thermodynamik erscheinen nun auch als sehr plausible Faktoren in der Bildung von Biopolymeren aus Monomeren (Prigogine/Nicolis/Babloyantz 1972) und in der Reproduktion von Polynukleotiden in autokatalytischen Hyperzyklen (Eigen 1971). In diesen Hyperzyklen sind auf jeder Stufe die Polynukleotide Informationsträger für die Produktion eines Polypeptids, das seinerseits wieder als Katalysator für die Bildung des nächsthöheren Polynukleotids wirkt – vielleicht die erste Manifestation jenes für das Leben so wichtigen Prinzips, der Symbiose. Anstatt Zufall und Notwendigkeit streng als kausale Abfolge zu sehen, wie Monod es getan hat – auf den höchst unwahrscheinlichen, reinen Zufall des Zustandekommens einer selbstreproduzierenden molekularen Kombination folgt die reine Notwendigkeit des Überlebens – müssen wir Zufall und Notwendigkeit nun als Komplementarität betrachten. Für Eigen und Winkler (1975) besteht diese noch darin, daß sich zufällige Prozesse im Netz streng vorgegebener »Spielregeln« im Sinne eines undifferenzierten Darwinismus fangen. Aber eine tiefer greifende und subtilere Sicht der Selbstorga-

nisation erkennt auch die Freiheitsgrade, die dem System für die Selbstbestimmung seiner eigenen Evolution, für das Selbst-Finden temporärer optimaler Stabilität unter gegebenen Ausgangsbedingungen, zur Verfügung stehen (Prigogine/Nicolis 1977, Riedl 1976; Eigen/Schuster 1977).

Intuitive Versuche, die Grundprinzipien der Selbstorganisation, wie sie für chemische und präbiotische Evolution gelten, auch auf höhere Stufen der Evolution anzuwenden, haben zu erstaunlich realistischen Beschreibungen der Dynamik soziobiologischer und soziokultureller Systeme geführt (Prigogine und andere in: Jantsch/Waddington (Hrsg.) 1976; Jantsch 1975; Eigen/Winkler 1975; Prigogine/Nicolis 1977). Der erste wesentliche Versuch, die Evolution einer vielschichtigen Realität aus einheitlicher Sicht zu skizzieren, wurde von Riedl (1976) unternommen. Die Zielgerichtetheit der Evolution läßt sich nun aus dem Zusammenspiel von Zufall und (systemhafter) Notwendigkeit verstehen. Das in Entfaltung begriffene Paradigma der Selbstorganisation scheint fähig zu sein, die Dualität externer Evolutionsfaktoren (darwinistische Selektion aufgrund des Hineinpassens in eine vorgegebene Umwelt) und interner Evolutionsfaktoren (die gezielte Hervorbringung überlebensfähiger Arten) zu überwinden, mit welchen Whyte (1965) die Phalanx einseitigen darwinistischen Denkens durchbrechen wollte. Whytes interne »Koordinations-Bedingungen« entpuppen sich als die Systembedingungen, die aus der Geschichte der Evolution selbst resultieren. Genetische, epigenetische, soziale und soziokulturelle Evolution erscheinen nun durch *homologe*, nicht nur analoge Prinzipien verbunden – durch Prinzipien, die in vielen Spielarten auf verschiedenen Ebenen der Evolution immer von der gleichen Art sind, da sie, wie die gesamte lebende Welt, aus dem gleichen Ursprung stammen (Lefever/Garay 1977).

Dieser Beitrag unternimmt es, Begriffe und Konzepte zu erweitern und zu verallgemeinern, von denen viele von Prigogine und seinen Mitarbeitern eingeführt worden sind. Es geht dabei wesentlich darum, diese Verallgemeinerung als Homologie und nicht als Analogie zu sehen. Mit anderen Worten gesagt, soll hier die These entwickelt werden, daß es auf jeder Ebene der Evolution Prinzipien selbstorganisierender Dynamik gibt, die die Verbundenheit aller Ebenen und aller Lebensformen auf unserem Planeten sicherstellen. Die Beschränkung auf die lebende Welt (und ihre Vorläufer) auf diesem Planeten ist wahrscheinlich gar nicht absolut notwendig. Einige der Prinzipien, wie an gegebener Stelle aufgezeigt werden soll, gelten vielleicht auch für kosmische und stellare Evolution, für die Bildung der Elemente und der chemischen Verbindungen, die ihrerseits die Vorbedingung für chemische und präbiotische Evolution darstellen. Es ist jedoch gegenwärtig noch nicht klar, wie das gleichzeitige oder abwechselnde Ineinandergreifen von Schwerkraft, elektrischen und starken und schwachen Nuklearbindekräften einheitlich dargestellt werden kann. Unter Bedingungen, wie sie auf der Erde herrschen, mit verhältnismäßig stabilen Reaktionsteilnehmern, kann ein thermodynamisches Modell von Energieaustausch Phänomenen unterlegt werden, die von chemischer und präbiotischer zu biologischer und soziobiologischer Evolution reichen – zum Teil wohl bis zur soziokulturellen Evolution.

2. Grundformen der Selbstorganisations-Dynamik

2.1 Klassische Dynamik

Wird keine Interaktion in Betracht gezogen, so beziehen sich die dynamischen Gleichungen auf Teilchen-Trajektorien, auf den Fall eines einzelnen Teilchens, das sich vom Punkt A zum Punkt B oder vom Punkt B zum Punkt A bewegt. Es herrscht völlige Umkehrbarkeit. Die Zeit tritt in den Gleichungen auf, aber ohne ausgezeichnete Richtung. Es gibt keine Selbstorganisation, und der Impuls für die Bewegung des Teilchens muß von außen kommen. Dies ist der Fall der klassischen (Newtonschen) Dynamik, die ebenfalls der Quantenmechanik (mit Wellenpaketen anstelle von Teilchen) zugrunde liegt. Er wird hier nur der Vollständigkeit halber aufgeführt.

2.2 Gleichgewichtssysteme

Das einfachste, aber etwas unrealistische Modell eines Systems, das die Wechselwirkungen einer ganzen Population von Teilchen in sich schließt, ist ein geschlossenes System, ein System ohne

Umwelt. Entsprechend dem Zweiten Hauptsatz der Thermodynamik wird es eine besondere Art von Selbstorganisation (oder, genauer gesagt, Selbst-Desorganisation) zeigen: Es wird auf seinen Gleichgewichtszustand hin evolvieren. Da in diesem Gleichgewichtszustand die Wahrscheinlichkeit der Besetzung eines bestimmten Energieniveaus proportional zu exp (–E./kT) ist, wird bei niedrigerer Temperatur fast die gesamte Population auf dem niedrigsten Energieniveau anzutreffen sein, während sich bei höherer Temperatur eine fast gleichmäßige Besetzung vieler Energieniveaus ergibt. Daher finden wir bei niedriger Temperatur hochstrukturierte Gleichgewichtssysteme wie Kristalle, während sich bei hohen Temperaturen keine Strukturierung zeigt.

Der realistischere und allgemeinere Fall ist ein teilweise offenes System unter solchen Bedingungen, daß es auf ähnliche Weise zu seinem Gleichgewichtszustand tendiert. Dort angekommen, hört der Austausch mit der Umwelt auf. Auch solche Systeme werden vom Boltzmann-Ordnungsprinzip bestimmt, welches irreversible Evolution auf den Gleichgewichtszustand hin stipuliert.

Mit Irreversibilität treten die Begriffe von Prozeß und von Geschichte auf. Die Zeit erhält eine Richtung ihres Ablaufes von der Vergangenheit in die Zukunft. Der Prozeß, von dem in diesem Abschnitt die Rede ist, ist durch eine Abfolge von ganzheitlichen Systemzuständen gekennzeichnet, die entlang der Skala eines einzigen Systemparameters, nämlich der Entropie, angeordnet werden können. In mikroskopischer Sicht gewinnt das System die interne Erfahrung unzähliger Begegnungen und Energieaustausche zwischen Systemkomponenten, aber in makroskopischer Sicht ändert sich nur die innere Beziehung zwischen freier Energie und Entropie im Gesamtsystem.

Obwohl die Zeitskala nicht absolut vorgegeben ist, sondern von den internen Prozessen abhängig ist, sind Weg und Ziele der makroskopischen Systemevolution eindeutig vorgegeben. Innerhalb der Erfahrung eines Systems dieser Art bestimmt der Gleichgewichtszustand ohne innere oder äußere Prozesse (mit Ausnahme von Brownscher thermischer Bewegung) den Ursprung des Systems ebenso wie seinen Tod. Er ist der einzige Selbstbezugspunkt des Systems.

2.3 Autopoiesis

Unter bestimmten Bedingungen können Strukturen sich spontan bilden und selbst erhalten, wobei sie ein neues Ordnungsprinzip jenseits des für Gleichgewichtssysteme gültigen Boltzmann-Ordnungsprinzips zum Ausdruck bringen, nämlich das schon erwähnte Prinzip von »Ordnung durch Fluktuation«. Für chemische Reaktionssysteme sind die nötigen Bedingungen präzise angebbar. Sie umfassen Offenheit, einen Zustand fern vom Gleichgewicht und autokatalytische Prozesse. Die Struktur, die sich auf diese Weise bildet, hält einen Durchfluß von Energie und Materie und ständige Entropieproduktion aufrecht; deshalb wird sie dissipative Struktur genannt. Während freie Energie und neue Reaktionsteilnehmer importiert werden, werden Entropie und Reaktionsprodukte exportiert – wir haben hier *Metabolismus*, oder Stoffwechsel eines Systems, auf einfachster Ebene vor uns. Indem das System sein inneres Ungleichgewicht mit Hilfe dieses Energie- und Materieaustausches mit der Umwelt aufrechterhält, erneuert es sich ständig selbst und hält ein spezifisches dynamisches Regime, eine global stabile Raum-Zeit-Struktur, aufrecht. Für diese Art selbst-referentiellen Systemverhaltens hat Maturana (1970) die Bezeichnung *Autopoiesis* eingeführt. Aber während Maturana Zellen mit ihrer Balance zwischen anabolischen und katabolischen Reaktionen als die einfachsten autopoietischen Systeme betrachtete, können nun die gleichen Charakteristiken in dissipativen Strukturen erkannt werden, die ihrerseits als der erste Schritt zum Leben angesehen werden können.

Ein autopoietisches Regime schließt den Ausdruck einer besonderen Individualität ein, einer bestimmten Autonomie gegenüber der Umwelt. Ungleich einem Kristall (einem Gleichgewichtssystem), welcher ins Unbestimmte weiterwächst, wenn er in eine geeignete Lösung gelegt wird, findet und erhält eine dissipative Struktur die ihr eigene Form und Größe unabhängig von der »nährenden« Umwelt. Je mehr Freiheitsgrade das System besitzt, desto ausgeprägter verwirklicht das System sich selbst, seine ihm eigene Struktur und Funktion. Je mehr Freiheit, desto mehr Ordnung in Selbstorganisation!

Wird Bewußtsein als jene Autonomie definiert, welche ein System in der Koevolution mit seiner Umwelt gewinnt, dann besitzen sogar die einfachsten autopoietischen Systeme, wie chemische dissipative Strukturen, *Bewußtsein*. Maturanas (1970) Beschreibung der Feedback-Beziehung eines autopoietischen Systems mit seiner Umwelt als *kognitiver Bereich* ist von dieser Erkenntnis nicht weit entfernt. Und eine dissipative Struktur weiß in der Tat, was sie zu importieren und zu exportieren hat, um sich selbst zu erhalten und zu erneuern. Sie benötigt für dieses Wissen nichts als den Bezug zu sich selbst.

Aus einem anderen Blickwinkel erscheint diese Autonomie als Ausdruck einer grundlegenden *Komplementarität von Struktur und Funktion*, eines der tiefsten Gesetze der Selbstorganisation: Die sich spontan bildende Struktur entspricht ihrer Funktion (den inneren und äußeren Prozessen der Struktur), und umgekehrt. Es ist diese mehr oder wenige freie Formbarkeit, die der Möglichkeit zugrunde liegt, eine echt autopoietische, selbst-referentielle Balance auf der einen Seite, aber auch Koevolution (die gemeinsame Evolution eines Systems mit seiner Umwelt) zu erreichen.

Die Komplementarität von Struktur und Funktion scheint auch für Selbstorganisation im subatomaren Bereich zu gelten. Dies wird zumindest vom »Berkeley bootstrap model« (Chew 1968) suggeriert, in dessen Sicht Hadronen gleichzeitig drei Rollen spielen: als Teilchen, als Bindekräfte zwischen Teilchen und als integrale Konstituenten des Atomkerns als Ganzheit. Allgemeiner gesagt, kann diese grundlegende Komplementarität als Ausdruck von Prozeß-Denken angesehen werden: Definierte räumliche Strukturen resultieren aus temporären dynamischen Regimes interaktiver Prozesse. Die Zirkularität vieler dieser Prozesse betont das Bedürfnis nach einer dynamischen Formulierung in Begriffen, die sich auf das System als Ganzes beziehen (wie etwa Autopoiesis). Wie Varela (1976) zeigte, würde das mikroskopische Äquivalent des Verfolgens aller individuellen Prozeß-Interaktionen – das resultierende Diagramm ähnelt einem sich ins Unendliche verzweigenden Entscheidungsbaum – unendliche Zeit in Anspruch nehmen. Eine solche ganzheitlich-dynamische Formulierung läßt sich in Sets von Spielregeln für »Spiele« finden, die von Systemkomponenten gespielt werden (Eigen/Winkler 1975; Zeleny 1976).

Die Art und Weise, in der sich die dynamischen Regimes eines autopoietischen Systems manifestieren, ist im allgemeinen nicht ein perfektes Fließgleichgewicht einer bestimmten Struktur, sondern eine Vielzahl von Formen dynamischen Systemverhaltens, die die Variation von Systemparametern (wie etwa Konzentrationen von Substanzen oder Populationen) einschließen, zum Beispiel im sogenannten Grenzzyklus-Verhalten. Autopoietische Existenz ist im allgemeinen mit Vibration verbunden, von chemischen Wellen in dissipativen Strukturen bis zu jenen Arten von räumlichen und zeitlichen Schwingungen, die eine Vorbedingung für ein »gesundes«, widerstandsfähiges Ökosystem zu sein scheinen (Holling 1976).

2.4 Evolution

Autopoietische, globale Stabilität stellt nur einen besonderen Fall eines evolvierenden dynamischen Systems dar – jenen Fall, um genau zu sein, in welchen Fluktuationen vom Gesamtsystem absorbiert oder, um ein anderes Bild zu verwenden, durch die Umgebung, in der sie auftreten, gedämpft werden. Die gleichen Bedingungen, die zu Autopoiesis einfachster Art führen – Offenheit, Ungleichgewicht und besondere Autokatalyse – bereiten auch die Möglichkeit interner Selbstverstärkung von Fluktuationen und ihres schließlichen Durchbruchs vor. Ohne solche interne Verstärkungs-Möglichkeit gäbe es keine echte Selbstorganisation. Die mögliche Konsequenz ist die Evolution des Systems durch eine unbestimmte Sequenz von Instabilitäten, von denen jede zur spontanen Bildung einer neuen autopoietischen Struktur führt.

Autopoiesis und Evolution, globale Stabilität und kohärenter Wandel, erscheinen als komplementäre Manifestationen von Selbstorganisation. Während Autopoiesis mit Hilfe der Komplementarität Struktur – Funktion beschrieben werden kann, gilt für Selbstorganisation einschließlich Evolution eine dreifache Entsprechung:

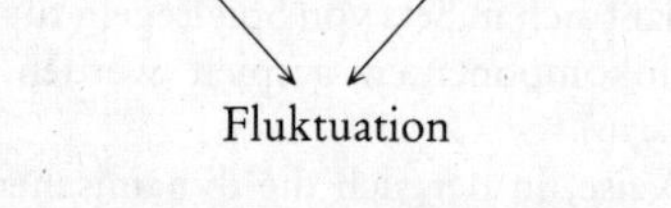

Mit anderen Worten, das dynamische System als Ganzes kann auch als gigantische Fluktuation verstanden werden.

Ordnung durch Fluktuation, die spontane Bildung und kohärente Evolution dissipativer Strukturen, impliziert auch eine grundlegende Komplementarität von stochastischen und deterministischen Faktoren, von Zufall und Notwendigkeit. Die Fluktuationen selbst können rein zufälliger Natur sein; was daraus wird, ist jedoch nicht rein zufällig. Doch spielt hier kein strenger Determinismus. Der Weg einer solchen Evolution von Strukturen ist niemals streng voraussagbar. An jeder Instabilitätsschwelle wählt das System frei unter mindestens zwei möglichen neuen Strukturen, zwei verschiedenen dynamischen Regimes, für seinen nächsten autopoietischen Zustand. Die möglichen Wege der Evolution ähneln einem Entscheidungsbaum, mit Verzweigungen an jeder Instabilitätsschwelle (Fig. 1). Die Analogie zum mikroskopischen Prozeßmodell einer autopoietischen Struktur (vgl. 2.3) – ebenfalls ein sich ins Unbestimmte verzweigender Entscheidungsbaum – legt die Frage nahe, ob auch hier vielleicht eine ganzheitliche Beschreibung nicht nur einer Struktur, sondern der gesamten Systemevolution durch viele Strukturen hindurch gelingen wird.

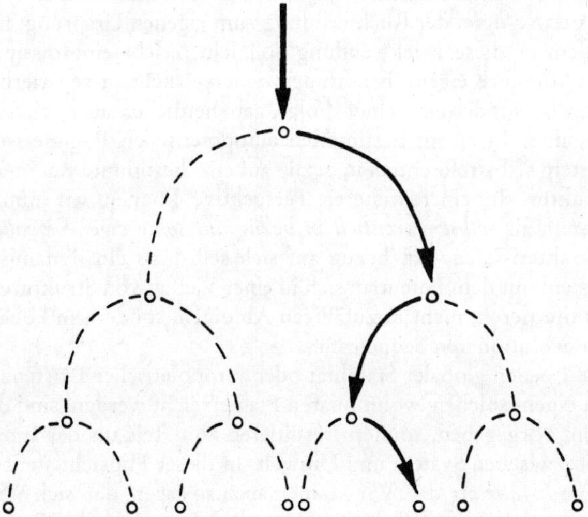

Fig. 1: Indeterminiertheit in der Evolution einer dissipativen Struktur

Ein weiterer Faktor modifiziert die Evolution von einer Struktur zur anderen: In Abhängigkeit vor allem von Art und Flexibilität der Koppelung seiner Subsysteme wird ein System dahin tendieren, auch noch jenseits einer aus makroskopischen Gesichtspunkten sich ergebenden Instabilitätsschwelle in der alten Struktur zu verharren. Je weiter das System über diese makroskopisch definierte Instabilitätsschwelle hinausgeht, desto höher wird die Wahrscheinlichkeit, daß Fluktuationen endlicher Größe durchdringen. Dieses Phänomen der *Metastabilität* scheint in soziokulturellen Systemen mit ihrer starken inneren Subsystem-Koppelung eine bedeutende Rolle zu spielen. Aber wiederum begünstigt der gleiche Faktor, der Stabilisation begünstigt, auch die Verbreitung und das Durchdringen von Fluktuationen (z. B. Fernsehen und Studentenunruhen).
Wird eine dissipative Struktur dazu gezwungen, ihren Evolutionsweg zurückzukrebsen (z. B. durch Ändern des Ungleichgewichts), so tut sie dies entlang des gleichen Pfades bis auf Hysteresis-Schleifen, die die Arbeit reflektieren, die eingesetzt werden muß, um eine Struktur zu ändern. Dies bedeutet die Existenz eines primitiven *ganzheitlichen Systemgedächtnisses*, welches schon in chemischen dissipativen Strukturen auftritt. Das System ist der *Re-ligio*, der Rückwendung zum eigenen Ursprung, fähig. Indem es diese Rückwendung vollzieht, erlebt eine dissipative Struktur ihre eigene Erfahrung wieder – nicht in separierbaren Details, sondern in einer Folge ganzheitlicher autopoietischer Regimes. In einem bestimmten autopoietischen Regime ist das System selbstreferentiell in bezug auf eine bestimmte Raum-Zeit-Struktur. In einer weiteren Perspektive können wir nun das System als *selbstreferentiell in bezug auf seine eigene Evolution* charakterisieren – in bezug auf sich selbst als ein dynamisches System mit dem Potential, sich in einer Vielfalt von Strukturen zu manifestieren, nicht in zufälligen Abfolgen, sondern in kohärenten evolutionären Sequenzen.
Die Ebenen globaler Stabilität oder autopoietischer Existenz, die auf einem solchen evolutionären Pfad erreicht werden, sind dabei nicht vorgegeben, sondern resultieren zum Teil aus der Interaktion zwischen System und Umwelt. In dieser Hinsicht stellen sie echte *Erfahrung* dar. Wir können auch so sagen, daß sich Wissen darin ausdrückt, daß das System selbst zur optimalen Stabilität gefunden hat und daß dieses Wissen nichts anderes darstellt als

akkumulierte Erfahrung der Wechselwirkungen zwischen System und Umwelt. In diesem Sinne ist alles Wissen Erfahrung; objektives und subjektives Wissen werden zur Komplementarität.

Für chemische dissipative Strukturen scheint das Kriterium für optimale Stabilität die Möglichkeit für maximalen Energieaustausch oder maximalen Energiedurchsatz durch das System zu sein. Ein besonderer Aspekt dieser Selbstbestimmung ist das *Prinzip der maximalen Entropieproduktion*, welches für die Instabilitätsphase gilt, in der eine neue Struktur gebildet wird. Das oft zitierte Prinzip der geringsten Entropieproduktion ist für natürliche Prozesse nicht allgemein gültig, sondern bezieht sich nur auf voll etablierte Strukturen. Aber sogar dann bezieht es sich auf Strukturen, die nach dem Kriterium des größtmöglichen Energiedurchsatzes gebildet wurden.

In Kapitel 4, Figur 3, werden Kriterien zur Sprache kommen, die für andere Stufen der Evolution gelten.

2.5 Kommunikation, Symbiose und Koevolution

Innerhalb eines thermodynamischen Paradigmas hängen selbstreferentielle und selbstorganisierende Systeme in ihrem Energiehaushalt vom Austausch mit der Umwelt ab. Spielen Schwerkraft und nukleare Umwandlungsprozesse eine erhebliche Rolle (wie in der Sternevolution), dann müssen komplexere Beschreibungen herangezogen werden. Als ganzheitlich gesehenes System ist die Biosphäre der Erde jedoch noch vorwiegend durch die »Anzapfung« und Degradation eines kontinuierlichen Flusses von Sonnenenergie charakterisiert.

Findet dieser Austausch zwischen einem System und einer nicht auf der gleichen Ebene strukturierten Umwelt statt (z. B. zwischen einer dissipativen Struktur und einer Umwelt aus nicht kooperativen Molekülen), so können wir von *Interaktion* sprechen. Eine endliche Umwelt wird durch diese Interaktion (z. B. durch die Erschöpfung bestimmter Reaktionsteilnehmer und verfügbarer freier Energie) verändert werden, während ein autopoietisches System sich im gleichen dynamischen Regime erhält, solange der Austausch nicht durch Knappheit jener Arten von Materie und Energie eingeschränkt wird, die zur Aufrechterhaltung der die autopoietische Struktur definierenden Prozesse nötig sind. Schließlich wird das System zusammenbrechen, wenn es nicht länger von der Umwelt erhalten werden kann. Mit Maturana (1970) können wir den Set interaktiver Prozesse als Nische oder *Kognitionsbereich* bezeichnen. Eine autopoietische Struktur weiß, welche Interaktionen mit der Umwelt sie unterhalten muß, um sich selbst zu erhalten. Aber Kognition ist hier einseitig; die unstrukturierte Umwelt hat keine Kognition vergleichbarer Art und kann sich nicht selbst erhalten.

Im Austausch zwischen zwei autopoietischen Strukturen können zwei Grundarten unterschieden werden, Kommunikation und Symbiose. Wird beiderseits volle Autonomie aufrechterhalten, können wir von *Kommunikation* sprechen in jenem Sinne, den Maturana (1970) diesem Begriff gibt. In seinem Modell schließt Kommunikation keinerlei Transfer irgendwelchen Wissens von einem System an ein anderes ein, sondern beruht auf der Reorientierung der interaktiven Prozesse (des Kognitionsbereichs) eines Systems durch die Selbstpräsentierung eines anderen Systems und seiner ihm eigenen Prozesse (seines Kognitionsbereichs). Mit anderen Worten gesagt, Kognition fällt hier mit Re-Kognition zusammen, Erkennen mit Wiedererkennen; Präsentation wird zur Re-Präsentation. Kommunikation ist nur dort möglich, wo die Kognitionsbereiche zweier oder mehrerer autopoietischer Systeme hinlänglich überlappen. Ist dieses der Fall, so richtet die Präsentation von Erfahrungsprozessen bestimmter Art die Aufmerksamkeit auf ähnliche aktuelle oder potentielle Prozesse im dynamischen Regime anderer Systeme. Kommunikation ist nicht Geben, sondern die Präsentation seiner selbst, seines eigenen Lebens, die entsprechende Lebensprozesse im anderen evoziert. In einer physikalischen Analogie kann Kommunikation am ehesten mit dem Phänomen der Resonanz verglichen werden, in welchem Oszillatoren praktisch ohne Energieübertragung andere Oszillatoren zum Schwingen in der gleichen Eigenfrequenz oder in verwandten Frequenzen stimulieren.

Kommunikation in diesem Sinne hat nichts mit Informationsübertragung nach dem technisch gebräuchlichen Modell von Shannon und Weaver zu tun, welches annimmt, daß alle Information *a priori* vorgegeben ist und in der Übertragung nur entwertet werden kann – ein Konzept, welches in informationstheoretischen Begriffen den gleichen Zerfall von Ordnung ausdrückt, wie der Zweite Hauptsatz es für die Energieentwertung in Gleichgewichtssystemen tut. Kommunikation zwischen autopoietischen Systemen schließt die Möglichkeit der Selbstorganisation von Wissen durch wechselseitige Stimulierung der Auslotung und Ausweitung von Kognitionsbereichen ein. Diese Selbstorganisation von Wissen mathematisch zu fassen, ist vielleicht die allerwichtigste Aufgabe in der Aufarbeitung eines umfassenden Paradigmas der Selbstorganisation. Diese Aufgabe scheint wesentlich von der Entwicklung eines Prozeßbegriffes von Wissen – Erfahrung – abzuhängen, der dem statisch-strukturellen Begriff der Information an die Seite zu treten hätte. Information, oder Wissen, das in bestimmte statische Form gebracht wurde, spielt in der Selbstorganisation von Wissen nur teilweise eine Rolle (s. Kapitel 3).

Schließt der Austausch zwischen zwei autopoietischen Strukturen die wesentliche wechselseitige Verwendung der Umwandlungsprodukte ein – ob in Form von Energie, Materie oder Wissen/Information, die sowieso nicht streng voneinander geschieden werden können –, dann können wir von *Symbiose* sprechen. In der Symbiose opfert jedes System einen Teil seiner individuellen Autonomie, aber gewinnt dafür die Teilnahme in einem übergeordneten System und an einer neuen Ebene von Autonomie, mit welcher sich das übergeordnete System in der Umwelt etabliert. Autopoiesis wird so modifiziert, daß sie nunmehr auf zwei Ebenen gleichzeitig spielt, auf der Ebene des individuellen Systems und auf der Ebene des übergeordneten symbiotischen Gesamtsystems. Ist letzteres intra-spezifisch (mit Mitgliedern der gleichen Art), so sprechen wir von *Gesellschaft* mit Arbeitsteilung, ist es inter-spezifisch (mit Mitgliedern verschiedener Arten), so können wir von einem *Ökosystem* allgemeiner Art sprechen. Symbiose kann zur völligen *Fusion* führen, in welcher das übergeordnete System als einzige autopoietische Einheit verbleibt. Dies tritt bei sexueller Befruchtung ein, aber auch bei experimentell durchgeführter Fusion zweier befruchteter Eier oder sogar einer menschlichen und einer pflanzlichen Zelle (Lima de Faria pers. Mitt.).

Der größte Gewinn an Komplexität oder Wissen scheint in der Symbiose teilweise autonomer Systeme mit der resultierenden zweischichtigen Autopoiese einzutreten. Kommunikation und Fusion bezeichnen extreme Fälle, in denen jeweils eine Ebene von Autopoiese dominiert – entweder die Ebene der teilnehmenden Systeme oder die Ebene des Gesamtsystems.

Alle lebenden Organismen sind durch Symbiose irgendwelcher Art gekennzeichnet. Sie kann von sozialen und ökologischen Beziehungen bis zur völligen wechselseitigen Abhängigkeit zweier Organismen gleicher oder verschiedener Art reichen. Der letztgenannte Fall stellt einen erheblichen Verlust an Autonomie, und daher Bewußtsein, dar, ob nun zwei Tiere in ihren biologischen Funktionen völlig voneinander abhängig werden oder zwei Menschen in ihren psychologischen Funktionen. Es ist interessant festzustellen, daß manchmal symbiotische Beziehungen Organismen auf spezifischen autonomen Ebenen ihrer vielschichtigen Existenz verbinden können, ohne andere Ebenen im gleichen Organismus zu berühren. Das beste Beispiel dafür ist vielleicht der Energiehaushalt der Biosphäre, der wesentlich durch das Zusammenwirken von Organellen innerhalb der Zellen aller komplexer Organismen, Tiere wie Pflanzen, aufrechterhalten und geregelt wird: Mitochondrien unterhalten eine oxydierende Reaktion und produzieren Kohlensäure, und Chloroplasten unterhalten eine reduzierende Reaktion und produzieren Sauerstoff. Ihre Autonomie erstreckt sich sogar auf ihre eigene genetische Reproduktion. Es scheint (Margulis 1970), daß die Organellen Abkömmlinge prokaryotischer (kernfreier) Einzeller sind, die sich symbiotisch zu Eukaryoten (Zellen mit Kern) verbanden. Aber neben ihrer Symbiose im Rahmen komplexerer Zellen nehmen die Prokaryoten an einem übergeordneten symbiotischen System teil, das die ganze Biosphäre umspannt. Die kürzlich formulierte »Gaia«-Hypothese (Lovelock/Margulis 1974) betrachtet die gesamte Biosphäre als ein autopoietisches System, an dem außer Organellen noch andere Prokaryoten (besonders Bodenbakterien) teilnehmen und das über Milliarden von Jahren die gleiche chemische Zusammensetzung und die gleiche mittlere Temperatur aufrechterhalten hat. Es ist vielleicht interessant festzustellen, daß sich die Atmosphäre dabei ständig in sehr hohem chemischen Ungleichgewicht hält.

Das Beispiel der Prokaryoten/Organellen kann auch zur Demonstration des sich über die Zeit ergebenden Resultats der Symbiose, nämlich der *Koevolution*, herangezogen werden. Um die Erdatmosphäre zu ändern, war es nötig, daß die Fähigkeiten zur Oxydation und zur Reduktion gleichzeitig entwickelt wurden – entweder als bioenergetische Prozesse, wie es für unseren Planeten angenommen wird, oder als chemische Prozesse, wie es

derzeit für die Geschichte von Mars nicht ausgeschlossen wird. Da alle Organismen in irgendeiner Form von symbiotischen Beziehungen leben, ist Evolution immer Koevolution. Evolution ist niemals völlige Anpassung an etwas, das von der Evolution eines Phylums, einer Art oder eines Individuums getrennt werden kann. Evolution bedingt immer Destabilisierung, das Ausgreifen, die Selbst-Präsentierung, die neue symbiotische Beziehungen anbietet, das Risiko, das alle Innovation begleitet. Evolution auf allen Ebenen schließt die Freiheit des Handelns ebenso ein wie die Erkenntnis einer allgegenwärtigen systemhaften Abhängigkeit – kurz, die Freude des Lebens ebenso wie seinen Sinn. Wie von Weizsäcker (1975) es formulierte, spielen »koevolvierende Systeme ... zwischen Angepaßtheit und Nichtangepaßtheit. Völlige Angepaßtheit und völlige Nichtangepaßtheit sind tödlich. In der Ökologie paßt die Nische hinreichend zur Spezies, definiert sie aber nicht völlig, die Spezies paßt hinreichend in die Nische, definiert sie aber nicht völlig. Was aber ist Zusammenpassen, aber einander nicht Definieren anderes als eine emanzipierte Beziehung«.
Das grundlegende Ungleichgewicht-Prinzip, welches in den Abschnitten 2.3 und 2.4 als Intra-Systembedingung für die Bildung autopoietischer und evolvierender Strukturen eingeführt wurde, erscheint nun auf einer anderen Ebene als Inter-Systembedingung für Symbiose und Koevolution.

3. Selbst-Transzendenz: Metaevolution evolutionärer Prozesse

Systemdynamik kann immer von zwei Seiten betrachtet werden, einer mikroskopischen (Prozesse, die zwischen den Konstituenten eines Systems ablaufen) und einer makroskopischen (das System als Ganzes). So findet zum Beispiel die Kollision zwischen Molekülen in einem isolierten System (mikroskopische Betrachtungsweise) ihre makroskopische Entsprechung in der Gesamtdynamik eines sich auf sein Gleichgewicht hin bewegenden Systems. Auf gleiche Weise finden die chemischen Reaktionen in einem System fern vom Gleichgewichtszustand und unter Einschluß einer autokatalytischen Stufe ihre Entsprechung in der makroskopischen Ordnung autopoietischer/evolvierender dissipativer Strukturen. Im letzteren Fall ist jedoch die Aufrechterhaltung eines Austausches zwischen System und Umwelt wesentlich, so daß wir noch eine weitere, übergeordnete makroskopische Sicht einführen können, die das System zusammen mit seiner Umwelt einschließt. In den Figuren 2 und 3 (S. 176 u. 179) wird der Blickwinkel graphisch mit Hilfe von Indikatoren verdeutlicht, die aus Punkten zusammengesetzt sind: ein Punkt bezeichnet die holistische, makroskopische Sicht auf ein System zusammen mit seiner Umwelt; zwei Punkte bezeichnen Austausch zwischen einem System und seiner Umwelt oder einem System und einem anderen System; drei Punkte schließlich bezeichnen eine mikroskopische Sicht dissipativer Prozesse unter Einschluß von Autokatalyse.

Innerhalb der thermodynamischen Betrachtungsweise stellen dissipative Strukturen die niedrigste Ebene dar, auf welcher Phänomene spontaner Strukturation in echter Selbstorganisation auftreten. Auf eine Weise können solche Strukturen als autopoietisch beschrieben werden, wie es in Abschnitt 2.3 vorgeschlagen wurde. Aus diesem Blickwinkel sind nur die Selbsterhaltung und die kohärente Evolution des fraglichen Systems von Interesse. Die im System vor sich gehenden Transformationen von Energie und Materie erscheinen ebenso sekundär wie die Unterschiede zwischen Input und Output im Austausch mit der Umwelt. Tritt jedoch der Output, das Produkt der Umwandlungsprozesse – zum Beispiel die Moleküle, die in einem autopoietischen Reaktionsprozeß produziert werden – seinerseits in autokatalytische Prozesse ein, kann eine autopoietische/evolvierende Struktur auf höherer Ebene entstehen. Auf diese Weise können sich dissipative Prozesse, die verschiedenen Ebenen angehören, miteinander verbinden und eine evolvierende Kette über mehrere Ebenen hinweg bilden. Dies ist in der Tat der Ansatz, mit welchem seit neuesten der Ursprung und die Evolution des Lebens innerhalb eines Paradigmas der Selbstorganisation beschrieben werden. Wir können diese Evolution evolutionärer Prozesse Metaevolution oder Selbsttranszendenz nennen.

Figur 2 zeigt schematisch, wie diese Verbindung zu verstehen ist, einmal in Prozeßbegriffen und einmal in Wissensbegriffen ausgedrückt. Autopoietische Prozesse resultieren in Produkten, die ihrerseits an autokatalytischen Reaktionen teilnehmen und damit zur Selbstorganisation eines anderen Systems führen, das wie-

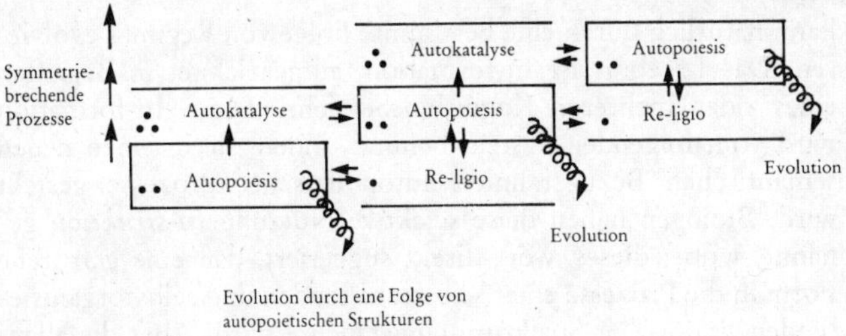

Fig. 2a: Meta-Evolution in Prozeßbegriffen

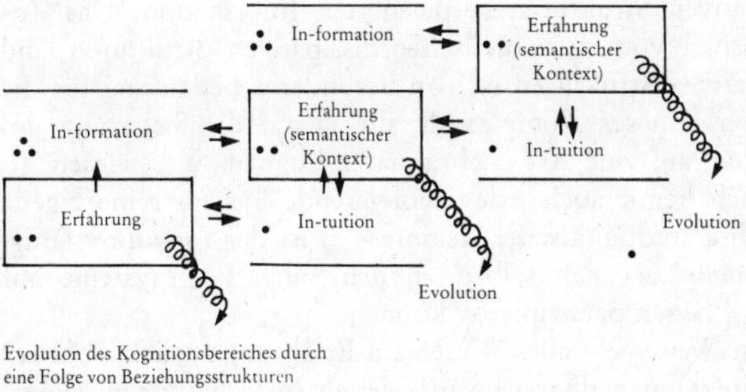

Fig. 2b: Meta-Evolution in Informationsbegriffen

derum der Autopoiesis ebenso wie der Evolution durch eine unbestimmte Folge von Strukturen fähig ist, wie in den Abschnitten 2.3 und 2.4 beschrieben. Gleichzeitig ist jedes autopoietische/evolvierende System der *Re-ligio*, der Rückwendung zu seinem eigenen Ursprung fähig. Ist der vertikale Übergang zu einer höheren Ebene als Symmetriebruch zu verstehen (siehe weiter unten), so strebt die Re-ligio nach Wiederherstellung von Symmetrie, von ungebrochener Einheit.

In Begriffen des Wissens resultiert jede Erfahrung, die ein autopoietisches System in seinen Beziehungen mit der Umwelt gewinnt, in *Information*, in Wissen, das in einer bestimmten Form »eingefroren« worden ist, die jenem dynamischen Regime entspricht, jener Struktur, die das autopoietische System zur Zeit seiner »lebendigen« Erfahrung, seines Erlebnisses, angenommen hatte. Dieses dynamische Regime mit seinen Beziehungen zur Umwelt, mit anderen Worten gesagt, seinem Kognitionsbereich, kann natürlich durch eine bestimmte Folge von Regimes evolvieren. Das Ergebnis ist In-formation, aufgezeichnet in Begriffen eines oder mehrerer Kognitionsbereiche. Diese In-formation wird vom folgenden System benützt, indem sie in einen neuen semantischen Bezugsrahmen autopoietischer Prozesse gestellt wird. Biologen haben diese selektive Nutzung *In-struktion* genannt, wobei dieses Wort direkt suggeriert, daß eine gefrorene Form in die Prozesse einer selbsterhaltenden und selbstorganisierenden Raum-Zeit-Struktur »eingetaucht« wird. Aber die allgemeinste Formulierung stammt von Eigen/Winkler (1975): Dissipative Prozesse regulieren und synchronisieren den Abruf der auf konservativen Strukturen gespeicherten Information. Das Zusammenspiel von autopoietischen/dissipativen Strukturen und konservativen Strukturen ist von besonderer Bedeutung für die Evolution höherer Komplexität, die ja auf die Sicherung des Erreichten, auf eine Art evolutionärer Logistik, angewiesen ist. Schließlich kennt auch jedes evolvierende System seine eigene Geschichte autopoietischer Regime – es ist der *In-tuition* fähig, des Lernens aus sich selbst, an dem auch Folgesysteme auf höheren Ebenen partizipieren können.

Auf diese Weise geht alles Wissen auf Erfahrung zurück – entweder in direkt anwendbarer Form, oder als *In-formation* in selektiver Nutzung durch Prozesse, die einem neuen semantischen Kontext, einem neuen Kognitionsbereich, entsprechen. Der entscheidende Punkt ist hier aber, daß Wissen in vielen Strukturen ausgedrückt und angewendet werden kann, die von den Lebensprozessen abhängen, an denen dieses Wissen teilnimmt. Wissen wird selbst zu einem evolvierenden System, das sich in vielen verschiedenen Strukturen (Theorien, Paradigma) manifestieren kann. Wie Feyerabend (1977) betont, ändern sich diese Strukturen nicht nur unter dem Druck einer Falsifizierung – sie ändern sich mit den Menschen, die mit ihrer Hilfe ihr eigenes Leben zum Ausdruck bringen. Subjektives und objektives Wissen fallen im Denkrahmen der Selbstorganisation zusammen. Information, enthalten in den Büchern einer Bibliothek, bedeutet nichts, solange sie nicht selektiv ausgehoben und benützt wird durch die lebendigen Prozesse, die von einer Vision oder einer Gesamtidee ausgehen. Eine Autobiographie ist wertlos, solange sie nicht Information enthält, die im Zusammenhang mit dem Leben eines Lesers neue Bedeutung gewinnt. Das gleiche »Wiedererleben«

von Erfahrung unter neuen Lebensumständen findet im Kunsterlebnis statt. Ausführende Künstler und Publikum werden durch die eingefrorene Form eines Gedichtes oder Dramas, eines Gemäldes oder einer Skulptur, oder die noch abstraktere Form einer Musikpartitur in aktive Kommunikation einbezogen, in eine Reorientierung und Ausweitung ihrer Kognitionsbereiche über Zeit und Raum hinweg, in eine Kommunikation mit dem Leben des schöpferischen Künstlers.

Auf gleiche Weise wird in biologischer Phylo- und Ontogenese Erfahrung zu Wissen und gespeicherter, übertragener und selektiv genutzter Information. Das biogenetische Grundgesetz ist nichts anderes als das Resultat der Identität dieses Wissensübertragungsprozesses in Phylogenie und Ontogenese. Entlang der Zeitachse erscheint dieser Übertragungsprozeß linear: Aerobische (oxydierende) bioenergetische Prozesse haben anaerobische (fermentierende) Prozesse nicht abgelöst, sondern wurden den letzteren hinzugefügt und ergaben so einen entscheidenden Vorteil. Fische evolvierten zu Säugetieren, aber Säugetiere, die ins Meer zurückkehrten (Wale, Delphine) blieben luftatmend und besitzen Flossen, die in ihrer Knochenstruktur voll entwickelte Hände und Füße sind – in der frühen Entwicklung des Embryos treten wohl vorübergehend die für das Leben im Meer geeigneteren Fischstrukturen auf, evolvieren aber (wie es der Stammesgeschichte entspricht) weiter zu den Kompromissen, wie wir sie heute an den Meeressäugetieren finden (Riedl 1976). Evolution bedingt nicht nur hier hohe Flexibilität des Organismus. Da jedoch alle evolvierenden Arten an Koevolution beteiligt sind, ist das Bild noch komplizierter. Nicht nur die Erfahrung eines Phylums wird übertragen, sondern in gewissem Maße die Erfahrung, die die gesamte Biosphäre in ihrer Evolution gemacht hat. Figur 3 versucht, einige grundsätzliche Aspekte der möglichen Evolution von Komplexität entlang eines Phylums ganz grob zu skizzieren. Ein wesentlicher Punkt ist hier die Identifizierung echter autopoietischer Einheit in einer solchen Kette. Organe sind zum Beispiel nicht autopoietisch, sondern stehen voll im Dienste des Organismus. Die übliche Hierarchie Zelle – Organ – Organismus wäre daher hier irreführend.

Die Evolution der wesentlichen Systemeigenschaften von Geschichtlichkeit bis zu Selbstreflexion zeigt, wie die Grundmerkmale des Lebens in bestimmter Folge entstanden sind. Es er-

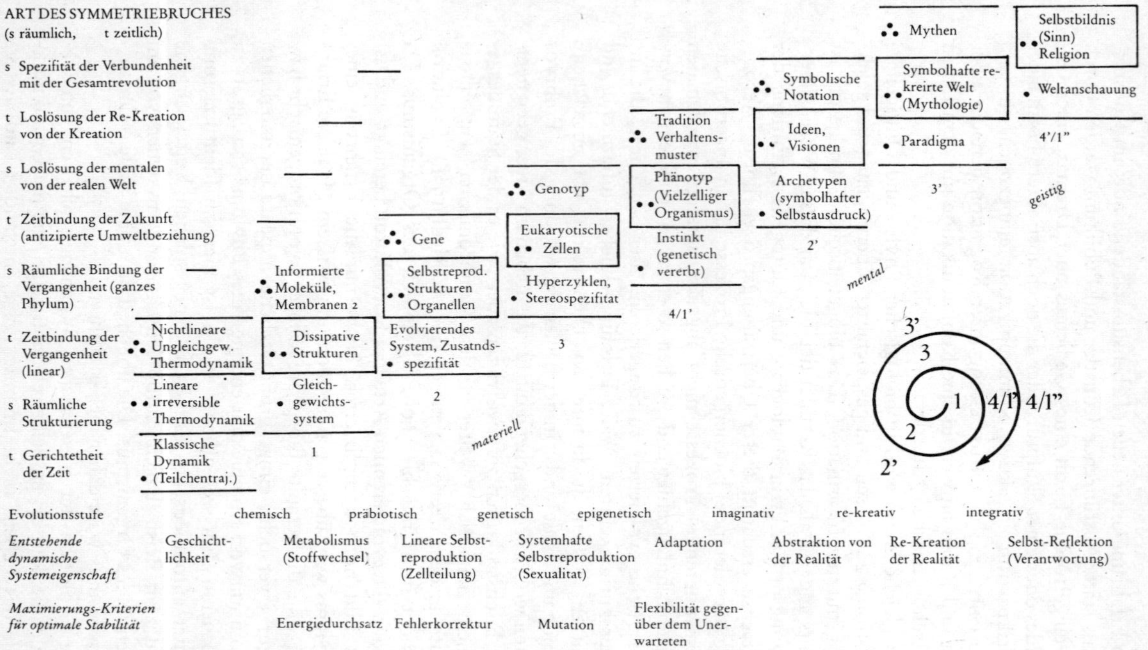

Fig. 3: Meta-Evolution evolutionärer Prozesse entlang eines Phylums

scheint fast willkürlich, ab welcher Stufe diese so eng ineinander verwobene Evolution morphogenetischer Prozesse als Leben bezeichnet wird. Auf jeder Ebene autopoietischer Existenz (in Figur 3 durch Einrahmung hervorgehoben) gibt es ein ganzheitliches Kriterium – oder vielleicht mehrere – für die Selbstbestimmung des Systems im Hinblick auf seine optimale Stabilität, seine Raum-Zeit-Struktur. Einige dieser Kriterien sind in Figur 3 versuchsweise angegeben.

Jeder Übergang zu einer höheren Ebene in Figur 3 schließt einen *Symmetriebruch* ein. Prigogine (1973) hat für den physikalisch-chemischen Bereich gezeigt, daß beim Übergang von der klassischen Dynamik zur Gleichgewichts-Thermodynamik die zeitliche Symmetrie gebrochen wird – die Zukunft wird von der Vergangenheit verschieden – und daß beim weiteren Übergang zur nichtlinearen Ungleichgewichts-Thermodynamik (dissipative Strukturen) zusätzlich eine räumliche Symmetrie gebrochen wird, indem Strukturierung und Polarisierung erfolgen. In der Evolution einer dissipativen Struktur markiert jede Instabilitätsschwelle mit Übergang zu einer neuen Struktur den Bruch einer weiteren räumlichen Symmetrie. Bei weiteren Übergängen zu höheren Ebenen wechseln Brüche bestimmter Art der zeitlichen und räumlichen Symmetrie einander ab. Im ersten folgenden Paar wird die zeitliche und räumliche Verteilung von Erfahrung der Vergangenheit so »gebunden«, daß sie in der Gegenwart zur Wirkung gelangen kann. Im darauffolgenden Paar wird antizipierte zukünftige Interaktion so »gebunden«, daß sie in der Gegenwart wirken kann.

Und im höchsten angegebenen Paar wird die Symmetrie zwischen der Kreation der realen Welt und ihrer symbolischen Re-Kreation gebrochen; durch Selbstreflexion wird die Verbundenheit des Menschen mit dem evolvierenden Universum explizit gefaßt, gewissermaßen strukturiert. Man kann diese vier Paare symmetriebrechender Prozesse auch mit vier Großphasen der Evolution in Einklang bringen: thermodynamische/chemische, biologische/genetische, epigenetische/soziobiologische und soziokulturelle/geistige Evolution.

Eine noch umfassendere dynamische Ordnung in der Evolution des Lebens ergibt sich, wenn die in Figur 3 so bezeichneten Stufen 1 bis 4 als biologisch/materielle, die Stufen 1′ bis 4′ als mentale und die Stufen 1″ ... als spirituelle (oder im engeren

Sinne geistige) Evolution zusammengefaßt werden. Die vierte Stufe fällt dabei immer mit der ersten Stufe der darauffolgenden Gruppe zusammen. Vier ist die »machtvolle Rückwendung zur Eins«, wie Franz (1971) in der Weiterentwicklung von C. G. Jungs Gedanken in vielen Mythologien bestätigt gefunden hat. Evolution ist eben nicht lineare Progression, wie Figur 3 der Einfachheit der graphischen Darstellung halber suggerieren könnte. Evolution bildet, aus welchem Blickwinkel auch immer, eine Spirale, wie in der Nebenskizze zu Figur 3 angedeutet ist. Die Verbundenheit über Zeit und Raum, die Einheit der Gesamtevolution, wird dadurch noch schärfer akzentuiert.

In der evolutionären Spirale nimmt der Phänotyp des komplexen Bioorganismus eine einzigartige Stellung ein, und mit Recht. Auf dieser Ebene autopoietischer Existenz hört die enge Koppelung durch mechanische, chemische und elektromagnetische Prozesse zumindest für komplexere Organismen auf. Bis zu vielzelligen Organismen ist jede autopoietische Ebene durch den Zusammenschluß von Einheiten der nächstniederen Ebene gekennzeichnet. Dissipative Strukturen vereinen sich zu Organellen, Organellen zu Zellen, Zellen zu Organismen. Für Arten, die eine frühe Evolutionsstufe repräsentieren, z. B. Insekten, erstreckt sich die enge Koppelung durch physikalische und chemische Prozesse (etwa durch Chemotaxis) weiter bis zum Zusammenschluß von Organismen in Gesellschaften. Aber bei den späteren und komplexeren Arten, wie den Säugetieren und vor allem den Menschen, beruht die Bildung von Gesellschaften nicht nur auf materiellen Prozessen, wie Produktion und Arbeitsteilung, sondern vor allem auch auf mentalen und geistigen Prozessen, die wohl ihre Entsprechung in neuronalen chemischen und elektrischen Prozessen innerhalb des Organismus finden, aber eine höhere Ebene von Selbstorganisation repräsentieren. In solchen mentalen Prozessen wirken die Kausalitäten einer re-kreierten mentalen Welt, in der auch die Zukunft kausal wirken kann. Sie übernehmen nun die wichtigste Vermittlerrolle. Mentale und spirituelle (geistige) Prozesse schmieden menschliche Gesellschaften, doch wurzeln sie im Einzelorganismus und seinen Beziehungen zur Umwelt. Was hier über den Organismus hinaus evolviert, ist der Kognitionsbereich. Menschliche Gesellschaften transzendieren biologische/materielle Bedingungen (die sich am ehesten noch in der Familie äußern) und sind primär auf höheren mentalen und geistigen Ebenen definiert. Aber der allgemeine evolutionäre Trend von starrem Kollektivismus zu erhöhtem Individualismus ist sicherlich nicht negativ als jene evolutionäre Fehlleistung zu beurteilen, die Wilson (1975) unterstellt.

Es ist wichtig festzustellen, daß in der mentalen und geistigen Evolution die höheren Ebenen nicht auf der soliden Grundlage ausgereifter unterer Ebenen entstehen. Viel eher liegt die Vorstellung nahe, die höheren Ebenen seien schon immer präsent gewesen, hätten sich jedoch erst mit der Zeit »aktiviert« und differenziert. Es kann kaum bezweifelt werden, daß Tiere Kultur besitzen und daß sie der symbolischen Selbstdarstellung fähig sind (auch wenn wir alle diesbezüglichen Äußerungen grob unter »Verhalten« subsumieren). Es scheint, daß nicht nur alle höheren Säugetiere, sondern vielleicht alle Tiere mit eigener Fortbewegung ihre Sinnesdaten mit Hilfe von mental erstellten Situationsmodellen ordnen. Zumindest komplexere Tiere sind der echten Antizipation (d. h. rein mentaler Vorstellung ohne Sinneseindruck) fähig.

Diese Gleichzeitigkeit in der Entfaltung einer vielschichtigen Realität ist in den biologischen/materiellen Evolutionsstufen nicht auf gleiche Weise evident. Aber sie tritt uns in der kosmischen Evolution klar entgegen. Aus einem höchst homogenen Universum kurz nach dem »Urknall« entwickelten sich keineswegs zuerst die Sterne, um sich später zu Sternhaufen, Galaxien, Galaxienhaufen und so fort zu vereinigen. Im Gegenteil, die Systeme größter Ausdehnung, wie Haufen von Galaxienhaufen, bildeten sich zuerst als undifferenzierte Gesamtbereiche, die sich später in Richtung auf höhere Komplexität hin entwickelten, indem sie die Lücke zwischen den hierarchischen Ebenen des sehr Großen und des sehr Kleinen (Teilchen und leichte Atome, die schon kurz nach dem Urknall gebildet wurden) auffüllten und Galaxien sich in Sternhaufen und Sternkonfigurationen, Sterne in Planetensysteme differenzierten und so fort. Die bereits genannte »Gaia«-Hypothese (Margulis/Lovelock 1974) beschreibt auf ähnliche Weise die gleichzeitige Evolution des sehr Großen (der gesamten Biosphäre) und des sehr Kleinen (der Prokaryoten) mit nachfolgender Differenzierung durch die Entwicklung von Lebensformen höherer Komplexität. Nicht im Aufbau von Hierarchie, sondern in der Entfaltung von Komplexität liegt das eigentliche Wirken der Evolution. Hierarchien ergeben sich erst sekundär aus dem Zusammenspiel symbiotischer Verbindungen und aus Evolutionsketten.

Jeder symmetriebrechende Übergang in der Kette der Meta-Evolution gemäß Figur 3 bringt eine neue Ebene makroskopischer Unbestimmtheit, eine neue Ebene von Freiheitsgraden ins Spiel. Dies ermöglicht die ungeheure Differenzierung, die vielleicht das Hauptmerkmal des Lebens ist. Auf jeder Ebene wird jedoch die entstehende Vielfalt durch Symbiose in neue Ganzheiten zusammengebunden. »Einheit in der Vielfalt« ist das Hauptgesetz der Evolution nicht nur entlang der Zeitachse, sondern auch quer dazu. Symbiose ermöglicht die nächste evolutionäre Stufe, wie es bereits in der Hyperzyklus-Idee zum Ausdruck kommt, für welche das Zusammenwirken zweier Arten von Molekülen – Proteine als Katalysatoren und Polynukleotide als Informationsträger – entscheidend ist. Symbiose zwischen Arten von Prokaryoten (teils frei, teils als Organellen zu Zellen) regeln den Energiehaushalt der Biosphäre. Auf höherer Ebene finden wir soziobiologische Symbiose, Gesellschaften und komplexe Ökosysteme, und jenseits davon die »Ökosysteme« von Ideen und Symbolwelten, aus denen Moden und wissenschaftliche Paradigmen, Kunst- und Lebensstile, Wertsysteme und Ideologien, Epistemologien und Weltanschauungen entstehen, bis hinauf zu jener Ebene, auf der wir über uns selbst nachdenken, über jenes Selbstbildnis, in dem wir uns in einer gewaltigen Gesamtevolution wiedererkennen, mit der wir über Zeit und Raum verbunden sind.

Bis jetzt beruhen Versuche, für die Morphogenese auf jeder Ebene der Evolution Formulierungen zu finden, bestenfalls auf einer Sicht, die das Zusammenwirken (die Komplementarität) von stochastischen und deterministischen Faktoren nur aus dem Blickwinkel einer einzigen Ebene betrachtet. Alle Prozesse, die diese Ebene »von unten her« erreichen, werden als zufällig angenommen. Aber was heißt »zufällig« im Kontext einer solchen vielschichtigen Evolution, in welcher auf jeder Ebene neue Ordnungsprinzipien wirksam werden? Wie zufällig ist die Fluktuation, die in ein System von einem seiner Mitglieder oder von einem Außenseiter eingebracht wird, wenn dieses Individuum selbst das Produkt einer langen Evolutionsreihe ist? Es scheint, daß wir oft Unbestimmtheit und Zufall verwechseln. Unbestimmtheit ist jene Freiheit, die sich auf jeder Ebene neu eröffnet, aber sie kann sich nicht über die Geschichte hinwegsetzen, über jene kohärente Evolution seit dem Beginn des Lebens auf der Erde und sogar seit dem Urknall der kosmischen Evolution – und vorher. Evolution ist die Geschichte sich entfaltender Ordnung, nicht die Geschichte zufälliger Prozesse, wenn auch der Spielraum eines »freien Willens« stets gewahrt bleibt.

4. Vielschichtige Autopoiesis

Das Ergebnis der Meta-Evolution entlang eines Phylums ist nicht ein System auf einer höheren hierarchischen Ebene, sondern ein System, das alle Ebenen der Komplexität, die an seiner Evolution beteiligt waren, in sich einschließt. Der Effekt ist etwa dem Zusammenschieben der in Figur 3 ausgebreiteten Stufen vergleichbar, so daß eine einzige vielschichtige Kolonne entsteht. Der entscheidende Aspekt hierbei ist, daß jede neue Ebene neue evolutionäre Prozesse ins Spiel bringt, die die Prozesse der vorhergehenden Ebenen auf besondere Art und Weise koordinieren und akzentuieren. Deshalb ist Reduktion auf eine Beschreibungsebene niemals möglich. Um Selbstorganisation und insbesondere das Phänomen des Lebens zu verstehen, ist nicht nur ein Erkennen der verschiedenen Ebenen nötig, sondern auch ein Verständnis ihrer Beziehungen zueinander. Mit anderen Worten gesagt, es stellt sich nun die Aufgabe, Autopoiesis und Evolution von Systemen zu verstehen, die viele Koordinations- oder Existenzebenen in sich einschließen. In solcher Sicht wird der alte Dualismus zwischen Materie und Geist (oder von Körper und Seele) überwunden. Was wir Materie nennen und was wir Geist nennen, stellt sich nun als Koordination der gleichen Grundprozesse, aber auf verschiedener Ebene dar. Die Koordinationsebenen, die zu jenen spezifischen Erfahrungen führen, die unserem Konzept von Materie zugrunde liegen, sind dabei von besonderer Wichtigkeit als Konsequenz der Bedeutung, die elektromagnetische Interaktionen in unserem Kognitionsbereich haben. Wir erfahren ein Objekt als solide nicht etwa, weil irgend etwas daran solide ist – es gibt in der Tat keine letzten Bausteine, obwohl die Suche nach den »Quarks« noch im Gange ist –, sondern weil die Feldwirkungen, die sich aus koordinierten Prozessen ergeben, den Eindruck eines soliden Kontinuums entstehen lassen. Auf gleiche Weise kann Geist nun als Koordination von materiellen und biologischen Selbstorganisationsprozessen auf höherer Ebene verstanden werden. Es ist wohl eine Sache der Definition, ob die autopoietische Koordination eines Einzellers bereits als »Geist« bezeichnet wird oder ob erst die symbolische Re-Kreation der Welt als Beginn einer geistigen Koordinationsebene angenommen wird. Es war freilich diese letztere Definition, die zum überholten dualistischen Konzept eines von der Materie unabhängigen Geistes geführt hat.

Nicht alle Ebenen von Selbstorganisation sind echt autopoietisch. Innerhalb eines Organismus zum Beispiel gibt es viele selbstorganisierende Systeme, die für sich eine halb-autonome Dynamik aufrechterhalten, aber doch eher dem autopoietischen Verhalten des Organismus als Ganzem dienen. Beispiele sind das Zentralnervensystem (Freeman 1975) oder die rhythmische motorische Aktivität bei Wirbeltieren, zum Beispiel beim Laufen (Pearson 1976). Solche Systeme werden zeitweise in das Gesamtverhalten des Organismus »eingekuppelt«, zu anderen Zeiten laufen sie im »Leerlauf«. Selbstorganisierende Zellsysteme jenseits einer kritischen Größe können entkuppelt werden und Gefahr für den Organismus hervorrufen, wie etwa im Übergang vom normalen Zustand des »Mikrokrebses« (Fluktuationen in der Proliferation von Krebszellen werden vom Organismus gedämpft) zum pathologischen Zustand des »Makrokrebses« (Fluktuationen dringen durch) (Lefever/Garay 1976).

Die stufenweise entwickelten Fähigkeiten (siehe Figur 3) werden nun von höherer Ebene aus koordiniert. Während zum Beispiel dissipative Strukturen bereits Stoffwechsel (Metabolismus) entwickeln, werden die bioenergetischen Prozesse in Organismen grundsätzlich auf der Ebene der Organellen und Zellen koordiniert, wobei der Gesamtorganismus diese Prozesse weiter akzentuiert, indem er zum Beispiel Nahrung selektiv und effizient sammelt und produziert. Während Biomoleküle am Beginn der Entwicklung eines Mechanismus der Selbstreproduktion standen und damit auch am Beginn einer Wissens/Erfahrungs-Übertragung, wird die letztere Fähigkeit mit der Einführung der Sexualität (und damit des Mischens des Wissens und der Erfahrung, die in der Geschichte eines ganzen Phylums aufgelaufen sind) bedeutend erhöht und wird weiter akzentuiert durch die Selektivität, mit der Sexualität auf der Ebene des Organismus spielt, welcher

wiederum durch soziale und kulturelle Faktoren akzentuiert wird.
Es ist jdoch außerordentlich wichtig zu erkennen, daß vielschichtige Autopoiesis nicht mit einer Kontrollhierarchie verwechselt werden darf, in welcher Befehle von oben nach unten gegeben werden. Jede autopoietische Ebene kann mit der gesamten Umwelt auf teilweise autonome Art und Weise interagieren und kommunizieren. Die Umwelt einer Zelle besteht nicht nur aus ihren Nachbarzellen, sondern aus der gesamten Biosphäre mit ihrer Chemie, ihrem Energiefluß und ihrer Strahlung. Wir wissen wenig über äußere Einflüsse, die die molekulare Struktur von Wasser berühren und damit möglicherweise alles Leben. Wir wissen etwas mehr über den Einfluß von klimatischen Schwankungen, Sonnenaktivitätszyklen und einzelnen Sonneneruptionen auf Leben sowie auch über die Wirkung von kosmischer Strahlung auf makromolekulare Strukturen wie DNS. Aber die Annahme scheint nicht zu weit hergeholt, daß im Organismus neben einer hierarchischen Verbundenheit auch ein bedeutender Austausch jeder einzelnen Ebene mit der Umwelt stattfindet. In der Begegnung zweier Menschen schließt der Austausch sicherlich mehr Ebenen ein, als nur jene der akustischen und optischen Kommunikation. Die Effekte emotionaler Disposition auf Elektronenemission in hochfrequenten Feldern zum Beispiel (der Gegenstand der sogenannten »Kirlian-Photographie«) läßt zumindest auf gewisse unterbewußte elektromagnetische Formen der Kommunikation schließen.
Figur 3 ist auf die Evolution komplexer Bioorganismen ausgerichtet. Aber es scheint, daß analoge Schemata auch für Systeme wie soziale Gruppen, ganze Gesellschaften, Ökosysteme und Kulturen gelten. Was Zellen für einen Organismus bedeuten, nämlich kurzlebigere Konstituenten eines umfassenderen autopoietischen Systems, bedeuten Organismen für Gesellschaften und Ökosysteme. Eine Nation, eine gesellschaftliche Institution, eine Stadt oder ein Fußballklub können auch als Phänotypen betrachtet und mit Organismen verglichen werden. Eine der wichtigsten Schlußfolgerungen aus dieser stipulierten Homologie beträfe das semi-autonome Funktionieren der hierarchischen Ebenen. Als natürliche Systeme sollten ein Unternehmen, eine soziale Gruppe oder ein Staat nicht als Kontrollhierarchie organisiert werden, in der Befehle von oben nach unten gegeben wer-

den. Eine starre und uniforme Weltregierung ist keine Lösung für die Weltproblematik. Die wachsende Lücke zwischen Systemen, die sehr groß, und jenen, die sehr klein sind (zum Beispiel zwischen Großkonzernen und Einzelhandwerkern) wurde korrekt als ungesund und gefährlich diagnostiziert (Schumacher 1974) und führte in jüngster Zeit zur gezielten Entwicklung von intermediärer Technologie.

Die wichtigsten Unterschiede zwischen Organismen und Gesellschaften/Ökosystemen liegen vielleicht in der Art der Koppelung der Subsysteme. In einer Gesellschaft oder einem Ökosystem ist die Koppelung, wie bereits weiter oben ausgeführt, oft viel lockerer, nicht nur in den räumlichen Verbindungen, sondern auch in den Oszillationen entlang der Zeitachse (siehe Holling 1976). Aber die Evolution soziobiologischer und soziokultureller Systeme kann durch Erfindungen beschleunigt werden, die die Koppelung innerhalb eines »Gruppengehirns« verstärken. Levi-Strauß hat den Unterschied zwischen »Dampfmaschinen« und »Uhrwerken« unter den menschlichen Gesellschaften hervorgehoben. Es ist dabei die Kunst des Schreibens, die Gesellschaften zu »Dampfmaschinen« werden läßt und ihre Evolution unerhört beschleunigt. Auf ähnliche Art und Weise mag etwa Fernsehen den Kontakt zwischen verschiedenen Verhaltensweisen beschleunigen und Fluktuationen fern vom Ort des materiellen Geschehens hervorrufen.

In der menschlichen Gesellschaft ist mentale Koppelung zum weitaus wichtigsten Faktor geworden. Dies mag dafür verantwortlich sein, daß, wie Laszlo (1974) bemerkt, nur Individuen eines proaktiven (antizipierenden) Umgangs mit ihrer Umwelt fähig sind, während Gruppen und die Menschheit als Ganzes meist nur auf unmittelbare Entwicklungen reagieren oder sogar von den Ereignissen überrollt werden können. Jeder von uns ist weiser und sicherer im Handeln als die Gesellschaft, in der wir leben. Es gibt gegenwärtig nur einen Ausweg aus diesem Dilemma, nämlich erhöhte Selbstaktivierung der höheren mentalen und geistigen Ebenen, die dem einzelnen offenstehen, und erhöhte »Resonanz« zwischen Individuen auf diesen Ebenen, erhöhtes Zusammenspielen von Ideen und symbolischen Welten. In der Menschheit hängt soziale Umstrukturierung in höherem Maße als irgendwo sonst in der Natur von den Fluktuationen ab, die durch vollständigere Individuation ausgelöst werden. Dies ist übrigens auch die Botschaft jener alten Philosophie der Selbstorganisation, des Buddhismus. Für ihn gibt es keinen Gott, der heruntersteigen wird, um die Menschheit zu erlösen (wie im christlichen Glauben), keine Reduktion auf materielle Prozesse (wie im Marxismus). Es gibt nur die im Menschen selbst vorhandene Möglichkeit, seine eigenen mentalen und geistigen Ebenen zu aktivieren und damit ans Göttliche heranzureichen.

Das Zusammenwirken von höheren und niederen mentalen und geistigen Ebenen liegt jeder Kreativität im menschlichen (geistigen) Sinne zugrunde. Das Wesen solcher Kreativität besteht darin, einer gesamthaften Vision eine bestimmte Form (unter vielen möglichen) zu geben. Gleichzeitig können Fluktuationen in beiden Richtungen zwischen diesen Ebenen spielen und damit die Evolution mentaler und geistiger Strukturen stimulieren.

Es wird von vielen Fällen eines spontanen »Bekehrungserlebnisses« berichtet (sogar in den Memoiren des Erzatheisten Bertrand Russell), welches innerhalb von Minuten ein ganzes Leben ändert und ihm neue Perspektiven gibt. Intuition scheint manchmal nicht nur von der in uns evolutionär gespeicherten Geschichte zu stammen, sondern von höheren mentalen und geistigen Ebenen. Wissen in diesem Sinne ist dann nicht mehr nur gespeicherte Erfahrung aus vergangenen Prozessen, sondern jene Art von Weisheit, die den Beginn und das Ende gleichermaßen im Blick hat, die Evolution als ein Gesamtphänomen zu erfassen imstande ist.

Es ist jenes »Einstimmen« auf die Dynamik, an der wir teilhaben, auf den breiten Lebensstrom, in dem sich unser Einzelleben entfaltet, welches uns eine ganzheitliche Vision von der Art und Weise liefert, wie wir unser Leben gestalten sollen. Diese Vision, die *Ethik*, ist keine absolute, statische Struktur, sondern ein evolvierendes System unterbewußter und bewußter Selbstreflexion. Ethik ist eine Vorstellung davon, wie ein Leben evolutionsgerecht gelebt werden soll. Sie hängt von der Evolutionsphase ebenso ab wie von bestehenden symbiotischen Beziehungen und von der Teilnahme an bestimmten Gesellschafts- und Ökosystemen. Auf der Ebene der Selbstreflexion bedeutet evolutionsgerechtes Leben mehr als nur Selbsterhaltung und Selbst-Präsentation, die schon die »Ethik« niederer Evolutionsstufen, wie dissipative Strukturen, bilden. Es bedeutet auch mehr als bloße Fortpflanzung und Evolution der Art (die Ethik niederer Organismen). Es schließt vor allem auch die *Ethik von Gesamtsystemen* ein, wie Churchman (1973) sie fordert. Wir sind, mit anderen Worten gesagt, dazu aufgerufen, eine vielschichtige Ethik zu entwickeln, die die Beziehungen zwischen dem einzelnen und der Gesellschaft oder dem Ökosystem klarzustellen hätte. Letzten Endes sind wir aber dazu aufgerufen, eine *evolutionäre Ethik* zu entwickeln, die über unsere eigene Art hinausreicht und die solche Prinzipien wie Ungleichheit, Evolution von Strukturen, Kohärenz und die positive Rolle von Fluktuationen, das schöpferische Potential von Krisen, explizit einschließen müßte. Am Beginn einer weltweiten schöpferischen Krise, die unser bisheriges Leben auf allen Ebenen in Frage stellt, in der ersten Phase eines evolutionären Sprunges jener Art, wie er den Übergang zwischen Äonen charakterisiert, sind wir noch weit davon entfernt, eine solche evolutionäre Ethik zu erkennen oder auch nur zu erfüllen. Das oft zitierte Kriterium des »Überlebens der Art« zum Beispiel erschiene im Lichte einer solchen Ethik als stumpfes Gleichgewichtsprinzip.

5. Meta-Koevolution einer vielschichtigen, symbiotisch verbundenen Realität

Die Prinzipien von Evolution, Koevolution und Meta-Evolution evolutionärer Prozesse, wie sie in diesem Beitrag skizziert wurden, verbinden sich zur Gesamtevolution einer Totalität, die in mehreren Dimensionen offen verläuft. Offenheit in der Evolution von Systemen resultiert in Differenzierung, im Reichtum der entstehenden Formen. Offenheit in der Art und Weise, in der sich die entstehende Vielfalt symbiotisch verbindet, führt zu hierarchischer Strukturierung, in welcher die einzelnen Ebenen ein hohes Maß an Autonomie behalten. Offenheit in der Art und Weise schließlich, in der sich verschiedene Ebenen evolutionärer Prozesse miteinander verbinden, resultiert in einer *Post-hoc-Zielgerichtetheit* (Riedl 1976) – nicht in einer Teleologie auf ein bestimmtes *telos* oder Ziel hin, sondern in Zwecken und Richtungen, die ihrerseits selbstorganisierend sind, die sich aus der Evolution und den symbiotischen Verbindungen der selbstorganisierenden Systeme ergeben.

Die Verbundenheit dieser sich entfaltenden Ordnung von Pro-

zessen über Raum und Zeit wurde in diesem Beitrag innerhalb der Grenze des Lebens auf unserem Planeten diskutiert. Aber unter Verwendung einer Vielzahl von Paradigmen – oder, besser gesagt, eines Ökosystems von Paradigmen – sollte es eines Tages möglich sein, alle Phasen und Bereiche von Evolution, von kosmischer bis zu psychologischer/geistiger Evolution in einem einheitlichen Rahmen zu beschreiben. Ein möglicher Ansatz ist von Riedl (1976) vorgeschlagen worden: Evolution kann als die Aufwertung von Information betrachtet werden, wobei die Quantität der im Universum verfügbaren Information (rund 10^{93} bits) als konstant angenommen werden kann. Wird Ordnung als Komplexität mal Zahl definiert, so ist das Ergebnis einer solchen Aufwertung zu höherer Ordnung das Erscheinen von immer komplexeren Strukturen in immer kleineren Zahlen. In der Tat beruhen alle komplexen Strukturen auf »Normbauteilen«, wie etwa ein paar hundert Atomisotopen. Allem Leben auf der Erde liegen die gleichen molekularen Strukturen für die Übertragung von Wissen/Erfahrung zugrunde, ob es sich nun um Pflanzen, Pilze oder Tiere, um Einzeller oder Vielzeller handelt. Sogar die komplexeren Tiere und die Menschen bestehen aus nicht mehr als etwa hundert verschiedenen Zellarten. Nichtsdestoweniger wird dieses Bild durch unsere gegenwärtige Annahme kompliziert, daß das Leben auf der Erde sich gewissermaßen in zwei Anläufen entwickelt hat: Zuerst entstanden Millionen von Prokaryoten-Arten aus einem einzigen selbst-reproduzierenden Biomolekül, und in einem späteren Stadium begann alles höhere Leben mit einer einzigen eukaryotischen Zelle, ihrerseits das Ergebnis von prokaryotischer Symbiose. Vielleicht wird sich dies noch einmal anders darstellen.
Wird Evolution nicht mehr als Evolution von Entitäten, sondern als Evolution von Organisation angesehen (Eigen/Winkler 1975), so kann sie nun auch als Evolution von Wissen betrachtet werden. Und Wissen ist in dieser Sicht dann nichts anderes als in Komplexität umgewandelte Information – nicht eine statische Komplexität, sondern ein dynamische selbstorganisierende Komplexität.
Ist Selbstorganisation von Wissen eine mögliche Beschreibung der Evolution, so können wir nun fragen, ob die zunehmende Komplexität der kognitiven Funktionen des Lebens nicht ein inhärenter Zweck der Evolution sei. In Prozeß-orientierter Sicht

ist die Evolution von bestimmten Strukturen nicht vorgegeben. Sind aber dann Funktionen (oder Prozesse, die in vielerlei Strukturen realisiert werden können) vorbestimmt – oder führt eine solche Annahme wieder zu einem Fehlschluß, der schon im Prozeßdenken selbst enthalten ist, wie es die Vorbestimmtheit von Strukturen im mechanistischen Strukturdenken war? Handelt es sich bei der Formel der östlichen Mystik, das Universum sei so gemacht, daß es zur Selbstreflexion gelange, nur um einen Ausdruck einer inneren Begrenzung der östlichen Prozeß-Philosophie? Vielleicht ist es aber überhaupt nicht wichtig, eine Antwort auf diese Fragen zu finden. Unsere Suche gilt letzten Endes nicht der genauen Kenntnis des Universums, sondern der Kenntnis der Rolle, die wir in ihm spielen – dem Sinn unseres Lebens.
Das Selbstorganisations-Paradigma, das die Dimensionen der Verbundenheit offenlegt zwischen allen Formen der Entfaltung einer natürlichen Dynamik, unsere eigene mit eingeschlossen, ist im Begriff, die Erkenntnis eines solchen Sinnes wesentlich zu vertiefen – und damit auch die Wissenschaft wieder näher an das Leben heranzuführen.

Literatur

Chew, G. (1968), »Bootstrap – A scientific idea?«, in: *Science* 161, 762.

Churchman, C. West (1973), *Philosophie des Managements*, Freiburg i. Br.

Eigen, M. (1971), »Selforganisation of matter and the evolution of biological macromolecules«, in: *Naturwissenschaften* 58, 465-523.

Eigen, M./Schuster, P. (1977), »The catalytic hypercycle – A principle of procellular organization«, in: *Naturwissenschaften* 74.

Eigen, M./Winkler, R. (1975), *Das Spiel. Naturgesetze steuern den Zufall*, München.

Feyerabend, P. (1977), *Wider den Methodenzwang. Entwurf einer anarchistischen Erkenntnistheorie*, Frankfurt/M.

Franz, M.-L. v. (1971), *Zahl der Zeit*, Zürich.

Freeman, W. (1975), *Mass action in the nervous system*, New York.

Holling, C. S. (1976), »Resilience and stability in ecosystems« in: Jantsch, E./Waddington, C. H. (eds.) (1976).

Jantsch, E. (1975), *Design for evolution: self-organization and planning in the life of human systems*, New York.

Jantsch, E./Waddington, C. H. (eds.) (1976), *Evolution and consciousness: Human systems in transition*, Reading, Mass./London/Amsterdam.

Kuhn, H. (1973), »Modellbetrachtung zur Frage der Entstehung des Lebens«, in: *Jahrbuch der Max-Planck-Gesellschaft*, 104-130.
Laszlo, E. (1975), »Global goals for a global society«, in: *Science and absolute values. Proceedings of the third international conference on the unity of the sciences (London 1974)*, Tarrytown/N.J.
Lefever, R./Garay, R. (1977), »A model of the immune surveillance of cancer«, in: Bell, G./Perelson, A./Pimbley, G. (eds.) (1977), *Theoretical immunology*, New York.
Margulis, L./Lovelock, J. (1974), *Origins of life*, New York.
Maturana, H. R. (1970), »Neurophysiology of cognition«, in: Garvin, P. (ed.), *Cognition: A multiple view*, New York/Washington, 3-23.
Monod, J. (1971), *Zufall und Notwendigkeit*, München.
Pearson, K. (1976), »The control of walking«, in: *Scientific American* 235, 72-86.
Prigogine, I./Nicolis, G. (1977), *Self-organization in nonequilibrium systems. From dissipative structures to order through fluctuations*, New York.
Prigogine, I./Nicolis, G./Babloyantz, A. (1972), »Thermodynamics of evolution«, in: *Physics today* (Nov./Dez.).
Prigogine, I. (1973), »Irreversibility as a symmetry breaking factor«, in: *Nature* 248, 67-71.
Riedl, R. (1976), *Die Strategie der Genesis*, München.
Schumacher, E. (1974), *Es geht auch anders*, München.
Varela, F. (1976), »Not two, not one«, in: *Co-Evolution* 5 (Winter 1976).
Weizsäcker, Chr. v. (1975), »Die umweltfreundliche Emanzipation«, in: *Humanökologie* (Internationale Tagung für Humanökologie), Wien.
Whyte, L. L. (1965), *Internal factors in evolution*, New York.
Wilson, E. O. (1975), *Sociobiology: The new synthesis*, Cambridge/Mass.

John Richards und Ernst von Glasersfeld

Die Kontrolle von Wahrnehmung und die Konstruktion von Realität

Erkenntnistheoretische Aspekte des Rückkoppelungs-Kontroll-Systems[1]

> scientia ipsa humana nihil aliud sit nisi efficere ut res sibi pulchra proportione respondiant.
> (... könnte es sein, daß) menschliches Wissen selbst nichts anderes ist als der Versuch, zu bewirken, daß sich die Dinge in schönen Verhältnissen aufeinander beziehen?
> (Giambattista Vico, 1710, Kap. VII, Paragraph 3)

Mehr als 2000 Jahre hat sich die Philosophie mit dem Schreckgespenst des Skeptizismus herumgeschlagen. Die wichtigsten Argumente im Arsenal der Skeptiker betrafen dabei vor allem Probleme der Wahrnehmung. Und doch ist es gerade die Wahrnehmung, die den gesunden Menschenverstand bei seiner Zurückweisung des Skeptizismus zu bestärken scheint: Die Welt sieht wirklich aus und fühlt sich wirklich an; und selbst wenn es zunehmend schwieriger wird, das zu beweisen, stimmt der gesunde Menschenverstand mit Descartes überein und weigert sich anzunehmen, Gott sei so gemein gewesen, uns mit unzuverlässigen Sinnesorganen auszustatten.[2] Aber muß der gesunde Menschenverstand wirklich den Kopf in den Sand stecken? Die pyrrhonistische Aufhebung dieser Meinung resultiert schließlich aus einer einfachen Art von Argumentation, die der gesunde Menschenverstand sehr wohl übernehmen könnte. Sextus argumentiert wie folgt: »Jede der Erscheinungen, die die Sinne wahrnehmen, scheint ein komplexes Gebilde zu sein: Der Apfel z. B. erscheint glatt, duftend, süß und gelb. Aber es ist keineswegs offenkundig, ob er zwar nur eine Qualität besitzt, aber so vielfältig erscheint aufgrund der sich ändernden Struktur der Sinnesorgane; oder ob er andererseits mehr Qualität besitzt als die, die offenbar werden, weil sie sich unserer Wahrnehmung entziehen« (Sextus Empiricus 1925, S. 57, I, 94-95).

Dieses Argument ist wirksam; denn es leuchtet jedem ein, der über den Wahrnehmungsakt nachzudenken beginnt. Es gibt keinen Grund anzunehmen, daß uns unsere Sinne irgendwie eine 1:1-Zuordnung zu etwas liefern, was wir nicht wahrnehmen. Sextus vermutet, daß die wahrgenommenen Qualitäten den tatsächlichen nicht entsprechen. Aber es gibt auch noch die Möglichkeit einer anderen Entsprechung: Die komplexe Gegebenheit, bestehend aus den Qualitäten »glatt, duftend, süß und gelb« kann eine Mixtur unserer Sinne sein dergestalt, daß diese einzelnen wahrgenommenen Qualitäten nur durch den Akt des Wahrnehmens so zusammengefügt werden, daß daraus eine Einheit oder ein Etwas entsteht, das wir »Ding« nennen. Wenn dem so ist – und wir nehmen ja in der Tat Äpfel, Stühle und Tische wahr – dann überrascht es nicht mehr festzustellen, daß unsere Sinne bemerkenswert akurat die Welt wahrnehmen, wie wir sie sehen.

Der heutige gesunde Menschenverstand basiert auf dem Realismus der Empirizisten des 19. Jahrhunderts; und die skeptischen Argumente zur Wahrnehmung sind besonders wirksam gegen den realistischen Empirizisten. Da der Empirizist sich auf Naturwissenschaft als die solideste Form menschlichen Wissens verlassen können möchte, muß er Gewißheiten als Grundlage haben. Aus diesem Grunde bestehen Empirizisten auf der Unfehlbarkeit von Aussagen über Sinnesdaten oder annehmbare Äquivalente. Aber tatsächlich muß gar keine grundsätzliche Beziehung zwischen Empirizismus und Sicherheitsstreben bestehen. Verschiedene Philosophen haben in jüngster Vergangenheit durchaus skeptische Argumente akzeptiert und sie in einen empirischen Rahmen integriert. Paul K. Feyerabend und Arne Næss haben das explizit getan, Thomas Kuhn, Norwood Russel Hanson u. a. zumindest implizit.[3] Die dabei vertretene Position ist geradlinig: Menschliches Wissen im allgemeinen und wissenschaftliches Wissen im besonderen sind nicht damit beschäftigt, Gewißheit, Wahrheit, Realität oder irgendeinen anderen Popanz dogmatischer Wissenschaft zu enthüllen. Wissenschaft ist nicht die Suche nach einer Menge unfehlbarer Fakten. Für Næss gilt »Alles ist möglich« (Næss 1972, 88) und bei Feyerabend heißt es »Jede Idee kann plausibel werden« (Feyerabend 1970, 301). Der springende Punkt in ihren Arbeiten besteht darin, daß sie die Struktur menschlichen Wissens *nach* der Anerkennung seiner Begrenzungen untersuchen.

Deutliche Vorformen dieses Ansatzes finden sich in der Position, die Richard Popkin als »konstruktiven oder gemilderten Skeptizismus« bezeichnet.[4] Pierre Gassendi (1658) versucht hier etwa einen mittleren Weg einzuschlagen: »Denn die Dogmatiker wissen nicht wirklich alles, was sie zu wissen glauben, und ihnen fehlen die angemessenen Kriterien, um es zu bestimmen; aber auch nicht alles, was die Skeptiker in die Debatte einbringen, scheint so völlig unbekannt, daß kein Kriterium gefunden werden kann, um es zu begrenzen.« (Gassendi, 1972, 326)

Mersennes Position, die ganz ähnlich ist, erläutert Popkin so: »Erkenntnistheoretisch gesehen gibt es keine Lösung für die Krise. Aber in der Praxis verfügen wir durchaus über Kenntisse im Sinne zuverlässiger Informationen über die Welt um uns herum. Mag sein, daß wir außerstande sind festzustellen, daß es eine wirkliche Welt gibt, oder daß sie tatsächlich die Eigenschaften besitzt, die wir erleben; aber wir können Erfahrungswissenschaften entwickeln, die praktischen Wert haben und deren Gesetze und Entdeckungen nicht bezweifelt werden, es sei denn, wir begeben uns auf eine grundsätzliche erkenntnistheoretische Ebene« (Popkin, 1960, 142).[5] Hier handelt es sich um einen deutlichen Vorläufer eines modifizierten Skeptizismus.

In diesem Aufsatz werden wir unsere Ansicht begründen, daß ein modifizierter wissenschaftlicher Skeptizismus gestützt werden kann durch einen neuen wahrnehmungstheoretischen Ansatz, der von Kybernetikern im Bereich der Kontrolltheorie entwickelt worden ist. Das kybernetische Modell, das sich als gut vereinbar mit dem Entwicklungsmodell der Kognition in der Piaget-Schule erweist, verbindet das Element kognitiver Konstruktion mit dem traditionellen Zweifel des Skeptikers an der Verläßlichkeit unserer Sinne. Dementsprechend definieren wir ›Wissen‹ so um, daß es sich eher auf Invarianten der Erfahrung lebender Organismen bezieht als auf Entitäten, Strukturen oder Ereignisse in einer unabhängig existierenden Welt. In entsprechender Weise verändern wir auch die Definition von ›Wahrnehmung‹: Es handelt sich dabei nicht um eine Aufnahme oder Wiedergabe von Information, die von außen hereinkommt, sondern um die Konstruktion von Invarianten, mit deren Hilfe der Organismus seine Erfahrungen assimilieren und organisieren kann.

Diese Auffassung von Wahrnehmung ist für Kybernetiker keineswegs neu. Sie wird durch jüngste Forschungsergebnisse von William T. Powers stark gestützt. Sein Modell des Funktionierens unseres Gehirns basiert auf negativen Rückkoppelungssystemen, die hierarchisch geordnet sind.[6] Dieses Modell bietet eine Hypothese darüber an, wie ein Organismus seine Erfahrungswelt konstruiert.

Die Stärke dieser neuen konstruktiven Hypothese zeigt sich deutlich im Vergleich mit R. J. Hirsts genetischer Version der Abbildungstheorie von Wahrnehmung.[7] Hirsts klassischer realistischer Empirizismus muß von seinen ontologischen Bezügen befreit werden; erst dann kann der Empirizismus eine Grundlage liefern für das Verständnis vieler Probleme der gegenwärtigen Erkenntnistheorie.

Ein kybernetisches Modell

Ein modifizierter Skeptizismus erfordert, daß wir jedes erkenntnistheoretische System als einen hypothetischen Rahmen oder als ein »Modell« ansehen, und zwar als ein versuchsweise entworfenes konzeptionelles Arrangement, mit dessen Hilfe Erfahrung einsehbarer und handhabbarer wird. In diesem Zusammenhang benutzen wir den Begriff ›Modell‹ so, wie er in der Kybernetik verwendet wird. Das heißt, ein Modell soll eine Struktur weder abbilden noch verdoppeln, sondern einen möglichen Weg zur Ausführung einer Funktion illustrieren, die zu einem gegebenen Resultat führt. In unserem Fall ist dieses Resultat die Wahrnehmung unserer alltäglichen Welt. Der Hypothesenrahmen bzw. das Modell muß die Möglichkeit bieten, *eine mögliche Art* der Weltwahrnehmung darzustellen, darf sich aber zugleich ontologisch nicht festlegen und muß gemäß pyrrhonistischer Tradition darauf verzichten, eine Korrespondenz mit einer äußeren Realität zu behaupten oder zu leugnen.

Was wir brauchen ist ein Minimalmodell, indem eine Wahrnehmungstheorie formuliert werden kann. Dieses Modell kann erreicht weden, wenn wir deutlich explizieren, daß die grundlegende Frage nicht ontologisch darauf abzielt: *Was ist die Struktur der realen Welt?*, sondern kognitiv ermittelt: *Was ist die Struktur unserer Erfahrungswirklichkeit?* Diese Unterscheidung ist unerläßlich, wenn wir eine plausible und widerspruchsfreie Wahrnehmungstheorie aufbauen wollen. Der entscheidende Punkt ist der, daß wir in der Lage sind, die Struktur unserer Erfahrung zu analysieren, ohne die ungedeckte Annahme machen zu müssen, daß Wahrnehmung nicht ein Konstruktionsprozeß, sondern vielmehr ein Prozeß passiver Rezeption sei.[8] Damit stellen wir uns gegen eine alte Tradition. Ebenso wie die konventionelle Erkenntnistheorie stets stillschweigend angenommen hat, daß es eine voll strukturierte Welt gibt, die jemand erkennen kann, hat die traditionelle Wahrnehmungstheorie angenommen, daß die Aktivitäten des Sehens, Hörens, Riechens usw. Aktivitäten sind, die etwas in den Organismus überführen und replizieren, was außerhalb fix und fertig vorliegt. Das ist die notwendige Grundlage aller Stimulus-Response-Theorien des Verhaltens und aller konventionellen Ansichten über das allgemeine Funktionieren lebender Organismen; und diese Grundlage kettet diese Theorien unwiderruflich an den Realismus der Empirizisten des 19. Jahrhunderts.

Powers' Modell des Funktionierens des Gehirns ist frei von diesen zusätzlichen Annahmen und bietet dem Erkenntnistheoretiker eine provokante Alternative. Powers nimmt an, daß das Bild, das wir uns von der Welt machen, ein Modell, also ein Konstrukt ist. In welchem Maße dieses Modell einer »äußeren Realität« entspricht, läßt sich vom Standpunkt des Modells aus nicht sagen. Powers erklärt das so: »Das Modell, das unser Gehirn von der Realität entwirft, soweit es sich um das handelt, was unser Bewußtsein erfaßt, ist Realität, – etwas anderes gibt es nicht wahrzunehmen« (W. T. Powers 1973, 24 u. 152).[9]

Dieses Modell entfaltet im wesentlichen eine einzige Behauptung: Verhalten steuert Wahrnehmung.

Obgleich wir uns bemühen werden, die Umrisse des Powersschen Modells zu skizzieren, geht es uns primär darum, die Aufmerksamkeit auf die erkenntnistheoretischen Implikate seiner Arbeit zu lenken und diese zu erweitern. Dort, wo Powers sich auf erkenntnistheoretische Themen bezieht, sind seine Stellungnahmen vereinbar mit denen des klassischen Skeptizismus. Nur in einem Punkt weichen wir von Powers' Modell ab: und zwar in bezug auf das »Lernen«. Während Powers ein komplexes System

von Lernen beschreibt, das integrale Reorganisation umfaßt, beziehen wir uns lediglich auf den sehr elementaren Prozeß des inferentiellen Lernens, so wie ihn Ashby (1967, 1970) und Maturana (1970) (cf. Anm. 13) dargestellt haben.
Ein allgemein anerkanntes Axiom von Verhaltensmodellen[10] besagt, daß die Objekte der Wahrnehmung (stimuli) das Verhalten steuern (responses). Diese Annahme weist Powers explizit zurück: »Verhalten ist der Prozeß, durch den Organismen ihre Sinneseingangsgrößen (Inputdaten) kontrollieren. Beim Menschen besteht Verhalten in der Steuerung der Wahrnehmung.« (Powers 1973, x). Wahrnehmungsakte sind weder neutral noch passiv; sie ereignen sich nicht einfach; vielmehr ist das, was wahrgenommen wird, eine Folge des Verhaltens eines Organismus. Das Verhalten wird geändert, um das zu modifizieren, was wahrgenommen wird. Handlungen dienen dazu, die Erfahrungswelt beständig und erkennbar zu halten.

Verhalten
und Rückkoppelung

Powers' Modell basiert auf der bei den Kybernetikern seit langem bekannten Rückkoppelungsschleife, d. h. einem kreisförmigen Arrangement von drei fundamentalen Einheiten: (1) einer Sensor-Funktion (input), (2) einem Vergleichselement (comparator) und (3) einer Effektor-Funktion (output). Der Sensor erzeugt ein Signal, das zum Komparator geleitet wird, wo es mit einem Referenz-Signal verglichen wird, d. h. mit einem vorweg festgelegten Wert in derselben Dimension. Wenn die beiden Signale sich nicht gleichen, erzeugt die Differenz im Komparator ein Fehler-Signal, das an den Effektor weitergegeben wird und dort die spezifische Effektor-Funktion oder Aktivität auslöst. Die Schleife wird dann unter der Bedingung geschlossen, daß auf die Effektor-Funktion eine Veränderung des Sensor-Signals erfolgt, die sie nahe an den Wert des Referenz-Signals heranbringt und dadurch die Erzeugung des Irrtum-Signals abschließt.
Das folgende Diagramm (S. 198) stammt von Powers (1973a) und illustriert einen Homöostaten, d. h. ein System, das dazu entworfen ist, eine bestimmte Bedingung aufrechtzuerhalten, die durch das Signal dargestellt wird, das aus der Sensor-Funktion hervor-

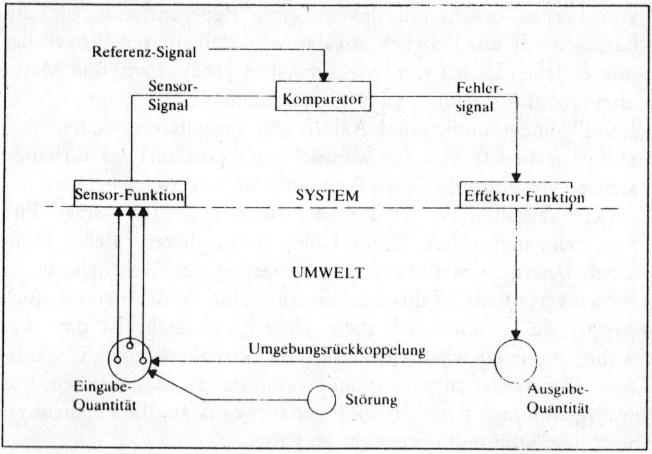

Fig. 1: Die grundlegende Kontroll-System-Einheit der Verhaltensorganisation (mit freundlicher Genehmigung von W. T. Powers und den Herausgebern von *Science*).

geht (cf. Cannon 1932; Ashby 1952). Zwei Merkmale sind besonders wichtig für unsere Diskussion: (a) Dieses System ist vom Standpunkt eines Beobachters aus entworfen. Nur der Teil oberhalb der gestrichelten Linie entspricht dem, was ein Beobachter als Organismus ansehen würde, z. B. als einen Frosch. Der Teil unterhalb der Linie stellt den Teil des Erfahrungsfeldes eines *Beobachters* dar, der als »Umwelt« oder »Hintergrund« verbleibt, vor dem oder gegen den der Beobachter den Organismus wahrnehmungsmäßig oder begrifflich abgesetzt hat. Dementsprechend kann der Beobachter den Frosch als mit seiner Umwelt interagierend sehen oder ihn so bezeichnen. Der Frosch, also der Organismus selbst, hat – wie wir im folgenden begründen wollen – keinen möglichen kognitiven Zugang zu seiner Umwelt. Und wenn wir das Modell auf *uns selbst als Organismen* anwenden, dann haben wir auch keinen Zugang zu unserer eigenen Umwelt; denn unsere Erfahrung – was immer das sein mag – liegt auf dieser Seite der gestrichelten Linie und kann nur aus Signalen im Inneren unseres neuronalen Netzwerks gebildet werden.

(b) Das Diagramm stellt einen Organismus dar, in dem die

Verbindungen zwischen Fehler-Signalen und Effektor-Funktion *feste* Verbindungen sind und nicht etwa gelernte, die durch weitere Lernprozesse veränderbar wären; und die Tatsache, daß sie eine »Rückkoppelung aus der Umgebung« haben, d. h., daß sie die Sensor-Funktion tatsächlich *beeinflussen*, wird als gegeben angenommen. Aus erkenntnistheoretischer Sicht kann man darum sagen, daß das Diagramm einen Organismus mit eingebautem »Wissen« darstellt; denn »Wissen« in einem Kontrollsystem bedeutet wissen, welche Effektor-Funktion ein Fehler-Signal, das durch ein bestimmtes Sensor-Signal erzeugt wird, erfolgreich eliminiert. Einem Beobachter des Systems stellt sich die beobachtete »Ausgabe-Quantität« dar als Wirkung der »Effektor-Funktion«, und – nacheinander gesehen – als die Ursache für einen Wechsel in der »Eingabe-Quantität«, die dann wieder ein verändertes Sensor-Signal innerhalb des Organismus verursacht. Dieser Teil der Schleife allerdings ist dem Organismus selbst unzugänglich. Deshalb kann, mit Powers Worten, der Organismus nichts wahrnehmen als seine eigenen Sensor-Signale.

Bevor wir ausführlicher über die erkenntnistheoretischen Implikate dieses Modells sprechen, wollen wir rasch einige Konsequenzen zusammenfassen, die sich daraus für die Beschreibung des Handelns des Organismus aus Beobachtersicht ergeben. Es ist irreführend, zu sagen, daß ein Reiz, also ein Geschehen in der Umgebung, im Kontrollsystem eine Reaktion verursacht. Verhalten ist eine Funktion von beiden, von Reiz *und* Ziel, nicht bloß Reaktion auf einen Reiz. »Was in erster Linie eine Erklärung verlangt, ist die mysteriöse Art und Weise, in der Handlungen sich auf genau die Art verändern, die erforderlich ist, um das Verhaltensresultat konstant zu halten« (Powers 1973a, 352).

Verhalten bezieht sich in diesem Modell auf Handlung und nicht auf das Ergebnis einer Handlung. Bei einer Ratte in einem Skinner-Käfig reicht es nicht mehr, zu fragen, warum sie den Hebel mehr oder weniger häufig betätigt; wir müssen auch fragen, wie es der Ratte gelingt, den Hebel zu drücken, wenn sie von verschiedenen Orten in der Kiste her auf den Hebel zugeht. M. a. W., wie ist es überhaupt möglich, daß die Ratte – oder auch wir selbst als Organismen – es jemals fertigbringen, ein Ziel zu erreichen, ins Schwarze zu treffen? Die Antwort, die das Rückkoppelungsmodell nahelegt, geht dahin, daß »Zielscheiben« oder »Ziele« eben Referenz-Signale sind, d. h. spezifische Werte der

Sensor-Signale (oder von Konstellationen solcher Signale) in Gestalt einer internen Repräsentation, mit der aktuelle Sensor-Signale verglichen werden können. Wenn der Vergleich eine Diskrepanz aufweist, wird ein Fehler-Signal erzeugt, das eine Handlung auslöst, die das aktuelle Sensor-Signal so lange verändert, bis die Diskrepanz zu dem Referenzwert verschwunden ist. Darüber hinaus bewährt sich das Rückkoppelungsmodell auch in solchen Situationen, die in Reiz-Reaktions-Theorien schwer erklärbar sind: nämlich wenn es »Reaktionen« (d. h. Handlungen) ohne Reiz gibt. Handlung wird durch ein Fehler-Signal ausgelöst, und ein Fehler-Signal wird nicht nur erzeugt, wenn ein Wandel im Sensor-Signal vorliegt, sondern auch, wenn es einen Wandel im Referenz-Wert gibt. Rosenblueth, Wiener und Bigelow weisen dabei auf folgendes hin: »Wenn wir eine willentliche Tätigkeit durchführen, dann ist das, was wir willentlich wählen, ein spezifischer Zweck und nicht eine spezifische Bewegung. Wenn wir uns etwa dazu entscheiden, ein Glas Wasser zu ergreifen und zum Munde zu führen, dann befehlen wir nicht bestimmten Muskeln, sich in bestimmter Weise und Reihenfolge zusammenzuziehen; wir setzen lediglich die Absicht in Gang und die Reaktion folgt automatisch« (Rosenblueth, Wiener und Bigelow 1943, 19).
Ratten drücken Hebel auf viele Arten. Was allen gemeinsam ist, ist die Absicht der Ratte und nicht ihr Verhalten. (Entsprechend protokolliert der »Behaviorist« die Häufigkeit, mit der die Ratte ihr Ziel erreicht, und nicht, wie oft sie eine bestimmte Handlung ausführt.) Die unterschiedlichen Arten des Hebeldrückens mögen bei einer trainierten Ratte automatisch erscheinen, aber jede von ihnen mußte gelernt werden, d. h., sie mußte zusammengesetzt werden aus Versuch und Irrtum als einer erfolgreichen Art, ein Fehler-Signal auszuschalten und so ein Ziel zu erreichen.
Interessanterweise ist die Kreisanordnung von Sensorsignal, Ziel und Handlung schon als Beschreibung organismischen Verhaltens vorgeschlagen worden, bevor die Kybernetiker die Funktionsdetails ausgearbeitet hatten: »Die Tatsache, daß Zwecke nicht entdeckt werden können, wenn sie nicht konkret mit Sensitivität für Bedingungen und operative Techniken verbunden werden, und daß die beiden letzteren nur verbunden mit Zwecken erkannt werden können, zeigt, daß Zwecke, Sensitivität für Bedingungen und operative Techniken in einer objektiven Teleologie miteinander verbunden sind« (Hofstaedter 1941, 34).

Hierarchie und Kontrolle

Die einfache Rückkoppelungsschleife eines Homöostaten ist natürlich noch nicht einmal als Modell für die primitivsten lebenden Organismen ausreichend; aber es bildet immerhin einen schematischen Baustein. Das Prinzip, das Powers für die Struktur komplexer Systeme vorschlägt, ist ein hierarchisches Arrangement. »Die gesamte Hierarchie ist um ein einziges Konzept organisiert: Kontrolle mittels regulierender Referenz-Signale für hierarchieniedrigere Systeme« (1973, 78). Die Natur von Rückkoppelungs-Kontrollsystemen macht dieses hierarchische Arrangement so extrem kompliziert, daß es nicht einfach als eine bloße Folge von Ebenen grundlegender Schleifen veranschaulicht werden kann. Es gibt in der Tat Ebenen ansteigender Ordnung, aber ihre Interaktion läuft nicht in einfachen Schritten ab oder folgt stets ein und demselben Weg. Ein springender Punkt dieser Hierarchie kann durch Fig. 2 illustriert werden. Um die Komplexität des Funktionierens eines solchen Systems einschätzen zu können, müssen wir uns daran erinnern, daß jede einzelne Schleife die Aufgabe hat, ihr Eingabesignal so eng wie möglich an den Referenzwert dieser Schleife anzunähern. Das heißt, daß die Eingabe in eine Schleife zweiter Ebene aus Sensor-Signalen besteht, die schon modifiziert sind durch die Schleife der ersten Ebene, die diese Signale aussendet. Der Referenzwert, der ihre Veränderungen auf der ersten Ebene kontrolliert, wird jedoch durch eine Schleife auf der zweiten Ebene bestimmt, die selbst wieder durch Referenzwerte einer Schleife auf einer dritten Ebene kontrolliert wird, und so fort.

In diesem hierarchischen Netzwerk – und es handelt sich dabei um ein *Netzwerk* und nicht um eine geschichtete Pyramide – müssen wir vorsichtig mit dem Begriff ›Schleife‹ umgehen. Auf der ersten Ebene bezieht sich der Begriff auf die Kreisanordnung von Sensor-Funktion, Komparator und Effektor-Funktion – eine Anordnung, in der der Kreis von Effektor- und Sensor-Funktion durch die beabsichtigte Wirkung des Systemverhaltens auf die Sensor-Signale des Systems geschlossen wird. Auf der ersten Ebene enthält dieser Kreis Leitungen, die Teile der unteren Kreise sind; deshalb haben wir es hier nicht mit einer getrennten Schleife zu tun, sondern mit einer Verästelung der Schleife der ersten Ebene. Ein wichtiges Merkmal dieser Verästelung besteht darin,

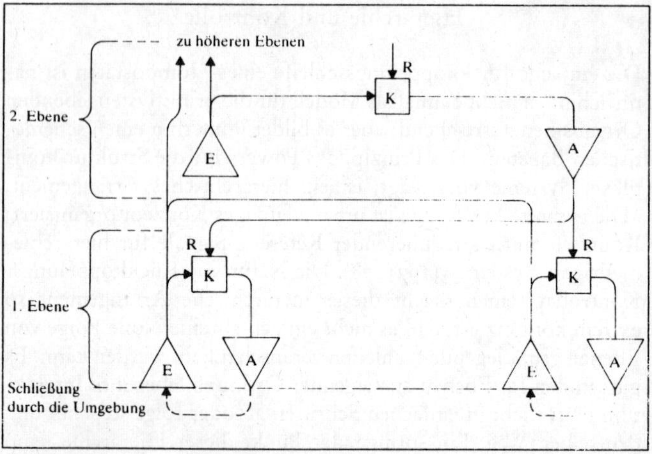

Fig. 2: Schema der Hierarchie der Schleifen. R = Referenzsignal; K = Komparator; E = Eingabefunktion; A = Ausgabefunktion.

daß die Möglichkeit eröffnet wird, das Signal, das die Eingangsgröße sowohl für die erste als auch für die zweite Ebene bildet, ergänzend zu verändern. Da die höhere Ebene den Referenzwert der niedrigeren bestimmt, kontrolliert sie das Verhalten, das darauf gerichtet ist, das Sensor-Signal möglichst eng am Referenzwert zu halten. Die Eingaben für die höheren Ebenen bilden jedoch nicht nur die einzelnen Signale der niedrigeren Ebene, sondern eine Summierung oder Gruppierung einer Vielzahl solcher Signale. »Die Menge aller Wahrnehmungssignale der ersten Ebene, ausgesandt von Eingabe-Funktionen der ersten Ebene, bilden die einzige Umgebung, auf die höhere Systeme reagieren können« (Powers 1973, 95).[11]

R. J. Hirsts Theorie

In der empiristischen Tradition wird weiterhin angenommen, daß R. J. Hirsts genetische Version der Abbildungstheorie der Wahrnehmung durch neurologische Fakten und andere Ergebnisse der experimentellen Psychologie gestützt werde. Aber Hirsts Theorie geht sowohl über die neurologischen Fakten als auch über die experimentiellen Resultate hinaus zu einer dogmatischen Annahme einer externen, in sich strukturierten Realität.

Genauer gesagt *beginnt* Hirsts Theorie mit der dogmatischen Annahme einer externen strukturierten Realität. Wahrnehmung ist »... die Entdeckung der Existenz und der Eigenschaften der äußeren Welt mit Hilfe der Sinne« (Hirst 1967, 79, und schon in Hirst 1965, 1). Genau diese Annahme haben wir in unserer Einleitung zurückgewiesen. Sie führt nicht nur in Verwirrung, sondern auch zu einer Position, die keineswegs hilfreich ist bei der Interpretation experimenteller Ergebnisse. Um zu umreißen, was in der äußeren Welt zu entdecken ist, wärmt Hirst die alte Unterscheidung zwischen primären und sekundären Eigenschaften wieder auf: Primäre Eigenschaften sind s. E. »grundlegend und intrinsisch«. Sie sind im externen Objekt meßbar. »... die Frage, welche von ihnen [nämlich den mentalen Vorstellungen] tatsächlich den entsprechenden Eigenschaften äußerer Objekte ähneln, kann beantwortet werden durch Messung oder andere Operationen sowie durch wissenschaftliche Überlegungen« (Hirst 1964, 275). Sekundäre Eigenschaften sind nach Hirst »... keine intrinsischen Eigenschaften externer Objekte, sondern subjektive Reaktionen ganz anderer Natur auf Eigenschaften der Objekte« (Hirst 1964, 247). Das ist bestenfalls verwirrend ausgedrückt. Es gibt keinen vernünftigen Grund anzunehmen, daß wir im Bezug auf gewisse Eigenschaften Aussagen über die externe Welt machen müssen und daß diese Aussagen dann weit darüber hinaus gehen, was wir möglicherweise wissen können. In beiden Fällen sagen wir mehr aus, als wir guten Gewissens sagen können. Darin liegt ja die wirkliche Einsicht der pyrrhonistischen Skeptiker. Einerseits wissen wir nicht, ob die sekundären Eigenschaften nicht doch in einem äußeren Objekt existieren, andererseits wissen wir nicht, ob die primären Eigenschaften tatsächlich dort existieren. Hirst behauptet: »Eine solche Skepsis betrifft nur die sekundären Eigenschaften. Was die primären betrifft, so können wir die direkte Wahrnehmung durch Messung ergänzen und so makroskopisch Gestalt, Struktur und Größe festlegen. Diese gemessenen Größen sind nicht nur unabhängig vom Menschen, sie können sogar zu Recht als intrinsische Eigenschaften der betreffenden Objekte angesehen werden (...). Wir können auch die gemessene Gestalt oder ›relative‹ Größe eines Objekts vergleichen mit dem entsprechenden Teil des wahrnehmenden Bewußtseins und feststellen, ob sie einander ähneln. In ähnlicher Weise können Messungen auch andere primäre Eigenschaften wie Bewegung oder Masse nachweisen« (Hirst 1964, 333).

Solch ein Vertrauen auf Messung als direkte Leitung zur ontologischen Realität setzt voraus, daß nicht nur der Meßakt, sondern auch seine Resultate (»die gemessene Gestalt und Größe«) irgendwie unabhängig vom Beobachter sind. Percy Bridgman, der bestimmte Schlüsselbegriffe der Physik in Form von Meßoperationen definierte, hat sehr deutlich zum Ausdruck gebracht, daß nichts gemessen werden kann, was nicht zuvor begrifflich als Ding konstruiert worden ist. »Wir erfahren keineswegs *Dinge; Dinge* sind unsere Konstruktion, deren Aufgabe darin besteht, die Ähnlichkeit zwischen Aspekten unserer gegenwärtigen unmittelbaren Erfahrung und Aspekten unserer vergangenen Erfahrung zu betonen: Das ist eine sehr wichtige Leistung.« (Bridgman, 1936, 18. Bridgmans Hervorhebung). Und an anderer Stelle heißt es: »Wenn wir sagen, daß wir draußen im Raum ein Ding sehen, dann machen wir Gebrauch von Korrelationen, die durch Erfahrung und Wiederholung in die Struktur und das Funktionieren unseres Gehirns eingebaut worden sind« (Bridgman 1961, 46).

Um messen zu können, brauchen wir eine Struktur, die wir messen können. Beide, diese Struktur und die Meßoperationen, müssen notwendigerweise Teil unserer Erfahrung sein; deshalb können die Ergebnisse unserer Messungen in keiner Weise als »zuverlässiger« oder »objektiver« betrachtet werden als andere Teile unserer Erfahrung.

Während Hirst die Rechtfertigung des Skeptizismus bezüglich »der sekundären Eigenschaften« akzeptiert, scheint er die primären Eigenschaften, d. h. jene, die die physikalische Struktur eines Objekts bestimmen, als fraglose Gegebenheiten zu betrachten. Aber wie wir schon eingangs sagten: Wenn es keine guten Gründe dafür gibt, der sinnlich erfahrenen Farbe, dem Geschmack und der Textur eines wahrgenommenen Apfels zu trauen, dann gibt es auch keine besseren Gründe dafür, seiner wahrgenommenen »Dinghaftigkeit« zu trauen. In der Tat, selbst wenn wir den Beobachterstandpunkt einnehmen und Wahrnehmung in einem beobachteten Organismus untersuchen, stellen wir fest, daß für diesen Organismus »Objekte« nicht mehr und nicht weniger sind als eine Koordination verschiedener sinnlicher Signale.

In ihrem klassischen Aufsatz über das Froschauge haben Lettvin, Maturana, McCulloch und Pitts (1959) demonstriert, daß das, was ein Frosch als Jagdziel *wahrnimmt*, das Zusammentreffen von Signalen aus drei hochspezialisierten neuronalen Netzwerken ist (aus einem Netzwerk für Hell-Dunkel-Kontraste, einem für kleine konvexe Gestalten und einem für Bewegung). Für den Frosch konstituiert das *Zusammentreffen* dieser drei Signale ein »Objekt«, auf das er springt, um es zu verschlingen – ohne Rücksicht darauf, was wir, die Beobachter, als Konstituens dieser »Stimuli« ansehen, die alle drei Netzwerke zur Signalabgabe veranlassen. Tatsächlich wird der Frosch auf dieselbe Weise auf das reagieren, was ein menschlicher Beobachter unterschiedlich kategorisieren würde als Fliegen, Käfer, kleine Pappscheiben, Bleikügelchen und ähnliches mehr, sofern diese vom Hintergrund abstechen, eine bestimmte Größe haben und sich bewegen. Der Frosch würde nicht anders reagieren, wenn die drei Netzwerke »stimuliert« würden durch das, was ein Beobachter als drei verschiedene Dinge sieht. Die »Fliegenhaftigkeit« oder allgemein »Dingheit«, d. h. die Vereinigung der »wahrgenommenen Eigenschaften« in einem einheitlichen Gegenstand resultiert aus dem Zusammentreffen neuronaler Signale und erfordert keineswegs die objektive Existenz eines Dings, das diese verschiedenen Eigenschaften tatsächlich *besitzt*.

Ganz ähnlich haben die Forschungen, die aus Piagets Analyse des Erwerbs von »Objektpermanenz beim Kind« hervorgegangen sind, gezeigt, daß das, was als »Objekt« wahrgenommen wird, tatsächlich die Koordination des Organismus selbst von sensomotorischen Signalen ist und nicht als Gegebenheit in der näheren Umgebung des Kindes vorausgesetzt werden muß. Kuhn betont: »Ein Überblick über die reiche experimentelle Literatur ›der Wahrnehmungspsychologie‹ ... läßt vermuten, daß so etwas wie ein Paradigma selbst der Wahrnehmung zugrunde liegt. Was ein Mensch sieht, hängt von zweierlei ab: von dem, worauf er schaut, sowie von dem, was seine vorherige visuell-konzeptionelle Erfahrung ihn zu sehen gelehrt hat« (Th. S. Kuhn 1970, 113).

Hirsts allgemeine Wahrnehmungstheorie wird dadurch verzerrt, daß er die konstitutiven Handlungen der Wahrnehmenden im Bezug auf Beziehungen, Strukturen und Dinge nicht berücksichtigt.

Um sich mit wahrheitsgetreuen Wahrnehmungen und Irrtum auseinandersetzen zu können, teilt er Wahrnehmen auf in einen »fühlenden« (oder sinnenhaften) und einen »denkenden« (oder konzeptionellen) Teil. Beide sind aber introspektiv nicht voneinander zu unterscheiden, denn »... sie sind vermischt oder verschmolzen worden unterhalb der Bewußtseinsebene mit dem Erfolg, daß alle Erfahrungen des Wahrnehmenden ein einheitliches Produkt bilden, das sozusagen den Hauch von beiden besitzt« (Hirst 1964, 307).

Hirst gibt zu, daß dieser Vorgang dunkel ist: »Die Begriffe ›mischen‹ und ›verschmelzen‹ sind unglücklicherweise aber unvermeidlich vage und metaphorisch. Trotzdem scheinen sie zumindest zu passen für die Verbindung von Gehirnaktivitäten in verschiedenen Bereichen und für die Erzeugung der einheitlichen Wahrnehmungsbewußtheit, die wir kennen« (a.a.O.).

Wir haben dargelegt, daß diese zwei Aspekte niemals getrennt waren. Im Modell negativer Rückkopplung ist das, was Hirst für das fühlende Element hält, stets ausgerichtet auf das Referenzsignal der höheren Ebene. Entsprechend gibt es keinen Teil, der – nicht einmal metaphorisch – als das ›fühlende‹ Element identifiziert werden könnte. Und was noch wichtiger ist: Selbst wenn ein solches Element identifiziert werden könnte, würde es ein Sensor-Signal innerhalb des neuronalen Netzwerkes eines Organismus sein und deshalb keineswegs näher an einer »gegebenen« äußeren Wirklichkeit als irgendein anderes dieser Signale.

Es stellt sich heraus, daß offensichtlich der einzige Grund zur Unterscheidung dieses Elementes darin besteht, sich mit wahrheitsgetreuen Wahrnehmungen zu beschäftigen. »Ob eine Wahrnehmung wahrheitsgetreu ist oder nicht, hängt davon ab, ob es sich um eine Aktivität handelt, die verbunden ist mit dem Gedanken an ein Objekt, das dem ähnelt, was tatsächlich die Aktivität des Gehirns in den Empfangsbereichen produziert« (a.a.O.).

Aber das macht keinen Sinn. Es erfordert, daß der Rezipient Sinnesdaten (die intern und durch das Wahrnehmungssystem verändert werden) vergleicht mit Daten, die zu demselben »Ding« in der näheren Umgebung gehören und die auf irgendeine andere nicht wahrnehmungsmäßige Weise erworben sind. Abgesehen von der inneren Widersprüchlichkeit, ist dies eine Verletzung von Hirsts eigener Zwei-Aspekte-Theorie.
Hirst unterscheidet zwei Aspekte des Wahrnehmens: (1) Was heißt es wahrzunehmen? und (2) Wie sieht ein unabhängiger Beobachter die Wahrnehmung eines anderen Subjekts? Wir stimmen dieser Einteilung zu, aber wir glauben, daß Hirst deren Implikate nicht weit genug verfolgt. Aus unserer eigenen Perspektive als Organismen (Hirsts Aspekt Nr. 1) haben wir Erfahrungen und versuchen, sie zu organisieren. Auf diese Art konstruieren wir unsere Welt, die jetzt und für immer die Welt *unserer* Erfahrung ist und bleibt. Was immer wir auch über diese Welt sagen, es sind Aussagen über unsere Erfahrung. In dieser Welt können wir Erfahrungsobjekte haben, z. B. Organismen und deren Umwelten, zwischen denen wir Beziehungen festlegen können; aber wir können keine Nicht-Erfahrungs- oder Vor-Erfahrungsobjekte haben und deshalb auch keine Relationen (kausale oder andere) zwischen diesen und den Erfahrungsobjekten festlegen. Aber genau dies müßten wir tun, wenn wir von der »Glaubwürdigkeit unserer Wahrnehmungen« sprechen wollten. Auf der anderen Seite können wir, nachdem wir Organismen und ihre Umwelten konstruiert haben, als Beobachter dieser Organismen eine gewisse Beziehung »Wahrnehmung« nennen (Hirsts Aspekt Nr. 2). Aus dieser Beobachterperspektive können wir das neuronale Modell entwickeln und folgern, daß die von einem Organismus wahrgenommene Welt nur aus den neuronalen Signalen des Organismus selbst bestehen kann sowie aus den besonderen Arten, in denen der Organismus sie koordiniert. Und wenn wir als Beobachter erkenntnistheoretische Interessen haben, dann können wir sagen, daß ein solcher Organismus, der ausschließlich mit internen neuronalen Signalen umgeht, keinen möglichen kognitiven Zugang zu den »realen« Strukturen seiner Umwelt haben kann. Demzufolge kann keine der beiden Perspektiven (d. h. keiner von Hirsts »Aspekten«) dazu beitragen, die Glaubwürdigkeit der Wahrnehmung zu begründen.

Umwelt und der hierarchische Organismus

Die Umwelt, die – in Powers' Begriffen – von der Eingabefunktion erster Ordnung eines wahrnehmenden Organismus ausgesandt wird, kann keineswegs mit dem gleichgesetzt werden, was der *Beobachter* eines solchen Kontrollsystems oder Organismus die Umwelt dieses Systems nennen würde. Der Beobachter trifft die Unterscheidung zwischen einem Organismus und seiner Umwelt als Unterscheidung in seinem eigenen Erfahrungsbereich. Sie entspricht jeder Figur-Grund-Unterscheidung im Bereich der visuellen Erfahrung. Für den Organismus selbst jedoch bilden die Wahrnehmungssignale erster Ordnung die »Umwelt«; aber das gilt nur in einem rein metaphorischen Sinne, in dem sie das Rohmaterial bilden für alle weiteren neuronalen Verrechnungen. Vom Inneren des Organismus aus gesehen – d.h. des Organismus, den wir beobachten –, kann unmöglich eine Unterscheidung zwischen dem Organismus und seiner Umgebung gemacht werden. »Umgebung« ist kein Etwas, das ein Organismus irgendwie von seinen internen neuronalen Signalen ableiten könnte, sondern das nur von einem Beobachter des Organismus gesetzt werden kann. »Ein Wahrnehmungssignal erster Ordnung spiegelt nur das wider, was am Ende des Sensors geschieht: die Quelle der Stimulierung ist völlig unbestimmt und unerfahrbar. (...) In keinem visuellen Signal erster Ordnung gibt es eine Information über den Ursprung des Lichts, das eine Eingabefunktion aufnimmt; die Lichtquelle kann eine Fluoreszenz im Augapfel sein oder ein Stern, der hundert Millionen Jahre entfernt in Raum und Zeit explodiert, ohne daß sich deshalb die Art des Wahrnehmungssignals ändert« (Powers 1973, 95-96).

Auf dieser Ebene gibt es keine Sterne, keine Fluoreszenz, weder Raum noch Zeit und sicherlich keinen Organismus und keine Umgebung – es gibt dort nur elementare Sinnessignale, deren *Intensität* das System erster Ordnung kontrolliert. Mit Powers' Worten ausgedrückt: sie können »... in Analogie zu einigen grundlegenden physikalischen Effekten« gedacht werden (a.a.O., 101).

Aber der Organismus besitzt keine Möglichkeit mitzuteilen, woher diese Effekte kommen – denn nach allem, was er weiß, können sie in seinem Augapfel entstehen. Wenn die Signale die zweite Ebene erreichen (Eingabefunktion zweiter Ordnung), werden sie miteinander verbunden und konstituieren »qualitative Vektoren«. Powers benutzt als Beispiel den Geschmack von Limonade, der »... einen leicht erkennbaren Vektor enthält, der abgeleitet wird von den Intensitätssignalen, die durch Zucker und Säure (zusammen mit einigen Ölgerüchen) erzeugt werden. Wie einheitlich und real dieser Vektor auch erscheint, es gibt keine physikalische Gegebenheit, die ihm entspricht. Die Nebeneinanderstellung von Zucker, Säuren und Ölen in einem gemeinsamen Raum erzeugt dort keine spezielle Entität« (1973, 113). Die dritte Ebene wiederum gruppiert und koordiniert Signale, wenn sie – modifiziert durch die Schleifen zweiter Ordnung – auftauchen, und einige der daraus hervorgehenden Zusammensetzungen sind dann das, was wir »Objekte« nennen. Der Prozeß auf dieser dritten Ebene ebenso wie seine Ergebnisse entsprechen dem Beginn dessen, was Piaget als »Konstruktion permanenter Objekte« ausgearbeitet hat (1937, 1-85).

Auf jeder höheren Ebene im System werden zunehmend komplexe Größen konstruiert: Objekte, Abfolgemuster, Programme, Prinzipien und schließlich organisierte Systeme, Theorien und Modelle. Jede Ebene bringt eine Zunahme an Abstraktionshöhe, die wir als Entfernung von der elementaren Ebene intensiver Wahrnehmung interpretieren können.

Mit jeder neuen Ebene wird das Modell also hypothetischer. Der oberste Referenzwert an der Spitze der Hierarchie könnte gesehen werden als Ausdruck eines inneren Prinzips wie »Selbst-Verwirklichung«, oder er könnte ein Verbindungsglied zu einem anderen Erklärungsmodell herstellen, z. B. zum Überlebensgebot der biologischen Evolutionstheorie.

Powers ist sich des hypothetischen Charakters seines Entwurfs der oberen Bereiche sehr wohl bewußt und verbirgt ihn auch keineswegs. Er stellt ihn vor als erste Annäherung, als einen Entwurf, der noch manche Änderung erfordern dürfte. Für unseren Zusammenhang ist es auch gar nicht wichtig, ob sein Entwurf etwa der sechsten oder der siebten Ebene der wahrscheinlichste oder plausibelste ist. Wichtig ist, daß er ein Konstruktionsprinzip explizit dargelegt hat, und daß dieses Prinzip interessante erkenntnistheoretische Implikate aufweist.

Der wichtigste Punkt, auf den wir hinweisen wollen, besagt, daß Powers' Modell die pyrrhonistische Dogmenabstinenz empfiehlt, aber zugleich gesunden Menschenverstand berücksichtigt. Es ist unvereinbar mit jeder realistischen Erkenntnistheorie, die »Wissen« in irgendeiner Weise als Abbild einer ontologischen Wirklichkeit voraussetzen muß. Werden dagegen Organismen, ihr Verhalten sowie Wahrnehmung im Rahmen von Rückkoppelungs-Kontrollsystemen erklärt, dann können sie kein sicheres Wissen im philosophischen Sinne besitzen. Das ist keineswegs trivial. Es beruht auf der wesentlichen Begrenzung des Modells. Gleichwohl ist es keineswegs unvereinbar mit unserem Wissen, das wir täglich von der Welt entwickeln, die wir konstruiert haben.

»Wissen« ist die Konstruktion und Aufrechterhaltung von Invarianzen; und »Lernen« ist die Zunahme der Fähigkeit des Systems, Sinneseindrücke zu kontrollieren und zu diesem Zweck Referenzsignale zu regulieren. Wissen ist nicht das Wiedererkennen oder die Bewußtheit dieser Invarianzen, und Lernen ist kein passives Aufnehmen. Solche Annahmen würden das Modell mit einer Art von Repräsentationstheorie befrachten und zu einem endlosen Regreß führen, nämlich zu der Frage: Wie wissen wir, daß wir wissen, usw. Dieses Mißverständnis entsteht durch die Ansicht, daß Signale in einem Kontrollsystem gewöhnlich »Information« und vielleicht Wissen enthalten. So argumentiert etwa D. C. Dennett: »Jedesmal, wenn ein Theorienkonstrukteur vorschlägt, irgendein Ereignis, einen Zustand, eine Struktur usw. in irgendeinem System (z. B. im Gehirn eines Organismus) *Signal, Botschaft* oder *Befehl* zu nennen (oder es auf andere Weise mit Inhalt auszustatten), *macht er Anleihen* bei Intelligenz. Implizit postuliert er zusammen mit seinen Signalen, Botschaften oder Befehlen etwas, das als Signal-*Leser*, Botschaften-*Versteher* oder *Befehls-Geber* dienen kann (sonst wären seine ›Signale‹ nutzlos, sie verhallten ungehört und unverstanden)« (Dennett 1971, 96, Hervorhebungen im Original).[12] Wenn wir versuchen, das auf Powers' Modell anzuwenden, dann wird eins sofort klar:

Obwohl er sagt, daß das Signal, das von der Eingabefunktion erster Ordnung ausgesendet wird, »... ein Analogon zu einer äußeren Quantität darstellt« (1973, 148), kann diese analogische

Korrespondenz nur von einem Beobachter festgestellt werden – das Kontrollmodell verfügt nur über Signale und über nichts sonst. »Was wir erfahren, ist eine Menge von Ausgabegrößen von Wahrnehmungsfunktionen, und wir haben keine Möglichkeit, die wahre Natur der Eingabegrößen zu entdecken« (Powers 1974, 6). Das heißt, das Sensor-Signal kann für das Modell selbst keinen »Inhalt« haben und nicht decodiert werden – es ist, was es ist, ein neuronaler Fluß, der zu einem bestimmten Punkt in einem Netzwerk fließt, wo er als neuronaler Fluß ankommt und funktioniert. Was die Sensor-Signale des Systems betrifft, so kann bei ihnen kein »Intelligenzdarlehen« aufgenommen werden; und in sich selbst können sie kein »Wissen« konstituieren.

Humberto Maturana (1970) und Ross Ashby (1967, 1979) haben beide angenommen, daß lebende Systeme im wesentlichen induktive Systeme in einem strikt Humeschen Sinne sind, indem sie nämlich »... in einer voraussagenden Weise funktionieren: Was geschehen ist, wird wieder geschehen« (Maturana 1970, 39). Sehr einfach ausgedrückt heißt das: Wenn ein Kontrollsystem ein Repertoire verschiedener Handlungen sowie eine einfache Art von Gedächtnis besitzt, das ihm erlaubt, über Fehler-Signale, nachfolgende Handlungen und darauf folgende Änderungen in den Irrtumssignalen Buch zu führen, dann wird es in der Lage sein, seine eigenen Verbindungen herzustellen auf der Grundlage der Feststellung, welche Aktivität welches Fehler-Signal zu vermeiden geholfen hat. Der springende Punkt in dieser Argumentation liegt darin, daß das System jetzt *lernen* kann ohne die Annahme irgendeiner Umwelt, lediglich durch Aufnahme und Auswertung von aufgenommenen Folgen von Handlungen und darauf folgenden Wechseln in den Sensor-Signalen in Richtung auf den Referenzwert.

In dem hierarchischen Netzwerk, wie Powers es entworfen hat, wird diese Art des Lernens, wie man die »richtige« Aktivität in der Schleife erster Ordnung auswählt, zu einem »Lernen, wie man den richtigen Referenzwert« in den Schleifen höherer Ordnung auswählt, wo alle Signale und Werte zusammengesetzt sind aus Elementen der niedrigeren Ebenen.[13] Das heißt, wenn der Organismus Invarianten konstruiert und aufrecht erhält, können wir dies nun als einen Lernprozeß ansehen, der zu »Wissen« führt, z. B. in Form eines »permanenten Objekts«, das als Referenzsignal betrachtet werden kann, gebildet aus verschiedenen

Sensor-Signalen von niedrigeren Ebenen. Konstruierte Invarianzen dieser Art entsprechen exakt dem, was Piaget »operative Schemata« genannt hat, und wir glauben, daß wir diese mit Recht als »Wissen« ansehen können, da es sich um erworbene Determinanten von Handlungen handelt, ohne Rücksicht darauf, ob der Organismus sich ihrer voll bewußt ist oder nicht. Diese Invarianzen sind es, die unseren Vorstellungen ihre offensichtliche Stabilität und Dauer verleihen und uns in den Stand versetzen, zu *erkennen* und zu *wissen*. Auf der anderen Seite führt die Aufrechterhaltung von bereits etablierten Konstruktionen unweigerlich dazu, begrenzende Bedingungen für jede weitere Konstruktion zu erzeugen.

Nach dieser Definition gibt es Wissen und Lernen auf allen Ebenen; denn Invarianzen werden auf allen Ebenen konstruiert. Abgrenzungskriterien dafür, was als Wissen zu zählen ist, werden im Rahmen der verschiedenen Konstruktionsebenen etabliert. Wie sogar Ryle argumentiert, gibt es offensichtlich Kriterien, mit deren Hilfe wir in normalen Fällen fehlerhafte Wahrnehmungen von richtigen unterscheiden können (Ryle 1954, Kap. VII). Diese Kriterien werden gebildet, indem wir Referenzsignale höherer Ebenen anpassen. Hier besteht eine Parallele mit der empiristischen Konstruktion wissenschaftlicher Theorien.

In traditioneller Sicht wurden Beobachtungen als Daten herangezogen, um wissenschaftliche Theorien zu stützen oder zurückzuweisen. Ganz entsprechend wurden Wahrnehmungen als Daten für die Unterstützung oder Zurückweisung unserer Sicht der Welt herangezogen. Der gegenwärtige wissenschaftliche Empirizismus hat die Rolle von Beobachtung und Theorie umgedreht. Eine wissenschaftliche Theorie begründet Kriterien, die definieren, was als Datum oder Evidenz gerechnet werden kann. Eine globale wissenschaftliche Theorie begründet ein metaphysisches System. »Solch ein System wird natürlich sehr ›erfolgreich‹ sein, jedoch nicht, weil es so gut mit den Fakten übereinstimmt, sondern weil keine Fakten spezifiziert worden sind, die als Test herangezogen werden könnten, und weil einige dieser Fakten sogar aus dem Wege geräumt worden sind. Sein ›Erfolg‹ ist *vollständig menschengemacht:* Er war dazu bestimmt, zu einigen Ideen zu passen, und das Resultat war ganz natürlich das Überleben dieser Ideen« (P. K. Feyerabend 1965, 178).

Entsprechend gibt es innerhalb des Rahmens einer wissenschaftlichen Theorie durchaus Fakten. Aber diese Fakten und das dazugehörige wissenschaftliche Wissen sind theoriebeladen. Sie sind unfehlbar (in welchem Wortsinn man das auch immer meinen mag) nur im Rahmen der Theorie. Sie werden akzeptiert oder zurückgewiesen zusammen mit den Kriterien, die zur Annahme oder Zurückweisung der Theorie führen. Insofern diese Kriterien willkürlich sind, sind es auch die Fakten der wissenschaftlichen Theorie. Entsprechend kehren wir die Rollen von Wahrnehmung und Organisation der Welt um. Die Organisationsprinzipien der höheren Ebenen etablieren Kriterien, die definieren, was als Datum oder Evidenz zu rechnen ist. Genau in diesem Sinne entscheiden wir dann, »einige Ideen beizubehalten«. Innerhalb des Rahmens der Organisationsprinzipien gibt es tatsächlich zutreffende Wahrnehmungen. Aber diese zutreffenden Wahrnehmungen, und Wissen im allgemeinen, sind gebunden an unser Engagement – sie sind »organisationsbeladen«.

Was wahrgenommen wird

Wir möchten nun einige der traditionellen Fragen aus der Perspektive des Powersschen Modells überprüfen. Was würde es für Aussagen zur Wahrnehmung bedeuten, unfehlbar zu sein? Im Rahmen unseres Modells muß diese Frage etwas deutlicher gemacht werden. Wir müssen die Modellebene spezifizieren, auf die wir unsere Analyse lenken. Gibt es denn eine Ebene, die Daten für unfehlbare Aussagen bereitstellt? In welcher Hinsicht würde – aus der Perspektive des Modells – der Input irgendeiner Ebene den Grund für Unfehlbarkeit liefern?

Wenn die Sensor-Signale erster Ordnung »... die einzige Umwelt darstellen, auf die höhere Systeme reagieren können« (Powers 1973, 95), und wenn diese Signale nicht mehr repräsentieren als die Intensität einiger grundlegender physikalischer Effekte, dann ist klar, daß keine Summierung, Transformation oder Berechnung dieser Signale dem Wahrnehmungssystem enthüllen kann, *was die Ursache* der physikalischen Effekte war, die seine Eingangsgröße bilden. Das System agiert auf der unteren Ebene mit dem Ziel, die Intensität dieser Signale dicht an einem bestimmten Referenz-Wert zu halten, d.h. mit anderen Worten, sie invariant zu halten. Auf den höheren Ebenen sind die Input-Signale zusammengesetzt, entsprechendes gilt für die Referenzwerte. Was dort invariant gehalten wird (und in diesem Sinne aus einfacheren Invarianzen *konstruiert* wird), sind permanente Objekte, permanente Konzepte und schließlich eine relativ permanente und verläßliche Welt. Die Referenzwerte, die diese Invarianzen konstituieren, werden von der Spitze aus gesetzt und angepaßt. Sie werden von einer Ebene zur anderen hinuntergeschickt auf die Basisebene der Sensor-Funktionen. Und weil diese Referenzwerte die Aktivitäten kontrollieren, die die Sensor-Signale verändern, können wir sagen, daß das, was ein System wahrnimmt, im Prinzip von der Spitze der Systemhierarchie kontrolliert wird. – Wir werden nun dieses Modell auf uns selbst als Organismen anwenden.

Innerhalb des Rahmens jeder einzelnen Ebene, vor allem im Hinblick auf die unteren Ebenen, kann das Wahrgenommene gar nicht bezweifelt werden: Wir zweifeln nicht, weil unsere Wahrnehmung durch unsere Handlungen modifiziert wird. Dadurch wird jede Zuschreibung von ontologischer Bedeutung an das Wahrgenommene erfolgreich ausgeschlossen. Es gibt nichts »Gegebenes«. Es gibt keine niedrigste Ebene, die vom organisierenden Prinzip frei wäre. Wenn »das Gegebene« wirklich (in irgendeinem Sinne dieses Wortes) eine Störung der ersten Ebene ist, dann kann es innerhalb der Struktur des Modells nicht unterschieden werden. Die Störung wird modifiziert, um den Input für Ebene 1 zu erzeugen. Sie wird durch unser Verhalten verändert, und diese Veränderung ist ein *analogischer* Prozeß.

Erkenntnistheoretisch gesehen ist dies von überragender Wichtigkeit: Die Störung, worin auch immer sie wirklich bestehen mag, wird nie diskret erfahren, sondern schafft lediglich eine Fluktuation im gesamten Sensor-Signal. Dementsprechend kann der Organismus nie entscheiden, bis zu welchem Maß die Fluktuation von der Störung herrührt und inwieweit sie aus den eigenen Handlungen folgt. Daher gibt es keine Ebene, die als organisationsfreie Wahrnehmung bezeichnet werden könnte. Es gibt keine Trennung von Wahrnehmung und Interpretation. Der Akt des Wahrnehmens ist der Akt der Interpretierung. Die Aktivität des Wahrnehmens besteht darin, Invarianzen zu konstruieren. Isolieren, Auswählen, Scharfstellen, Aufpassen sind alles Teile dieses Prozesses.[14]

Norwood Hanson argumentiert wie folgt: »Menschen, nicht ihre

Augen sehen. Kameras und Augäpfel sind blind« (Hanson 1958, 9).

Sehen erfordert Organisation. Es ist nicht möglich, diesen Prozeß zu isolieren oder ihn mit der Aktivität irgendeiner besonderen Ebene zu identifizieren. Er ist systematisch vieldeutig. »Wahrnehmen« ist in gleicher Weise systematisch vieldeutig.

Russel sagte einmal, daß systematisch zweideutige Wörter so aussehen, als hätten sie einen einzigen festgelegten Gebrauch, der – wenn das zuträfe – eine Totalität definieren würde.[15] Auf diese Art scheinen sie fälschlicherweise eine »fundamentale Einheit der Bedeutung« zu enthüllen (Alexandre Koyré 1948, 3). Es gibt keinen einzelnen Gebrauch von ›sehen‹ oder ›wahrnehmen‹. Sie haben ausschließlich in bestimmten Kontexten eine klar definierte Bedeutung. Es ist unrichtig, von ihnen so zu sprechen, als wären sie einfache Prozesse, die auf eine einzige Ebene begrenzt sind. Diese Ambiguität ist genau dafür verantwortlich, daß wir ein »Gegebenes« in der Wahrnehmung ansetzen, was dann »gesehen« oder »wahrgenommen« wird. Wir sind nicht in der Lage, das einzuholen, was typischerweise als das ausgegeben wird, worauf man sich in der Wahrnehmung als Gegebenes bezieht. Insbesondere sind wir nicht in der Lage, die ursprüngliche Störung auf Ebene 1 aufzuspüren, also das, was der sprichwörtliche naive Realist als die »physikalischen Quantitäten in der Umgebung« bezeichnen möchte. Die neuronale Verrechnung im Input von Ebene 1 verwirrt jede Störung mit dem Effekt des eigenen Handelns. »Es ist natürlich schwierig, sich an den Gedanken zu gewöhnen, daß das von uns Gesehene die Existenz einer Wahrnehmungstransformation anzeigt und erst in zweiter Linie und hypothetisch etwas, das in der äußeren Wirklichkeit vorkommt« (Powers 1973, 24).

Die Welt, wie wir sie sehen, ist immer genau das: die Welt *wie wir sie sehen.* Wie auch in Piagets Entwicklungsmodell beginnen wir nicht mit einer klar definierten Welt; wir konstruieren die Welt vielmehr, indem wir alle Eingabegrößen an bereits geformte Konzeptstrukturen »assimilieren«.

Wenn wir diese aktive Konstruktion einmal annehmen, dann ist es zweideutig, von externen Objekten in einer realen Welt zu sprechen. Objekte und die Welt sind beide komplexe Produkte des Systems des Organismus. Der Begriff ›Objekt‹ wird dem System durch sein eigenes Handeln aufgeprägt. Was immer die

Ursache für die Störung der untersten Ebene sein mag: Es ist irreführend, davon als von einem Objekt zu sprechen. Die Welt von Objekten mittlerer Größe wird auf der dritten Ebene konstruiert und dadurch organisiert, daß Relationen auf der vierten und fünften Ebene geschaffen und aneinandergereiht werden. Vom Standpunkt des Systems aus kann es unterhalb dieser Ebenen noch nicht einmal eine begriffliche Erfassung von Kausalität geben. Das bedeutet: Was immer wir als eine »Ursache« oder als eine »Wirkung« isolieren, muß ein Konstrukt der dritten oder einer höheren Ebene sein und kann keineswegs eine unabhängige Gegebenheit repräsentieren, die außerhalb der Operationen des Netzwerks »existiert«. Das System bildet den Begriff des permanenten Objekts. Und *per Definition* ist nicht wahrnehmbar, ob oder inwieweit die konstruierte Vorstellung einer äußeren Umwelt gleicht.

»Das bedeutet, daß wir sicherheitshalber allgemein von empfindungserzeugenden Eingabefunktionen sprechen sollten und nicht von empfindungswiedererkennenden Funktionen. Die Rede vom Wiedererkennen unterstellt stillschweigend, daß die Umgebung eine wiedererkennbare Einheit enthält, und daß wir nur lernen müssen, diese zu entdecken. Es wäre erheblich realistischer, statt dessen von Funktionen zu sprechen, die Wahrnehmungen konstruieren« (Powers 1973, 114).

Strenggenommen gibt es für einen Organismus keine erkennbare Umwelt. Diese ist nur definierbar für einen Beobachter, der im Rahmen seines eigenen Erfahrungsfeldes einen Organismus konstruiert und ihn von einer Umwelt absetzt. Es ist im wahrsten Sinne des Wortes sinnlos, uns selbst und *unsere* Erfahrungswelt in eine Umgebung zu plazieren, d. h. einen mysteriösen Raum jenseits unserer eigenen Signale zu postulieren, in den wir einen noumenalen Ursprung für die Invarianzen projizieren, die wir errechnen.

Objektivität – eine offene Frage

Wie ist es aber dann zu erklären, daß wir bei der Konstruktion unserer Welten scheinbar bemerkenswert strengen Begrenzungen unterworfen sind? Und warum ähneln sich unsere Welten im Endeffekt so stark, wenn unsere Konstruktionen einer Welt nicht mehr erfordern als eine gewisse innere Konsistenz subjektiver Invarianzen?

Die Begrenzungen unserer Konstruktion werden manchmal durch Rekurs auf die kognitive Entwicklung des Individuums erklärt, vor allem mit Rekurs auf die Tatsache, daß die Konstruktion von Objekten, die Konstruktion der Kategorien von Raum und Zeit, die Konstruktion der Konzepte von Bewegung, Wechsel und Kausalität zu einem sehr frühen Zeitpunkt in der kognitiven Karriere eines individuellen Organismus stattfindet. Diese Konstruktionen werden unmittelbar in alle kognitiven Aktivitäten eines Organismus investiert, und die meisten späteren Konstrukte basieren in gewisser Weise auf ihnen; deshalb ist es fast unmöglich, zu einem späteren Zeitpunkt in der Konstruktion ohne sie auszukommen. Bei den meisten von uns führen diese grundlegenden Konzepte zu einer höchst erfolgreichen Konstruktionsarbeit, wenn Erfolg eher an der Stabilität gemessen wird als an der logischen Kohärenz der Welt, die wir aufbauen. »Von früher Kindheit an werden wir einer Erziehung unterworfen, die unserer Art, Dinge zu betrachten und uns in der Welt zu benehmen, eine ganz bestimmte Richtung gibt, und die alle anderen Möglichkeiten entweder unterdrückt oder in den Bereich der Phantasie verweist. Auf diese Art entsteht unser Realitätsbegriff ...« (Feyerabend 1967, 304).[16]

Dieses Argument kann vereinfacht werden und auf der allgemeinsten Ebene präsentiert werden, ohne jede Beziehung zur aktuellen ontogenetischen Entwicklung. Es scheint unvermeidbar, daß in jeder Struktur, die spezifische Bausteine benutzt, die Besonderheit dieser Bausteine bestimmte Grenzen und Beschränkungen für die weitere Konstruktionsarbeit schafft.

So sollte es uns in Powers' hierarchischem Modell zum Beispiel nicht überraschen, daß die Konstruktion von Invarianzen höherer Ordnung in einem gewissen Ausmaß begrenzt wird durch die Art und Anzahl der Invarianzen, die auf der ersten Ebene erreicht werden können.[17]

Die Frage nach der Ähnlichkeit der Konstruktion bei einer Vielzahl von Individuen stellt uns vor ein völlig anderes Problem. Hier müssen wir nicht etwa die Frage beantworten, wie wir zu einem »objektiven« oder »intersubjektiven« Wissen kommen (das ist eine zweite Überlegung), hier geht es vielmehr um die elementare Frage: Wie kommt es, daß wir in unserer subjektiven Konstruktion einer Welt überhaupt andere Menschen vorkommen lassen können?[18] Sicher ist es möglich, eine plausible Analyse des Konstruktionsprogramms zu liefern, das ein Kontrollsystem ausführen müßte, um in seinem Netzwerk Invarianzen von solchen permanenten Objekten unterzubringen, die zu einer besonderen Klasse von Objekten mit »Andere-Leute-Eigenschaften« gehören (die z. B. einen invarianten und darum vorhersehbaren Spielraum von Unvorhersehbarkeit enthalten). Solch eine Konstruktion führt zu einer solipsistisch erzeugten Gesellschaft von Mitmenschen, und das ist intuitiv wenig befriedigend. Andererseits aber ist es *intuitiv* ebenso unbefriedigend, jederlei Kenntnis einer ontologischen Realität zu leugnen. Bei seinem Versuch, der solipsistischen Einsamkeit zu entkommen, in die sein unwandelbares und scheinbar unwiderlegbares Nachdenken ihn getrieben hatte, entschied sich Berkeley für einen phantasievollen und völlig irrationalen Ausweg. Sein Versuch, eine objektive Realität durch die Einführung der wahrnehmungsmäßigen Überlegenheit Gottes wiederherzustellen, hat für uns heute den Anschein eines Tricks.[19] Aber der Empirizist, der sich auf ein reales externes Objekt verläßt, macht genau dasselbe. Entsprechend unterliegt es derselben Kritik. Was ist denn, nach allem Gesagten, das reale externe Objekt anderes als »das, was Objektivität bewahren kann?« Externe strukturierte Realität ist ein hypothetisches Konstrukt, was diesem Zweck dient. Wir haben hier die Ansicht vertreten, daß dies irreführend ist, solange wir keinen Zugang zu den Strukturen dieser Realität haben. Das ist genau das, was Kant erreichte, als er dem Erfahrungsprozeß Raum und Zeit als *Anschauungsweisen* zuordnete. Damit drängte er die ontologische Realität unwiderruflich über den Rand menschlicher Vorstellung hinaus. Keine transzendentale Mühe kann unseren Verstand dazu bringen, ein noumenales Universum zu erfassen, in dem, per definitionem, keine der Relationen anwendbar ist, die wir errechnen können.

Damit ist genau die pyrrhonistische Begrenzung erreicht, die wir zu Beginn dieses Artikels akzeptiert haben. Die Grenzen unseres Modells repräsentieren nur die Grenzen dessen, was wir wahrnehmen. Wissen wird begrenzt durch genau die Methoden, mit deren Hilfe wir Wissen erzielen.

»Die wichtigste Quelle und der Beweis für unsere Ignoranz liegt in den Sinnesorganen. Alles, was wir wissen, ist fraglos gewußt durch die Fähigkeit der Wissenden; denn da das Urteil abgeleitet wird von den Tätigkeiten des Geistes [de l'opération] dessen, der urteilt, ist es richtig, daß er diese Tätigkeit entsprechend seiner Fähigkeiten vollenden muß und kann, nicht gebunden an äußerliche Bedingungen, was nur dann der Fall wäre, wenn wir die Dinge erkennen würden gemäß ihrer Kraft und gemäß dem Gesetz ihres Wesens« (Michel de Montaigne 1925, 382).

Aus der Perspektive des kognitiven Modells müssen wir die *deus ex machina*-Lösungen von Berkeley zurückweisen, ebenso wie jene des klassischen und logischen Empirismus, die – wenn auch ohne Gottes Hilfe – eine strukturierte externe Realität reifizieren. Stattdessen wenden wir uns dem Menschen zu. Der Mensch ist zugleich ein Organismus und ein Beobachter/Konstrukteur von Organismen. In dieser Doppelrolle liegt ein inneres Risiko der Verwirrung. Die Introspektion eines Organismus, seine Aufmerksamkeit auf seine eigene konstruktive Aktivität, führt zu der Einsicht, daß seine Vorstellung von der Welt, also sein Wissen, aus seiner eigenen Tätigkeit erwächst. Das heißt, Introspektion führt zu einer Position, die wir *epistemischen* Solipsismus nennen sollten. Das kann aber kein schleichender Solipsismus sein, da er ständig anwesend ist und jegliche Selbstwahrnehmung durchdringt. Wir leben in der Tat damit. Vielleicht liegt hier die Quelle der intimen Erfahrung von Einsamkeit, die bei den Menschen so verbreitet ist. Es ist die unentweichbare Konsequenz aus den pyrrhonistischen Argumenten von der letzten Begrenzung der Vernunft und von unseren dauernden Bemühungen, unsere Erfahrungen zu isolieren, zu ordnen und zu verstehen.

Als Beobachter/Konstrukteure von Organismen werden wir andererseits dazu geführt, an die Objekte, an andere Menschen und an die ganze Welt zu glauben, die wir ständig im Wahrnehmungsakt erzeugen. Sie sind »wirklich« in dem Sinne, daß wir unsere Erfahrungen *tatsächlich* in dieser Weise organisieren. Ein *ontologischer* Solipsismus, der dann wahrlich schleichend wäre, kann in dieser Konstruktion, die wir von uns selbst entwerfen, keinen Fuß fassen, solange wir uns der grundlegenden Annahme bewußt bleiben, daß unser konstruktives Handeln mit den internen Signalen *im Bereich unserer Erfahrung* operiert und so zum Ergebnis einer Erfahrungswelt führt. Nur wenn wir unsere Rollen verwechseln, können wir uns über die Natur der Wirklichkeit hinwegtäuschen. Als Beobachter können wir unsere wirkliche

Welt haben, als Organismen müssen wir uns darüber klar sein, daß sie in der Tat unsere Konstruktion ist.[20]

Sobald wir diese Position einmal annehmen, können wir die ontologischen Fragen, die Hirst so verwirren, zurechtrücken – was noch nicht heißt, daß wir sie beantworten können. In unserer Rolle als Beobachter/Konstrukteure von Organismen sollte es uns nicht überraschen, daß »... verschiedene Leute dasselbe Objekt wahrnehmen können oder durch dasselbe Objekt beeinflußt werden können oder zur selben Zeit handeln können« (Hirst 1964, 259). Da wir »andere Leute« konstruiert haben, indem wir bestimmte permanente Objekte in unserem Erfahrungsbereich mit zielgerichtetem Verhalten und mit Zielstrukturen ausgerüstet haben, die denen ähneln, die wir uns selbst zuschreiben, wäre es in der Tat überraschend, wenn diese »Anderen« nicht so handelten und nicht von Objekten genau in der Weise beeinflußt würden, wie wir es im Prinzip uns selbst zuschreiben. Und da wir bei der Konstruktion eines Objekts ihm »Permanenz« gegeben haben, indem wir es in eine äußere Welt projiziert haben, sollten wir uns nicht darüber wundern, daß wir nun von diesem Objekt erwarten, daß es »auch da ist, wenn es nicht beobachtet wird« (a.a.O., 259). Wir sind ständig darum bemüht, eine homogene, konsistente und widerspruchsfreie Konstruktion unserer Erfahrungswelt zu erreichen. Wir halten ständig Ausschau nach Invarianzen und wir assimilieren Erfahrungen unter Mißachtung individueller Unterschiede. Darum sollten wir uns nicht darüber wundern, daß wir Dinge so wahrnehmen, daß sie ähnlich, rekurrent und invariant sind. Aber wir haben zu zeigen versucht, daß Ähnlichkeit, Rekurrenz und Invarianz zu der Art und Weise gehören, in der wir unsere Erfahrung organisieren, und daß nichts in unserer Erfahrung die Annahme stützen könnte, daß diese Eigenschaften die Eigenschaften einer ontologischen Wirklichkeit sind. Es mag unsere tief verwurzelte intuitive Meinung sein, daß so eine Realität existiert, daß sie permanente Objekte und andere Menschen enthält; aber wenn wir »Wissen« auf das begrenzen, was wir rational demonstrieren können, dann haben wir keine Möglichkeit, so eine Realität zu erkennen.

Für einen gegenwärtigen Empirizisten stellt das kein Problem dar. Es ist nur theoretisch bedeutsam, ob wir versuchen, Wissenschaft und menschliches Denken in einer reinen, unfehlbaren Kollektion von Daten zu begründen. Und das ist nur wichtig, wenn wir es für notwendig halten, Wissenschaft als Fortschritt auf dem Wege zu »der Wahrheit« zu sehen.

Schlußbemerkung

Nach einer fünfzigjährigen – vielleicht nicht unangefochtenen, aber auf jeden Fall mächtigen – Herrschaft eines linearen stimulus-response-Modells des Verhaltens, dessen Realismus so naiv war, daß er von *jeder* Wissenstheorie unbeleckt war, kann man die Propagierung eines Modells nur begrüßen, das epistemologische Interpretationen ganz offenkundig einlädt. Wir haben zu zeigen versucht, daß das zirkuläre Kontrollsystem vereinbar ist mit dem traditionellen Skeptizismus und daß es starke Argumente dafür beibringt, daß wir unsere Welt konstruieren. Diese Position haben wir radikalen Konstruktivismus genannt (von Glasersfeld 1974, 1975). Wie wir schon bemerkten, halten wir es für wichtig, daß das Modell als Modell verstanden wird und nicht als die Beschreibung eines ontologischen wirklichen Arrangements. Entsprechend darf es in keiner Hinsicht als »wahr« präsentiert werden, es genügt, es als einen möglichen Weg darzustellen, um zu einer intern konsistenten Vorstellung von organismischen Systemen zu kommen, die Erfahrungen machen und sich verhalten. Dieses Modell entspricht der skeptischen Tradition darin, daß es die dem Organismus inhärente Unfähigkeit illustriert, aus seinen Erfahrungen ontologische Schlüsse zu ziehen. Das Modell trägt auch der konstruktivistischen Erweiterung der skeptischen Zweifel Rechnung mit folgenden Annahmen: Es gibt nicht nur keine guten Gründe anzunehmen, daß unsere Sinne uns die Dinge so zeigen, wie sie sind; es gibt auch keinen guten Grund zu der Annahme, daß die ontologische Realität etwas besitzt, das wir »Struktur« nennen könnten.

Diese Auffassungen basieren natürlich auf der einen elementaren Annahme (die der von Hume ziemlich nahe kommt), daß ein lebender Organismus inhärent in der Lage ist, Invarianzen in seiner rational segmentierten Erfahrung wahrzunehmen oder festzustellen. Diese Annahme ist erheblich komplexer als es auf den ersten Blick erscheinen mag, aber sie ist zumindest in Übereinstimmung mit den Lehren von Weisheiten seit frühen Zeiten. »Wenn man durch das große organische Auge sieht, dann erscheinen nur große Formen. (...) Schaut man durch die attributlose reine Bewußtheit, dann sieht man nur Bewußtheit und nichts sonst. Diese Erfahrung beweist, daß die objektive Welt immer in perfekter Abstimmung mit dem Standpunkt erscheinen wird, den das Subjekt einnimmt« (Sri Krishna Menon 1972, 27).

Die Welt, so wie sie *vor* aller Erfahrung sein mag, ist völlig unzugänglich – eine Folgerung, die noch nicht einmal zur Zeit von Parmenides neu war. Die fremde Welt wird unzugänglich bleiben trotz aller rationalen Konstruktionen und Modelle; denn unsere Konstruktionen und Modelle bestehen unvermeidlich aus Elementen und Beziehungen, die die Arten und Weisen unserer Erfahrung widerspiegeln. Aber wir sollten hinzufügen, daß uns nichts daran hindern wird, die Welt unserer Erfahrung kennenzulernen, die einzige Welt, in der unsere Vernunft gedeiht, *sobald* wir »Wissen« als die Konstruktion von Invarianten beschreiben.

Autorisierte Übersetzung von S. J. Schmidt

Anmerkungen

1 Wir danken Scott Kleiner, Bernhard Dauenhauer, Stuart Katz, Paul Silverman, John Messer und William T. Powers für wertvolle Kritik und Kommentare zu einer ersten Fassung dieses Aufsatzes.

2 Der allgemeine Vorwurf gegen den Skeptizismus lautet, daß er falsch sein muß, weil seine Schlußfolgerungen intuitiv unannehmbar seien. Noch kürzlich äußerte sich John Pollock (1974) in dieser Richtung. Obwohl er die Gültigkeit der Argumente der Skeptiker zugibt, argumentiert er, »... daß wir niemals so sicher über die Voraussetzungen eines skeptischen Argumentes sein werden wie wir darüber sicher sind, daß wir in der Tat Wissen besitzen. Daher wird es immer vernünftiger sein, eine der Voraussetzungen zurückzuweisen als die Schlußfolgerung der Skeptiker zu akzeptieren. Ein skeptisches Argument kann nur konstruiert werden als eine *reductio ad absurdum* seiner Prämissen« (Pollock 1974, 5).

3 Für explizite Modifikationen des Empirismus cf. die Publikationen von Paul K. Feyerabend (1965, 1970) und Arne Næss (1972). Viele ihrer Arbeiten sind eine Weiterentwicklung der Publikation zur Wissenschaftsgeschichte von Thomas Kuhn (1962) und Norwood Russel Hanson (1958). Die grundlegenden Ansätze finden sich bereits bei Ludwig Wittgenstein (1953) und – bis zu einem gewissen Maße – bei Sir Karl Popper (1934).

4 Cf. Richard Popkin (1960), vor allem Kap. VII.

5 Popkin bezieht sich auf Mersenne, *La Vérité des Sciences* (1623), 190-200.

6 Dieser Gedanke wird ausführlich entwickelt bei William T. Powers. Kurze Hinweise finden sich in Powers 1973a, 1974 und 1976.

7 Hirsts Position ist an verschiedenen Stellen entwickelt worden. Cf. vor allem 1964.

8 Daß wir etwas wahrnehmen (und »wissen«), resultiert immer aus unseren eigenen Operationen: Diese Auffassung hat über mehr als 30 Jahre Silvio Ceccato zusammen mit seiner Scuola operativa Italiana gelehrt (als zusammenfassenden Überblick cf. Ceccato 1964, 1966). Der zweite Autor des vorliegenden Papiers bekennt dankbar den tiefen Einfluß, den Ceccato auf sein Denken gehabt hat.

9 Die Zeile, die diesem Zitat folgt, verdient eine genauere Untersuchung. »Das bedeutet, das Verhalten des Modells, wie es in diesem Buch dargestellt wird, ist das Verhalten der Realität; wenn jemand agiert, um die Realität zu beeinflussen, dann handelt er so, daß er sein Modell beeinflußt, und er hat keine Ahnung, *ausgenommen den physikalischen Aspekt*, von dem, was er in der äußeren Welt tatsächlich bewirkt mit dem Prozeß, mit dem er das Verhalten des Modells von seinem Gehirn verändert« (24 u. 152; Hervorhebung von uns). Der hervorgehobene Teil fällt hier aus dem Rahmen. Powers hat keine Gründe für die Annahme, daß physikalische Aspekte uns über das Modell hinausführen können. Das ist derselbe Punkt, der schon beim frühen Wittgenstein oder bei Kant berührt wird, und zwar in folgendem Sinne: Nachdem wir feststellen, daß wir eine bestimmte Art von Wissen nicht haben können, machen wir Aussagen darüber, wie diese Art von Wissen aussieht. Die menschliche Physik ist keineswegs unterschieden von anderen (kognitiven) Aktivitäten des Menschen. Beide sind Produkte des menschlichen Gehirns – und, von diesem Gesichtspunkt aus, Teil seines Realitätsmodells.

10 In traditionellen Verhaltensmodellen bezieht sich ›Wahrnehmung‹ auf den Zugang des Organismus zu ›Stimuli‹ und wird deshalb (vom Beobachter) getrennt von den ›Antworten‹ des Organismus, die als ›Verhalten‹ angesehen werden.

11 Die ›Wahrnehmungs‹-Signale erster Ordnung in Powers' Modell umfassen alle Sensor-Signale in einem Organismus. Sie bilden eine viel größere Klasse als in traditionellen neurologischen Modellen, weil Powers keinen funktionalen Unterschied macht zwischen Signalen, die bisher »Wahrnehmungssignale« genannt worden sind (und die die fünf »äußeren« Sinne repräsentieren), und jenen, die man als »propriozeptiv« oder »reafferent« bezeichnet (wie etwa »interne« Wahrnehmungen des Muskelstatus). Als Ergebnis dieser Vereinheitlichung sind viele der Kontrollsysteme erster Ordnung etwas komplizierter als der

einfache Prototyp, den wir oben gezeigt haben. Mehr als ein Sensor-Signal kann involviert sein, und mehr als ein Referenz-Signal kann mit einem Komparator behandelt werden. Powers' Modell für die Kontrolle eines Skelettmuskels zum Beispiel führt das einfache Prinzip der Subtraktion wieder ein (cf. von Holst und Mittelstaedt, 1950), aber er plaziert es in einen Komparator und damit in den Bewertungskontext (MacKay 1966, 1967).

12 Dennett macht diese Bemerkung nicht, um Leute davon abzuhalten, »Anleihen bei der Intelligenz zu machen«, er betont nur, daß man sich ihrer bewußt bleiben muß.

13 Powers führt »Lernen« als Ergebnis einer zusätzlichen Fähigkeit ein, die dem System zugeschrieben wird, und die er »Reorganisation« nennt. Was während der Reorganisation gelernt wird, besteht (a) aus neuen Verbindungen zwischen Komparatoren und Effektor-Funktionen, d.h. daraus, daß neue Aktivitäten unter die Kontrolle von besonderen Fehler-Signalen gestellt werden; das korrespondiert mit dem, was in MacKays Prototyp eines Kontrollsystems durch einen »Tätigkeitsselektor« bewirkt wird (MayKay 1969, 425); und (b) aus neuen, unterschiedlich zusammengefaßten Referenz-Werten, die invariant gehalten werden können.

14 Vgl. Peter J. Machamer (1970, 9). Bei der Zurückweisung von Hirsts Unterscheidung zwischen Sensor-Aktivitäten und Veränderungsaktivitäten notiert er: »Es scheint, daß Selektion und Kategorisierung schon in der Wahrnehmung der Stimuli anwesend sind.«

15 Russel spach natürlich über eine andere Gruppe von Begriffen, nämlich ›Wahrheit‹, ›Eigenschaft‹, ›Klasse‹ usw. Und er hat niemals, noch nicht einmal in Ansätzen angedeutet, daß die Typenhierarchie außerhalb dieses Rahmens angewandt werden könne. Trotzdem haben wir hier eine Hierarchie vorgeschlagen; und was Russel und andere über die Eigenschaften dieser Hierarchie gesagt haben, scheint – *mutatis mutandis* – für Hierarchien allgemein zu gelten und damit für unsere Hierarchie im besonderen. Man beachte zum Beispiel Alfred Korzybskis Bemerkungen über Begriffe, die systematisch vieldeutig sind: »Das Hauptcharakteristikum dieser Begriffe besteht in der Tatsache, daß sie auf unterschiedlichen Abstraktionsebenen unterschiedliche Bedeutung haben können, mit dem Ergebnis, daß sie keine allgemeine Bedeutung haben; denn ihre Bedeutungen sind vollständig durch den gegebenen Kontext begrenzt, der die vorgenommenen Abstraktionen begründet« (Alfred Korzybski 1933, 14).

16 Derselbe Begriff, zu dem der Zugang vermutlich vollständig unterschiedlich erfolgte, wird durch den Yaki-Weisen Don Juan ausgedrückt, als sein Schüler Castaneda zum ersten Mal erfolgreich eine unterschiedliche Welt konstruiert hat: »Was gestern in dir aufhörte, waren die Meinungen, die Leute dir über die Welt erzählt haben.

Siehst du, Leute erzählen uns von Geburt an, daß die Welt so und so beschaffen ist; und natürlich haben wir gar keine Wahl als die Welt so zu sehen, wie uns die Leute erzählen, daß sie beschaffen ist« (Castaneda 1972, 299).

17 Weil die Sensor-Signale erster Ordnung lediglich Intensität repräsentieren und *keine* anderen Charakteristika encodieren, ist es etwas metaphorisch, von »Arten von Signalen« zu sprechen. Aber wie von Foerster (1970) gezeigt hat, kann ein kognitives System unterschiedliche sensorische Rezeptoren nur unterscheiden, wenn es ihre Plazierung im neuronalen Netzwerk unterscheiden kann, d. h., die Unterscheidung erfolgt topologisch und nicht quantitativ. Dies würde ausreichen, um verschiedene »Arten von Invarianzen« zu erzeugen.

18 Weitere Arbeiten im Bereich des Radikalen Konstruktivismus haben zu einer neuen Definition des intersubjektiven Wissens und somit der »Objektivität« geführt (siehe von Glasersfeld 1981 und 1982).

19 Giambattista Vico, vermutlich der erste, der eine echt konstruktivistische Erkenntnistheorie formuliert hat, begrenzt ausdrücklich die menschliche Kenntnis auf solche Dinge, die der Mensch in seinem Kopf mit Hilfe von mentalen Operationen »aus Elementen zusammensetzen kann« *(De antiquissima italorum sapientia*, 1710; Kap. 1, 4). Ähnlich wie Berkeley nimmt er eine unabhängig existierende Realität an, von der nur Gott etwas weiß, weil er sie gemacht hat und deshalb die Elemente kennt, aus denen er sie zusammengesetzt hat. Aber Vico installiert wieder die Dichter und die Mythenschöpfer: Durch ihre Metaphern hindurch erreichen wir eine intuitive Kenntnis einer äußeren Realität.

20 Die Neigung, einer realen Welt ontologische Bedeutung zuzuweisen, wird durch unsere Sprache unterstützt. Aber der Bezug auf die Sprache vermischt die Unterscheidung zwischen Organismus und Beobachter. Feyerabend schreibt: »Fragwürdige Ansichten über Kognition, so z. B. die Ansicht, daß unsere Sinne bei Gebrauch unter normalen Umständen uns verständliche Informationen über die Welt geben, können in die Beobachtersprache selbst eindringen, indem sie die Beobachtungsbegriffe und die Unterscheidung zwischen wahrhaften und illusorischen Erscheinungen konstituieren. *Als Ergebnis kann die Beobachtersprache an alte Spekulationsbereiche angebunden werden, die – in dieser allgemeinen Art – selbst die fortschrittlichste Methodologie affizieren*« (Paul Feyerabend 1970, 43, unsere Hervorhebung). Unsere gegenwärtige Sprache spiegelt Theorien wider, die in der jüngsten Vergangenheit zurückgewiesen worden sind; daher kann sie nicht als eine verläßliche Informationsquelle angesehen werden. Hinzu kommt, daß wir es keineswegs überraschend finden, daß die Sprache mit Realismen getränkt ist. Die Sprache verlangt, daß wir Beobachter sein sollen. Aber in Powers' Modell und in Piagets Ent-

wicklungsmodell wird Sprache konstruiert *nach* der Konstruktion der Welt aus Objekten mittlerer Größe. Das mag erklären, warum es ergebnislos ist, wenn man sich auf linguistische Perzeptionskonzepte bezieht. Die Theoriebeladenheit der Sprache spiegelt schlicht und einfach die Konstruktion der Sprache in einem bestimmten Punkt zache in einem bestimmten Punkt unserer Entwicklung wider. Wenn die kognitiven Strukturen schon früher aufgebaut werden als die Sprache, dann könnte argumentiert werden, daß die Konstruktion der Welt der Objekte mittlerer Größe gerade den Grund dafür abgibt, daß eine bestimmte Form unserer Sprache möglich ist. Unter diesem Gesichtspunkt ist es keineswegs plausibel, daß Sprache von irgendeinem Nutzen beim Verständnis der Genese der kognitiven Strukturen sein könnte, die der Konstruktion von Sprache selbst zugrunde liegen.

Literatur

Ashby, W. Ross (1952), *Design for a Brain*, London: Chapman & Hall.

Ashby, W. Ross (1967), »The Place of the Brain in the Natural World«, in: *Currents in Modern Biology* 2, 95-104.

Ashby, W. Ross (1970), »Learning in a Homeostat«, *Symposium on Artifical Intelligence*, University of Tennessee, Tullanhoma, April.

Bridgman, Percy W. (1936), *The Nature of Physical Theory*, New York: Wiley.

Bridgman, Percy W. (1961), *The Way Things Are*, New York: Compass.

Cannon, Walter S. (1963), *The Wisdom of the Body*, New York: Norton (Erste Auflage 1932).

Castaneda, Carlos (1972), *Journey to Ixtlan*, New York: Simon & Schuster.

Ceccato, Silvio (1964 u. 1966), *Un tecnico fra i filosofi*, Vol. 1 und 2, Padua (Italy): Marsilio.

Dennett, D. C. (1971), »Intentional Systems«, in: *Journal of Philosophy* 68 (4), 87-106.

Feyerabend, Paul K. (1965), »Problems of Empiricism«, in: Colodny, Robert G. (ed.) (1965), *Beyond the Edge of Certainty*, New Jersey: Prentice-Hall Inc., 145-226.

Feyerabend, Paul K. (1967), »Theatre as an Instrument of Criticism«, in: *Inquiry* 10, 298-312.

Feyerabend, Paul K. (1970), »Problems of Empiricism, Part II«, in: Colodny, Robert G. (ed.), *The Nature and Function of Scientific Theories*, Pittsburgh: University of Pittsburgh Press, 275-354.

Feyerabend, Paul K. (1970a), »Against Method: Outline of an anarchistic Theory of Knowledge«, in: *Minn. Studies* IV, ed. Radner, 17-130.

Foerster, Heinz von (1970), »Thoughts and Notes on Cognition«, in:

Paul Garvin (ed.), *Cognition: A multiple view*, New York: Spartan Books.

Gassendi, Pierre (1972), *Selected works of Pierre Gassendi*, Ed. and trans. Craig B. Brush, New York: Johnson Reprint Corp.

Glasersfeld, Ernst von (1974), »Piaget and the Radical Constructivist Epistemology«, in: Charles D. Smock und Ernst von Glasersfeld (eds.), *Epistemology and Education*, Mathemagenic Activities Program, Research Report 14, 1-26.

Glasersfeld, Ernst von (1975), »Radical Constructivism and Piaget's Concept of Knowledge«, *1975 Symposium of the Jean Piaget Society*, in: F.B. Murray (ed.), *Input of Piagetian Theory*, Baltimore: University Pask Press, 1978, 109-122.

Glasersfeld, Ernst von (1981), »Einführung in den radikalen Konstruktivismus«, in: P. Watzlawick (ed.), *Die erfundene Wirklichkeit*, München: Piper, 16-38.

Glasersfeld, Ernst von (1982), »An interpretation of Piaget's constructivism«, in: *Revue Internationale de Philiosophie* 36 (4), 612-635.

Hanson, Norwood Russel (1958), *Patterns of Discovery*, Cambridge: University Press.

Hirst, R.J. (1964), Part III of Wyburn, G.M., Pickford, R.W., Hirst, R.J., *Human Senses and Perceptions*, Toronto: University of Toronto Press, 242-235.

Hirst, R.J. (1965), *Perception and the External World*, New York: MacMillan.

Hirst, R.J. (1967), »Perception«, in: Edwards, Paul (ed.), *Encyclopedia of Philosophy*, New York: MacMillan, Vol. VI, 79-87.

Hofstaedter, Albert (1941), »Objective Teleology«, in: *Journal of Philosophy* 38 (2), 29-39.

Holst, Erich von, und Mittelstaedt, Horst (1950), »Das Referenzprinzip«, in: *Die Naturwissenschaften* 37, 476.

Korzybski, Alfred (1933), *Science and Sanity*, Lakeville, Conn.: The International Non-Aristotelian Library Publ. Co., 41980.

Koyré, Alexandre (1948), »Manifold and Category«, in: *Philosophy and Phenomenological Research*, Vol. 9, 1-20.

Kuhn, Thomas S. (1962), »The Structure of Scientific Revolutions«, in: *International Encyclopedia of United Science*, Vol. 2, No. 2. Chicago: University of Chicago Press, 2nd ed. 1970.

Lettvin, J.Y., Maturana, H.R., McCulloch, W.S., und Pitts, W.H. (1965), »What the Frog's Eye Tells the Frog's Brain«, in: Warren S. McCulloch, *Embodiments of Mind*, Cambridge, Mass.: M.I.T. Press. (First published: *Proceedings of the IRE*, 1959, 47 (11), 611-634.)

Machamer, Peter K. (1970), Recent Work on Perception«, in: *American Philosophical Quarterly*, Vol. 7, 1-22.

MacKay, Donald M. (1966), »Cerebral Organization and the Conscious

Controll of Action«, in: J. C. Eccles (ed.), *Brain and Conscious Experience*, New York: Springer, 422-445.
MacKay, Donald M. (1967), »Ways of Looking at Perception«, in: W. Wathen-Dunn (ed.), *Modells for the Perception of Speech and Visual Form*, Cambridge, Mass.: M. I. T. Press, 25-43.
Maturana, Humberto R. (1970), *Biology of Cognition* (Report No. 9.0). Urbana, Illinois: Biological Computer Lab., University of Illinois.
Menon, Sri Krishna (1858), *Atma-Darshan: At the Ultimate*. The Teachings of Krishna Menon, written in English by his son, Padmanabha Menon, Austin, Texas: Advaita, 1972 (limited edition).
Meraeme, Marin (1625), La Vérité des Sciences. Paris: Toussainct du Bray (facsimile edition, Stuttgart: Friedrich Frommann, 1969).
Montaigne, Michel de (1923), *The Essays of Montaigne*, Trans. George B. Ives, Cambridge: Harvard University Press.
Næss, Arne (1968), *Scepticism*, London: Routledge & Kegan Paul.
Næss, Arne (1972), *The Pluralist and Possibilist Aspect of the Scientific Enterprise*, Universitetsforlaget, Oslo; Allen & Unvin, London.
Piaget, Jean (1937), *La construction du réel chez l'enfant*, Neuchâtel: Delachaux et Niestlé.
Pollock, John L. (1974), *Knowledge and Justification*, Princeton University Press.
Popkin, Richard (1964), *The History of Scepticism from Erasmus to Descartes* (Rvd. ed.) Netherlands, Van Gorcum & Co.
Popper, Sir Karl (1934), *Logic of Scientific Discovery*, New York: Harper & Row, 1965 *(Logik der Forschung*, Tübingen: Mohr & Siebeck, 1934).
Powers, William T. (1973), *Behavior: The Control of Perceptions*, Chicago: Aldine Publishing Co.
Powers, William T. (1973a), »Feedback: Beyond Behaviorism«, in: *Science*, Vol. 179, 1973, 351-6.
Powers, William T. (1974), »Applied Epistemology«, in: Charles D. Smock und Ernst von Glasersfeld (eds.), *Epistemology and Education*, Mathemagenic Activities Program, Research Report 14, 84-98.
Powers, William T. (1976), »Some Cybernetics and Some Psychology«, in: *Forum of the American Society for Cybernetics* 4 (4), 6-9.
Rosenblueth, A., Wiener, N., Bigelow, J. (1943), »Behavior, Purpose and Teleology«, in: *Philosophy of Science* 10, 18-24.
Ryle, Gilbert (1954), *Dilemma*, Cambridge: University Press.
Sextus Empiricus (1939), *Outlines of Pyrrhonism*, Trans. Rev. R. g. Bury. Loeb Classical Library, Cambridge: Harvard University Press.
Vico, Giambattista (1710), *De antiquissima italorum sapientia*, Naples: Stamperta de' classici.
Wittgenstein, Ludwig (1953), *Philosophical Investigations*, Trans. G. E. M. Anscombe, New York: MacMillan, 2nd ed. 1958.

Gerhard Roth
Erkenntnis und Realität: Das reale Gehirn und seine Wirklichkeit

Im folgenden wird versucht, das für die Erkenntnistheorie grundlegende Verhältnis von Welt und erkennendem Subjekt auf der Grundlage der neueren Ergebnisse der Neurobiologie und besonders der Hirnforschung zu beschreiben. Die gegenwärtigen Erkenntnistheorien legen meist eine merkwürdige und für ihre eigene Entwicklung verhängnisvolle Abstinenz hinsichtlich dieser Ergebnisse an den Tag. Das gilt, trotz gegenteiliger eigener Bekundungen, auch für die sogenannte Evolutionäre Erkenntnistheorie.[1] Dagegen finden sich heute, bei allem gelegentlichen philosophischen Dilettantismus, die fruchtbareren erkenntnistheoretischen Ansätze in der Neurobiologie selbst, – eine Situation, die bekanntlich nicht untypisch ist für das Verhältnis zwischen Philosophie und Einzelwissenschaften.
Der vorliegende Entwurf basiert auf der Theorie selbstreferentieller und autopoietischer Systeme H. Maturanas[2] und versucht, diese erkenntnistheoretisch auszubauen und neurobiologisch zu präzisieren. Im vorgegebenen Rahmen kann dies natürlich nur sehr vorläufig geschehen. Auch kann die Fülle der erkenntnistheoretisch relevanten Daten der modernen Neurobiologie hier nur exemplarisch behandelt werden.[3]

Die alltägliche sinnliche Erfahrung erweckt in uns den Eindruck, daß unser Wahrnehmungssystem in direktem Kontakt mit der Welt steht: die visuelle Welt ist uns im wahrsten Sinn des Wortes unmittelbar augenscheinlich gegeben, die Laute dringen unvermittelt an unser Ohr, und wir betasten und begreifen die Gegenstände in unserer Reichweite unmittelbar als Gegenstände. Wir empfinden zwischen der sinnlich erfahrenen Welt und uns nichts Vermittelndes, wir müssen nichts von ihr indirekt erschließen und erahnen. Die unmittelbare Gegebenheit der sinnlichen Welt ist sprichwörtlich, und sie wird von den meisten Philosophen und Wahrnehmungstheoretikern in charakteristischem ontologischen Gegensatz zur Welt der Meinungen, Hypothesen und Theorien

über sinnlich Erfahrenes gesehen. Entsprechend hat sich die erkenntnistheoretische Diskussion fast nie mit dieser Unmittelbarkeit sinnlicher Erfahrung beschäftigt, sondern mit der Frage nach ihrer Allgemeingültigkeit: Sinneseindrücke sind stets etwas Partikulares und Subjektives, und eine wichtige Frage der Erkenntnistheorie und Wissenschaftstheorie war und ist, ob und wie aus ihnen allgemeingültiges Wissen werden kann.
Selbst wenn man im Einklang mit der Evolutionären Erkenntnistheorie das eigentliche Ziel der Wahrnehmung nicht im Erwerb abstrakten Wissens sieht, sondern in der überlebensfördernden Verhaltenssteuerung, so bleibt doch die Deutung der Funktion des unmittelbaren sinnlichen Erlebens der Welt dieselbe: Überleben ist nur möglich durch ein Verhalten, das sich an den relevanten Umweltreizen orientiert, und dadurch, daß sich aus dem unmittelbaren sinnlichen Umgang mit der Welt eine generalisierte Sinneserfahrung bildet. In diesem Zusammenhang wird gern der »Passungscharakter« der Struktur und Funktion unserer Sinnesorgane hervorgehoben, etwa mit dem Hinweis darauf, daß die Photorezeptoren unseres Auges ihre maximale Lichtempfindlichkeit genau im Bereich der größten Intensität des Sonnenlichts besitzen oder daß ihr mittlerer räumlicher Abstand in der Fovea des Auges, dem Ort schärfsten Sehens, ziemlich genau so groß ist wie der Radius des sog. Beugungsscheibchens des gebrochenen Lichts, was bedeutet, daß das optische und das physiologische Auflösungsvermögen unseres Auges optimal aufeinander abgestimmt sind.[4] Die Liste solcher »Maximalleistungen« im sensorischen Bereich läßt sich beliebig verlängern. Sie scheint zu zeigen, daß es von großem evolutiven Vorteil war, die Umwelt sensorisch immer genauer zu erfassen. Die starke Volumenvergrößerung und strukturell-funktionale Komplizierung des Gehirns innerhalb der letzten Phase der Evolution des Homo sapiens wäre dann zu deuten als die Grundlage der Fähigkeit, immer mehr Daten über die Umwelt in immer kürzerer Zeit aufzunehmen und zu verarbeiten.
In merkwürdigem Kontrast hierzu stehen die zahlreichen Sinnestäuschungen, denen wir unterliegen. Teils handelt es sich dabei um relativ einfache Täuschungen wie die bekannte Pfeiltäuschung (Müller-Lyer-Täuschung), die Schienentäuschung (Ponzo-Täuschung), die Hermannsche Gittertäuschung, teils aber auch um komplexere Bewegungs- und Gestalttäuschungen bis hin zu Ori-

entierungstäuschungen unseres gesamten Körpers, etwa wenn der Gesichts- und der Gleichgewichtssinn miteinander in Konflikt geraten.[5] Danach scheint das menschliche Gehirn nicht sehr zuverlässig zu arbeiten. Auch wird von Wahrnehmungspsychologen immer wieder auf den Einfluß von Emotionen und Erwartungen auf die Sinneswahrnehmung hingewiesen, die z. T. zu einer starken Verzerrung des Wirklichkeitsbildes führen können.

Allen Versuchen, hieraus eine generelle Unzulänglichkeit der sinnlichen Wahrnehmung abzuleiten, haben viele Kritiker mit Recht entgegengehalten, daß die allermeisten Sinnestäuschungen nur unter sehr künstlichen, in der realen Welt fast nie anzutreffenden Bedingungen herbeizuführen sind, etwa bei zweidimensionaler oder monokularer Darbietung von natürlicherweise dreidimensional und/oder binokular erfahrbaren Reizen, unter Behinderung spontaner Augen- und Kopfbewegungen oder unter künstlichen Schwerkraft- und Beschleunigungsbedingungen. Trivialerweise zeigen, so wird argumentiert, tierische und menschliche Sinnesorgane und Sinnessysteme Fehlfunktionen unter Bedingungen, für die sie »nicht geschaffen« wurden. Überdies sind wir ja in der Lage, uns dieser Täuschungen bewußt zu werden, sie genau auszumessen und gegebenenfalls (z. B. bei der Raumfahrt) in Rechnung zu stellen. Und dies tun wir ja auch mithilfe der Sinneswahrnehmungen selbst, die dadurch gerade ihre Verläßlichkeit beweisen.[6]

All dies unterstützt stark den erkenntnistheoretischen Standpunkt des kritischen Realismus: unsere Sinnesorgane bilden die Welt ab, so gut sie eben können, d. h. im Rahmen des physikalisch und physiologisch Möglichen und evolutiv Bewährten. Sie sind die Tore des Gehirns zur Welt; durch sie strömt die jeweils spezifisch benötigte Information ins Gehirn ein und wird von diesem zur adäquaten Wahrnehmung, z. T. unter Zuhilfenahme angeborener und erworbener Gestaltungsmuster, zusammengefügt.

Ich sehe diesen Standpunkt des kritischen Realismus, der zweifellos die im Alltagsdenken wie in der Wissenschaft am weitesten verbreitete erkenntnistheoretische Position ist, als »sinnesphysiologische Perspektive« an. Die Popularität und Sinnfälligkeit dieses Standpunkts hängt sicher mit dem Umstand zusammen, daß ein detaillierteres Wissen über Bau und Funktion der Sinnesorgane viel früher erreicht wurde als zum Beispiel über das Gehirn, und dies hat die abendländische Erkenntnistheorie nachhaltig geprägt.[7] Dabei war die Beschäftigung mit dem Gesichtssinn außerordentlich dominierend, und man kann mit Recht behaupten, daß viele bekannte erkenntnistheoretische Probleme nicht aufgetreten wären, wenn wir Menschen uns nicht als primär visuelle Wesen empfinden würden.

Eine ganz andere Perspektive als die soeben aufgezeigte tut sich auf, wenn man das Wahrnehmungsproblem nicht vom Standpunkt der Sinnesorgane, sondern vom Standpunkt des Gehirns sieht. Die Sinnesorgane und ihre Komponenten werden zwar z. T. sehr spezifisch von Umweltreizen aktiviert, z. B. Photorezeptoren nur von Licht eines ganz bestimmten Wellenlängenbereichs oder Geruchsrezeptoren nur von einem einzigen Typ von Molekülen. Die neuronale Erregung jedoch, die aufgrund der sensorischen Reizung in den Sinnesorganen entsteht und zum Gehirn weitergeleitet wird, ist als solche unspezifisch. Man kann einer Nervenimpulssalve, die während einer elektrophysiologischen Registrierung auf dem Oszillographen dargestellt wird, nicht ansehen, ob sie z. B. durch visuelle, akustische, geruchliche Erregung hervorgebracht wurde und also am Opticus-, Acusticus- oder Olfactorius-Nerv bzw. in entsprechenden visuellen, akustischen oder olfaktorischen Hirnarealen registriert wurde. D. h. die Nervenimpulse als solche sind sensorisch unspezifische Signale, ja mehr noch: man kann nicht einmal wissen, ob sie nicht motorische Impulse oder sog. integrative Aktivitäten repräsentieren. Auf der Unspezifität der Nervenpotentiale qua elektrischer Prozesse beruht ein Großteil der quälenden Schwierigkeiten, die trotz aller Fortschritte auch heute noch die Elektrophysiologie bei der Aufklärung der funktionalen Organisation der sensorischen Verarbeitungssysteme im Gehirn hat.

Die spezifische Modalität der Sinnesorgane, auf der unsere Sinneswelt zu beruhen scheint, ist »hinter« den Sinnesorganen offenbar verschwunden. Die Sinnesorgane übersetzen die ungeheure Vielfalt der Welt in die »Einheitssprache« der bioelektrischen Ereignisse (Nervenpotentiale), denn nur diese Sprache kann das Gehirn verstehen (auch die »Sprache« der Hormone muß i. a. R. in Nervenpotentiale übersetzt werden, damit eine Wirkung auf die Nervenzellen erfolgen kann). Man kann leicht einsehen, daß diese Übersetzung in die neuronale »Einheitssprache« etwas für die Funktion von Nervensystemen Unabdingbares ist, denn wie könnten sonst im Dienste der sensorischen Verhaltenssteuerung Auge und Muskeln, aber auch Auge und Ohr, Gedächtnis und Geruch miteinander kommunizieren, d. h. Instanzen, die äußerst unterschiedlich gebaut sind und ebenso unterschiedlich funktionieren. Die »neuronale Einheitssprache« ist die Grundlage der Integrationsleistung von Nervensystem und Gehirn.

Ein Beweis für die Unspezifität der Nervenpotentiale ist die Möglichkeit, mit ein und demselben künstlichen elektrischen Reiz in unterschiedlichen Gebieten des Gehirns ganz unterschiedliche sensorische Halluzinationen hervorzurufen, z. B. im Hinterhauptscortex visuelle Empfindungen, im temporalen Cortex auditorische, im sog. postcentralen Gyrus somatosensorische. Zwar sind die induzierten Halluzinationen bis auf Ausnahmen von geringer Komplexität, d. h. die Versuchspersonen bzw. Patienten »sehen« nur einfache, meist farbige Gegenstände, die sich z. B. in verschiedene Richtungen bewegen, oder sie »hören« nur einfache Laute und Geräusche und haben einfache Körperempfindungen wie Jucken und Kribbeln; auch die induzierten Bewegungen sind meist einfacher Art. Zudem werden diese Halluzinationen i. a. R. nicht mit natürlichen Reizzuständen verwechselt. Dies hängt damit zusammen, daß der elektrische Reiz ein sehr grober und global applizierter Reiz ist. Von verschiedenen Drogen hingegen, die den Neurotransmittern im Gehirn sehr ähnlich sind und die funktional deren Platz einnehmen können, ist bekannt, daß sie zu sehr komplexen und täuschend »echten« Halluzinationen führen können.[8] Beide Beispiele künstlich induzierter Sinneserlebnisse zeigen, daß ein und derselbe künstliche Reiz im Gehirn ganz unterschiedliche Sinneserlebnisse hervorrufen kann, genauso wie dies eine »natürliche« Reizung tut. Wir können aus solchen Experimenten folgern, daß der *Ort* im Gehirn, an dem eine neuronale Erregung eintrifft und weiterverarbeitet wird, die *Modalität* der Sinnesempfindung (Sehen, Hören etc.), aber auch ihre *Qualität* (bestimmte Farbe, bestimmter Klang und Geschmack) bestimmt und daß die Impulsfrequenz meist nur die *Intensität* der Empfindung bestimmt.

Man kann also die Funktion der Sinnesorgane darin sehen, daß sie das Gehirn, das selbst nur die Sprache der Nervenimpulse versteht, für die unterschiedlichsten Umweltereignisse, ihre Modalitäten, Qualitäten und Intensitäten empfänglich macht, d. h. für

elektromagnetische Wellen ebenso wie Schalldruckwellen, physikalischen Druck, chemische Reize usw. Der Bau der Sinnesorgane und ihre Leistungen legen also fest, welche Umweltereignisse überhaupt auf das Gehirn einwirken können. Für das Gehirn existieren aber nur die neuronalen Botschaften, die von den Sinnesorganen kommen, nicht aber die Sinnesorgane selbst, genausowenig wie für den Betrachter eines Fernsehbildes die Aufnahmekamera existiert. Das Gehirn bewertet dabei die eintreffenden Signale strikt nach dem Ort ihrer Verarbeitung: alles, was an neuronalen Impulses in den Hinterhauptscortex gelangt, *ist* ein Seheindruck, und was in bestimmten Regionen des Hinterhauptcortex verarbeitet wird, *ist* eine bestimmte Farbe, völlig unabhängig von der tatsächlichen Abkunft des Signals. Das Gehirn arbeitet also nach einem rigorosen *topologischen* Prinzip, ebenso wie ein Ingenieur vor einem Kontrollpult urteilt: wenn die Lampe in der Reihe und der Spalte aufleuchtet, dann bedeutet das einen Schaden genau in der und der Maschine.
Die Rigorosität dieses topologischen Prinzips im Gehirn ist erst in den letzten Jahren richtig erfaßt worden, nachdem neuartige neuroanatomische Methoden zur Verfügung stehen, die spezifische Verknüpfungen im Gehirn exakt sichtbar machen können. Zuvor hatte man angenommen, daß die Reizverarbeitungsprozesse im Gehirn von Stufe zu Stufe immer mehr zusammenlaufen und schließlich in einer äußerst geringen Population komplexer »Erlebnisneurone« kulminieren und konvergieren. Heute wissen wir, daß die Divergenzprozesse die der Konvergenz bei weitem überwiegen und daß die *räumliche* Separation von Erregungszuständen von den Sinnesorganen an weitestgehend erhalten bleibt.[9] Dies erscheint auch selbstverständlich, denn neuronale Erregung, die mit anderer neuronaler Erregung zusammenfließt, verliert ihre Spezifität und kann vom Gehirn nicht mehr unterschieden werden. Das soeben Festgestellte hat einige bedeutsame Konsequenzen:

1. Die »primären« Sinnesempfindungen und -modalitäten entstehen nicht in den Sinnesorganen. Dort vollzieht sich die Umwandlung physikalischer und chemischer Reize in Nervenimpulse und unter Umständen eine gewisse Vorverarbeitung. Der eigentliche Sinneseindruck entsteht im Gehirn, und zwar als eine Kombination simultaner und sukzessiver Verarbeitung.

2. Die Sinnesempfindungen entstehen hinsichtlich ihrer Modalität und Qualität im Gehirn aufgrund einer Bedeutungszuweisung nach topologischen Kriterien. Diese Kriterien sind teils angeboren, als neuroanatomische *Grobverdrahtung* des Gehirns, teils werden sie ontogenetisch erworben.
3. Das ausgereifte Gehirn ist diesen eigenen topologischen Kriterien ausgeliefert: selbst das Wissen, daß im visuellen Cortex meines Gehirns (etwa im Rahmen eines heroischen Selbstversuchs) eine Reizelektrode sitzt, hindert mein Gehirn nicht daran, die elektrischen Impulse dieser Elektrode als visuelle Empfindung zu »interpretieren«.

All dies führt zu der merkwürdigen Feststellung, daß das Gehirn, anstatt weltoffen zu sein, ein kognitiv in sich abgeschlossenes System ist, das nach eigenentwickelten Kriterien neuronale Signale deutet und bewertet, von deren wahrer Herkunft und Bedeutung es nichts absolut Verläßliches weiß. Die für den gesunden Menschenverstand ungerechtfertigte Skepsis gegenüber der Leistungsfähigkeit der Sinnesorgane erscheint damit auf die Spitze getrieben, denn die von uns erlebte sinnliche Welt ist demnach nur ein Konstrukt des Gehirns, wenn auch keineswegs ein willkürliches Konstrukt. Dies scheint nicht nur in eklatantem Gegensatz zu der unleugbaren Unmittelbarkeit unserer Sinnesempfindung, d. h. der Unmittelbarkeit unseres Kontakts mit der Welt, zu stehen, sondern auch zu der offenbaren Fähigkeit des Gehirns, ein Verhalten zu erzeugen, das sich gezielt und überlebensfördernd an den Zuständen und Ereignissen der Umwelt orientiert.

Wenn aber an der obigen Feststellung aufgrund zahlreicher neurobiologischer Erkenntnisse nicht zu zweifeln ist, ergeben sich sogleich folgende Fragen:

1. Wie entsteht das Erlebnis der unmittelbaren Sinneserfahrung der Welt, wenn diese sinnliche Welt nur ein Konstrukt des Gehirns ist?
2. Wie kann das Gehirn in seiner Abgeschlossenheit von der Welt ein Verhalten erzeugen, das seinem Organismus und damit sich selbst ein Überleben ermöglicht? Wer garantiert die Richtigkeit der Verhaltensentscheidungen?
3. Wer oder was ist das Subjekt der Wahrnehmung? Ist es nicht zwingend anzunehmen, daß das »Ich« als Subjekt der Wahrnehmung ebenfalls ein Konstrukt des Gehirns ist?

Zur ersten Frage. Die Gesamtheit unserer kognitiven Welt läßt sich in drei große Bereiche teilen: einen ersten Bereich, dem alle Dinge und Prozesse der sogenannten Umwelt angehören, die wir also als »Dingwelt« erfahren; einen zweiten Bereich, zu dem unser Körper und alle mit ihm verbundenen Erfahrungen gehören, die wir also »Körperwelt« nennen können; und einen dritten Bereich, in dem alle unsere unkörperlichen Zustände und Erlebnisse existieren, also Gefühle, Vorstellungen, Gedanken. In aller Regel unterscheiden wir diese drei Bereiche deutlich voneinander: wir verwechseln normalerweise nicht unsere Körperteile mit Objekten der Dingwelt, denn das hätte verhängnisvolle Folgen, und wir schreiben unsere Kopfschmerzen nicht anderen Personen oder Gegenständen zu. Ebenso verwechseln wir im Normalfall nicht unsere Wünsche, Vorstellungen und Gedanken mit der Dingwelt, denn auch dies wäre äußerst verhängnisvoll. Interessanterweise ist die Abgrenzung zwischen dem zweiten und dem dritten Bereich nicht sehr scharf: Gedanken und Vorstellungen können wir als körperlich quälend empfinden, und wir können gelegentlich darüber im Zweifel sein, ob wir etwas gerade getan haben oder es nur tun wollten. D. h. wir verwechseln die Handlungsintention mit der aktuellen Handlung. Hingegen ist eine Ungewißheit darüber, ob Dinge real erfahren oder nur erträumt bzw. halluziniert wurden, beim gesunden Menschen selten.
Allerdings ist bekannt, daß bestimmte Formen der Geisteskrankheit zu nachhaltigen Störungen der Grenzen zwischen den drei Bereichen führen können. So berichten schizophrene Patienten darüber, daß Körperteile, z. B. ihre Hände, nicht mehr »zu ihnen« gehören, sondern zur Dingwelt. Ihre Halluzinationen können derart stark und realistisch werden, daß sie diese für wirklich halten. Und schließlich kann ein solcher Patient sich selbst völlig fremd werden, d. h. seinen ganzen Körper und sein eigenes Ich als völlig äußerlich empfinden und ein zweites, »inneres« Ich entwickeln.[10]
Das Gehirn grenzt bei der Erzeugung der kognitiven Welt, d. h. der Welt, die überhaupt erfahren und erlebt wird, die drei genannten Bereiche teils nach angeborenen, teils nach erworbenen Kriterien ab. Die Dingwelt und die Körperwelt unterscheiden sich hinsichtlich ihrer sog. Repräsentation im Gehirn deutlich voneinander: die Nervenbahnen, die von den für Umweltwahrnehmung zuständigen Sinnesorganen (Auge, Ohr, Nase etc.) und

von den für die Körperempfindung zuständigen Sinnesorganen (Gleichgewichtssinn, Muskel- und Gelenkrezeptoren, Berührungsrezeptoren, Schmerzrezeptoren usw.) kommen, projizieren zu getrennten Gebieten im Gehirn.

Außerdem ist die *Art* der Repräsentation fundamental verschieden: während die Umwelt nur sensorisch im Gehirn repräsentiert ist, ist der Körper sensorisch und motorisch repräsentiert. Jedes motorische Kommando wird sensorisch abgefragt, um zu kontrollieren, ob das Kommando auch ausgeführt wurde. Über die verschiedenen somatosensorischen Rückmeldungen *fühlen* wir unmittelbar, was unser Körper tut. Die Erfahrung des Körpers, auch wenn sie nur gehirn-intern ist, ist daher anderer Natur als die Erfahrung der Umwelt. Wird die sensorische Rückkoppelungsbahn eines Körperteils z. B. durch einen Unfall durchtrennt, dann wird dieser Körperteil als eigentlich fremd und wie zur Umwelt gehörig empfunden. Für das Gehirn bedeutet dies: alles, was senso-motorisch rückgekoppelt ist, ist Körper, was aber nur zu Erregung in den sensorischen Zentren ohne direkte Rückkopplung führt, ist Umwelt.

Die Körperidentität wird auch dadurch für das Gehirn konstituiert, daß Zustände verschiedener sensorischer Modalitäten hinsichtlich der Körperbewegungen miteinander in Einklang stehen. So wird eine selbstinduzierte Kopfbewegung zugleich vom visuellen System, vom Gleichgewichtssystem und den Muskel- und Gelenkrezeptoren des Halsbereichs gemeldet. Der Körper kann durch diese Mehrfachbestätigung verläßlich Eigen- und Umweltbewegungen unterscheiden, was mit einer Sinnesmodalität allein, z. B. dem Gesichtssinn, häufig nicht möglich ist.[11]

Wir wissen, daß in der Tat der uns so strikt erscheinende Unterschied zwischen Dingwelt und Körperwelt z. T. durch Erfahrung konstituiert wird. Schon vor Jahren haben Held und Hein an jungen Katzen nachgewiesen, daß zur Konstitution einer Wahrnehmungsumwelt die aktive visuomotorische »Eroberung« der Welt notwendig ist. Werden die Tiere nur passiv in ihrer Umwelt umherbewegt, so verhalten sie sich später wie blind.[12] Ähnliche Phänomene lassen sich an hospitalisierten, in ihrer visuomotorischen Umwelterfahrung stark behinderten Kindern beobachten. Die Dinghaftigkeit der Umwelt wird offenbar exemplarisch durch Betasten und Begreifen geschaffen. Ebenso wird die Körperidentität durch die oben erwähnte sensomotorische Rückkopplung konstituiert, und zwar vor dem Hintergrund der nicht körpereigenen Umwelt. Das Gehirn erschafft also eine kognitive Umwelt und einen kognitiven Körper sozusagen per exclusionem: alles, was nicht Körper ist, ist Umwelt, und umgekehrt; oder: alles, was nicht »drinnen« ist, ist »draußen«.

Diese Grenze zwischen kognitivem Körper und kognitiver Umwelt innerhalb der kognitiven Gesamtwelt ist eine unmittelbare, denn die Vermittlung zwischen Welt und Gehirn durch die Sinnesorgane, die in der materiellen, »realen« Welt des Organismus existiert, existiert natürlich innerhalb der kognitiven Welt, der »Wirklichkeit« unseres Gehirns, *nicht.* Beide Bereiche werden vom Gehirn sozusagen direkt nebeneinandergestellt. Deshalb erleben wir die Dinge und Prozesse unserer Umwelt in der Tat als unmittelbar, denn die Bereiche der Dingwelt und der Körperwelt haben als vom Gehirn konstituierte denselben ontologischen (nämlich kognitiven) Status. So scheint es uns, als blickten wir durch unsere Augen direkt auf die Welt, insbesondere da wir ja unsere Augenhöhlen schattenhaft mitsehen. Wir haben nicht das Erlebnis, daß es zwischen uns und der Welt irgendeine vermittelnde Instanz gibt.

Es ist deshalb auch sehr irreführend, wenn von vielen Wahrnehmungstheoretikern gesagt wird, die von uns sinnlich erfahrene Welt sei in Wirklichkeit *in* unserem Kopf bzw. Gehirn. Diese Feststellung führt dann auch zu Spekulationen darüber, wie denn unsere Wahrnehmungen, die doch »da drinnen« entstehen, »nach draußen« kommen. Diese häufig gestellte Frage verkennt, daß das »draußen«, das wir wahrnehmen, ein kognitives »draußen« ist, welches nicht mit dem »draußen« der realen Welt, in der unser Organismus lebt, verwechselt werden darf. Das Gehirn erzeugt bei der Konstruktion der kognitiven Welt, wie oben dargestellt, *zugleich* ein »drinnen« und »draußen«, die aufeinander bezogen sind. Abstrakt gesprochen werden von vielen Theoretikern zwei ontologisch völlig unterschiedliche Welten, die (im physikalisch weitesten Sinne) materielle, reale Welt des Organismus und die kognitive, »wirkliche« Welt, miteinander in Beziehung gesetzt, die (wahrscheinlich) kausal, aber nicht räumlich verknüpft sind. Das Gehirn, das *mir* zugänglich ist, das ich als Anatom und Physiologe, z. B. innerhalb des bereits erwähnten fiktiven Selbstversuchs, anschauen und untersuchen kann, existiert ja innerhalb meines kognitiven Raumes und ist natürlich nicht mit dem realen

Gehirn identisch, das den kognitiven Raum erst konstituiert. Was ich, auf dem Operationstisch liegend, auf dem Monitor oder in einem Spiegel dargestellt sehe, halte ich natürlich in diesem Augenblick für das offengelegte Gehirn, das »das alles«, was ich erlebe, erzeugt. Wäre dies aber so, dann hätte ich eine paradoxe Situation vor mir: ich könnte zugleich in mir und außer mir sein. Oder anders ausgedrückt: mein Gehirn könnte sich selbst von außen ansehen dadurch, daß es in sich eine Welt erzeugt, in der es selbst identisch enthalten ist. Dies aber führte sofort zur unendlichen Spiegelung des Gehirns in sich selbst. Die Auflösung dieser Paradoxien besteht aber darin, daß das Gehirn, welches wahrgenommen wird, ein kognitives Konstrukt des wahrnehmenden, d. h. konstruierenden Gehirns, ist und als solches selbst nicht mehr wahrnehmen kann.
Die genauere Bestimmung der »räumlichen« Beziehung zwischen realer und kognitiver, »wirklicher« Welt ist deshalb so schwierig, weil der Begriff des Raumes natürlich selbst ein kognitiver ist. Die Welt, über die wir räumliche Aussagen machen, ist entweder die sinnlich erfahrene Welt, oder die abstrakte Welt der Physik, die nicht die reale Welt ist, sondern vielmehr eine von der sinnlichen Welt abgeleitete, wie sehr wir auch als Wissenschaftler annehmen oder hoffen mögen, daß sie der realen Welt mehr oder weniger entspricht. Durch diese Hoffnung ändert sich aber ihr ontologischer Status nicht. Die Gültigkeit der allgemeinen Relativitätstheorie wird nicht in der realen Welt, sondern in der – uns allein zugänglichen – sinnlich-kognitiven Welt nachgewiesen, z. B. durch astronomische Beobachtungen, und das Eintreffen bestimmter Annahmen beweist nur die Konsistenz der theoretischen Annahmen mit unseren Beobachtungen.
Wir können deshalb weder den alltäglichen noch den physikalischen Raumbegriff auf die Beziehung zwischen kognitiver und realer Welt anwenden, da beide Welten einen grundsätzlich verschiedenen ontologischen Status haben. Es hat deshalb keinen Sinn zu sagen, daß die kognitive Welt *in* der realen Welt existiert, denn das würde ja eine beide Welten umfassende Geometrie, eine Geometrie des »Hyperraumes«, voraussetzen. Auch die in diesem Zusammenhang von einigen Theoretikern gebrauchte Wendung, beide Welten stünden »senkrecht« aufeinander, ist nur begrenzt hilfreich. Sie suggeriert, als könnten wir doch etwas über den »Hyperraum« aussagen.

Aus dem soeben Gesagten folgt auch, daß die sogenannten geistigen Prozesse des Gehirns wie Denken und Vorstellen denselben ontologischen Status haben wie die Wahrnehmung der »äußeren« Welt, obwohl sie typischerweise als ganz andersartig empfunden werden. Dabei ist es eine noch weitgehend ungelöste Frage, wie das Gehirn geistige Prozesse verläßlich von körperlichen Empfindungen unterscheidet. Denn auch geistige Prozesse sind notwendig an Nervenpotentiale gebunden: man kann heute mit modernen EEG-Meßverfahren oder Tomographen Hirnströme erkennen, die mit starker geistiger Aktivität verbunden sind. Diese unterscheiden sich in ihrer elektrophysiologischen Natur in nichts von sensorischen oder motorischen Hirnströmen. Auch hier benötigt das Gehirn ein verläßliches internes Diskriminationskriterium, das verhindert, daß bloßes Denken mit Realität verwechselt wird. Wir können annehmen, daß dies zumindest zum Teil ein topologisches Kriterium ist, denn die Denk- und Vorstellungsprozesse finden in gesonderten Arealen des Gehirns statt. Dazu könnte als weiteres Kriterium die Abkopplung von sensorischen und motorischen Hirnaktivitäten kommen. Interessant ist der Umstand, daß wir einer halluzinatorischen Empfindung um so eher den Charakter einer echten Sinnesempfindung zusprechen, je lebhafter und detaillierter sie ist, und daß wir umgekehrt um so eher echte Sinnesempfindung mit »bloßen« Vorstellungen verwechseln, je näher sie an der sensorischen Empfindungsschwelle sind, d. h. undeutlich erscheinen.[13]

Die erste der oben gestellten Fragen läßt sich also dahingehend beantworten, daß die Unmittelbarkeit der Sinneserfahrung, die von vielen Philosophen als Basis unserer Welterkenntnis und von vielen Hirnphysiologen als völliges Rätsel angesehen wird, selbst ein Konstrukt des Gehirns ist, indem es die (kognitive) sinnliche Welt unmittelbar von der (kognitiven) Körperwelt und der »mentalen« Welt abgrenzt. Diese Bereiche stoßen – bildlich gesprochen – direkt aneinander. Die Ansicht, das Gehirn sei ein gegenüber den Umweltereignissen offenes System, beruht darauf, daß die unmittelbare sinnliche Welterfahrung nicht als ein solches Konstrukt begriffen wird.

Nun zur zweiten Frage, nämlich der nach der Verläßlichkeit der Funktion dieser intern generierten kognitiven Welt. Das Gehirn läßt sich als ein funktional und semantisch selbstreferentielles oder selbst-explikatives System auffassen. Unter *funktionaler*

Selbstreferentialität eines Systems verstehe ich die Eigenschaft, mit den eigenen Zuständen rekursiv oder zirkulär zu interagieren, so daß jeder Zustand aus der Interaktion früherer Zustände resultiert. Selbstreferentielle Systeme sind in ihren Zustandssequenzen selbstbestimmt oder *autonom.* Ihre Zustandssequenzen sind nicht von außen steuerbar. Wichtig ist, daß Selbstreferentialität nicht Isoliertheit bedeutet: selbstreferentielle Systeme sind i. a. R. durchaus von außen beeinflußbar oder modulierbar. Die Wirkungen dieses Einflusses, seine Quantität und Qualität, sind aber *vollständig* durch das selbstreferentielle System bestimmt. D. h. ob ein externes Ereignis überhaupt auf das System einwirken kann und, wenn ja, in welcher Weise und Stärke, legt das System fest.

Das Gehirn ist als neuraler Apparat ein solches selbstreferentielles System. Seine neuralen Zustände sind zirkulär angeordnet, sie interagieren in unendlich rekursiver Weise miteinander. Es kann über die Sinnesorgane von Ereignissen der Umwelt beeinflußt werden, aber die Art und Weise dieser Beeinflussung wird von ihm selbst (durch seine funktionale Organisation) festgelegt. Zugleich ist das Gehirn ein *semantisch* selbstreferentielles oder selbstexplikatives System: es weist seinen eigenen Zuständen Bedeutungen zu, die nur aus ihm selbst genommen sind. So kann es nur nach internen Kriterien entscheiden, ob die Erregungszustände, die es in sich erfährt, Ereignisse der äußeren Welt, des Körpers oder des psychisch-geistigen Bereichs sind und welche speziellen Bedeutungen diese Ereignisse haben. Man muß aus Gründen der Begriffslogik funktionale von semantischer Selbstreferentialität unterscheiden, denn nicht alle funktional selbstreferentiellen Systeme entwickeln eine semantische Selbstreferentialität; dies ist an *besondere* selbstreferentielle Organisationsprinzipen des Gehirns gebunden. Man kann aber zeigen, daß die semantische Selbstreferentialität eine Folge der funktionalen Selbstreferentialität des Gehirns ist.

Wie kann aber, um die obige Frage zu wiederholen, ein derart selbstreferentielles und selbst-explikatives System überlebensfördernde Kenntnis über die Umwelt erlangen, in der sein Organismus und es selbst überleben müssen? Um dies zu verstehen, vergleichen wir das Gehirn mit einer Person, die durch ein fremdes Land reist, um wichtige Dinge in Erfahrung zu bringen oder auch nur um heil nach Hause zu kommen, die aber nicht die

Sprache dieses Landes spricht. Sie ist auf die Hilfe von Dolmetschern angewiesen. Typischerweise hat sie keinerlei Möglichkeit, direkt zu überprüfen, ob die jeweiligen Übersetzungen korrekt sind (dies zu wissen aber ist äußerst wichtig).

Was kann unsere Person tun? Sie hat drei Möglichkeiten, um eine Einsicht in die Korrektheit der Arbeit des Übersetzers zu erlangen.

Die erste ist eine grundsätzliche Einschätzung der Zuverlässigkeit des Übersetzers (etwa aufgrund seiner Herkunft, Ausbildung usw.); so kann es sein, daß ihr der Dolmetscher seit langem in seiner Verläßlichkeit bekannt ist. Beim Gehirn entspricht diesem Umstand die Tatsache, daß durch die lange Stammesgeschichte und durch prägungsartige, ontogenetisch frühe Lernprozesse eine mehr oder weniger verläßliche Zuordnung von Sinnesorganen zu bestimmten Sinneszentren und von Sinnesqualitäten zu bestimmten lokalen Erregungsmustern im Gehirn garantiert ist. Die interne Annahme: »diese Erregung, die hier ankommt, muß visueller Kontrast sein«, ist i. a. R. durch die Hirnanatomie gerechtfertigt, d. h. durch die Grobverdrahtung des Gehirns. Aufgrund des Studiums der Ontogenese des Gehirns müssen wir in der Tat annehmen, daß diese Grobverdrahtung mehr oder weniger fest vorgegeben ist; die Topologie der sensorischen und motorischen Verarbeitungsareale im Gehirn ist ein z. T. lang zurückreichendes Wirbeltiererbe und zeigt eine nur sehr geringe Plastizität.

Die zweite Möglichkeit, die unsere fiktive Person hat, ist diejenige, zwei Übersetzer für dieselbe Sache zu bemühen und ihre Übersetzungen miteinander zu vergleichen. Ich möchte dies »parallele« Konsistenzprüfung nennen. Nichts anderes macht das Gehirn, wenn es die »Mitteilungen« verschiedener Sinnesareale vergleicht und auf Konsistenz überprüft. So werden in Bruchteilen einer Sekunde der Gleichgewichtssinn, die Körperstellungsrezeptoren in Muskeln und Gelenken und der Gesichtssinn auf Konsistenz hinsichtlich unserer Körperhaltung und -bewegung und der relativen Lage des Körpers im Raum überprüft, und zwar von vielen Milliarden Nervenzellen im Kleinhirn. Diskrepanzen zwischen den einlaufenden Informationen führen entweder zu kompensatorischen Verhaltensänderungen oder, wenn diese keinen Erfolg haben, zum Kollaps des Gesamtsystems, zu Erbrechen, Ohnmacht, starken Halluzinationen. Weniger dramatisch ist der Abgleich zwischen unterschiedlichen sensorischen Erregungen aus der Umwelt. Hier setzt sich bei Diskrepanzen meist ein sensorisches System durch und »bereinigt« so das Dilemma.

Die dritte Möglichkeit ist die der »konsekutiven« Konsistenzprüfung: unsere Person hat zur Zeit nur einen Übersetzer zur Verfügung, aber sie vergleicht die gelieferten Übersetzungen nacheinander auf *interne Stimmigkeit*, d.h. darauf, ob das, was der Übersetzer sagt, »Sinn« macht und keine internen Widersprüche enthält. Diese konsekutive Konsistenzprüfung führt das Gehirn durch, und zwar mithilfe des Gedächtnisses. In wenigen Millisekunden wird alle einlaufende sensorische Erregung mit früheren Erregungen und deren Interpretationsfolgen verglichen. Während die beiden ersten Arten der internen Konsistenzprüfung mehr oder weniger starr vorgegeben sind und bei Fehlfunktionen das Individuum in schwere Krisen stürzen, ist die dritte flexibel, korrigierbar und besorgt sozusagen den Feinabgleich.

Wir haben also mit dem menschlichen Gehirn ein System vor uns, das, obwohl kognitiv abgeschlossen gegenüber der Umwelt, dennoch über die Sinnesorgane von dieser in vielfältiger Weise beeinflußt werden kann. Aber das Gehirn erfährt die Einwirkungen der Umwelt nicht direkt, sondern nur an und in sich selbst, sozusagen am eigenen Geiste, und es muß aus der einförmigen Sprache der Neuronen die Vielfalt der äußeren Welt konstruieren. Dabei handelt es sich keineswegs um eine Re-Konstruktion, wie einige Erkenntnistheoretiker behaupten[14], denn dazu müßte das Gehirn ja das Original kennen (es sei denn, man versteht den Ausdruck »Rekonstruktion« in dem Sinne, daß man Teile ohne Kenntnis des Originals zusammensetzt und dann sagt: so könnte es gewesen sein, es paßt zumindest so zusammen).

Diese eigentümliche Gleichzeitigkeit von kognitiver Abgeschlossenheit und Beeinflußbarkeit durch die Umwelt bereitet dem Verständnis der funktionalen Organisation des Gehirns meist große Schwierigkeiten. Denn der Begriff »kognitive Abgeschlossenheit« kann leicht mit »Isolation von der Welt« verwechselt werden. Es ist aber klar, daß ein wirklich von der Welt isoliertes Gehirn niemals ein überlebensförderndes Verhalten zeigen könnte, d.h. ein Verhalten, durch das auch es selbst erhalten wird. Der Neurophysiologe, der die Reaktionen von Neuronen oder Hirnteilen auf externe Stimuli untersucht, stellt einen mehr oder weniger direkten Zusammenhang zwischen Gehirn und

Umwelt fest. Er behandelt das Gehirn so, als sei es kognitiv offen. Allerdings kann er dies einigermaßen erfolgreich nur bei den Gehirnen tun, in denen die Reiz-Reaktions-Beziehungen fest sind, und er vergißt dabei häufig, daß er diese festen Beziehungen irgendwann einmal durch Versuch und Irrtum herausgefunden hat. Bei vielen Gehirnen zeigt sich aber selbst auf dem relativ groben Niveau der elektrophysiologischen Ableitungen, daß neuronale Antworten auf bestimmte Umweltreize nicht immer vorausgesagt werden können und daß sich die Selbstreferentialität der untersuchten Gehirne sozusagen an der Elektrodenspitze offenbart. Dies ist übrigens nicht nur bei sehr komplexen Säugetiergehirnen der Fall, sondern z. B. auch bei Insektengehirnen, bei denen einzelne Neurone oft eine hohe integrative Funktion haben.

Dem Argument von der kognitiven Abgeschlossenheit wird oft entgegengehalten, daß das Ergebnis der Konstruktion der Außen- und Körperwelt in der Regel sofort oder verzögert in Handlung umgesetzt wird. Hier ergäbe sich die Möglichkeit der Kontrolle durch die »Praxis«. Aber auch das Handeln des Organismus und dessen Folgen sind dem Gehirn niemals direkt gegeben, sondern nur über interne sensorische Rückmeldung. D. h. das Gehirn ist selbst wieder die Instanz, die an und in sich überprüft, welche Folgen das eigene Handeln hat und welche Korrekturen zu machen sind. Es gibt zahlreiche Beispiele für diese interne Handlungskontrolle und auch für ihre Fehlleistungen. Am eindrucksvollsten sind die Situationen, in denen die visuomotorische Rückkopplung gestört ist, etwa durch Aufsetzen horizontal oder vertikal invertierender Prismen. Es zeigt sich aber, daß das Gehirn eine derartige fundamentale Störung intern nahezu vollkommen ausgleichen kann, indem es das visuelle Bild in die motorisch richtige Position dreht. Als deutlichen Beweis für interne, selbstreferentielle Reorganisation der Wahrnehmungswelt können wir in diesem Zusammenhang die Tatsache ansehen, daß nach Abnehmen der für längere Zeit getragenen Brille die Welt nunmehr wiederum seitenverkehrt bzw. auf dem Kopf gesehen wird (diesmal ohne Brille) und daß es wiederum einige Zeit dauert, bis die Welt wieder »in Ordnung« ist.[15] D. h. das Gehirn kann über die räumliche Orientierung der visuellen Welt frei verfügen, um eine intern konsistente Wahrnehmung zu erlangen.

Diesem obersten kognitiven Ziel konsistenter Wahrnehmung und

Weltdeutung werden, wie das Beispiel psychopathischer Kognition zeigt, auch fundamentale Realitätsbezüge geopfert. Dies gerade ist das Wesen der Selbstreferenz und Selbst-Explikation, daß es keine externe, »objektive« Kontrollinstanz gibt. Das Resultat der selbstreferentiellen, internen Bewertung des eigenen Handels ist also stets nur vorläufig; es kann sich zwar mit zunehmender Erfahrung zunehmend bewähren, aber auch die Einschätzung des Bewährungsvorgangs verbleibt intern. D. h. ein Psychopath wird sich durch seine wahngeleitete »Praxis« ebenso bestätigt fühlen wie der gesunde Mensch durch sein »normales« Tun. Nur der externe Beobachter wird dem einen Normalität und dem anderen Wahnverhalten zusprechen. Die »Normalität« des externen Beobachters wird aber dadurch konstituiert, daß er sich hinsichtlich seiner kognitiven Leistungen mit einer großen Zahl von Mitmenschen in Übereinstimmung weiß. Die häufig gestellte Frage: »woher wissen wir eigentlich, daß wir normal sind und nicht die Verrückten?« kann mit dem Hinweis darauf beantwortet werden, daß der »Verrückte« meist subjektiv an dem Anderssein seiner Wahrnehmungen und Gefühle leidet oder zumindest darum weiß; wäre die Welt voller Psychopathen im psychologisch-klinischem Sinne, so würde wahrscheinlich jeder von ihnen anders wahrnehmen und empfinden. Die »Normalen« dagegen bestätigen sich ihre Normalität durch die Übereinstimmung mit der größten Zahl der Mitmenschen. Ein Verrücktsein, das die meisten Leute in gleicher Weise besitzen, kann nicht als Verrücktsein angesehen werden.

Warum aber, so müssen wir fragen, ist das Gehirn überhaupt ein selbstreferentielles System. Warum verschafft es sich nicht direkten Zugang zur Welt? Dann wären alle Probleme der Überprüfbarkeit gelöst.

Ein gegenüber der Umwelt wirklich offenes System ist z. B. ein Reflexsystem, in dem einem bestimmten Reiz eine bestimmte Reaktion fest zugeordnet ist. Ein solches System kann durchaus ein komplexeres Verhalten haben, wenn es z. B. über viele Reflexe oder über Reflexketten verfügt. Es ist aber starr an seine Umwelt angekoppelt und deren Fluktuationen ausgeliefert. Es ist in diesem Sinne fremdgesteuert, heteronom.

Ich will im folgenden kurz zeigen, daß die Selbstreferentialität des Gehirns als Gegensatz zu einem solchen Reflexsystem nicht ein Versehen der Evolution oder ein notwendiges Übel der funktionalen Organisation des Gehirns ist, sondern die unbedingte Voraussetzung für die kognitiven Leistungen, die der Mensch vollbringt. Kurz gesagt: bewußte Wahrnehmung, geplantes Handeln und erfolgreiche Bewältigung sehr komplexer Umwelten (auch sozialer Umwelten) sind nur durch ein semantisch selbstreferentielles und selbst-explikatives System möglich, wie es das menschliche Gehirn ist.

Betrachtet man die Evolution des Wirbeltiergehirns von den sogenannten »primitiven« Wirbeltieren bis hin zum Menschen, so läßt sich feststellen, daß die Größe des Gehirns ziemlich streng mit der Fähigkeit zum Lernen und zu komplexem Handeln und damit zur Bewältigung einer immer komplexeren Umwelt korreliert ist. Ich möchte hier die Frage offenlassen, ob die Größenzunahme des Gehirns innerhalb der menschlichen Evolution das Produkt des Selektionsdrucks einer zunehmend komplexeren Umwelt war oder ob, wofür es inzwischen viele Anhaltspunkte gibt, das Gehirn aus internen Wachstums- und Differenzierungsgründen größer und komplizierter wurde und der Mensch erst sekundär dadurch in die Lage versetzt wurde, immer komplexere Umwelten zu bewältigen.[16]

Bemerkenswert bei dieser Entwicklung aber ist, daß die Kapazität der sensorischen Eingänge, d. h. die Fähigkeit der Sinnesorgane, die Umwelt zu erfassen, sich nur sehr unwesentlich steigerte. So besitzt der optische Nerv, der ja den visuellen Eingang ins Gehirn darstellt, beim Frosch rund 500 000 Fasern. Beim Menschen sind es etwa eine Million. Aber während das Froschgehirn nur wenige Millionen Gehirnzellen hat, besitzt das menschliche Gehirn ungefähr eine Billion Zellen. Das heißt, daß sich die primäre Sensorik innerhalb der Wirbeltierevolution nur sehr unwesentlich gesteigert hat. Was sich in der Evolution zum menschlichen Gehirn hin in ungeheurem Maße steigerte und entwickelte, sind die sekundären und tertiären Verarbeitungsregionen, besonders all die Areale, die die sensorischen Erregungen der verschiedenen Modalitäten miteinander und mit früheren sensorischen, aber auch motorischen Zuständen vergleichen, also intern bewerten. Anstatt die Umwelt mit einer Steigerung der Kapazität der Sinnesorgane immer exakter zu erfassen, hat das Gehirn in seiner Stammesgeschichte sozusagen die entgegengesetzte Richtung eingeschlagen, nämlich das interne Bewertungssystem ungeheuer zu steigern und wirksamer zu gestalten.

Es ist von zahlreichen wahrnehmungspsychologischen Experimenten her bekannt, daß unsere Sinnesorgane in aller Regel nur eine begrenzte Menge von Umweltereignissen »melden« und daß das Gehirn durch interne Aktivität daraus eine kohärente Wahrnehmungswelt konstruiert.[17] Dies führt gelegentlich zu Fehlleistungen, z. B. daß wir kleinere Veränderungen häufig komplett »übersehen«. Aber es ermöglicht dem Gehirn, mit großer Schnelligkeit komplexe Handlungsabläufe zu generieren. Unsere Wahrnehmung, die uns von unmittelbarer Sensorik bestimmt erscheint, besteht in Wirklichkeit zum größten Teil aus Gedächtnisprodukten, d. h. aus Ereignissen, die das Gehirn in einer minimal abgetasteten Umwelt als wahrscheinlich vorhanden ansieht. Obwohl wir uns sensorisch meist kaum in konzentrierter Weise auf die Umwelt einlassen, haben wir ja stets eine kohärente Wahrnehmungswelt. Erst wenn wir uns zwingen, die Umwelt genau und detailliert zu erfassen, erkennen wir, wie langsam unsere Wahrnehmung dabei arbeitet. Genaue und detaillierte Wahrnehmung hat aber gegenüber der Notwendigkeit zu schnellerer, wenn oft auch gröberer Wahrnehmung häufig keinen großen Nutzen für das Überleben. Was der Mensch und seine Vorfahren zum Überleben benötigten bzw. was ihre Überlegenheit ausmachte, war die Fähigkeit, in komplexen, auch gerade sozial komplexen Situationen rasch handeln zu können. Die außerordentlich gesteigerte Selbstreferentialität des menschlichen Gehirns ist – in nur scheinbarer Paradoxie – die Grundlage der offenbaren Fähigkeit des Menschen, komplexe Situationen zu meistern. Externe Komplexität wird durch intern generierte Komplexität reduziert. Wäre das menschliche Gehirn, so wie immer behauptet, wirklich ein »offenes«, d. h. auf genaue Erfassung der Welt ausgerichtetes System, so wäre es häufig von der Flut der Umweltereignisse überwältigt und zur Steuerung sinnvollen Handelns gar nicht fähig.

Eine große Leistung des Gehirns sind die sogenannten kognitiven Konstanzleistungen. Sie ermöglichen es, daß wir uns in einer ständig fluktuierenden Umwelt zurechtfinden können. Wir sind in der Lage, Objekte unter ganz unterschiedlichen Aspekten, Beleuchtungssituationen und Kontexten zu identifizieren; wir empfinden die Umwelt als stabil trotz der z. T. starken Relativbewegungen zwischen Körper und Umwelt. Die zerebralen Mechanismen, die diese Konstanzleistungen ermöglichen, sind bisher nur zum Teil verstanden (sie beruhen z. T. auf dem sog. Reafferenzprinzip) und müssen sehr komplex sein und große Teile des Gehirns beschäftigen. Außerordentliche Leistungen vollbringt unser Gehirn bei der Wahrnehmung menschlicher Sprache, so daß der Sprachsinn auch unter schwierigsten akustischen Bedingungen noch erfaßt werden kann, und beim (Wieder-) Erkennen menschlicher Gesichter.[18] Diese Leistungen sind eigentlich erst in jüngster Zeit genügend gewürdigt worden, als man daran ging, ähnliches durch sog. Roboter im technischen Fertigungsprozeß (etwa Erkennen von Werkzeugen oder Fertigungsteilen in variierenden Positionen) zu bewerkstelligen. Selbst einfachste Abstraktionsleistungen bilden für diese Systeme große Schwierigkeiten.

Abstraktion, Invariantenbildung, Objektkonstanz sind Leistungen, die für das Überleben in komplexen, fluktuierenden Umwelten lebensnotwendig sind und die nur mit außerordentlich großem neuronalen Aufwand vollbracht werden können. Sie setzen die vollständige Verfügbarkeit der Wahrnehmungswelt für das verhaltenssteuernde Gehirn voraus, und diese ist nur gegeben, wenn das Gehirn die Wahrnehmungswelt selbst generiert und gestaltet. Man muß sich in diesem Zusammenhang aber völlig von dem Gedanken freimachen, als bedeute dies irgendeine Beliebigkeit oder Willkür. Wie bereits betont, sind viele Mechanismen der Konstitution der kognitiven Welt entweder angeboren oder entwickeln sich prägungsartig in ontogenetisch frühen Versuch-und-Irrtums-Prozessen und sind danach mehr oder weniger unkorrigierbar. Und schließlich bedeutet das alles überhaupt nicht, daß die Wahrnehmung dem Einfluß und der Willkür des kognitiven »Ich« ausgesetzt sei.

Diese Feststellung führt uns unmittelbar zur letzten der oben gestellten Fragen, die lautete: Wer oder was ist das Subjekt der Wahrnehmung und Erkenntnis? Woher kommt es, wo existiert es und was leistet es?

In der Erkenntnis- und Wahrnehmungstheorie spielen Spekulationen über Natur und Leistung des kognitiven Subjekts, des bewußt wahrnehmenden und erkennenden Ich, eine große Rolle. Während streng behavioristische Theoretiker ein kognitives Ich, eine bewußte Wahrnehmung, entweder überhaupt leugnen oder als Epiphänomen, als wirkungsloses Beiwerk der Gehirnmaschine ansehen, betonen viele andere Philosophen und Psychologen die aktive Rolle des wahrnehmenden und erkennenden Ich. Zahlreiche wahrnehmungspsychologische Studien belegen, daß Wahrnehmung niemals eine bloße Widerspiegelung externer Ereignisse ist, sondern ein selektiv und kreativ ablaufender Prozeß, in den frühere Erfahrung, Emotionen, Erwartungen in starkem Maße eingehen. So sehen wir nicht nur Linien, Kontraste, Gestalten, Ordnungs- und Kausalzusammenhänge dort, wo sie »objektiv« gar nicht vorhanden sind, sondern wir sehen auch »objektiv« vorhandene Gegenstände häufig außerordentlich verschieden, wenn sie erfahrungsmäßig und emotional beladen sind. Die Wahrnehmungspsychologie füllt ganze Bände mit Berichten über geradezu absurde Verzerrungen von Wahrnehmungsinhalten und über kognitive Fiktionen, z. B. im Zusammenhang mit Zeugenaussagen vor Gericht. All dies scheint für eine gewaltige kreative Kraft des kognitiven Subjekts, des Ich, zu sprechen.

Dem steht jedoch die jedem geläufige Tatsache gegenüber, daß das Ich keinen merklichen willentlichen Einfluß auf »seine« Wahrnehmung hat. Niemand kann willentlich in seiner Wahrnehmung aus einem roten Stuhl einen grünen machen, obwohl doch bekannt ist, daß Farben ein »rein subjektives« Phänomen sind und Farbtäuschungen sehr häufig vorkommen. Kein Hungriger kann aus einem Stein per kognitivem Entschluß ein Stück Brot machen, obwohl bekannt ist, daß dieselbe hungrige Person, wenn der Hungerzustand lange genug andauert, extreme Halluzinationen über speisenbeladene Tische erleben wird. Es gibt Psychopathen, die sich völlig überzeugt für Napoleon oder den Kaiser von China halten, aber kein Mensch kann sich selbst durch reinen Willensakt eine derartige Karriere glaubhaft machen.

Dies zeigt uns, daß einerseits die kognitive Welt bis ins Absurde verformbar ist, daß aber andererseits das sogenannte kognitive Subjekt nicht der Akteur und Produzent dieses Vorgangs ist, sondern vielmehr das Objekt. Dieses kognitive Subjekt/Objekt kann Wahrnehmung nicht gestalten, es scheint sie vielmehr zu erleiden.

Dies stimmt mit der Tatsache überein, daß alle Bemühungen vieler Psychologen, Philosophen und Hirnforscher, das Ich im Gehirn zu lokalisieren, völlig fehlgeschlagen sind. Das heißt nun nicht, daß man nichts über die hirnanatomischen und -physiologischen Grundlagen des bewußten Ich und der bewußten Wahrnehmung wüßte. Das Gegenteil ist der Fall. Man weiß aus

zahlreichen klinischen Untersuchungen an Patienten mit Hirnverletzungen, daß vier funktionale Großbereiche des Gehirns an der Konstitution des Ich beteiligt sind. Das ist zuerst der Hirnstamm und besonders die Formatio reticularis, die Wachheit und Aufmerksamkeit steuern. Zum zweiten die gesamte Sensorik und Sensomotorik, die, was die bewußte Wahrnehmung betrifft, im sogenannten thalamocorticalen System des Zwischenhirns und Großhirns zu finden ist. Drittens der Gedächtnisbereich, in dem das sogenannte limbische System eine entscheidende Rolle spielt; und schließlich das System der Handlungskoordination und -planung, das im Stirnbereich der Großhirnrinde zu finden ist.
Diese vier funktionalen Großsysteme unseres Gehirns konstituieren unsere bewußte Wahrnehmung und unser Ich-Identitätsgefühl. Während ein Ausfall der Formatio reticularis im Hirnstamm Bewußtlosigkeit zur Folge hat, die übrigens ganz unterschiedlich tief sein kann, führen Ausfälle der anderen Systeme nie zu völligem Verschwinden des Ich-Bewußtseins, sondern zu sehr eigentümlichen Veränderungen, die zum Beispiel den nahezu völligen Ausfall des Gedächtnisses betreffen. Ein regelrechter Ich-Identitätszerfall tritt bei bestimmten Verletzungen des Stirnhirns ein, dessen milde Variante in der Unfähigkeit des Patienten besteht, sich auf das zu konzentrieren, was zu tun und in welcher Weise es zu tun ist.[19]
Das Bewußtsein, das Ich, hat also keinen genau lokalisierten Ort im Gehirn: an seiner Konstitution sind zahlreiche, funktional und räumlich sehr unterschiedliche Bereiche beteiligt. Es ist überhaupt keine Einheit, auch wenn häufig von der »Enge des Bewußtseins« und der unmittelbaren Gegebenheit des Ich gesprochen wird. Meine These ist, daß das Ich ein in hochkomplexen, selbstreferentiell organisierten kognitiven System notwendig auftretendes Phänomen ist. Betrachten wir uns die Verknüpfung der vier an der bewußten Wahrnehmung konstitutiv beteiligten funktionalen Großsysteme des Gehirns, die ich genannt habe, so stellen wir fest, daß sie untereinander hochgradig reziprok verknüpft sind und mehrfach ineinandergeschachtelte Erregungskreise bilden, an denen viele Milliarden Nervenzellen beteiligt sind. Diese Systeme bilden sich mit ihren jeweiligen Erregungsmustern in einem Bruchteil von Sekunden ineinander ab: das thalamocorticale sensorische System in das Gedächtnissystem und umgekehrt, das Wachheitssystem und das »Planungssystem«

ineinander und in beide anderen Systeme und umgekehrt, und so fort. Es bildet sich durch diese unendlichen zirkulären und reziproken Abbildprozesse ein vieldimensionaler kognitiver Raum, der identisch ist mit unserer Erlebniswelt, wovon allerdings unsere bewußte Erlebniswelt nur ein Teilbereich und wahrscheinlich nicht einmal der größte ist. Einige der Zustände des gesamten Systems erhalten auf besondere Weise eine Hervorhebung, die wir als Bewußtsein erfahren, oder besser: die wir selbst sind. Diese Bewußtmachung hängt, so weit wir wissen, zum einen stark mit einer besonderen Empfindung des eigenen Körpers zusammen, zum anderen mit der sensorischen Aufmerksamkeitssteuerung, und schließlich mit einer ständigen Präsenz spezifischer Gedächtnisinhalte, die mit unserer individuellen Geschichte zu tun haben.

Die Frage, warum sich ein Ich-Bewußtsein herausgebildet hat und was es leistet, ist nur schwer zu beantworten. Es gibt eine ganze Reihe von Philosophen, die annehmen, das Ich-Bewußtsein müsse eine wichtige Rolle spielen, denn nichts könne sich innerhalb der Evolution herausgebildet haben, das nicht eine wichtige überlebensfördernde Funktion habe. So nehmen einige Philosophen an, unser Bewußtsein sei eine Art von Bühne, auf der unsere Gedanken probehandeln könnten, ehe sie sich zur Umsetzung in die Tat entschließen. In diesem Zusammenhang wird meist das Argument vertreten, es sei günstiger, Vorstellungen und Hypothesen sterben zu lassen, nachdem ihre Unvorteilhaftigkeit sich auf dieser kognitiven Bühne erwiesen habe, als daß der Organismus selbst sterbe.[20]

Diese Hypothese hat ihre Schwierigkeiten mit vielen psychologischen und klinischen Erkenntnissen. Es ist durch nichts bewiesen, daß unsere bewußte Wahrnehmung überhaupt einen Einfluß auf unser Handeln hat, wie es ja auch völlig unbewiesen ist, daß es so etwas wie einen Willensakt gibt. Neueste psychophysische Experimente bestärken die bereits langgehegte Vermutung, daß der subjektive Willensentschluß ein bloßes Epiphänomen ist (vielleicht sogar nur ein sprachlich generiertes).[21] Ein großer Teil unseres Handelns geschieht ohne geplante bewußte Aktionen, und oft genug tun wir etwas, obwohl wir bewußt etwas ganz anderes geplant haben.

Eine Reihe von klinischen Hirnforschern, die sich mit dem Phänomen der bewußten Wahrnehmung und ihrer Störung beschäftigt haben, vertreten die Anschauung, daß bewußte Wahrnehmung eine Art Fokuseinstellung des Gehirns auf eigene, in einem bestimmten Augenblick besonders wichtige interne Prozesse ist, wobei dieser Fokus, wie früher geschildert, als eng begrenzt empfunden wird, aber doch sensorisch, emotional, und gedächtnismäßig konstituiert ist.[22] Analysen der Steuerung unserer Aufmerksamkeit zeigen in der Tat genau diese Komponenten, ebenso die äußerst wichtige Tatsache, daß sich diese Aufmerksamkeit auch nach »innen«, d. h. auf unsere Gedanken, Emotionen und Gedächtnisinhalte selbst richten kann und nicht nur auf sensorische Geschehnisse.

Dennoch ist nicht auszuschließen, daß das kognitive Subjekt im Zusammenhang mit der Handlungsplanung als einem internen Abwägungsprozeß auftritt, der aber keineswegs stets bewußt sein muß. Hiermit stimmt die Tatsache überein, daß das Ich-Identitäts-Gefühl und die Fähigkeit zur Handlungsplanung auch bei den meisten entwickelten Säugetieren gering entwickelt sind und erst bei Menschenaffen ein den menschlichen Verhältnissen entfernt vergleichbares Ausmaß annehmen.[23] Das Abwägen dessen, was zu tun sei, setzt weniger eine einzige Entscheidungsinstanz, als vielmehr das Vergleichen sehr vieler Daten aus vielen sehr unterschiedlichen Funktionsbereichen des Gehirns voraus. Dies könnte die offenbar komplexe Struktur des Ich erklären. Das Ich wäre hiernach also keine eigene Instanz, sondern ein spezifisch hervorgehobener komplexer Zustand des Gehirns.

Ich will versuchen, das Gesagte in wenige Thesen zusammenzufassen:

1. Das Gehirn ist ein selbstreferentielles und selbst-explikatives System. Das bedeutet, daß es funktional in sich abgeschlossen ist und nur mit seinen eigenen Zuständen interagiert. Es hat keinen direkten Zugang zur Außenwelt. Es geht bei der Interpretation seiner eigenen Zustände nur nach internen Prinzipien der Konsistenzprüfung vor. Diese Selbstreferentialität ist kein bedauerlicher Irrtum der Evolution oder ein notwendiges Übel, sondern die Grundlage der außerordentlichen Konstanz- und Entscheidungsleistungen, die wiederum die Voraussetzung für die einzigartige Fähigkeit des Gehirns sind, mit komplexen Umwelten umzugehen und komplexe Umwelten zu schaffen.
2. Nur selbstreferentielle Systeme sind in der Lage, Kognition zu

konstituieren, d.h. eine verfügbare Wirklichkeit zu schaffen. Die einzigen neuronalen Systeme, die mit der materiellen Welt unmittelbar umgehen, sie im engen Sinn »objektiv« abbilden, sind Reflexsysteme. Diese sind aber starr an spezifische Umweltreize gebunden und damit höchst unflexibel. Das Gehirn, als selbstreferentielles System, hat zum einen in langer Evolution, die alle Wirbeltiervorfahren einbegreift und damit etwa eine halbe Milliarde von Jahren umfaßt, und zum anderen innerhalb seiner individualgeschichtlichen Entwicklung interne Prüfverfahren entwickelt, die hochgradig verläßlich sind, was die Handlungssteuerung betrifft.

3. Aufgrund seiner selbstreferentiellen Organisation, d.h. des ständigen gegenseitigen Ineinanderabbildens der oben genannten funktionalen Großsysteme, schafft sich das real-materielle Gehirn eine Welt, die es in eine Umwelt, eine Körperwelt und eine Ich-(oder Gedanken-)Welt gliedert, und es konstituiert diese drei Welten so, daß sie sich möglichst scharf voneinander unterscheiden. Diese kognitive Welt ist dadurch, daß sie in bezug auf ihre eigenen Teilbereiche konstituiert und definiert ist, in sich abgeschlossen. Dies ist die Wirklichkeit, in der wir existieren und von der wir ein Teil sind. Insofern stehen wir ihr nicht gegenüber, sondern sie geht durch uns hindurch. Unser Ich, das wir als das unmittelbarste und konkreteste, nämlich als uns selbst, empfinden, ist – wenn man es etwas poetisch ausdrücken will – eine Fiktion, ein Traum eines Gehirns, von dem wir, die Fiktion, der Traum, nichts wissen können. Darum sind wir uns selbst notwendigerweise die einzige Wirklichkeit.

4. Auch wenn das Gehirn ein in sich funktional und kognitiv abgeschlossenes System ist, so bedeutet dies nicht, daß es von der Umwelt *isoliert* ist. Seine Zustände können über die Sinnesorgane durch Umweltereignisse moduliert werden. Das Gehirn aber legt fest, welche Umweltereignisse in welcher Weise auf das Gehirn einwirken können, und es erfährt diese Einwirkungen nur an sich selbst. Das Gehirn hebt die prinzipielle Isolation aller neuronaler Systeme von der Welt dadurch auf, daß es die Welt als interne Umwelt konstituiert und mit dieser umgeht. Dies gilt insbesondere für die soziale Umwelt. Und so ist es kein Widerspruch, daß unsere individuelle, in sich abgeschlossene Wirklichkeit eine *soziale* Wirklichkeit ist. Denn das

reale Gehirn, das diese individuelle Wirklichkeit erzeugt, kann, wie die Forschungen der letzten zwei Jahrzehnte gezeigt haben, seine Funktionen nur unter spezifischen sozialen Bedingungen entwickeln. In diesem Sinne ist die von unserem Gehirn konstituierte Wirklichkeit eine soziale Wirklichkeit und keine Monade im Leibnizschen Sinne, obwohl sie in der Tat keine Fenster nach draußen hat.

Anmerkungen

1 Hier sind auch die Arbeiten G. Vollmers nicht auszunehmen. Vgl. G. Vollmer (1975), *Evolutionäre Erkenntnistheorie,* Stuttgart, 3. Aufl. 1981; ders. (1983), »Mesokosmos und objektive Erkenntnis. Über Probleme, die von der Evolutionären Erkenntnistheorie gelöst werden«, in: Lorenz, K. und Wuketits, F. M. (Hg.), *Die Evolutionen des Denkens,* München.

2 H. R. Maturana (1982), *Erkennen: Die Organisation und Verkörperung von Wirklichkeit,* Braunschweig–Wiesbaden. Vgl. auch: Benseler, F., Hejl, P. M. und Köck, W. K. (Hg.) (1980), *Autopoiesis, Communication and Society. The Theory of Autopoietic Systems in the Social Sciences,* Frankfurt – New York, wo eine Reihe von Autoren einen den hier vorgetragenen Anschauungen verwandten Standpunkt vertreten.

3 Vgl. Buser, A. und Rougeul-Buser, A. (Hg.) (1978), *Cerebral Correlates of Conscious Experience,* Amsterdam – New York – Oxford; C. von Campenhausen (1981), *Die Sinne des Menschen, Bd. I: Einführung in die Psychophysik der Wahrnehmung,* Stuttgart – New York.

4 K. Kirschfeld (1984), »Linsen- und Komplexaugen: Grenzen ihrer Leistung«, in: *Naturwiss. Rundschau* 37, 352-362.

5 Vgl. Bischof, N. (1966), »Psychophysik der Raumwahrnehmung«, in: Metzger, W. und Erke, H. (Hg.), *Wahrnehmung und Bewußtsein. Handbuch der Psychologie.* Bd. 1/1, Göttingen, 307-408; ders. (1966) »Stellungs-, Spannungs- und Lagewahrnehmung«, in: Metzger/Erke, op. cit., 409-497; Metzger, W. (1975), *Psychologie,* Darmstadt, 5. Aufl.; Stadler, M., Seeger, F. und Raeithel, A. T., *Psychologie der Wahrnehmung,* München (1975), Von Campenhausen, op. cit.

6 Stadler, M., Seeger, F. und Raeithel, A., op. cit., 110ff.

7 Vgl. Planck, M. (1965), »Positivismus und reale Außenwelt«, in: Planck, M., *Vorträge und Erinnerungen,* Darmstadt, 228-245.

8 Vgl. R. K. Siegel und L. J. West (Hg.) (1975), *Hallucinations: Behavior, Experiments and Theory,* J. Wiley & Sons; R. K. Siegel (1977), »Hallucinations«, in *Sci. Amer.* 237/4, 132-140.

9 Stone, J., Dreher, B. und Leventhal, A. (1979), »Hierarchical and parallel mechanisms in the organization of visual cortex«, in: *Brain Research Revies* 1, 345-394; Dykes, R. W. (1983), »Parallel processing of somatosensory information: a theory«, in: *Brain Research Reviews* 6, 47-115.
10 Zum Phänomen der Depersonalisierung vgl. Kutter, P. (1977), *Psychiatrie,* Stuttgart, 83 ff.; Bräutigam, W. (1969), *Reaktionen, Neurosen, Psychopathien,* Stuttgart, 2. Aufl., 110 ff.
11 Vgl. R. H. Wurtz, M. E. Goldberg und D. Lee Robinson (1982) »Brain mechanisms of visual attention«, in: *Sci. Amer.* 246/6, 100-107; von Campenhausen, op. cit., 160 ff.
12 Held, R. und Hein, A. (1963), »Movement-produced stimulation in the development of visually guided behavior«, in: *J. Comp. Physiol. Psychol.* 56, 872-876.
13 Vgl. Siegel, op. cit.
14 So G. Vollmer, (1980), »Evolutionäre Erkenntnistheorie und Leib-Seele-Problem«, in: Böhme, G. (Hg.), *Wie entsteht der Geist?,* Karlsruhe, 11-40.
15 Vgl. Kohler, I. (1962), »Experiments with goggles«, in: *Sci. Amer.* 206/5, 63-72; von Campenhausen, op. cit., 100 ff.
16 Vgl. Gould, S. J. (1977) *Ontogeny and Phylogeny,* Cambridge.
17 Vgl. Metzger, op. cit.
18 Vgl. von Campenhausen, op. cit., 98 f.
19 Luria, A. R. (1970), »The functional organization of the brain«, in: *Sci. Amer.* 222/3, 66-78.

Gerhard Roth
Autopoiese und Kognition: Die Theorie H. R. Maturanas und die Notwendigkeit ihrer Weiterentwicklung[1]

Einleitung

Die seit 1970 veröffentlichten Aufsätze der beiden chilenischen Neurobiologen und Philosophen H. R. Maturana und F. J. Varela haben inzwischen in vielen wissenschaftlichen Disziplinen einen großen Einfluß erlangt, dessen Folgen noch gar nicht abzusehen sind. Diese Tatsache ist einigermaßen verwunderlich, denn die meisten Texte der beiden Autoren sind sprachlich schwer verständlich (woran die vorzügliche Übersetzung der deutschen Maturana-Auswahl durch W. K. Köck eine Menge verbessert hat!), inhaltlich schwierig und ohne eingehende Kenntnisse in (Neuro-) Biologie kaum adäquat zu erfassen. Trotzdem werden sie in der Wissenschafts- und Erkenntnistheorie, den Sozialwissenschaften, der Psychologie, den Rechtswissenschaften und der Linguistik, um einige Disziplinen zu nennen, begierig rezipiert (vgl. Hejl 1982; Luhmann 1984; Teubner 1984), und nur eine Disziplin scheint bisher völlig unberührt zu bleiben, für die die Theorie Maturanas und Varelas eigentlich gedacht war, nämlich die Biologie.

Die Faszination der Theorie der beiden Autoren liegt einerseits in ihrem ungeheuren Anspruch: Hier wird – häufig auf ein paar Seiten zusammengedrängt – eine neuartige Erklärung der Phänomene des Lebens, der Funktion des Nervensystems, der Wahrnehmung, des Denkens, des Ich-Bewußtseins, der Sprache, der Evolution, der wissenschaftlichen Methode und vieles mehr angeboten, die – wenn dieser Anspruch zu Recht besteht – eine wirkliche Revolution der Biowissenschaften wie auch der Kognitions- und Kommunikationswissenschaften einzuleiten vermag. Zum anderen wird die Theorie in einer Form präsentiert, die logisch-begriffliche Prägnanz mit großer inhaltlicher Unbestimmtheit verbindet. Der Maturana-Aufsatz »Biology of Cognition«, im Jahre 1970 als internes Papier des »Biological Computer

Laboratory« in Urbana/Illinois entstanden und erst Jahre später einem größeren Leserkreis zugänglich gemacht, ist in der Tat ein genialer Welt- und Seinsentwurf, vergleichbar nur noch mit dem Wittgensteinschen »Tractatus logico-philosophicus«, wenn auch in eine völlig andere Richtung weisend.

Anders als der »Tractatus« ist aber die »Biology of Cognition« zusammen mit dem »Autopoiesis«-Aufsatz von Varela, Maturana und Uribe aus dem Jahre 1974 ein Weg, der weitergegangen werden kann und muß. Zum einen betrifft dies Weitergehen die inhaltliche Ausführung und Ausfüllung des Maturana-/Varela-Konzepts der Autopoiese und der Kognition, die die Autoren selbst bisher nicht geleistet haben, die aber erst die Basis einer wirklich fruchtbaren Anwendung in den Wissenschaften darstellt, und zum anderen die *Korrektur* einer Reihe von erheblichen Brüchen und Inkonsistenzen. Beides nimmt jedoch der ursprünglichen Theorie nichts von ihrer überragenden Bedeutung.

Ich kann im vorliegenden Aufsatz nur andeuten, in welche Richtungen dies Weiter- und Hinausgehen erfolgen muß, und zwar besonders im Hinblick auf die Übertragbarkeit der Theorie auf nichtbiologische, im wesentlichen psychologische und sozialwissenschaftliche Disziplinen. Der Leser sei auf zwei umfangreichere Arbeiten zur Biosystemtheorie und zur Wahrnehmungstheorie vertröstet, die zur Zeit in Zusammenarbeit mit anderen Kollegen entstehen. Ich werde mich bei meinen Ausführungen im wesentlichen mit den Aufsätzen beschäftigen, die von Maturana allein oder zusammen mit Varela geschrieben wurden. Die neueren eigenständigen Arbeiten Varelas verdienen eine eigene Würdigung, die aber hier nicht geleistet werden kann. Wenn ich also im folgenden abkürzend von der Theorie Maturanas spreche, so ist in Hinblick auf das Konzept der Autopoiese der wesentliche Anteil Varelas hieran mitgemeint.

1. Die Verbindung von Biosystemtheorie und Kognitionstheorie

Die Theorie Maturanas bringt in neuartiger Weise zwei Gebiete zusammen, die zuvor nahezu völlig unabhängig behandelt wurden: die Theorie der Organisation von Lebewesen und die Theorie der Wahrnehmung und der Erkenntnis. Zwar wurde z.B. schon durch J. von Uexküll oder von K. Lorenz die biologische Bedingtheit von Wahrnehmung und Erkenntnis beschrieben, aber diese Autoren haben keinerlei Theorie der Organisation der Organismen entwickelt, aus der Kognition als notwendiges Phänomen abgeleitet werden konnte. In dieser konkreten Verbindung von Biosystemtheorie und Kognitionstheorie liegt das Geniale der Theorie Maturanas und zugleich die Quelle großer inhaltlicher Schwierigkeiten, wie zu zeigen sein wird.

Das entscheidende Ziel der Theorie Maturanas wird zu Beginn der »Biologie der Kognition« formuliert: es geht darum, »eine Theorie der Kognition zu entwickeln, die sowohl ein epistemologisches Verständnis des Phänomens der Kognition ermöglicht als auch eine adäquate Erkenntnis der funktionalen Organisation des erkennenden Organismus, die Phänomene wie begriffliches Denken, Sprache und Bewußtsein hervorbringt« (33). Und kurz darauf stellt Maturana fest: »Kognition ist ein biologisches Phänomen und kann nur als solches verstanden werden. Jegliche epistemologische Einsicht in den Bereich der Erkenntnis setzt dieses Verständnis voraus« (33).

Die Theorie der Organisation von Lebewesen wird in der »Biologie der Kognition« unter dem Stichwort der zirkulären, selbstreferentiellen Produktion der Komponenten, aus denen Lebewesen bestehen, nur kurz angedeutet und in den späteren Arbeiten unter dem Begriff der »Autopoiese« genauer ausgearbeitet. Ein autopoietisches System ist nach dieser Theorie ein System, das zirkulär die Komponenten produziert, aus denen es besteht, das sich also über die Herstellung seiner Bestandteile selbst herstellt und erhält. Oder vom Standpunkt der Komponenten aus gesehen: die einzelnen Komponenten eines autopoietischen Systems erhalten sich dadurch selbst, daß sie an der Erhaltung all der anderen Komponenten beteiligt sind, die zu ihrer eigenen Erhaltung notwendig sind. Lebewesen sind solche autopoietischen Systeme, in denen Makromoleküle und Organellen (bei Einzellern) oder Zellen, Gewebe und Organe (bei Vielzellern) sich zirkulär produzieren.

Die zirkuläre Produktion der Komponenten in einem autopoietischen System setzt voraus, daß das System nur solche Zustände einnimmt, durch die das Fortleben des Systems gewährleistet ist.

Diese Zustandsabfolge hat in aller Regel sehr spezifische biochemische und bioenergetische Voraussetzungen und duldet, wenn überhaupt, nur solche Veränderungen in der Zustandssequenz, die *unmittelbar* in die zirkuläre Reproduktion des Systems passen: kein Lebewesen kann sich abschalten, längere Zeit Änderungen ausprobieren und dann wieder anfangen zu leben, und auch bei der Generationenfolge muß jede auf Mutationen beruhende Variation des Organismus *unmittelbar* die Fortexistenz des neuen Lebens gewährleisten, also positiv oder zumindest neutral sein, wenn die Autopoiese fortgesetzt werden soll.
Ein autopoietisches System ist nach Maturana *autonom* gegenüber seiner Umwelt. Obwohl materiell und energetisch offen, determiniert es selbst seine Zustandsfolgen aufgrund seiner spezifischen internen Struktur, die die Autopoiese ermöglicht. Maturana nennt diese Eigenschaft »Strukturdeterminiertheit« (früher auch »Zustandsdeterminiertheit« genannt). Strukturdeterminierte und damit autonome Systeme können zwar von außen angeregt oder »perturbiert« werden, diese Einwirkungen *determinieren* aber nicht die Zustandsfolgen des Systems. Ob überhaupt ein Umweltereignis auf ein autopoietisches System (nicht-schädigend) einwirken kann und welche Folgen für das System diese Einwirkung hat, hängt also ausschließlich vom autopoietischen System selbst ab. Autopoietische Systeme sind hinsichtlich ihrer Zustandsänderungen (oder – wie Maturana sagt – »operational«) *abgeschlossene* Systeme, sie haben in dieser Hinsicht auch keinen Input und keinen Output.
Strukturdeterminiertheit und die damit verbundene operationale Geschlossenheit sind für Maturana essentielle Kennzeichen autopoietischer Systeme. Es ist nun von großer Wichtigkeit für das Verständnis der Theorie Maturanas, daß er die funktionale Organisation des Nervensystems als Grundlage von Kognition völlig analog zur funktionalen Organisation autopoietischer Systeme beschreibt. Für Maturana ist ein Nervensystem ein geschlossenes System dadurch, daß jeder neuronale Aktivitätszustand zu weiteren neuronalen Aktivitätszuständen führt in unendlich zirkulärer oder »selbstreferentieller« Weise. Ein Nervensystem als ein derart operationales und strukturdeterminiertes System hat genauso wie ein autopoietisches System keinen Input und keinen Output. Es kann zwar ebenso über Rezeptorenoberflächen der Sinnesorgane »erregt« werden, aber die Folgen dieser Erregung legt es selber

fest, ja es erfährt diese nur an und in sich selbst, und zwar als relative Veränderung neuronaler Zustände. Ein Beobachter mag zwar feststellen, daß ein Gehirn mithilfe seiner Sinnesorgane »Information« über die Umwelt »aufgenommen« hat und das Verhalten des mit ihm verbundenen Organismus »dementsprechend« steuert, für das Gehirn selbst existieren nur interne Zustandsveränderungen, denen es selbstreferentiell verschiedene Bedeutungen zuschreibt (z. B. hinsichtlich ihrer Herkunft) und die es mit weiteren internen Zustandsveränderungen »beantwortet«.

Für Maturana bedeutet die Existenz eines Nervensystems bzw. eines Gehirns in einem Lebewesen nicht eine qualitative Veränderung der Natur seiner autopoietischen, strukturdeterminierten Organisation, sondern nur eine *Erweiterung* des Bereichs der Zustände, den das Lebewesen einnehmen kann. Denn nun können im und am Organismus nicht nur Wechselwirkungen biochemischer Art auftreten, sondern Zustandsveränderungen relationaler Art, d. h. Unterschiede lokaler neuronaler Erregungen im Nervensystem führen zu weiteren Unterschieden und zu Unterschieden zwischen Unterschieden (Relationen zwischen Relationen). Trotzdem agiert für Maturana das Nervensystem in derselben operationalen (man könnte auch sagen: ontologischen) Ebene wie das biochemische autopoietische System, dessen Teil es ist.[2]

Ein weiterer wichtiger Begriff der Theorie Maturanas ist derjenige der »strukturellen Kopplung«. Wie wir gesehen haben, definiert Maturana den autopoietischen Organismus und das Nervensystem als *operational geschlossen* gegenüber seiner Umwelt. Er muß bei dieser Begriffsbestimmung das – für ihn nur scheinbare – Paradoxon lösen, daß der Organismus nur durch ein auf die Umwelt bezogenes Verhalten überleben kann und daß dieses Verhalten bei sehr vielen Lebewesen durch ein Nervensystem bzw. Gehirn erzeugt wird. Wie aber kann ein »operational geschlossenes« System ein überlebensförderndes Verhalten erzeugen?

Jedes Lebewesen hat als einziges Ziel die Fortsetzung der zirkulären Produktion seiner Komponenten und damit die Erhaltung seiner autopoietischen Organisation. Die Umwelt legt den Rahmen der Möglichkeiten, diese Organisation zu verwirklichen, fest: ob er weit ist, also dem Organismus viel »Spielraum« für

Veränderungen läßt, oder eng, oder ob er nur einen Typus zuläßt. Dadurch koppelt sich der Organismus strukturell an die Umwelt an. Maturana sieht diesen Prozeß durchaus im Sinne der neodarwinistischen Evolutionstheorie: »Wenn jedes verwirklichte System notwendigerweise an den Bereich angepaßt ist, in dem es verwirklicht wird, und wenn Anpassung die Bedingung der möglichen Verwirklichung eines Systems ist, findet Evolution nur als ein Prozeß fortwährender Anpassung der Einheiten statt, die das evolvierende Organisationsmuster verkörpern« (208 f). Eine strukturelle Koppelung kann es nicht nur zwischen einem Organismus und seiner unbelebten Umwelt, sondern auch zwischen zwei autopoietischen Systemen geben, die sich strukturell aneinanderkoppeln und somit gegenseitig die Weisen der Verwirklichung ihrer Autopoiese selektieren.
Ebenso wie für den Organismus gibt es nach Maturana auch für das Nervensystem die Möglichkeit struktureller Kopplung. Das Nervensystem kann wie der Organismus neben bloßen Zustandsänderungen auch Änderungen seiner Struktur (z. B. der neuronalen Verknüpfung) erfahren, sofern seine grundlegende Organisation der unendlichen zirkulären Erzeugung von neuronalen Erregungen nicht unterbrochen wird. Da aber die Existenz des Nervensystems mit der Existenz seines Organismus verkoppelt ist, sind nur diejenigen strukturellen Veränderungen des Nervensystems zugelassen, die zu adäquatem, d. h. überlebensförderndem Verhalten führen. Über den Organismus und dessen Verhalten ist das Nervensystem damit – obwohl operational abgeschlossen – an die Umwelt angekoppelt. Lernen z. B. ist für Maturana nicht die Aufnahme von Information aus der Umwelt oder der Erwerb irgendeiner Repräsentation von Umweltereignissen, sondern »eine fortgesetzte ontogenetische Verkoppelung der Struktur eines Organismus mit seinem Medium, und zwar ein Prozeß, dessen Richtung durch den selektiven Strukturwandel des Organismus determiniert wird, wie er ständig durch das Verhalten bewirkt wird, das der Organismus durch seine in vorausgegangenen plastischen Interaktionen selektierte Struktur erzeugt« (254). Bildet sich eine reziproke Koppelung der Strukturen strukturell plastischer Organismen aus, so entsteht zwischen ihnen das, was Maturana einen *»konsensuellen Bereich«* nennt. Die Erstellung dieses konsensuellen Bereichs ist die Grundlage von sprachlicher (wie auch nichtsprachlicher) *Kommunikation.*

2. Autopoiese vs. Kognition

Wie schon gesagt, ist es das Charakteristikum der Theorie Maturanas, daß er Autopoiese und Kognition mit denselben Begriffen bestimmt, ja beide Phänomene weitgehend in eins setzt. So heißt es in der »Biologie der Kognition«: »Lebende Systeme sind kognitive Systeme, und Leben als Prozeß ist ein Prozeß der Kognition. Diese Aussage gilt für alle Organismen, ob diese ein Nervensystem besitzen oder nicht«. Und kurz darauf: »Das Nervensystem erweitert den kognitiven Bereich des lebenden Systems, indem es Interaktionen mit »reinen Relationen« ermöglicht. Das Nervensystem erzeugt keine Kognition« (39).

Ich möchte nun zeigen, daß dies Ineinssetzen von Leben und Kognition, so faszinierend es auf den ersten Blick wirkt, die Theorie Maturanas in größte Schwierigkeiten bringt. Mit anderen Worten: ich will zeigen, daß man die spezifischen Leistungen des Gehirns als eines kognitiven Systems nur verstehen kann, wenn man begreift, daß es nicht wie ein autopoietisches System funktioniert. Der Prozeß der Autopoiese des Organismus und der Prozeß der selbstreferentiellen Erzeugung neuronaler Erregung im Nervensystem sind grundverschieden.

Maturana setzt Autopoiese mit Strukturdeterminiertheit und mit operationaler Abgeschlossenheit gleich. Diese Gleichsetzung spielt innerhalb der Maturanaschen Theorie eine problematische Rolle. Ein Organismus als autopoietisches System steht notwendigerweise mit seiner Umwelt in einem Austausch von Energie und Materie. Er nimmt entweder, wenn es sich um einen Photosynthese treibenden Organismus handelt, mit dem Sonnenlicht direkt Energie auf, die er chemisch speichert, oder er nimmt energiereiche chemische Substanzen (»Nahrung«) auf, bei der er durch Zerlegung der Substanzen in niedermolekulare Bestandteile (Bindungs-)Energie freisetzt (»Verdauung«). Gleichzeitig benötigt der Organismus Materie als Grundlage für die Produktion spezifischer Baustoffe wie Nucleinsäuren, Eiweiße, Fette usw. Er gibt an die Umwelt niedermolekulare und niederenergetische Abfallstoffe des Stoffwechsels sowie »Abfallenergie« (zum Beispiel Wärme) ab. Es ist also klar, daß der Organismus in sehr engem Kontakt mit der Umwelt stehen muß, um überleben zu können; er läßt Umweltenergie und -materie sozusagen durch sich hindurchfließen und läßt sich dadurch »antreiben«. In dieser

Hinsicht ist er völlig von der Umwelt abhängig und heteronom.
Die Autonomie des Organismus gegenüber der Umwelt besteht unter zwei Aspekten, die jedoch miteinander zusammenhängen. Erstens ist die Interaktion des Organismus mit seiner Umwelt *spezifisch*, d.h. der Organismus nimmt nur bestimmte Materie und Energie auf und reguliert selbst die Quantität der Aufnahme (und Abgabe). Dies geschieht im einfachsten Fall durch die Beschaffenheit sog. semi-permeabler Zellmembranen und durch aktiven Transport durch die Zellmembran, bei komplexeren Lebewesen zusätzlich durch spezifische Mechanismen der Nahrungssuche und Nahrungsaufnahme. D.h. der Organismus bestimmt in weiten Grenzen durch seine strukturelle und funktionale Organisation, welche Energie und Materie wann und in welchen Mengen aufgenommen und abgegeben werden. Viele Organismen können außerdem Schwankungen in der Verfügbarkeit benötigter Materie und Energie durch sehr verschiedene Mechanismen ausgleichen (z.B. Anlegen von organismusinternen Reserven, Senken der Stoffwechselrate oder Übergehen zu alternativen Materie- und Energieformen) und sich somit zum Teil von der Umwelt abkoppeln. Diese Selbststabilisierung hat natürlich – von Organismus zu Organismus verschiedene – Grenzen, und deshalb ist jede Autonomie des Organismus nur eine *relative* Autonomie. Organismen benötigen also einen direkten, wenn auch selektiven Kontakt mit der Umwelt, oder umgekehrt formuliert: die Umwelt wirkt direkt materiell und energetisch auf den Organismus ein und beeinflußt damit zumindest zum Teil dessen Zustand. Der Organismus ist aber – wie bereits gesagt – in engeren oder weiteren Grenzen in der Lage, diese Einwirkung zu steuern, zu kanalisieren oder abzuschwächen.
Die Autonomie des Organismus betrifft zum zweiten die aktive Aufrechterhaltung einer ganz spezifischen hochkomplexen raumzeitlichen biochemischen Struktur gegen ein starkes Konzentrationsgefälle, wie es zur Umwelt hin herrscht. Jede hochkomplexe Struktur zerfällt notwendigerweise entweder aufgrund der zerstörerischen Einwirkung von Umweltprozessen und/oder aufgrund rein thermodynamisch-statistischen Zerfalls, wenn diese hochkomplexe Struktur beides nicht aktiv durch ständige Selbstreparatur und steten Ersatz kompensiert. Eben darin besteht die Autopoiese, daß alle Komponenten des Systems sich ständig

gegenseitig reparieren und ersetzen. Würde auch nur ein wesentlicher Baustein davon ausgenommen, so würde das gesamte System über kurz oder lang zugrunde gehen. Deshalb muß die autopoietische Produktion der Komponenten notwendig eine in sich vollkommen geschlossene, selbstreferentielle sein. D.h. die Produktion der Komponenten muß in einer mehr oder weniger genau festgelegten Weise erfolgen, und zwar so, daß die Komponente A (z.T. zusammen mit anderen Komponenten) genau diejenigen Bedingungen schafft, unter denen Komponente B entstehen kann, die wiederum (zusammen mit anderen) genau die Bedingungen schafft, unter denen C entstehen kann und so weiter, bis schließlich eine bestimmte Komponente (wiederum zusammen mit anderen) die Bedingungen schafft, unter denen A erneut entstehen kann und der gesamte (in sich vielfach verschlungene) Kreislauf der gegenseitigen Produktion und Reparatur erneut durchlaufen werden kann. Dies erfordert, daß die biochemische Interaktion der Komponenten in aller Regel hochspezifisch und invariant ist: kleinste Abweichungen würden meist zum Zusammenbruch der Funktion führen. Dies erklärt, warum hinsichtlich der grundlegenden Stoffwechselprozesse (Glykolyse, Citrat-Zyklus, Endoxidation usw.) die meisten Lebewesen sich sehr ähnlich sind und diese Prozesse in Zeiträumen von vielen hundert Millionen Jahren sich nicht oder kaum geändert haben. Ganz offenbar gibt es nur sehr wenige Möglichkeiten, mit Hilfe derer sich hochkomplexe biochemische Systeme, wie es Lebewesen sind, in einer fluktuierenden Umwelt hinsichtlich ihres Stoffwechsels erhalten können.

Diese Autonomie lebender Systeme hat sich allmählich ausgebildet. Es ist also insofern unrichtig, wenn Maturana behauptet, daß Autopoiese ein Alles-oder-Nichts-Phänomen ist und spontan auftritt. Natürlich hängt die Entscheidung über die Frage plötzlichen oder allmählichen Auftretens von Autopoiese auch von der Definition von Autopoiese ab. Es hat sich aber als notwendig erwiesen, den Begriff der Autopoiese in die beiden Teilaspekte der Selbstherstellung und der Selbsterhaltung aufzutrennen, wobei Selbstherstellung das allgemeinere Phänomen ist, da es auch bei nichtlebenden, komplexen biochemischen oder physikalischen Systemen zu finden ist, und Selbsterhaltung das spezifischere, das nur bei Lebewesen zu finden ist (an der Heiden, Roth und Schwegler 1985, 1986; Roth 1986). Der Übergang von unbelebter Materie zu belebter hat sich sicherlich allmählich über diese beiden Zustände der Selbstherstellung und der Selbsterhaltung vollzogen. Bestimmte präbiotische Systeme waren noch nicht in der Lage, alle ihre Komponenten selbst zu synthetisieren, sondern übernahmen sie fertig aus ihrer Umgebung, die z. B. mit geeigneten makromolekularen Verbindungen stark angereichert war (»Ursuppe«). Die Autonomie gegenüber der Umwelt vergrößerte sich in dem Maße, in dem diese Systeme immer mehr der essentiellen Komponenten selbst herstellten und so Umweltschwankungen bzw. eine generelle Ausdünnung der »Ursuppe« überstehen konnten. Ein entscheidender Schritt von der Selbstherstellung zur Selbsterhaltung war die Ausbildung eines sog. »autonomen Randes«, z. B. einer Membran, die aktiv den Stoffaustausch reguliert und die physikalische Einheit und Identität des Organismus konstituiert (an der Heiden, Roth und Schwegler 1985, 1986).

Wie schon oben gesagt, ist aber die Autonomie der autopoietischen Organisation der Lebewesen stets eine relative, denn sie bleiben immer in bestimmter Weise energetisch und materiell an ihre Umwelt gebunden. Auch gibt es sehr viele Beispiele dafür, daß Lebewesen sekundär ihre autopoietische Autonomie reduzieren, z. B. indem sie essentielle biochemische Komponenten nicht mehr selbst herstellen, sondern diese aus ihrer Umwelt aufnehmen, wie es obligatorische Schmarotzer tun. Diese sind bekanntlich auf Gedeih und Verderb auf ihre Wirte angewiesen.

An der Heiden, Roth und Schwegler haben in diesem Zusammenhang die Anschauung entwickelt, daß individuelle Lebewesen Autopoiese im strengen Sinn der vollständigen Selbsterhaltung nicht verwirklichen, sondern daß der einzige wirklich auf Dauer selbsterhaltende Prozeß der Lebensprozeß insgesamt ist, der seit ca. drei Milliarden Jahren auf der Erde andauert und der von den sich reproduzierenden individuellen Organismen als Komponenten erhalten wird. Alle bekannten Lebewesen erleben ein Ende ihrer Individualität dadurch, daß sie sich entweder teilen (Einzeller) oder daß sie sterben, u. U. nachdem sie Teile, nämlich Keimzellen, hervorgebracht haben, die ihren Tod überleben. Es mag sein, daß sich Lebewesen im Prinzip auf Dauer auch ohne Zellteilung und Fortpflanzung individuell erhalten können und damit die Autopoiese zellulär vollkommen verwirklichen (etwa durch ideale Reparatur- und Kompensationsprozesse). Man kann aber leicht zeigen, daß solche vollkommenen autopoietischen Systeme anderen Typen von Lebewesen, die sich nur über eine gewisse Zeit erhalten, aber sich vor ihrem Ende (sexuell oder asexuell) fortpflanzen können, weit unterlegen sind und von diesen verdrängt werden.

Die Komponenten selbstherstellender und selbsterhaltender Systeme, wie es die Organismen sind, sind hinsichtlich der Freiheitsgrade der Zustände, d.h. der Zustandsveränderungen, die eintreten können, ohne daß die autopoietische Struktur des Organismus zerstört wird, sehr stark beschränkt. Je direkter bestimmte Prozesse des Organismus mit der Aufrechterhaltung der Autopoiese zu tun haben, – das gilt vor allem für grundlegende Stoffwechselprozesse in der Zelle –, desto geringer ist die »freie« Variabilität ihrer Zustände und damit auch die Chance individueller und evolutiver struktureller Änderungen.

Im Gegensatz zu den an der Autopoiese eines Organismus direkt beteiligten Prozessen (einschließlich des Nervensystems als Ganzes) können die Prozesse und Komponenten eines Nervensystems, nämlich die Nervenzellen, sehr viele unterschiedliche Zustände annehmen (im Prinzip unendlich viele zwischen dem Zustand der Unerregtheit oder Hemmung und dem maximaler Erregung), und diese Variationsmöglichkeit der neuronalen Erregungszustände ist ein grundlegendes Funktionsprinzip des Nervensystems. Diese Möglichkeit liegt darin begründet, daß im Gegensatz zu den Komponenten eines autopoietischen Systems sich die Nervenzellen nicht notwendig durch ihre neuronale Aktivität selbst (bzw. gegenseitig zirkulär) erhalten müssen. Während alle anderen Organe des Körpers und ihre zellulären Bausteine sehr spezifische Aktivitäten im Dienste der Aufrechterhaltung der Autopoiese verrichten, ist dies beim Gehirn nicht in gleicher Hinsicht der Fall. Natürlich gibt es Funktionen des Gehirns, die für die Steuerung von Stoffwechselfunktionen, von Kreislauf, Wärmehaushalt, Schlaf- und Wachrhythmus von großer Wichtigkeit sind, aber diese machen zum Beispiel im menschlichen Gehirn nur einen geringen Anteil aus. Die allermeisten Neuronen des Gehirns sind mit sog. kognitiven Funktionen beschäftigt, d.h. mit Wahrnehmungs-, Empfindungs-, Gedächtnis- und Denkprozessen, die häufig keinen oder einen nur sehr indirekten Bezug zum Überleben des menschlichen Organismus haben. Aber auch dort, wo kognitive Akte des Gehirns einen (für

den Beobachter gegebenen) sehr engen Bezug zum Überleben haben, basiert die kognitive Leistung der Nervennetze auf der im Prinzip »freien« Variabilität der Zustände der Nervenzellen.
Dies heißt natürlich nicht, daß im Nervensystem jedes Neuron tun könnte, was es »wollte«. Ich nehme mit Maturana an, daß auch Nervensysteme deterministische Systeme sind, daß also quantenphysikalisch-indeterministische Prozesse ganz offensichtlich innerhalb der neuronalen Erregungsverarbeitung keine Rolle spielen. Aber anders als bei den biochemisch-physiologischen Prozessen im Körper haben die Nervenzellen hinsichtlich ihrer Erregungszustände meist keine festen Beziehungen zueinander. In komplexeren Nervensystemen können Nervenzellen in unterschiedlichen Erregungsnetzen ganz unterschiedliche Bedeutungen haben, die sich lediglich aus dem Kontext ergeben. Ich will dafür ein Beispiel aus meinem Forschungsbereich, dem Studium neuronaler Verhaltenssteuerung, geben – einem Gebiet übrigens, das durch die bahnbrechenden Arbeiten von Maturana und Lettvin in den Jahren 1958-1961 mitbegründet wurde.
Man hat zu Beginn der neuro-ethologischen Forschung angenommen, Objekterkennung gehe im Gehirn so vonstatten, daß einem bestimmten Umweltobjekt ein bestimmtes »Detektor-Neuron« zugeordnet ist, das dieses – und nur dieses – Objekt »erkennt«. Man hatte bei Amphibien (Lettvin et al. 1959; Maturana et al. 1960) und bei Katzen (Hubel und Wiesel 1962, 1965, 1968) entdeckt, daß Neurone im Gehirn dieser Tiere häufig ziemlich spezifisch auf bestimmte Umweltreize reagierten. So entdeckten Maturana und Lettvin in der Froschretina einen Typ von Neuronen (Retinaganglienzellen), der mehr oder weniger spezifisch auf kleine, dunkle, bewegte Objekte reagierte und andere, z. B. große bewegte bzw. kleine unbewegte unbeantwortet ließ, und die Autoren erklärten diesen Typ umgehend zum »Käfer-Detektor«. Der Frosch »erkannte« also die Präsenz eines Käfers als Beutetier, wenn dieser Typ von Retinaganglienzellen »feuerte«. Später entdeckten andere Neuroethologen im Mittelhirn (Tectum opticum) von Kröten Zellen, die genau dann zu »feuern« schienen, wenn ein wurmförmiger Stimulus im Gesichtsfeld der Kröte auftrat, und man interpretierte ein solches Tectumneuron als »Wurm-Detektor«. In etwas komplexerer Weise schien es im Katzen- und Affencortex visuelle Neuronen zu geben, die sehr spezifisch auf bestimmte visuelle Reize, z. B.

Kanten einer bestimmten Ausdehnung, Orientierung und Bewegungsrichtung, reagierten. Es wurde insbesondere von Hubel und Wiesel das Modell eines hierarchischen visuellen Reizverarbeitungssystems entwickelt, in dem auf jeweils »zentralerer« Stufe (Retina-Zwischenhirn-primärer-sekundärer-tertiärer visueller Cortex) Umweltreize immer feiner analysiert wurden und die Zellen dementsprechend immer spezifischer und selektiver antworteten. Diese Anschauung gipfelte in dem Konzept des »Großmutter-Neurons«: in meinem Gehirn gibt es genau ein Neuron, das dann feuert, wenn meine Großmutter das Zimmer betritt; und es gibt für jedes andere zu erkennende Objekt in meiner Umwelt ein entsprechendes Detektor-Neuron.

Dieses sehr populäre Konzept hielt sowohl in theoretischer wie in experimentell-empirischer Hinsicht den weiteren Überprüfungen nicht stand. Zum einen gibt es zahllose mögliche Objekte in meiner Umwelt, die unter zahllosen verschiedenen Aspekten erscheinen können (wenn z.B. meine Großmutter verschieden gekleidet ist oder in je verschiedener Haltung den Raum betritt). Für all diese Fälle müßte es spezifische Detektoren geben. Unlösbar für das Detektor-Konzept ist auch die Situation, in der zwei oder mehrere Objekte zugleich auftreten. Hier müßte es wiederum Detektoren geben, die alle erdenklichen räumlichen Relationen zwischen den Objekten »codieren«.

Empirisch zeigte es sich zudem, daß es zumindest im Wirbeltiergehirn »Detektor-Zellen« im engen Sinne nicht gibt. Ein wesentlicher Grund dafür ist, daß die allermeisten sensorischen Neurone nicht ausschließlich auf einen bestimmten komplexeren Stimulus reagieren, wie es ein Käfer oder meine Großmutter ist, und daß sie selbst auf relativ einfache Reize wie kontrastreiche Kanten, Farben (d.h. Licht unterschiedlicher Wellenlängen), Geschwindigkeiten usw. auch nur *präferentiell,* aber fast nie ausschließlich antworten (vgl. Grüsser und Grüsser-Cornehls 1976). Der von Maturana und Lettvin beschriebene Retinaganglienzell-Typ antwortet zwar in der Tat am besten auf ein kleines, dunkles, bewegtes Objekt, aber andere Reizkonstellationen können diesen Typ durchaus noch gut aktivieren. Die Antworteigenschaften von visuellen Neuronen in der Retina und im Gehirn sind bei allen untersuchten Wirbeltieren in aller Regel überlappend und lassen deshalb eine Objektdetektion auf Einzelzell-Ebene gar nicht zu. Mehr noch, da diese Neuronen präferentiell auf Teilaspekte von Objekten wie Kontrast, Ausdehnung, Geschwindigkeit usw. antworten, können sie an der Wahrnehmung ganz unterschiedlicher Objekte beteiligt sein, d. h. ein kontrastspezifisches Neuron im Gehirn eines Frosches könnte an der Wahrnehmung eines Beutetieres wie auch eines Hindernisses oder eines Feindes beteiligt sein (vgl. Roth 1985b).

Weiterhin erkannte man, daß das visuelle Wahrnehmungssystem überwiegend nicht hierarchisch, sondern parallel und divergent aufgebaut ist (Stone et al. 1979). Jedes Objekterkennen ist die Leistung einer größeren Zahl simultan aktiver Neuronen, und – wie eben erläutert – ein und dasselbe Neuron kann in ganz unterschiedlichen Kontexten aktiv sein. Es konvergiert also nicht zu obersten Wahrnehmungs- und Erkennungszentren; einer Objektvielfalt entspricht im Gehirn eine Erregungsvielfalt. Bei höherentwickelten Tieren kommt hinzu, daß sich die Erregungsverarbeitungsprozesse ein und desselben Netzwerks gegenüber derselben Reizsituation stark ändern können, und zwar aufgrund dessen, was man üblicherweise »Erfahrung« nennt. Die Übertragungseigenschaften eines einzelnen Neurons wie auch von Neuronenverbänden sind also hier in mindestens zweifacher Hinsicht variabel.

Ich habe mit diesem Beispiel zu zeigen versucht, daß die Beziehungen der Komponenten eines autopoietischen Systems und eines Nervensystems (zumindest was seine mit Kognition befaßten Teile angeht) untereinander grundverschieden sind: während im ersteren die Autopoiese sehr spezifische Interaktionen zwischen den Komponenten verlangt, damit die strenge Zyklizität der Systemzustände gewährleistet ist, zeichnen sich die Interaktionsweisen der Komponenten eines Nervensystems gerade durch Variabilität der Zustände aus, die zudem um so höher ist, je höher die kognitive Leistungsfähigkeit des Nervensystems ist. Kognition wird also gerade durch die Unspezifität und Variabilität der Zustände der Nervenzellen ermöglicht.

Es ist also sachlich unrichtig, Leben mit Kognition gleichzusetzen. Das, was die Nervenzellen tun, geht nicht in die Erhaltung ihrer selbst ein. Einfach gesagt: was die Muskelzellen meines Herzens und die Drüsenzellen meiner Leber tun, hat direkte Auswirkung auf die Erhaltung der Existenz meines Organismus; aber für die Tätigkeit vieler Milliarden von Neuronen, die beim Anhören Bachscher Musik und dem gleichzeitigen Nachdenken über ihre komplexe Struktur aktiv sind, trifft dies nicht zu. Es ist ja das Charakteristikum der kognitiven Tätigkeit des Gehirns, daß sie, wenn nur auf irgendeine Weise die Fortexistenz des Organismus gesichert ist, von der Verpflichtung zur Überlebensförderung entbunden ist. Die Autonomie des Gehirns ist ganz wesentlich eine Freisetzung von der Existenzerhaltung: das Gehirn kann sich immer mehr mit Dingen beschäftigen, die nur sehr indirekt oder überhaupt nichts mit Überleben zu tun haben (oder ihm auf Dauer sogar entgegenwirken). Dies gerade ist die Grundlage der spezifischen Leistung menschlicher Kognition, nämlich Konstitution von Wirklichkeit und damit die Möglichkeit, Handlungs-*Planung* zu betreiben, d.h. etwas zu tun, was *noch* keinen Nutzen für den Organismus hat.

Um den Unterschied meiner Position zu der Maturanas noch einmal deutlich werden zu lassen, sei hier wieder Maturana zitiert: »Alle Zustände eines autopoietischen Systems sind Zustände der Autopoiese und notwendig durch Organisation und Struktur des Systems und nicht durch die vom zugehörigen Medium ausgehenden (Stör-)Einwirkungen determiniert. Kognition, wie konkret oder abstrakt auch immer, findet als Phänomen des Operierens des Organismus (als Einheit) in seinem Medium notwendigerweise auch in Gestalt der internen Dynamik des Organismus im Prozeß der Verwirklichung seiner Autopoiese statt. In einem strengen Sinne ist der kognitive Bereich jedes Organismus daher mit dem Bereich seiner Autopoiese identisch« (147).

Dagegen ist festzustellen, daß mit der zunehmenden Komplizierung und Differenzierung der eigenen Selbstreferentialität sich das Gehirn im Laufe der Evolution aus der autopoietischen Organisation seines Organismus heraushebt und zu etwas (relativ) Eigenständigem wird. Es kann dies eben nur deshalb tun, weil es als kognitives System nicht autopoietisch ist. Kognition schafft – im Gegensatz zu der Auffassung Maturanas – etwas, was *nicht* auf derselben ontologischen Ebene wie die Autopoiese verbleibt. Maturana hat diesen neuen Phänomenbereich den der *Selbstbeschreibung* genannt. Ich behaupte, daß kognitive Systeme, nur weil sie nicht autopoietisch sind, *selbstbeschreibend* sein können und damit die autopoietische Organisation ihres Organismus transzendieren, und zwar weil sie über die Zustände ihrer Komponenten frei verfügen können. Sie konstituieren damit den

Beobachter, der ja – da das kognitive System operational geschlossen ist – stets ein Selbst-Beobachter ist.

3. Steuerbarkeit und Abgeschlossenheit

Maturana hat, wie oben dargestellt, sowohl lebende Systeme als auch Nervensysteme als operational geschlossen, strukturdeterminiert und damit extern nicht steuerbar angesehen. Ich möchte im folgenden zeigen, daß diese begriffliche Zusammenfügung von operationaler Abgeschlossenheit und Strukturdeterminiertheit einerseits und externer Erregbarkeit und struktureller Koppelung andererseits zu weiteren erheblichen Schwierigkeiten in der Theorie Maturanas führt, und zwar wiederum hinsichtlich der Charakterisierung des Verhältnisses von Autopoiese und Kognition.

Hinsichtlich der operationalen Abgeschlossenheit und Strukturdeterminiertheit autopoietischer Systeme entwickelt Maturana folgende Argumentation: »Da die Zustandsveränderungen eines autopoietischen Systems durch seine Struktur determiniert werden, stellen die (Stör-)Einwirkungen, aufgrund derer die autopoietische Einheit Zustandsveränderungen (Strukturveränderungen ohne Identitätsverlust) erleidet, lediglich Auslöseereignisse dar, die die Abfolge der Zustandsveränderungen der autopoietischen Einheit an die Abfolge derjenigen Zustandsveränderungen des Mediums ankoppeln, die die Störeinwirkungen darstellen ... Gleiches gilt für das Nervensystem, dessen Organisation invariant bleiben muß, dessen Strukturen jedoch plastisch sein können, dessen Dynamik strukturellen Wandels mit der Dynamik strukturellen Wandels anderer Systeme verkoppelt sein kann, etwa des Organismus, den das Nervensystem integriert bzw. des Mediums, in dem dieser Organismus existiert« (144).

Es wird also hier zwischen Zustandsveränderungen, die nur vom autopoietischen System selbst determiniert werden, und der bloßen *Auslösung* einer solchen Veränderung unterschieden. D. h. externe Ereignisse bestimmen nach Maturana nur, *wann* bzw. *ob* überhaupt eine bestimmte Zustandsveränderung eintritt, aber sie bestimmen nicht die *Qualität* der Veränderung. Ganz offenbar schwebt Maturana hier ein System vor, das bei jeder »Perturbation« durch die Umwelt in einen neuen Zustand übergeht, der aber vom System selbst festgelegt ist. Insofern ist dieses System gleichzeitig »strukturdeterminiert« als auch durch die Umwelt »perturbierbar«. Nun erkennt man aber sofort, daß dies eine sehr unzulängliche Konstruktion ist. Zum einen trifft eine solche Beschreibung auf jede simple sequentiell arbeitende Maschine zu: Maschinen haben meist nur eine begrenzte Anzahl von Zuständen, die sie einnehmen können. Sie sind so gebaut, daß man sie durch Manipulationen oder »Perturbationen« in einen gewünschten Zustand bringen kann; dabei muß man sich meist an die »Regeln« halten, die die Struktur der Maschine vorgibt. Bei komplizierteren Maschinen muß man oft abwarten, bis die Maschine unter geeigneter externer Beeinflussung »von selbst« in einen bestimmten Zustand übergeht.

Deterministische Systeme, zu denen Maschinen wie auch Lebewesen (bis zum Beweis ihrer Indeterminiertheit) zu rechnen sind, werden in aller Regel um so weniger steuerbar, je komplexer ihre interne Struktur (genauer: das Netzwerk der internen Interaktionen) ist. Man kann zeigen, daß u. U. schon ein relativ geringes Maß an Netzwerkkomplexität genügt, um einem System den Anschein eines völlig stochastischen oder »chaotischen« Verhaltens zu verleihen (vgl. an der Heiden und Mackey, 1982; an der Heiden, 1986). Man hat dann also ein System vor sich, das man durch Manipulationen zu Zustandsveränderungen bringen kann, ohne daß es möglich ist, eine Vielzahl bestimmter Zustände gezielt zu erreichen. Für derartige künstliche Systeme trifft durchaus Maturanas Definition von »Strukturdeterminiertheit« zu. Autonomie im Sinne der Nichtsteuerbarkeit durch externe Faktoren ist also gar kein ausschließliches Merkmal autopoietischer Systeme. Es ist bei allopoietischen Systemen, d. h. Maschinen meist deshalb nicht zu finden, weil man in aller Regel bei ihnen eine Nichtsteuerbarkeit zu vermeiden sucht.

Umgekehrt ist es keineswegs ein sicheres Zeichen für Lebewesen, daß sie »strukturdeterminiert« und damit nicht extern steuerbar sind. Betrachten wir einen Organismus als eine biochemische Maschine, so stellen wir fest, daß die aufgenommene Materie und Energie in völlig deterministischer Weise innerhalb des Stoffwechsels bestimmte Veränderungen in dem Rahmen induziert, den die Struktur und Dynamik des Organismus vorgibt. Kennen wir diese Struktur und Dynamik genau, so können wir auch spezifische Zustandsveränderungen induzieren, und das System wird dadurch steuerbar. Dies gilt weithin im Bereich des basalen Stoffwechsels und der molekularen genetischen Prozesse. Die Aufklärung der grundlegenden Stoffwechselprozesse und molekularen genetischen Prozesse der Lebewesen wurde erst möglich durch die biochemische Steuerbarkeit, z. B. die gezielte Substitution, Isolation usw. von Komponenten. Nichtsteuerbar werden derartige biochemischen Systeme also in erster Linie durch ihre große Komplexität, die die Wirkung von Eingriffen unabsehbar werden läßt. Kurz gesagt: autopoietische, d. h. selbstherstellende und selbsterhaltende Systeme sind deshalb weithin nicht steuerbar, weil sie sehr komplex sind, und nicht nur, weil sie autopoietisch sind.

Eine ganz neue Stufe der Autonomie, die nun in der Tat auf dem Prinzip der operationalen Abgeschlossenheit beruht, erreichen wir in lernfähigen kognitiven Systemen, d. h. solchen Systemen, die ihre Netzwerkstruktur in weitem Maße ändern können (in geringem Maße ist dies auch bei den meisten »niederen« Tieren der Fall). Als Grundlage der Veränderung wird gewöhnlich der Grad der positiven oder negativen Folgen der Aktivität des Nervensystems angesehen, und dies setzt eine Art Bewertungsinstanz voraus, die innerhalb des Systems liegen muß. Wir nennen diesen Prozeß das Sammeln von »Erfahrung«, und wir nehmen an, daß Lernen auf der erfahrungsabhängigen Veränderung von Nervennetzstrukturen beruht, z. B. auf Veränderungen der Übertragungseigenschaften von Synapsen.

Es ist von den Gehirnen hochentwickelter Säugetiere und besonders des Menschen bekannt, daß sich ihr kognitives System allmählich entwickelt und differenziert, daß sie also sowohl die Inhalte der Wahrnehmung als auch die Kriterien ihrer Deutung und Bewertung selbst entwickeln. Die Bedeutung der kognitiven Prozesse konstituiert sich in selbstreferentieller und selbst-explikativer Weise durch das System selbst, das mit sich selbst umgeht. Es erfährt als operational abgeschlossenes System jede Einwirkung der Umwelt nur an und in sich selbst. Erfahrung ist also Selbst-Deutung des kognitiven Gehirns. Diese kognitiven Systeme sind also dadurch nicht steuerbar, daß jede Einwirkung der Umwelt, indem diese vom kognitiven System gedeutet und bewertet wird, historische Spuren hinterläßt, die die Deutung und Bewertung jeder weiteren Einwirkung verändern.

Im Prinzip bedeutet das, daß ein kognitives System stets die

Bedingungen ändert, unter denen Umwelt einwirken kann. Um ein kognitives System steuern, d. h. in einen bestimmten Zustand bringen zu wollen, müßte ich über folgendes Wissen verfügen: 1. vollständige Kenntnis der Dynamizität des Gehirns, d.h. der Weise, mit der das Gehirn, das sich in einem bestimmten Zustand befindet, auf bestimmte Einflüsse mit einer bestimmten Zustandsänderung antwortet; 2. vollständige Kenntnis des Zustandes des Gehirns unmittelbar vor der Beeinflussung. Beides ist bei Gehirnen wie den menschlichen nicht nur praktisch, sondern wahrscheinlich auch theoretisch unmöglich. Denn Wissen über das Gehirn, seine Dynamizität und seine Vorgeschichte bzw. seinen jeweils vorliegenden Zustand zu erhalten bedeutet, mit ihm (etwa mit Hilfe von »Testreizen«) interagieren zu müssen. Dadurch verändert sich aber automatisch der Zustand, den ich identifizieren will (und wahrscheinlich auch die Dynamizität des Gehirns), denn das Gehirn, dessen derzeitigen Zustand ich erforschen will, ist nach der Interaktion mit mir bzw. den gesetzten Reizen jeweils ein anderes. Ich laufe also notwendig den zu identifizierenden Zuständen immer um mindestens einen Schritt hinterher. Der einzige Ausweg aus diesem Dilemma wäre, daß ich meinen eigenen Testeingriff von der Zustandsveränderung des Gehirns »abziehen« könnte. Dazu müßte ich aber bereits das Wissen über das Gehirn haben, das ich durch das Testverfahren erst erhalten will.

Plastische selbstreferentielle Systeme wie das menschliche Gehirn, die sich bei jeder Interaktion mit der Umwelt ändern, sind aus diesen Gründen prinzipiell nicht steuerbar. Natürlich kann ich versuchen, sie zu *beeinflussen,* aber welche Folgen und Bedeutungen diese Beeinflussungen für das kognitive System haben, unterliegt nicht meiner Einwirkung, sondern ausschließlich den Eigenschaften des kognitiven Systems selbst. Interaktion zwischen menschlichen kognitiven Systemen, als gegenseitige Beeinflussung, ist nur durch den gemeinsamen Aufbau eines »konsensuellen Bereichs« möglich, in dem zwei oder mehr kognitive Systeme aufgrund der gemeinsamen Erfahrung mehr und mehr »in Resonanz« treten.

Obwohl operational geschlossen und selbstreferentiell, beginnt das menschliche kognitive System innerhalb seiner Ontogenese nicht wirklich bei Null: es besitzt zumindest einige anfängliche interne Bewertungskriterien, die angeboren sind, z. B. die grundsätzliche anatomische Topologie der sensorischen Reizverarbeitung und der motorischen Kontrolle. Aber selbst diese kann, wie experimentelle und klinische Untersuchungen zeigen, in beschränktem Maße verändert werden. Das zentrale Verarbeitungssystem zwischen Sensorik und Motorik, das im menschlichen Gehirn anatomisch den allermeisten Raum einnimmt, ist plastisch und damit das ständig veränderte Resultat interner Bewertungsprozesse. Nach und nach werden grobe Unterscheidungen, z. B. zwischen verschiedenen Sinnesmodalitäten, zwischen Umwelt und Körper, dann feinere, z. B. zwischen Objekten, ihren Qualitäten und Quantitäten, zwischen verschiedenen Körperzuständen, und schließlich zwischen körperlichen und sog. geistigen (emotionalen, imaginativen und kognitiven) Zuständen getroffen (dazu ausführlicher Roth, 1985a).

Das materielle, reale Gehirn, als Teil des autopoietischen Organismus, schafft sich durch Selbstbeschreibung und Selbstexplikation eine eigene Welt, nämlich die Wirklichkeit, in der wir leben und deren Teil wir – als Zustand der Selbstbeschreibung unseres kognitiven Systems – selbst sind. Wir haben es hier also durchaus mit einem ontologischen Sprung zu tun, nämlich dem Sprung von der materiellen *Realität*, die uns kognitiv unzugänglich ist, zur kognitiven *Wirklichkeit*, die für uns die einzig existierende Welt ist. Der Bereich der Wirklichkeit setzt natürlich denjenigen der materiellen Realität voraus, in dem das kognitive System des Gehirns einen autopoietischen Organismus voraussetzt. Kognition ist damit an Autopoiese angebunden, überdauert mit ihr und geht mit ihr zugrunde. Zugleich aber unterliegt Kognition, indem sie von der Autopoiese erhalten wird und nicht für ihre eigene materielle Existenz sorgen muß, nicht denselben Gesetzmäßigkeiten, die für die Autopoiese gelten. Sie konstituiert einen grundsätzlich neuen Seinsbereich, denn sie schafft Prozesse, nämlich die der Selbstbeschreibung, die es in der physikalisch-chemischen Welt der Autopoiese grundsätzlich nicht gibt.

Dies ist der Grund dafür, daß für Wahrnehmung und Denken nicht das gilt, was wir »Naturgesetze« nennen. Niemand wird ernsthaft behaupten wollen, die Erhaltungssätze und das Kausalprinzip hätten für meine Wahrnehmung oder für mein Denken und meine Gefühle Geltung, obwohl sie allem Anschein nach durchaus für das Gehirn als ein materiell-energetisches System Geltung haben. Das, was das kognitive System tut, ist nur seiner eigenen, selbstreferentiellen Gesetzmäßigkeit unterworfen, solange es die Mindestanforderung erfüllt, daß es durch sein Tun direkt oder indirekt die Autopoiese seines Organismus entweder befördert oder zumindest nicht gefährdet. Wie schon oben gesagt, besteht für die menschliche Kognition das scheinbare Paradoxon, daß die kognitive Tätigkeit des Gehirns gerade durch die Loslösung von der unmittelbaren Ankopplung an den Organismus diesen besser erhält, und zwar durch *Handlungsplanung*. Oder noch einmal paradox formuliert: die Kognition dient der Autopoiese um so besser, je weniger sie direkt der Autopoiese untergeordnet ist, d. h. je »freier« sie sich selbst gestalten kann.

4. Evolution der Autopoiese und Entwicklung der Kognition

Die Bedingungen der Evolution autopoietischer Systeme sind von Maturana und Varela nicht explizit untersucht worden. Sie begnügen sich im wesentlichen damit festzustellen, daß Autopoiese all die ontogenetischen und phylogenetischen Veränderungen zuläßt, die die zyklische Produktion der Komponenten untereinander nicht unterbrechen. D. h. ein autopoietisches System kann sich im Prinzip hinsichtlich seiner Strukturen und Funktionen völlig ändern, und auch alle Komponenten können nach und nach ersetzt werden, wenn nur die autopoietische Organisation aufrechterhalten wird. Oder einfacher: Lebewesen können alles tun, vorausgesetzt sie bleiben am Leben. Dies meint die Feststellung Maturanas, daß Lebewesen homöostatisch nur hinsichtlich ihrer Fortexistenz sind, d. h. an keinen anderen »Sollwert« gebunden als an den des Überlebens.

Diese Feststellungen sind zum einen nur begrenzt richtig, denn viele Lebewesen leben zum Beispiel kürzer als sie nach unserer (vielleicht beschränkten) Kenntnis ihrer Physiologie müßten; zumindest wird bei vielen Organismen nach erfolgtem Fortpflanzungsakt entweder der Tod intern »aktiv« (etwa durch körpereigene Gifte) herbeigeführt, oder es werden – anthropomorph gesprochen – zumindest keine besondere Anstrengung des Weiterlebens gemacht. Der »Sollwert« ist hier also nicht die Aufrechterhaltung der individuellen autopoietischen Struktur, sondern die Erhaltung der Art. Zum anderen sagt die oben genannte

Formulierung Maturanas nichts Konkreteres darüber aus, *wie* es Organismen – oder Ketten von Organismen – schaffen, in ununterbrochener Reihenfolge trotz allen Wandels die Autopoiese aufrechtzuerhalten. Dies Problem stellt sich ja nicht nur in der Stammesgeschichte, sondern auch in jeder Ontogenese innerhalb der Entwicklung vom befruchteten Ei bis zum erwachsenen Organismus und besonders dramatisch bei den Organismen, die eine Metamorphose durchlaufen. D. h. aus der Theorie der Autopoiese muß eine spezifische Theorie der Evolution als Prozeß des Wechselspiels von Genom, epigenetischen Prozessen des Organismus und Umwelt entwickelt werden. Die zentrale Frage ist dabei nicht nur: warum fand Evolution statt, sondern: warum fand häufig keine Evolution statt?

Während eine Reihe von Organismen, unter den Wirbeltieren z. B. die modernen Knochenfische oder die Säugetiere, in den jüngeren Erdzeitaltern eine stürmische Entwicklung erfahren haben, sind andere, z. B. viele Salamanderarten und die Lungenfische und viele Wirbellose, fast unverändert so geblieben, wie sie vor vielen Millionen, z. T. hundert Millionen Jahren waren. Letzteres Phänomen bezeichnet man mit dem Begriff der Stasis. Es gibt inzwischen eine Reihe von Hypothesen, die diese großen Unterschiede in der evolutiven Dynamik von Lebewesen erklären, auf die aber hier nicht eingegangen werden kann (vgl. u. a. Gould 1977; Alberch 1982; Roth 1982; Wake, Roth und Wake 1983), die sich aber durchaus mit der Theorie der Lebewesen als selbstproduzierender und selbsterhaltender Systeme vereinbaren oder sogar begründen lassen.

Das Nebeneinander von Evolution und Stasis findet sich nicht nur beim Vergleich von Tiergruppen untereinander, sondern trifft auch für die Verhältnisse innerhalb des Organismus zu. In den heutigen komplexen Organismen finden wir Teile, die sich im Laufe der Evolution kaum geändert haben, und solche, die überaus variabel waren. Ersteres trifft – wie schon erwähnt – für den Bereich des sog. Energie- und Baustoffwechsels der tierischen und pflanzlichen Zelle zu, wo die wesentlichen Prozesse, wie Glykolyse, Zitronensäurezyklus, Endoxidation, bei Pflanzen die Prozesse der Photosynthese, aber auch die molekularen Prozesse des Aufbaus und der Vermehrung der Erbsubstanz auch bei sehr entfernt verwandten Organismen nahezu identisch sind. Dies zeigt nicht nur, daß das Leben sehr wahrscheinlich nur einmal entstanden ist, sondern auch, daß sich die genannten Prozesse im Laufe von z. T. mehreren Milliarden von Jahren gar nicht oder kaum verändert haben. Dem steht eine fast grenzenlose Vielfalt von Strukturen, Funktionen und Verhaltensweisen in vielen anderen Bereichen gegenüber. D. h. auch innerhalb eines Organismus gibt es für unterschiedliche Funktionsbereiche ganz unterschiedliche Evolutionskapazitäten.

Generell läßt sich sagen: je unmittelbarer eine Struktur, eine Funktion oder ein Verhalten der fundamentalen Aufrechterhaltung eines Organismus im materiellen und energetischen, d. h. autopoietischen Sinne dient, desto starrer ist sie innerhalb der Stammesgeschichte (d. h. desto weniger wird an ihr »herumexperimentiert«); und je weniger stark die Anbindung an die grundlegende Erhaltung der Existenz ist (etwa hinsichtlich äußerer Färbungen oder bestimmter »dekorativer« Körperanhänge), desto höher ist die Variabilität.

Eine wesentliche, mit der Autopoiese-Theorie zusammenhängende neuartige evolutionsbiologische Einsicht ist, daß neben der sicher großen Bedeutung von genetischer Mutation einerseits und Umwelteinfluß (»Selektion«) andererseits *epigenetische* Prozesse des Organismus eine bedeutende Rolle spielen, und zwar insbesondere dadurch, daß unterschiedliche Funktionsbereiche, so der Bereich der Nahrungsaufnahme, der Atmung, des Stoffwechsels, der Fortpflanzung, der Sinnesleistungen, in komplexer Weise miteinander verkoppelt sind. Dadurch wird die Evolution eines Bereichs stets durch die evolutive Kapazität anderer Bereiche mitbedingt und kanalisiert (vgl. Waddington 1957, 1961; Alberch 1982; Roth 1982; Roth und Wake 1985). Autopoietische Systeme als Netzwerke gegenseitiger Produktion von Komponenten können immer nur *als Ganzes* evoluieren, d. h. von den Veränderungen bestimmter Teile sind zumindest asymptotisch alle anderen Teile betroffen, und diese müssen die Veränderung zumindest »tolerieren«.

Die Art und Weise, wie Lebewesen als autopoietische Systeme sowie Teile von ihnen sich evolutiv und ontogenetisch ändern können, ohne ihr Funktionieren zu verlieren, ist ein überaus komplizierter Untersuchungsgegenstand, der hier nicht vertieft behandelt werden kann. Es sei nur auf eine ganz universelle Eigenart innerhalb der evolutiven Prozesse hingewiesen, nämlich daß Veränderung autopoietischer Strukturen offenbar in einem ersten Schritt im *Hinzufügen* und *Ausweiten* neuer Strukturen und Funktionen besteht; in weiteren Schritten vollzieht sich dann häufig eine zunehmende Verlagerung der Funktionen zu den neuen Bereichen und ein Abbau oder zumindest eine funktionale und strukturelle Reduktion oder auch ein Funktionswandel der alten Bereiche. Damit ist in der Tat ein völlig kontinuierlicher Wandel ermöglicht.

Betrachten wir nun unter evolutivem Aspekt die Kognition, so müssen wir feststellen, daß das Gehirn, das Produzent oder Träger der Kognition ist, als ein *Organ* des autopoietischen Systems zumindest zum Teil den eben skizzierten evolutiven Prinzipien unterliegt. Hinsichtlich des Zentralnervensystems z. B. von Wirbeltieren sehen wir, daß bestimmte Bereiche, etwa viele Strukturen und Funktionen des Rückenmarks und des Hirnstamms, die mit der Regulation fundamentaler lebenserhaltender Prozesse im Zusammenhang des Kreislaufs, des Schlaf- und Wachrhythmus, der Sexualität und Nahrungsaufnahme, der Verteidigung und Flucht zusammenhängen, sich im Laufe der Wirbeltierevolution, die mehrere hundert Millionen Jahre dauerte, nicht grundlegend geändert haben. Andere Bereiche, besonders Teile des Zwischenhirns und des Vorder- bzw. Großhirns, die mit komplexeren sensorischen und motorischen und insbesondere kognitiven Prozessen zu tun haben, haben dagegen beträchtliche Veränderungen erfahren und weisen unter den Wirbeltieren eine große Vielfalt auf. Entsprechend dem oben gesagten sehen wir bei der Evolution des Wirbeltiergehirns, daß auch hier nicht einfach Neues an die Stelle von Altem gesetzt, sondern Neues Altem hinzugefügt wird, so das thalamo-corticale visuelle System dem stammesgeschichtlich älteren mesencephalen System (Tectum opticum), wobei letzteres einen Funktionswandel durchmachte.

Es kann kein Zweifel bestehen, daß die kognitiven Fähigkeiten eines Organismus an die strukturellen und funktionalen Eigenschaften seines Gehirns gebunden sind. D. h. ob das Gehirn *überhaupt* in weitem Maße plastisch ist und in selbstreferentieller und selbstexplikativer Weise Kognition entfalten und damit »Wirklichkeit« konstruieren und konstituieren kann oder nicht, ist an bestimmte Eigenschaften des Nervengewebes, insbesondere die variable Verknüpfbarkeit der Nervenzellen gebunden. Es ist aber – wie bereits oben erwähnt –, das Eigentümliche der Evolution des vormenschlichen und menschlichen Gehirns, daß es immer mehr seiner Funktionen aus der engen Anbindung an die autopoietischen Erfordernisse des Organismus befreit. Studieren wir die Evolution des Wirbeltiergehirns genauer, so sehen wir, daß dasjenige, was an Größe und neuronaler Komplexität entscheidend zugenommen hat, kaum oder gar nicht die primären sensorischen und motorischen Areale waren, sondern diejenigen »unspezifischen« oder »assoziativen« Teile, die die sekundäre und tertiäre Verarbeitung der sensorischen Erregung, den Vergleich dieser Erregung mit den Gedächtnisinhalten (d.h. der »Erfahrung«), ihre Bewertung und Auswertung für zukünftiges Handeln betreiben. Um ein Zahlenbeispiel dafür zu nennen: bei sog. niederen Wirbeltieren, z.B. Fischen und Amphibien, sind einige Millionen Nervenzellen mit der primären Verarbeitung der sensorischen Erregung und eine etwas geringere Zahl mit der direkten motorischen Kontrolle des Verhaltens befaßt. »Dazwischen« betreiben ca. 5 bis 10 Millionen Nervenzellen die zentrale Erregungsverarbeitung. Im menschlichen Gehirn sind es überraschenderweise ebenfalls kaum mehr als einige Millionen Nervenzellen, die mit der peripheren Sensorik und der Motorik zu tun haben. Die zentrale Erregungsverarbeitung und -auswertung wird hingegen von mindestens 500 Milliarden Zellen bewerkstelligt. D.h. wenn im Gehirn niederer Wirbeltiere das Verhältnis von Sensorik zu zentraler Verarbeitung und zu Motorik – ganz grob geschätzt – das von 1:3:1 ist, so ist es im menschlichen Gehirn ein Verhältnis von 1:100 000:1. Das heißt, auf jedes Neuron, das primäre Sensorik verarbeitet, kommen rund hunderttausend Neurone, die diese »Information« weiterverarbeiten, mit früherer Erfahrung vergleichen und zur Konstruktion kognitiver Wirklichkeit benutzen. Wir können also ohne Übertreibung sagen, daß das Gedächtnis unser wichtigstes Sinnesorgan ist (vgl. Roth 1985a).

Aus dem Vergleich zwischen Autopoiese und Kognition hinsichtlich der Evolution ergibt sich folgendes. Innerhalb der Evolution der autopoietischen Strukturen ergibt sich eine stete Akkumulation der Veränderungen. Kein heutiges Lebewesen entsteht mehr spontan aus unbelebter Materie und muß alle seither stattgehabten Veränderungen selbst durchlaufen (auch wenn die Ontogenese der Tiere nach so etwas wie einem verkürzten Durchlaufen der Phylogenese aussieht, was aber im wesentlichen mit den

Notwendigkeiten der ontogenetischen *Entfaltung* von Strukturen und Funktionen zu tun hat), sondern es baut auf allen bisher stattgefundenen evolutiven Veränderungen auf, wie komplex diese auch verlaufen sein mögen. Evolution ist daher ein irreversibler Prozeß, er kann deshalb auch nicht jäh zurückfallen. Ein wesentlicher Grund dafür ist, daß die genetischen Grundlagen der autopoietischen Strukturen und Funktionen der Organismen nicht von den *individuellen* Lebenserfahrungen beeinflußt werden, und es also nicht von den Leistungen der Individuen – abgesehen vom Fortpflanzungsakt als einer unspezifischen Voraussetzung von Evolution – abhängt, ob und wie Evolution stattfindet.

Das kognitive System hingegen muß individuell in sich die Inhalte selbst-explikativ entwickeln (das, was der Beobachter als »Aneignung von Wissen, Bildung und Kultur« bezeichnet). Der Umstand, daß das kognitive System nicht autopoietisch ist, konstituiert also zum einen, wie oben gezeigt, die Möglichkeit der selbstreferentiellen Entfaltung, aber zugleich die Notwendigkeit, individuell stets wieder »von vorn« anzufangen. Wären unsere kognitiven Inhalte, unsere Wahrnehmungen, Gedanken und Vorstellungen genetisch determiniert (»angeboren«), so bestünde diese Notwendigkeit nicht. Dann aber wäre keine Kognition möglich. Denn das hieße, daß eine mehr oder weniger feste Beziehung zwischen Umweltreizen und inneren Erregungszuständen des Gehirns wie beim Instinktverhalten herrschen würde. Die Bedeutung von Kognition besteht aber gerade darin, daß sie gegenüber der jeweiligen Umwelt unspezifisch ist und dadurch frei mit ihr – genauer: mit dem kognitiven Konstrukt der Umwelt – umgehen kann.

Es besteht also das scheinbare Paradoxon, daß die Evolution des Gehirns beim Menschen zu immer größerer Unabhängigkeit des kognitiven Systems von den Prinzipien der Evolution führt, denen das Gehirn als ein Organ unterliegt. Kognition erlebt in diesem Sinne zwar eine Entwicklung, aber keine Evolution. Während die Zwänge der Evolution autopoietischer Systeme und ihrer Organe die der Notwendigkeit der chemisch-physikalischen Selbsterhaltung sind, gehorcht die Entwicklung der Kognition und damit des menschlichen Denkens, der Kultur, Wissenschaft, Kunst usw. nichtevolutiven Gesetzen, und jede – zur Zeit wieder populäre – Analogisierung der Entwicklung kognitiver Prozesse mit evolutiven organismischen Prozessen tut ersteren Gewalt an und mißversteht sie gänzlich. Denken, Wissenschaft, Kunst sind selbstreferentielle kognitive Prozesse, aber sie sind nicht selbsterhaltend: sie bedürfen der physikalisch-chemischen Existenz von Organismen, die Kognition und damit Denken, Wissenschaft, Kunst hervorbringen. Während autopoietische Systeme stets nur in dem physikalisch-chemischen Rahmen Selbsterhaltung betreiben können, den ihnen die Umwelt vorgibt, sind kognitive Prozesse von diesen Restriktionen frei und gehorchen nur internen Gesetzen und Zwängen.

5. Schlußbemerkung

Ich habe zu zeigen versucht, daß ein wesentliches Problem der Theorie Maturanas die Identifikation von Autopoiese und Kognition ist. Die Beziehung der Komponenten in einem autopoietischen System sind grundsätzlich andere als in einem kognitiven System. Ein autopoietisches System beruht in aller Regel auf einer sehr präzisen Interaktion seiner Komponenten, denn nur so ist die strenge Zyklizität der Produktion der Komponenten zu verwirklichen; zugleich ist diese zyklische Produktion nur durch materiell-energetische Kopplung mit der Umwelt zu verwirklichen. Lebewesen sind komplexe biochemische Systeme, und daher sind ihre Zustände nicht ontologisch von den unbelebten Prozessen unterschieden. Sie sind deshalb nicht im strengen Sinn »operational abgeschlossen«. Die Autonomie des autopoietischen Organismus gegenüber der Umwelt beruht auf der Fähigkeit, eine komplexe Struktur gegen externe und interne Störungen und Fluktuationen im Prinzip unendlich lange (unter geeigneten Bedingungen) aufrechtzuerhalten, und zwar entweder als individuelles Wesen (eine Möglichkeit, die zur Zeit nicht ausgeschlossen werden kann) oder als Kette von Lebewesen auf der Grundlage von Fortpflanzung.

Die Zustände kognitiver Systeme hingegen sind vom System selbst frei steuerbar; der Bereich möglicher Zustandssequenzen unterliegt keinerlei physikalisch-chemischer Stabilitätsbeschränkung, weil sich das System – als kognitives System – gar nicht physikalisch-chemisch erhalten muß. Wonach es strebt, ist Konsistenz und Kohärenz der internen Bedeutungszuweisung, dessen

also, was wir als unsere Wahrnehmung erfahren und was wir selbst sind. Kognitive Zustände sind Zustände der Selbstbeschreibung hochkomplexer neuronaler Systeme und existieren damit per se nicht außerhalb dieser Systeme. Nur kognitive Systeme sind daher »operational« abgeschlossen.
Die Betonung der ontologischen Differenz zwischen Autopoiese und Kognition darf nicht als irgendeine Art des Mystizismus mißverstanden werden. Wir müssen annehmen, daß es sehr spezifische strukturelle und funktionale neuronale, d.h. materielle Voraussetzungen dafür gibt, daß Kognition, d.h. Selbstbeschreibung und Selbstexplikation, entstehen kann (auch wenn es durchaus sein kann, daß es nicht nur *eine* bestimmte funktionale Organisation ist, die Kognition hervorbringt).
Es geht also im Rahmen einer biologischen Systemtheorie darum, die Bedingungen zu studieren und schließlich anzugeben, unter denen autopoietische Systeme entstehen, die im Laufe ihrer Evolution Gehirne entwickeln, die zur Selbst-Beschreibung, d.h. zur Kognition fähig sind und damit eine neue Seinsweise konstituieren. Eine nicht-biologische Systemtheorie, z.B. eine Theorie sozialen Handelns, muß von dieser Verschiedenheit von Autopoiese und Kognition ausgehen.
Es ist natürlich eine Definitionsfrage, ob ich unter dem Begriff der Autopoiese eine Theorie der spezifischen Organisationsform von Lebewesen verstehe oder – wie es z.B. Luhmann und Teubner tun – eine allgemeine Theorie von Systemen, die ihre Komponenten zyklisch erzeugen, um welche Komponenten es sich auch immer handeln mag. Bei letzterem Konzept legt die Definition und Beschreibung der Komponenten (z.B. als chemische, kognitive oder kommunikative) dann fest, um welche Art von Systemen (biologischen, kognitiven oder sozialen Systemen) es sich handelt. Dabei muß entsprechend der Terminus »Produktion von Komponenten« auch ganz verschieden verstanden werden. Im Sinne der von an der Heiden, Schwegler und mir entwickelten Theorie wie auch der ursprünglichen Theorie Maturanas und Varelas halte ich es für angebracht, den Begriff der Autopoiese für die Beschreibung biologischer Systeme zu reservieren und die globale Theorie als eine Theorie *selbstreferentieller* Systeme zu bezeichnen, also den Begriff der Selbstreferentialität als Oberbegriff zu verwenden. Somit sind kognitive und soziale Systeme selbstreferentielle nicht-autopoietische Systeme.

Der letztlich entscheidende Aspekt ist jedoch, daß die Bereiche der Autopoiese (in meinem Sinne), der Kognition und der Kommunikation als ontologisch unterschiedliche Bereiche angesehen werden, wobei Autopoiese die Voraussetzungen für das Entstehen von Kognition und Kognition wiederum die Voraussetzungen für Kommunikation schafft. Hierin scheinen keine Meinungsunterschiede zu bestehen. Allerdings muß man dabei berücksichtigen, daß dem Bereich der Kognition ein ausgezeichneter Status zukommt, denn Kognition konstituiert *Wirklichkeit* als die Menge all der Dinge, die uns unmittelbar zugänglich sind. Gesellschaft, als etwas Interindividuelles, kann notwendigerweise nur individuell erfahren werden. Man muß dabei unterscheiden zwischen der Weise, wie uns als individuellen kognitiven Wesen Gesellschaft allein zugänglich ist, und der Weise, wie sie sich aus den kommunikativen Interaktionsweisen individueller kognitiver Wesen aufbaut. Es ist das Endgültige der operationalen Abgeschlossenheit unseres kognitiven Systems, daß die empirische und logische Rekonstruktion dieser Organisation von Gesellschaft – ebenso wie die Organisation des Lebendigen – ein kognitives Konstrukt ist.

Anmerkungen

1 Ich möchte Uwe an der Heiden, Peter M. Hejl, Niklas Luhmann und Gunther Teubner sowie Christine Harckensee-Roth für kritische Durchsicht des Manuskripts und/oder wertvolle Anregungen danken. Die Zitate sind der deutschen Ausgabe der Werke Maturanas, *Erkennen: Die Organisation und Verkörperung von Wirklichkeit*, hrsg. und übers. v. W. K. Köck (Vieweg, Braunschweig – Wiesbaden, 1982), entnommen.

2 In einigen persönlichen Gesprächen (1980, 1982) hat Maturana die Vorstellung entwickelt, daß die Bereiche der Autopoiese und der Kognition »orthogonal« aufeinanderstehen, d. h. verschiedenen Seinsebenen angehören und nicht unmittelbar miteinander interagieren. Diese Position, die der hier von mir vertretenen Anschauung sehr nahekommt, hat Maturana aber in seinen Schriften nicht explizit entwickelt.

an der Heiden, U. (1986), »Ordnung und Chaos«, in: *Dialektik* 12, 154-167.

an der Heiden, U. und M. C. Mackey (1982), »The dynamics of production and destruction: analytic insight into complex behavior«, in: *J. Math. Biol.* 16, 75-101.

an der Heiden, U., G. Roth und H. Schwegler (1985), »Principles of self-organization and self-maintenance«, in: *Acta Biotheoretica* 34, 125-138.

an der Heiden, U., G. Roth und H. Schwegler (1986), »Die Organisation der Organismen: Selbstherstellung und Selbsterhaltung«, in: *Funkt. Biol. Med.* 5, 330-346.

Gould, S. J. (1977), *Ontogeny and phylogeny,* Harvard University Press, Cambridge.

Grüsser, O. J. und U. Grüsser-Cornehls (1976), »Neurophysiology of the anuran visual system«, in: R. Llinas und W. Precht (Hrsg.), *Frog Neurobiology,* Berlin – Heidelberg – New York, Springer, 298–385.

Hejl, P. M. (1982), *Sozialwissenschaft als Theorie selbstreferentieller Systeme,* Frankfurt, Campus.

Hubel, D. A. und T. N. Wiesel (1962), »Receptive fields, binocular interaction and functional architecture in the cat's visual cortex«, in: *J. Physiol.* 160, 106-154.

Hubel, D. A. und T. N. Wiesel (1965), »Receptive fields and functional architecture in two non-striate visual areas«, in: 18 and 19 of the cat. *J. Neurophysiol.* 28, 29-289.

Hubel, D. A. und T. N. Wiesel (1968), »Receptive fields and functional architecture of monkey striate cortex«, in: *J. Physiol.* 195, 215-243.

Lettvin, J. Y., H. R. Maturana, W. S. McCulloch und W. H. Pitts (1959), »What the frog's eye tells the frog's brain«, in: *Proc. Inst. Radio Engrs.,* N. Y. 47, 1940-1951.

Luhmann, N. (1983), *Soziale Systeme. Grundriß einer allgemeinen Theorie,* Frankfurt, Suhrkamp.

Maturana, H. R., L. Y. Lettvin, W. S. McCulloch und W. H. Pitts (1960, »Anatomy and physiology of vision in the frog (Rana pipiens)«, in: *J. Gen. Physiol.* 43, Suppl. 2, 129-175.

Roth, G. (1982), »Condition of evolution and adaptation in organisms as autopoietic systems«, in: D. Mossakowski und G. Roth (Hrsg.), *Environmental adaptation and evolution,* Stuttgart, G. Fischer, 37-48.

Roth, G. (1985a), *Die Selbstreferentialität des Gehirns und die Prinzipien der Gestaltwahrnehmung. Gestalt Theory* 7 (4), 228-244.

Roth, G. (1985b): »Neural mechanisms of prey recognition: an example in amphibians«, in: M. Feder und G. Lauder (Hrsg.), *Predator-prey relationship,* Chicago, Chicago University Press, 42-68.

Roth, G. (1986), »Selbstorganisation – Selbsterhaltung – Selbstreferentialität: Prinzipien der Organisation der Lebewesen und ihre Folgen für die Beziehung zwischen Organismus und Umwelt«, in: A. Dress, H. Hendrichs, G. Küppers (Hrsg.), *Selbstorganisation. Die Entstehung von Ordnung in Natur und Gesellschaft*, Piper, München, 149-180.

Roth, G. und D. B. Wake (1985), »Trends in the functional morphology and sensorimotor control of feeding behavior in salamanders: An example of the role of internal dynamics in evolution«, in: *Acta Biotheor.* 34, 175-192.

Stone, J., B. Dreher und A. Leventhal (1979), »Hierarchical and parallel mechanisms in the organization of visual cortex«, in: *Brain Research Reviews* 1, 345-294.

Teubner, G. (1984), »Autopoiesis in law and society: a rejoinder to Blankenburg«, in: *Law & Society Review* 18 (2), 291-301.

Waddington, C. H. (1957), *The strategy of genes,* London, Allen and Unwin.

Waddington, C. H. (1961), »The human animal«, in: J. Huxley (Hrsg), *The human frame*, London, Allen and Unwin.

Wake, D. B., G. Roth und M. H. Wake (1983): »The problem of stasis in organismal evolution«, in: *J. theor. Biol.* 101, 221-224.

Humberto R. Maturana
Biologie der Sozialität

Wir Menschen sind soziale Wesen: unser alltägliches Leben steht in vielfacher Wechselwirkung/Überschneidung (imbricación) mit dem Leben anderer. Und im allgemeinen lassen wir dies auch ohne Vorbehalte zu. Gleichzeitig sind wir jedoch auch einzelne Individuen: unser alltägliches Leben ist ein Prozeß nicht übertragbarer individueller Erlebnisse. Und auch dies akzeptieren wir als etwas ganz Unumgängliches.

So erscheinen das soziale und das individuelle Leben als widersprüchliche Bedingungen unserer Existenz. Und in der Tat hängt ein Großteil der politischen, wirtschaftlichen und kulturellen Geschichte der Menschheit, insbesondere die Geschichte der westlichen Welt der letzten 200 Jahre, mit diesem Dilemma zusammen. So betonen die verschiedenen politischen und ökonomischen Theorien, die auf unterschiedlichen Ideologien des Menschen gründen, mal den einen und mal den anderen Aspekt dieser Dualität, sei es, daß sie die Unterordnung individueller unter soziale Interessen fordern, oder sei es, daß sie dem Menschen die Einheitlichkeit seines alltäglichen Erlebens bestreiten. Darüber hinaus konstituiert jede dieser Ideologien, auf denen die verschiedenen politischen und ökonomischen Theorien aufbauen, eine Vorstellung von der Natur der sozialen und individuellen Phänomene, die für sich beansprucht, eine wahre Beschreibung der biologischen, psychologischen und seelischen Verfassung des Menschen zu sein. Gründen diese Ideologien aber tatsächlich auf einem angemessenen Verständnis des Menschlichen? Gibt es tatsächlich einen grundlegenden Widerspruch zwischen dem Sozialen und dem Individuellen? Oder sind all diese Widersprüche Illusionen, die sich unserer Art der Beschreibung verdanken?

Die ethnische Differenzierung der Menschheit liefert uns viele Beispiele dafür, daß es soziale Systeme gibt oder gegeben hat, deren Mitglieder scheinbar widersprüchliche gesellschaftliche und individuelle Interessen miteinander harmonisiert haben. Aber welche Theorie könnte dies erklären?

In diesem kleinen Artikel beabsichtige ich, die sozialen Phänomene einmal auf eine nicht traditionelle Art und Weise zu analysieren, um zu zeigen, daß tatsächlich das individuelle Wesen des Menschen notwendigerweise sozial und das soziale Wesen des Menschen notwendigerweise individuell ist. Dies werde ich jedoch nicht durch philosophische, soziologische oder psychologische Argumente, sondern durch biologische Überlegungen zu zeigen versuchen, d. h. durch eine Betrachtung der Grundlagen unseres eigenen Lebens. Dazu muß der Leser allerdings fünf Ausgangsbedingungen akzeptieren, die und deren Folgerungen ich hier aus Platzgründen ohne ihre vollständigen biologischen Begründungen anführen werde.

I) *Was ist eine akzeptable Antwort?* Wenn immer man eine Frage beantworten will, besteht die Hauptschwierigkeit darin, herauszufinden, wann man die Antwort gefunden hat. Woran erkennt man eine angemessene Antwort, wenn man nicht von vornherein weiß, wie sie zu lauten hat? Die Wissenschaftler haben dafür eine Methode: wissenschaftliche Antworten, d. h. für Wissenschaftler akzeptable Antworten, stellen Vorschläge für Mechanismen (konkrete oder konzeptuelle Systeme) dar, die in ihrem Operieren (Funktionieren) alle in der betreffenden Frage involvierten Phänomene erzeugen. Erfüllt der als Antwort auf die betreffende Frage vorgeschlagene Mechanismus diese Bedingung nicht, dann ist er nicht angemessen und muß modifiziert werden; ggf. muß sogar die Frage ganz von neuem gestellt werden. Das heißt, wissenschaftliche Antworten sind generativ. Auf diese Weise will ich nun auch die Frage ›Was ist ein soziales System?‹ beantworten, indem ich einen biologischen Mechanismus vorschlage, der diese Systeme erzeugt und der in seinem Operieren all jene Phänomene hervorbringt, die wir alltäglich als den als soziale Systeme angesehenen Systemen zugehörig beobachten. Ich werde meine Antwort in Form einer Definition geben, und ich hoffe, daß der Leser sie als Antwort auf die gestellte Frage akzeptieren wird, wenn das von mir vorgeschlagene System die o. g. Bedingung erfüllt.

II) *Was sind Lebewesen?* Lebewesen, den Menschen eingeschlossen, sind strukturell determinierte Systeme. M. a. W., alles, was in uns geschieht, ereignet sich in Form strukturell determinierter Veränderungen unserer jeweiligen Struktur, die Resultate unserer eigenen inneren strukturellen Dynamik sind oder die als strukturelle Veränderungen an unsere Interaktionen mit dem Medium gekoppelt, von diesem jedoch nicht determiniert sind. Dies gilt auch für das z. B. an uns selbst beobachtbare Verhalten; und das, was wir als Verhalten bei den anderen Lebewesen in Form ihrer Aktivitäten in einem bestimmten Kontext beobachten, ist sozusagen die Choreographie ihres strukturellen Tanzes. Als Resultat all dessen ergibt sich, daß das Verhalten eines Organismus nur dann als adäquat gelten kann, wenn seine strukturellen Veränderungen kongruent mit den struktuellen Veränderungen des Mediums erfolgen; und dies kann nur geschehen, solange seine Struktur über seine kontinuierlichen strukturellen Veränderungen hinweg in Kongruenz mit dem Medium verbleibt. Schließlich sind die Lebewesen als strukturell determinierte Systeme solche Systeme, die sich durch ihre strukturelle Dynamik allererst konstituieren und sich als geschlossene Netzwerke der Produktion ihrer Bestandteile abgrenzen, ausgehend von ihren Komponenten und von den Substanzen, die sie dem Medium entnehmen: Tatsächlich sind Lebewesen wie Wirbel, die ihre eigenen Bestandteile produzieren, so daß die aus dem Medium entnommenen Stoffe in ihnen entweder umgesetzt werden oder nur vorübergehend an jenem ununterbrochenen Austausch von Bestandteilen teilnehmen, der die beständige Fortsetzung ihrer Produktion bestimmt. Und es ist genau diese Eigenschaft der kontinuierlichen Erzeugung ihrer selbst durch die kontinuierliche Produktion und den kontinuierlichen Austausch ihrer Bestandteile, durch die lebende Systeme charakterisiert sind und die im Falle ihres Todes verlorengeht. Und es ist diese Eigenschaft, auf die ich mich beziehe, wenn ich die Lebewesen *autopoietische* Systeme nenne, die nur dann lebendig sein können, wenn sie sich in Autopoiese befinden. Diese Charakterisierung des Lebendigen ist ausführlich in einem Buch dargestellt, das ich 1973 zusammen mit Francisco Varela geschrieben habe und auf das ich an dieser Stelle verweisen möchte (De Máquinas y Seres Vivos. Edit. Univ.). Zum Schluß möchte ich den Leser bitten, das hier Gesagte als einen auch für den Menschen gültigen Ausgangspunkt zu nehmen, und es nicht in dem Glauben abzulehnen, Menschen seien grundsätzlich anders als andere Lebewesen beschaffen.

III) *Wie gehen strukturelle Veränderungen vor sich?* Der strukturelle Wandel von Systemen, die sich wie die Lebewesen in ständiger struktureller Veränderung befinden, ist Resultat ihrer internen Dynamik und ist gekoppelt an ihre Interaktionen in einem Medium, das sich selbst in ständiger Veränderung befindet. Daraus ergibt sich die Konsequenz, daß, ausgehend von der Initialstruktur eines Lebewesens zu Beginn seiner Existenz, das Medium im Verlaufe des Lebens des Lebewesens, das strukturell an das Medium gekoppelt ist, eine Sequenz struktureller Veränderungen, die durch die Struktur des Lebewesens determiniert sind, selektiert, die sich infolge der Kongruenz des Lebewesens mit dem Medium als seine Überlebensgeschichte vollzieht, bis das Lebewesen infolge des Verlustes dieser Kongruenz stirbt. Dies geschieht sowohl in der individuellen Geschichte jedes einzelnen Lebewesens (Ontogenese) als auch auf der Ebene ihrer Gattung, die sie als Ergebnis ihrer Fortpflanzungssequenzen erzeugen. An dieser Stelle bitte ich den Leser zu akzeptieren, daß die Struktur jeden Lebewesens stets das Resultat seines Weges struktureller Veränderungen ist, der von einer Initialstruktur seinen Ausgang nahm und sich infolge der Interaktionen des Lebewesens in dem Medium ergibt, in dem es leben mußte.

IV) *Die Erhaltung der Organisation.* Lebende Organismen können an den Prozessen, an denen sie als Lebewesen beteiligt sind, nur solange teilnehmen, wie die Organisation, die sie als Lebewesen definiert (Autopoiese) erhalten bleibt. Diese Behauptung deutet auf eine universelle Beziehung: Etwas bleibt bestehen, d. h. es behält – wie auch immer seine strukturellen Veränderungen sein mögen – seine Identität, solange die seine Identität definierende Organisation erhalten bleibt.

Die Organisation eines Systems wird durch diejenigen Beziehungen seiner Komponenten festgelegt, die seine Klassen- oder Artzugehörigkeit bestimmen (Stuhl, Auto, Kühlschrankfabrik, Lebewesen usw.). Die besondere Art und Weise, in der die Organisation eines einzelnen Systems realisiert ist (die Art der Komponenten und der zwischen ihnen bestehenden Beziehungen), ist seine Struktur. Die Organisation eines Systems ist dann notwendigerweise invariant, während sich seine Struktur verändern kann. Diejenige Organisation, die ein System als ein Lebewesen definiert, ist die autopoietische Organisation. Deshalb bleibt ein Organismus lebendig, solange seine Struktur – wie auch immer deren Veränderungen aussehen mögen – die autopoietische Organisation verwirklicht; und der Organismus stirbt, wenn die autopoietische Organisation über seine strukturellen Veränderungen hinweg nicht erhalten bleibt.

Auch diese Behauptung deutet auf eine Beziehung universeller Art: Jedes System zerfällt, wenn seine Organisation im Verlaufe seiner strukturellen Veränderungen nicht erhalten bleibt. So ist z. B. eine Uhr mit mechanischem Federwerk keine Uhr mehr (hat ihre Organisation als Uhr verloren), wenn eine ihrer strukturellen Veränderungen ein Bruch der Aufzugsmechanik ist. Was der Leser an dieser Stelle akzeptieren muß, ist der Umstand, daß die Lebendigkeit eines Lebewesens durch dieses selbst und nicht außerhalb seiner selbst bestimmt ist.

v) *Die Erhaltung der Angepaßtheit.* Lebende Organismen existieren stets in einem Medium, in dem sie interagieren. Weil sich aber das Leben lebender Organismen aufgrund ihrer eigenen internen Dynamik als eine Folge ständiger struktureller Veränderungen und darüberhinaus in struktureller Kopplung an ihr Medium vollzieht, können sie ihre Organisation nur dann erhalten, wenn ihre Struktur und die Struktur des Mediums kongruent sind, und wenn diese Kongruenz erhalten bleibt. Geht die strukturelle Kongruenz von Organismus und Medium verloren, führen die an die Interaktionen im Medium gekoppelten strukturellen Veränderungen des Organismus zu seinem Zerfall und Tod. Die strukturelle Kongruenz von Organismus und Medium (wie auch immer dieses Medium beschaffen sein mag) heißt Angepaßtheit. Dementsprechend lebt ein Organismus nur solange, wie er seine Angepaßtheit in dem Medium, in dem er existiert, erhalten kann; und solange er seine Angepaßtheit erhält, hält er auch seine Organisation aufrecht. Auch diese Behauptung deutet auf eine universelle Beziehung: Jedes lebende System existiert nur unter Erhaltung seiner Angepaßtheit und seiner Organisation, so daß die Erhaltung des einen die Erhaltung des anderen unter gewissen Umständen einschließt. Infolgedessen und weil das Medium die Aufeinanderfolge der strukturellen Veränderungen des Systems, die an dessen Interaktionen im Medium gekoppelt sind, selektiert, ist der Lebensprozeß bei Erhaltung der Angepaßtheit des lebenden Systems stets auch ein Prozeß kongruenter Veränderungen von System und Medium. Weder verändert sich nur das lebende System allein, noch bleibt nur das lebende System unverändert. System und Medium bilden vielmehr stets eine Einheit und befinden sich sozusagen automatisch in Kongruenz, solange das System lebt. Wenn der Leser diesen Punkt akzeptiert, dann akzeptiert er die Feststellung, daß die gegenwärtige Struktur eines

Lebewesens immer das Resultat einer Geschichte ist, in der die strukturellen Veränderungen des Systems stets kongruent mit den strukturellen Veränderungen des Mediums gewesen sind. Und er akzeptiert auch die Feststellung, daß sich das Lebewesen infolge dieser Geschichte an dem Ort befindet, an dem es sich gegenwärtig befindet. Wenn der Leser nun diesen Ausgangsbedingungen, deren Gültigkeit durch das Verständnis der biologischen Phänomene nahegelegt wird, folgen kann, dann schlage ich ihm vor, auch den Konsequenzen dieser Auffassung zu folgen. Dementsprechend werde ich nun zur Beantwortung der Frage »Was ist ein soziales System?« in der Form einer Definition eine Charakterisierung desjenigen Typs biologischer Systeme vorschlagen, der alle sozialen Phänomene als Konsequenzen seines Operierens erzeugt.

Soziale Systeme

In jedem Fall, in dem die Mitglieder einer Menge lebender Systeme durch ihre Verhaltensweisen ein Netzwerk von Interaktionen ausbilden, das für sie wie ein Medium wirkt, in dem sie sich als Lebewesen verwirklichen und in dem sie dementsprechend auch ihre Organisation und Angepaßtheit aufrechterhalten, haben wir es mit einem sozialen System zu tun. Mit anderen Worten behaupte ich: a) Die so beschriebene Organisation ist notwendig und hinreichend, um soziale Systeme zu charakterisieren, und b) jedes einzelne, durch diese Organisation definierte System erzeugt alle Eigenphänomene sozialer Systeme, indem es für die Art lebender Systeme, die solche sozialen Systeme bilden, einen Verhaltensrahmen spezifiziert. Diese Art von System ist das unausbleibliche Resultat der rekurrenten Interaktionen zwischen den Lebewesen, und jedesmal, wenn solche Interaktionen über eine gewisse Zeit hinweg stattfinden, wird diese Art von System ausgebildet. Ich nenne diese Art von System soziales System, weil die in ihm auftretenden Phänomene in der Art und Weise ihrer Generierung ununterscheidbar sind von den Phänomenen, die wir in den Systemen beobachten, die wir im menschlichen Bereich soziale Systeme nennen. Betrachten wir nun einige Implikationen dieser Überlegungen.

1) Es ist konstitutiv für ein soziales System, daß seine Komponen-

ten Lebewesen sind; denn das soziale System wird dadurch gebildet, daß die Lebewesen ihre Organisation und Angepaßtheit durch den Prozeß der Integrierung eines sozialen Systems erhalten. Deshalb geht jeder Versuch zur Charakterisierung sozialer Systeme in die Irre, der verkennt, daß die Erhaltung des Lebens der Mitglieder eines sozialen Systems eine konstitutive Bedingung für das Funktionieren des Systems ist. Wird diese Bedingung nicht berücksichtigt, so wird lediglich ein System spezifiziert, das die Eigenphänomene sozialer Systeme nicht erzeugen kann. So bildet z. B. eine Menge von Menschen, die die Erhaltung des Lebens ihrer Mitglieder nicht als Teil der Definition ihres Funktionierens als System einschließt, kein soziales System.

II) Jedes einzelne soziale System, d. h. jede Gesellschaft, unterscheidet sich von anderen in den charakteristischen Eigenschaften jenes Netzwerkes von Interaktionen, durch das es bzw. sie realisiert. So sind z. B. eine religiöse Gemeinschaft, ein Verein und ein Bienenvolk in dem Maße, wie sie soziale Systeme sind, dennoch verschieden, weil ihre Mitglieder jeweils ganz andere Verhaltensweisen zeigen (die Verhaltensweisen, die jeweils als angemessen gelten, sind verschieden). Um Mitglied einer Gesellschaft zu sein, genügt es daher, dasjenige Verhalten auszuführen, durch das die Mitgliedschaft in der entsprechenden Gesellschaft definiert ist.

III) In dem Maße, wie ein soziales System von Lebewesen konstituiert wird, sind es faktisch all die einzelnen, gemeinsam das System integrierenden Lebewesen, die das System durch das Zusammenwirken ihrer Eigenschaften bilden. Deshalb gibt es auch keine überflüssigen konstitutiven Bestandteile in einem sozialen System; geht nämlich ein Bestandteil verloren, so verändert sich das soziale System. Und daher befinden sich soziale Systeme schon deshalb in ständiger Veränderung, weil immer wieder einige ihrer Bestandteile sterben. Weil aber außerdem die Eigenschaften und Besonderheiten jedes Lebewesens durch seine Struktur bestimmt sind, und weil sich mit jeder strukturellen Veränderung der Lebewesen auch deren Eigenschaften verändern, verändert sich mit der strukturellen Veränderung der Lebewesen, die ein soziales System integrieren, auch das soziale System, das die Lebewesen durch ihr Verhalten erzeugen.

IV) In dem Maße, wie ein soziales System das Medium darstellt, in dem sich seine Mitglieder als lebende Systeme verwirklichen und in dem sie ihre Organisation und Angepaßtheit aufrechterhalten, in dem Maße wirkt sich das soziale System notwendig als eine Selektionsinstanz für die strukturellen Veränderungen seiner Komponenten und folglich für deren Eigenschaften aus. In dem Maße jedoch, in dem ein soziales System faktisch durch diejenigen Lebewesen gebildet wird, die es durch ihr gemeinsames Verhalten erzeugen, sind es de facto gerade diese Lebewesen, die als Komponenten des sozialen Systems durch ihr Verhalten die Eigenschaften der Komponenten eben dieses sozialen Systems selektieren. Deshalb ist jede Gesellschaft konservativ in bezug auf ihre gesellschaftliche Organisation und in bezug auf die charakteristischen Merkmale ihrer Mitglieder.

v) Im allgemeinen können die Mitglieder eines sozialen Systems auch an anderen als nur denjenigen Interaktionen teilnehmen, an denen sie als Mitglieder des betreffenden sozialen Systems notwendigerweise teilnehmen müssen, d. h., sie können auch an Interaktionen außerhalb des sozialen Systems, dessen Mitglieder sie sind, teilnehmen. Wenn sich infolge solcher Interaktionen die Strukturen der Komponenten eines sozialen Systems so verändern, daß sich ihre Art und Weise, das soziale System zu integrieren, verändert, ohne ihre Organisation zu zerstören, so verändert sich auch die Struktur des sozialen Systems, das einem Beobachter dann als das gleiche, jedoch durch ein anderes Verhaltensnetzwerk gebildete System erscheint. Dasselbe kann auch infolge der Eingliederung neuer Komponenten in das soziale System geschehen, deren vorausgegangene Interaktionsgeschichten von diesem System unabhängig sind.

vi) Auch wenn jedes System grundsätzlich konservativ ist, so befindet es sich doch in ständiger struktureller Veränderung a) aufgrund des Verlustes von Mitgliedern durch Tod oder Migration, b) aufgrund der Eingliederung neuer Mitglieder mit zusätzlichen, von den zu ihrer Eingliederung notwendigen Eigenschaften und von den Eigenschaften der übrigen Mitglieder des Systems verschiedenen Eigenschaften, und c) aufgrund der Veränderungen der Eigenschaften seiner Mitglieder, wie sie sich aus solchen strukturellen Veränderungen ergeben, die (selektiv) nicht an Interaktionen innerhalb des sozialen Systems, sondern an Interaktionen außerhalb des Systems gekoppelt sind oder sich als Resultate der individuellen internen Dynamik seiner Mitglieder einstellen. So ist die historische Entwicklung jeder wie auch

immer beschaffenen Gesellschaft stets das Resultat zweier Prozesse: der Konservation und der Variation.
All diese Überlegungen sind universell anwendbar und für jede Art sozialen Systems gültig. Betrachten wir nun die Folgerungen, zu denen diese Überlegungen uns führen und die uns erlauben, auch die menschlichen Gesellschaften zu begreifen.

Menschliche Gesellschaften

I) Soziale Systeme sind grundsätzlich konservativ. Daß dies auch für den Bereich der menschlichen Sozialität gilt, ist offensichtlich. Die Mitglieder jedweder menschlichen Gesellschaft verwirklichen diese durch ihr Verhalten, und durch ihr Verhalten selektieren sie sowohl bei ihren alten als auch bei ihren neuen Mitgliedern beständig die gleichen Verhaltensweisen. So definieren z. B. im Falle eines Vereins die Verhaltensweisen der Mitglieder diesen Verein, so daß all diejenigen ausgeschlossen werden, die sich nicht in entsprechender Weise verhalten, und all diejenigen als Mitglieder bestätigt werden, die das betreffende Verhalten zeigen; unter Umständen gilt als vereinsmäßiges Verhalten nur das, was die Mitglieder des Vereins selber als solches definieren. Im Prinzip geschieht all dies in der Familie, in religiösen Gemeinschaften, ... und letztendlich in jeder menschlichen Gemeinschaft.
II) Menschen können zur gleichen Zeit oder nacheinander Mitglieder vieler sozialer Systeme sein. Dazu genügt es, daß wir im Verlaufe unseres Lebens zum gegebenen Zeitpunkt die einem jeden sozialen System angemessenen Verhaltensweisen realisieren. So können wir schließlich über alle verschiedenen Dimensionen unseres Lebens hinweg in geordneter Weise und ohne das Auftreten von Widersprüchen z. B. Mitglieder einer Familie, einer Glaubensgemeinschaft, eines Vereins und einer Nation sein. Wenn wir jedoch die den verschiedenen sozialen Systemen angemessenen Verhaltensweisen realisieren, ohne unser Leben dabei miteinzubeziehen, wenn wir also das Verhalten nur vortäuschen, so sind wir auch keine Mitglieder dieser sozialen Systeme, sondern werden an den entsprechenden Verhaltensspielen lediglich teilnehmen, bis wir nach der Entdeckung als Heuchler oder Parasiten vertrieben werden.
III) Der fundamentale Interaktionsmechanismus im Operieren

menschlicher sozialer Systeme ist die Sprache. Dabei taucht die Sprache als Charakteristikum des Menschen erst mit dem Menschen selbst in der sozialen Entwicklung der Arten auf, die ihren eigentlichen Ursprung darstellt. Ich möchte das erklären. Das basale Verhalten der Koordination der auf die Welt gerichteten Handlungen, das im Verlaufe des Lebens der Mitglieder eines sozialen Systems (welcher Art auch immer) als Resultat ihrer Interaktionen innerhalb des Systems erzeugt und gelernt wird, wird von einem Beobachter, der jedes Verhaltenselement als einen die Welt beschreibenden Ausdruck ansieht, mit dem auf Objekte in der Welt »gezeigt« werden kann, als sprachliches Verhalten beschrieben. Tatsächlich gibt es aber für die Mitglieder des sozialen Systems auf dieser basalen Ebene sozialer Operationen noch gar keine Objekte, weil sie sich lediglich auf der verhaltenskoordinativen Ebene der Handlungen bewegen, die sie erworben (gelernt) haben, als sie zu Mitgliedern des sozialen Systems geworden sind. Im Bereich der menschlichen Sozialität und als Resultat der Interaktionen der Mitglieder einer menschlichen Gesellschaft haben wir es dann mit Sprache zu tun, wenn es linguale Rekurrenzen gibt, die ein Beobachter als Verhaltenskoordinationen über Verhaltenskoordinationen beschreiben kann. D. h., Sprache entsteht dann – und m. E. ist dies in der Geschichte der Evolution des Menschen vor mehr als einer Million Jahren geschehen – wenn die an einem sprachlichen Bereich beteiligten Lebewesen Worte (basale Verhaltenskoordinationen) gebrauchen, um bestimmte Handlungen für unterschiedliche Zusammenhänge, die jeweils bestimmte basale Verhaltenskoordinationen konfigurieren, zu koordinieren, so daß sie überhaupt als unabhängige Einheiten, d. h. als Objekte erscheinen können. Daraus ergibt sich auf der einen Seite die Erzeugung einer Welt von Handlungen und Objekten, die Existenz und Bedeutung nur in dem sozialen Bereich haben, in dem sie entstanden sind, und auf der anderen Seite die Ausbildung der Selbstbeobachtung, die uns dazu führt, in der Reflexion uns selber und die Umgebungen unserer selbst als Objekte voneinander zu unterscheiden, und die das Selbstbewußtsein als ein Phänomen hervorbringt, das ebenfalls nur im sozialen Bereich existiert und nur dort seinen Sinn hat.

IV) Damit ein soziales System entstehen kann, muß es rekurrente Interaktionen unter seinen Mitgliedern geben. Im menschlichen

Bereich ist das Zustandekommen von Gemeinschaftlichkeit der Faktor, der spontan zur Rekurrenz von Interaktionen führt, d. h., es ist die Liebe in irgendeiner ihrer Dimensionen. Ohne Liebe gibt es keine menschliche Sozialisation, und jede Gesellschaft, in der die Liebe erlischt, zerfällt. Diese Bedingung streng biologischer Natur bestimmte als grundlegende Größe in der Evolution der Hominiden den Verlauf der menschlichen sozialen Drift, die zur Entwicklung der Sprache und im Zusammenhang damit in kooperativen und nicht in Wettbewerbsformen zum Ursprung der Ausprägung der typischen menschlichen Intelligenz wurde.

v) Die Individualität des Menschen ist sozial, und weil sie menschlich-sozial ist, ist sie sprachlich, d. h., sie ist für uns in der Sprache begründet. Aber dies ist konstitutiv für alles Menschliche. Wir werden gezeugt, wachsen auf, leben und sterben versunken in unseren Worten, in der sprachlichen Reflexion, in der Andeutung von Selbstbewußtheit und manchmal in Selbstbewußtsein. Kurz, als Menschen existieren wir nur in einer sozialen, durch unser Sein in der Sprache definierten Welt, die das Medium darstellt, in dem wir uns als Lebewesen verwirklichen und in dem wir unsere Organisation und Angepaßtheit aufrechterhalten. M. a. W., unsere gesamte menschliche Realität ist sozial, und wir sind Individuen, Personen, nur weil wir soziale Wesen in der Sprache sind.

vi) In dem Maße, wie das individuelle Verhalten der Mitglieder eines sozialen Systems eine spezielle Gesellschaft definiert, können sich die Eigenschaften der Gesellschaft nur dann ändern, wenn sich das Verhalten ihrer Mitglieder ändert. Wie wir aber bereits gesehen haben, können sich die Eigenschaften der Mitglieder eines sozialen Systems auch in einer nicht-konservativen Richtung verändern, wenn sie z. B. an Interaktionen außerhalb des sozialen Systems teilnehmen. Im menschlichen Bereich kann dies auf zweierlei Weise geschehen: a) durch konkrete Erfahrungen außerhalb der Dynamik des eigenen sozialen Systems (z. B. auf Reisen) und b) durch sprachliche Reflexion. Erfahrungen außerhalb des Sozialsystems hängen von der Mobilität seiner Mitglieder und von deren Bereitschaft ab, solche Erfahrungen überhaupt zuzulassen. Zu geeigneten sprachlichen Reflexionen kommt es immer dann, wenn unsere Interaktionen uns dazu führen, unsere Handlungsbedingungen zu beschreiben, indem wir den Bereich ändern, in dem unsere Beobachterperspektive definiert ist; dabei sind unsere strukturellen Veränderungen an die Veränderung dieses Bereiches und an die nachfolgenden Interaktionen gekoppelt. Dies kann im Prinzip dann geschehen, wenn a) der Fluß unserer Handlungen in irgendeinem Bereich unserer kulturellen Welt unterbrochen, unsere strukturelle Kongruenz mit diesem Bereich gestört ist oder wenn b) Liebe, Emphase, Affekte oder Vorlieben uns auf die Lage aufmerksam werden lassen, in der sich ein geliebtes Wesen oder ein bevorzugtes Objekt befinden, und wenn wir beginnen, diese Umstände in bezug auf unser Verlangen oder in bezug auf unsere Wünsche einzuschätzen. Die erste Art des Überganges zur sprachlichen Reflexion ist nicht unbedingt sozial; die zweite jedoch, die Liebe in einer ihrer Formen, schließt die Quellen der menschlichen Sozialisation und daher die Grundlage des Menschlichen ein. Das Bezeichnende an der sprachlichen Reflexion ist, daß sie uns ermöglicht, unsere eigene Welt und die Welt der anderen zu betrachten, unsere eigene Lage und die der anderen Elemente unseres Mediums zu beschreiben, in dem wir unsere Organisation und Angepaßtheit aufrechterhalten. Die sprachliche Reflexion läßt uns die Welt, in der wir leben, sehen und sie bewußt annehmen oder ablehnen.

VII) Die Stabilität eines sozialen Systems hängt davon ab, daß es seinem konservativen Charakter nicht erliegt. Darum führt das Streben nach sozialer Stabilität in jedem menschlichen sozialen System a) zur Stabilisierung des sozialen Bewußtseins durch die Erweiterung der Reflexionsinstanzen, die jedem Mitglied ein soziales Verhalten gestatten, das die Anwesenheit des anderen als seinesgleichen einschließt, b) zur Stabilisierung der Verhaltensnormen, einerseits durch Beschränkung der Reflexionsmöglichkeiten, indem Erfahrungen außerhalb des Sozialsystems begrenzt, freie Meinungsäußerung und Kritik reglementiert werden, andererseits durch die Zerstörung der Liebe, indem Ethik (die Anerkennung des anderen) durch Moral (die Durchsetzung von Verhaltensnormen) und Hierarchisierung ersetzt wird, so daß die bestehenden Abhängigkeitsverhältnisse und sozialen Rangordnungen institutionalisiert werden.

VIII) In jedem sozialen System bleibt die Identität der Art der Lebewesen, von denen es gebildet wird, erhalten. Sind die Komponenten eines sozialen Systems z. B. Ameisen, dann ist die Identität, die in der strukturellen Dynamik des sozialen Systems erhalten bleibt, die Identität der Ameise. Sind die ein Sozialsystem bildenden Lebewesen Ärzte, so ist die Identität der Lebewesen, die im Verlaufe der strukturellen Dynamik dieses Sozialsystems erhalten bleibt, die des Arztes. Deshalb schließt unsere menschliche Individualität die Erhaltung unseres Lebens in die Erhaltung so vieler Identitäten ein, wie es Sozialsysteme gibt, denen wir angehören. Und aus diesem Grunde können wir unsere Zugehörigkeit zum einen oder anderen sozialen System aufgeben, ohne uns als Lebewesen zu zerstören.

Reflexionen

Obwohl die bisherigen Ausführungen im Prinzip das enthalten, was man über die Biologie der Sozialität sagen kann, möchte ich noch einige Überlegungen anschließen.
Das menschliche Wesen ist grundsätzlich sozial. Außerhalb des Sozialen gibt es nichts Menschliches. Und auch das genetische Material des Menschen bestimmt das Menschliche nicht, sondern bereitet lediglich den Boden dafür, daß etwas vermenschlicht werden kann. Um ein menschliches Wesen zu werden, muß man als Mensch unter Menschen aufwachsen. Und obwohl dies ganz offensichtlich zu sein scheint, wird es doch immer wieder vergessen; man vergißt, daß man Mensch ist nur auf die Art und Weise der Menschen in den Gesellschaften, denen man angehört. Wenn wir in einer Gesellschaft leben, in der das alltägliche Verhalten der Mitglieder durch Respekt vor den Erwachsenen, durch Aufrichtigkeit sich selbst gegenüber, durch Ernsthaftigkeit des Handelns und Wahrhaftigkeit in der Sprache geprägt ist, so wird diese Art des Lebens auch die unserer Kinder sein. Leben wir andererseits in einer Gesellschaft, deren Mitglieder in ihrem alltäglichen Verhalten Heuchelei, Mißbrauch, Lüge und Selbsttäuschung zur gültigen Norm machen, so wird diese Art der Lebensführung auf unsere Kinder übergehen. Aufgrund des konservativen Charakters sozialer Systeme wird jeder sozialen Innovation – zumindest am Anfang und manchmal in extremer Form – Widerstand geleistet. Daher setzen sich soziale Innovationen entweder nur aufgrund geschickter Verführung oder nur deshalb durch, weil die jeweils neuen Mitglieder der Gesellschaft nicht umhin können, in ihr aufzuwachsen. Weil schließlich jede Gesellschaft

durch das Verhalten der Individuen, die sie bilden, verwirklicht wird, kann es nur dann zu echten sozialen Veränderungen in einer Gesellschaft kommen, wenn es zu echten Veränderungen im Verhalten ihrer Mitglieder kommt. Jede soziale Veränderung ist eine kulturelle Veränderung. Jedes menschliche Sozialsystem gründet in welcher Form auch immer auf der Liebe, die seine Mitglieder untereinander verbindet. Wenn es keine Liebe gibt, gibt es auch keine wirkliche Sozialisation, und die Menschen trennen sich. Eine Gesellschaft, in der die Liebe unter den Menschen aufhört, zerfällt. Nur Zwänge der einen oder der anderen Art, z.B. das Risiko, das Leben zu verlieren, können einen Menschen, der kein Parasit ist, zu der Täuschung veranlassen, als Mitglied eines sozialen Systems ohne jede Liebe zu handeln. Sozial sein schließt immer ein, mit anderen zusammenzugehen; und aus freien Stücken geht man nur mit dem zusammen, den man liebt. Soziales Verhalten basiert auf Kooperation, nicht auf Kampf. Wettbewerb ist wesentlich asozial, weil er die Negation des anderen bedeutet. Und es gibt auch keinen gesunden Wettbewerb, weil die Negation des anderen schließlich auch die eigene Negation impliziert und weil die Forderung, das durchzusetzen, was man negiert, zu Widersprüchen führt. Der Wettbewerb befindet sich daher im Widerspruch zur Ernsthaftigkeit des Handelns – und weil derjenige, der mit anderen konkurriert, nicht lebt, was er tut, zieht er sich in die Negation des anderen zurück. Der zentrale Aspekt der menschlichen Sozialität ist ihr Bestehen in der Sprache; und der zentrale Aspekt der Sprache ist die Möglichkeit der Reflexion und des Selbstbewußtseins. Deshalb ist die Sprache im anthropologischen Sinne der eigentliche Ursprung des Menschen und zugleich seine Verdammung und seine Befreiung. Die Sprache führt die menschliche Biologie aus dem Umfeld rein materieller Strukturen heraus und schließt sie in das Gebiet konzeptueller Strukturen ein; die Sprache ermöglicht eine Welt von Beschreibungen, in der der Mensch seine Organisation und Angepaßtheit aufrechterhalten muß. So eröffnet die Sprache dem Menschen die geistige Dimension der Reflexion sowohl seines eigenen als auch des Bewußtseins der anderen. Aber die Sprache ist auch der Fluch des Menschen, weil sie ihn mit Blindheit gegenüber seinem eigenen biologischen Sein schlägt, mit jener Blindheit, die die ideologischen Beschreibungen dessen mit sich bringen, was sein soll. Wer hat nicht jene innere

Zerrissenheit erfahren, wenn er sich weigerte, mit anderen zu teilen oder denen zu helfen, die Hilfe nötig hatten? Daß wir stets eine Erklärung zur Hand haben, um unsere Weigerung, anderen zu helfen oder mit ihnen zu teilen, zu rechtfertigen, beweist doch zum einen, daß jede Verweigerung der Hilfe oder des Teilens unserem basalen biologischen Sein Gewalt antut, und zum anderen, daß unsere Rechtfertigungsideologien uns für uns selbst und für den anderen blind machen.

Diese Überlegungen beweisen, daß es – biologisch gesehen – keinen Widerspruch zwischen dem Sozialen und dem Individuellen gibt. Das Soziale und das Individuelle sind im Gegenteil faktisch untrennbar miteinander verbunden. Der Widerspruch, den die Menschen hier zu sehen geschafft haben, ist allein kulturellen Ursprungs. Er ist das Resultat a) der ökologischen Überlastung, die in der Geschichte der Menschheit durch eine ständig wachsende Bevölkerung hervorgerufen wurde und die Blindheit einer Ideologie mit sich brachte, die den Wettbewerb um das Überleben rechtfertigte, und b) der Praxis, all jene aus der Gesellschaft auszuschließen, die die definierten Bedingungen der Zugehörigkeit nicht erfüllen, eine Praxis, die wir ideologisch rechtfertigen, obwohl wir aus innerster Überzeugung wissen, daß alle Menschen als Menschen gleich sind. Aus diesem Dilemma gibt es nur einen Ausweg: die Stabilisierung und evtl. eine Reduzierung der Weltbevölkerung und die Integration aller Menschen in der gleichen sozialen Gemeinschaft. Soziale Probleme sind stets kulturelle Probleme, weil sie mit den Welten zu tun haben, die wir im Zusammenleben mit anderen aufbauen. Deshalb fällt auch die Lösung jedes beliebigen sozialen Problems in den Bereich der Ethik, d.h. in den Bereich der Ernsthaftigkeit des Handelns in jeder Situation, zu dem es auch gehört, das Recht jedes Menschen, auch jedes fremden Menschen mit allen Unterschieden und Gemeinsamkeiten zu akzeptieren. Das Verhalten der Menschen, die durch die Verteidigung der Negation des anderen für sich selbst und für die Welt blind geworden sind, hat aus ihnen das gemacht, was sie heute sind. Dennoch steht uns der Ausweg jederzeit offen, weil wir unserer Blindheit zum Trotz alle wissen, daß wir diejenige Welt leben, die wir leben, weil wir aus gesellschaftlichen Gründen nicht wirklich eine andere Welt leben wollen. Kriege ereignen sich nicht einfach, wir machen sie; das Elend ist kein historischer Zufall, sondern unser Werk, weil wir eine Welt mit all den asozialen Vorteilen wollen, wie sie die ideologische Rechtfertigung des Wettbewerbs mit sich bringt; wir sind durch einen Bevölkerungsüberschuß geschlagen, weil wir leben wollen, ohne uns darum zu kümmern, daß alle Menschen das gleiche Recht auf Wohlstand haben. Und schließlich behaupten wir, das gesamte menschliche Verhalten sei auf den Schutz der Konkurrenz individueller Interessen zentriert, weil wir leben wollen, ohne die Tatsache zu berücksichtigen, daß jede Individualität sozial und nur dann zu verwirklichen ist, wenn sie in ihre eigenen Interessen die menschliche Gemeinschaft, von der sie getragen wird, einschließt.

Es mag sein, daß viele Leser diesen Artikel schwierig finden. Mir scheint jedoch, daß er eigentlich sehr einfach ist, denn ich bin sicher, daß alle Leser die innerste Natur der Sozialität aus eigener Erfahrung kennen und über ihre ethischen Fundamente Bescheid wissen. D. h., ich bin sicher, daß alle Leser wissen, daß die innerste Natur der menschlichen Sozialität in der Anerkennung und im Respekt für den anderen liegt, und daß im Mittelpunkt die Liebe als biologisches Fundament des sozialen Menschen steht. Und schließlich bin ich auch sicher, daß alle Leser wissen, daß soziale Harmonie nicht aus dem Streben nach Vollkommenheit – zu dem alle ideologischen Äußerungen einladen – entsteht, sondern nur aus der Bereitschaft anzuerkennen, daß jede zufällige oder absichtliche, jede persönliche oder institutionelle Negation des Menschen als Mittelpunkt der menschlichen Sozialität ein ethischer Fehler ist, der korrigiert werden kann, wenn man ihn nur korrigieren will.

Übersetzt von Jorge Rodriguez und Gebhard Rusch

Peter M. Hejl

Konstruktion der sozialen Konstruktion: Grundlinien einer konstruktivistischen Sozialtheorie

1

Im Titel dieses Beitrages taucht gleich zweimal das Wort »Konstruktion« und einmal das Wort »konstruktivistisch« auf. Diese Häufung ist nicht nur das Ergebnis einer Spielerei mit Wörtern. Sie soll vielmehr auf die Probleme verweisen, denen sich eine konstruktivistische Sozialtheorie stellen muß.

Eine konstruktivistische Sozialtheorie ist natürlich ihrerseits ein Konstrukt. Dies gilt sogar in einem recht komplexen Sinne: 1. Sie ist ein Konstrukt, weil sie sich nicht auf die traditionelle Vorstellung von Objektivität bezieht.[1] Zwar erfordert das nicht unbedingt eine Klärung des Status einer derartigen Theorie, legt sie aber angesichts des nach wie vor dominierenden Bezuges auf die traditionelle Objektivitätsvorstellung nahe. 2. Eine konstruktivistische Sozialtheorie entsteht nicht als Resultat des Funktionierens überindividueller Systeme oder aufgrund des Wirkens von Faktoren, denen Individuen nur als willenlose Sklaven dienen. Es sind stets (sicher nicht in einer Dichotomie von Sozialem versus Individuellem zu denkende) Individuen (»Konstrukteure«), die eine solche (wie auch jede andere) Theorie vorschlagen. Da sich außerdem in erkenntnistheoretischer Hinsicht keine Realitätskonstruktion von einer anderen unterscheidet (wohl aber bezüglich ihrer Konsequenzen, s. u. zur Machtproblematik), muß eine konstruktivistische Sozialtheorie ihren »Gegenstandsbereich« letztlich als den Prozeß zu denken versuchen, in dem Individuen ihrerseits ihre Realitäten konstruieren und sich damit Möglichkeiten erfolgreichen Handelns und Kommunizierens *schaffen.* 3. Könnte man bis hierher immer noch von einer relativ klaren Situation ausgehen, in der der Theoriekonstrukteur Realitäts- bzw. Theoriekonstruktionen *anderer* Konstrukteure konstruiert, so zerstört gerade die Berücksichtigung des sozialen Charakters von Individuen diese nur bei erstem Hinsehen komfortable Dis-

position. Der Theoriekonstrukteur ist in den gleichen Prozeß eingebunden wie die Individuen, die seinen Gegenstandsbereich konstituieren, eine konstruktivistische Sozialtheorie muß sich also letztlich ihrem »Gegenstandsbereich« im weitesten Sinne zugehörig denken. Wir haben es hier mit »tangled hierarchies« (D. R. Hofstadter 1980) zu tun. Daß dementsprechend in die Theoriekonstruktion auch Komponenten eingehen, die dem Gegenstandsbereich der Theorie entstammen, etwa sozial erzeugte Realitäts- und Rationalitätsdefinitionen – z. B. Logik –, dokumentiert eben diese Zugehörigkeit von Wissenschaft zu dem Prozeß, den sie im Falle der Sozialwissenschaft als »Gegenstandsbereich« gewählt hat.[2] Genau in diesem Sinne kann man denn auch eine konstruktivistische Sozialtheorie als »nützlich« verstehen. Sie gibt nicht vor, ein Abbild »der« sozialen Wirklichkeit anzustreben oder gar anzubieten. Was sie vielmehr intendiert, ist der Vorschlag spezifischer Beiträge zum sozialen Prozeß der Erzeugung von Realitätskonstrukten.
Die Spezifik dieser Beiträge liegt nicht in einer behaupteten besseren Abbildung »der« Realität, sondern in der verwendeten Methode ihrer Erzeugung. Humberto R. Maturana beschreibt sie so:

»Als Wissenschaftler machen wir wissenschaftliche Aussagen. Diese Aussagen werden durch das Verfahren validiert, das wir gebrauchen, um sie zu erzeugen: durch die wissenschaftliche Methode. Diese Methode kann durch die folgenden Operationen dargestellt werden:
(a) Beobachtung eines Phänomens, das als zu erklärendes Problem angesehen wird;
(b) Entwicklung einer Hypothese in Form eines deterministischen Systems, das ein Phänomen erzeugen kann, welches mit dem beobachteten Phänomen isomorph ist;
(c) Generierung eines Zustandes oder Prozesses, der entsprechend der vorgelegten Hypothese als vorhergesagtes Phänomen beobachtet werden soll;
(d) Beobachtung des so vorhergesagten Phänomens« (1982, 236f.).

Begreift man nun »Beobachtung« in Übereinstimmung auch mit Maturana als konstruktiven Prozeß, so erhält man eine Beschreibung von Wissenschaft als einer spezifischen Form des Problemlösens. Die Viabilität (im Sinne E. von Glasersfelds) der mit dieser Methode erzeugten Problemlösungen wird nicht durch eine nicht feststellbare Übereinstimmung mit »der« Wirklichkeit bestimmt.

Sie ist davon abhängig, ob sie uns zu handeln gestattet und ob wir eine (als) wahrgenommene Übereinstimmung mit (individuell oder sozial) festgelegten Kriterien für »gute« Lösungen feststellen, d. h. entscheiden, daß solche Übereinstimmung vorliegt. Schließlich ist die Viabilität auch davon abhängig, ob die jeweils erreichte Problemlösung eine konsistente Verknüpfung mit anderen, bereits früher oder an anderer Stelle erarbeiteten Lösungen gestattet.

Zusammenfassend kann man sagen: Eine konstruktivistische Sozialtheorie erarbeitet

- Konstrukte (Modelle, Systeme), die unsere (Als-)Wahr-nehmungen sozialer Phänomene dadurch erklären, daß die Komponenten der Modelle/Systeme durch ihre Interaktionen die als Problem gewählten Phänomene erzeugen. (Genauer gesagt schlägt der Konstrukteur eine Menge von Komponenten mit spezifischen Eigenschaften und spezifischen Beziehungen zwischen ihnen vor. Er versucht dann, die zu erklärenden Phänomene durch den Nachweis zu »erzeugen«, daß sie in unserem kognitiven Bereich entstehen können, wenn Komponenten sich ausschließlich aufgrund der stipulierten Eigenschaften und auf der Basis der angenommenen Beziehungen gegenseitig beeinflussen.)
- Die Überprüfungskriterien dieser Modelle sind nicht ihre Entsprechung mit »der« Realität, sondern ihre Problemlösungskapazität, ihre Konsistenz und ihre Verknüpfbarkeit mit Modellen aus anderen Disziplinen, z. B. der Psychologie und der Biologie im Falle der Sozialtheorie.
- Aufgrund der erkenntnistheoretischen Annahmen müssen soziale Prozesse als Prozesse der Erzeugung von Realitäten und auf sie abgestimmter Handlungen verstanden werden. Dies zwingt jede konstruktivistische Sozialtheorie aus systematischen Gründen, sich mit dem Problemkreis zu beschäftigen, der durch die Vorsilben »selbst-« bzw. »auto-« gekennzeichnet wird.

Um diesen Anforderungen zu genügen, werde ich in fünf Schritten vorgehen:

1. Zunächst möchte ich einige Definitionen oder Explikationen vorschlagen, die gestatten, einige Aspekte lebender Systeme besser zu charakterisieren.[3]
2. Auf der Grundlage des auf diese Weise gewonnenen Verständ-

nisses lebender Systeme und des Gehirns als eines spezifischen Subsystems lebender Systeme möchte ich zeigen, wie diese Systeme soziale Bereiche als Ergebnis ihrer Interaktionen erzeugen.

3. Daran anschließend schlage ich eine Definition sozialer Systeme vor, die die Charakteristika der im vorigen Schritt konstruierten sozialen Bereiche abdeckt.
4. Schließlich ist die Frage zu beantworten, ob die von lebenden Systemen konstituierten sozialen Systeme ihrerseits den im ersten Schritt herausgearbeiteten Charakteristika lebender Systeme entsprechen.
5. Abschließend möchte ich noch kurz auf die Fragekreise »Konservatismus sozialer Systeme« und »sozialer Wandel« eingehen, sowie auf das resultierende »Verständnis von Gesellschaft«.

II

Wenn wir zugestehen, daß wir zu nichts in der Lage sind, das uns nicht als biologischen Systemen (mit sozialer Lebensweise) möglich ist, dann sollte es unbestreitbar sein, daß wir wissen müssen, wie wir als biologische Systeme »funktionieren« und wie Biologie und Sozialität ineinandergreifen. Dies verlangt sicherlich nach einem besseren Verständnis der Charakteristika lebender Systeme, d. h. jener Klasse von Systemen, zu der wir auch gehören. Auf physikalisch-chemischem Niveau können sie durch die Termini »Selbstorganisation« oder »Selbsterzeugung« (die beiden Termini werden hier synonym verwendet), »Selbsterhaltung« und »Selbstreferenz« beschrieben werden. Die folgenden Definitionen oder Erläuterungen sollen so klar wie möglich machen, was mit diesen Begriffen hier gemeint ist und wie sie verwendet werden.

Als *selbstorganisierend* bzw. *selbsterzeugend* kann man Prozesse (oder Systeme) bezeichnen, die aufgrund bestimmter Anfangs- und Randbedingungen *spontan* entstehen als spezifische Zustände oder Folgen von Zuständen. Solche Zustände oder Folgen von Zuständen können als Attraktoren im Sinne der formalen Theorie dynamischer Systeme oder als Eigenwerte (vgl. H. von Foerster 1984) verstanden werden.

Ein *Beispiel* dafür ist die sich bildende hochkomplexe dreidimensionale Struktur eines Proteinmoleküls, z. B. eines Enzyms, die spontan entsteht, sobald die notwendigen Komponenten, z. B. Aminosäuren, in der benötigten Reihenfolge vorhanden sind. Ein anderes Beispiel ist die bekannte Zhabotinsky-Reaktion.
Ein selbstorganisierendes System ist selber nicht selbsterhaltend. Dies deshalb, weil seine Komponenten während des Prozesses zerfallen oder aufgebraucht werden und weil keine Möglichkeit besteht, sie neu zu bilden oder sie zu ersetzen.
Dieses Problem ist in *selbsterhaltenden Systemen* gelöst. Sie bestehen aus einer zyklischen Verknüpfung selbstorganisierender Systeme, die so organisiert ist, daß das erste selbstorganisierende System genau die Anfangsbedingungen für ein zweites selbstorganisierendes System (oder Prozeß) erzeugt, welches wiederum die Anfangsbedingungen für ein weiteres selbstorganisierendes System herstellt usw., bis schließlich eines der selbstorganisierenden Systeme die Anfangsbedingungen für ein selbstorganisierendes System der Klasse des ersten selbstorganisierenden Systems erzeugt und sich der Zyklus schließt. Selbsterhaltende Systeme sind Systeme, in denen selbstorganisierende Systeme sich selber in operational geschlossener Weise erzeugen. Anders ausgedrückt: selbsterhaltende Systeme sind Systeme, deren Komponenten sich gegenseitig und damit den ganzen Zyklus (das System) erhalten.
Beispiele finden sich ebenso im Metabolismus von Zellen wie in den Interaktionen zwischen den Komponenten eines Organismus, in dem jedes Organ die Bedingungen erzeugt, unter denen die anderen Organe ihrerseits die Bedingungen erzeugen können, die für die Funktion der anderen Organe und damit für sie selbst notwendig sind.[4] Dadurch, daß selbsterhaltende Systeme als zyklische Konkatenation selbsterzeugender Prozesse (als Komponenten) gedacht sind, haben sie die Eigenschaft, nicht an die Lebensdauer einzelner Komponenten gebunden zu sein. In *diesem* Sinne sind sie »mehr« als die Summe ihrer Teile.
Selbstreferentielle Systeme sind Systeme, die die *Zustände* ihrer Komponenten in operational geschlossener Weise verändern. Dies hat die Konsequenz, daß
– selbsterhaltende Systeme notwendigerweise selbstreferentiell sind, aber
– nicht alle selbstreferentiellen Systeme selbsterhaltend sind.

Betrachtet man als *Beispiel* einen Organismus, so ist klar, daß die operational geschlossene »Erzeugung« (im Sinne der Bestimmung selbstorganisierender Systeme) seiner *Komponenten* die operational geschlossene »Erzeugung« der *Zustände* dieser Komponenten einschließt. Gleichzeitig müssen wir berücksichtigen, daß das Gehirn sich *nicht* selber erhält. Das Gehirn als selbstreferentielles System ist dadurch gekennzeichnet, daß seine neuronale Aktivität zu (veränderter) neuronaler Aktivität führt. Es ist jedoch nicht diese neuronale Aktivität als solche, die das Gehirn erhält. Erhalten wird es vielmehr durch die Organe des Organismus, zu dem es gehört.[5]

Diese (im Sinne der Wissenschaftstheorie nicht »strengen«) Definitionen gestatten, lebende Systeme als selbsterhaltende Verknüpfungen selbstorganisierender oder selbsterzeugender Prozesse zu verstehen. Durch die Unterscheidung zwischen der Erzeugung von Komponenten und der ihrer Zustände werden lebende Systeme als selbsterhaltend und selbstreferentiell charakterisierbar. Sie können die materielle Basis für Systeme wie das Gehirn bilden, welche (bezogen auf ihre kognitiven Funktionen) selbstreferentiell, aber nicht selbsterhaltend sind. Diese Explikation lebender Systeme wird als ein Versuch verstanden, dem Begriff *autopoietischer Systeme* (H. R. Maturana, F. J. Varela) eine klarere Bedeutung zuzuordnen. Insbesondere gestattet die Unterscheidung zwischen Selbsterhaltung und Selbstreferenz, Phänomene zu unterscheiden, die sonst zu leicht in der gleichen Kategorie zusammengefaßt werden (vgl. N. Luhmann 1982). Dies ist insbesondere für ein besseres Verständnis sozialer Systeme wichtig.

An dieser Stelle sind einige Anmerkungen zum Verhältnis von Konstruktivismus und der mehrfach erwähnten Theorie autopoietischer Systeme angezeigt. Maturana/Varela schlagen vor, lebende Systeme als zwar energetisch offen, aber funktional und informationell geschlossen zu betrachten. Ohne hier auf Einzelheiten einzugehen, die im übrigen leicht der Literatur entnommen werden können[6], ist in unserem Zusammenhang wichtig, daß die mehrfach betonte *operationale Geschlossenheit* lebender Systeme als das *Organisationsprinzip* verstanden werden kann, *das Kognition zu einem konstruktiven Prozeß* macht. Berücksichtigt man das, was zur Charakterisierung eines selbstreferentiellen Systems am Beispiel des Gehirns gesagt wurde, so sollte klar sein, daß ein derartig funktionierendes System keinen Input in dem

Sinne hat, wie die behavioristische Input-Output-Theorie es unterstellt. Für ein System dieser Art sind Einflüsse aus der Außenwelt Auslöser für interne Veränderungen, d.h. Zustandsmodifikationen, die vom System als Repräsentationen seiner Umwelt wahrgenommen werden können. Diese »Repräsentationen« können als induktive Verallgemeinerungen gedacht werden, die in ihrer jeweils konkreten Ausprägung vom Zustand des Systems selber und damit von den Veränderungsmöglichkeiten abhängen, die ihm zu dem betreffenden Zeitpunkt aufgrund seiner Interaktionsgeschichte (d.h. aufgrund seiner Erfahrungen) zugänglich sind. »Repräsentation« meint hier also nicht »Abbildung«, sondern »Vorstellung« (vgl. E. von Glasersfeld 1984). Lebende Systeme sind aufgrund ihrer operationalen Geschlossenheit nichttriviale Systeme im Sinne Heinz von Foersters. Betrachtet man sie im Rahmen eines Input-Output-Ansatzes, so unterstellt man von Anfang an, daß sie mit einer Theorie trivialer Systeme modelliert werden können. Trivialisierung spielt auf den Ebenen des Verhaltens und kognitiver Prozesse zwar sicherlich eine wichtige Rolle. Sie ist aber als Resultat angebbarer Prozesse zu konstruieren und nicht vorauszusetzen.

III

Im ersten Schritt habe ich lebende Systeme auch unserer Komplexität als selbsterhaltende Systeme charakterisiert, die ein selbstreferentielles, aber nicht selbsterhaltendes Subsystem enthalten, das Gehirn. Nunmehr ist zunächst etwas zum Verhältnis dieses Subsystems zum Gesamtsystem zu sagen. Anschließend möchte ich einige Überlegungen zum Verhältnis unserer biologischen Konstitution zu unserer sozialen Lebensweise anstellen. Damit sollen einerseits einige mögliche Mißverständnisse ausgeräumt und andererseits die dann folgenden Überlegungen zur Konstruktion sozialer Bereiche vorbereitet werden.

Ein System ohne Input ist ein System, dessen »Repräsentation« (Vorstellung) seiner Außenwelt von seinem eigenen Zustand abhängt. Damit stellt sich natürlich die Frage:

Wie kann man erklären, daß ein selbstreferentielles System viable Realitätskonstrukte erzeugt? Sollte man nicht meinen, daß ein selbstreferentielles System, das nur moduliert wird durch Einflüsse von »außen«, eben gerade nicht in der Lage ist, Realitätskonstrukte zu erzeugen, die erfolgreiches Handeln gestatten?

Um diese Frage zu beantworten, muß man sich zunächst klarmachen, daß der Zustand eines operational geschlossenen Systems als Resultat der Interaktionsgeschichte des Systems verstanden werden muß. Dabei kann es sich um Handlungen des Systems selber oder um bloße Einflüsse handeln. Welches auch immer der Ursprung dieser Zustandsveränderungen sein mag, ihre Ausprägung ist vom Systemzustand abhängig, der zu jedem Zeitpunkt bestimmte Veränderungen zuläßt und andere unmöglich macht. Der jeweilige Zustand eines lebenden Systems *ist* eine biologische Repräsentation seiner Erfahrungen, von denen ein Teil als Wahrnehmungen bewußt gemacht (vorgestellt) werden kann. Daß diese Wahrnehmungen erfolgreich sind, ist Resultat der topologischen Struktur des Gehirns, d.h. der relativen Zuordnung von Hirnbereichen zu anderen Organen des Organismus (s. Abbbildung 1). So ist z.B. die Tatsache, daß »wir« einige Veränderungen unserer kognitiven Systeme (die aufgrund anderer Veränderungen auch die Wahrnehmungen erzeugen, die wir dann als »wir« bezeichnen) als »Hören« und andere als »Sehen« interpretieren, das Resultat dieser *topologischen Struktur* unserer Gehirne. Sie nehmen Erregungen ihrer visuellen oder auditorischen Bereiche als Ergebnis entsprechender Aktivitäten in ihren betreffenden sensorischen Oberflächen (Auge bzw. Ohr) wahr und lokalisieren sie damit in den ihnen phylogenetisch zugeordneten und stabilisierten Umweltbereichen. Aus diesem Grund ist es auch verständlich, daß direkte Erregungen der betreffenden *Hirnbereiche*, etwa durch elektrische Impulse oder durch Verwendung von Chemikalien im Zuge von Operationen am Gehirn oder auch durch auf das Gehirn wirkende Drogen, die Illusionen des Hörens oder Sehens entstehen lassen, obwohl für Auge oder Ohr *nichts* passiert. Wissen kann das freilich nur der Experimentator, nicht aber das betreffende System, solange es keine Möglichkeiten hat, die unterschiedlichen Ursprünge seiner Wahrnehmungen zu identifizieren. Da in der »Normalsituation« solche Erregungen jedoch meist als Resultat externer Ereignisse auftreten, ist es leicht einsehbar, daß der selbstreferentielle Charakter des Gehirns nicht nur kein Hindernis für sein effektives Funktionieren ist, sondern sogar der einzige Weg, um die Bedürfnisse des Systems

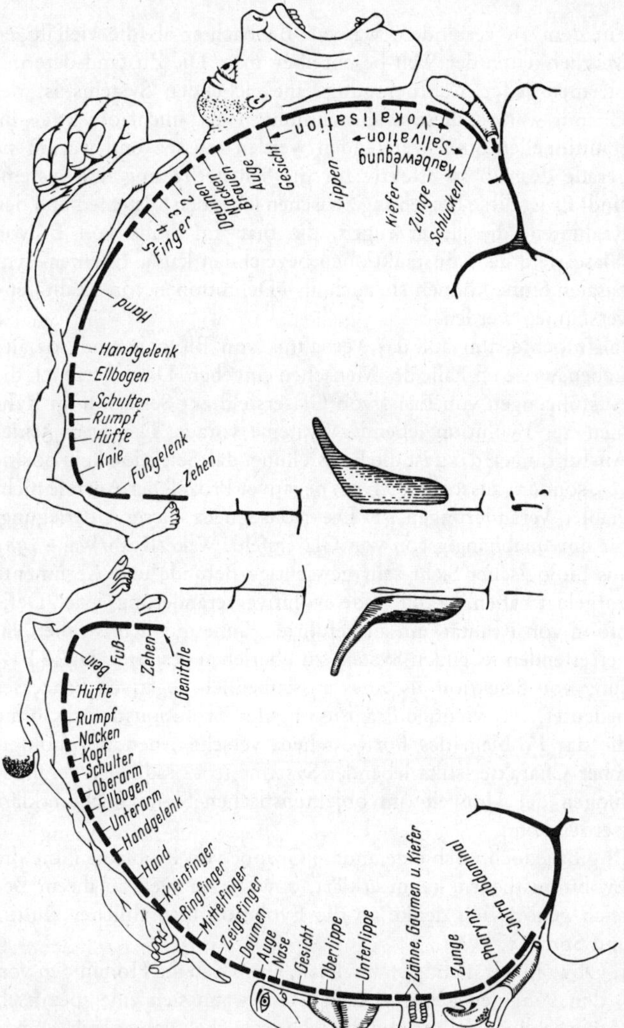

Abb. 1: Die sensorischen Projektionen (links) und die motorischen Rindengebiete (rechts) beim Menschen (nach Penfield und Rasmussen, entnommen K. Wezler 1972, 352)

mit dem zu verbinden, was ein Beobachter als die vielfältigen Möglichkeiten der Welt beschreiben mag. Die Zustandsdeterminiertheit jeder Wahrnehmung eines lebenden Systems ist der Grund, warum diese Wahrnehmungen als »nicht-objektiv« im traditionellen Sinne verstanden werden müssen und warum sie gerade deshalb so effektiv für die Selbsterhaltung des Systems sind. Es ist diese Beziehung zwischen lebenden Systemen und den Realitäten, die sie erzeugen, die man im Sinne von E. von Glasersfeld als Konstruktionen bezeichnen kann. In einem sehr basalen Sinne können sie auch als »Definitionen von Realitäten« verstanden werden.

Ich möchte nun auf das Verhältnis von Biologie und sozialer Lebensweise im Falle des Menschen eingehen. Dabei setze ich die Ausführungen von Ernst von Glasersfeld zur Selektion im Rahmen der Evolution lebender Systeme voraus. Der Kern seiner Ausführungen dazu ist die Feststellung, daß Selektion kein positiver, sondern ausschließlich ein negativer Prozeß der Auslese nicht viabler Veränderungen ist. Die Konsequenz dieser Überlegung, für die, unabhängig von von Glasersfeld, Wake/Roth/Wake 1983 aus biologischer Sicht sehr gewichtige Befunde und Argumente vorgelegt haben, ist, daß jede evolutive Veränderung, jede »Definition von Realität« im ausgeführten Sinne möglich ist, die dem betreffenden lebenden System zu überleben gestattet. Diese Fassung von Selektion als eines ausschließlich negativen Prozesses bedeutet eine wichtige Präzisierung der Evolutionstheorie, ohne die das Problem des Fortbestehens verschiedener morphologischer Charakteristika lebender Systeme trotz radikaler Veränderungen der Umwelt (im objektivistischen Sinne) nicht erklärt werden kann.

Es gibt jedoch noch eine andere Gruppe von Problemen, die die Evolutionstheorie kaum erklärt, obwohl sie auch zu ihrem Bereich gehört. Ich denke an die Evolution menschlicher Kultur und Sprache:

1. Obwohl wir nicht genau wissen, wann sich die Hominiden von den Pongiden getrennt haben und wann sich eine spezifisch menschliche Kultur und Sprache entwickelt haben, müssen wir doch annehmen, daß unsere Vorfahren während sehr langer Zeiträume ohne diese evolutionären Errungenschaften sehr erfolgreich überlebten.
2. Da eine sich verändernde Welt nicht zu auf die neue Situation

abgestimmten spezifischen Veränderungen in den in ihr lebenden Systemen (d. h. nicht zu »Anpassungen«) führen kann, kann es auch keine kausale Beziehung zwischen Umweltveränderungen und der Ausbildung von Fähigkeiten geben, die lebenden Systemen gestatten, neue Lebensräume zu besiedeln bzw. sich in einer veränderten Umwelt zu erhalten. Daraus folgt, daß die spezifischen Veränderungen der lebenden Systeme von diesen selber hervorgebracht worden sein müssen.

Die sich ergebende Folgerung, daß unsere Vorfahren die uns interessierenden Fähigkeiten (wobei es nicht um die Erklärung einer spezifischen Sprache oder Kultur geht!) als Ergebnis evolutionärer Veränderungen im oben bestimmten Sinne entwickelt haben, scheint von zwei Seiten her Unterstützung zu finden:

1. Knochenfunde belegen in der Tat einen ständigen morphologischen Wandel unserer Vorfahren. Dabei kam es zu einer beachtlichen *Vergrößerung des Hirnvolumens,* insbesondere des Frontalhirns. Natürlich ist die Hirngröße nur ein sehr grober Indikator. Trotzdem muß man annehmen, daß menschliche Fähigkeiten zumindest nicht unabhängig von der Hirngröße sind.
2. Geht man davon aus, daß der sensumotorische Apparat eines lebenden Systems dessen möglichen kognitiven Bereich definiert (im oben angegebenen Sinne), und damit die diesem System mögliche Umwelt, dann definiert das menschliche lebende System in der Tat eine außerordentlich große Nische. Dies hat bekannterweise Biologen und Anthropologen zu der Aussage veranlaßt, daß der *Mensch sich auf Anpassung spezialisiert* habe. Das auf Anpassung spezialisierte Organ ist jedoch das Gehirn.

Betrachtet man die Phylogenese des Wirbeltiergehirns, so wird diese Spezialisierung erkennbar. Man findet eine ganz deutliche Evolution von primitiven Nervensystemen, die vor allem motorische mit sensorischen Oberflächen verbinden, zu komplexen Zentralnervensystemen, deren Fähigkeit nicht so sehr darin liegt, daß sie einen »besseren« sensorischen »Input« gestatten, sondern vor allem in der *Steigerung interner Möglichkeiten, unterschiedliche Systemzustände zu verknüpfen oder zu vergleichen,* die auf Modulationen an der Systemperipherie (d. h. aus der Sicht des Systems von »außen«) oder im Systeminneren zurückgehen. Ein Beispiel (für das ich G. Roth danke) mag dies verdeutlichen: Der optische Nerv des Frosches, der den optischen Eingang zum Gehirn bildet, besteht aus ca. 500 000 Nervenfasern, während der optische Nerv des Menschen aus einer Million Fasern besteht. Das Gehirn des Frosches besteht jedoch nur aus einigen Millionen Nervenzellen im Verhältnis zu den 500 Milliarden bis 1 Billion Nervenzellen des Menschen. Dies verdeutlicht, was *Spezialisierung auf Anpassung* bedeutet: *Zunahme und Komplexifizierung der internen Möglichkeiten zur Erzeugung neuer Realitäten.*

Denkt man die Konsequenzen einer starken Zunahme der Gehirnkapazität im diskutierten Sinne durch, so wird die Lösung folgenden Problems sehr wichtig: Da man davon ausgehen muß, daß (wie jeder evolutionäre Schritt) auch das Gehirnwachstum als Ergebnis noch immer weitgehend unbekannter interner Faktoren und Prozesse erfolgte (und nicht als Reaktion auf Umweltveränderungen, s. o.), so muß man annehmen, daß das betreffende System in einer relativ stabilen selbsterzeugten Umwelt lebte und sein Überleben in ihr auch ohne die neuen Möglichkeiten aufgrund des Gehirnwachstums sichern konnte. Die *Frage* ist nun:

Was passiert, wenn lebende Systeme in einer relativ invarianten Umwelt ihre Kapazität zur Erzeugung neuer Beziehungen zwischen den Zuständen jener Subsysteme ganz erheblich steigern, die zum Teil von »außen« und zum Teil von den Regionen moduliert werden, die das Phänomen des Gedächtnisses oder von Folgerungen verschiedenster Art erzeugen?

Es scheint, als müsse man annehmen, daß es in der Evolution zu größerer Gehirnkapazität einen »Punkt« gegeben hat, von dem an das Gehirnwachstum dazu führte, daß die Erzeugung der *aktuellen* Umwelt (der einzigen für das aktuelle Überleben relevanten Umwelt) der Systeme zunehmend kontingent wurde (vgl. P. M. Hejl 1982a, 331 ff.) Das Gehirnwachstum muß also dazu geführt haben, daß die Realitätskonstrukte als auch anders möglich erfahrbar wurden. Offenbar gibt es zwei Konsequenzen, die berücksichtigt werden müssen:

1. Wenn man annimmt, daß es eine enge Verbindung gibt zwischen der Nische (oder der Realität, wie sie durch das System definiert wird) und dem Verhalten des Systems (was um so mehr zu gelten scheint, je geringer die Anpassungsfähigkeit entwickelt ist), dann wird deutlich, daß das Auftreten von Kontingenz diese Verbindung problematisch werden läßt: die

Auswahl angemessener Verhaltensweisen muß schwierig und risikoreich werden. Ein System, das aufgrund seiner eigenen Komplexität und aufgrund der Vielfalt interner Verarbeitungsmöglichkeiten nicht mehr sicher sein kann, welche Realität es aus den wenigen Signalen, die es von »außen« erhält, konstruieren soll, ist natürlich nicht in der Lage festzulegen, was »adäquat« heißt mit Bezug auf das Verhalten, auf das es sich festlegen *muß*, um aktuell handeln und damit sein Überleben sichern zu können. Daraus folgt, daß Gehirnwachstum als solches eine *Gefahr* für die betroffenen Systeme ist.

2. Auf der anderen Seite gewinnt ein lebendes System durch die Möglichkeit zur Erzeugung neuer Umwelten (was ein Beobachter als »Anpassung an eine neue Umwelt« beschreiben kann) einen Überlebensvorteil für den Fall, daß es aufgrund von Veränderungen, die nicht seiner Kontrolle unterliegen, nicht mehr in der bis dahin erfolgreichen Weise seine Selbsterhaltung sichern kann. Aus diesem Grund bedeutet Gehirnwachstum einen potentiellen *Vorteil* für ein lebendes System.

Die sich aus diesen Überlegungen ergebende Frage lautet: Wie ist es möglich, die Gefahr zu vermeiden, ohne die möglichen Vorteile zu verlieren?

Die Antwort auf dieses Problem war meiner Meinung nach die »Erfindung« von Gesellschaft. Diese »Erfindung«, sicherlich ein sich über lange Zeiträume erstreckender evolutionärer Prozeß, erlaubt nicht nur die Kanalisierung potentiell gefährlicher Wirkungen unserer an Kapazität zunehmenden selbstreferentiellen Gehirne durch die »Erfindung« von Mythen, Religionen, Kunst und schließlich Wissenschaft, sondern verwandelte auch mögliche Gefahren in Elemente des Zusammenhaltes. Durch die Verknüpfung individueller mit sozialen Realitätsdefinitionen, wobei sozial ausgearbeitete Festlegungen die individuellen in vielen Bereichen weitgehend ersetzt haben, wurde es möglich, biologisches Überleben zu sichern und gleichzeitig Bereiche zu erzeugen, in denen die selbstreferentiellen Kapazitäten unserer kognitiven Systeme ihre innovativen Möglichkeiten wirksam werden lassen konnten.[7]

Um diese Überlegungen zusammenzufassen, kann man sagen: *Menschen leben sozial aus biologischen Gründen und können biologisch sein, wie sie sind, weil sie sozial leben.* Gesellschaft als solche ist somit biologisch notwendig. Damit wird nicht gesagt, daß *spezifische* soziale Regelungen, Normen, Institutionen oder sozial definierte Wirklichkeiten biologisch notwendig seien! Damit wird auch jeder Versuch abgelehnt, spezifische soziale Phänomene unter Rückgriff auf die hier angestellten Überlegungen zu erklären. Daß Reduktionismus und Biologismus in ihren verschiedenen Varianten durch das vorgeschlagene Modell ausgeschlossen werden, wird sowohl der Versuch deutlich machen, den Bereich des Sozialen durch die Interaktion lebender Systeme zu erzeugen, dem ich mich jetzt zuwende, als auch die sich anschließende Diskussion sozialer Systeme.

Betrachten wir zunächst ganz allgemein den Interaktionsprozeß eines lebenden Systems. Vor jeder Interaktion befindet es sich immer schon in einem oder in einer Menge von Zuständen, und sei es bei der Geburt als Resultat der Artgeschichte. Jeder Zustand definiert in dem ganz basalen Sinne eine Klasse von Interaktionsmöglichkeiten, daß es für sie angeborene oder gelernte Sequenzen von in der Vergangenheit erfolgreichen Handlungen gibt. Wie Ernst von Glasersfeld mit seiner schönen Metapher vom Blinden, der sich seinen Weg durch den Wald sucht, zeigt, kann ein lebendes System feststellen, daß es in der Welt, in der es lebt, eine Fülle von Gegenständen gibt, mit denen es rechnen muß. Obwohl der Interaktionsprozeß als solcher gleich gedacht werden kann, lassen sich doch zwei Arten resultierender Konstrukte unterscheiden. Das allgemeine Schema ist, daß aus den durch den Systemzustand definierten Handlungsmöglichkeiten in der konkreten Interaktion eine realisiert wird, deren Wirkung in einer Zustandsveränderung des Systems besteht. Durch den solchermaßen veränderten Systemzustand wird eine veränderte Klasse von Realitätskonstrukten und Handlungsmöglichkeiten erzeugt, was zu wiederum verändertem Verhalten bei der nächsten Interaktion führt etc.

Wenn es in diesem Prozeß dazu kommt, daß weitere Interaktionen nicht mehr zu Zustandsveränderungen des Systems führen, dann haben wir den Fall der Konstitution oder Konstruktion von Objektivität durch das interagierende Individuum. Es hat in seinem kognitiven Bereich das Verhalten der betreffenden Gegenstände dadurch trivialisiert, daß es *sich selber* in einer Weise verändert hat, die ihm gestattet, eine viable Vorstellung des betreffenden Gegenstandes zu erzeugen.

Wenn sich als Ergebnis der Interaktionen jedoch zeigt, daß eine

Trivialisierung der ausgegrenzten Entität nicht möglich ist, so führt dies dazu, daß Aktivitätszentren außerhalb des Systems wahrgenommen werden, denen aus der Sicht des Systems im Grenzfall Freiheitsgrade zugesprochen werden müssen, die den eigenen vergleichbar sind: andere lebende Systeme vergleichbarer Komplexität. In diesem Fall ist es für das lebende System nicht länger möglich, seine eigenen Zustände *einseitig* zu verändern, um zu verläßlichen Vorhersagen über das Umweltverhalten zu kommen. Statt dessen wird es notwendig, in einen *Prozeß wechselseitiger Interaktionen und damit wechselseitiger Veränderungen einzutreten, der zu einer partiellen »Parallelisierung« der selbstreferentiellen Subsysteme (der kognitiven Subsysteme) der interagierenden Systeme führt.* In dem Ausmaße, in dem lebende Systeme derartige Parallelisierungen ausgebildet haben, d. h. vergleichbare Realitätskonstrukte, sind *soziale Bereiche* entstanden. Ich behaupte, daß diese Definition sozialer Bereiche alle Phänomene in dem Sinne abdeckt, daß es kein normalerweise als »sozial« bezeichnetes Phänomen gibt, das nicht auf diese Definition bezogen werden kann.

Als Konsequenz dieser Definition sozialer Bereiche und dessen, was über die Definition von Realität durch lebende Systeme gesagt wurde, kann soziales Verhalten verstanden werden als *jedes* Verhalten, das auf der Basis einer sozial erzeugten Realitätsdefinition oder -konstruktion hervorgebracht wird oder das zu ihrer Bildung oder Veränderung führt (vgl. P. M. Hejl 1984, 69). Dabei erscheint es notwendig, zwei Fälle zu unterscheiden. Seit E. Durkheims *Les régles de la méthode sociologique* (vgl. z. B. 1983, 5 ff.) wird immer wieder der Zwangscharakter des Sozialen hervorgehoben (und damit die nur noch aus dem Bedürfnis nach Abgrenzung von anderen Disziplinen zu verstehende Trennung von Individuum und Sozialem begründet). Dieser Zwangscharakter kann auch kaum geleugnet werden. Wir alle haben häufig genug die Erfahrung gemacht, daß wir in eine Gruppe oder Organisation eingetreten sind (häufig dies sogar mußten) oder auch in einen sozialen Zusammenhang wie unsere Familie, unsere Stadt usw. hineingeboren wurden und dabei sehr festgefügten und durch mancherlei Vorkehrungen immer wieder stabilisierten Realitätsdefinitionen und auf sie abgestimmten Vorstellungen »richtigen« Handelns gegenüberstanden. In diesen Fällen vollzieht sich die Ausbildung der kognitiven Zustände, die uns ein auf diese bereits definierten Realitäten bezogenes erfolgreiches Handeln gestatten, nach dem Muster der Ausbildung des Konzeptes von Objektivität. Gefordert ist hier eine einseitige Zustandsveränderung: Anpassung. Der Typus von Interaktionen, der sie hervorbringt, ist an dem orientiert, was H. von Foerster (1972, 40ff.) als illegitime Frage bezeichnet, d.h. Fragen, deren Antworten bereits bekannt sind. Daneben muß jedoch betont werden, daß auch diese so schwer veränderbaren Realitätsdefinitionen als Konstrukte aufgefaßt werden können. Damit stellt sich sofort die Frage nach den Konstrukteuren und damit die, ob wir ihre Definitionen übernehmen wollen oder ob wir ihre Antworten ablehnen und damit auch noch so ehrwürdige Fragen als legitim auffassen wollen. Dies selbst dann, wenn wir, z.B. aus Gründen der Überlastung (vgl. N. Luhmann 1968a, b), schließlich die alten Antworten übernehmen. Vor diesem Hintergrund sollte deutlich werden, daß die vorgeschlagene Bestimmung sozialen Handelns nicht nur, gewissermaßen aus Ordnungsliebe, Vollständigkeit in der Erfassung verschiedener Fälle anstrebt. Vielmehr geht es darum, neben dem Zwangscharakter sozialer Verhältnisse (Handeln *auf der Basis* sozial erzeugter Realitätsdefinitionen) auch den ebenso wichtigen Aspekt der *Erzeugung und/oder Veränderung dieser Realitätsdefinitionen* durch soziales Handeln hervorzuheben.

Die *Bedeutung sozialer Bereiche* liegt darin, daß sie sozial erzeugte Möglichkeiten für Kommunikation und koordiniertes Handeln bieten. Wenn sich ein lebendes System so verhält, wie es einem sozialen Bereich entspricht, dann werden seine Handlungen von den anderen lebenden Systemen, mit denen es diesen Bereich konstituiert hat oder die ihn zur Prämisse ihres eigenen Handelns gemacht haben[8], so interpretiert, wie es den Intentionen des Handelnden entspricht. Dies ist auch keineswegs überraschend, wenn man berücksichtigt, daß kognitive Systeme als selbstreferentielle Systeme funktionieren, d.h. als Systeme, die alles, was sie wahrnehmen, entsprechend dem eigenen Zustand wahrnehmen. Daraus folgt für den Fall, in dem mehrere Systeme parallelisierte Zustände ausgebildet haben, daß jedes Ereignis, das zu dem betreffenden gemeinsam konstituierten Bereich (einem konsensuellen Bereich) gehört, in ebenfalls parallelisierter Weise interpretiert wird. Dies gilt für alle Arten wahrgenommener Handlungen. Werden sie durch ebenfalls sozial ausgebildete

Symbolsysteme ersetzt, so haben wir es mit Kommunikation zu tun. Entsteht dabei ein Kommunikationssystem, das die Möglichkeit bietet, innerhalb des Systems dieses selber zum Gegenstand von Kommunikation zu machen, so haben wir eine Sprache. Ihr Referenzbereich ist keine Realität an sich, sondern eine sozial konstruierte oder definierte Realität. Für sie können wir auf neurophysiologischem Niveau eine Menge parallelisierter Zustände jener Akteure annehmen, die den betreffenden sozialen Bereich konstituieren oder akzeptieren. Auf der phänomenologischen Ebene der Sozialwissenschaften scheint es angemessen zu sein, von »sozial erzeugtem Sinn« bzw. von »sozial erzeugter Bedeutung« zu sprechen.

Aufgrund der Interaktionsbasis von Kommunikation ist es jedoch nicht möglich, auf der kommunikativen Ebene festzustellen, ob kommunikative Interaktionen erfolgreich waren. Der Beleg für eine erfolgreiche kommunikative Interaktion ist nicht eine wiederum kommunikative Bestätigung des Partners, sondern die Beobachtung entsprechenden Handelns durch den an einer Überprüfung seiner kommunikativen Bemühungen interessierten Sprecher (vgl. allgemein zur Kommunikation W. K. Köck 1980, 1981).

IV

Ein *soziales System* kann definiert werden als eine Gruppe lebender Systeme, die zwei Bedingungen erfüllen:

1. Jedes der lebenden Systeme muß in seinem kognitiven Subsystem mindestens einen Zustand ausgebildet haben, der mit mindestens einem Zustand der kognitiven Systeme der anderen Gruppenmitglieder verglichen werden kann.[9]
2. Die lebenden Systeme müssen (aus ihrer Sicht) mit Bezug auf diese parallelisierten Zustände interagieren.

Anders formuliert: die Gruppenmitglieder müssen eine gemeinsame Realität und damit einen Bereich sinnvollen Handelns und Kommunizierens erzeugt haben *und* auf ihn bezogen interagieren.

Im Gegensatz zur Definition sozialer Bereiche ist die Definition sozialer Systeme eher restriktiv. Diese Restriktion ergibt sich aus der Kombination der Bedingungen, wie einige Beispiele deutlich machen mögen.

- In Europa dürften sich einige Millionen Menschen für Fußball interessieren. Sie kennen mehr oder weniger die Regeln, wissen, welche Meisterschaften ausgetragen werden etc. Entsprechend der Definition konstituieren sie einen sozialen Bereich (bzw. haben sich an ihn angepaßt). Sie bilden aber kein soziales System, da sie nicht interagieren. Eine Fußballmannschaft dagegen gehört zu einem sozialen Bereich und ist im Sinne der Definition ein soziales System.
- Wir haben alle Erfahrungen in Familien, wissen also, was Väter und Mütter sind etc. Trotzdem *bilden* wir kein soziales System Familie. Dieses entsteht erst, wenn wir uns entsprechend verhalten und die Systemkomponenten, d. h. die die Familie konstituierenden Individuen, die Möglichkeit haben, an der sozialen Konstruktion der Realität mitzuwirken, die für eine spezifische Familie typisch ist.
- Eine Firma kann ein soziales System sein, wenn die in ihr Interagierenden die Möglichkeit haben, an der Realitätskonstruktion teilzuhaben, die zur Grundlage von Firmenentscheidungen gemacht wird. Haben sie diese Möglichkeit nicht, so bilden sie kein soziales System, sondern arbeiten lediglich für ein solches (vgl. H. R. Maturana 1980, 17f.).

Wie aus diesen Beispielen deutlich wird, müssen alle genannten Bedingungen erfüllt sein. Weder die Teilnahme an der Konstitution eines sozialen Bereiches noch seine Übernahme noch das Vorliegen von Interaktionen ist für sich genommen für die Konstitution sozialer Systeme ausreichend.

Ein aus systematischen und wissenschaftspraktischen Gründen wichtiges Problem ist die Bestimmung der *Grenzen sozialer Systeme*. Obwohl diese Frage für soziale Systeme besonders schwierig zu beantworten ist, ist sie doch keine spezifisch sozialwissenschaftliche. In der Biologie z. B. gibt es kaum Probleme, sich über die Grenze eines lebenden Systems zu verständigen. Seine Grenze ist die Haut, die seine Oberfläche bedeckt. Versucht man jedoch, diese Grenze in einer physikalischen Terminologie zu definieren, so ist das Resultat weitaus weniger eindeutig, da man die Materien und Prozesse, die man im System findet, auch außerhalb antrifft. Schließlich ist man gezwungen, zu einer Definition zu greifen, die mit abrupt sich verändernden Gradienten von Intensitäten arbeitet, d. h. mit dem beobachterabhängigen Bereich unserer Möglichkeiten, Meßergebnissen zu unterscheiden. Diese Beobachterabhängigkeit wird noch deutlicher, wenn man Ökosysteme betrachtet. Wo ist z. B. die Grenze eines Sees? Ist es der Rand der Wasseroberfläche? Müssen wir einen Streifen des angrenzenden Landes einbeziehen und, falls ja, wieviel? Wenn wir Gradienten verwenden, z. B. die Temperatur oder die Konzentration von H_2O, dann wird es Fälle geben, in denen diese Kriterien nur sehr unscharfe Grenzziehungen erlauben.

Der beste Weg, diese Schwierigkeiten zu überwinden, dürfte darin bestehen, die Suche nach »natürlichen« Grenzen aufzugeben und innerhalb der Möglichkeiten der wissenschaftlichen Methode im konstruktivistischen Verständnis zu verbleiben. Dies heißt, daß wir einerseits das System so definieren müssen, daß alle die Komponenten berücksichtigt werden, die erkennbar an der Erzeugung der Phänomene beteiligt sind, die wir erklären wollen. Der Angelpunkt einer Definition der Grenzen eines sozialen Systems ist demnach das zu erklärende Problem, das ein Beobachter (bzw. eine Beobachtergemeinschaft) ausgewählt hat. (Dies schließt keineswegs die Suche nach einer »besten« oder »optimalen« Definition der Grenzen von Systemen einer spezifischen Klasse aus, solange die schließlich akzeptierte Definition nicht als »natürlich« mißverstanden wird.) Für den Fall sozialer Systeme heißt dies andererseits aber auch, daß die Grenzen durch die Interaktionen der Komponenten konstituiert werden, d. h. als Interaktionsgrenzen gefaßt werden müssen.

Da in unseren intern differenzierten Gesellschaften jedes Individuum eine Vielzahl von sozialen Systemen mitkonstituiert, ist es konsequent, *Individuen soziologisch* als »Schnittpunkte« oder »Berührungspunkte« sozialer Systeme zu verstehen. Ein Individuum ist zur gleichen Zeit Komponente mehrerer sozialer Systeme, die durch »Multikomponenten-Individuen« verbunden werden. Dies gestattet, *Gesellschaft* als ein Netzwerk sozialer Systeme mit den Individuen als »Knoten« (um diesen Begriff der Graphentheorie zu verwenden) zu verstehen. Es sollte klar sein, daß jeder Beobachter oder jede Beobachtergemeinschaft ebenfalls Teil dieses Netzwerkes ist. Dies hat die Konsequenz, daß es für jede Analyse sozialer Systeme, und damit auch ihrer Grenzen, nicht ausreicht, sie als externer Beobachter zu definieren. Wenn wir wissen wollen, wo die Grenzen dessen verlaufen, was wir hypothetisch als ein soziales System fassen, dann müssen wir empirisch (durch Interaktionen mit den betreffenden Individuen) versuchen zu konstruieren, welches die konstitutiven Interaktionen sind und wie die Beteiligten das System »sehen« (definieren s. o.), das sie konstituieren. Die Frage der Grenzen sozialer Systeme erweist sich also letztlich als eine empirischer Forschung im vorgeschlagenen Rahmen.

V

Zu welchem Systemtypus gehören soziale Systeme? Sind sie selbstorganisierend? Sind sie selbsterhaltend oder selbstreferentiell? Um diese Frage zu beantworten, scheint es am günstigsten zu sein, jene Prozesse genauer zu betrachten, die bei der Diskussion *lebender Systeme* mit diesen Begriffen bezeichnet wurden, und sie mit denen zu vergleichen, die *soziale Systeme* kennzeichnen.

Besteht man darauf, *soziale Systeme als selbstorganisierend* zu begreifen, so würde man eine Äquivalenz zwischen physikalisch-chemischen und sozialen Systemen behaupten, die nicht dem entspricht, was wir in beiden Fällen feststellen können. Wenn wir den großen Komplexitätsunterschied zwischen den Komponenten der beiden Fälle vernachlässigen, so scheint auf dem operationalen Niveau, d. h. dem des Funktionierens des Systems, der Hauptunterschied in der *Spezifität und Spontaneität* zu liegen, mit der sich physikalisch-chemische Systeme bilden:

– Bei der Bildung sozialer Systeme entspricht nichts der Spontaneität, die wir im physikalisch-chemischen Bereich in den Prozessen finden, die als selbstorganisierend definiert wurden. Zwar finden wir eine Vielzahl spontan entstehender Sozialsysteme, die Art der Spontaneität unterscheidet sich aber erheblich von der im physikalisch-chemischen Bereich. Wenn bei der Bildung eines sozialen Systems auf eine sozial definierte Realität zurückgegriffen werden kann, z. B. auf die Erfahrungen der Teilnehmer in ihren jeweiligen Familien, dann setzt die Konstitution eines neuen Sozialsystems die Erfahrungen in einem anderen voraus. In spontan entstehenden physikalisch-chemischen Systemen gibt es nichts, was diesen Voraussetzungen entspricht. Hinzu kommt natürlich, daß, bei Vorliegen der für die Entstehung eines derartigen Systems notwendigen Bedingungen, dieses auch tatsächlich entsteht, während die Bedingungen für die Entstehung eines *spezifischen* sozialen Systems »Familie«, zumindest in unseren Gesellschaften, nicht einmal angebbar ist.

- Da wir bei Menschen als Komponenten sozialer Systeme aufgrund ihrer Komplexität und Historizität auch nicht die Uniformität haben, die wir im physikalisch-chemischen Bereich feststellen, finden wir in sozialen Systemen auch nichts, was der Spezifität selbstorganisierender Systeme entspricht. Dementsprechend kann im Gegensatz zu selbstorganisierenden Systemen die Bildung eines *spezifischen* sozialen Systems nicht wiederholt werden.

Aus diesen Überlegungen folgt, daß soziale Systeme nicht als selbstorganisierend im definierten Sinne bezeichnet werden sollten.

Es scheint besonders verlockend zu sein, *soziale Systeme als selbsterhaltende Systeme* einzustufen. Auch gegen diese Klassifikation sprechen jedoch gewichtige Argumente:

- Soziale Systeme erzeugen nicht die lebenden Systeme, die die sozialen Systeme konstituieren. Eine Fußballmannschaft, eine Familie oder eine Organisation erzeugt nicht im physischen Sinne ihre Mitglieder. Diese werden vielmehr von biologischen Systemen erzeugt, wobei sicherlich ein erheblicher Teil der in diesem Zusammenhang auftretenden Verhaltensweisen zu sozialen Systemen gehört. Kann man dieser Schwierigkeit entgehen, wenn man als Komponenten sozialer Systeme Handlungen oder Kommunikation wählt, wozu der Konstruktivist ja prinzipiell frei ist?[10] Im Rahmen des hier vertretenen Wissenschaftsverständnisses, insbesondere angesichts der an ein Erklärungsmodell zu stellenden Anforderungen, scheint dieser Weg nicht gangbar zu sein. Natürlich kann man von sozialen Systemen als selbsterhaltenden oder autopoietischen Systemen *sprechen* und sie dann überall »entdecken«. Problematisch bleiben jedoch die Überführung dieser Redeweise in ein Modell und die Konsequenzen einer derartigen Konstruktion. Nimmt man als Komponenten Handlungen, so läßt sich nicht zeigen, wie aus ihnen ein System im Sinne selbsterhaltender (oder autopoietischer) Systeme entsteht. Eine Handlung ist eine Handlung. Alles was sonst über sie ausgesagt werden kann, benötigt mindestens ein kognitives System, für das sie etwas bedeutet, und das deshalb eine auf sie bezogene Handlung erzeugt und/oder etwas über sie aussagt. Dies kann der Systemkonstrukteur (z. B. der Wissenschaftler) sein und/oder die seinen Gegenstandsbereich konstituierenden Individuen. Aus diesem Grund ist eine Systemkonzeption, die darauf aufgebaut ist, daß Handlungen zu Handlungen führen, nicht konsistent mit der an Erklärungsmodelle zu stellenden Forderung, die zu erklärenden Phänomene ausschließlich aus den Interaktionen der Systemkomponenten zu erzeugen (s. o.). Ein derartiges System ist wie das, was von einem Netz übrigbleibt, wenn man alle Knoten herausschneidet. Man kann dann immer noch die Beziehungen zwischen den nicht mehr thematisierten Knoten betrachten – solange niemand dieses System anrührt. Bei einer derartigen Systemkonzeption wird mit anderen Worten der für die Definition selbsterhaltender (autopoietischer) Systeme wichtige Begriff der Produktion (Maturana/Varela sprechen immer wieder von einem »Netzwerk der Produktion von Komponenten«) nur mehr metaphorisch verwendet.

– Wenn man darüber hinaus ein soziales System als selbsterhaltend bezeichnet, so unterstellt man eine Parallelität zwischen Organismen und sozialen Systemen, die den Unterschied zwischen selbsterhaltenden und selbstreferentiellen Systemen verwischt. Da die Unterscheidung zwischen selbsterhaltenden und somit auch selbstreferentiellen Systemen auf der einen und selbstreferentiellen, aber *nicht* selbsterhaltenden Systemen auf der anderen Seite die Einführung der spezifischen Kategorie selbstreferentieller Systeme voraussetzt, bedeutet die Klassifikation sozialer Systeme als selbsterhaltend, daß wir soziale Systeme mit lebenden Systemen *ohne Gehirn* gleichsetzen. Wie zu Anfang erwähnt, besteht das Problem einer Sozialtheorie aus konstruktivistischer Sicht aber gerade darin, die am sozialen Prozeß beteiligte Vielzahl von konstruktivistisch operierenden Gehirnen zu berücksichtigen.

Geht man den Weg, als Komponenten sozialer Systeme Handlungen zu wählen, so wirkt sich das Problem der Ausblendung der beteiligten Gehirne, d. h. der Individuen soweit sie Komponenten sind, so aus, daß diesen Komponenten Eigenschaften zugesprochen werden müssen, die traditionellerweise kognitiven Systemen (»Gehirnen«) vorbehalten werden: sie müssen wahrnehmen, denken, Probleme haben oder lösen etc. Die Ausschließung der kognitiven Systeme als Ergebnis des verlorenen Bezuges auf Individuen führt offenbar notwendig zur Konstruktion sozialer Systeme als Individuen »eigener Art«.

Aus diesen Überlegungen folgt, daß eine Klassifikation sozialer Systeme als »selbsterhaltend« mit der Definition dieser Systeme nicht vereinbar ist, außerdem zu einem Biologismus führt und damit die bekannten ideologischen Konsequenzen haben kann.

Sollte man *soziale Systeme als selbstreferentiell* begreifen? Auch dieser Versuch scheint mir zum Scheitern verurteilt zu sein.

- Der Zustand eines Neurons oder einer Gruppe von Neuronen wird ausschließlich durch das selbstreferentielle System Gehirn beeinflußt, zu dem es gehört. Dazu gibt es in sozialen Systemen keine Entsprechung. Die Komponenten sozialer Systeme sind auf dem Niveau ihres physischen Substrates ebenfalls Zustände von Neuronengruppen. Da diese jedoch nicht von anderen Neuronengruppen isoliert sind, werden sie durch Prozesse verändert, die in anderen Teilen des Gehirns ablaufen. Da jedoch nicht alle Zustände und Prozesse in den Gehirnen der ein soziales System bildenden Individuen für das betreffende soziale System konstitutiv sind, kann ein soziales System in einer Weise verändert werden, die sich von der unterscheidet, die für ein selbstreferentielles System angenommen werden kann. Die Komponenten sozialer Systeme, und damit auch diese selber, können verändert werden als Ergebnis der Interaktion der Individuen in *anderen* sozialen Systemen (s. u. »sozialer Wandel«).
- Soziale Systeme sind nicht eine Art überindividueller Supergehirne in dem Sinne, in dem das Gehirn als ein selbstreferentielles System verstanden werden kann. Jeder Versuch, soziale Systeme dennoch so zu verstehen, sieht sich dem Problem gegenüber, entweder die Systematik dieses Systemtyps zu vernachlässigen oder die Angemessenheit des Modelltransfers aus dem biologischen in den sozialen Bereich aufweisen zu müssen. Wie bei der Diskussion des Verhältnisses des selbstreferentiellen Systems Gehirn zum selbsterhaltenden System Organismus ausgeführt, hat sich die *Topologie* des Gehirns so entwickelt, daß dieses seine *Funktion als Organ des Organismus, zu dem es gehört,* erfüllen kann, obwohl es als selbstreferentielles System funktioniert. Dementsprechend müssen bei der Klassifikation sozialer Systeme als »selbstreferentiell« zwei Fragen beantwortet werden:

1. Was entspricht dieser Topologie des Gehirns in sozialen Systemen?
2. Was entspricht im Falle sozialer Systeme dem selbsterhaltenden System Organismus, von dem soziale Systeme ein funktionales Teil sein müßten, wie das Gehirn ein funktionales Teil des Organismus ist?

Soweit ich sehe, lassen sich diese Fragen nur durch den Schritt in den Biologismus – Gesellschaften als Organismen – oder durch die Ablehnung der Klassifikation sozialer Systeme als selbstreferentiell beantworten.

Um diese Diskussion zusammenzufassen, möchte ich festhalten, daß der beste Weg, um Konfusionen zu vermeiden, offenbar der ist, die diskutierten Termini und Konzepte *nicht* für die Klassifikation sozialer Systeme zu verwenden. Ihre Bedeutung liegt vielmehr in der mit ihrer Hilfe entwickelbaren Systematik über verschiedene Phänomenbereiche hinweg (»von der Zelle zur Gesellschaft«), ohne daß dabei die Differenzen zwischen diesen Bereichen in einer unklaren Begrifflichkeit verwischt werden. Diese Systematik ist nun für soziale Systeme und für Gesellschaften fortzuführen.

Obwohl wir in der Lage sind, unter Rückgriff auf ein Modell lebender Systeme ein Modell sozialer Systeme zu erzeugen, müssen wir feststellen, daß die Phänomenologie sozialer Systeme offenbar nach Schaffung einer eigenständigen Modellklasse verlangt. Sie muß gestatten, folgende Eigenschaften sozialer Systeme zusammenzufassen:

1. Soziale Systeme werden durch lebende Systeme konstituiert, die prinzipiell frei sind, an der Konstitution eines spezifischen Systems teilzunehmen oder nicht.[11] Wenn sie teilnehmen, verlieren sie dennoch nicht ihren Charakter als Individuen.
2. Menschliche lebende Systeme konstituieren stets eine Mehrzahl sozialer Systeme zur gleichen Zeit.
3. Im Gegensatz zu selbsterhaltenden Systemen erzeugen soziale Systeme ihre Komponenten in physischer Hinsicht nicht selber.
4. Im Unterschied zu selbstreferentiellen Systemen organisieren soziale Systeme *nicht alle Zustände* ihrer Komponenten und legen damit nicht die jeweilige systemrelative Realität als einzige Realität fest, die den Komponentenindividuen zugänglich ist.

5. Im Gegensatz zu den Komponenten biologischer Systeme haben alle Komponenten sozialer Systeme direkt Zugang zur Umwelt des jeweiligen sozialen Systems.

Wenn man über diese Charakteristika sozialer Systeme nachdenkt, dann wird deutlich, daß das Merkmal, das sie am stärksten von anderen Systemen unterscheidet, die notwendige Ausbildung von parallelisierten Zuständen in den interagierenden lebenden Systemen ist. Diese parallelisierten Zustände lebender Systeme, die man als physiologische Basis sozial erzeugter gemeinsamer Realitäten, von Sinn und Bedeutung, annehmen kann, sind Resultat sozialer Interaktionen und die Bedingung weiterer Interaktionen der gleichen Art. Obwohl es nicht möglich ist, die Entstehung dieser Zustände dadurch zu rekonstruieren, daß man *isolierte* Individuen betrachtet, weshalb *jeder Reduktionismus ausgeschlossen* ist, können diese Zustände auch nicht erklärt werden, wenn die Individuen nicht berücksichtigt werden. Wegen dieser zentralen Rolle sozial ausgebildeter Zustände der lebenden Systeme *schlage ich vor, soziale Systeme als »synreferentiell«* zu bezeichnen.

VI

Zwar ist es an dieser Stelle nicht möglich, die Konsequenzen des vorgeschlagenen Verständnisses sozialer Systeme genauer zu untersuchen, trotzdem möchte ich abschließend noch auf drei Problemkreise kurz eingehen: »Konservatismus synreferentieller Systeme«, »sozialer Wandel« und schließlich »Gesellschaft als Netzwerk synreferentieller Systeme«.

Der Konservatismus synreferentieller Systeme hat einen doppelten Ursprung: die Funktionsweise kognitiver Systeme und die Notwendigkeit, den für das jeweilige System charakteristischen synreferentiellen Bereich zu erhalten. Kognitive Systeme sind konservativ aufgrund ihrer selbstreferentiellen Operationsweise, d. h. sie präferieren in der Vergangenheit erfolgreiche Verhaltensweisen. Dabei ist es wichtig, daß dieser Konservatismus prima vista aus der Funktionsweise selber resultiert und allenfalls sekundär über bewußt ablaufende Prozesse verstärkt, häufiger jedoch verringert wird (s. u.). Betrachtet man ein kognitives System als selbstreferentiell, dann wird klar, daß es (im kognitiven Bereich eines systemexternen Beobachters der Umwelt des beobachteten Systems zugeordnete) Ereignisse nur dann wahrnehmen (und damit für sich zu Ereignissen machen) kann, wenn es *aufgrund seiner eigenen Struktur und seiner eigenen Zustände*[12] in der Lage ist, sie für sich zu konstruieren. Diese Bindung der Wahrnehmung an die ja historisch entstandene Struktur und deren jeweilige Zustände (weshalb Maturana auch von »Strukturzuständen« spricht) kann man auch dadurch ausdrücken, daß man feststellt: kognitive Systeme nehmen auftretende Ereignisse im Lichte der Systemvergangenheit und der dabei evolutiv ausgebildeten Wahrnehmungsmöglichkeiten wahr.[13] Diese mit dem Begriff Erfahrung nur unbefriedigend bezeichnete Verknüpfung von Systemgeschichte und der dem System möglichen Zukunft schließt immer auch Handlungserfahrungen ein, so daß mit dem organisatorisch bedingten Konservatismus des kognitiven Systems immer auch Handlungsmöglichkeiten aktualisiert werden, selbst wenn sie in vielen Fällen im Lichte komplementärer Erfahrungen nicht immer befriedigen.

Neben diesem Konservatismus als Ergebnis der Organisation selbstreferentieller Systeme, der sich natürlich auch in synreferentiellen Systemen auswirkt, haben wir in diesen noch zusätzliche, spezifisch soziale Ursachen zur Erklärung ihres Konservatismus. Die Einheit oder, salopp formuliert, die Geschäftsgrundlage dieser Systeme ist die Existenz einer gemeinsamen Realität. Da diese als (aus Interaktionen resultierende) parallelisierte Zustände der selbstreferentiellen Systeme konzipiert ist, die das soziale System bilden, gilt konsequenterweise, daß auch ein Repertoire von Handlungen ausgebildet wurde, die (bezogen auf die gemeinsame Realität) als »sinnvoll« oder »angemessen« unter den Systemmitgliedern gelten. Dementsprechend kann jede dieser Handlungen oder Kommunikationen von jedem Systemmitglied auf seine eigene sozial erzeugte systemrelative Erfahrung bezogen und damit bedeutungsvoll interpretiert werden. Gleichzeitig kann jedes Mitglied aufgrund der sozialen Hervorbringung seiner systemrelativen Erfahrungen sicher sein, daß seine Erfahrungen auch in einem speziellen Fall von den anderen geteilt werden, solange es den synreferentiellen Bereich nicht verläßt. Umgekehrt wird einem Systemmitglied durch das Auftreten von bis dahin nicht erlebten Kommunikationsproblemen oder/und dadurch, daß andere Systemmitglieder offenbar seine Handlungen »falsch interpretieren«, sehr schnell signalisiert, daß es im Begriff ist, den für das System spezifischen synreferentiellen Bereich zu verlassen. Ein ganzes Arsenal sozialer Kontrollen, von der Einschränkung von Kontakten über »offene« Gespräche bis hin zu formalen Sanktionen, man denke etwa an den ganzen Bereich der vereins- und verbandsinternen Gerichtsbarkeit, wird dem Abweichler schnell deutlich machen, daß er im Begriff ist, den Bereich einer sozial erzeugten Wirklichkeit und der (auf sie bezogenen) richtigen Verhaltensweisen zu verlassen.[14]

Obwohl soziale Systeme also aufgrund ihrer Organisation notwendigerweise konservative Systeme sind, erzeugen sie ebenso notwendigerweise das Phänomen des sozialen Wandels. Es kann erklärt werden als Wirkung einer spezifischen Eigenschaft der Komponenten sozialer Systeme, nämlich der, stets mehrere soziale Systeme zu konstituieren (vgl. Abb. 2). Wie jedes System interagieren auch synreferentielle Systeme durch die Interaktionen ihrer Komponenten, d. h. durch die Individuen, die sie konstituieren. Diese müssen ihre verschiedenen Komponentenrollen (oder -existenzen) integrieren. Wird dies aus irgendeinem Grund schwierig, oder kommt es dazu aufgrund von Veränderungen in anderen sozialen Systemen, so können sie ihr Verhalten und die ihm entsprechende Realitätsdefinition ändern. Damit ist freilich nicht gemeint, daß die betroffenen Individuen in einer derartigen Problemlage dezisionistisch eine Neudefinition ihrer Realität vornehmen und dabei eine neue Realität gewissermaßen frei schöpfen. In der Regel dürfte eine solche Situation durch als einander widersprechende Handlungsanforderungen vor dem Hintergrund inkompatibler Realitäten unterschiedlicher Systeme erfahren werden. In solchen Situationen gibt es eine Vielzahl von Möglichkeiten, von denen hier nur wenige angesprochen werden können.

Die radikalsten Lösungen der Probleme aus derartigen Situationen sind die Entscheidung für (oder gegen) eine der angebotenen systemrelativen Möglichkeiten oder die Ablehnung aller angebotenen Alternativen.[15] Es ist klar, daß diese Entscheidungen wegen ihrer weittragenden Konsequenzen nur selten vorkommen dürften. Immerhin ist der Fall des Ausscheidens aus einem spezifischen sozialen System relativ häufig, auch wenn der Einzelne ihn in seinem Leben nicht sehr oft vollziehen dürfte: Mitgliederfluktuationen bei Parteien und Vereinen, Ehescheidungen und Fir-

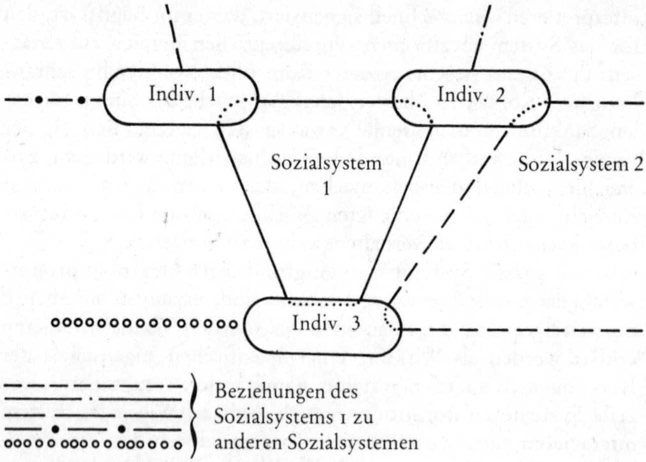

Abb. 2: Schema der Verknüpfung sozialer Systeme

menwechsel sind Beispiele dafür. Dem Fall der Ablehnung aller sich aus der Vielzahl der Systemmitgliedschaften ergebenden Möglichkeiten am nächsten kommte der des »sozialen Aussteigers«, der sich gleichzeitig aus einer Vielzahl sozialer Systeme zurückzieht. Auch dieser Fall zeigt jedoch, daß »Rückzug aus sozialen Systemen« nicht Rückzug in einen nichtsozialen Bereich traditionell verstandener Individualität bedeutet. Auch in diesem Fall werden in der Regel die alten Beziehungen ersetzt durch die in anderen sozialen Systemen. Man ist nicht Aussteiger aus sozialen Systemen allgemein, sondern man verläßt die sozialen Systeme des Managements einer Firma und/oder der Redaktion einer Zeitung und/oder des Vorstands einer Partei und/oder der Familie und/oder eines Vereins etc., um sich dem sozialen System einer alternativen politischen oder religiösen Gruppierung anzuschließen.

Neben diesen Fällen des Ausscheidens von Mitgliedern aus sozialen Systemen, was diese natürlich verändert (wenn auch in unterschiedlichem Ausmaße in Abhängigkeit von der Größe des Systems, von der Anzahl der ausscheidenden Mitglieder und von der Bedeutung, die diese Mitglieder für das System hatten), sei noch kurz der Fall angesprochen, in dem es zu einer Veränderung eines sozialen Systems als Ergebnis einer »Koevolution« seiner

Mitglieder kommt. Aufgrund dessen, was über den Konservatismus sozialer Systeme gesagt wurde, sollte deutlich sein, daß die Veränderung synreferentieller Systeme ohne Mitgliederverlust nur ein Prozeß der Koevolution der sie konstituierenden Individuen sein kann. Dabei ist zu unterscheiden zwischen koevolutiven Prozessen, die den Mitgliedern bewußt sind, und solchen, die nicht bewußt werden.

Aufgrund der relativen Ausdifferenzierung von Netzwerken sozialer Systeme wie Wirtschaft, Recht, Bildung, Politik usw. sind viele Individuen verhaltensstandardisierenden Interaktionsnotwendigkeiten ausgesetzt, die auch in spezifische soziale Systeme hineinwirken und koevolutive Prozesse fördern. Dabei kommt es dazu, daß Systemmitglieder aufgrund von Erfahrungen in anderen sozialen Systemen ihr Verhalten und ihre Wahrnehmungen in dem betreffenden System leicht ändern, ohne daß ihnen dies wegen der Parallelität dieser Verhaltensmodifikation bei einer größeren Anzahl von Mitgliedern bewußt werden muß. Dadurch kommt es zu einer Evolution des für das betreffende System typischen synreferentiellen Bereiches mit der Konsequenz, daß ein externer Beobachter Veränderungen feststellen kann, während viele Mitglieder eher der Meinung sind, daß sich nichts verändert habe. In vielen Fällen dürfte es ausreichen, daß eine größere Anzahl der Systemmitglieder ihr Verhalten ändert, um Verhaltensänderungen bei allen Systemmitgliedern zu bewirken. Aufgrund der für soziale Systeme typischen Mechanismen wechselseitiger Kontrolle führt eine derartige Veränderung einer größeren Anzahl von Systemmitgliedern dazu, daß auch von den diese Verhaltensmodifikationen auslösenden systemexternen Einflüssen weniger betroffene Mitglieder zu Veränderungen gedrängt werden. Der Konservatismus sozialer Systeme erweist sich also von einer, freilich nur schwer anzugebenden, quantitativen Schwelle an selber als Faktor der Veränderung.

Eine wichtige Möglichkeit, dem Problem konfligierender Systemanforderungen zu begegnen, besteht darin, bewußt eine Änderung des Systems anzustreben, dessen synreferentieller Bereich (und die an ihn geknüpften Handlungsweisen) als besonders problematisch (oder als problematisch und veränderbar) wahrgenommen wird. Beispiele dafür sind ebenso die Gründung von »Arbeitskreisen« oder spezifischen Interessenvertretungen in Parteien wie die Drohung eines prominenten Mitgliedes, von einem Amt zurückzutreten, oder die glaubhafte Ankündigung der Mobilisierung von Unterstützung in anderen Systemen, die, entsprechend der Realitätsdefinition des betreffenden synreferentiellen Systems, als wichtige und systemrelevante Teile der Umwelt wahrgenommen werden.[16] An diesen Beispielen wird gleichzeitig deutlich, daß die Frage nach den unterschiedlichen Möglichkeiten, die Systemmitglieder haben, um die Realitätsdefinition des Systems zu beeinflussen, die Frage nach der Machtverteilung im System ist.[17]

Ein weiterer, sicherlich zu wenig berücksichtigter Faktor sozialen Wandels dieser Art ist bewußter Konservatismus der Systemmitglieder. Jeder Versuch, durch die Evolution des Systems veränderte Systemzustände neu zu erzeugen, ignoriert den historischen Charakter des Funktionierens sowohl der selbstreferentiellen kognitiven Systeme der Systemmitglieder als auch des betreffenden synreferentiellen Systems. »Aktiver Konservatismus« dieser Art führt denn auch weniger zur Erhaltung von Systemzuständen als zu Veränderungen der »Richtung« der Systemevolution.

Der letzte anzusprechende Problemkreis ist der des Verständnisses von Gesellschaften. Hier lautet die zentrale Frage: »Ist es (bezogen auf die gegebenen Definitionen) sinnvoll, Gesellschaften als soziale Systeme zu begreifen?« Betrachtet man die operationale Geschlossenheit synreferentieller Systeme, d. h. ihre Fähigkeit, durch die Ausbildung einer gemeinsamen Realität und auf sie bezogener Verhaltensweisen für die Systemmitglieder zum System gehörende von anderen Interaktionen zu unterscheiden, also eine Systemgrenze zu konstituieren, als ein wichtiges Merkmal auch dieser Systeme, so wird eine differenzierende Antwort notwendig. Ob es sinnvoll ist, eine Gesellschaft als soziales System zu konstruieren, hängt nicht zuletzt von den Fähigkeiten des Konstrukteurs ab, die für eine solche Konstruktion notwendigen Komponenten und die zwischen ihnen anzusetzenden Prozesse festzulegen. Während es durchaus möglich zu sein scheint, primitive Gesellschaften als soziale Systeme zu modellieren, ist die Situation in großen, intern stark differenzierten und international verflochtenen Gesellschaften erheblich schwieriger. In diesem Fall dürfte es, wie oben bereits geschehen, vorteilhafter sein, *Gesellschaften als Netzwerke sozialer Systeme* zu verstehen.

Worin liegt nun der Vorteil des Netzwerkgedankens? Ein Vorteil ist sicher darin zu sehen, daß bei einer derartigen Betrachtungsweise das Problem der Grenzen von Gesellschaften nicht gestellt zu werden braucht. Hier reicht der Verweis auf die Weltgesellschaft als (räumlich gesprochen) größte Ausdehnung des Netzwerkes. Unterhalb dieser größten Ausdehnung interessieren uns in der Regel jedoch räumlich und thematisch enger eingrenzbare Prozesse. Wir können sie als in einer Anzahl von (über die sie konstituierenden Individuen) interagierenden Systemen ablaufend denken. Dementsprechend ist es nicht notwendig festzulegen, wo »die« Grenze etwa des sozialen Netzwerkes der Gesellschaft der Bundesrepublik liegt. Für jede konkrete Untersuchung »genügt« die Angabe der jeweils relevanten Sozialsysteme, deren Entwicklung und Interaktionen. Eine Gesellschaft wie die der Bundesrepublik »hat« eine Vielzahl von Grenzen. Einige mögen mit älteren Vorstellungen zur Bestimmung der Grenze von Nationalstaaten zusammenfallen, andere, etwa im Bereich der Wirtschaft, konstituieren Grenzen nach systemeigenen Kriterien (was für andere natürlich auch gilt), die mit den nationalen Grenzen nichts mehr gemein haben. Ein weiterer Vorteil des Verständnisses von Gesellschaften als Netzwerken sozialer Systeme liegt darin, daß mit dem Abgehen von der Vorstellung, Gesellschaft sei ein soziales System, bereits auf konzeptueller Ebene nicht länger der Gedanke nahegelegt wird, Gesellschaften seien überindividuelle Akteure. Gesellschaft wird damit theoretisch als pluralistischer Prozeß der im Netzwerk sozialer Systeme verteilten *Erzeugungen* von Realitäten verstanden, auf die stets ebenfalls sozial verteilte *Anpassungen* an diese selbsterzeugten Realitäten folgen.

Für diesen Prozeß muß keine seine Entwicklung determinierende Ursache noch ein Endzustand angenommen werden, auf den er zustrebt. Wir erzeugen unsere Realitäten selber und sind damit letztlich selber für das dadurch bedingte Glück und Leiden verantwortlich. Eine unsere Erkenntnismöglichkeiten und die damit bei uns liegenden Chancen und Gefahren berücksichtigende Sozialtheorie darf nicht den Bezug auf Individuen verlieren. Wo dies geschieht, werden wir als Resultat höchst spezifischer sozialer Prozesse im Namen von Objektivität oder Modernität aus unserer Verantwortung für unser Handeln und Denken entlassen und der Chancen beraubt, uns eine nach unseren Kriterien bessere Realität zu konstruieren.

Anmerkungen

1 Genau gesagt ist nicht die traditionelle Vorstellung von Objektivität problematisch, sondern die an diese Vorstellung geknüpfte Überzeugung, diese Realität ihr selber angemessen beschreiben zu können. H. von Foerster kommentiert denn auch diese Objektivitätsvorstellung mit den Worten: »It is the cognitive version of the physiological blindspot: we do not see what we do not see. Objectivity is a subject's delusion that observing can be done without him« (zit. nach: »Declaration of the American Society for Cybernetics«, S. 6).

2 Dieser Zusammenhang wird sehr deutlich bei der Durchsicht wissenschaftsgeschichtlicher und -soziologischer Arbeiten. Eine dabei stets wiederkehrende Argumentation ist die häufig mit einem kritischen Unterton formulierte Feststellung, der betreffende Forscher habe in seiner Gesellschaft von vielen geteilte Erklärungsschemata bei der Bearbeitung eines Problems übernommen. So verweist z. B. A. C. Crombie (1970, 189) darauf, daß Kepler vom heliostatischen zum heliozentrischen System übergehen konnte, weil er an der platonischen Unterscheidung zwischen Idee und materieller Konkretisierung festhielt, während Galilei aufgrund der bei ihm dominierenden Überzeugung von der Adäquatheit der Mathematik für die Beschreibung der objektiven Welt zu diesem Schritt nicht bereit war. Ebenso ist die Feststellung, daß Darwin von den Ideen Malthus' beeinflußt war, inzwischen zum Allgemeinplatz geworden (vgl. etwa die Beiträge in G. Altner (Hrsg.) 1981). Besonders deutlich wird dieser Zusammenhang natürlich in einer Disziplin wie der Soziologie, in der Theorievorschläge geradezu als Antworten auf als gesellschaftlich wahrgenommene Problemlagen und gleichzeitig als Schritte in einem wissenschaftlichen Diskussionsprozeß verstanden werden (als ein Beispiel vgl. F. Jonas 1976).

3 Diese Definitionen resultieren aus Forschungsarbeiten der informellen »Arbeitsgruppe empirische Kognitionstheorie«, die die Kollegen G. Roth, K. W. Köck, U. an der Heiden, H. Schwegler und ich vor Jahren gebildet haben und deren Überlegungen durch die Arbeiten von H. von Foerster, H. R. Maturana, F. Varela und schließlich auch E. von Glasersfeld stimuliert und beeinflußt wurden. (Für eine ausführliche Diskussion siehe U. an der Heiden/G. Roth/H. Schwegler 1984a, b, 1985.) Wie sich aus der Durchsicht der genannten Arbeiten ergibt, sind die hier vorgeschlagenen Definitionen, die G. Roth 1983 anläßlich eines Vortrages in der Universität Bielefeld vortrug, natürlich in keiner Weise endgültig oder gar »richtig«. Es geht vielmehr darum, im Sinne des am Beginne jeder Wahrnehmung stehenden »Make a difference!« unterscheidbare Prozesse tatsächlich zu unterscheiden und unterschiedlich zu bezeichnen. In dem Maße, in dem es

gelingt, solche Unterscheidungen zu differenzieren, muß demnach auch die Begrifflichkeit differenziert und verändert werden.

4 Damit ist noch keine Erklärung für den Prozeß der internen Differenzierung angeboten, den der Organbildung im biologischen Bereich. Es erscheint demnach naheliegend, den Begriff der Selbstorganisation in Zukunft für solche Prozesse zu reservieren. Dies kann in dem vorliegenden Beitrag jedoch noch nicht geleistet werden und ist hier auch nur von untergeordneter Bedeutung.

5 Dies hat die Konsequenz, daß man das Gehirn verstehen kann
a) als ein *Organ*, wenn man nach der Rolle fragt, die es bei der Selbsterhaltung des Organismus (und damit seiner selbst) spielt, und
b) als ein *selbstreferentielles System*, wenn man fragt, wie es funktioniert.
Die »Verbindung« zwischen diesen zwei Arten der Betrachtung des Gehirns scheint dessen Topologie zu sein. Als Ergebnis seiner Evolution repräsentiert die Topologie des Gehirns die sensumotorischen Oberflächen des betreffenden Organismus dergestalt, daß die selbstreferentiellen Hirnaktivitäten notwendig mit dem Zustand des Organismus und dessen Möglichkeiten korrespondieren (vgl. G. Roth 1984).

6 Vgl. H. R. Maturana 1982, F. J. Varela 1979, 1981, 1984.

7 Ganz im Sinne dieser Überlegungen hat G. Roth (1986) darauf verwiesen, daß die Gleichsetzung von Autopoiese und Kognition bei Maturana/Varela die durch Gehirnwachstum entstehende Autonomisierung des kognitiven Systems zu wenig berücksichtigt. Der Grund für diese Gleichsetzuyer Grund für diese Gleichsetzung dürfte in der Nichtbeachtung der Differenz zwischen selbsterhaltenden und selbstreferentiellen Prozessen liegen. Erst durch diese Unterscheidung wird jedoch ein begrifflicher Rahmen erreicht, mit dem biologische und kognitive (und damit auch soziale) Phänomene mit ihren Differenzen und Wechselbeziehungen angemessen konstruiert werden können.

8 Was ebenfalls die Ausbildung parallelisierter Zustände erfordert.

9 Aus dieser Definition geht hervor, daß Individuen *nicht* vollständig Komponenten sozialer Systeme sind, sondern nur im Ausmaß der Ausbildung entsprechender Zustände ihrer kognitiven Subsysteme. Da darauf noch eingegangen werden wird, sei hier lediglich hervorgehoben, daß die Rede von Individuen als Systemkomponenten stets in diesem Sinne zu verstehen ist. Im übrigen wird der Begriff des Individuums hier nicht als so problematisch betrachtet, wie der Hinweis auf die Entstehung dieses Konzeptes erst in der Neuzeit nahezulegen scheint. Daß diese Selbstdefinition des modernen Menschen im Laufe der Prozesse entsteht, die auch zur Ausbildung der neuzeitlichen Wissenschaft geführt haben, bedeutet ja nur ein Bewußtwerden von Leistungen und Eigenschaften, die menschlichen kognitiven Systemen seit ihrer Entstehung zuzusprechen sind. Der Umstand, daß

diese Eigenschaften aufgrund der geringen oder/und einfachen (z. B. hierarchischen) sozialen Differenzierung vor der Neuzeit kaum bewußt werden konnte, ist lediglich ein Hinweis auf einen Spezialfall der in dieser Arbeit ja gerade behaupteten sozialen Realitäts- und damit auch Selbstdefinition der Interagierenden. Zum Problem des Individuenbegriffs vgl. die ausführliche Diskussion in P. M. Hejl 1986.

10 Vgl. z. B. S. Beers Beitrag aus dem Jahr 1975 in H. R. Maturana 1982, 177 ff. oder N. Luhmann 1981, 33 ff.; 1984.

11 Mit der Betonung dieser prinzipiellen Freiheit wird nicht die Möglichkeit unterstellt, sich aus allen sozialen Systemen zurückziehen zu können. »Freiheit der Teilnahme« meint hier vielmehr die Möglichkeit, die Teilnahme an einem System durch die Teilnahme an einem anderen zu ersetzen. Ebenso wird mit dieser Formulierung nicht behauptet, daß diese Freiheit zu vom einzelnen Teilnehmer vertretbaren »Kosten« wahrgenommen werden kann. Wichtig ist vielmehr die Betonung dieser *prinzipiellen* Möglichkeit und ihre Einbeziehung in die Systematik.

12 Damit wird die von H. R. Maturana/F. J. Varela betonte Differenz von Organisation und Struktur aufgenommen, die im Kontext dieser Arbeit nicht explizit (wohl aber implizit) eingeführt wurde. Maturana/Varela charakterisieren Systeme auf basaler Ebene durch die Angabe ihrer Organisation (operational offen oder geschlossen). Ein solchermaßen bestimmter Systemtypus kann aber in vielerlei Weisen konkretisiert werden. Die Art der Konkretisierung bezeichnen sie dann als seine »Struktur« (vom lat. *struere,* d. h. schichten, neben- oder übereinanderlegen, zusammenfügen, aufbauen, errichten). In diesem Sinne sind eine Zelle und ein Organismus durch die gleiche Organisation, aber durch unterschiedliche Strukturen gekennzeichnet. Klarerweise bestimmt die Struktur eines Systems auch den Bereich der Phänomene, den dieses System wahrnehmen kann, was bereits J. von Uexküll, etwa am Beispiel der Zecke, sehr anschaulich gemacht hat (vgl. J. von Uexküll/G. Kriszat 1970).

13 Damit ist keineswegs die Entstehung von radikal Neuem ausgeschlossen, bezieht sich diese Aussage doch auf die, freilich sehr dominierende, allgemeine Funktionsweise selbstreferentieller kognitiver Systeme. Will man sich einer Erklärung des Phänomens von Innovationen nähern, so ist zunächst zu berücksichtigen, daß im hier vertretenen konstruktivistischen Verständnis Neues nicht an sich, sondern nur mit Bezug auf konkret Wahrnehmende bestätigt werden kann. »Neu« ist dann jede Wahrnehmung oder Erklärung, die von den sie erzeugenden Individuen so verstanden wird. Eine angebbare »Mechanik«, die die Entstehung von Neuem in diesem Sinne zumindest teilweise erklärt, hängt gerade mit dem selbstreferentiellen Charakter kognitiver Systeme zusammen. Da sie Ereignisse in Abhängigkeit von

ihren jeweiligen Erfahrungen als Wahrnehmungen konstruieren, muß es immer wieder dazu kommen, daß ein Ereignis von einem oder mehreren Beobachtern (die eventuell ein soziales System konstituieren) in einer Weise konstruiert wird, die von der anderer Beobachter abweicht. Da eine erfahrungsabhängige Wahrnehmung aber auch Möglichkeiten des Handelns in der entsprechenden Realität einschließt, führen unterschiedliche Realitätskonstrukte auch zu unterschiedlichem (neuem) Handeln und unterschiedlichen Beschreibungen, was zu einem Prozeß der Differenzierung in der Behandlung des »gleichen« Gegenstandes führen kann. Solche Prozesse lassen sich dann als Innovationsprozesse beschreiben. Beispiele dafür finden wir z.B. bei der Differenzierung wissenschaftlicher Disziplinen (vgl. z.B. M.J. Mulkay 1975) oder auch im Bereich des Transfers von Techniken und Technologien zwischen unterschiedlichen Wirtschaftsbereichen. Beispiele dafür sind sowohl der groteskerweise immer wieder für die Rechtfertigung der Weltraumforschung bemühte Fall der aus der Raketentechnik stammenden hitzebeständigen Beschichtungen von Pfannen als auch die zur Zeit sich besonders dynamisch entwickelnde Ausbreitung der Computertechnologie.

14 Für eine Fülle von Beispielen vgl. D. Black 1984a, b.

15 Vgl. dazu den Begriff der Rejektion bei G. Günther 1976.

16 So beeindruckt das angedrohte Stirnrunzeln der Gewerkschaftsfunktionäre die SPD-Mitglieder mehr als die Mitglieder anderer Parteien, während eine Stellungnahme der Bischöfe die FDP weniger als andere Parteien zu politischen Veränderungen veranlassen dürfte.

17 Vgl. unter diesem Aspekt die Ausführungen zum Übergang von primitiven Gesellschaften zu solchen mit Staat bei P.M. Hejl 1982, 316ff.

Literatur

Altner, Günter (Hrsg.) (1981), *Der Darwinismus, Die Geschichte einer Theorie,* Darmstadt: Wiss. Buchgesellschaft.

An der Heiden, U./Roth, G./Schwegler, H. (1985), »Die Organisation der Organismen: Selbstherstellung und Selbsterhaltung«, in: *Funktionelle Biologie und Medizin* 5, 330-346.

American Society for Cybernetics (1983), *Declaration of the American Society for Cybernetics,* Verf. Typoskript.

An der Heiden, Uwe/Roth, Gerhard/Schwegler, Helmut (1985), »Principles of Self-Organization and Self-Maintenance«, in: *Acta biotheoretica,* 34, 125-138.

– (1984), *Principles of Self-Generating and Self-Maintaining Systems,* Typoskript, in Vorb.

Beer, Stafford (1982), »Vorwort« zu H. R. Maturana/F. J. Varela, »Autopoietische Systeme: eine Bestimmung der lebendigen Organisation«, abgedruckt in: H. R. Maturana 1982, 170-179.
Benseler, Frank/Hejl, Peter M./Köck, Wolfram K. (Hrsg.) (1980), *Autopoiesis, Communication, and Society. The Theory of Autopoietic Systems in the Social Sciences,* Frankfurt, New York: Campus.
Black, Donald (Hrsg.) (1984), *Toward a General Theory of Social Control,* 2 Bde., Orlando u. a.: Academic Press.
Crombie, Alistair C. (1970), *Augustine to Galilei, Bd. 2: Science in the Later Middle Ages and in Early Modern Times, 13th to 17th Centuries,* London: Heinemann.
Foerster, Heinz von (1972), »Perception of the future and the future of perception«, in: *Instructional Science* Jg. 1, 31-43.
– (1984), »Principles of Self-Organization – in a Socio-Managerial Context«, in: H. Ulrich/G. J. B. Probst (Hrsg.), 1984, 2–24.
Durkheim, Emile (1983), *Les règles de la méthode sociologique,* Paris: PUF, 21. Aufl.
Glasersfeld, Ernst von (1984), *Preliminaries to any theory of representation,* Typoskript.
Günther, Gotthard (1976), *Beiträge zur Grundlegung einer operationsfähigen Dialektik,* 2 Bde., Hamburg: Meiner.
Hejl, Peter M. (1982), *Sozialwissenschaft als Theorie selbstreferentieller Systeme,* Frankfurt a. M., New York: Campus.
– (1984), »Towards a Theory of Social Systems: Self-Organization and Self-Maintenance, Self-Reference and Syn-Reference«, in: H. Ulrich/G. J. B. Probst (Hrsg.), 1984, 60-78.
– (1986), »Zum Begriff des Individuums. Bemerkungen zum ungeklärten Verhältnis von Psychologie und Soziologie«, in: G. Schiepek (Hg.), *Systemische Diagnostik, Pro und Contra.* Weinheim, Basel: Beltz.
Hofstadter, Douglas R. (1982), *Gödel, Escher, Bach: an Eternal Golden Braid,* Harmondsworth: Penguin, 4. Aufl.
Jonas, Friedrich (1976), *Geschichte der Soziologie,* 2 Bde., Reinbek: Rowohlt.
Köck, Wolfram K. (1980), »Autopoiesis and Communication«, in: F. Benseler/P. M. Hejl/W. K. Köck (Hrsg.), 1980, 87-112.
– (1981), »On Communication and the Stability of Social Systems«, in: G. Roth/H. Schwegler (Hrsg.), 1981, 145-169.
Luhmann, Niklas (1968a), »Die Knappheit der Zeit und die Vordringlichkeit des Befristeten«, in: *Die Verwaltung* Jg. 1, 3-30.
– (1968b), »Status quo als Argument«, in: H. Baier (Hrsg.), 1968, *Studenten in Opposition,* Gütersloh: Bertelsmann, 74-82.
– (1981), *Politische Theorie im Wohlfahrtsstaat,* München, Wien: Olzog.
– (1982), »Autopoiesis, Handlung und kommunikative Verständigung«, in: *Zeitschrift für Soziologie* Jg. 11, 366-379.

– (1984), »Die Wirtschaft der Gesellschaft als autopoietisches System«, in: *Zeitschrift für Soziologie* Jg. 13, 308-327.

Maturana, Humberto R. (1980), »Man and Society«, in: F. Benseler/P. M. Hejl/W. K. Köck (Hrsg.), 1980, 11-31.

– (1982), *Erkennen: Die Organisation und Verkörperung von Wirklichkeit,* Ausgewählte Arbeiten zur biologischen Epistemologie, Braunschweig, Wiesbaden: Vieweg.

Mulkay, Michael J. (1975), »Drei Modelle der Wissenschaftsentwicklung«, in: N. Stehr/R. König (Hrsg.) 1975, *Wissenschaftssoziologie,* Studien und Materialien, Opladen: Westdeutscher Verlag, Sonderheft 18 der *Kölner Zeitschrift für Soziologie und Sozialpsychologie.*

Roth, Gerhard/Schwegler, Helmut (Hrsg.) (1981), *Self-organizing Systems. An Interdisciplinary Approach,* Frankfurt a. M., New York: Campus.

Roth, Gerhard (1984), *Erkenntnis und Realität: Das reale Gehirn und seine Wirklichkeit,* Typoskript eines am 28. 5. 1984 in der ZWE »Philosophische Grundlagen der Wissenschaften«, Univ. Bremen, gehaltenen Vortrages, (in diesem Band, S. 229-255).

– (1986), »Autopoiese und Kognition: Die Theorie H. R. Maturanas und die Notwendigkeit ihrer Weiterentwicklung« (in diesem Band S. 256-286).

Uexküll, Jakob von/Kriszat, Georg (1970), *Streifzüge durch die Umwelten von Tieren und Menschen, Bedeutungslehre,* Frankfurt a. M.: Fischer, Nachdruck der Originalfassung von 1934 bzw. 1940.

Ulrich, H./Probst, G. J. B. (Hrsg.) (1984), *Self-Organization and Management of Social Systems, Insights, Promises, Doubts, and Questions,* Berlin u. a.: Springer.

Varela, Francisco J. (1979), *Principles of Biological Autonomy,* New York, Oxford: North Holland.

– (1981), »Autonomie and Autopoiesis«, in: R. Roth/H. Schwegler (Hrsg.), 1981, 14-23.

– (1984), »Two Principles for Self-Organization«, in: H. Ulrich/G. J. B. Probst (Hrsg.), 1984, 25-32.

Wake, David B./Roth, Gerhard/Wake, Marvalee H. (1983), »On the Problem of Stasis in Organismal Evolution«, in: *Journal of Theoretical Biology* 101, 211-224.

Wezler, K. (1972), »Menschliches Leben in der Sicht des Physiologen«, in: H.-G. Gadamer/P. Vogler (Hrsg.), *Biologische Anthropologie,* Stuttgart: dtv/Thieme, 1972, Bd. 2, 292-385.

Wolfram K. Köck
Kognition – Semantik – Kommunikation

1. Schlagwort »Kommunikation«

Es war im Jahre 1963, 15 Jahre nach der offiziellen Lancierung der Kybernetik als »Regelung und Nachrichtenübertragung im Lebewesen und in der Maschine« durch Norbert Wiener (vgl. Wiener 1963) und der ersten Veröffentlichung der »mathematical theory of communication« von Claude E. Shannon (vgl. Shannon/Weaver 1949), als Gerold Ungeheuer, damals wie heute einer der ganz wenigen empirisch orientierten nicht-reduktionistischen Kommunikationstheoretiker, seinen umfangreichen »Grundriß einer Kommunikationswissenschaft« verfaßte (vgl. Ungeheuer 1963). Im ersten Satz dieses »Grundrisses« stellt Ungeheuer fest, daß »die Zahl der Veröffentlichungen, die sich selbst als kommunikationswissenschaftliche Arbeiten bezeichnen, ... im letzten Jahrzehnt erheblich zugenommen« habe. Seitdem ist die Kommunikationsdiskussion nicht nur weit mehr als »erheblich« angewachsen, »Kommunikation« ist vielmehr zu einem populären, ja allseits beherrschenden Thema geworden, für eine breite, massenmedial »versorgte« und »betreute« Öffentlichkeit ebenso wie für zahlreiche Wissenschaften von der Biologie bis zur Theologie: zwischen der Auffassung des Universums und seiner belebten wie unbelebten Teile als »Kommunikationssysteme« – Taschdjian hat z. B. (1966) ein Biologielehrbuch mit dem bezeichnenden Titel *Organic Communications* geschrieben (»... all causal ›influences‹ are communications between formed bodies«, ebd., 302) – und der theologischen Deutung etwa des Glaubens als »Ausdruck einer Kommunikation« (»Der Glaube ist eine spezifische Funktion der Nachrichtenwirkung und der Nachrichtenverarbeitung« – Bastian 1968, 178) lassen sich zahllose einzelwissenschaftliche Variationen des Kommunikationskonzeptes feststellen.

Natürlich sind es in erster Linie die modernen Informations- und Kommunikationstechnologien bzw. (Massen-)Medien gewesen, nicht zuletzt die paradoxerweise (trotz McLuhans optimistischer Prophetien) dadurch erst *erzeugten* Informations- und Kommunikationsprobleme, ja offenbaren Störungen menschlicher Beziehungen, die eine breite Kommunikationsdiskussion mit vielerlei modischen Varianten hervorgerufen haben. Das in der Nachrichtentechnik im Anschluß an Hartley von Shannon exakt formulierte elementare Kommunikationsmodell (vgl. Shannon/Weaver 1949) hat vor allem durch seine statistische Theorie der Signalübertragung (»Informationstheorie«) in Verbindung mit der Kybernetik und allgemeineren systemtheoretischen und semiotischen Vorstellungen bis heute starke interdisziplinäre Verbreitung und Verwendung gefunden. Die entsprechende Terminologie, die von »Sender«, »Empfänger«, »Kodes«, »verschlüsseln«, »Zeichen«, »Kanal«, »Information«, »Redundanz«, »Entropie« usw. spricht, ist auch in den Alltagswortschatz eingedrungen und hat (gerade in den Sozial- und Geisteswissenschaften) oft zu kuriosestem Jargon geführt (»Wer ist der Sender des *Faust*? – »Wie dekodieren Sie Bergman?«). Zudem ist im Zeichen von »Kommunikation« nicht selten eine fundamentale Neuorientierung der Sozial- und Geisteswissenschaften (und ihrer Praxisableger in den Schulen und Medien) verkündet worden, die, nachdem sie soziale und geistige Prozesse flugs in Kommunikationsprozesse verwandelt hatte, logischerweise zur Postulierung der »optimalen Kommunikationsfähigkeit« als wichtigstem Lebensziel und Glücksindex gelangen mußte. (Angesichts solcher Kommunikationseuphorien und -utopien muß ich allerdings amüsiert-frustriert den bereits vor mehr als 20 Jahren abgegebenen satirischen Kommentar des bekannten amerikanischen Kabarettisten Tom Lehrer zitieren, der meinte: »If people can't communicate, surely the best thing they can do is to shut up!«)

Als Sprach- und Literaturwissenschaftler darf man sich einbilden, mit unzweifelhaft »kommunikativen« Phänomenen zu tun zu haben (auch wenn Sprachen und Literaturen bis vor kurzem kaum als solche betrachtet bzw. behandelt wurden), so daß die eben kurz diagnostizierte so überwältigende Ausbreitung »kommunikativer« Konzepte bzw. Programme den starken Verdacht aufkommen läßt, Kommunikationsmodell und entsprechende Terminologie seien weithin zu Leerformeln degeneriert, mit denen man in unterschiedlichsten Bereichen nur eine gewisse notwendige (politisch ausschlachtbare) »Modernität« dokumentieren wolle. In jedem Falle ist grobe linguistische Fahrlässigkeit zu konstatieren: das im Deutschen außerhalb akademischer Bereiche kaum gebräuchliche Wort »Kommunikation« wurde einfach im Sinne des bequem vieldeutigen englischen »communication« neu belebt, und da »communication« unterschiedlich verstanden werden kann – sowohl als »Mitteilung«, »Nachricht«, »Botschaft« u.ä. (z.B. in »communication of joy«) als auch als »Verbindung«, »Zusammenhang«, »Verkehr« u.ä. (z.B. »communicating rooms«; im Deutschen nur physikalisch »kommunizierende Gefäße«) –, ließ sich auch »Kommunikation« fast beliebig auf alles anwenden, was nur irgendwie einem Zusammenhang oder einer Wechselwirkung ähnlich sah ... Klaus Mertens Zusammenstellung von 160 Umschreibungen des Kommunikationskonzeptes allein für den sozialwissenschaftlichen Bereich bietet genügend Illustration (vgl. Merten 1977). Angesichts dieser offensichtlichen inflatorischen Entwertung des Kommunikationskonzeptes ist allen Ernstes zu fragen, ob man damit noch in ergiebiger Weise operieren kann oder ob man auf die Vokabel »Kommunikation« besser verzichtet. Läßt sich – als Gegenstand einer empirischen Kommunikationsforschung – ein einheitlicher, hinreichend autonomer Phänomenbereich präzise eingrenzen, den man als »eigentlichen« Bereich der »kommunikativen« Phänomene bezeichnen muß und dessen Gesetzlichkeiten folglich eine Kommunikationstheorie anzugeben hätte?

Ich kann im folgenden nur auf einige grundlegende Aspekte einer empirischen Kommunikationstheorie eingehen; aus Maturanas Kognitionsmodell (1974/75), das im Mittelpunkt unserer Diskussion steht, lassen sich wichtige Voraussetzungen dafür gewinnen. Bevor ich allerdings hierauf zu sprechen komme, muß jene Kommunikationstheorie, die nach wie vor die gegenwärtige Situation bestimmt, zumindest in ihren Umrissen und wichtigsten Begriffen rekapituliert werden: die sogenannte »Kommunikationstheorie« der Nachrichtentechnik.

2. Claude E. Shannons Kommunikationsmodell

Claude E. Shannons Originalformulierung des kommunikations*technischen* Problems ist von der wünschenswerten Präzision (Shannon/Weaver 1949, 31):

> The fundamental problem of communication is that of reproducing at one point either exactly or approximately a message selected at another point.

Frequently the messages have meaning; that is they refer to or are correlated according to some system with certain physical or conceptual entities. These semantic aspects of communication are irrelevant to the engineering problem. The significant aspect is that the actual message is one *selected from a set* of possible messages. The system must be designed to operate for each possible selection, not just the one which will actually be chosen since this is unknown at the time of design.

Shannon gibt dazu das folgende »schematic diagram of a general communication system« (ebd., 34):

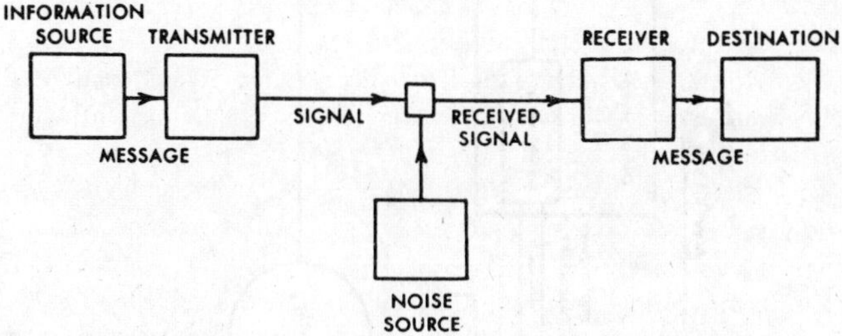

Fig. 1: Claude E. Shannons allgemeines Kommunikationssystem.

Zur Verdeutlichung füge ich die etwas erweiterte Fassung dieses Grundmodells von Maser (1971, 11) ein:
Kurz umschrieben, bedeutet all dies: eine »Nachrichtenquelle« (»information source«) wählt zunächst eine bestimmte »Botschaft« (»message«) aus einem (bei Shannon als »set of possible messages« angegebenen) »Repertoire« (»Rep«) aus, man kann auch sagen, sie »erzeugt« diese »Botschaft« nach bestimmten Regeln aus Elementen ihres Repertoires. »Nachrichtenquellen« werden hierbei nicht weiter gekennzeichnet, es kann sich um Lebewesen, Maschinen oder auch um andere organische und anorganische Objekte und Ereignisse handeln. Auch wenn es natürlich für die Technik wichtig ist zu wissen, welche »Materialität« und »Struktur« die »Botschaften« bestimmter »Nachrichtenquellen« aufweisen, da sie entsprechende technische Wandler bauen muß, können sowohl die Struktur dieser »Nachrichtenquellen« als auch die Prozesse, die dem jeweiligen Auswahlakt *vorausgehen* bzw. *zugrunde liegen*, von vornherein außerhalb *dieses* Kommunikationsmodells bleiben, sowohl auf der Seite der »Nachrichtenquelle« als auch auf der Seite des Nachrichtenadressaten. Eben deshalb ist auch die »Semantik«, die für eine von

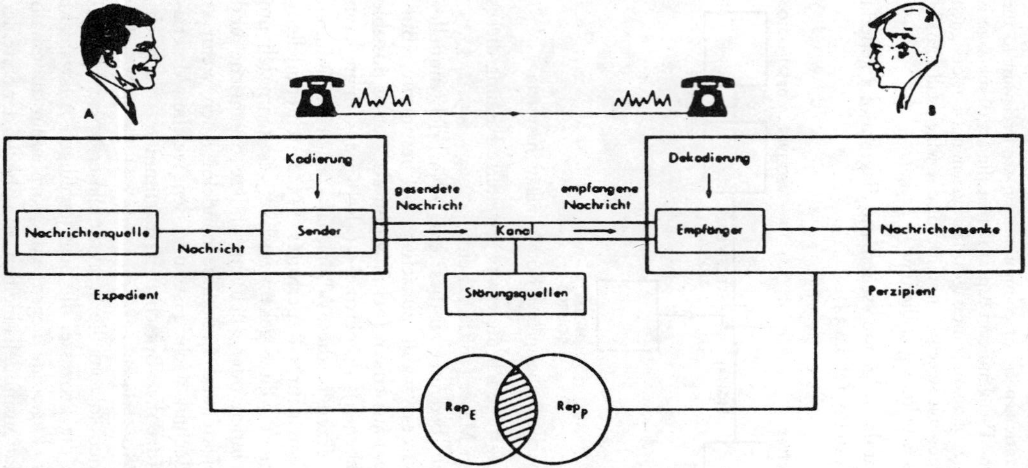

Fig. 2: S. Masers allgemeines Kommunikationssystem.

einem technischen Kommunikationssystem verarbeitbare »Botschaft« gilt, als solche für das technische System und sein optimales Operieren *irrelevant:* ein Fernseher wird ebenso geduldig wie ein Blatt Papier oder ein Telefonkabel semantisch höchst unterschiedlich interpretierbare »Botschaften« *vermitteln,* bzw. die entsprechenden Techniker können diese Geräte konstruieren, betreiben und reparieren, ohne semantisch zu »verstehen«, was an »Botschaften« durchläuft. Alltagssprachlich und zunächst recht grob formuliert: das jeweils »Gemeinte«, die durch die »Botschaft« *repräsentierte* »Bedeutung« (»meaning«) für uns Menschen, d. h. »Gemeintes« auf der einen Seite, »Verstandenes« auf der anderen, sind für das Shannonsche Modell *nicht* relevant, auch wenn alle Kommunikation unserem naiven Verständnis nach ausschließlich den Zweck hat, »Gemeintes« zu vermitteln, also »verstehen« zu machen. Daher findet sich auch in Masers »allgemeiner Kommunikationstheorie« (1971) hier nur folgende dürre Umschreibung (mit Bezug auf die oben wiedergegebene Figur 2): Die Person A will B mitteilen, daß sie ihren Besuch erwartet, soll das »Gemeinte« auf Seiten von A bedeuten, während das von B »Verstandene« nichts weiter ist, als daß die Signale »von B mit dem Ohr aufgenommen und verstanden« werden (ebd., 11 f.). (Die irreführende Zusammenfassung von »Nachrichtenquelle«, »Botschaft« und »Sender« zu *einer* Instanz, dem »Expedienten«, und die analoge Darstellung der gesamten Empfängerseite ist zu kritisieren; warum ist außerdem »Nachricht« als *Ergebnis* einer »Dekodierung« durch den ja *technisch* zu verstehenden »Empfänger«, in diesem Falle also den Telefonapparat, nicht wieder aufgeführt, da ja nur die *akustische* Nachricht für die Person B »verarbeitbar«, d. h. letztendlich »verständlich« ist?)
So einfach ist das für den Ingenieur, mag sich da wohl mancher denken, der an die oft unüberwindlichen praktischen Verständigungsschwierigkeiten denkt, die er in den oft so verzweifelt scheinenden Situationen des Lebens immer wieder *erfahren* muß, wo er so gerne wüßte, *was* man jeweils tun könnte, um zu helfen. Noch schärfer wird die Diskrepanz zwischen Ingenieurkommunikation und menschlicher Praxis bei Störungen der Kommunikationsfähigkeit und bei den zahllosen Anstrengungen, »Eindeutigkeit« und »Klarheit« gegenüber Obskurantismus und Manipulation durchzusetzen, sei es in den Medien, sei es in der Juristerei, sei es in der Wissenschaft.

Doch all das interessiert den Techniker *prinzipiell* nicht: seine »Botschaften« *sind* ausschließlich die materiell-physikalischen *Signale* bzw. *Zeichen*, die »für« Gemeintes stehen (können) und die ganz *konkret* »übertragen« werden sollen. Entsprechend dem verfügbaren »Übertragungskanal« (oder »Medium«) muß die »Botschaft« daher durch einen »Sender« oder »Wandler« (»transmitter«) in die dem Kanal adäquaten Signale transformiert werden – beim Telefonieren etwa müssen Luftschwingungen in elektrische Impulsfolgen gewandelt werden (bzw. umgekehrt) –, was eine »Kodierung« (auf der Empfangsseite: eine »Dekodierung«) erfordert, d. h. die nach festgelegten Regeln (einem »Kode«) vorgenommene »Abbildung« *einer* »Botschaft«, d. h. einer Zeichenmenge auf eine *andere*. Ein »Kode« ist folglich eine Abbildungsvorschrift, *nicht* das Ergebnis einer »Kodierung«, d. h. der Anwendung eines »Kode« auf zwei Zeichenmengen. Exakt läßt sich ein »Kode« C (nach Anschütz 1970, 30) schreiben als:

$$C = \{ (i, j) / (i \varepsilon R_1) \wedge (j \varepsilon R_2) \}$$

(In Worten z. B.: Ein »Kode« C generiert aus zwei Zeichenmengen die Menge aller geordneten Paare; oder: nach einem »Kode« C wird jedem Element *i* eines Zeichenrepertoires R_1 ein Element *j* eines Zeichenrepertoires R_2 zugeordnet.)

Die übertragenen Signale sind »Störeinflüssen« (»noise«) ausgesetzt und erreichen den »Empfänger« (»receiver«) oft in mehr oder minder stark veränderter Form, so daß die erneute Rückwandlung der Signale in die *ursprünglich* intendierte »Botschaft« für den »Informationsrezipienten« oder »Adressaten« (»destination«) – bei Maser »Nachrichtensenke« – nur zum Teil oder gar nicht möglich ist. Technisch gesprochen: die »Dekodierung« erfolgt zwar als solche korrekt, die dafür vorliegenden Signale stellen aber bereits nicht mehr eine korrekte Kodierung der ursprünglichen Botschaft dar. »Störungen« dieser Art lassen sich durch »redundante« Kodierung (d. h. durch »prüfbare« oder »redundante« Kodes) kompensieren, so daß »gestörte« Signale als solche diagnostiziert werden können und die intendierte »Botschaft« wiederhergestellt, »rekonstruiert« werden kann.

Für die »Kommunikationstheorie« des Technikers bedeutet also »Information« – und dies wird von Shannon und Weaver betont – *nicht* »Bedeutung« (»meaning«) im umgangssprachlichen Sinne, »Information« bezieht sich stets auf *Signalmengen* (= Zeichenmengen) bzw. auf *physikalisch* faßbare und *technisch* manipulierbare »Botschaften«. Die Hauptprobleme des Kommunikationstechnikers, z. B. die Messung des »Informationsbetrages« (»amount of information«), der »Kanalkapazität« oder der Effektivität von »Kodes«, liegen daher im physikalischen bzw. mathematischen Bereich, egal um welche Signale oder Zeichen es sich handelt, ob Lebewesen betroffen sind oder Maschinen, vom Menschen wahrnehmbare Signale oder nicht usw. Es ist daher natürlich unzulässig, die Begriffe dieser exakten technischen »Kommunikationstheorie« so ohne weiteres – wie dies häufig geschehen ist – im *umgangssprachlichen* Sinne zu interpretieren, also etwa den (mathematisch definierten) »Informationsgehalt« sprachlicher Texte mit ihrer umgangssprachlichen Bedeutung gleichzusetzen (auch wenn zwischen beiden gewisse Zusammenhänge zu bestehen scheinen). Dies gilt prinzipiell für sämtliche Begriffe der Shannonschen Kommunikationstheorie, wie generell für Begriffe jeder Theorie. Die »Informationstheorie« ist folglich eine »Signalübertragungstheorie« – so hieß sie bei Hartley (1928) auch noch: »theory of information transmission« –, und die Mißachtung ihrer strengen Gegenstandsbezogenheit hat in der Tat ebenso wie die oberflächliche analogisierende Anwendung der Kommunikations*terminologie* auf alle möglichen Bereiche sowohl viel noch kaum ausgeräumte Konfusion als auch eine ganze Reihe steriler Irrlehren hervorgebracht, woran allerdings Shannon kaum Anteil hatte, viel eher schon die ersten Kybernetiker und Computerleute, die die sogenannte »künstliche Intelligenz« in die Welt setzten. All dies kann ich hier aber nicht weiter verfolgen, so aufschlußreich es auch im einzelnen wäre (vgl. u. a. Taube 1966; Bar-Hillel 1968; 1969).

3. Zur Kritik einiger abgeleiteter Kommunikationskonzepte

Ich habe Shannons Originalmodell skizziert, um etwas deutlicher zu machen, welche *strukturellen* und *funktionalen* Voraussetzungen erfüllt sein müßten, wenn es als empirisch *adäquates* Modell irgendwelcher Phänomenbereiche dienen können soll. In einem sehr oberflächlichen Verständnis kann etwa ein Organismus natürlich als komplexes »Kommunikationssystem« gesehen werden, da alle seine vielfachen Aktivitäten aufeinander abgestimmt und eingestellt sein müssen und all diese Koordination beständig in Ordnung gehalten werden muß. Natürlich läßt sich sagen, daß hierbei »Information« als ganz konkrete materielle »Botschaft« »übertragen« wird, da etwa ein Hormon eben tatsächlich von der entsprechenden Drüse in seinen möglichen Wirkungsbereich »übertragen« wird, und so läßt sich zur Not auch von der entsprechenden Drüse als »Sender« und dem Zielbereich als »Empfänger« sprechen u.a.m. Schwierig wird es allerdings, würde man im Falle hormonaler oder enzymatischer Prozesse nach den »Informationsquellen« bzw. »-adressaten« im Shannonschen exakten Sinne fragen oder auch nach den wirksamen »Kodes« und den hierfür vorauszusetzenden »Repertoires«: hier nämlich läßt sich auch eine noch so großzügige Analogie nicht mehr durchhalten. Es wäre nämlich z.B. für das Adrenalin anzugeben, welche »Nachrichtenquelle« die »Botschaft« »Adrenalin« auswählt, welche »Wandler« und »Kanäle« mit welchen »Kodes« und »Repertoires« zwischen »Nachrichtenquelle« und »Adressaten« operieren und wie die »Botschaft« – streng nach Shannons Modell – für den End-Adressaten schließlich wieder »dekodiert«, also in die *ursprünglich* von der »Nachrichtenquelle« ausgewählte »Botschaft« *zurück*verwandelt wird! (Man darf Shannons oben zitierte Formulierung nicht vergessen: »... *reproducing* at one point either exactly or approximately a message selected at another point ...«) Soll man dennoch die in all den komplexen Regelungs- und Steuerungsbereichen eines Organismus in den einzelnen Phasen mitwirkenden Elemente als »Botschaften« bezeichnen, die »gewandelt« (d.h. aufgelöst, umstrukturiert, als Bausteine für andere Strukturen verwendet usw.) werden und an oft sehr komplizierten Sequenzen unterschiedlicher Phasen bzw. Strukturen »beteiligt« sind? Soll man die Sequenzen als Serie unterschiedlicher »Kodierungen« (oder auch »Rekodierungen«) bezeichnen, etwa die Strecken Sinnesorgan – Gehirn – Effektor oder Gen – Polypeptid? Soll man in solchen Fällen als *Beobachter* tatsächlich »kommunikative« Strukturen auch dann noch *konstruieren*, wenn dies nicht nur aus *didaktischen* Gründen sinnvoll ist? Man muß sich darüber im klaren sein, daß man damit gewisse Gegebenheiten in eine vorgegebene funktionale (d.h. funktions-, zweck-, zielbestimmte, teleologische) Struktur *einordnet*, die aus einem sehr viel »ärmeren«

Bereich stammt als es etwa der molekularbiologische oder jeder andere Interaktionsbereich lebender Systeme ist! Gerade diese Projektion eines vorgegebenen Modells mit einer streng deterministischen funktionalen Struktur auf organismische Zusammenhänge und Prozesse birgt Gefahren in sich, die ich hier zumindest kurz andeuten möchte.

Wir alle neigen dazu, ursprünglich dem menschlichen Erfahrungsalltag entstammende Vorstellungen in Bereiche zu übertragen, deren Phänomene sich irgendwie »ähnlich« darstellen, wir sehen die Welt »anthropomorph«: Italien »ist« daher ein »Stiefel«; Tiere »lieben«, sind »mütterlich«, »altruistisch«, »elegant«, Viren sind »böse«, Krebs ist »grausam« ... »Anthropomorphismen« begünstigen aber oft die *Ontologisierung* entsprechender Projektionen – und eben dies ist auch am Kommunikationskonzept zu beobachten: »Information« ist (schon von Wiener) zu einem dritten Grundbaustein der Welt (neben Materie und Energie) gemacht worden, man hatte folglich für sie irgendwelche »Behälter« oder »Speicher« oder sogar »Gedächtnisse« anzusetzen, »in« denen sie jeweils »gespeichert« ist. Ist also irgendwo eine bestimmte Wirkung beobachtbar, so läßt sich – vgl. das eingangs gegebene Zitat von Taschdjian – stets nach dem »Kommunikationssystem« fragen, innerhalb dessen die »Information« erzeugt, kodiert, transportiert, rekodiert wird, aufgrund derer der entsprechende Prozeß abläuft, der die beobachtete Wirkung erzeugt. Kurz: wenn man bestimmte »Gegenstände« als »real« (weil irgendwie »wirksam«) ansetzt, dann kann man auch danach *suchen.* Das Kommunikationsmodell ermöglicht nun eine ganze Reihe von Suchprozessen: nach »Sendern«, »Kodes«, »Repertoires«, »Kanälen« usw., es zwingt aber bei gewisser Konsequenz auch dazu, nach den »übergeordneten« Instanzen zu suchen, die die jeweiligen »Kommunikationssysteme« mit all ihren Einzelteilen »steuern«, denn auch hierfür muß ja, wie für jede geregelte Aktivität, die entsprechende »Information« irgendwo »sein« ... Damit erklärt sich z. B. die Suche nach »Großmutterzellen« oder nach den »Informationen«, die Gene, Enzyme, Antikörper, Neuronen usw. »gespeichert« haben müssen, um ihre Partner zu »erkennen« und das »Richtige« zu »tun« ...

Nach Pribram (1971) »spricht« das Gehirn verschiedene »Sprachen«, nach dem schon zitierten Taschdjian (1966) ist ohnehin jede Kausalverknüpfung »Kommunikation«. – Ich glaube, daß diese naive Ontologisierung sprachlich *suggerierter* Entitäten für vielerlei Irrtümer und unnötige Umwege der wissenschaftlichen Erforschung gerade der »höheren« Leistungen des Menschen verantwortlich ist. Als wissenschaftlicher *Beobachter* muß man sehr genau bedenken, welche Kategorien und Modelle man in Phänomenbereiche hineinträgt und ob jene diesen entsprechen oder ob man mit Instrumenten operiert, die mit den bearbeiteten Phänomenen interagieren, so daß man *Artefakte* erzeugt, die man vorschnell für die »Wirklichkeit« hält. Eine Erklärung ist ja oft deshalb nicht möglich, weil die verwendeten Kategorien und Modelle zu simpel, zu linear, zu statisch, zu mechanisch, kurz: *inadäquat* sind, und weil vielleicht eine ganz andere »Theorie« mit ganz anderer Heuristik erforderlich ist. (Die Wissenschaftsgeschichte zeigt ja genügend Beispiele dafür, daß »Revolutionen« primär Änderungen eben dieser Konzeptionen, Modelle und Kategorien sind, selten Änderungen von Instrumentarien oder technischer Fortschritt.) Gerade dort nun, wo wir es mit menschlichem »Erkennen« im praktischen Sinne zu tun haben, ist eine kritische erkenntnis*theoretische* Haltung überaus wichtig, insbesondere größte Vorsicht bei der Anwendung sprachlich suggestiver Kategorien. Dies gilt auch für den Kommunikationsbereich, der als empirischer Bereich für uns alle von fundamentaler Wichtigkeit ist und daher mit größter Sorgfalt analysiert und erforscht werden muß. Dies kann kaum gefördert werden dadurch, daß man das Modell Shannons, das sich mit dem physikalischen *Signal*aspekt dieser unserer Kommunikation hinsichtlich entsprechender technischer Konstruktionen befaßt, auf den viel reicheren empirischen Bereich, aus dem es ja abstrahiert worden ist, *zurücküberträgt* und schlicht und einfach »Kommunikation« zwischen Menschen à la Shannon *definiert* (vor allem weil dies »exakt« möglich ist und weil man von der Empirie auch zu wenig weiß ...). Mir scheint es daher sinnlos, Shannons Maschinenmodell etwa in die Molekularbiologie zu übernehmen, um dort »entsprechende« Strukturen nachzuweisen. Außer einer bequemen und vielleicht auch journalistisch brauchbaren Terminologie gewinnt man nichts, im Gegenteil: man handelt sich eine Reihe unnötiger Fragen und vor allem Konfusion ein. Was würde man wissen, wenn man z. B. den als Figur 3 abgebildeten Münzprüfer für Automaten in gleicher Weise als »Kommunikationssystem« auffassen möchte?

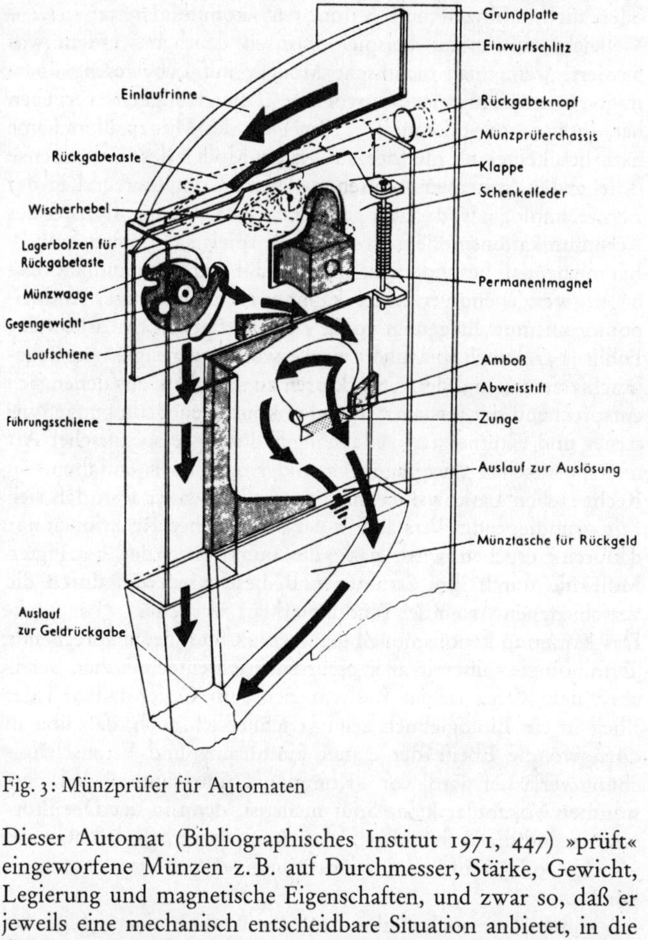

Fig. 3: Münzprüfer für Automaten

Dieser Automat (Bibliographisches Institut 1971, 447) »prüft« eingeworfene Münzen z. B. auf Durchmesser, Stärke, Gewicht, Legierung und magnetische Eigenschaften, und zwar so, daß er jeweils eine mechanisch entscheidbare Situation anbietet, in die die Münze »paßt«, und die je nach Eigenschaft der Münze dadurch in einen spezifischen Folgezustand gebracht wird, letztlich zur »Auslösung der Sperre« oder zum »Auslauf zur Geldrückgabe«. – Was wäre hier gewonnen, wenn man behauptet, der Automat »erkenne« die einzelnen Eigenschaften der Münzen, denn er hätte die entsprechende »Information« in sich »gespeichert«, und er »entscheide« sodann, was zu »geschehen« habe,

oder auch: Münzen und Automaten »kommunizierten« ...? – Vielleicht läßt dieses Beispiel drastisch deutlich werden, was passiert, wenn man technische Modelle auf Lebewesen »überträgt«, nur weil man jenen zuvor *verbal* die »Fähigkeit« verliehen hat, »etwas« zu »erkennen« ... Im Falle des Münzprüfers käme natürlich keiner auf die Idee, ihn als ein Modell des »Erkennens« in lebenden Systemen anzusehen – beim Computer und in der Lerntechnologie ist das aber gang und gäbe! Und der Transfer des Kommunikationsmodells der Technik spielt sich genauso ab. – Ich meine, daß besonders die Biologie auf den Kommunikationsbegriff weitgehend verzichten kann: er ist ein unnötiger Anthropomorphismus. Es genügt völlig – wie dies etwa bei Laskowski/Pohlit (1974) auch formuliert wird –, von Steuerungs- und Regelungssystemen und deren Strukturen zu sprechen, aus denen sich entsprechend der jeweils wirkenden konkreten Bedingungen interner und externer Art zeitabhängige Prozesse spezifischer Art mit spezifischen Ausprägungen und Ergebnissen entfalten. Zu Recht stellen Laskowski/Pohlit (1974/1, 40) daher fest, daß sich »ein grundlegendes Verständnis der biologischen Reaktionen nur dadurch« ergeben wird, daß »die Funktionen der beteiligten Moleküle durch ihre Struktur und diese wiederum durch die verschiedenen Arten der Bindung erklärt werden«.
Das Kommunikationsmodell der Technik und die entsprechende Terminologie sollten in allen nicht-nachrichtentechnischen Bereichen dem Occamschen Rasiermesser zum Opfer fallen: jeder Blick in ein Biologiebuch zeigt ja schließlich auch, daß überall dort, wo die Ebene der ersten Einführung und Veranschaulichung verlassen wird, von »Kommunikation« und all dem verwandten Vokabular keine Spur mehr ist, denn in der Detailforschung sind die Verhältnisse viel zu kompliziert, als daß man mit »Kodes« oder »Informationsübertragung« noch etwas anfangen könnte. –
Ich könnte hier noch zahlreiche Fälle für diese unergiebige Art der Kommunikationsdiskussion anführen, etwa Meyer-Epplers Bestimmung von »Kommunikation« als »Aufnahme und Verarbeitung von physikalisch, chemisch oder biologisch nachweisbaren *Signalen* durch ein Lebewesen« (1969, 1), wobei übrigens der Fall der »Beobachtung« ebenso als »Kommunikationsprozeß« gilt wie die »Diagnose« (ein Lebewesen verarbeitet »Signale« eines Lebewesens) und schließlich die »sprachliche Kommunika-

tionskette«. Von hier ist es dann kein weiter Weg zur am weitesten gefaßten Interpretation des Kommunikationsmodells bei Watzlawick (1969; 1976), denn seiner »pragmatischen« Auffassung nach ist »alles Verhalten Kommunikation«, so daß man (trivialerweise!) »nicht *nicht* kommunizieren« kann (1969, 23, 53) und folglich »die sogenannte Wirklichkeit das Ergebnis von Kommunikation« (1976, 9) ist. Damit besteht nicht nur das gesamte Universum aus Kommunikationssystemen, in denen permanent »Information« transportiert und verarbeitet wird, so daß auch jede Interaktion des Menschen mit seiner Umwelt Kommunikation ist, sondern die Umwelt, d. h. die »Wirklichkeit« jedes Menschen, ist das *Ergebnis* von Kommunikation ... Auch die genauere Analyse der Watzlawickschen Auffassungen zeigt allerdings sofort, daß seine Verwendung des Wortes »Kommunikation« sehr vage ist und daß er in der Tat ganz einfach von *Verhalten* zu reden brauchte, da sein Interesse den Schwierigkeiten und Störungen des Zusammenlebens von Menschen gilt, vor allem jenen Prozessen, in denen auch *verbal* interagiert wird und sich eben daraus Probleme und Störungen des Verhaltens ergeben. Die *eigentlich* mit menschlicher Kommunikation im Sinne der Praxis beschäftigten Gebiete der Sprach- und Literaturwissenschaften sind von der Kommunikationsmode keineswegs unberührt geblieben. Dies paradoxerweise angesichts einer kommunikationswissenschaftlich sehr reichhaltigen Tradition, die allerdings aufgrund ihrer ausschließlich historischen Orientierung und vor allem auch ihrer Verbindung mit dem akademischen Establishment als »reaktionär« disqualifiziert wurde, da eine »progressive«, sich als »sozialwissenschaftlich« deklarierende »exakte« Linguistik sich als Alternative anbot. Als aber auch diese extrem formale und un-empirische Linguistik die ersten *praktischen* Fehlschläge hinnehmen mußte – etwa in der Sprachen- und Literaturdidaktik oder in den Programmen der »kompensatorischen« Erziehung – bot sich das Kommunikationskonzept als natürliche Rettung: einmal war es mit der leicht an Chomsky anschließbaren semiotisch-sprachphilosophischen »Pragmatik« vereinbar, zum anderen schloß es an die ausgedehnte Massenkommunikationsforschung an. Der Wirtschafts- und Bewußtseinslage in den 60er Jahren mit ihrem Wachstumsoptimismus entsprach natürlicherweise die technokratische Variante dieser Kommunikationsforschung, die z. T. mit der allgemeinen Kybernetik verknüpft war (woraus sich ja bekanntlich Hoffnungen auf die fast totale Ersetzung des Menschen durch Automaten ableiteten). Über frühe differenzierte und empirisch fundierte Analysen und Entwürfe, z. b. von Ungeheuer (1963) oder Maletzke (1963) gingen die unerfahrenen und hektischen »Reformer« der 60er und 70er Jahre hinweg, so daß das, was gerade in den Sprach- und Literaturwissenschaften bis in die Curricula, Lehrpläne, Hand- und Lehrbücher (etwa als »kommunikative Didaktik«, als »verbale«, »literarische«, »ästhetische« usw. Kommunikation) durchschlug, alles eher war als eine wohlbegründete empirische »Kommunikations*theorie*, sondern vielmehr nur ein modisches Vokabular, eine neue Verpackung für unverändert alte Inhalte. Zweifellos, und das ist positiv hervorzuheben, hat diese Orientierung an einem (immerhin »partnerbestimmten«) Kommunikationsmodell, und sei es auch nur an dem der Nachrichtentechnik, in gewissem Maße als heuristisch fruchtbares Regulativ für Praktiker wie Theoretiker gewirkt, sicher dort, wo noch allzu starre objektivistische bzw. autoritäre Vorstellungen und Normen bestanden, wie gerade in der Ästhetik, der Literaturwissenschaft, Pädagogik und Didaktik. Leider ist es aber dabei geblieben, in diesen *neuen* Schlauch nur all den *alten* Wein füllen zu wollen ... Die Orientierung an dem exakt definierten Kommunikationsmodell der Nachrichtentechnik kann ja höchstens als heuristisches Schema fungieren, von dem aus weiter differenziert, weiter gefragt werden muß, und zwar *empirisch,* nicht spekulativ-begrifflich am grünen Tisch. Gerade die für unsere Kommunikationspraxis nämlich *entscheidende* Größe des Kommunikationsmodells, die »Bedeutung« der übertragenen Signale, von der alle individuenrelevanten Prozesse abhängen, ist ja in dem nachrichtentechnischen Modell von vorherein ausgeklammert, *irrelevant,* sie wird auch von der Informationstheorie trotz ihres Namens nicht berührt. Letztere hat es eben nur mit Signalen (d. h. Bedeutungs*trägern*, besser: *-repräsentanten*) zu tun, im Falle von Sprache also mit Lauten, Phon(em)en oder mit Buchstaben, Graph(em)en bzw. mit aus diesen gebildeten Gruppen. Hinsichtlich *dieser* kann man also folglich auch etwa von »Redundanz« sprechen, von »Informationsgehalt« usw. (Die ganze »Informationsästhetik«, »Informationspsychologie« oder auch die »kybernetische Pädagogik« u. ä. operieren unter diesen Voraussetzungen!) Von einer »exakten« *Semantik* aber sind wir noch weit entfernt, da wir noch nicht einmal ein klares Forschungsprogramm einer »empirischen Semantik« haben und das Problem der Bedeutung von Sprachzeichen oder nichtsprachlicher semiotischer Systeme in einem Wust überkommener philosophischer, psychologischer, soziologischer u. a. Begriffssysteme verloren ist.

Ich möchte nun noch, bevor ich weitergehe, die wesentlichen Mängel und Defizite dieses unkritischen Modelltransfers in die Geistes- und Sozialwissenschaften knapp zusammenfassen:

1. Die Orientierung am Kommunikationsmodell der Nachrichtentechnik suggeriert und perpetuiert die Vorstellung einer einzigen stabilen und autonomen Wirklichkeit, die wir (u. a, auch »wissenschaftlich«) erkennen, d. h. Stück für Stück »enthüllen« und nach der »Enthüllung« *pro Stück* mit Zeichen belegen. Erkenntnis- und wissenschaftstheoretisch postuliert diese Auffassung ein normatives Weltbild: im Gegensatz zur Lehre der Wissenschaftsgeschichte (vgl. Kuhn 1970) wird hier behauptet, es gäbe *eine* (und *nur* eine) Wahrheit, deren »Entdeckung« eben von der Qualifikation des jeweiligen Individuums abhängt. Im Hinblick auf die Semantik – und mit ihr sind alle sprach- und textbasierten Disziplinen angesprochen – aber suggeriert das Shannonsche Modell aufgrund seiner Zentralkonzepte »Kode« und »Repertoire« die analoge Normativität: Sprachzeichen (und alle anderen) stehen für eine Menge diskreter »fester« Bedeutungen. Sie mögen zwar von Individuum zu Individuum je nach Fähigkeiten und Interessen etc. *quantitativ* variieren, sie sind aber invariante Bedeutungen, im Wörterbuch oder Konversationslexikon jeweils nach dem neuesten Erkenntnisstand verzeichnet. Eine fremde Sprache lernen heißt folglich, nur andere *Zeichen* für die *eine* Wirklichkeit lernen, einen Dialekt sprechen heißt, schlechte und minderwertige Zeichen verwenden, Literaturwissenschaft treiben heißt, *die* »eigentliche«, »wahre« Bedeutung von literarischen Texten ermitteln usw.
2. Das Modell suggeriert irreführende und hinsichtlich der Aufgaben einer *empirischen* Kommunikationstheorie unfruchtbare »Exaktheit«. Dies zeigen die verschiedenen (und in sich wichtigen und interessanten) informationstheoretischen Analysen von Texten oder Sprachsystemen (z. B. von Fucks, Bense, Guiraud, Herdan u. a., vgl. zur Übersicht Kreuzer/Gunzenhäuser 1971) sowie die im Zusammenhang mit der Datenverar-

beitungsentwicklung stark forcierten formalen Sprachbeschreibungsverfahren, die man insgesamt als »mathematische Linguistik« fassen kann, die aber nur mittelbar mit dem Funktionieren »natürlicher« Sprachen für Menschen zu tun haben. Schließlich ist zu betonen, daß auch alle vermeintlich so »exakten« Verfahren und Ergebnisse der Massenkommunikationsforschung, etwa sogenannte »Inhaltsanalysen« oder auf dem Osgoodschen »semantischen Differential« beruhende Werte, zusammen mit den unübersehbaren statistischen Zahlenfriedhöfen, mit empirischer Semantik soviel zu tun haben wie Haarfarbe und Kleidung einer willkürlich ausgewählten »repräsentativen« Gruppe von Menschen mit deren Einstellungen oder Persönlichkeitsstruktur. Von dieser »Exaktheit« der Massenkommunikationsforschung – deren Unfundiertheit, Brüchigkeit und theoretische Naivität erst vor kurzem Böckelmann (1975) kritisiert hat – ist für menschliche Semantik (in eben dieser Doppeldeutigkeit) nichts zu erwarten (vgl. Kohlbecher 1977).

3. Das Modell suggeriert, wie gerade die formalen (und erstaunlicherweise auch die sozialwissenschaftlichen) Arbeiten zu Kommunkationsphänomenen deutlich machen, daß die jeweils beteiligten *Subjekte* als statische *Objekte* betrachtet werden, deren »Verhalten« somit »unverzerrter« Beobachtung zugänglich sei, – eine irreführende und unhaltbare Auffassung. Es ist nachgerade kaum zu fassen, daß die so intensiven Arbeiten der amerikanischen Forschung zu den »Wirkungen« der Massenmedien nach dem Ersten Weltkrieg mehr als zwei Jahrzehnte brauchten, um zu erkennen, daß auch auf seiten der Rezipienten, also des so *disparaten* und *variablen* Publikums, »etwas« geschieht, wenn massenmediale Produkte rezipiert werden, daß die Rezipienten aufgrund ihrer so unterschiedlichen Voraussetzungen an der Erzeugung dessen, was so einfach objektivistisch als »Wirkung« im quasi-physikalischen Sinne vorwegformuliert wird, *mitwirken!* Wie immer bei erkenntnis- und wissenschaftstheoretisch naiven »normalen« Wissenschaftlern (im Sinne Kuhns 1970) verfiel die »community of investigators« darauf in das andere Extrem objektivistischer Denkweise: die Massenmedien zeitigten überhaupt keine Wirkung, sondern werden von allen Rezipienten einfach nach Belieben »benutzt« ... Das war dann auch zunächst das »Aus!« für die

Massenmedien-Wirkungsforschung, denn »subjektive« Prozesse könne man ja »wissenschaftlich« nicht erfassen ... – zumindest ließen sich damit innerhalb absehbarer Zeiträume keine wissenschaftlichen Lorbeeren verdienen. – Inzwischen hat sich dies wieder etwas gewandelt und zu realitäts-adäquateren Forschungen geführt, obwohl man hierzulande offenbar erst wieder, wie so oft, die amerikanische Entwicklung nachvollziehen muß, mit all ihren Umwegen und Irrtümern ... (Vgl. zu diesem Thema Noelle-Neumann/Schulz 1971, s.v. »Wirkungen der Massenmedien«.)

4. Das technische Modell begünstigt eine im Verhältnis zur komplexen Kommunikationsrealität an semiotischen Äußerlichkeiten, Oberflächensymptomen und Zufälligkeiten orientierte pseudo-empirische Arbeitsweise, da einmal die physikalischen *Signale* allein im Zentrum stehen, zum anderen »Sender« und »Empfänger« lediglich *formal*, d.h. als »black boxes«, als Input-Output-Maschinen oder Computer betrachtet werden. Shannons Modell sagt aber nichts über die funktionalen *Zusammenhänge* zwischen kommunikativen, d.h. semiotischen Vorgängen und der Struktur der beteiligten Systeme, in unserem Falle also lebender Systeme, Tiere wie Menschen. Es klärt nicht, *wie* und *warum* Kommunikation wirken kann, warum sie einmal gewaltige Folgen, zum anderen Mal keinerlei Eindruck hervorruft, *wann* und *warum* sie scheitert bzw. gelingt, warum sie gestört und behindert wird. Kommunikation bleibt außerhalb des Systems aller Lebensvorgänge – das Modell ist ja auch ein Maschinenmodell und bildet nur hochgradig automatisierte Situationen ab. Diese naive Sehweise fördert außerdem ein elementares Mißverständnis, das leider auch den Sprach- und Literaturwissenschaften eignet: es wird theoretisch nicht *mehr* an Semantik, an (»bewußt« und/oder »unbewußt«) verfügbaren »Bedeutungen« und somit an »Wissen« und »Können« postuliert, als an Zeichen vorliegt. Diese Implikation – soviel Bedeutung wie explizite Zeichen – gilt aber nicht einmal für die Nachrichtentechnik! Ashby (1956, 124) stellt dies klar und deutlich fest:

> Communication thus necessarily demands a set of messages. Not only is this so, but the information carried by a particular message depends on the set it comes from. *The information conveyed is not an intrinsic property of the individual message.*

Kommunikation ist Teil menschlichen Handelns und Verhaltens und *supplementiert* dieses, wie M. Wandruszka wiederholt betont und demonstriert hat (1969; 1971), und wie es u. a. eindrücklich durch die Arbeit mit Behinderten (Tervoort 1968) und Künstlern (Arnheim 1969; 1974) bestätigt wird.
Naive Kommunikationsforscher à la Shannon argumentieren hier wie die Physiognomen des Mittelalters, die aus dem oberflächlichen Gesichtsausdruck, wie ihn der Beobachter wahrnimmt, strenge Aussagen über die ganze Persönlichkeit ableiteten. (Schon Lichtenberg hat diese Praktiken, vor allen die ihnen zugrundeliegende Erkenntnistheorie, vernichtend kritisiert. Seine Schrift *Über Physiognomik; wider die Physiognomen* vom Jahre 1780 ist nach wie vor von eindrucksvoller erkenntnis- und wissenschaftstheoretischer Modernität.)

4. Zur Heuristik einer empirischen Kommunikationstheorie

Blickt man nun auf die Fülle der vielen so unterschiedlich umschriebenen Kommunikationskonzepte, dann stellt sich die Frage, ob überhaupt eine einheitliche Theoriebildung für den offenbar sehr heterogenen Kommunikationsbereich möglich ist, ob das Phänomen »Kommunikation« für eine einheitliche Theorie zu komplex und »zu interdisziplinär« ist oder ob diese Vielfalt der Auffassungen in den entsprechenden Beobachtersubjekten und ihren individuellen Wahrnehmungen und Interessen begründet ist. Ich glaube, daß es gute Gründe dafür gibt, verschiedene Auffassungen als inadäquat zu verwerfen und den Phänomenbereich Kommunikation auf empirischer Basis strenger zu konzipieren. Dies möchte ich (auch anhand des Maturanaschen Kognitionsmodells) noch etwas verdeutlichen.
Die wenigen nicht im Sinne von Kainz (1972) von der Sprache »verführten«, empirisch wohlfundierten und reflektierten Analysen der Kommunkationsphänomene – ich denke vor allem an Ungeheuer (1972) und Mackay (1972) – widmen der präzisen Eingrenzung der Kommunikationsphänomene besondere Aufmerksamkeit, sie achten insbesondere darauf, weder durch allzu starre oder enge formale Modelle in irgendeiner Weise *apriori* reduktionistisch zu verfahren noch durch allzu großzügige Be-

griffsbildungen und nur vage angedeutete Grenzziehungen sinnvolle konsistente Arbeit unmöglich zu machen. Wie das bisher Gesagte sicherlich deutlich gemacht hat, kann ich mich nur ausdrücklich Mackays »general plea for mercy towards the overworked term ›communication‹« anschließen (1972, 22). Es ist ganz offenbar unergiebig, jede *Interaktion* als »Kommunikation« zu bezeichnen, die sich irgendwo im Universum oder in bzw. zwischen unbelebten und/oder belebten Körpern ereignen kann. Physikalisch gesprochen ist das Universum ohnehin in permanenter Interaktion, und biologisch sind (nach Maturana) Lebewesen »Interaktionseinheiten«, die aufgrund ihrer komplizierten Struktur gezwungen sind, durch permanentes Interagieren mit ihrer Umwelt diese Struktur stabil zu halten bzw. fortwährend zu regenerieren. Es scheint mir daher sinnvoll und nützlich, den Begriff »Kommunikation« als Bezeichnung einer Klasse *spezifischer* intentionaler Interaktionen zwischen *Lebewesen* aufzufassen, jener Interaktionen nämlich, die *vermittelt,* über *Medien*, also mit Hilfe von *Zeichen* ablaufen, genauer: deren notwendige Bedingung die Existenz eines *Kode* ist, durch den eine (möglicherweise, wie bei »natürlichen« Sprachen, in sich strukturierte) Menge von Zeichen mit der dazugehörigen Menge von Bedeutungen verknüpft wird, ohne daß damit über Zeichenmodalitäten, Stabilität des Kodes u. dgl. etwas gesagt wäre. Man könnte somit auch von »semiotischen« Interaktionen aller Art sprechen. Überall dort, wo kein Kode und somit kein Zeichen *zwischen* reale Interaktionen oder an ihre Stelle tritt, ist eben von »Interaktion« und *nicht* von »Kommunikation« zu sprechen. »Interaktion« ist der inklusive Begriff, somit eine triviale Voraussetzung für die Anwendung des Begriffes »Kommunikation«, phylo- und ontogenetisch wie deskriptiv. Kommunikation als spezifischer Interaktionsprozeß kann folglich nur dann (idealtypisch) »gelingen«, wenn die erforderlichen »Repertoires« an Zeichen und Bedeutungen sowie der notwendige Kode den Beteiligten zur Verfügung stehen und das erforderliche »Kommunikationsnetzwerk« (Ungeheuer) als ganzes nicht vital gestört ist, so daß der Rezipient das vom Produzenten »Gemeinte« *adäquat* rekonstruiert, d. h. die jeweiligen Zeichen im Sinne des Produzenten dekodiert, – was immer die bei ihm *dadurch* bewirkten Verhaltensweisen sein mögen. Nach Mackay (1972) läßt sich dies übersichtlich folgendermaßen veranschaulichen:

In dieser (sehr komprimierten) Abbildung ist das zentrale Steuerungssystem eines Organismus wiedergegeben, auf das *Zeichen* einwirken. Mackays kurze Charakterisierung dieses Systems lautet:

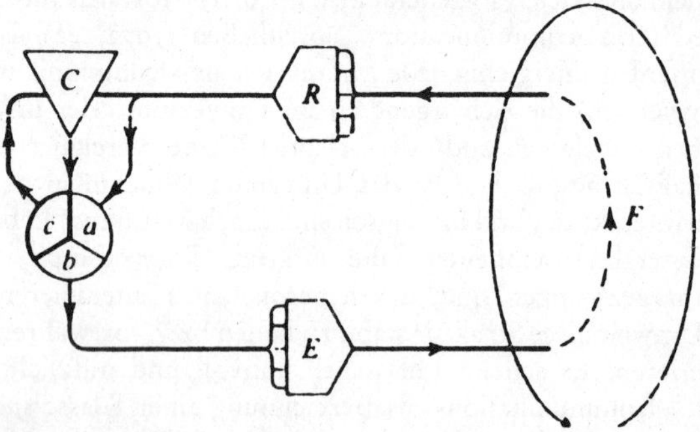

Fig. 4: D. M. Mackays Steuerungssystem eines Organismus.

The three distinct (if sometimes overlapping) functions of the central system are represented in three compartments:
a) internal representation of the structure of the field of action [F], under ›feedforward‹ from sense organs [R = receptors],
b) formation and storage of a hierarchy of ›subroutines‹ conditionally ready to elicit patterns of appropriate effector actions as complex ›wholes‹ [E = effectors],
c) determination of priorities among the hierarchically ordered set of possible goals and norms [C = central evaluator].
For short, let us call these the representations of (a) ›facts‹, (b) ›skills‹ and (c) ›priorities‹.

»Kommunikation« findet als *zeichenabhängige Interaktion* zwischen solchen Systemen statt:

The target of a communication may be any or all of these aspects of the recipient's information system, and statements, instructions, commands, questions and the like can be readily distinguished operationally in these terms ... In the act of communication, one organism can be thought of as wielding a tool (verbal or otherwise) in order to mould the representation of ›facts‹, ›skills‹ or ›priorities‹ in another (Mackay 1972, 16).

Damit ist Kommunikation für Lebewesen gerade hinsichtlich ihrer *praktischen* Entwicklung und Beeinflussung von direkter nicht-kodeabhängiger Interaktion abgrenzbar, wenngleich sie stets im Kontext solcher Interaktionen stattfinden *muß*, auch

wenn dieser Kontext für die an einem Kommunikationsprozeß jeweils Beteiligten *konkret* sehr eingeschränkt sein mag (z. B. im Falle eines Telegramms oder im Falle des Lesens von Büchern). Das Wörtchen »konkret« ist hier höchst bedeutsam, da ohne hinreichende Vertrautheit mit dem jeweils vorauszusetzenden Interaktionskontext, ja, wie man mit Maturana sagen könnte, da ohne hinreichende Homomorphie der entsprechenden konsensuellen Interaktionsräume und somit Interaktionseinheiten (= Partner) solche abstrakten und »verdinglichten« Botschaften überhaupt nicht partner-(bzw. beobachter-)*adäquat* verarbeitet werden könnten. Die Uexküllsche Anekdote von dem Afrikaner, der keine »Leiter« sehen konnte, sondern nur »Stangen und Löcher«, möge dies drastisch verdeutlichen (Uexküll/Kriszat 1970, 60). Im übrigen dürfte dieses Verständigungsproblem ja jedem aus eigener Erfahrung vertraut sein.
Durch diese Kommunikationsdefinition wird das Shannonsche Modell zum Spezialfall determinierter Signalübertragung, wird andererseits der lebensnotwendige *direkte* sinnliche Umgang mit der Umwelt in sein Recht gesetzt und zum umfassenden Bezugsrahmen für *alle* Zeichenzuweisung und für alle medial vermittelte Interaktion. Wahrnehmung und persönliche Erfahrung und entsprechendes Lernen werden »entsprachlicht«, damit entmythologisiert und entdogmatisiert, und Kommunikation wird der ihr gebührende, wenn auch nicht minder wichtige Platz zugewiesen. Die empirische Erforschung von Kommunikation als kode- und repertoireabhängigem Interaktionsprozeß zwischen Lebewesen hat daher nicht nur die Aufgabe, den jeweiligen »Kode« als rekurrente Abbildungs- oder Zuordnungsvorschrift zu ermitteln, sondern auch die noch wichtigere Aufgabe, die jeweils zuzuordnenden »Einheiten« in ihrer systematischen (raumzeitlichen) Ordnung empirisch zu ermitteln. Linguistisch bedeutet dies, daß im Gegensatz zu direkter Interaktion sensu-motorischer Art die durch ein konventionalisiertes sprachliches Zeicheninventar mobilisierbaren Interaktionspotentiale als »Bedeutungen« bzw. »Bedeutungsreservoire« ermittelt werden müssen, die ihrerseits eingebettet sind in das umfassendere Gesamtinteraktionspotential eines Lebewesens. Wie diese *empirische Semantik* verfährt, hängt von ihrer »Anthropologie« ab, d. h. ihrer Theorie des Funktionierens von Lebewesen im weitesten Sinne (s. Abschnitt 5).

Praktisch bedeutet die gegebene Kommunikationsdefinition, daß die *Basis* aller erfolgreichen Kommunikation adäquates Interaktionspotential ist: wer über die nötige Semantik im Sinne spezifischer Interaktionspotentiale *nicht* verfügt, für den sind die sich ja hierauf beziehenden *Zeichen* sinn- und wertlos: eine Alltagserfahrung, die wir alle immer wieder machen! Das schönste *Reden* (im Sinne des redenden Subjektes!) nützt gar nichts, wenn es nicht adäquat (im Sinne der Intentionen des redenden Subjektes) *verstanden* wird ... Und *verstanden* kann es nur werden, wenn hinreichende kognitive Voraussetzungen im Sinne Maturanas (Homomorphien) gegeben sind. Andererseits ist Kommunikation eben im Gegensatz zur direkten Interaktion mit »Welt« ein *sekundäres* Phänomen und keineswegs eine elementare Überlebensvoraussetzung. Von Kommunikationsfähigkeit darf daher nicht direkt auf Interaktionspotential geschlossen werden, noch sollte das Training der Kommunikationsfähigkeit (als Fähigkeit der Manipulation von Zeichen) zum primären oder gar ausschließlichen Erziehungs- und Unterrichtsziel gemacht werden. Primär ist stets die Entwicklung des Lebewesens als eines kognitiven Systems, d. h. als eines »optimal« interaktionsfähigen Systems, dessen *Teil* je nach Umwelt eine mehr oder minder entwickelte »Kommunikationsfähigkeit« sein muß.
Methodisch kann eine empirische Semantik nicht einfach nur an die zahllosen *Begriffs*systeme und *verbalen* Aussagen der Tradition anknüpfen, ohne erkenntnistheoretischer Naivität zu verfallen: die *Bildung* und *Kritik* von Begriffen, d. h. die Entwicklung kodefähiger Repertoires von Zeichen bzw. »Bedeutungen« ist ja selbst erst zu erklären und zu kontrollieren. Es erscheint mir vielmehr sehr fruchtbar, einmal die bio-anthropologische Kognitionsforschung aufzuarbeiten, soweit sie zu kognitiven Prozessen und Systemen Daten und Instrumentarien der Forschung liefert, zum anderen zu versuchen, »operative« Arbeitstechniken nichtverbaler Art zu entwickeln, um »Bedeutungen« bzw. Systeme von Bedeutungen nicht nur *beschreiben*, sondern »repräsentieren« zu können und ihnen Zeichen als *künstliche* Repräsentanten zuzuordnen, so daß die Semantik von Zeichen nicht nur aus Zeichen *allein* besteht, sondern aus Zeichen, Zuordnungsregeln und »Bedeutetem« (bzw. nicht-sprachlichem »Abbild« von »Bedeutetem«). Es ist für mich stets paradox gewesen, daß viele Disziplinen der Wissenschaft mit »operativen« Instrumenten ar-

beiten, daß ihre Ausbildungsarbeit »operativ« ist, daß aber gerade Sprach- und Literaturwissenschaften fast ausschließlich *verbal* verfahren, *Aussagen* durch *Aussagen* »erklären« und – am schlimmsten – sprachliche Fakten oft gar nicht mehr *als solche* vermitteln oder zugänglich machen, sondern statt dessen Regelsysteme für *mögliche* sprachliche Fakten ... Zu dieser »operativen« Sprach- und Literaturwissenschaft liegen vielerlei Einzelansätze und Hilfsmittel vor, die vom einfachen Venn-Diagramm bis zum multimedialen Simulator und natürlich auch zum praxisorientierten Experimentieren in und an der Realität reichen. – Hier ist leider weder Raum noch Zeit, dergleichen zu demonstrieren, einige Andeutungen finden sich noch im folgenden Abschnitt.

5. Kommunikation im Kognitionsmodell Maturanas

Der Modellentwurf Humberto R. Maturanas, *Biologie der Kognition* (1974/75), den ich hier als bekannt voraussetze, leistet sowohl die *allgemeine* erkenntnis- und wissenschafts*theoretische* Fundierung sinnvoller empirischer Forschung als auch die entsprechende konkrete Orientierung der biologischen bzw. anthropologischen Forschungsarbeit. Im Rahmen dieses Modells möchte ich nun noch einige wichtige Aspekte der Kommunikationsproblematik kurz erläutern.

Zunächst eine erkenntnistheoretische Vorbemerkung.

Maturanas *Biologie der Kognition* weist die Grundtatsache der strengen Subjektabhängigkeit jeder Erkenntnis bzw. Beobachtung mit aller Deutlichkeit und all dem Gewicht der naturwissenschaftlichen Evidenz nach. Er beseitigt mit seiner Theorie selbstreferentieller (nun: »autopoietischer«) Systeme die bisher ungelösten Aporien der Erkenntnis: es gibt keine »objektive« Welt oder »Wirklichkeit« *unabhängig* von einem *konkreten* lebenden System. Die jeweilige »Welt« wird in der permanenten Interaktion eines solchen Systems in seiner Nische, d. h. mit der durch das Interaktionspotential des Systems (im strengen Sinne) »definierten« Umwelt (im ökologischen *und* sozio-kulturellen Sinn) fortwährend *erzeugt* (d. h. entwickelt) und gleichzeitig *eo ipso* in der Strukturierung des Systems, seinem (ebenso beständig variierenden) Interaktionspotential »verkörpert«, d. h. konkret-organismisch repräsentiert, aber nicht im Sinne einer »Abbildung« ir-

gendwelcher »ontischer« Gegebenheiten, sondern als Netzwerk dynamischer Korrelationen zwischen Sensorium und Motorium, die im permanenten Prozeß der Interaktion mit der Umwelt als ganze fortlaufend transformiert werden.
Mit der Existenz eines Nervensystems wird nämlich die »interne« Zusammenschaltung organismischer Teilsysteme möglich, ein Prozeß der Bildung übergeordneter Klassen von Interaktionen, Klassen von Klassen von Interaktionen usw., und damit schließlich (im Rahmen der energetischen Potentiale des jeweiligen Systems) die interne »Kurzschließung« von ursprünglich umweltbedingten und umweltabhängigen Interaktionen: »Bewußtsein« bzw. »Denken«. »Kognition« bezeichnet folglich den streng subjektabhängigen kreativen Prozeß des Lebens als solchen. Von »der« Welt zu sprechen bedeutet folglich eine Normierung, eine Konstruktbildung, die Konsens, d.h. Kooperation voraussetzt (und wiederum ermöglicht!), d. h. einen kooperativen Interaktionsbereich. »Wissen« bedeutet folglich *nicht* (statisch) »gespeicherte Information«, »Abbildung« der »entdeckten«, »objektiven« Welt, sondern »fähig sein, in einer individuellen oder sozialen Situation adäquat zu operieren« (ebd., 84). Und »Wissen« kann es nur geben als »Beobachter«-Wissen. Alle »Erkenntnisoperationen«, die wir – auf gleich welcher Ebene – ausführen, können wir nur *innerhalb* der Grenzen unseres Interaktionspotentials ausführen und nur soweit »registrieren«, als sie uns *überhaupt* (bewußt oder unbewußt) »affizieren«, »verändern«. Maturana spricht hier treffend von der »pharmakologischen Methode«: wir »gebrauchen« uns selbst als »Sonden«, deren »Reaktion« bzw. »Veränderungen« wir als »Eigenschaften« der Wirklichkeit *interpretieren.* Daher *kann* es (*empirisch* gesehen) kein beobachterunabhängiges »Wissen« geben, daher kann »Wissenschaft« *nur* Konsens *»ähnlich«* strukturierter, vor allem *kooperierender* Subjekte sein. (Und zumindest anmerkungsweise sei hier eingefügt, daß »Kunst« aller Art in eben diesem »Sensorium-Motorium«-Kreis ihren funktionalen Ort hat: als subjektabhängige Produktion innovativer Interaktionsmöglichkeiten. Damit ist auch die Aufgabenstellung einer *empirischen Ästhetik* angedeutet.)
Anhand von Maturanas Kognitionsmodell läßt sich nun auch das weiter erläutern, was »Kommunikation« heißen soll. Nimmt man Shannons Modell der Nachrichtenübertragung und setzt für

»Nachrichtenquelle« und »Nachrichtenrezipient« ein *Lebewesen*, dann liegt auf der Hand, daß in diesem Lebewesen (entsprechend allen »Gesetzen« der Maturanaschen Theorie »autopoietischer« Systeme) die »Bedingungen der Möglichkeit« aller Zeichen- bzw. Kodebildung und deren Anwendungen, d. h. entsprechender semiotischer Interaktionen, gegeben sein müssen: nur mit Bezug auf »Subjekte« also, auf selbst-referentielle (»kognitive«) Systeme, läßt sich Kommunikation in ihren jeweiligen historischen Ausprägungen empirisch erforschen, nur in den Subjekten können überhaupt die durch die kommunikativen Kodes vermittelten »Bedeutungen« als »Elemente« (irgendwelcher Art) des autopoietischen Kognitionsprozesses »angesetzt« und – wie auch immer – aufgesucht werden. Alle Kommunikation ist daher *trivialerweise* spezialisierte Interaktion, setzt also ein funktionsfähiges Gesamtsystem Mensch-Umwelt voraus, d. h. eine strukturierte Interaktionseinheit, die sich aufgrund ihrer Vorgeschichte (Ontogenese, Sozialisation etc.) in ihrem jeweiligen entsprechenden Interaktionsbereich bewegt. Ontogenetisch kann Zeichengebrauch folglich erst nach hinreichender organismischer Stabilisierung sinnvoll einsetzen. Jede »Äußerung« (für den Beobachter) eines Kleinkindes ist ja zunächst noch lange Zeit integraler Bestandteil seines Gesamtverhaltens, und die häufigen Mißverständnisse auf beiden Seiten unterstreichen nur nachdrücklich die Schwierigkeit der Entwicklung *konsensueller* Bereiche des Interagierens bzw. deren Differenzierung in irgendwelche »Teile«, die einen »Namen« erhalten, bis Zeichen schließlich zusammen mit entsprechendem Verhalten immer mehr in der uns vertrauten Art »ersatzweise« für Nichtvorhandenes, Vorgestelltes, Erträumtes usw. eintreten. Die in der Ontogenese beobachtbaren Phasen zwischen dem ersten experimentellen Interagieren mit der Umwelt über den Aufbau differenzierter Verhaltensmuster (entsprechend den Sozialisationsinstanzen) und dem oft äußerst »abstrakten« semiotisch vermittelten Interagieren, d. h. »virtuellen« Verhalten im Erwachsenenalter, lassen zwar die Rolle erkennen, die Kommunikation in unserer Welt spielt, machen aber auch deutlich, daß sie, wie komplex und scheinbar autonom sie auch sich geben mag, im konkreten sinnlichen Interaktionsprozeß des Individuums verankert ist und bleibt.

Auf eine detaillierte kommunikationstheoretische Interpretation des Kognitionsmodells von Maturana muß ich hier verzichten.

Ich möchte nur folgende Punkte herausgreifen, die auch schon in dieser abstrakten Formulierung Konsequenzen erfordern und ermöglichen.

Was wir »Bedeutung« nennen, ist streng genommen nur im menschlichen Individuum als kognitivem System »vorhanden«, »funktioniert« folglich nur im Prozeß der individuellen »Autopoiese«, der seinerseits aber natürlicherweise völlig *unabhängig* von sprachlichen Zeichen verläuft und dadurch nicht in seinen Interaktionsmodi determiniert wird, wie es die dogmatische Fassung des sogenannten »linguistischen Relativitätsprinzips« behauptet, nach dem Wahrnehmung und Denken von den verfügbaren Sprachmitteln abhängig sein sollen. Auch jene Redeweisen sollte man vermeiden, die von »in der Sprache« gegebenen Vorstellungen sprechen, so als ob Sprache in der Tat eine Humboldtsche »Zwischenwelt« eigenen Rechts (zwischen Subjekt und »objektiver Realität«) wäre, oder im platonischen Sinn etwa ein autonomer Abglanz des idealen Reichs der Ideen. In solchen Äußerungen zeigt sich höchstens unsere anerzogene (und u. a. von der analytischen Wissenschaftstheorie kodifizierte) Neigung, die Interaktion mit Welt nicht direkt (und primär) über Wahrnehmung und Handeln zu suchen (und auch Erziehungs- und Lernprozesse entsprechend anzulegen), sondern nur Benennbarem und sprachlich Formulierbarem den Rang von Wissen oder Erkenntnis zuzuerkennen bzw. umgekehrt Zeichen zu ontologisieren. »Bedeutungen« von Zeichen sind also streng auf ein individuelles System in seinem jeweiligen Zustand zu beziehen und daher *in diesem* aufzusuchen. »Bedeutungen« (im Sinne eines Beobachters) *entstehen* folglich im ontogenetischen Prozeß im Zuge der Interaktion mit der jeweils gegebenen Umwelt entsprechend dem Interaktionspotential des Systems und der Reichhaltigkeit der Umwelt. Menschen können komplexeste und höchst differenzierte Interaktionspotentiale ausbilden, ohne besonders differenzierter Semiose bzw. Sprache fähig zu sein – man denke etwa an die »kompensierenden« Fertigkeiten Behinderter, an die hochspezialisierten und differenzierten Fertigkeiten von Handwerkern, Sportlern, Künstlern, die semiotisch überhaupt nicht vermittelbar sind. Es ist ein Dogma der Tradition, daß »Bewußtsein« und Sprache *eins* seien, daß bewußtes Denken und Handeln *nur* über Sprache möglich seien, daß folglich erst Sprache »Sein« in »Bewußtsein« überführe.

Zwei Beispiele zur Veranschaulichung:
Im bekannten (und nach wie vor ungeklärten) französischen Kriminalfall Dominici stand der alte Dominici, ein Bauer aus Südfrankreich, im Verdacht, mit seinen Söhnen eine englische Urlauberfamilie ermordet zu haben; der Dichter Jean Giono, der den Prozeß beobachtete, notierte, daß Dominici nur 85 Wörter gebrauchte – wie immer Giono hier gezählt haben mag: eine sehr kleine Zahl! –, während sein Richter 5000-10 000 oder mehr beherrschte. Dennoch gab es keinerlei Kommunikationsprobleme, im Gegenteil, Dominici erwies sich als äußerst klug, verständlich, ja schlagfertig... Tervoort (1968) berichtet von einem Experiment mit Taubstummen und Normalsprachigen, denen die Zeichenfolge

YOU ME DOWNTOWN MOVIE FUN

(in Taubstummensprache für die Taubstummen, geschrieben für die anderen) vorlag. Die Zeichenfolge wurde in allen insgesamt möglichen 120 Permutationen, also *ohne* irgendwelche weiteren syntaktischen Merkmale, stets ohne Schwierigkeiten semantisch interpretiert! Sprache ist keineswegs *der* »Schlüssel zur Welt«!
Dies ändert natürlich nichts daran, daß Sprache bzw. die Fähigkeit, über Zeichen in »abstrakten« Situationen miteinander *praktisch* tätig zu sein, eine wichtige Fertigkeit instrumenteller Art sein kann. Aus der im strengen Sinn *vor-* bzw. *un-sprachlichen* Natur kognitiver Systeme sind aber wichtige Konsequenzen für die Erziehungs- und Sozialisationstätigkeit abzuleiten, die ich hier allerdings nicht weiter ausformulieren kann.
»Kommunikation« heißt daher Einflußnahme eines Organismus (in einem bestimmten, raumzeitlich determinierten Zustand) auf einen anderen über »Zeichen«, die für »Bedeutungen« stehen, welche im Idealfall für beide Organismen aufgrund ihrer Anteilnahme an einem konsensuellen Interaktionsbereich »aktualisierbar« (oder: »konkretisierbar«) sind oder jeweils durch zusätzliche kognitive Akte mithilfe des verfügbaren Interaktionspotentials »konstituiert«, also mehr oder minder »neu« konstruiert werden können. Der Optimalfall ist für lebende Systeme meist nur in trivialen Fällen gegeben, in Situationen nämlich, die hochgradig routinisiert, wenn nicht automatisiert sind. Eben diesen Optimalfall beschreibt Shannons Modell. Der Normalfall ist vielmehr stets der, daß »Intention« seitens des Senders von Zeichen und

»Verstehen« seitens ihres Empfängers beträchtlich voneinander abweichen (ohne daß dies immer »bewußt« wird). Oft läßt sich durch Rückfragen, genaueres Hinsehen oder auch »Kombinieren« das vom Sender »Gemeinte« im wesentlichen rekonstruieren, auch wenn dessen Erfolg lediglich indirekt überprüfbar ist, etwa anhand damit zusammenhängend zu beobachtender Akte, Verhaltensweisen, Veränderungen u. ä. Hinreichende Verständigung erfordert daher gewöhnlich eine entsprechende Veränderung der beteiligten Subjekte, eine Anpassung ihrer Nischen, eine Regularisierung ihres Zeichengebrauchs. Kurz: Kommunikation zwischen Lebewesen ist fast immer ein Lernprozeß, d. h. ein Prozeß der Veränderung der Struktur der beteiligten Systeme, provoziert, induziert und gesteuert durch Zeichen.

Aufgrund des bisher Gesagten dürfte nunmehr auch klar sein, daß aus »Zeichen« als Repräsentanten »kognitiver« Zustände von Lebewesen nicht auf »feste« und »dauerhafte«, wohldefinierte »Objekte« geschlossen werden darf oder gar die Menge der jeweils gegebenen »Bedeutungen« als durch die hierfür verfügbaren Zeichen *determiniert* angesehen werden darf. Vielmehr ist Kommunikation *nur* möglich zwischen entwickelten und zur Konsensbildung fähigen Systemen. Solche Konsensbildung ist stets *normativ*, entweder ein Ergebnis permanenter wechselweiser Anpassung oder der gewaltsamen Durchsetzung und Perpetuierung einer Norm. Kommunikationsfähigkeit setzt daher hinreichendes Interaktionspotential voraus. (Jedes naive Programm der Herstellung von Chancengleichheit durch »kompensatorische Spracherziehung« *muß* daher solange scheitern, solange *nur* eine zusätzliche *Zeichenmenge* allein gelehrt wird, die auf das individuelle Interaktionspotential der sogenannten »Benachteiligten« *nicht* Bezug nimmt, diesen andererseits aber auch den den neuen Zeichen entsprechenden konsensuellen Referenzbereich nicht *praktisch* vermittelt!)

Zeichen sind also grundsätzlich *sekundär*, sie setzen kognitive Systeme und deren spezifische kognitive Realitäten voraus, sie »bilden« diese in keiner Weise »ab« – auch nicht im Falle der Lautmalerei –, sie geben als solche keinerlei Hinweis auf die Komplexität des »Gemeinten« – auch die wortreichsten und schwierigsten Ausführungen müssen nicht unbedingt sehr »bedeutsam« sein –, sie »garantieren« eigentlich gar nichts! Und es ist in der Tat erstaunlich, daß wir damit praktisch zu Rande kommen. Dies hat aber gravierendste Konsequenzen für die Vermittlung und das Training der sogenannten »Kommunikationsfähigkeit«, der produktiven wie der rezeptiven: diese muß nämlich primär *Interaktionstraining* sein, d.h. Wahrnehmungs-, Denk- und Urteilstraining. Erst auf dieser Basis läßt sich mit Zeichen operieren. Grundsätzlich bleibt jede Verwendung wie Interpretation von Zeichen streng subjektabhängig, im extremen Fall ist das, was »gesagt« wird, d.h. der semiotische Oberflächenaspekt, für das Verhalten sogar völlig irrelevant: die Bewegung »General Semantics« hat es auch ausdrücklich formuliert (vgl. Hayakawa o.J.). Maturana drückt dies auf folgende Weise aus: Es ist dem kommunikativ Orientierten überlassen, wohin er durch selbständige interne Einwirkung auf seinen eigenen Zustand seinen kognitiven Bereich orientiert. Seine Wahl wird zwar durch die »Botschaft« verursacht, die so erzeugte Orientierung ist jedoch unabhängig von dem, was diese »Botschaft« für den Orientierenden repräsentiert (1974, 50). Alltagssprachlich: Was immer du *sagst*, ich verstehe, was *ich* verstehe bzw. was immer *ich* verstehe, verstehe ich bzw. meine ich, egal was ich *sage* ... (Alfred Polgar hat einmal gemeint, daß dem Hund alles Gefühl auf dem Wege vom Herzen zum Maul zum Gebell wird ...) Und so ergibt sich »Konsens nur durch kooperative Interaktionen, wenn das dabei sich ergebende Verhalten jedes Organismus der Erhaltung beider Organismen dienstbar gemacht wird« (Maturana ebd.). Daraus folgt, daß »Bedeutung« in den sie repräsentierenden Zeichen als empirisches Objekt gar nicht direkt zugänglich ist. Die Tatsache, daß der erst wieder neu entdeckte »situative Kontext« (einschließlich der beteiligten Partner) eine wesentliche Rolle spielt und daß Kommunikation sich ja stets erst in solchen »Kontexten« funktional adäquat realisiert, ist in diesem Zusammenhang daher eine notwendige, aber triviale Folge! Dies verwundert nicht, denn man hat ja zunächst von diesem »Kontext« (d.h. den vielfältigen konsensuellen Bereichen i.o.S.) »abstrahiert« und nach Saussure das »Zeichensystem« Sprache als »soziales Objektivgebilde« (Vierkandt) oder gar als universale angeborene »Kompetenz« (Chomsky) zum angeblich spezifisch »linguistischen« Gegenstand erst präpariert, ebenso wie Aristoteles seine zweiwertige Logik aus den mannigfaltigen Argumentationsmodi des Alltags herauskristallisierte und zur Norm erhob, wie Shannon den (automatisierbaren) Idealfall der Signalübermittlung formuliert hat ...?

Es ist daher völlig natürlich, daß in den sprachlichen Zeichensystemen nicht nur *eine* Systematik oder Logik konsistenter Art zu finden ist ... Mario Wandruszka (1969; 1971) hat an einer Fülle von vergleichenden Beispielen aus europäischen Sprachen nachgewiesen, daß die sprachlichen Zeichensysteme – von den anderen semiotischen Systemen ganz zu schweigen – alles eher als konsistent, vollständig und »logisch« sind.
Wenn aber nun »Kommunikation« *nur* in bezug auf die beteiligten Subjekte überhaupt funktionieren (und somit wirken) kann und wenn ein und dieselben Zeichenäußerungen einmal so, dann wieder anders »verstanden« werden können – dies ist nicht nur unsere Alltagserfahrung, sondern das eindrucksvolle Tätigkeitsbild der Literaturwissenschaftler, Juristen Philosophen ..., von den Politikern und anderen »Praktikern« ganz abgesehen –, *wie* soll dann eine verallgemeinerte Semantik überhaupt möglich sein? Die Tatsache, daß Wörterbücher existieren, beweist nur das Gegenteil: sie sind nämlich ohnehin nur für bereits Orientierte brauchbar, wie die schönen Beispiele nicht erst der Computerübersetzungen zeigen (Invisible Idiot = »Aus den Augen, aus dem Sinn«). Und niemand würde doch im Ernst behaupten – so wie es die frühen Computerenthusiasten taten, die »automatische Übersetzung« für möglich hielten –, daß es genüge, einem Ausländer (oder auch einem Kind, das lesen gelernt hat) ein Wörterbuch und eine Grammatik der zu lernenden Sprache in die Hand zu drücken, daß er damit »die Sprache« lernen könne ...! Schließlich betone ich nochmals – und man muß es bis zum Überdruß betonen –, daß in den meisten Fällen kommunikativer Interaktion zwischen Menschen die Vermittlung des »Gemeinten« nur teilweise, fragmentarisch oder modifiziert »gelingt«, daß dies kaum prüfbar ist und daß daher kommunikative Äußerungen eher als Stimuli (oder »Turbulenzen«) im Interaktionsbereich des Adressaten angesehen werden müssen, die entsprechend dem gegebenen Zustand desselben zu bestimmten individuendeterminierten Transformationen führen, die nur wenig oder gar nichts mit der originalen »Botschaft« bzw. dem »Intendierten« seitens des »Senders« oder Beobachters gemeinsam haben! Was ein Rezipient »versteht«, ist höchst indirekt durch die Botschaft determiniert – schon gar, wenn diese sehr »abstrakt« ist wie im Falle gedruckter Texte. Eben darum »wirkt« Literatur, solange sie überhaupt rein zeichenmäßig dekodierbar ist, jahrhunderte-

lang in höchst variabler Weise, eben darum fällt es schwer, jene literaturwissenschaftlichen Ideologien zu akzeptieren, die nach »der« Bedeutung von Texten, nach ihrer »richtigen« oder »adäquaten« Interpretation fragen und suchen. Und gleiches gilt für das Programm einer Sprachtheorie, die nach »objektiven« Fakten »suchen« möchte und daher entsprechende Glaubenssätze aufstellen muß. Auch eine empirische Semantik in einem solchen absolutistischen Sinn kann daher nur eine idealtypische Projektion sein, die in ihren Ergebnissen ihre praktische Adäquatheit fortwährend zu erweisen hat. In keinem Falle wird sie ahistorisch und unabhängig von den jeweils sie hervorbringenden und im Gebrauch ständig adaptierenden Individuen konstruierbar und praktizierbar sein. Da wir fähig sind, konsensuelle Interaktionsbereiche aufzubauen und unseren Bedürfnissen bzw. wechselnden Umweltgegebenheiten entsprechend zu modifizieren, sind wir auch imstande, durch kooperative Interaktionen den konsensuellen Bereich »empirische Semantik« aufzubauen. Wie im Vorangegangenen zumindest in einigen Aspekten angedeutet wurde, kann diese notwendigerweise primär »operative« Tätigkeit nicht von den Zeichen, von der Signalsemiotik ausgehen oder nur mit Zeichen arbeiten, sondern nur vom individuellen Kognitionsprozeß, der all das umfaßt, was als »Bedeutungsbildung« oder »Bedeutungsgebrauch« bezeichnet werden kann. Die »Bedingung der Möglichkeit« aller Kommunikation ist eine durch historisch (diachron *und* synchron) variierende Kodes geregelte Semantik, die ihrerseits in den jeweiligen individuenspezifischen Kognitionsprozeß eingebettet bzw. dadurch in jeder Hinsicht bedingt und geprägt ist.

Literatur

Anschütz, H. (1970), *Kybernetik – kurz und bündig*, Würzburg.

Arnheim, R. (1969), *Visual thinking*, Berkeley/Los Angeles.

Arnheim, R. (1974), *Art and visual perception. A psychology of the creative eye – The new version*, Berkeley/Los Angeles.

Ashby, W. R. (1956), *An introduction to cybernetics*, London.

Bar-Hillel, Y. (1968), »Cybernetics and linguistics«, in: Moser, S. (Hrsg.), *Information und Kommunikation. Referate und Berichte der 23. Internationalen Hochschulwochen Alpbach 1967*, München/Wien, 29-38.

Bar-Hillel, Y. (1969), »Wesen und Bedeutung der Informationstheorie«, in: v. Ditfurth, H. (Hrsg.), 1971, *Informationen über Information. Probleme der Kybernetik,* Frankfurt, 9-13.
Bastian, H.-D. (1968), »Anfangsprobleme im Gespräch zwischen Kybernetik und Theologie«, in: Moser, S. (Hrsg.), *Information und Kommunikation. Referate und Berichte der 23. Internationalen Hochschulwochen Alpbach 1967,* München/Wien, 177-178.
Bibliographisches Institut (Hrsg.) (1971), *Wie funktioniert das? Die Technik im Leben von Heute,* Mannheim/Wien/Zürich.
Böckelmann, F. (1975), *Theorie der Massenkommunikation,* Frankfurt/M.
Hayakawa, S. I. (o. J.), *Sprache im Denken und Handeln,* 4. völlig überarb. Aufl., Darmstadt.
Kainz, F. (1972), *Über die Sprachverführung des Denkens,* Berlin.
Kohlbecher, G. (1977), *Aspekte einer empirischen Medien-Wirkungsforschung am Beispiel sprachlich-literarischer Kommunikation,* Paderborn.
Kreuzer, H./Gunzenhäuser, R. (Hrsg.) (1971), *Mathematik und Dichtung,* 4. durchges. Aufl., München.
Kuhn, Th. S. (1970), *The structure of scientific revolution,* sec. edition, enlarged, Chicago/London.
Laskowski, W./Pohlit, W. (1974), *Biophysik,* 2 Bde., München/Stuttgart.
Mackay, D. M. (1972), »Formal analysis of communicative processes«, in: Hinde, R. A. (ed.), *Non-verbal communication,* Cambridge, 3-25.
Maletzke, G. (1963), *Psychologie der Massenkommunikation,* 2. Aufl., Hamburg.
Maser, S. (1971), *Grundlagen der allgemeinen Kommunikationstheorie. Eine Einführung in ihre Grundbegriffe und Methoden (mit Übungen),* Stuttgart.
Maturana, H. R. (1970), *Biology of cognition,* Urbana/Ill. Übersetzt von Wolfram K. Köck, Peter M. Hejl, Gerhard Roth, Paderborn 1974.
Merten, K. (1977), *Kommunikation.* Eine Begriffs- und Prozeßanalyse zu einem sozialwissenschaftlichen Grundbegriff, Köln/Opladen.
Meyer-Eppler, W. (1969), *Grundlagen und Anwendungen der Informationstheorie,* 2. Aufl., Berlin.
Noelle-Neumann, E./Schulz, W. (Hrsg.) (1971), *Fischer Lexikon Publizistik,* Frankfurt/M.
Pribram, K. (1971), *Languages of the brain. Experimental paradoxes and principles in neuropsychology,* Englewood-Cliffs/N. J.
Shannon, C. E./Weaver, W. (1949), *The mathematical theory of communication,* Urbana.
Taschdjian, E. (1966), *Organic communications. A lecture course on biological principles,* Dubuque/Iowa.
Taube, M. (1966), *Der Mythos der Denkmaschine. Kritische Betrachtungen zur Kybernetik,* Reinbek b. Hamburg.

Tervoort, B. T. (1968), »You me downtown movie fun«, in: *Lingua* 21, 455-465.

Uexküll, J. v./Kriszat, G. (1970), *Streifzüge durch die Umwelten von Tieren und Menschen. Ein Bilderbuch unsichtbarer Welten/Bedeutungslehre*, Frankfurt/M. (Originale 1934 bzw. 1940).

Ungeheuer, G. (1963), »Grundriß einer Kommunikationswissenschaft«, in: Ungeheuer, G. (1972), *Sprache und Kommunikation*, 2. erw. Aufl., Hamburg, 213-271.

Wandruszka, M. (1969), *Sprachen – vergleichbar und unvergleichbar*, München.

Wandruszka, M. (1971), *Interlinguistik. Umrisse einer neuen Sprachwissenschaft*, München.

Watzlawick, P./Beavin, J. H./Jackson, D. D. (1969), *Menschliche Kommunikation. Formen, Störungen, Paradoxien*, Bern/Stuttgart/Wien.

Watzlawick, P. (1976), *Wie wirklich ist die Wirklichkeit? Wahn – Täuschung – Verstehen*, München.

Wiener, N. (1963), *Kybernetik. Regelung und Nachrichtenübertragung im Lebewesen und in der Maschine*, 2. revid. u. erg. Aufl., Düsseldorf/Wien.

Gebhard Rusch

Autopoiesis, Literatur, Wissenschaft

Was die Kognitionstheorie für die Literaturwissenschaft besagt

für Willi Ehrt

Vorbemerkungen

Literaturwissenschaft wird – wie jede andere Wissenschaft auch – von Menschen betrieben; sie wählen ihre Arbeitsthemen, Methoden und Ziele, sie vertreten ihre Überzeugungen, Hypothesen und Theorien. Und sie haben bestimmte mehr oder weniger explizite Ansichten darüber, welches die Voraussetzungen und Bedingungen ihres Handelns sind, welche Ansprüche sie verwirklichen und welche Ziele sie tatsächlich erreichen können.
In diesem Aufsatz möchte ich etwas über solche Voraussetzungen und Bedingungen, über die Einlösbarkeit bestimmter Ansprüche und die Erreichbarkeit bestimmter Ziele sagen. An dieser Stelle kann natürlich nicht alles so ausführlich, wie es wünschenswert wäre, dargestellt und begründet werden; das habe ich aber an anderm Ort (cf. Rusch 1985) getan und z. T. bereits in einer gemeinsam mit S. J. Schmidt verfaßten Arbeit (cf. Rusch, Schmidt 1983) zur Geltung gebracht.
Zwischen der Literaturwissenschaft auf der einen und den Natur- und Humanwissenschaften auf der anderen Seite bestehen viele z. B. systematische und methodologische Beziehungen, die vor allem dann deutlich werden, wenn man sein Augenmerk etwa auf literatursoziologische und literaturpsychologische Arbeiten richtet. Beziehungen zwischen diesen Großgruppen wissenschaftlicher Disziplinen werden aber auch dadurch hergestellt, daß Wissenschaftler aus verschiedenen Disziplinen voneinander lernen, dadurch, daß sie die Ergebnisse der Arbeiten ihrer Kollegen für ihre eigenen Arbeiten fruchtbar machen, dadurch, daß sie die Arbeiten aus anderen Disziplinen auf ihre Brauchbarkeit für die Lösung theoretischer und praktischer Probleme in der eigenen Disziplin hin untersuchen. In diesem Sinne könnten die Litera-

turwissenschaftler (und nicht nur sie allein) bei der Lösung zum Beispiel ihrer erkenntnis- und wissenschaftstheoretischen Probleme ebenso wie bei der Lösung alltäglich wiederkehrender praktischer Konflikte etwa von den Kognitionsbiologen und den Kognitionspsychologen lernen. Im folgenden will ich einige Aspekte und Konsequenzen eines solchen Lernprozesses zur Sprache bringen.

1. Skizze kognitionstheoretischer Grundlagen

Wenn hier von Kognitionstheorie die Rede ist, so ist nicht nur an solche Vorstellungen gedacht, wie sie in der experimentellen Psychologie im Zusammenhang mit Perzeptions-, Rezeptions- und Apperzeptionsleistungen des Menschen und in verschiedenen Spezialgebieten (z. B. interpersonelle Wahrnehmung, Sprachpsychologie etc.) entwickelt worden sind, nicht nur an Theorien der Wahrnehmung und der Wahrnehmungsverarbeitung, sondern auch an solche Vorstellungen, die – vor allem in jüngerer Zeit – in der theoretischen Biologie (gewissermaßen in historischer Nachfolge Jakob von Uexkülls) über die Organisation und das Funktionieren lebender Organismen im Rahmen kybernetischer systemtheoretischer Konzepte entstanden sind. Faßt man diese kognitionspsychologischen und kognitionsbiologischen Arbeiten unter dem Begriff einer allgemeinen Kognitionstheorie zusammen, so stellen sie ein kohärentes Netzwerk theoretischer Konzepte dar, in dem unsere Sinnes-, Wahrnehmungs-, Verstehens- und Verhaltensleistungen als konstruktive Prozesse beschreibbar und erklärbar werden, als konstruktive Leistungen, die wir im Prozeß unserer Selbsterhaltung als lebende Organismen und aufgrund unserer strukturellen und funktionalen Beschaffenheit erbringen.
Im folgenden werde ich zunächst auf einige der zentralen Gedanken kognitionsbiologischer und kognitionspsychologischer Konzepte eingehen, um dann in einem weiteren Schritt einen erkenntnistheoretischen Standpunkt vorzustellen, der mit diesen kognitionstheoretischen Annahmen konsistent ist.

1.1 Kognitionsbiologie: Autopoietische Systeme

Der gegenwärtig bedeutendste Vertreter kognitionsbiologischer Konzepte ist zweifellos der chilenische Biologe und Neurophysiologe Humberto R. Maturana. In seinen Arbeiten (Maturana 1977; Maturana 1982; Maturana 1983), mit denen er unmittelbar auch an (eigene) experimentelle Befunde aus der Sinnesphysiologie und Ethologie niederer Tiere, Primaten und Menschen anknüpft, beschreibt er lebende Organismen als autopoietische Systeme (griechisch: autos – selbst; poiein – machen). Solche Systeme sind im wesentlichen durch folgende Eigenschaften charakterisiert:

I Sie weisen eine zyklische Organisation auf; d. h.: das Resultat des Zusammenwirkens ihrer Bestandteile ist wiederum das Zusammenwirken ihrer Bestandteile. Mit anderen Worten, das Zusammenwirken ihrer Bestandteile bedeutet die Re-Produktion eben dieser Bestandteile, wodurch das Bestehen des Systems gesichert wird.

II Autopoietische Systeme sind operational geschlossen und selbstreferentiell; d. h.: für die Aufrechterhaltung ihrer Existenz benötigen sie keinerlei ›Information‹, die nicht in der einen oder anderen Form in ihnen selbst angelegt wäre. Sie beziehen sich in ihrem Operieren und in ihren Aktivitäten ausschließlich auf sich selbst, auch dann, wenn ein Beobachter ihre Aktivitäten als Arten des Umgangs mit Objekten in der Welt beschreibt.

III Autopoietische Systeme sind strukturell plastische Systeme; d. h.: im Rahmen der organisationell gesetzten Bedingungen können ihre jeweiligen konkreten Strukturen variieren (sie können z. B. wachsen, altern, lernen, sich differenzieren und spezialisieren usw.). Führen strukturelle Modifikationen jedoch zur Zerstörung der zyklischen Organisation, so zerfällt das System.

IV Autopoietische Systeme existieren als operative Einheiten in einem Medium, an das sie strukturell gekoppelt sind; d. h.: Vorgänge in diesem Medium, von denen das System aufgrund seiner pysiologischen, sensorischen usw. Beschaffenheit betroffen werden kann, wirken sich als strukturelle Deformationen auf das System aus. Indem es nun seine Deformationen in einer Weise kompensiert, die ausschließlich von ihm selbst abhängt, verändert es sich kontingent zu den oben spezifizierten Vorgängen im Medium. Deshalb aber besteht noch kein deterministischer Zusammenhang zwischen solchen Vorgängen im Medium und ›Reaktionen‹ des Systems. Das Medium selektiert lediglich im System selbst ausgebildete und angelegte Reaktionsmöglichkeiten, spezifiziert und determiniert sie aber nicht.

v Autopoietische Systeme sind homöostatisch bezüglich der Erhaltung ihrer Organisation und Angepaßtheit; d.h.: sie tendieren dahin, über all ihre Interaktionen mit dem Medium und über alle Deformationen und strukturellen Modifikationen hinweg ihre Organisation aufrechtzuerhalten. Zugleich tendieren sie dahin, ihre Angepaßtheit an die im Medium herrschenden Bedingungen zu erhalten. Das funktionale Ziel ist aber nicht die Anpassung an das Medium, sondern die Erhaltung einer mit dem Medium kohärenten Struktur. Es gibt keinen einzigen lebenden und nicht in diesem Sinne angepaßten Organismus; mit den medialen Bedingungen inkonsistente Systeme könnten gar nicht existieren.

vi Komplexere autopoietische Systeme werden in der Regel von Nervensystemen integriert, deren Funktion allein in der Koordination sensorischer und effektorischer Aktivitäten des Systems besteht. Dabei erweitern Nervensysteme aber auch den Verhaltensbereich (Kognitionsbereich) lebender Systeme um eine Menge ›interner‹ Interaktionen reiner Relationen. Der (neuro-)physiologischen Beschaffenheit lebender Organismen gemäß besagt dies, daß der im Erleben uns allen vertraute Umgang mit Objekten und Ereignissen der Erfahrungswelt nicht eigentlich ein Umgang mit unabhängig von uns ›an sich‹ existierenden Entitäten ist, sondern ein ›Umgang‹ mit jeweils bestimmten Aktivitätszuständen, Aktivitätsunterschieden und Aktivitätsveränderungen der Nervenzellen in unseren verschiedenen Sinnesorganen und höheren Zentren des Nervensystems. Auf diese Weise kann man sich die Welt mit allen Objekten, Ereignissen usw. in den Abermillionen von Aktivitätsmustern der Sinneszellen und der bis ins Gehirn nachgeordneten nervösen Schaltelemente verkörpert vorstellen.

vii Dadurch, daß aktivierte Nervenzellen weitere Nervenzellen und diese wiederum andere Nervenzellen aktivieren, kann es in komplexeren Nervensystemen zu operationalen Rekursionen, d.h. dazu kommen, daß ein System mit sich selbst interagiert. M. a. W., das System kann sich selbst beschreiben und – bei immer weiteren Rekursionen – in einem unendlichen Prozeß sich selbst beschreibend beschreiben. Auf diese Weise kommt zustande, was man einen Beobachter und Selbstbewußtsein nennen kann.

VIII Aufgrund der Art und Weise ihres Funktionierens und der Art und Weise ihrer strukturellen Modifikationen operieren autopoietische Systeme induktiv.

IX Autopoietische Systeme können miteinander interagieren, indem sie sich gegenseitig in ihren jeweiligen Kognitionsbereichen repräsentieren. Dabei kommt es zur Ausbildung konsensueller Bereiche.

Diese für lebende Systeme im allgemeinen formulierten strukturellen und funktionalen Eigenschaften gelten natürlich auch für den Menschen. Dabei ist offensichtlich, daß diese Auffassung von lebenden Systemen und vom Menschen weitreichende und sehr spezielle Konsequenzen für das Verständnis unserer selbst, unseres Denkens und Handelns hat. Die kognitionsbiologischen Konzepte führen uns zu einer Auffassung, die im philosophischen und metaphysischen Denken aller Zeitalter und Traditionen immer wieder in verschiedenen Spielarten und mit unterschiedlichen Gewichtungen aufgetreten ist und auch heute unsere Intuitionen (wenn auch nicht unbedingt die herrschenden Lehrmeinungen) über die menschliche Kognition prägt: zum Konstruktivismus.

1.2 Kognitionspsychologie: Die Konstruktion der Wirklichkeit

Für Kognitionspsychologen ist es eine Selbstverständlichkeit: was in unserer Wahrnehmung erscheint, ist keine quasi fotografische Abbildung der uns umgebenden Wirklichkeit, und der Wahrnehmungsprozeß ist kein passiver Prozeß der getreuen internen Reproduktion äußerer Dinge und Sachverhalte. Kognitive Systeme sind vielmehr konstruktive Systeme. Die Welt unserer Anschauung ist in allen ihren Aspekten das Resultat unserer Konstruktionsleistungen. Diese Ansicht wird mittlerweile durch eine große Anzahl experimenteller und daran anknüpfender theoretischer Studien gestützt. Zu den bekanntesten Arbeiten dieser

Art zählen zweifellos die Werke der Gestalttheoretiker, z. B. von W. Köhler, M. Wertheimer und W. Metzger, die im Anschluß an E. Hering »die gesamte Realität des naiven Realisten, ich und Umwelt gleichermaßen, als bedingt durch Vorgänge im Nervensystem« (Metzger 1975, 2) ansehen. Und die in unserer Wahrnehmung auftretenden ganzheitlichen Elemente (Gestalten) verdanken im Sinne dieser Auffassung ihre Existenz und Qualität dem Zusammenwirken nervöser Schaltelemente (cf. z. B. Wertheimer 1912), in dem durch Felder sensorischer Aktivitäten ausgelöste kognitive Schemata (Gruppen von Nervenzellen) aktiviert werden, die gewissermaßen als Assimilationsschemata fungieren und spezifische Sinneseindrücke bedeuten.
Auch J. Piaget hat in seinem umfangreichen Werk immer wieder auf die aktive und konstruktive Rolle kognitiver Systeme zum Beispiel auch in Wahrnehmungszusammenhängen verwiesen und die sinnlichen und geistigen Leistungen des Menschen auf sensomotorische Schemata und deren Koordinationen, Differenzierungen, Integrationen, Interiorisierungen, Äquilibrationen usw. zurückgeführt (cf. zum Beispiel Piaget 1974; 1975; 1976).
Im Anschluß an die sprachpsychologischen Arbeiten von K. T. Stevens und N. Halle konnte U. Neisser die Relevanz des Konzeptes der ›Analyse-durch-Synthese‹ auch für die visuelle und akustische Wahrnehmung zeigen (cf. Neisser 1974).
Diese Liste ließe sich ohne weiteres verlängern; gerade in den vergangenen zehn Jahren ist die kognitionspsychologische Arbeit auf den Gebieten der Wahrnehmungs- und insbesondere der Sprachpsychologie besonders intensiviert worden (für einen Überblick über wahrnehmungspsychologische Arbeiten cf. zum Beispiel Vernon 1977; für sprachpsychologische Arbeiten Hörmann 1976; allgemein Watzlawick 1978).

Abb. 1: Ratte und Profil.
(Nach Bugelski, Alampay 1961;
hier nach Vernon 1977, 106.)

Abb. 2: Frau und Schwiegermutter. (Nach Boring 1930; hier nach Vernon 1977, 117.)

Als besonders instruktiv und illustrativ für die Konstruktivität menschlicher Kognition haben sich die Wahrnehmungsphänomene beim Betrachten von Vexierbildern (s. die obige Abbildung und cf. z. B. Vollmer 1978, 83-93; Vernon 1977), beim Anhören von kurz aufeinanderfolgenden vielmaligen Wiederholungen des gleichen sprachlichen Ausdrucks (cf. Lilly 1979, 72 ff., 133 f.; Foerster 1981, 42), bei Experimenten mit Blickfixierungen (cf. z. B. Lindsay, Norman 1972, 33-37) oder dem gänzlichen Auslöschen visueller Eindrücke erwiesen. Bei Vorlage von Vexierbildern erzeugt der Betrachter spontan eine ›eindeutige‹ Wahrnehmung einer Figur, an deren Stelle (je nach Erwartung und Informiertheit) dann nach kurzer Zeit die Wahrnehmung einer ganz anderen Figur und schließlich wieder die ursprüngliche Wahrnehmung treten kann, was als ›Umkippen‹ der jeweils in der Wahrnehmung aktuellen Figur erlebt wird. Visuelle Wahrnehmungen kann man schließlich ganz zum Verschwinden bringen, wenn die augenmotorischen Aktivitäten kompensiert werden, wodurch ein Bild auf der Retina fixiert wird. Ganz ähnlich ist es auch beim Anhören eines auf eine Tonbandschleife gesprochenen (meist mehrsilbigen) Ausdrucks. Zunächst wird dieser Ausdruck gehört; nach mehrmaligen Wiederholungen stellen sich jedoch ganz neue auditive Wahrnehmungen ein, es werden neue und andere Worte, aber auch kurze Redewendungen gehört.

1.3 Radikaler Konstruktivismus

Ausgehend von den experimentellen Befunden der Psychologie, Neurophysiologie, Biologie und Ethologie und aufbauend auf die dort unter dem Einfluß von Kybernetik und Systemtheorie entwickelten Modellvorstellungen von der Beschaffenheit und den Prinzipien des Operierens lebender Organismen ist im Verlaufe der letzten ca. 50 Jahre eine Konzeption entwickelt worden, deren Umrisse zwar in vielen (auch sehr frühen) über die verschiedenen wissenschaftlichen Disziplinen der Natur- und Geisteswissenschaften verstreuten Arbeiten angelegt sind, die aber erst durch Forscher wie Ludwig von Bertalanffy, John von Neumann, Heinz von Foerster, William T. Powers, John Richards, Ernst von Glasersfeld und andere systematisiert und in einen system- und kognitionstheoretischen Rahmen integriert wurden.

Für diese Konzeption sind die Begriffe des Operierens und der Konstruktivität zentral. Kognitive Systeme, so macht Heinz von Foerster deutlich, konstruieren durch ihre Operationen im Prozeß ihres Operierens und abhängig von den Modalitäten dieses Operierens ihre Wirklichkeit (cf. Foerster 1981, 39-60). William T. Powers, John Richards und Ernst von Glasersfeld brachten Argumente für die Überlegung bei, daß sinnliche Eindrücke (und mit ihnen die Objekte und Qualitäten der Welt) gewissermaßen als Betriebsmodalität lebender kognitiver Systeme, als Prozeß der Kontrolle und Steuerung von Perzeptionen und im Prozeß sensorisch-effektorischer Koordination auftreten (cf. zum Beispiel Richards, Glasersfeld 1979). Demnach wäre also auch der Mensch nicht dafür gemacht, seine äußere Umgebung (das Medium, in dem er als lebende Einheit existiert) erkennen zu können. Was ihm als äußere Umgebung, als Environment erscheint, was ihm als Welt gilt, in der er handelt, wäre vielmehr seine vollständige autonome Leistung, so etwas wie ein Trick in der Organisation seiner Operationen, ein Trick seines eigenen Funktionierens. Das Er-leben von Welt und die Verarbeitung solcher Er-lebnisse wäre gewissermaßen so etwas wie ein rückgekoppelter Output eines basal vorprogrammierten und sich selbst programmierenden Systems aus kognitiver Software und neurophysiologischer Hardware. Rückkopplungsphänomene sind von den häuslichen Verstärkeranlagen her wohl allgemein bekannt; um eine Rückkopp-

lung dieser Art zu erzeugen, benötigt man ein Mikrophon, einen Verstärker und einen Lautsprecher. Durch Regelung der Eingangsgröße am Verstärker und/oder durch Regelung der Lautstärke kann man äußerst unangenehme pfeifend-kreischende Geräusche erzeugen. In der Analogie entsprechen solche Geräusche dem Prozeß sinnlicher Eindrücke, dem Statthaben von Wahrnehmungen. Und unser Verhalten und Handeln entspricht der Kontrolle und Steuerung der Art und Intensität dieser Geräusche.
Diese Überlegungen geben nun Anlaß zu einer grundlegenden Umorientierung. Unter den genannten Voraussetzungen lebt der Mensch *nicht* in der Welt, die er wahrnimmt und mit der er umgeht, sondern er lebt und überlebt *mit* dieser Welt, d. h. sozusagen durch das Konstruieren von ›Weltartigem‹; und in diesem Sinne erfüllt das Er-leben von Welt eine instrumentelle Funktion im Prozeß der Autopoiese für die Aufrechterhaltung der Organisation und Angepaßtheit des lebenden Systems.
Von diesen Grundannahmen ausgehend hat Ernst von Glasersfeld seine erkenntnistheoretische Position des radikalen Konstruktivismus begründet (cf. z. B. Glasersfeld 1981a/b). Die Radikalität dieses kognitionstheoretischen Konstruktivismus liegt darin, daß er jedes menschliche Erkennen und Denken als Konstruktion im Prozeß menschlicher Kognition und Autopoiese ansieht und keine Ausnahme von dieser ›Regel‹ zuläßt. Die Konsequenzen dieser Radikalität sind einfach, aber brisant und weitreichend:

- Die Erkenntnis der absoluten Wirklichkeit ist uns, gerade weil wir lebendige Organismen sind, versagt; vielleicht wissen die Toten mehr darüber.
- Objektivität im Sinne eines unverfälschten, direkten oder reinen Zugangs zu einem Objekt oder Sachverhalt ist menschenunmöglich; bestenfalls können wir (durch parallel ablaufende Ko-Konstruktionen) Intersubjektivitäten herstellen.
- Wahrheit in einem absoluten Sinne ist menschenunmöglich; bestenfalls können die Verifikationsverfahren, nach denen wir in unseren Sozialisationsgemeinschaften mit Sätzen umgehen, intersubjektiv und unsere Urteile über Wahrheit und Falschheit von Sätzen parallel sein.
- Alle Wahrnehmungen, Wissensbestände, Denkarten und kulturellen Formen (Lebensformen) sind Instrumente im Prozeß menschlicher Autopoiese.

– Auch der radikale Konstruktivismus selbst ist ein solches Instrument, eine Konstruktion; auch von ihm kann nicht gesagt werden, ob er (in ikonischem Sinne) mit der absoluten Wirklichkeit übereinstimmt oder nicht; auch für ihn kann weder Objektivität (in einem absoluten Sinne) noch Wahrheit (in einem absoluten Sinne) reklamiert werden.

Es kommt nun darauf an, zu erkennen, daß man mit der Aufgabe von absoluten Erkenntnis-, Objektivitäts- und Wahrheitsansprüchen um nichts als ein paar echte Fiktionen und um die Fülle der daraus entstandenen Probleme ärmer wird.

2. Was die Kognitionstheorie für die Literaturwissenschaft besagt

In den folgenden Abschnitten möchte ich andeuten, unter welchen Aspekten eine aus einer allgemeinen Kognitionstheorie sich ableitende radikal konstruktivistische Philosophie für die Literaturwissenschaft relevant ist. Weil es auch dabei nicht um Vollzähligkeit, sondern nur darum gehen kann, Richtung und Ausprägungen einer neuen Denkweise in ihren Umrissen darzustellen, werde ich mich auf Aspekte mehr allgemeiner Art konzentrieren.

2.1 Erkenntnistheoretische Aspekte

Aus radikal konstruktivistischer Sicht erscheinen nicht nur die Leistungen unseres Er-lebens und Wahrnehmens als Instrumente im Prozeß menschlicher Kognition. Dasselbe gilt auch für all unsere Verstandesleistungen und Verstandesoperationen, für Konzeptualisierungen, Beschreibungs- und Kategorisierungssysteme usw. Wenn wir nun noch erkennen, daß alle Referenten unserer sprachlichen Ausdrücke im Bereich unserer Kognition liegen, und wenn wir erkennen, daß unsere Auffassungen, Vorstellungen und Wissensbestände über die Beschaffenheit und die Funktionsweise der Wirklichkeit, kurz: unser gesamtes als ontologisch anzusehendes Wissen, allein in Hinsicht auf den Prozeß unserer Kognition signifikant ist und nicht so etwas wie die wirkliche Beschaffenheit der unabhängig von uns gedachten Wirklichkeit repräsentiert, dann wird einsichtig, daß unsere ›natürlichen‹ und wissenschaftlichen Ontologien und all unsere Vorstellungen davon, was etwas ist und wie es beschaffen ist, als Instrumente im Prozeß unserer Kognitionen operative Relevanz haben. Ob wir eine ontologische Vorstellung bewahren oder tradieren, hängt nicht davon ab, ob sie mit der Wirklichkeit übereinstimmt oder nicht – denn wer könnte so etwas schon feststellen? Das Kriterium dafür ist vielmehr die Effektivität konzeptueller Systeme für die Erreichung bestimmter Ziele im Prozeß der Kognition. Und es ist eines der wenigen Kriterien, zu dessen Operationalisierung und Prüfung wir imstande sind; denn wir sind darauf angewiesen, durch unser Er-leben – gewissermaßen im ›Medium‹ unseres Konstruierens von Welt – zu er-leben, wie sich unser Weltkonstruieren, unser Denken, Verhalten und Handeln in unserem fortgesetzten Denken, Verhalten und Handeln auswirkt, welche Folgen und Konsequenzen es hat. In diesem Sinne ist unser ontologisierendes (im Alltagsleben in der Regel auch ganz naiv realistisches) Er-leben auch zugleich ›Medium‹ und Instrument unserer bewußten Kognition. Daher drükken wir unser operationales Wissen (das Wissen davon, was wir wie und zu welchem Ende tun können) auch stets in den Begriffen der uns vertrauten aktiven ontischen Vorstellungen aus; und indem wir neue Ontologien und neue ontische Konzepte erfinden und mit ihnen zum Beispiel in Deskriptions-, Explanations- und Gestaltungszusammenhängen umgehen und die Folgen, Resultate und Konsequenzen dieses Handelns beobachten, erzeugen wir neues operationales Wissen, woraus wir wiederum Konsequenzen für unseren Umgang mit bestimmten ontischen Konzepten ziehen können.

Ontologisches Wissen (im Sinne lebendiger aktiver Vorstellungen von der Beschaffenheit der Welt) und operationales Wissen (im oben genannten Sinne) verhalten sich also gewissermaßen komplementär zueinander; dabei ist unser ontologisches Wissen ebenso wie unsere ontologischen Hypothesen und Axiome ›Medium‹ und Instrument zum Erwerb operationalen Wissens, während allein in unserem operationalen Wissen Möglichkeiten und Grenzen unseres Denkens und Handelns offenbar werden.

Für die Literaturwissenschaft benötigen wir keine disziplinenspezifische Theorie des Erkennens; denn Literaturwissenschaftler befinden sich (wie alle anderen Menschen auch) hinsichtlich des Erwerbs von Wissen in derselben Lage. Lediglich der Bereich von

Phänomenen, auf den sich ihr spezifisches Interesse richtet, unterscheidet sich von den Phänomenbereichen, auf die sich Wissenschaftler anderer Disziplinen kaprizieren. Auch Literaturwissenschaftler gehen mit bestimmten ontischen Konzepten und Ontologien, Dingen, Sachverhalten, Vorstellungen und Ideen um, auch sie erwerben im Umgang mit solchen Objekten im Prozeß ihrer Kognitionen operationales Wissen.

2.2 Wissenschaftstheoretische Aspekte

2.2.1 Erster Exkurs über das Interpretieren

Die meisten Literaturwissenschaftler sehen ihre Hauptaufgabe traditionsgemäß wohl darin, sogenannte literarische Texte zu verstehen, wobei der Verstehensbegriff hier notorisch unscharf ist. Der Intention und der Diltheyschen philosophischen Vorgabe nach unterscheiden sich diese Literaturwissenschaftler von jenen Wissenschaftlern, deren Ziel es ist, zu beschreiben, zu erklären und zu gestalten.

Betrachten wir einmal – stark idealisierend –, was diese Literaturwissenschaftler tun. Sie produzieren anläßlich der Lektüre eines sogenannten literarischen Textes einen neuen Text, eine Interpretation. Von einer Interpretation wird im allgemeinen angenommen bzw. erwartet, daß sie einige (in bezug auf literarische Texte oft scheinbar mit Selbstverständlichkeit zu stellende) Standardfragen beantwortet, z. B. nach der Intention des Autors, nach der Aktualität des Textes, nach sozialpolitischen Faktoren der Textproduktionszeit, nach Relationen zwischen formalen und thematischen Textmerkmalen usw. Es wird erwartet, daß sie die Einzigartigkeit eines Textes relativ zu der (seit einigen Jahrzehnten) unüberschaubaren Menge anderer Texte betont und daß sie in ihrer Art, die Standardfragen zu beantworten und die Einzigartigkeit zu betonen, originell ist usw. In der Regel verdankt sich solche Originalität zufälligen, assoziativ geknüpften Beziehungen (Homonymien, Synonymien, Verallgemeinerungen, Ähnlichkeiten, Parallelen usw.) und Wechseln von Kohärenzrahmen (wobei die fortlaufend aktuellen Gegenwarten und die im Lichte dieser Gegenwarten anders erscheinenden Vergangenheiten schon für einen ständigen Perspektivewechsel sorgen). Auf diese Weise lassen sich Texte (Interpretationen) erzeugen, über deren Signifikanz hervorragend und lange gestritten werden kann, weil ihr Intersubjektivitäts- und Verbindlichkeitsgrad kaum noch zu senken ist.

Worin liegt nun aber der Nutzen einer solchen Tätigkeit? Welchen Zuwachs an Handlungsmöglichkeiten können wir durch ihre Ausführung erwarten? Und vor allem: Welche ontologischen Vorstellungen und welches operationale Wissen stellen die interpretierenden Literaturwissenschaftler der sozialen Gemeinschaft, von der sie bezahlt werden, zur Verfügung?

Die Tatsache, daß sich gerade Literaturwissenschaftler in der Zeit von 1968 bis heute immer wieder Gedanken über diese Frage machen, muß nicht bedeuten, daß sie vielleicht nicht genügend Phantasie gehabt hätten, Antworten zu finden; es sind Antworten gefunden worden, zum Beispiel auf die erste Frage. Für diese Antworten ist kennzeichnend, daß Interpretieren als ein didaktisches Mittel verstanden wird, um die Phantasie anzuregen, die Argumentations- und Redefertigkeit zu fördern, die politische und kulturelle Meinungsbildung zu beeinflussen usw., so daß den textuellen Resultaten des Interpretierens eigentlich kein wirklicher ›Eigenwert‹ mehr zugesprochen wird. Nun sollten aber solche Nutzenargumente keinerlei Spekulationen über die Phantasieleistungen und die rhetorischen Kompetenzen professioneller literaturwissenschaftlicher Interpreten aufkommen lassen. Allein deshalb schon wäre nach Antworten auf die beiden anderen Fragen zu suchen.

Leider stellt sich bei dieser Suche kein rechter Erfolg ein, und dies gibt zu der Vermutung Anlaß, die Penetranz der Nutzendiskussion in der traditionell orientierten Literaturwissenschaft könne vielleicht auch bedeuten, daß diese Literaturwissenschaft tatsächlich nicht in der erwünschten Weise und dem erwünschten Umfange nützlich sei.

Aus konstruktivistischer Sicht läßt sich einiges zur Stützung dieser Vermutung beibringen. Dazu möchte ich zunächst einige Feststellungen treffen:

1 Das Anfertigen von Interpretationen qualifiziert nur für das Anfertigen von Interpretationen. Demgegenüber qualifiziert zum Beispiel die Durchführung sozialpsychologischer Experimente nicht allein zur Durchführung sozialpsychologischer

Experimente, sondern auch zur Lösung sozialpsychologischer Alltagsprobleme und Konfliktsituationen.

II Das genaue Vorgehen bei der Interpretation eines Textes T_i unterscheidet sich in der Regel von dem genauen Vorgehen bei der Interpretation eines Textes T_j. So werden beispielsweise völlig andere konzeptuelle Systeme zur Kohärenzbildung verwendet; anstelle von Similaritäten kann zum Beispiel Differentialität zum dominanten Organisationsprinzip werden usw. Demgegenüber unterscheidet sich das genaue Vorgehen zum Beispiel beim Messen zweier Entfernungen nicht.

III Das genaue Vorgehen bei der Interpretation eines Textes T kann – nach übereinstimmender Ansicht der Spezialisten – nicht auf andere oder alle Texte verallgemeinert werden.

IV Interpretieren zwei Personen P_i und P_j unabhängig voneinander den gleichen Text T, so erzielen sie in der Regel unterschiedliche Resultate. Demgegenüber erzielen zwei Personen, die unabhängig voneinander zum Beispiel den Rauminhalt eines Körpers bestimmen, in der Regel gleiche Resultate.

V Das genaue Vorgehen einer Person P bei der Interpretation eines Textes T kann – nach übereinstimmender Ansicht der Spezialisten – nicht auf andere oder alle Personen verallgemeinert werden.

Wir können jetzt zusammenfassend sagen:

VI Das Anfertigen einer Interpretation eines Textes T durch eine Person P qualifiziert diese Person P allein zur Anfertigung einer Interpretation des Textes T.

VII Das durch die Anfertigung einer Interpretation eines Textes T von einer Person P erworbene operationale Wissen ist allein für die Person P und für diese Person allein für den Text T signifikant.

Wenn diese Feststellungen im Prinzip zutreffen, dann haben wir es beim literaturwissenschaftlichen Interpretieren mit einem Verfahren zu tun, das Systematisierungen (Verallgemeinerungen, Koordinationen, Integrationen usw.) von Verhaltensfertigkeiten (Beständen operationalen Wissens) konsequent verhindert. Dadurch, daß die Interpretationslehre – auch in ihren aktualisierten Varianten – ein enzyklopädisch-additives Prinzip für literaturwissenschaftliches Wissen erzwingt, behindert sie kognitive Systeme, wie uns Menschen, in ihrer Tendenz zur Bildung verallgemeinerbarer Assimilationsschemata, zum Aufbau ökonomischer

Wissensstrukturen usw. Deshalb konnte und kann eine strenge Methodologie des Interpretierens – was schon eine Contradictio in adjecto bedeutet – auch gar nicht entwickelt werden. Man mag zu dieser A-Methodologizität des Interpretierens eingestellt sein, wie man will; man mag sie für besonders vorteilhaft oder aber für nachteilig halten, dennoch begründet sie den nachhaltigen Eindruck der Nutzlosigkeit des Interpretierens für viele unserer aktuell relevanten Belange gerade auch in einer Zeit, die individuelle Entwicklung und soziale und persönliche Effektivität dieser Entwicklungen ebenso erfordert wie den ökonomischen und umsichtigen Einsatz menschlicher Kräfte.

Aus der A-Methodologizität ergibt sich schließlich auch als das einzige Lehr- und Lernverfahren für das Interpretieren das Verfahren der exemplarischen Demonstration durch den Lehrer und der anschließenden Imitation durch den Schüler. Weil die Schüler aber nicht imitieren können, was der Lehrer *tut* – dessen Vorgehen ist nämlich nur oberflächlich und in groben Zügen explizierbar –, bleibt nur die Möglichkeit, die Resultate des Interpretierens der Schüler mit den Lehrer-Interpretationen zu parallelisieren. Dadurch, daß die Schüler, um das Interpretieren zu lernen, notwendig auf die Interpretationen des Lehrers als Exampla angewiesen sind, entsteht in den Klassenzimmern und Hochschulseminaren jene paradoxe Situation, in der Schüler letztendlich in ihrem ernsthaften Streben nach verläßlichem Wissen betrogen und Lehrer durch den Zwang zur Benotung von Schülerinterpretationen in unverantwortbare Gewissensnot gebracht werden – eine Situation, unter der beide Seiten leiden. Aus diesem Notstand ergab sich denn auch die didaktische Funktionalisierung des Interpretierens nicht zufällig.

Für die Beantwortung der noch verbliebenen Fragen ergibt sich nun folgendes: Die interpretierende Literaturwissenschaft vermehrt die Anzahl exemplarischer Interpretationen, nicht aber das Potential unserer Handlungsmöglichkeiten, von denen eine das Interpretieren sogenannter literarischer Texte ist. Die interpretierende Literaturwissenschaft stellt explizit kein operationales oder – wenn man so will – Handlungswissen bereit. Das beim Interpretieren im Umgang mit einem Text und mit konzeptuellen Systemen (Bedeutungshypothesen, Referenzrahmen usw.) gewonnene operationale Wissen bleibt idiosynkratisch und textspezifisch. Die interpretierende Literaturwissenschaft antwortet nicht auf den Bedarf für konzeptuelle und Handlungsstrategien zur Lösung theoretischer und praktischer Probleme. Daraus ergibt sich ein insgesamt allein auf das Interpretieren eingeschränkter Bereich von Tätigkeiten, für den die interpretierende Literaturwissenschaft mittelbar (qua exemplum) von Nutzen ist.

Zu guter Letzt sei die Frage der Wissenschaftsfähigkeit des Interpretierens angesprochen. An solchen Stellen entbrennen gewöhnlich die heftigsten Debatten darüber, wer die Kriterien für Wissenschaftlichkeit festlegt und welches solche Kriterien sein sollen. Ich werde mich auf diese Debatten nicht einlassen, weil sie, so angesetzt, m. E. immer schon von einem falsch verstandenen Begriff jenes Tätigkeitsfeldes ausgehen, in dem Wissen geschaffen wird. Man braucht eigentlich nur zu fragen, welche Eigenschaften für unsere Denk- und Handlungsweisen wünschenswert und nötig sind, um darauf zu kommen, wie jener Tätigkeitsbereich beschaffen sein muß, in dem Wissen zum Nutzen aller Mitglieder einer sozialen Gemeinschaft geschaffen werden kann.

Zu den wichtigsten Eigenschaften unserer Denk- und Handelsweisen gehören m. E.:

- Ausführbarkeit (ergonomische und kognitive Adäquatheit, Kohärenz, Konsistenz, Endlichkeit usw.);
- Verallgemeinerbarkeit (induktive Effektivität, Fruchtbarkeit, Innovativität);
- Vorteilhaftigkeit (autopoietische Effektivität, ökologische Effektivität);
- Zuverlässigkeit (temporale und lokale Indifferenz);
- Kombinierbarkeit (Fruchtbarkeit, Innovativität, Leistungssteigerung, Stabilität gegenüber Veränderungen, Veränderung);
- Modifizierbarkeit (Fruchtbarkeit, Innovativität, Leistungssteigerung, Stabilität gegenüber Veränderungen, Veränderung).

Was nun die Forderung des allgemeinen Nutzens für alle Mitglieder einer sozialen Gemeinschaft betrifft, so müssen die Denk- und Handlungsweisen, von denen dies gefordert wird, außerdem die Eigenschaft der

- Intersubjektivität (potentiell)

und zur Sicherung der potentiellen Intersubjektivität die Eigenschaft der

- Kommunikabilität (Wahrnehmbarkeit, Explizierbarkeit, Lernbarkeit, Lehrbarkeit usw.)

aufweisen. Sofern wir unser Wissen sprachlich kommunizieren, sollten die Sätze, in denen wir es ausdrücken, die Eigenschaften der

- Grammatikalität, Syntaktizität und Semantizität (relativ zu unseren jeweiligen natürlichen Sprachen) und der
- interpersonellen Verifizierbarkeit

haben. Und sofern wir unser Wissen nicht sprachlich, also zum Beispiel durch die Ausführung manueller Tätigkeiten kommunizieren, sollten damit keine Täuschungen über den Zusammenhang von Handlungen, Voraussetzungen und Resultaten verbunden sein; es ist also

- Ehrlichkeit

gefragt. Schon jetzt kann man feststellen, daß das Interpretieren als eine wissenschaftliche Tätigkeit ausfällt. Es scheitert zum Beispiel an den Forderungen der intersubjektiven Ausführbarkeit, Verallgemeinerbarkeit, der intersubjektiven Vorteilhaftigkeit, der Kommunikabilität und der interpersonellen Verifizierbarkeit (zur Überprüfung z. B. Kindt, Schmidt [Hrsg.], 1976). Solange in den Wissenschaften die klassischen Wahrheits-, Objektivitäts- und Erkenntnisansprüche (durch die Autorität der Tradition und einiger Ordinarien) gesichert und zum Beispiel durch den Geniekult (in Kunst und Wissenschaft) gestützt waren, stand auch die interpretierende Literaturwissenschaft unter keinem unmittelbaren Legitimationsdruck. Mit der Entwicklung des wissenschaftstheoretischen Selbstbewußtseins der Wissenschaften seit der Jahrhundertwende aber hat sich das geändert. Und mit der Entwicklung moderner Theorien des Verstehens und psycholinguistischer Theorien der Textverarbeitung hat sich die Lage noch zugespitzt. Heute besteht für die literaturinterpretierenden Disziplinen erstmals wieder die Möglichkeit, sich endgültig von Wissenschaftsanprüchen zu entlasten. Emil Staiger hat den Ort der interpretierenden Disziplinen in dem Titel seines Hauptwerkes markiert: ›Die Kunst der Interpretation‹.

2.2.2 *Erfahrungswissenschaften und Phantasie*

Knüpfen wir wieder an die Ausführungen im Abschnitt 2.1 an. Wie jeder Wissenschaftler ist auch der Literatur*wissenschaftler* darauf angewiesen, die Folgen (Konsequenzen und Resultate) der verschiedenen Arten und Weisen seines Umganges mit den verschiedensten ontologischen Vorstellungen, in diesem Fall im Bereich (oder in bezug auf den Bereich) literarischer Phänomene, zu er-leben. Er ist darauf angewiesen, mit seinen Hypothesen, methodischen Instrumenten und (in) einem Phänomenbereich Erfahrungen zu machen. Nur so, durch den Erwerb operationalen Wissens, kann er den operativen Wert seiner ontologischen Vorstellungen und Hypothesen feststellen, nur so kann er zum Beispiel feststellen, ob und welche Vor- oder Nachteile bestimmte konzeptuelle Systeme (ontologische Vorstellungen, Annahmen usw.) oder Verhaltensweisen haben, ob sie die Erreichung bestimmter Ziele fördern oder nicht, ob sie in der Förderung der Erreichung bestimmter Ziele zuverlässig sind oder nicht, ob für ihn effektive Denk- und Handlungsweisen kommunikabel und intersubjektivierbar sind oder nicht. Nur durch den systematischen Erwerb operationalen Wissens kann solches Wissen geschaffen werden, das die genannten Eigenschaften aufweist.

In diesem Sinne beginnt denn auch die *wissenschaftliche* Tätigkeit mit dem *systematischen* Erwerb *intersubjektivierbaren* operationalen Wissens. Und sie erfordert bzw. präsupponiert Phantasie und Kreativität für die Erfindung neuer, für die Erreichung neuer und die optimierte Erreichung alter Ziele vermittels effektiver konzeptueller Systeme und Verhaltensstrategien. Deshalb schließen sich erfahrungswissenschaftliche Systematik und Phantasie auch nicht aus, sondern ergänzen einander.

Für eine Literatur*wissenschaft* käme es nun darauf an, die Phantasie- und Kreativitätspotentiale der literaturinterpretierenden Kollegen und die Systematikpotentiale erfahrungswissenschaftlich arbeitender Kollegen zusammenzuführen und neue literaturwissenschaftliche Probleme und Aufgaben von gesellschaftlichem Interesse durch den systematischen Erwerb intersubjektivierbaren operationalen Wissens im Umgang mit neuen konzeptuellen Systemen und Verhaltensstrategien hinsichtlich des Bereiches literarischer Phänomene zu verfolgen. Dabei hätte diese Wissenschaft solche konzeptuellen Systeme und Verhaltensstrategien zu entwickeln, die uns für unser Handeln im und in bezug auf den Bereich literarischer Phänomene Vorteile bieten, zum Beispiel bestehende Inkonsistenzen abbauen, Produktions-, Vermittlungs-, Rezeptions- und Verarbeitungsstrategien optimieren, die Teilnahme am literarischen Leben attraktiv und individuell be-

friedigend machen, effektive Deskriptions- und Explanationssysteme zur Verfügung stellen usf.
In der gegenwärtigen Literaturwissenschaftslandschaft wird die Entwicklung in eine solche Richtung durch die NIKOL-Konzeption einer Empirischen Literaturwissenschaft vorgezeichnet (cf. Schmidt 1980; 1982; Finke 1982).

2.3 Sprachtheoretische Aspekte

2.3.1 Meinen und Verstehen

Führt man sich die Verhältnisse bei Interaktionen zwischen zwei autopoietischen Systemen vor Augen, so muß man feststellen, daß es so etwas wie eine Übertragung von Informationen – wie man es sich z. B. bei technischen Sende- und Empfangsanlagen vorstellt – nicht gibt. Übertragungen codierter Informationen finden zwischen lebenden Organismen, auch zwischen Menschen, die dieselbe Sprache sprechen, nicht statt.
Aufgrund der *operationalen* Geschlossenheit autopoietischer Systeme kommt es vielmehr dazu, daß jeder an einer (kommunikativen) Interaktion beteiligte Organismus autonom auf der Basis seiner Kognitionsvoraussetzungen, Kognitionsbedingungen und Kognitionsmöglichkeiten (Systeme von) Beziehungen zwischen seinen sinnlichen, gedanklichen und motorischen Aktivitäten herstellt; jeder Organismus orientiert sich in diesem Sinne selbst im Bereich seiner Kognitionen. Deshalb kommt es – stark vereinfachend gesagt – dahin, daß jeder Organismus selbständig (wenn auch aufgrund organisationeller und struktureller Verwandtschaft parallel mit den anderen Organismen seiner Art) ein System lautlicher Verhaltensweisen ausprägt, mit denen er spezifische Resultate (z. B. Aufmerksamkeit anderer, Freude anderer usw.) erzielen kann, d. h., er bildet ein System operationalen Wissens über seine lautlichen Verhaltensweisen aus.
Parallel dazu entsteht ein System effektiver Verhaltensweisen für Fälle des Auftretens spezifischer sinnlicher, also auch auditiver und lautlicher Ereignisse. Welches solche effektiven Verhaltensweisen sind, hängt wieder von ihren er-lebten Folgen ab (wer z. B. nicht hören kann, muß – einer Redensart zufolge – fühlen).

Nicht von ungefähr überwiegen in den frühen Phasen der Eltern-Kind-Kommunikation die Anteile von Aufforderungen, Befehlen und Fragen.
Auf diese Weise entstehen die elementaren und prinzipiell voneinander unabhängigen Systeme des *Meinens* und des *Verstehens*, die als Kommunikationssystem zunächst nur für die am Prozeß ihrer Ausbildung unmittelbar beteiligten Individuen funktionieren (z. B. können Eltern mit ihren Kleinkindern kommunizieren, während Gäste der Familie die Kinder weder verstehen noch sich selbst den Kindern verständlich machen können). Auf die prinzipielle Unabhängigkeit der Systeme des Meinens und Verstehens deuten auch die Fälle, in denen fremdsprachige Kommunikationspartner verstanden werden, obwohl man ihre Sprache selbst nicht sprechen kann (und umgekehrt).
Unsere natürlichen Sprachen sind als Systeme aus Systemen lautlicher Verhaltensweisen und an deren Wahrnehmung geknüpfter Reaktionsweisen hoch konventionalisiert. Die Leichtigkeit, mit der wir Gespräche führen, Mitteilungen machen, Fragen stellen und beantworten können, die Leichtigkeit, mit der wir Aufforderungen folgen oder selbst auffordern können, täuscht aber immer wieder über den Charakter sprachlicher Interaktionen hinweg. Tatsächlich funktionieren Sprachen nur deshalb, weil sich die autonomen Meinens- und Verstehensleistungen der an sprachlichen Interaktionen beteiligten Sprecher/Hörer gewissermaßen ineinander verzahnen, ein Prozeß, der durch kognitive Parallelitäten und Verhaltenskonventionalitäten unterstützt und z. T. auch verstärkt wird. Informativität und Instruktivität sind daher strenggenommen auch keine Eigenschaften der (sprach-) lautlichen Verhaltensweisen eines Sprechers, sondern Eigenschaften des Zusammenspiels zweier in ihrem Meinen und Verstehen autonomer Organismen.

2.3.2 Zweiter Exkurs über das Interpretieren

Jeder Rezipient eines sprachlichen Textes operiert in der sinnlichen Beschreibung des Textes, in der Identifikation seiner Beschreibungen und in der Verarbeitung dieser Wahrnehmungen, kurz: in seiner Kommunikatkonstruktion (cf. Schmidt 1980, 62-77) vollständig autonom. Als sprachliches Objekt determiniert ein Text keine bestimmten Operationen in der Verarbeitung, sondern das von einem Rezipienten über einem Text erzeugte Kommunikat, genauer: die während der Rezeption erzeugten Kommunikatelemente, Kommunikatsequenzen und Makrokommunikate aktivieren wiederum Assoziationsketten, Referenzrahmen, Gedächtnisbestände, Bestände allgemeinen Weltwissens usw. Wie und was genau dabei aktiviert werden kann, hängt wiederum nicht vom Kommunikat allein, sondern primär von den speziellen individuellen Aktivationsmechanismen, den aktivierbaren konzeptuellen Größen usw., kurz: vom Voraussetzungssystem (cf. Schmidt 1980, 29ff.; Rusch, Schmidt 1983, Kap. 3) des Rezipienten ab.

Die zum Beispiel beim Lesen eines Textes ausgelösten höheren Aktivitäten verzweigen sich gewissermaßen in assoziative und Gedächtnisäste und laufen in den Abermillionen synaptischer Verbindungen wie Wellen am Strand aus. Währenddessen aber lösen sie wiederum andere Aktivitäten aus, von denen neue Wellen ausgehen, die unmittelbar auf die Kommunikatkonstruktion zurückwirken oder aber, von dieser völlig abgelöst, zu neuen Bewegungen werden können.

In diesem Sinne bedeutet das Lesen eines Textes eine Anregung, die z. B. je nach Engagement, Interesse, Motivation oder Affektation durchaus auch zu einer starken Erregung, Ergriffenheit oder Aufregung werden kann. Die Beziehungen zwischen Texten und Kommunikaten, zwischen Kommunikatelementen und den durch sie wiederum ausgelösten gedanklichen Aktivitäten (im weitesten Sinne) kann man als Selektionsbeziehungen auffassen. Setzt man eine gewisse ›normal‹ entwickelte Sprachkompetenz voraus, so selektieren Texte (als sprachliche physikalische Objekte) Prozesse der Kommunikatkonstruktion, und Prozesse der Kommunikatkonstruktion selektieren weitere gedankliche Aktivitäten (Assoziationen, Erinnerungen usw.). Dabei nimmt die textuelle Selektivität, oder, wenn man so will, die Textspezifik des Rezeptionsprozesses (1) vom Beginn einer Rezeptionshandlung bis zu ihrem Ende hin ständig ab, weil die Prozesse der Kommunikatkonstruktion durch rückgekoppelte höhere Aktivitäten immer rezipientenspezifischer werden; und sie nimmt (2) mit zunehmender Rezeptionstiefe, d. h. mit zunehmendem Einfluß höherer Aktivitäten, ab.

Fordert man einen Rezipienten auf, einen z. B. gelesenen Text wiederzugeben, so bedeutet dies für ihn die Aufgabe, anhand der Aktivationsreste oder -spuren einen Text zu produzieren, dem er ein seiner Erinnerung nach gleiches Kommunikat zuordnen kann. Wie durch viele Experimente gezeigt wurde, beschränken sich solche Wiedergaben auf eine sinngemäße, selten wörtliche Reproduktion, auf die Exposition der globalen thematisch-episodischen Struktur, wobei rezipientenspezifische Elaborationen, Kondensierungen und Tilgungen die Regel sind. Solche Experimente zeigen auch, daß Autonomie in der Rezeption gar nichts mit Beliebigkeit zu tun hat. Rezeptionsleistungen werden vielmehr auch durch sprachliche und assoziative Konventionen und Parallelitäten gekennzeichnet, durch die allen Rezipienten gemeinsame Tendenz zu kohärenten und konsistenten konzeptuellen thematischen, episodischen und narrativen Ganzheiten, die freilich nach jeweils spezifisch individuellen Voraussetzungen und Kriterien gebildet werden.

Der Intention nach zielt nun das Interpretieren sogenannter literarischer Texte nicht auf ihre Verdoppelung oder Vervielfachung (– vielleicht aber, wie einige meinen, auf ihre Erübrigung), sondern auf die Anfertigung von Texten, die literarische Texte sozusagen explizit machen. Dieses Vorgehen nun ist wesentlich paradox. Denn je stärker ein als Interpretation eines sogenannten literarischen Textes intendierter Text den sogenannten literarischen Text dupliziert oder auch paraphrasiert, desto weniger wird er als Interpretation anerkannt werden; d.h., hohe Spezifik für den sogenannten literarischen Text bedeutet mindere Qualität der Interpretation. Je weniger spezifisch aber ein als Interpretation eines literarischen Textes intendierter Text ist, je weiter sich der Interpret sozusagen von seinem literarischen Text entfernt, je mehr er assoziativen Verbindungen, Kohärenzbrücken, Gedächtnisbeständen, Ähnlichkeitsbeziehungen usw. nachgeht, je weniger spezifisch also sein Text für den sogenannten literarischen Text wird, desto eher hat er Chancen, als Interpretation anerkannt zu werden. Was aber in einer solchen Interpretation explizit gemacht wird, ist keineswegs der sogenannte literarische Text, sondern es sind Assoziationsleistungen, Kohärenzkriterien, Referenzrahmen usw. des Interpreten. Es ist klar, daß ein Text, der als Interpretation eines anderen Textes gelten soll, nicht so unspezifisch werden darf, daß keinerlei Beziehungen mehr zwischen den Texten gefunden werden können. Der verbleibende Spielraum aber ist außerordentlich groß, er ist nur durch die Bedingungen der Plausibilisierbarkeit von Beziehungen zwischen Kommunikaten beschränkt.

2.4 Literarhistorische Aspekte

Die historiographischen Disziplinen haben gewisse Gemeinsamkeiten mit der literaturinterpretierenden Disziplin. Sowenig wie die Zuverlässigkeit einer Interpretation (im Sinne ihrer personellen, temporalen, lokalen Indifferenz) gezeigt werden kann, sowenig kann auch die Zuverlässigkeit der Vorstellungen gezeigt werden, die wir uns von der Vergangenheit machen. Die Begründung dafür ist jedoch anders.

Als lebende kognitive Systeme haben wir für die Feststellung der Effektivität und Zuverlässigkeit z. B. unserer Deskriptionssysteme nur die eine Möglichkeit, im Prozeß unseres Erlebens von Welt mit diesen Systemen und gemäß den Kriterien, die wir für Deskriptivität fordern, Erfahrungen zu machen. Deshalb können wir die Deskriptivität nur für solche Systeme sprachlicher Ausdrücke feststellen, die im Er-leben von Welt erzeugbare Aspekte oder Sachverhalte bezeichnen. Daher können wir im strengen Sinne auch nur solche Tatsachen oder Sachverhalte deskribieren, die wir in allen Gegenwarten, in allen Fällen des Er-lebens von Welt wiedererzeugen können. In diesem Sinne können also Sätze von deskriptiver Form, die der Intention nach singuläre Ereignisse oder Vorgänge in der Vergangenheit oder Zukunft bezeichnen, stets nur hypothetisch deskriptiv oder fiktiv sein. Während aber hinsichtlich der Zukunft hypothetisch deskriptive Sätze (z. B. Prognosen) in den aufeinanderfolgenden zukünftigen Gegenwarten auf ihre Deskriptivität hin geprüft werden können, bleiben alle hinsichtlich der Vergangenheit hypothetisch deskriptiven Sätze einer solchen Prüfung unzugänglich, weil wir in unserem Er-leben an die Gegenwarten gebunden sind. M. a. W., die Zeit, in der die Deskriptivität historiographischer Sätze auch von uns hätte festgestellt werden können, ist nicht die Zeit, in der wir Gelegenheit zur Feststellung der Deskriptivität von Sätzen haben. Dieser Umstand hat die Konsequenz, daß es für uns keinerlei Sicherheit in bezug auf unser Wissen von den Ereignissen und Vorgängen in der Vergangenheit geben kann.

Was wir nun als Spuren, Zeugnisse oder Hinterlassenschaften aus vergangener Zeit ansehen, bekräftigt uns lediglich in der Überzeugung, daß es vergangene Zeiten und in ihnen Ereignisse und Vorgänge bestimmter Art gegeben haben muß; keineswegs aber ›sagen‹ uns solche Spuren, was tatsächlich wann der Fall war. Und in aller Regel gibt es (mit zunehmendem zeitlichen Abstand) viele verschiedene Geschichten, die mit den uns überlieferten Spuren verträglich sind. Auf diese Weise ist unsere Vergangenheit gewissermaßen kaleidoskopartig in viele Geschichtenfamilien zersplittert, deren Anzahl zum Beispiel durch neu ins Spiel gebrachte theoretische Konzepte immer nur vergrößert werden kann. Unter all diesen Geschichten aber ist keine einzige, von der gezeigt werden könnte, daß sie eine historische Wirklichkeit beschreibt.
Wie unsicher schon der Begriff historischer Wirklichkeit ist, haben C. Lévi-Strauss (z. B. 1979, Kap. 9) und Historiker wie Collingwood, Goldstein und Walsh gezeigt. Welche Konflikte die erkenntnistheoretische Situation der Historiographie der Geschichtswissenschaft beschert, führt z. B. R. Koselleck (1977) vor Augen. Für die Literarhistoriographie haben G. Rusch und S. J. Schmidt (1983) Konsequenzen gezogen.
Aufgrund dieser Rahmenbedingungen historiographischer Arbeit ist die Geschichtsforschung auch kein geeignetes Instrument oder Verfahren, um globale und spezielle Prinzipien zeitabhängiger Entwicklung und Veränderung unserer Welt verfügbar zu machen. Dieses Ziel kann nur durch die Erfindung und erfahrungswissenschaftliche Prüfung solcher konzeptueller Systeme erreicht werden, die uns eine (ontologische) Vorstellung von der Dynamik derjenigen Systeme geben, die wir jeweils thematisieren. Für die Literaturwissenschaft bedeutet dies die Entwicklung von Modellen der Dynamik des Bereiches literarischer Phänomene im Kontext der sozialen, politischen, wirtschaftlichen usw. Faktoren unserer Gesellschaften.

3. Literaturwissenschaft von einem konstruktivistischen Standpunkt

Eine von einem konstruktivistischen Standpunkt aus betriebene Literatur*wissenschaft* muß eine erfahrungswissenschaftliche Disziplin sein, in der für den Bereich literarischer Phänomene die Entwicklung solcher ontologischen Vorstellungen und solcher Verhaltenssysteme betrieben wird, die jedem, der sie sich aneignet, Vorteile im Prozeß seiner individuellen Autopoiese und im Zusammenleben mit seinen sozialen Partnern anbietet. So müßten z. B. solche Vorstellungen von der Beschaffenheit des Bereiches literarischer Phänomene entwickelt werden, die uns eine Identifikation möglichst vieler Detailphänomene und effektive Erklärungen der Funktionsweise des literarischen Lebens gestatten. Darüber hinaus sollten sie uns in die Lage versetzen, erfolgreiche Strategien für die Lösung bestehender Probleme und die Erreichung aktueller Ziele erfinden zu können. Vor allem die NIKOL-Konzeption einer Empirischen Literaturwissenschaft hat konstruktivistische erkenntnistheoretische und wissenschaftstheoretische Konzepte zu ihren Grundlagen gemacht und verfolgt die Entwicklung eines literaturwissenschaftlichen Paradigmas, das metatheoretische, objekttheoretische, anwendungstheoretische und anwendungspraktische Komponenten in einem kohärenten theoretischen und handlungspraktischen Rahmen integriert. Dreh- und Angelpunkt der Bemühungen einer solchen Literaturwissenschaft ist nicht die Erkenntnis irgendeiner absoluten Wirklichkeit, sondern die Erfindung solcher Denkarten und Handlungsweisen, die unser Leben erleichtern, bereichern und lebenswerter machen.

Literatur

Finke, P. (1982), *Konstruktiver Funktionalismus. Die wissenschaftstheoretische Basis einer empirischen Theorie der Literatur*, Braunschweig, Wiesbaden: Vieweg.

Foerster, H. v. (1981), »Das Konstruieren einer Wirklichkeit«, in: Watzlawick, P. (Hrsg.), *Die erfundene Wirklichkeit*, München, Zürich: Piper, 39-60.

Glasersfeld, E. v. (1981a), »An Epistemology for Cognitive Systems«, in: Roth, G., und H. Schwegler (Hrsg.), *Self-Organizing Systems*, Frankfurt/M., New York: Campus, 121-131.

Glasersfeld, E. v. (1981b), »Einführung in den radikalen Konstruktivismus«, in: Watzlawick, P. (Hrsg.), *Die erfundene Wirklichkeit*, München, Zürich: Piper, 16-38.

Glasersfeld, E. v. (o. J.), *The Control of Perception and the Construction of Reality*, Mimeo.

Hörmann, H. (1976), *Meinen und Verstehen*, Frankfurt/M.: Suhrkamp (stw 230).

Kindt, W. u. S. J. Schmidt (Hrsg.) (1976), *Interpretationsanalysen*, München: W. Fink.

Koselleck, R. (1977), »Standortbindung und Zeitlichkeit. Ein Beitrag zur historiographischen Erschließung der geschichtlichen Welt«, in: Koselleck, R., W. J. Mommsen u. J. Rüsen (Hrsg.), *Objektivität und Parteilichkeit*, München: dtv (WR 4281), 17–46.

Lévi-Strauss, C. ([3]1979), *Das wilde Denken*, Frankfurt/M.: Suhrkamp (stw 14).

Lilly, J. C. (1979), *Das Zentrum des Zyklons*, Frankfurt/M.: Fischer (TB 1768).

Lindsay, P. H., u. D. A. Norman (1972), *Human Information Processing*, New York, London: Academic Press.

Maturana, H. R. (1977), *Biologie der Kognition*, Paderborn: FEoLL.

Maturana, H. R. (1982), *Erkennen: Die Organisation und Verkörperung von Wirklichkeit*, Braunschweig, Wiesbaden: Vieweg.

Maturana, H. R. (1983), »Reflexionen: Lernen oder ontogenetische Drift«, in: *Delfin II*, Sept. 1983, 60-71.

Metzger, W. (1975), »Der Geltungsbereich gestalttheoretischer Ansätze«, in: Ertel, S., L. Kemmler u. M. Stadler (Hrsg.), *Gestalttheorie in der modernen Psychologie*, Darmstadt: Steinkopff, 2-7.

Neisser, U. (1974), *Kognitive Psychologie*, Stuttgart: Klett.

Piaget, J. (1974), *Biologie und Erkenntnis. Über die Beziehungen zwischen organischen Regulationen und kognitiven Prozessen*, Frankfurt/M.: S. Fischer.

Piaget, J. (1975), *Gesammelte Werke*, Studienausgabe, Stuttgart: Klett.

Piaget, J. (1976), *Die Äquilibration der kognitiven Strukturen*, Stuttgart: Klett.

Rusch, G., u. S. J. Schmidt (1983), *Das Voraussetzungssystem Georg Trakls*, Braunschweig, Wiesbaden: Vieweg.

Rusch, G. (1985), *Von einem konstruktivistischen Standpunkt – Erkenntnistheorie, Literarhistoriographie und Diachronie in der Empirischen Literaturwissenschaft*, Braunschweig, Wiesbaden: Vieweg (im Druck).

Schmidt, S. J. (1980), *Grundriß der Empirischen Literaturwissenschaft, Bd. 1. Der gesellschaftliche Handlungsbereich Literatur*, Braunschweig, Wiesbaden: Vieweg.

Schmidt, S. J. (1982), *Grundriß der Empirischen Literaturwissenschaft, Bd. 2. Zur Rekonstruktion literaturwissenschaftlicher Fragestellungen in einer Empirischen Theorie der Literatur*, Braunschweig, Wiesbaden: Vieweg.

Vernon; M. D. (1977), *Wahrnehmung und Erfahrung*, München: dtv (WR 4274).

Vollmer, G. (1978), »Grundlagen einer projektiven Erkenntnistheorie«,

in: Roth, G., et al. (Hrsg.), *Wahrnehmung und Kommunikation*, Frankfurt/M., Bern, Las Vegas: P. Lang, 79-97.
Watzlawick, P. (1978), *Wie wirklich ist die Wirklichkeit? Wahn – Täuschung – Verstehen*, München: Piper.
Wertheimer, M. (1972), »Experimentelle Studien über das Sehen von Bewegung«, in: *Zeitschrift für Psychologie* Bd. 61, 161-265.

Siegener Gespräche über Radikalen Konstruktivismus

Ernst von Glasersfeld im Gespräch mit NIKOL (1982, 1984)

Inhalt

1. Über Ontologie, Erkenntnistheorie und Kommunikation (1982)*

Vorbemerkung

Einer der Punkte, die mir in den vier Jahren seit dem hier teilweise wiedergegebenen Gespräch klar geworden sind, ist, daß das Wort »Ontologie« von Vertretern gegenwärtiger philosophischer Orientationen in zwei recht unterschiedlichen Bedeutungen gebraucht wird. Einerseits bezieht man sich da auf die Welt des *Seins*, d.h. eine bereits strukturierte Welt, die unabhängig von irgend einem Erlebtwerden an sich und für sich *existiert*. Andererseits möchten einige unter »Ontologie« aber auch alle jene

* Der Text bringt eine Auswahl aus den Tonbandnachschriften zweier Gespräche, die die Forschungsgruppe NIKOL (am Lehrstuhl Germanistik IV an der Universität Siegen) mit Ernst von Glasersfeld 1982 und 1984 geführt hat. Die Auswahl wurde von S.J. Schmidt zusammengestellt und von E. von Glasersfeld autorisiert. Der Gesprächsstil wurde durchgehend beibehalten.

mehr oder weniger begründeten Voraussetzungen einbeziehen, die man machen muß, um eine Hypothese aufzustellen. Im Folgenden wird »Ontologie« und »ontisch« nur im ersten Sinn verwendet; denn der Konstruktivismus macht kein Hehl daraus, daß er in der Konstruktion seines epistemologischen Modells eine ganze Reihe von an und für sich unbegründbaren Annahmen macht, die er dann allerdings durch die Kohärenz des vorgelegten Modells zu rechtfertigen sucht. Da der Konstruktivismus sich aber ausdrücklich nur mit Kognition und Wissen befaßt, sein Modell ausschließlich aus der Erlebniswelt ableiten und aufbauen will, und dann dieses Modell nie als ein Bild der ontischen Wirklichkeit hinzustellen versucht (sondern bestenfalls als eine funktionale *Möglichkeit*), braucht er den Annahmen, die er als Voraussetzungen in sein Modell einbaut, keinerlei ontologischen Wert beizumessen. Diese »ontische Unverbindlichkeit« ist jedoch denjenigen, die »Ontologie« im oben erwähnten zweiten Sinn verwenden, oft nicht leicht verständlich zu machen.

E. v. G.

NIKOL: Eine Frage, die in Gesprächen über den (Radikalen) Konstruktivismus immer wieder aufgeworfen wird, lautet: Auf welche empirischen Befunde stützt sich der Konstruktivismus? Wie begründen sich konstruktivistische Theorien?

Ernst von Glasersfeld: Die Frage kann ich nicht gleich beantworten. Erst müßten Sie fragen, was »empirische Gründe« sind. Lassen Sie mich von einem anderen Punkt her anfangen. So lange ein Handwerker oder Wissenschaftler mit Objekten arbeitet, die ganz in seinem Erfahrungsfeld liegen, sei er ein Tischler oder ein Ingenieur oder ein Chemiker, besteht seine Wissenschaft darin, zwischen bestimmten Erfahrungen, die er vom Rest seines Erfahrungsfeldes isoliert, Verhältnisse zu schaffen, Relationen, Beziehungen herzustellen. Zum Schluß sind das oft Kausalbeziehungen, aber sie müssen nicht kausel sein. Seine ganze Arbeit besteht darin, daß er beobachtet. Was heißt beobachten? Beobachten heißt, im Erfahrungsfeld gewisse Dinge von den anderen Erfahrungen zu isolieren, Aufmerksamkeit auf einen Punkt zu richten und in diesem Punkt ein Ganzes oder eine Einheit zu schaffen. Maturana hat seine Theorie, wie man Einheiten und Ganzes definiert. Ich glaube, es gibt da verschiedene Möglichkeiten, das zu machen. Aber im Moment möchte ich nur das sagen: so lange ein Wissenschaftler mit diesen Mitteln arbeitet, braucht er nicht Konstruktivist zu sein. Das Feld, in dem er arbeitet, ist einheitlich. Wenn nun aber einer Psychologe wird oder aus anderen Gründen beginnt, sich mit Dingen zu befassen, die er aus seiner eigenen Beobachtungstätigkeit übernommen hat, die aber die Beobachtungstätigkeit selbst und ihre Ergebnisse angehen – etwa daß ein Frosch eine Fliege »wahrnimmt«, daß Wissenschaftler sich darüber Gedanken machen, oder, breiter ausgedrückt, wie Kinder die sogenannten *kognitiven* Fähigkeiten entwickeln – dann ändert sich die Lage radikal. Warum? Weil er von diesem Moment an die Frage stellen sollte: Wie erscheint diese Umwelt, die ich von diesem Organismus unterschieden habe, diesem Organismus? Ob ich dieses Ding, das ich hier in meiner Erfahrungswelt isoliert habe, nun Ratte, Meerschweinchen oder Kind *nenne*, ist gleich. Wenn ich frage: Wie er*lebt* dieses Kind »die Welt«?, dann bin ich auf einem völlig anderen Niveau. Dann ist es nicht mehr meine Sache, einfache Verhältnisse zwischen diesem Objekt und der Umwelt festzustellen, sondern ich muß fragen: Was sind die Verhältnisse, die dieses selbst wahrnehmende, denkende Ding da für sich macht? Und in diesem Moment beginnt der Konstruktivismus, meiner Ansicht nach, notwendig zu werden. Denn selbst die einfache Frage: Wie sieht dieser Organismus etwas, das *ich* hier sehe? verlangt schon eine Wissenschaft, die nicht mehr Mechanik und nicht mehr Physik ist. Denn aus der Physik läßt sich nie erkunden, *wie* man etwas sieht oder erlebt.

N: Sie sagten eben, daß das Erfahrungsfeld für einen Physiker oder für einen Handwerker einheitlich ist. Bezieht sich diese Einheitlichkeit jetzt nur auf dieses einzelne Individuum oder auf eine Art?

EvG: Wenn der Physiker sich zu fragen beginnt: Was sieht mein Kollege, oder was erlebt mein Kollege, wenn er z. B. da durch diesen Apparat schaut? Dann fängt die Sache an, auch für ihn interessant zu werden, weil er sich dann fragen muß: Wie ist es überhaupt möglich, daß ich mit ihm Erfahrungen austauschen kann? Was heißt »er«? Wer ist denn das, dieser andere?

N: Für den Physiker würde dann die Notwendigkeit des Konstruktivismus der Methodologie beginnen?

EvG: Für den modernen Physiker fängt es, glaube ich, auch dort an, wo er sich fragt, inwiefern sind die Aktionen meines Beobachtens wichtig, inwiefern haben diese Aktionen Einfluß auf das, was ich beobachte. Denn auch da kommt er an einen Komplex von Beziehungen, die nicht mehr nur rein mechanisch sind; denn es handelt sich da um Interpretation.

N: Viele Kritiker halten den Radikalen Konstruktivismus lediglich für eine Abart des wohlbekannten Solipsismus.

EvG: Schauen Sie, es ist ein *epistemischer* Solipsismus. Aber das »epistemisch« muß betont werden. Und wenn man das betont, dann ist es meiner Ansicht nach nicht mehr der traditionelle Solipsismus, der immer auf die Ontologie bezogen war. Aber es ist sehr schwer, Leute davon zu überzeugen. Denn immer wieder sagen sie einfach: Das ist Solipsismus.

N: Und wo liegen die Grenzen zwischen Konstruktivismus und Subjektivismus? Und welche Hypothese haben Sie über den generellen Verlauf der praktischen Arbeit? Es gibt ja durchaus Einigungsverfahren. Person A oder Physiker A sagt: Ich sehe den Stein fallen; und B sagt: Ja, das sehe ich auch. Es gibt also ganz offenkundig dieses Phänomen der Verständigung über bestimmte Ereignisse: wie verträgt sich das mit dem Kontruktivismus?

EvG: Wie ist das mit dem Konstruktivismus zu vereinbaren? Ich glaube, das können Sie noch weiter fassen: Wie ist es überhaupt mit einem Subjektivismus zu vereinbaren? Um diese Fragen zu beantworten, müssen wir uns fragen: Was ist Kommunikation? Was heißt es, wenn ich Ihnen sage: Da ist ein rotes viereckiges Objekt auf dem Tisch, und Sie sagen: Ja, ich sehe das auch. Um das zu beantworten, muß ich am Anfang anfangen; und der Anfang ist ungefähr dort, wo ich sage, daß der Konstruktivismus nie über Ontologie spricht. Konstruktivismus befaßt sich lediglich mit dem Wissen, dem Kognitiven, der reinen Epistemologie. Es gibt seit jeher Philosophen, die Epistemologie mit Ontologie vermischen. Ich bin sehr dagegen. Die Epistemologie ist für mich eine Wissenschaft, die sich sehr gut betreiben läßt, ohne je ein ontologisches oder – wie Heidegger sagen würde – ein ontisches Ding zu berühren.

N: Schließen Sie damit auch Begriffe wie ›Wirklichkeit‹ oder ›Realität‹ aus?

EvG: Wirklichkeit im ontologischen Sinn ja. Aber wenn wir uns einige Zeit kennen, dann können wir sehr gut einen Unterschied machen zwischen dem, was wir wirklich nennen und dem, was wir fiktiv oder illusorisch oder halluzinativ nennen. Aber was wir dann Wirklichkeit nennen, ist nicht eine ontische, eine ontologische Wirklichkeit, sondern es beruht auf den Vereinbarungen, die wir getroffen haben. Es beruht auf den Übereinstimmungen unseres Erlebens, unserer Erlebnisse. Vereinbarung aber beruht auf Kommunikation – darum die Frage: Was ist Kommunikation? Ich mache jetzt in diesem Moment Laute, die für mich besondere Laute sind. Sie hören diese Laute, und aus Ihrer vorhergehenden Erfahrung haben Sie gewisse Verbindungen zwischen den Lauten und kognitiven Konstrukten. Wenn Sie einen bestimmten Laut von mir hören, dann bauen Sie in Ihrer Vorstellung ein kognitives Konstrukt auf. Solange dieses kognitive Konstrukt keinen offenen Widerspruch zeigt zu dem, was vorhergeht oder zu dem, was folgt, nehmen Sie an, daß Sie die Laute, die ich gemacht habe, »verstehen«. Aber was immer Sie Verständnis nennen im Bezug auf Sprache oder Kommunikation, sind Dinge, die Sie in Ihrer eigenen Erlebniswelt aufgebaut haben und die Sie nun benützen, um diesen Fluß von Lauten, den Sie Sprache nennen, zu interpretieren. Und diese Interpretation geht vor sich, indem Sie Stücke, die Sie irgendwo parat haben, hervorholen und zusammenbauen.

Wenn Sie mir zustimmten, als ich sagte: Da liegt ein rotes viereckiges Objekt auf dem Tisch, dann bedeutet das mehrere verschiedene Sachen. Erstens haben Sie die Laute, die ich da produziert habe, als Sprache erkannt, und zudem trotz meiner zweifellos etwas ungewohnten Aussprache als deutsche Wörter; zweitens ist es Ihnen gelungen, die Begriffe, die Sie im Laufe Ihrer eigenen Spracherfahrung mit eben diesen Wörtern verbunden hatten, zu einer »sinnvollen« Begriffsstruktur zusammenzufügen; drittens waren Sie imstande, in Ihrem gegenwärtigen Wahrnehmungsfeld eine wahrnehmbare räumliche Einheit zu isolieren, der sie Ihre eigenen Begriffe *rot* und *viereckig* als Eigenschaften zuschreiben konnten und die sich zudem von Ihrem Gesichtspunkt aus als »auf dem Tisch« beschreiben ließ. Nichts in diesem Vorgang verlangt, daß in der ontischen Welt da ein Objekt existiere, das *an sich* rot und viereckig wäre und sich an einem eindeutig bestimmbaren Ort des Universums befinde. Nötig ist einzig und allein, daß unsere Erlebenswelten jeweils reichhaltig genug sind, um diese Konstruktionen zuzulassen.

Nur wenn der Begriffsbau, den Sie als Interpretierender, als Verstehender in Ihrer Vorstellung errichten, auf einmal nicht mehr haltbar erscheint, weil die Interpretation eines neuen Stücks

Sprache sich nun nicht mehr widerspruchslos mit dem vereinbaren läßt, was Sie vorher aufgebaut haben, dann bekommen Sie den Verdacht, daß da etwas nicht stimmt, daß Sie mißverstanden haben oder vielleicht auch, daß ich einen Fehler gemacht habe. Ich sage das, um die Idee zu bestärken, daß die Kommunikation nicht etwas ist, wo irgendwelche kognitiven Strukturen von mir zu Ihnen übergehen, so wie ein Stück Schokolade, das jemand aus dem Papier wickelt und einem Kind in den Mund steckt. *Kommunikation ist nie ein Transport.*

N: Nur wie erklären oder beschreiben Sie dann, daß es überhaupt möglich ist, Konsensualisierungen und Konventionen auszubilden? Wie werden diese vermittelt oder übertragen?

EvG: Das ist eine langwierige Sache. Das geht nicht mit einem Schlag. Die Grundbedingung dafür liegt in meiner Annahme, daß der lebende Organismus bestimmte Ziele hat. Ziele aber im primitivsten Sinne des Wortes. Er will gewisse Situationen (d. h. Erlebnisse) erreichen. Er ist zielorientiert. In dieser unendlichen Arbeit, diesen nie endenden Anstrengungen und Versuchen, Ziele zu erreichen, gibt es verschiedene Stufen. Bei gewissen Organismen ist, sagen wir, die höchste Stufe die, wo der Organismus seine Umwelt (das ist die erlebte Umwelt) so weit organisiert hat, daß da gewisse, sagen wir Lebewesen in dieser Umwelt sind, die er von den anderen Objekten separiert hat. Unter diesen Lebewesen sind dann solche, die eine Zusammenarbeit ermöglichen. Das ist bei den Tieren die Arterkennung. Das kann einzig und allein aus dem Erleben, aus den Situationen, die der Organismus erlebt, hervorgehen. Sobald da eine Möglichkeit der Zusammenarbeit ist, ist auch die Möglichkeit geschaffen, Kommunikation im komplizierten Sinne zu beginnen, und schließlich Sprache. Ich will nicht sagen, daß die Zusammenarbeit die einzige Möglichkeit, der einzig mögliche Ursprung der Sprache ist. Aber mir erscheint es auf jeden Fall der plausibelste.

N: Könnte man sagen, daß nach der Arterkennung und nach der nichtsprachlichen Interaktion die Möglichkeit von Konventionsbildung auftaucht, und über Konventionsbildung Sprache?

EvG: Sicher – die Konventionsbildung entsteht aus der einfachen Tatsache, daß da gewisse Erlebnisse sein werden in dem Erleben dieser Organismen, wo die Gegenwart des Anderen, Gleichartigen ein Vorteil ist. Und da ich fest daran glaube, daß die lebenden Organismen in diesem ganz bestimmmten Sinn induktiv sind, indem sie immer wiederholen, was gestern funktioniert hat, ist das ein sehr wichtiger Punkt.

N: Sie haben eben, als Sie Kommunikation erklärt haben, davon gesprochen, daß es eine Grenze der Kommunikation da gibt, wo ein offener Widerspruch zwischen den Kommunizierenden auftritt. Wo liegt das Beurteilungs-Kriterium dafür, ob das ein Widerspruch oder ein offener Widerspruch ist?

EvG: Ich habe das offenbar zu gedrängt, zu abgekürzt gesagt. Der Widerspruch, der etwa den Hörer zum Umkrempeln eines interpretativen Konstrukts zwingt, entsteht nicht direkt zwischen ihm und dem Sprecher, sondern zwischen der Interpretation, sagen wir, des letzten Satzes und der Interpretation, die er bereits aufgrund der vorhergehenden Sätze aufgebaut hatte. Wann da ein Widerspruch auftaucht und, wichtiger noch, ob er dem Hörer/Interpretierer bewußt wird, dafür gibt es, glaube ich, keine allgemeinen Kriterien. Die Funktion, die ich da sehe, ist genau die, die Piaget Assimilation nennt. D.h., wenn ich rede oder wenn Sie lesen, was machen Sie? Sie bauen eine Struktur auf, und diese Struktur wird immer komplizierter. Wenn Sie einen Roman aufschlagen und die ersten paar Seiten lesen, da bauen Sie dauernd eine ganze Lebenswelt auf mit Leuten, mit Sachen, mit Beziehungen, mit Vergangenheiten und Zukünften usw. Und Sie bauen sie auf aus Stücken, die alle Stücke aus Ihrer eigenen Erlebniswelt sind. Notgedrungenerweise. Wie Sie sie zusammensetzen, kann Ihnen durch die Sprachfolge einigermaßen nahegelegt werden. Die Folge z.B., die Reihenfolge, in der Sie diese Stücke zusammenbauen plus den Möglichkeiten des Zusammenhanges, die die Stücke *an sich* haben, beschränken die Möglichkeiten, da etwas aufzubauen. Aber Sie bauen auf und bauen auf und, was weiß ich, auf Seite 30 ist auf einmal ein Satz, den Sie lesen, und der läßt sich nicht vereinbaren mit dem, was Sie schon aufgebaut haben. Da gibt es dann verschiedene Möglichkeiten. Vielleicht haben Sie den Satz falsch gelesen, oder da ist ein Wort, das Sie falsch verstanden haben. Sie lesen ihn noch einmal. Nein, das Wort ist genau das. Es läßt sich nicht mit dem, was Sie schon haben, vereinbaren. Was machen Sie? Vielleicht sagen Sie: Der Autor ist ein Trottel, der weiß nicht, was er schreibt. Wenn Sie aber Vertrauen haben zu dem Autor, dann werden Sie sagen: Ich habe da etwas falsch gemacht. Und Sie werden versuchen, in dem, was Sie bereits aufgebaut haben, eine Änderung vorzunehmen, die das Aufgebaute mit dem letzten Stück vereinbar macht. Wenn das nicht möglich ist, dann müssen Sie wieder anfangen zu lesen, nachschauen, ob Sie da wirklich richtig aufgebaut haben. »Richtig« heißt hier freilich nicht mehr und nicht weniger als: Es läßt sich vereinbaren. Von Ihrem Gesichtspunkt aus ist es kohärent.

N: Bei allem, was wir jetzt über Kommunikation gesagt haben, spielen ja die Konventionen eine eminent wichtige Rolle. Jede Form von Kommunikation ist überhaupt nur über Konventionen erklärbar. Damit spielt natürlich auch die Sozialisation eine äußerst wichtige Rolle. Und damit spielt auf der anderen Seite aber auch die moralische Verantwortlichkeit für Kommunikation eine viel größere Rolle als bisher. In dem Augenblick, wo ich über die Konstrukte verfügen kann, die ich in meinem kognitiven Bereich selber herstellen kann: Wie steht es da mit der Verantwortlichkeit für andere Gesprächspartner? Denn ich kann ja auch dem anderen nur in irgendeiner Weise begreiflich machen, daß ich möchte, daß er möglichst parallele kognitive Orientierungen durchführt, also parallele Zusammenhänge aufbaut, die ich meinerseits wiederum nicht überprüfen kann. Denn was er mir als sein Konstrukt vermittelt, muß ich wieder bei mir konstruieren und umgekehrt.

EvG: Damit haben Sie den Hauptpunkt herausgehoben. Der Konstruktivismus, ich kann das nicht oft genug wiederholen, befaßt sich nur mit dem kognitiven Aspekt und nicht mit dem, was »in der Tat« oder »tatsächlich« vorhanden ist. Wenn man das genau nehmen will, müßte man vor jedem Wort, das man sagt oder schreibt, sagen: Das erscheint mir so. Damit der Leser nie den Eindruck bekommt, man möchte sagen: Das ist, wie es *wirklich* ist. Denn das sollte man nie sagen.

N: Sie sagen: Ich spreche nur über Epistemologie und nicht über Ontologie. Wenn man aber über die epistemologischen Bedingungen der Konstruktion von Wirklichkeit redet, dann spricht man ja doch auch über Ontologie. Zumindest in dem Sinne, in dem die Philosophen bisher Ontologie begriffen haben. Und in dem Sinne, meine ich, spricht man auch in dem Punkt über Moral oder Ethik so, wie sie bisher verstanden worden ist.

EvG: Sie kommen da mit den allerschwierigsten Fragen. Aber was Sie eben sagten, das erklärt, warum Heinz von Foerster und Francisco Varela sich so sehr mit *self-reference* befassen. Das Problem der Selbstbezüglichkeit ist nicht das, oder wenigstens nicht nur das, was in der Logik die schönen Sätze von dem Kreter, der lügt usw. hervorbringt. Aber das Wichtige ist, wie Sie sagten: Man betreibt Epistemologie. Und indem man epistemologische Aussprüche macht, scheint man Aussprüche darüber zu machen, wie das Wissen sich in der Tat verhält. Aber genau das möchte man nicht. Man möchte im Grunde nur sagen: Mir erscheint es so als ob. Es ist unmöglich, das natürlich durchzuführen. Sie müssen immer Sprachausdrücke wählen, die so klingen, als ob sie über Tatsachen Aussagen machten.

N: Ja und hinzu kommt natürlich, daß viele Gesprächspartner realistische Ontologien vertreten. Denen klarzumachen, daß man mit einer Erkenntnistheorie ohne absoluten Wahrheits- und Wirklichkeitsbegriff operiert und daß das auch möglich ist, erweist sich als ständiges Problem in vielen Diskussionen.

EvG: Das ist nicht nur Ihr Problem. Das taucht überall auf, wo über diese Art des Relativismus oder Konstruktivismus gesprochen wird.

N: Ist der Konstruktivismus ein Relativismus? Ich meine, es ist kein Relativismus; denn von Relativismus kann ich nur reden, wenn ich irgendeine Form von Letztbegründung zumindest theoretisch denken kann. Rein konstruktivistisch gedacht geht das aber nicht. Also darf ich eigentlich auch nicht von Relativismus sprechen, denn das ist wieder innerhalb einer realistischen Ontologie gedacht.

EvG: Das stimmt, nach philosophischer Tradition ist das genau richtig.

Man müßte nur dazu sagen, daß es jetzt nicht um einen fixen Punkt geht, sondern um unendlich viele fixe Punkte, die man dazu konstruieren kann. Im Bezug auf diese jeweils auszuwählenden Fixpunkte ist das, worüber man redet, relativierbar.

N: Stimmt es eigentlich, daß Konstruktivismus im Grunde auch immer funktional orientiert sein muß?

EvG: Für mich stimmt das. Ich weiß nicht, ob alle Konstruktivisten oder alle die Leute, die sich heute Konstruktivisten nennen, das so sehen. Für mich ist Konstruktivismus Funktionalismus.

N: Nun gibt es Physiker und Biologen, die die Idee der Anpassung aufgreifen und sagen: Der menschliche Organismus hat z. B. die Fähigkeit, bestimmte Lichtstrahlen oder Licht bestimmter Wellenlänge wahrzunehmen. Also ist er an seine Umwelt *angepaßt.* Also können wir aus den Eigenschaften des menschlichen

Organismus nun auf die Eigenschaften des Mediums schließen, das ihn umgibt. Das ist sozusagen ein doppelter Konstruktivismus, einer, der den menschlichen Organismus betrifft, und einer, der das betrifft, was sozusagen das Komplement dazu konstruieren würde.
EvG: Sicher, und deswegen bin ich ganz und gar nicht einverstanden. Aus dem einfachen Grund, weil der Schluß von dem, was wir uns zu konstruieren imstande waren, und von dem wir sagen können: so weit wir wissen, funktioniert das – der Schluß von alledem auf die ontologische Welt ist völlig unlogisch und unmachbar, weil er voraussetzt, daß wir nur machen können, was mit der Welt übereinstimmt. Und das ist nicht der Fall. Wir können alles machen, was nicht *gegen* die Welt geht. Ein gutes Beispiel, das ich hier und da in Seminaren verwende, ist das *Sieb*. Wenn Sie Sand oder Schotter sieben, bedingt das nur, ob etwas durchfällt oder nicht. Vom Standpunkt des durchfallenden Steins aus läßt sich unmöglich irgend etwas über das Sieb sagen. Das einzige, was man da wissen könnte, ist: Ich bin durchgekommen, ich habe keine Hindernisse angetroffen. Das ist eine hinkende Metapher. Aber immerhin, der Witz ist der: Der Stein, der durch den Raum fällt und das Sieb überhaupt nicht berührt, der weiß gar nichts; höchstens, daß sein »Kollege« nicht mehr da ist. – Was ich ausdrücken möchte, ist das: Insofern wir unsere Konstruktionen bauen, sind sie alle positiv in dem Sinn, daß wir sie aus unserem eigenen Erleben aufbauen. Ein Schluß von diesen Konstruktionen auf die Welt, die es zuläßt, daß wir mit diesen Konstruktionen unsere Ziele erreichen, ist völlig unmöglich, weil wir immer nur in Begriffen denken und sprechen können, die aus unserem eigenen Erleben stammen. Wir können nie die Hindernisse selbst sehen, die unsere Handlungen und Theorien unmöglich machen. Wir können nur sehen, daß eine Handlung nicht funktioniert. Der Grund, warum sie nicht funktioniert, ist, von uns aus, wieder ausgedrückt in Begriffen, die auf funktionierenden Handlungen beruhen.
N: Also wir kommen grundsätzlich nicht über trial und error hinaus?
EvG: Nein, nie. Das ist das einzige, was wir haben.

2. Erkenntnistheorie ohne Ontologie

EvG: Hinter allen meinen Überlegungen steht der Versuch, die Epistemologie vollständig von der Ontologie zu trennen. Meiner Ansicht nach ist es die Tragik der abendländischen Erkenntnistheorie, daß sie von der zwar sehr verständlichen, aber unsinnigen Annahme ausgegangen ist, daß das, was ich erkenne, schon da ist. Ich neige heute dazu, gar nicht mehr von Erkenntnistheorie zu reden, sondern nur noch von *Kognitionstheorie*. Für mich ist die Epistemologie die Frage nach dem Wissen in dem Sinne, wie ich Wissen herstelle und was ich als gutes und brauchbares Wissen betrachten kann und was nicht. Die Antwort auf die Frage »Was ist das Wissen?« möchte ich ganz unontologisch geben.

Alles, was man konstruiert, ist »als ob«. D. h., man konstruiert es als versuchsweise Annahme. Das heißt aber nicht, daß ein »Als ob« ebenso gut ist wie ein anderes »Als ob«. Man unternimmt die Konstruktion ja aus bestimmten Gründen; und im Rahmen der jeweiligen Gründe funktionieren mehrere Konstruktionen selten gleich gut. Die Kriterien zu unterschiedlichen Bewertung zweier »Als ob« lassen sich nur aus der Praxis ableiten. (Als Nachbemerkung möchte ich da hinzufügen, daß das ja gut mit Hans Vaihingers *Philosophie des Als-Ob* (Berlin, Reuther & Reichard, 1913) zusammenpaßt, ausgenommen daß Vaihinger zu guter letzt dann – ganz wie 60 Jahre später Konrad Lorenz in *Die Rückseite des Spiegels* – doch eine ontologische Grundlage in der Form der Evolutionstheorie einbeziehen wollte.)

N: Mich interessiert noch einmal die Rolle des Anderen für das Erkennen. Also A und B interagieren miteinander, und das funktioniert und macht für A Sinn.

EvG: Verzeihen Sie! Wenn Sie anfangen mit A und B, dann haben Sie schon zwei separate Individuen.

N: Ja, davon gehe ich aus.

EvG: Das darf man aber nicht als Konstruktivist. Ich fange mit A an. A konstituiert oder konstruiert B in seiner Erlebniswelt –

N: – als Subjekt, und handelt und interagiert dann.

EvG: Das ist zunächst nur ein anderes Ding, wobei ›Ding‹ nichts anderes ist als die Koordination von Erlebniselementen, so daß das Ergebnis sich vom Rest des Erlebensfeldes unterscheiden läßt.

N: Gut! B macht dasselbe auch mit A.

EvG: Das weiß ich nicht.

N: Ich nehme das jetzt einmal an. Das scheint mir auch sehr notwendig zu sein, das anzunehmen, weil ich sonst eine Menge von Fragen nicht erklären kann.
EvG: Nein, das dürfen Sie nicht am Anfang annehmen. Das kommt am Ende heraus. Das kommt heraus, wenn das B Genannte auf einmal Dinge macht, die sich nicht mehr als »normale Sachen« erklären lassen. Dann komme ich dahin und frage mich, was ich denn tun muß, um B – ganz kraß ausgedrückt – handhaben zu können. Wobei Handhaben natürlich nicht nur das Manuelle betrifft, sondern Voraussagen der Art: Was wird B morgen bei Regen tun? Wird B bei guter oder schlechter Laune sein? usw.
N: Ich gehe jetzt einmal von einem kognitiv elaborierten A aus, der in unserem Sinne schon hinreichend sozialisiert ist, um solche Annahmen machen zu können.
EvG: Das »sozialisiert« müssen Sie herausstreichen. Denn das kommt wiederum sehr viel später hinein. Sie können von einem A oder B reden, der seinen Erfahrungsbereich notgedrungen sehr subtil differenziert hat und nun in seinem Erfahrungsbereich eine Menge Leute hat. Erst dann können sie anfangen, von Sozialisierung zu sprechen.
N: Denken wir uns das jetzt einmal abgeschlossen. Dieser A interagiert also mit B in seiner Umwelt. B interagiert als Person mit A, die B als Subjekt in seiner Umwelt konstruiert hat.
EvG: Genau das ist es, was A ab einem gewissen Niveau zu unterschieben beginnt.
N: Also Sie sind jetzt A, und ich bin jetzt B.
EvG: Gut! Da sage ich mir, dieses B hat mich als A in einem ähnlichen Verhältnis wie ich. Das ist die Voraussetzung, unter der ich nun gewisse Vorhersagen mache – wobei ›Vorhersagen‹ ein viel zu naives Wort ist. Aber ich glaube, wir verstehen uns trotzdem.
N: Ja. Was ist jetzt, wenn diese beiden in dieser jetzt vorausgesetzten Form interagieren: Sie unterschieben sich also dauernd gegenseitig Dinge –
EvG: – ja das tun sie, aber ich bleibe immer A –
N: – natürlich! Sie bleiben immer A, und ich bleibe immer B!
EvG: Was sie unterschieben, ist meine Unterschiebung Ihrer Unterschiebung Ihres –
N: – und genauso verfahre ich.
EvG: Genauso nie! Für mich können Sie nie wie ich sein –

N: – strukturell gleich aber!

EvG: Ja! Dann müssen Sie aber einen Dritten als Beobachter haben.

N: Genau: Darauf wollte ich jetzt hinaus. Was kann ein Dritter als Beobachter, ein C, jetzt über diese Interaktion von A und B sagen?

EvG: Der sagt, was *er* aus dieser Interaktion heraussieht. Er sagt, wie er A konstruiert, wie er B konstruiert und wie er die Interaktion zwischen A und B aus seinen eigenen Begriffen heraus konstruiert. Dann kann er natürlich anfangen, über soziale Zustände zu sprechen. Aber die sozialen Zustände sind letzten Endes Schlüsse oder Eigenschaften, die er auf der Grundlage gezogen bzw. zugewiesen hat, daß A und B mit Methoden und Begriffen arbeiten, die ursprünglich seine eigenen waren und die A und B natürlich nicht immer so verbinden, wie er sie verbindet – das hat er schon gemerkt. Das ist eine andere Schwierigkeit, die deshalb schwierig ist, weil es schwer ist, das zu kommunizieren.

N: Meines Erachtens kann man das Ganze noch weitere Stufen hinauf durchführen.

EvG: Natürlich!

N: Und das wird immer komplizierter, und ich frage mich, ob das Modell dann noch durchhaltbar ist.

EvG: Das weiß ich nicht, denn ich bin mit meinen Überlegungen noch am Anfang. Aber ich vermute, wenn man wirklich komplizierte Modelle bekommt, wird man immer wieder auf die allein wichtige Grundannahme stoßen, daß ich meine Wirklichkeit daraus konstruiere, daß ich meine eigenen Begriffe den anderen unterschiebe und sie immer noch als nützlich befinden kann. Ich konstruiere meine Wirklichkeit auf dem Passen meiner Annahmen. Und je weiter ich diese meine Annahmen und Begriffe sozusagen vermiete an die Teilstücke meiner Erlebniswelt, desto komplizierter wird mein Wirklichkeitsbild und das Bild meiner Erlebenswelt. Vom ethischen Gesichtspunkt aus aber bleibt als wichtigstes die Tatsache, daß ich die anderen brauche, um meine Wirklichkeit zu stabilisieren; daß ich also keineswegs frei bin, genausowenig frei in dem Sinne, daß ich mir konstruieren kann, was ich will. Bei der Konstruktion einer Umwelt stoße ich immer wieder auf Widerstände, auf Sachen, die ich eben nicht in der Art und Weise machen kann, in der ich sie machen möchte.

3. Ziele des Organismus (1982)

N: Ich möchte noch mal auf einen früheren Teil der Diskussion zurückkommen. Sie sprachen vorhin von *Zielen des Organismus.* Nach Maturana müßte man wohl sagen: Wenn es ein Ziel des Organismus gibt, dann ist es die Aufrechterhaltung seiner autopoietischen Organisation.

EvG: Maturana. Mir fällt es schwer, mit ihm über Zielstrebigkeit zu reden. Als Biologe will er ohne *purpose* auskommen und den Organismus ohne Berufung auf Zielstrebigkeit erklären. Die Erklärung soll durchwegs auf *neighbourhood relations* beruhen, d.h. ohne den Sprung auf die Ebene des Beobachters. In der Biologie ist das freilich eine grundlegende Spielregel. Andererseits aber befaßt er sich auch mit kognitiven Fähigkeiten, mit dem Beobachter und dem Beschreiben. Ziele, sagt er, gibt es nur auf der Ebene des Beschreibens. Damit stimme ich gern überein; denn mich interessiert die Epistemologie, nicht die Biologie im strikten Sinn – und Epistemologie ist erst auf dem Niveau des Beobachters, des Beschreibers möglich. Wenn ich also auf diesem Niveau, das ich als meines betrachte, von Zielen sprechen kann, bin ich zufrieden. Vom Standpunkt des beschreibenden Beobachters aus verwendet auch Maturana oft Ausdrücke wie ›adäquat‹, ›passend‹ oder ›*effective action*‹, und diese Art des Beschreibens führt – in meiner Interpretation zumindest – Ziele oder positive Werte ein. Die Aufrechterhaltung des Gleichgewichts, die Aufrechterhaltung der autopoietischen Organisation, ja schon der Grundbegriff der *perturbation*, der Störung, impliziert für mich Ziele; primitive Ziele, wenn man will, nicht hohe, idealistische, aber doch Ziele.

N: Wie weit würden Sie denn gehen: Würden Sie andere Ziele ableiten von dem obersten Ziel der Aufrechterhaltung der autopoietischen Organisation?

EvG: Ich würde sagen, daß alle anderen Ziele, alles, was Sie sich in einem ehrlichen Sinne als Ziel vorsetzen, sich von diesen primitiven Zielen ableiten läßt.

N: Was heißt in diesem Sinne ›ehrlich‹?

EvG: Von dem Sie wirklich glauben, daß das das Ziel ist, das Sie erreichen möchten.

N: Da taucht aber doch dann wieder das Problem der Begründung dieses Zieles auf. Reicht es wirklich aus, wenn solche Ziele

(auch) andere Systeme betreffen, daß man sich nur über die eigene Glaubwürdigkeit dieses Ziels Rechenschaft ablegt, oder muß es noch andere Rechtfertigungsmöglichkeiten geben?
EvG: Sie werden sich natürlich in Zusammenarbeit mit Anderen große Mühe geben, diesen Anderen Ihre Ziele plausibel zu machen. Aber da muß man sich sofort wieder bewußt machen: was heißt das, einem Anderen mein Ziel plausibel zu machen? Das heißt, so auf ihn einwirken, daß er Tätigkeiten ausführt, die von meinem Standpunkt aus für mein Ziel die richtigen sind. Wie er, der Andere, darüber denkt, das weiß ich nie.
N: Das ist auch der Clou der ganzen Sozialisation, daß das Verhalten von Kindern oder auch Heranwachsenden so kanalisiert wird, daß sie sich als sozialisierte Individuen und Mitglieder von Gesellschaften zu verhalten lernen.
EvG: Daß sie von den Anderen als sozialisiert befunden werden. Was sie in Wirklichkeit, d. h. von sich selbst aus tun, mag etwas ganz anderes sein. Und das spielt keine Rolle. Es spielt keine Rolle, bis zu dem Tag oder zu dem Moment, wo sich eine Diskrepanz zeigt, und diese Diskrepanz zeigt sich, weil auf einmal der Andere (der gedacht hat: das ist jemand, der sich in den Situationen, die ich definiere, so benimmt, wie es mir gefällt), weil dieser Andere nun enttäuscht wird. Wenn der Andere enttäuscht wird, dann muß ich etwas Neues tun und die Interaktion wieder ins Gleichgewicht bringen.

4. Über Objektivität und konstruktivistische Ethik (1984)

EvG: Bei unserem letzten Gespräch in Siegen (1982) haben wir uns lange über die Frage unterhalten, welche Ethik aus den konstruktivistischen Grundsätzen folgt. Seit diesem Gespräch habe ich versucht, diese Thematik aufzugliedern und mich dabei lange mit dem beschäftigt, was man als Konstruktivist *Objektivität* nennen könnte. Denn auch der Konstruktivist möchte ja zwischen dem »Illusorischen« und dem »Wirklichen« unterscheiden können. Diese Unterscheidung brauchen wir dauernd, und ich habe mich darum bemüht, einen sinnvollen Weg zu diesem Begriff zu finden. Bei diesem Versuch bin ich darauf gekommen, daß Kant in der *Kritik der reinen Vernunft* (mehr in der ersten als in der zweiten Auflage) dazu schon alles Wichtige gesagt hat.

Darum erwarten Sie von mir nichts grundsätzlich Neues, sondern lediglich eine andere Darstellungsweise für das und von dem, was Sie bei Kant schon finden können.

Unter den Gegenständen, die ein Organismus sich in seiner Erlebenswelt konstruiert, findet er immer wieder solche, die mit den Regeln, die er für andere Gegenstände gemacht hat, nicht mehr handhabbar sind. Wenn ein Kind zum Beispiel einigermaßen gelernt hat, mit einem Ball umzugehen, und dann beim Spazierengehen einen kleinen Frosch aufhebt, dann merkt es sehr schnell, daß hier vieles anders ist. Zum Beispiel bewegt sich dieses Ding ganz von selbst. Darin unterscheidet es sich von einem Ball, den man aufheben und springen lassen kann, den man rollen und stoßen kann.

Dieses ›Sich-von-selber-fortbewegen-Können‹ ist nun etwas, was das Kind von sich selbst sehr gut kennt. Dieses, was es von sich kennt, kann es nun einem anderen Gegenstand *unterschieben*, um einmal dieses aufschlußreiche Wort von Kant zu benutzen. Kant spricht davon, daß man »das Eigene dem Anderen unterschiebe« – und das ist genau das, was ich für meine Argumentation brauche. Man unterschiebt anderen und anderem ständig Erfahrungen, die man im eigenen Erfahrungskreis gemacht hat. Vom Unterschieben der einfachsten Bewegungen bis hin zum Unterschieben der komplexesten und kompliziertesten Sachen, die man von sich selbst kennt und beobachtet, ist es im Prinzip kein sehr großer Schritt. Wenn ein Kind zum Beispiel den Frosch oder die Eidechse fangen will, dann wird es sehr schnell lernen, daß es mehr Erfolg hat, wenn es unterstellt, daß der Frosch sich nicht nur fortbewegen, sondern auch sehen und vielleicht sogar hören kann. Dementsprechend wird es den Fangversuch anders anlegen, als wenn es diese Annahme nicht machen würde. Wenn der Fangversuch dann vom Erfolg bestätigt wird, dann wird das Kind dadurch in seiner Unterschiebung der Wahrnehmung auf dieses oder jenes Ding in seiner Erfahrungswelt bestätigt.

Sehr bald kommt das Kind auch dahin, daß andere Dinge auch Pläne machen und intentional vorgehen können. Wenn nun diese Annahmen immer wieder funktionieren, dann bestätigt es sich für das Kind als Beobachter, daß dieses Ding die gleichen Schemata und Methoden verwendet, wie es selbst sie in dieser Situation verwenden würde. Aber man muß sich immer bewußt sein, daß es sich dabei ausschließlich um Unterschiebungen handelt. Man unterschiebt Fähigkeiten, dann unterschiebt man Methoden, man unterschiebt Intentionen usw.; und dann stellt man fest, daß diese Konstrukte nicht nur bei einem selber funktionieren, sondern auch bei selbständigen Dingen in der Erfahrungswelt. Sobald das passiert, hat man etwas, was man Objektivität nennen kann. Denn nun kann man sagen: Nicht nur ich funktioniere so, sondern auch die anderen. Damit bekommt die Viabilität oder Brauchbarkeit gewissermaßen ein zweites Niveau. Man stellt nicht nur fest, daß die eigenen Erfahrungen erfolgreich sind; sondern man stellt auch fest, daß sie dem anderen erfolgreich unterschoben werden können. (...)

Diese Überlegungen zum Begriff der Objektivität haben mich nun auch in den Überlegungen zu einer *konstruktivistischen Ethik* ein brauchbares Stück weitergeführt: Um ein verläßliches Niveau von Wirklichkeitskonstruktion erreichen zu können, braucht man ganz offensichtlich die Anderen. Denn was immer man von Anderen sagt, indem man ihnen die eigenen Methoden und Begriffe unterschiebt, ist unbedingt nötig, um das Niveau einer »objektiven Wirklichkeit« zu erreichen. Das zeigt m. E., daß man bei der Konstruktion einer Ethik die Anderen in Betracht ziehen muß: und zwar nicht aus ethischen, sondern aus epistemologischen Gründen. Damit wird eine Grundfrage, die jede Ethik am Anfang beantworten muß, aus der Epistemologie heraus beantwortet, und die Ethik kann an einem anderen Punkt beginnen, als das normalerweise der Fall ist. Denn die Ethik muß ja immer begründen, warum der einzelne überhaupt andere in Betracht ziehen soll. Wenn aber schon in der Epistemologie der Andere berücksichtigt werden muß, um die oberste Stufe der erlebten Wirklichkeit konstruieren zu können, dann verschiebt sich der Anfangspunkt ethischer Überlegungen in einer Weise, die vielleicht neue Perspektiven eröffnen kann. Mehr möchte ich darüber im Moment nicht sagen. (...)

5. Objektivität und Empirie

N: Können Sie erläutern, wie nach konstruktivistischer Ansicht Objektivität mit Empirie zusammenhängt?

EvG: Mir scheint der Empiriebegriff der umfassendere zu sein; denn die Empirie beginnt schon in dem Moment, wo ich mir die erste Koordinierung von Sinneserfahrungen »zusammenbastle« und dann herausfinden will, ob sie funktioniert oder nicht. Das hat mit den anderen, die ich zur Bestätigung von Objektivität brauche, noch gar nichts zu tun. Die Empirie beginnt schon dort, wo ich die Hand ausstrecke und etwas Hartes oder Klebriges fühle und damit etwas unternehme oder wo ich etwas an die Nase halte und rieche usw.

Nun könnte man ja auch die Meinung vertreten, daß man in Träumen empirische Erfahrungen macht. Man träumt zum Beispiel, man habe seinen Autoschlüssel verloren und weiß nicht, wo man ihn hingelegt hat. Beim Aufwachen dauert es dann einen Moment, bis man sich darüber klar wird, daß man den Schlüssel nicht verloren hat, daß er noch daliegt. Das zeigt, daß man während des Traumes keine Unterschiede zwischen Traum und Nicht-Traum machen kann. Wenn man aufwacht, dann konstruiert man weiter. Aber was man da konstruiert, läßt sich nicht mehr halten angesichts der Wirklichkeit, die man nun im Wachzustand konstruiert. Es paßt nicht mehr hinein. Im Prinzip ist das nichts anderes als die Konstruktion des Täters in Kriminalromanen. Bis zu Kapitel 3 glaubt man den Täter genau zu kennen; dann zu Beginn von Kapitel 4 kommt heraus, daß es ein anderer gewesen sein muß. Das heißt, die Wirklichkeit, die man am Ende des 3. Kapitels aufgebaut hat, läßt sich angesichts der Wirklichkeit nicht mehr halten, die man im 4. Kapitel aufbaut. Ähnlich läßt sich auch die Traumwirklichkeit angesichts des Wacherlebens nicht mehr aufrecht erhalten.

Sicher hängt die Bewertung von Träumen ab von kulturellen Traditionen. Es gibt Kulturen, die davon ausgehen, daß man in Träumen die relevanteren Erfahrungen macht. Damit aber wird das Wachsein an die Stelle des Träumens gesetzt, das Verhältnis wird dann umgekehrt reziprok.

Ein neurologisches Modell für diese Art, über Träume zu reden, könnte folgendermaßen aussehen: Man nimmt im Modell ein Netzwerk an, in dem alle diese Dinge vorgehen. In diesem Netzwerk gibt es gewisse Quellen, die Signale ausstrahlen (Sensoren). In unserer Kultur verlangt man, daß alles das, was wir im wachen Zustand erleben, auf Signale zurückgeführt werden kann, die aus solchen Quellen kommen. Im Träumen dagegen ist die Richtung umgekehrt. Das läßt sich gut anhand von erinnerten Träumen verdeutlichen. Wenn man zum Beispiel im normalen

Erleben eine Straße entlang geht und etwas als Haus erkennt, dann fängt das ziemlich sicher mit visuellen Erlebnissen an. Es gibt Farbunterschiede vor dem Hintergrund, man macht bestimmte Wahrnehmungsbewegungen und bringt Gestalten und Farben so zusammen, daß daraus ein Haus wird. Im Traum kann es passieren, daß man ein Haus träumt, aber absolut nicht in der Lage ist, Farbe und Merkmale wie Balkons oder Türen, Lokalität oder Baumaterialien angeben zu können. Man entwickelt nur einen Totalbegriff des Hauses, und dann fügt der Traum hinein, was immer man für die Traumhandlung braucht: vielleicht einen roten Vorhang, einen Sessel oder einen leeren Raum. Das heißt, man kommt vom Begriff her und fügt dann das an Einzelheiten ein, was der Traum will. Wie das geschieht, ist eine ganz andere Frage. Aber im wachen Wahrnehmen ist das nicht der Fall. Da baut man von Einzelheiten her das Haus auf. (...)*

Bei der Diskussion über die Frage, wie man Erfahrungen macht, scheint mir die Unterscheidung von Piaget zwischen dem *Figurativen* und dem *Operativen* sehr nützlich zu sein. Diese Unterscheidung ist viel brauchbarer als die zwischen dem Mentalen und dem Sachlichen oder die zwischen dem Abstrakten und dem Konkreten. Für das Figurative brauche ich alles das, was aus den Sensoren kommt (Wahrnehmung, Perzeption, Kinästhesie usw.). Das Operative bezieht sich dann auf die Verbindungen, mit denen oder dank derer ich solche Signale zusammenstelle. Das, was in der Tradition – etwa bei Wilhelm von Humboldt – das Sinnliche genannt wurde, entspricht dem, was ich das Figurative nenne.

Wenn man sich von sogeannten abstrakten Dingen wie Zahlen eine Vorstellung machen will, dann braucht man Sensorimotorisches. Mathematisches Wissen beruht meiner Ansicht nach auf sensorimotorischen Grundlagen; wenn man wissen will, was fünf ist, was Multiplizieren oder Dividieren ist, dann muß man das gewissermaßen nachhandeln können. Hier ist für mich die Computeranalogie sehr hilfreich. Was Programm ist, entspricht da dem Operativen, was Daten sind, dem Figurativen. Wenn man die Schritte eines Programms ausführen will, dann kommt man nicht ohne Daten aus.

* Diese Umkehrung der Konstruktionsrichtung von der Wahrnehmung zur Traumvorstellung geht auf Ideen zurück, die Silvio Ceccato schon vor 30 Jahren am Centro di Cibernetica in Mailand formuliert hat.

Bei der Diskussion über die Grundlagen der Mathematik plädiere ich dafür, daß man, um Differentialrechnung oder Vektorenanalyse usw. erklären zu können, auf einfachere mathematische Operationen zurückgehen muß. Und am Grund dieser einfacheren Operationen liegen sensorimotorische Zusammenhänge. Das ist in meinem konstruktiven Weltbild eine Notwendigkeit – wobei mein konstruiertes Weltbild natürlich wieder nur ein Vorschlag ist. In der Mathematik wie in anderen Bereichen auch liegen die Grundlagen aller Bedeutungen letzten Endes in sensorimotorischem Erleben und nirgendwo anders. Das bedeutet nicht, daß jeder Fall von Operation ein Fall sensorimotorischer Aktivitäten sein muß. Natürlich kann ich Operationen auf Operationen anwenden usw.; aber alle diese Operationen sind abhängig von der Grundlage. Denn wenn es nicht diese Grundlage gewesen wäre, dann hätten andere Operationen erfolgen können. In diesem Zusammenhang fallen mir die Überlegungen Berkeleys über das allgemeine oder universelle Dreieck ein. Berkeley betont, daß es unmöglich ist, sich ein Dreieck vorzustellen, ohne daß es sich dabei um ein bestimmtes Dreieck handelt. Ein universelles Dreieck kann es deshalb seines Erachtens nicht geben. Zu diesem Schluß kommt er deshalb, weil er sich das Dreieck als eine statische Figur vorstellt. Hätte er die Idee gehabt, daß das Dreieck ein Programm ist, eine Operation oder eine Sequenz von Operationen, dann wäre dieser Widerspruch zwischen konkretem und allgemeinem Dreieck nie aufgetaucht. Denn das allgemeine Dreieck ist ja nicht die Vorstellung von einem Dreieck, sondern die Methode, wie man Dreiecke konstruiert. Und diese Methode kann wie unter einer Programmnummer aufbewahrt werden. Jedesmal wenn ich dann versuche, mir ein Dreieck vorzustellen, muß ich dieses Programm ausführen. Und ich kann dieses Programm – wie ein Computerprogramm – nur ausführen, wenn ich ein bestimmtes Rohmaterial habe. Auch ein Computer läuft ja nicht ohne Daten, auch wenn es eine Fülle von Daten gibt, die in das Programm hineinpassen.

Berkeley hat gefühlsmäßig damit recht, daß er den allgemeinen Begriff nicht auf dem sensorimotorischen Niveau aufbauen kann. Denn der Begriff ist nicht ein figuratives Bild des Dreiecks, sondern eine operative Konstruktionsanweisung.

Diese Überlegungen gelten im Prinzip auch für sprachliche Bedeutungen. Auch hier nehme ich an, daß die Grundlagen im sensorimotorischen Erleben liegen. Das heißt nicht, daß ein komplizierter sprachlicher Begriff direkt im Sensorimotorischen verankert ist, wohl aber die Stücke, aus denen er zusammengebaut ist. Früher oder später kommen wir auf den sensorimotorischen Untergrund zurück.

Das gilt vor allem für den Typ von Semantik, den ich im Auge habe: nämlich Begriffssemantik. Viele Linguisten regen sich darüber auf und bezeichnen es als psychologische oder gar als psychologistische Arbeit. Ich bin aber überzeugt, daß man weder in der Sprache noch in der Mathematik ohne diese zugrundeliegenden psychologischen Operationen auskommt, die sich eben »zuunterst« auf das Sensorimotorische beziehen. Auch im Bezug auf sprachliche Bedeutungen kann nicht etwa eine Objektivität von Bedeutungen durch Sachreferenz hergestellt werden. Die Bedeutung ist doch für mich, was ein Ausdruck für mich bedeutet. Und die Kommunikation entsteht dadurch, daß ich diese Bedeutung in meinem Erleben auf eine Art und Weise aufgebaut habe, die nicht allzu verschieden ist von der, in der andere sie aufgebaut haben, so daß wir in einer gemeinsamen Situation beide wissen, wie man etwa einen bestimmten Gegenstand nennt. Die gemeinsame Praxis führt sehr schnell zu dem Objektivitätsbegriff, den wir früher besprochen haben. Er bedeutet im sprachlichen Bereich, daß ich im vorhinein sagen kann, wie ein anderer auf etwas reagieren wird. (...)

Wie verhält es sich aber nun mit der Verläßlichkeit oder Objektivität »innerer Vorgänge«? Wenn wir z. B. über *Erinnerungen* reden, dann reicht es zu sagen: Das sind meine Erinnerungen. Man muß nicht sagen: Das sind richtige Erinnerungen. Sie müssen nicht einmal richtig sein in bezug auf das, was ich damals erlebt habe. Das Erinnerte ist so, wie ich es heute sehe. Und die Korrelation oder die Koordination, die man damit schafft, setzt eben voraus, daß es meine Erinnerung ist. Ob dabei eine ontologische Richtigkeit vorliegt oder nicht, das ist eine sinnlose Frage. Aber strenggenommen weiß ich nicht genau, was Erinnerung ist. Mir gefällt das deutsche Wort Gedächtnis viel besser, weil Gedächtnis das ist, was gedacht wird. Und dabei besteht überhaupt kein Grund anzunehmen, daß ich es mir heute so denke, wie ich es damals gedacht habe. Piaget hat dies in einer Fülle von Experimenten gezeigt. So kann Ihnen etwa ein Kind von 9 Jahren auf die Frage: »Wie hast du das denn damals gemacht?« über eine

bestimmte Experimentalsituation nur das erzählen, was es heute machen würde, und ist völlig unfähig zu rekonstruieren, was es damals tatsächlich getan hat oder was der Beobachter damals gesehen hat. Damit ist eine absolute Wirklichkeit des Geschehens schon hinfällig und spielt keine Rolle.
Lassen Sie mich bei unseren Überlegungen noch einmal nachdrücklich betonen, daß der Konstruktivismus nie die Wirklichkeit – die ontische Wirklichkeit – verneint oder verleugnet, daß er nur sagt, daß alle meine Aussagen über diese Wirklichkeit zu hundert Prozent *mein* Erleben sind. Daß dieses Erleben dann zusammenstimmt, das kommt natürlich aus der Wirklichkeit.

6. Was soll ›empirische Wissenschaft‹ heißen?

N: Wenn ich die Unterscheidung zwischen Operationalem und Figurativem zugrunde lege, dann kann ich durchaus Ihrem Vorschlag zustimmen, empirisches Wissen als Wissen von Operationsmöglichkeiten zu bezeichnen.
EvG: Die empirische Forschung – so kann man dann vielleicht sagen – besteht darin, daß man Hypothesen aufstellt und versucht, ob sich diese Hypothesen angesichts der neuen Erfahrungen, die man mit Experimenten macht, halten lassen. Ich sehe da keinen sehr großen Unterschied zwischen dem, was Empiristen immer schon gesagt haben, und der Meinung von Konstruktivisten. Der Unterschied besteht nur darin, daß manche Empiriker geglaubt haben, sie hätten es mit »der Wirklichkeit» zu tun. Wenn man aber Hume, Locke und Berkeley liest, so ist ziemlich deutlich, daß ein Wissenschaftler seine Theorien immer nur an der Erfahrung ausprobieren kann und nie an der Welt als solcher. Das ist, glaube ich, einer der wenigen Punkte, in denen sich die drei englischen Philosophen einig waren. Und alle drei waren keineswegs, wie man in amerikanischen Textbüchern lesen kann, Realisten in dem Sinne, daß sie die Welt zu erkennen glaubten oder erkennen wollten. Locke zum Beispiel betont deutlich, daß eine Quelle, aus denen unser Wissen kommt, die sinnliche Wahrnehmung ist, die andere Quelle das Beobachten der eigenen Operationen. Locke hat die ›reflections‹ überhaupt eingeführt und damit in gewissem Sinne schon eine konstruktivistische Haltung eingenommen. Wahrscheinlich hat er selber diese Ein-

sichten wieder verschüttet, indem er in das damals konventionelle Denken zurückgefallen ist, das Erlebnisse als »die Wirklichkeit« betrachtete. (...)

Was nun die Überlegungen über empirische und nicht-empirische Wissenschaften betrifft, so hat es wenig Sinn, Wissenschaften nach ihrer Methode zu unterscheiden. Die vier Verfahrensschritte, die etwa Maturana für wissenschaftliche Verfahren entwickelt hat, beschreiben die wissenschaftliche Methode, wo immer man sie anwendet.*

Unterschiede dagegen sehe ich in dem Bereich wissenschaftlicher Tätigkeit. Wenn ich etwa mit kognitiven Systemen zu tun habe, dann muß ich in meine Theorie einbeziehen, daß das Objekt, was ich beobachte, selbst Beobachtungen macht. Ich muß also auch versuchen, den Standpunkt des Beobachteten in meiner Theorie mit zu berücksichtigen. Es hat aber m. E. keinen Sinn, von Wissenschaft zu sprechen, wenn es sich nicht um empirische Wissenschaft handelt. Damit kommen wir zurück zu dem Punkt, daß Konstruktivisten die Unterscheidung zwischen empirisch und nicht-empirisch nicht in der üblichen Form machen können. Nicht-empirische Wissenschaften gibt es m. E. nicht. Es lassen sich aber dennoch Unterschiede machen zwischen verschiedenen Wissenschaften, und zwar dahingehend, daß die einen eine Sorte von Begriffen überhaupt nicht hereinlassen (z. B. den der individuellen Interpretation oder Wahrnehmung), während die anderen durchaus damit arbeiten. Damit werden aber die Vorhersagen

* Anm. S. J. S.: Die wissenschaftliche Methode hat H. R. Maturana 1978 (in *Biology of Language*) durch folgende vier Operationen dargestellt:
(a) Beobachtung eines Phänomens, das als zu erklärendes Problem angesehen wird;
(b) Entwicklung einer erklärenden Hypothese in Form eines deterministischen Systems, das ein Phänomen erzeugen kann, welches mit dem beobachteten Phänomen isomorph ist;
(c) Generierung eines Zustandes oder Prozesses des Systems, der entsprechend der vorgelegten Hypothese als vorhergesagtes Phänomen beobachtet werden soll;
(d) Beobachtung des so vorhergesagten Phänomens.
(Zit. nach der dt. Übersetzung in der Sammlung von Maturanas Schriften *Erkennen: Die Organisation und Verkörperung von Wirklichkeit.* Braunschweig-Wiesbaden 1982, S. 235 f.) – Wobei hinzuzufügen ist, daß die Beobachtung sowohl in (a) als auch in (b) unter ganz bestimmten Bedingungen ausgeführt werden muß. (E. v. G.)

längst nicht mehr so verläßlich wie in anderen Bereichen, in denen es nur um kausale Verkettungen geht.
Wenn Locke, Hume und Berkeley als Empiriker betrachtet werden, dann liegt das daran, daß sie immer wieder auf sehr praktische Situationen zurückkommen und sie in Form von Gedankenexperimenten zu erklären versuchen.
Der Unterschied zwischen den Wissenschaften läuft also nicht auf der Linie empirisch vs. nicht-empirisch, sondern auf der Linie einfach-empirisch vs. komplex-empirisch (oder wie immer Sie das nennen wollen). Aber es gibt eine klare Unterscheidungslinie dort, wo man den untersuchten Gegenständen die Möglichkeit zubilligt, zu denken, zu planen usw.
Wenn man unter diesem Gesichtspunkt die Frage nach dem Status der Literaturwissenschaft betrachtet, dann kann man die Grenzlinie zwischen sogenannter geisteswissenschaftlicher und sogenannter empirischer Literaturwissenschaft nicht dort ziehen, wo man die eine als nicht-empirisch, die andere als empirisch bezeichnet; die Grenzlinie verläuft vielmehr über die Wissenschaftlichkeit des Verfahrens und die Komplexheit der Theorie. (...)

7. Über Theorien, ihre Kompatibilität und ihre Falsifizierbarkeit (1982)

EvG: Wir entwerfen Theorien, um gewisse Dinge zu erreichen. Und die Theorien sind gut, wenn sie uns diese Dinge bringen oder uns dahin führen; und sie sind schlecht, wenn sie es nicht tun. Die Theorien, die das nicht tun, tun es nicht, weil sie irgendwo an die Hindernisse der Wirklichkeit anstoßen.
N: Daraus folgte dann aber – wenn man Ihren Konstruktivismus radikal deutet –, daß die Kuhnsche These einer prinzipiellen Inkommensurabilität von Theorien zutrifft. Denn wenn Sie Zwecke und den Nutzen von Theorien als Theoretiker ansetzen und relativ zu diesen Zwecken Theorien konstruieren, und ein anderer Theoretiker konstruierte dann wieder diese Theorie relativ zu seinen Zwecken mit einer Interpretation dieser Zwecke: Sind die Theorien dann miteinander vergleichbar?
EvG: Es freut mich, daß Sie dieses Problem aufwerfen. Denn das ist gerade heute sehr aktuell. Was heißt es für zwei Theorien,

kommensurabel oder inkommensurabel zu sein? Wann sind zwei Theorien kommensurabel? Wie zeigt sich das? Oder wie sollte es sich zeigen?

N: Es zeigt sich m. E. Kommensurabilität dort, wo nur eine Theorie vorliegt und diese eine Theorie nur von verschiedenen Theoretikern oder Forschern vertreten wird.

EvG: Sie sagen: »Wo nur eine Theorie vorliegt«. Wo ist diese Theorie? Die existiert nicht außerhalb der Leute. Also wenn Sie sagen, eine Theorie »liegt vor«, so ist das metaphorisch gesprochen. Denn Sie kommen zu der Behauptung: Es gibt da eine Theorie, weil Sie sich eine konstruiert haben.

N: Nein, zu der komme ich nicht, ich will nur sagen: Diese Theorie läßt sich beschreiben als eine Konvention, die innerhalb einer bestimmten Forschergemeinschaft gültig ist.

EvG: Nein, ich greife nicht Ihren Ausspruch an, daß es eine Theorie gibt. In einem gewöhnlichen, alltäglichen Gespräch wäre das ganz normal und annehmbar. Aber wenn Sie das nun epistemologisch anschauen, was heißt dann »Wir haben die gleiche Theorie«? – Im Grunde heißt das doch wieder nicht mehr, als daß wir uns da beide in unserer Erlebenswelt einen Bereich abgegrenzt haben, in dem unser Handeln beim Anderen auf keinerlei Widerstände stößt. Ich sage ›Handeln‹, weil das freilich auch alle Sprechhandlungen einschließt, die wir gegenseitig als ›Ausdruck‹ unseres Denkens interpretieren.

N: Als Sie die Metapher mit dem Sieb entwickelt haben, da haben Sie gesagt: Wir haben bestimmte Theorien, die uns erlauben, bestimmte Ziele zu erreichen. Und von anderen Theorien können wir sagen, daß sie diese Ziele nicht erreichen können. Das hieße also, man könnte z. B. sagen, eine empirische Theorie sei eine solche, bei der die Chance besteht, daß sie scheitert. Während nicht-empirische Theorien solche sind, bei denen keine Chance besteht, daß sie scheitern. Nur eigentlich darf man auch das nicht sagen.

EvG: Wo gibt es überhaupt eine Theorie, bei der es keine Chance gibt, daß sie scheitert, wenn die Theorie wirklich über ein Ziel spricht oder sich mit der Frage befaßt, wie man an ein Ziel kommt?

N: Nun werden ja nicht nur Theorien gemacht über stark konsensfähige Zielsetzungen, etwa in der Mechanik oder in technischen Disziplinen. Wie steht es aber mit politischen Theorien,

Geschichtsphilosophien, Gesellschaftstheorien usw.? Sie müssen bedenken, unser Erfahrungshintergrund sind Literaturwissenschaften! Es kommt ja immer auch auf den Bereich an, in dem ein Problem besteht. Ist es jetzt im praktischen Bereich unserer alltäglichen Erfahrung oder im Bereich der technischen Lösung von Problemen, oder ist es in einem Bereich, in dem es primär darum geht, bestimmte verbale Strategien zu entwickeln, um mit anderen Leuten kommunizieren zu können? Und all diese einzelnen Typen von Verhaltensstrategien lösen jeweils nur ein ganz spezifisches Problem oder gestatten die Lösung eines bestimmten Typs von Problem. Also man muß die Redeweise von Theorie ins bisher noch Unvorstellbare multiplizieren und vervielfachen, da ich ja praktisch für jede Verhaltensstrategie, die wir haben, auch gleichzeitig eine Theorie annehmen kann, in diesem Sinne auch von Theorie sprechen kann.

EvG: Ich habe die größten Schwierigkeiten mit der Frage von Theorien, die sich nicht falsifizieren lassen. Ich habe noch keine gefunden, die ich Theorie nennen würde, in dem Sinn, daß sie einen Weg weist – aber wir können den Weg nicht gehen und darum nicht sehen, ob er gangbar ist oder nicht.

N: Können wir mal ein konkretes Beispiel nehmen. Wir haben jetzt gerade ein Seminar mit einem hermeneutischen Kollegen über das Problem literarischer Interpretation gehalten. Der Konflikt lag etwa so: Wir haben die These vertreten, daß Bedeutungen bei solch komplexen sprachlichen Gebilden wie Gedichten systeminterne Relationen sind, und das um so mehr, als gerade in Gedichten sprachliche Mittel verwendet werden, die nicht so hochgradig stereotypisiert, so hochgradig konsensuell sind wie Strategien in Gebrauchsanweisungen, Zeitungstexten usw. So daß man also hier a fortiori sagen muß: pro Leser eine Lesart. Dagegen stand – in aller Vereinfachung – die hermeneutische Vorstellung: Interpretation muß so nahe wie möglich an die richtige Bedeutung des Textes herankommen. Und da lautet unser Einwand: Das ist ein falsches Ziel!

EvG: Was ist die richtige Bedeutung des Textes? Hat jemand eine Methode gefunden, um das zu zeigen?

N: Darauf könnte ein Hermeneutiker sagen: Genau die Methode haben wir. Denn unsere Interpretationen sind hochgradig konsensfähig, sie werden für eine 10, 15, 20 Jahre dauernde Epoche akzeptiert und erfüllen während dieser Zeit die Funktion oder erreichen das Ziel der Traditionsbildung innerhalb einer Gesellschaft. Und dieses Ziel erreichen wir mit unseren hermeneutischen Mitteln.

EvG: Das ist aber eine Definition der Richtigkeit, die anders lautet, als das ein normaler Sprecher der Sprache annehmen würde. Wenn Sie sagen »die richtige Interpretation«, so habe ich als naiver Sprecher den Eindruck: Das ist die Interpretation, die von Anfang an gewollt wurde und erreicht ist und bleiben wird. Gewollt wurde, schön. Ein Autor mag alle möglichen Ideen gehabt haben, die er glaubte, da auszudrücken für den Gebrauch der Leser. Aber *ich* kann nur *lesen*. Ich kann nur durch das, was ich lese, versuchen, eine Bedeutung in dem Text zu finden, und wenn ich eine gefunden habe, dann kann ich mich fragen: Ist das vielleicht die Bedeutung, die der Autor wollte, oder ist sie es nicht? Und hier und da kann ich da Hindernisse finden. Schaun Sie, da ist vielleicht das beste – Sie fragen, was ist empirisch? *Empirisch* ist alles das, was mit den Hindernissen zu tun hat, die mir im Weg stehen oder die meiner Theorie im Weg stehen. Dann kommen Sie auf die *falsifiability*. *Falsified* heißt für mich: es funktioniert nicht mehr. Bis zu dem Moment, wo es nicht funktioniert hat, war es eine gute Theorie. Und die Idee, daß der Wissenschaftler sich dauernd bemüht, seine Theorien zu falsifizieren, ist Unsinn.

Der Wissenschaftler ist nicht so verschieden von dem Techniker, der z. B. Autoreifen konstruiert. Der Mann, der einen neuen Reifen gemacht hat, mag ihn 20 000 km durch die Wüste schicken und dann vielleicht nach Alaska, um zu sehen, ob das wirklich ein guter Reifen ist, der allen erdenklichen Strapazen standhält. Wenn das so ist, dann wird der Techniker aber seine Konstruktion beibehalten wollen, und er wird den Reifen, der sich bewährt hat, nicht gleich wieder wegschmeißen. – Mit dem Wissenschaftler und seinen Theorien ist es, glaube ich, nicht sehr anders.

Von Falsifikation würde ich so sprechen: Ich lerne aus dem Zusammenbrechen meines Tuns, daß es so nicht geht. Man darf das aber dann nicht übersetzen in: Aha, es muß eine richtige Art und Weise geben, das zu tun! ›Richtig‹ ist schon wieder ein irreführendes Wort. Handlungsweisen sind bestenfalls *möglich*. Daß es möglich ist, etwas so oder so zu machen, gibt mir keinen Hinweis darauf, wie die ontische Wirklichkeit ausschaut. Denn die Tatsache, daß ich so mein Ziel erreichen kann, hat nur mit dem Ziel zu tun, das ich mir in meinen Begriffen gesetzt habe, und mit den Handlungen, die mich hinführen, die aber immer meine Handlung sind, von mir gesehen. Ich kann also nie aus dem Bereich meiner Begriffe und meiner Handlungen in eine von mir unabhängige Wirklichkeit hinausgelangen.

Lassen Sie mich noch etwas anderes dazu sagen, was noch nicht erwähnt wurde. Der Unterschied oder *ein* Unterschied, sollte ich sagen, zwischen dem normalen Menschen und dem Wissenschaftler ist der: Solange ich als normaler Mensch lebe, ist es mir völlig genug, Lösungen für die Probleme zu haben, die mich bedrängen. Ob diese Lösungen untereinander auf einem höheren Niveau kompatibel sind oder nicht, ist mir völlig gleich. Ich mache meine Weinflasche auf eine Art auf, und ich repariere meinen Wasserhahn im Badezimmer auf eine andere Art. Ob da Gleichheiten sind oder Regeln, die sich auf beides anwenden ließen, ist mir völlig gleich. Sobald ich Wissenschaftler bin, ist das nicht mehr der Fall. Als Wissenschaftler denke ich in viel größeren Gebieten und – ob ich das zugebe oder nicht – strebe ich nach Ökonomie. Ich möchte möglichst viele Formeln haben, die möglichst viel für mich tun. Freilich, wenn ich gezwungen werde, das aufzugeben, dann gebe ich es auch auf. Die gesamte Raumschiffahrt der NASA usw. arbeitet mit Newton. Da ist nicht eine Richtung, nicht eine Gleichung, die die verwenden, die Einstein wäre oder Quantenmechanik. Die arbeiten alle, als ob Newton recht gehabt hätte. Denn für das, was sie wollen, ist Newton gut. Und ich glaube, daß sehr wenige von den Wissenschaftlern dort deswegen Neurosen bekommen, obwohl sie wissen, daß die Theorie, die sie verwenden, nach gegenwärtiger Ansicht eigentlich nicht mehr ganz zutreffend ist. Aber sie ist genau gut genug. In die Toleranzen, die sich bei der Raumschiffahrt ergeben, paßt Newton gut hinein, und vor allem gehen die Rechnungen mit Newtons Formeln viel schneller. Wenn man mit relativitätstheoretischen Formeln rechnen müßte, wären die Computer nicht einmal heute groß genug. Lassen Sie mich noch einmal auf die Hindernisse zurückkommen, an denen Theorien, unsere Begriffe, unsere Konstrukte scheitern. Die meisten Hindernisse kommen sicher nicht aus der ontischen Wirklichkeit, sondern aus den Bedingungen, die wir mit den ersten Bausteinen, die wir verwenden, geschaffen haben. Wir haben da gewisse Schritte unternommen, um überhaupt die Konstruktion anzufangen. Und diese Schritte wirken sich aus bis ans Ende der Konstruktion, dadurch, daß sie gewisse Dinge unmöglich machen, oder zumindest unmöglich ohne Widerspruch. Und darüber, glaube ich, ist man sich sehr oft nicht im klaren. Man kommt an den Punkt, wo eine Theorie zusammenbricht und hat das Gefühl: Hier stoße ich an die wirkliche Welt. Und das ist nicht der Fall. Ich habe nur unten einen Baustein verwendet, der setzt gewisse Bedingungen, und das habe ich vergessen, und jetzt mache ich etwas anderes, was mit diesen Bedingungen unvereinbar ist, und das Ganze fällt zusammen.

N: Wenn das für jede Theorie gilt, und wenn wir annehmen, es gibt mehr als eine Theorie, dann können wir auch weiter annehmen, daß die Hindernisse, die in den ersten Kinderschritten bei der Theoriekonstruktion mitkonstruiert waren, nicht unbedingt für die verschiedenen Theorien identisch sein müssen.

EvG: Und oft nicht sind.

N: Jetzt habe ich zwei Theorien: Kann man daraus folgern (wir kommen vielleicht zu der Relativismusdiskussion von vorhin zurück), daß im Grunde jede Theorie gültig ist? Gilt Feyerabends These vom »anything goes«?

EvG: Anything goes if it works.

N: Aber es funktioniert ja! Beide Theorien können ja funktionieren!

EvG: Dann sind beide Theorien von dem Gesichtspunkt aus gleich gut. Um dann zu sagen, eine sei besser, müssen Sie ein anderes Kriterium einführen. Und da können Sie z. B. sagen: na schön, die löst das Problem schneller, aber sie kostet mehr Anstrengung; oder: die andere geht langsamer, aber ich kann dabei auch etwas anderes machen.

N: Sie wollen also in dem Fall ökonomisch argumentieren?

EvG: Unbedingt.

N: Nicht moralisch, ethisch, wissenschaftstheoretisch?

EvG: Wissenschaftstheoretisch, was heißt das?
Moralisch, ethisch, schön – davon weiß ich nichts. Ich möchte das auch nicht formulieren, denn da hört mein Konstruktivismus zur Zeit auf. Konstruktivismus ist ein rein rationales Modell. Und rationale Modelle können sich nicht mit der Ethik befassen und auch nicht mit der Ästhetik, zumindest nicht, wenn man dabei an die Grundwerte kommen möchte.

N: Das leuchtet mir noch nicht ganz ein, daß der Konstruktivis-

mus da aufhören soll, wo es an Grundwerte geht. Ich könnte mir höchstens vorstellen, daß der Konstruktivismus dann noch stärker in die Richtung entwickelt werden muß, wo es um soziale, also interindividuelle Modelle geht. Aber warum sollte er da aufhören, das sind ja auch Konstruktionen, bestimmte Verhaltensnormen, Verhaltensregeln, um die es da geht, bestimmte Bestände von konventionellen Verhaltenssystemen.
EvG: Man kann eben nie sagen, daß ein Wert oder eine Wertskala in einem *absoluten* Sinne besser ist als eine andere. Der Konstruktivismus hört nicht auf, wenn Sie das konstruktivistische Denken analytisch verwenden. Da hört er nicht auf, weil Sie lediglich analysieren, was einer zu wissen glaubt oder was Sie zu wissen glauben. Und so lange Sie mit Wissen, Erkenntnis, Kognition zu tun haben, müssen Sie wirklich eine konstruktivistische Analyse finden können. Und am Ende wird diese Analyse Ihnen vielleicht sagen: Ja schön, der hat diesen und jenen Wert gewählt, und deswegen hat seine Konstruktion diesen Weg genommen. Aber der Konstruktivismus kann nicht sagen, ob das ein guter Wert war oder ein schlechter.
N: Was tun Konstruktivisten angesichts moralischer Probleme?
EvG: Wenn Sie diesen Konstruktivisten fragen, da halte ich es mit Platons *Phaidros*: Entweder wissen Sie, was gut ist, oder Sie wissen es nicht.
N: Wenn Sie als Konstruktivist sagen, daß man wissen muß, was gut oder schlecht ist, sollten Sie da nicht auch als Konstruktivist dafür sorgen, daß sich niemand einbildet, daraus folgern zu dürfen, nun mit dem, was er für gut hält, missionarisch tätig zu sein?
EvG: Sehen Sie, sobald man sagt: Man muß wissen, was gut ist, ist es schon falsch ausgedrückt. Man muß *fühlen*, was gut ist. Die Entscheidung liegt immer im eigenen Gefühl. Keine Theorie kann Sie davor bewahren oder Ihnen diese Entscheidungen ersparen.
N: Ich glaube, daß wir Sie zu diesem Punkt so hartnäckig befragen, weil hier für uns ein Defizit liegt. Daß Konstruktivismus, wenn er nicht – also für mich persönlich jedenfalls – wenn er nicht dafür auch plausible Konstruktionen anbieten kann, sondern sich in so einem Fall dann auf relativ offene Konzepte wie Ökonomie oder eigenes Gefühl oder so zurückzieht. Das scheint mir ein Zurückziehen zu sein, ein Ausweichen vor Problemen, die man entweder nicht lösen will oder nicht lösen kann.
EvG: Das freut mich gar nicht, daß Sie da in einem Atemzug

Ökonomie und das eigene Gefühl erwähnen. Das sind sehr verschiedene Dinge. Ich würde sagen: Wenn Sie vom konstruktivistischen Standpunkt aus – und das könnte man wahrscheinlich – zeigen, daß gewisse ethische Grundsätze *in the long run* wahrscheinlich befriedigendere Resultate bringen als andere, dann haben Sie doch eine Ethik, die rein utilitaristisch basiert ist. Und wollen Sie das? Ist das wirklich, was Sie von einer Ethik verlangen? Daß sie Ihnen sagt, wie es billiger ist oder wie es besser geht, von einem ökonomischen Standpunkt aus? Also ich würde einen großen Gegensatz zwischen dem und dem Gefühlsmäßigen machen. Das Gefühlsmäßige, was ich nie zu analysieren unternehmen würde, hat eine enorme Wichtigkeit. Deshalb: Sie müssen spüren, ob es gut ist oder schlecht. Und rein persönlich gesprochen: Ich finde das Erschreckendste an der Zeit, in der wir leben, daß das beinahe planmäßig ausgerottet wird. Kaum jemand fragt sich wirklich: Ist das ein Entschluß, mit dem ich den Rest meines Lebens leben kann? Ist das wirklich, was ich tun möchte? Alles zielt darauf ab: Ist das wirklich, was mich dorthin bringt, wo ich in einer halben Stunde oder spätestens morgen sein möchte? Und das ist nicht eine ethische Frage. – Aber das sind rein persönliche Ideen, das ist nicht Philosophie.

8. Über Identität

N: In neueren soziologisch orientierten Identitätstheorien wird ziemlich viel Wert darauf gelegt, daß Identitätsaufbau und Identitätstabilisierung angewiesen sind auf response von anderen und zwar von anderen aus der gleichen sozialen Gruppe, nicht von irgend jemand Beliebigem. Dabei tritt natürlich immer das Problem auf – jetzt wieder konstruktivistisch gedacht –, daß man diese Antwort natürlich nur im eigenen System interpretieren kann. D. h. also, die Antworterwartungen, die man an die Anderen hat, gehen immer schon ein in die Interpretationen der Antworten, die man bekommt. Und dasselbe gilt natürlich auch wieder für den anderen Partner. So daß auch hier im Grunde die Hauptaufgabe der Identitätsstabilisierung darin besteht, daß man sehr gut interpretiert, und zwar im eigenen Sinne positiv interpretiert, und daß man lernt, Mißerfolge oder ausbleibende Antworten über einen bestimmten Zeitraum hin auszuhalten.

Zum zweiten: Wenn Identität kein Besitz ist, den man im Laufe der Zeit erwirbt, sondern ein Äquilibrium, was ständig wieder hergestellt wird in kürzeren oder längeren Abständen, wo gibt es da eigentlich eine Ebene, wo man andere Menschen nicht gebrauchen kann für die eigene Identität? Also um es mal verkürzt zu sagen: Sind eigentlich für das lebende menschliche System andere Menschen nicht nur Mittel zum Zweck?

EvG: Das weiß ich nicht. Mein erster Impuls ist zu sagen: Sie sind immer Mittel zum Zweck. Soweit Sie versuchen, sich darüber klarzuwerden, soweit Sie versuchen, ein Verhältnis mit einem Anderen zu analysieren, wird er Mittel zum Zweck. Das hat nichts mit dem Gefühlsmäßigen zu tun. Das ist nur, sobald Sie versuchen, das rational zu analysieren, dann wird es automatisch Mittel zum Zweck, weil das die Art und Weise der Analyse ist. Und das hat fürchterliche Konsequenzen. Denn wenn Sie eine gefühlsmäßige Bindung zu jemandem haben und dann darüber reden wollen, und dann wirklich zusammenhängend darüber reden, wird das Ganze reduziert auf einen mechanistischen Stil oder mechanistische Aktion, Interaktion. Und da man doch immer wieder das Gefühl hat, da ist etwas anderes auch noch dabei, ist das sehr schwierig, denn dieses Andere kommt nie heraus in der rationalen Analyse.

N: Da wird der Konstruktivist immer sprachloser im Umgang mit Leuten, die er wirklich mag?

EvG: Natürlich. Und das ist ja auch viel besser. Dichter wie Kleist, Rilke oder Valéry haben das längst genau gewußt. (...)

N: Gehöre ich eigentlich zu meiner Welt?

EvG: Gehöre ich zu meiner Welt? Wenn Sie das Ich so definieren, daß das Ich das ist, was bewußt ist, dann nein. Die Welt ist die Konstruktion, wie Sie sie bis heute gemacht haben. Sie gehören zu der Welt, mit Ihren Füßen, Ihren Händen und allem, was sie von sich sehen, mit allem was sie wahrnehmen von sich; das ist Ihr Begriff von sich selbst in dieser Wahrnehmungswelt. Aber was bleibt übrig? Die Seele oder der Punkt, der diese Wahrnehmung hat. Das ist ja das Erstaunliche: Wenn Sie konstruktivistisch denken, dannn wird z. B. ›Seele‹ ein ganz plausibler Ausdruck; nicht das Überleben der Seele und die Seelenwanderung, aber die Seele als der Punkt, der das Erleben macht. – Dazu kann man auch sagen, daß es nicht ausgeschlossen ist, daß dieser Punkt, der das Subjekt des Erlebens bildet, noch einige

Niveaus höher über sich selbst hinaussteigen kann. Denn er tut das von allem Anfang an. Er steigt immer auf ein höheres Niveau, wenn er sich seiner selbst bewußt wird. Und was dann auf einem Niveau passiert, auf das er noch nicht gestiegen ist, kann man nicht vorhersagen.

N: Geht das auch in die ganze Richtung von Bewußtseinserweiterung durch verschiedene Praktiken?

EvG: Ja, obwohl ich da meistens etwas skeptisch bin. Die Erweiterung scheint mir oft mehr hinunterzugehen als hinauf. Aber viele von den Ideen, die, in Amerika zumindest, in den 60er Jahren von der sogenannten jungen Generation verbreitet wurden, viele von den Ideen haben einen sehr soliden Kern, den die Leute selber vielleicht nie verstanden haben. Aber da ist sehr viel dran. Die ganze heutige Gesellschaft, die Menschen im allgemeinen neigen dazu, nur zu klassifizieren und nie das Individuum anzuschauen.

9. Was ist für einen Konstruktivisten Zeit? (Über Zeit, Folge und Kontinuität)

EvG: Was ist für einen Konstruktivisten Zeit? Ich weiß nicht, ob ich das deutlich machen kann. Zeit ist zunächst einmal sehr vieldeutig. Von meinem Standpunkt aus kommt man in dieser Frage weiter, wenn man sich anschaut, wie Begriffe konstruiert werden.

Da gibt es zum Beispiel die Möglichkeit für den Konstrukteur, Einheiten zu schaffen. Das heißt, er muß in seinem Erleben Schnitte legen können und dann das, was zwischen zwei Schnitten ist, als Einheit betrachten können. Dies ist die Voraussetzung, um ein Stück mit einem anderen Stück in Beziehung setzen zu können. Solange man sich in einem völlig amorphen Strom des Lebens befindet, ist es überhaupt unmöglich, irgend etwas zu konstruieren. Spencer Brown sagt: »Make a distinction!«. Alles fängt damit an, daß man Dinge unterscheiden und zwischen diesen Dingen Beziehungen herstellen kann. Beziehungen aber sind das Resultat einer Bewegung von einem zum anderen; das ist natürlich nicht räumlich gemeint, sondern begrifflich oder abstrakt. Grundlegend ist jedenfalls das Machen oder Setzen von Beziehungen. Sobald man sagt, daß die Beziehung darin besteht, daß man von einem zu einem anderen geht, ist die Möglichkeit einer Folge gegeben. Wenn ich keine Einheiten, keine Beziehungen zwischen Einheiten, kein Vor- und Nacheinander, d.h. auch kein Erinnern habe, dann kann ich überhaupt nicht anfangen zu konstruieren. Darum muß ich diese als Grundoperationen voraussetzen. Wenn ich aber in der Lage bin, eine Sequenz zu konstruieren, dann habe ich auch die Möglichkeit, nicht mehr nur Einheiten, sondern Folgen von Einheiten oder Sequenzen aufeinander zu beziehen. Wenn ich das mache, gewinne ich den Begriff der Zeit. Das klingt abstrakt und kompliziert, aber ich glaube nicht, daß es so ist. Piaget hat diese Konstruktionen beim Kind genau beschrieben. Wenn ein Kind eine Tasse, die vor fünf Minuten von der Mutter hingestellt worden ist, als dasselbe Objekt wiedererkennt, obwohl es inzwischen zum Fenster hinausgeschaut und die Tasse nicht dauernd im Erfahrungsbereich gehabt hat, dann muß es auch zu dem Begriff kommen, daß dieses Objekt irgendwo außerhalb seines Erlebnisbereiches war – denn es hat ja zum Fenster hinausgeschaut. Dieses »Irgendwo sein«, bis es wieder erlebt wird, gibt dem Kind den Urbegriff des *Raumes.* Das hat noch nichts mit Geometrie oder mit Messung zu tun; das ist einfach ein Ort, wo Dinge sein können, während ich sie nicht erlebe. Um sagen zu können, das ist dasselbe Objekt, was ich vorher gesehen habe, muß irgendwo Kontinuität gewahrt bleiben.

Nun habe ich schon das Wort ›Kontinuität‹ verwendet. Es kommt dadurch in die Debatte, daß ich sagen will, daß es sich um ein und dasselbe Objekt wie vorher handelt, das irgendwie »außerhalb meiner Erlebniswelt gewartet hat«. Aber dabei handelt es sich ja um eine ganze Folge von Erlebnissen, die *ich* gehabt habe, während dieses Objekt außerhalb meiner Erlebniswelt gewartet hat. Damit gewinnt man den Begriff der Zeit. Denn damit ist man auf einmal mit der Folge eigener Erlebnisse konfrontiert, die das Objekt außerhalb des individuellen Erlebnisbereiches überdauert haben muß, damit man sagen kann, es handelt sich um dasselbe Objekt.

(Aus diesem Grund ist der Unterschied zwischen den Wörtern »dasselbe« und »das gleiche«, ein Unterschied, der oft als Schulpädanterie hingestellt wird, so ungemein wichtig: »Dasselbe« bedeutet *ein und dasselbe Individuum*, »das gleiche« hingegen bedeutet, daß man von zwei gleichwertigen Individuen spricht;

»dasselbe« bildet die Grundlage der individuellen Identität, »das gleiche« die Grundlage des Klassifizierens.)
Diese Kontinuität wird geschaffen, um den Begriff des Objekts zu gewinnen. Genau das gleiche geschieht in bezug auf das Selbst, wenn ein Kind anfängt, über die eigene Identität nachzudenken. Der Begriff der Identität entsteht dadurch, daß man sich sagt: Ich bin da, während das Haus drüben zusammengefallen ist, obwohl ich nicht dabei war. Und das muß also »gedauert« haben.
Ich gebe zu, das klingt alles sehr primitiv und vereinfacht; aber ich glaube, das ist eine Möglichkeit, um an den Begriff der Zeit heranzukommen.
Für mich ist sehr wichtig, daß man Zeit nicht mit *Folge* verwechselt. Die Folge ist eine Grundannahme, die aus der eigenen Erfahrung kommt. Da ich meine Aufmerksamkeit nicht auf zwei Sachen zugleich richten, im gleichen Augenblick beides parat halten kann, kommt ein Nacheinander und ein Voreinander einfach aus der Art und Weise, in der meine Aufmerksamkeit funktioniert. Das scheint aber noch lange nicht die Zeit zu sein. Um die Zeit zu konstruieren, brauche ich mindestens zwei Folgen. Erst aus dem Verhältnis von mindestens zwei Folgen bekomme ich ein Kontinuum, was sich erstreckt. Wenn ich sage, A folgt nach B, dann sage ich, schau erst auf B und dann auf A. Aber was dazwischen passiert, ist völlig gleichgültig. Das können Jahrtausende oder Millisekunden sein. Millisekunden oder Jahrtausende bekomme ich nur dadurch, daß ich eine andere Folge nehme und die erste auf die zweite spiegele oder umgekehrt. Dann bekomme ich einen Raum, in dem auch andere Dinge vorgefallen sind, und das gibt mir die Zeit, oder genauer: einen Zeitraum. Aber ich muß wiederholen: das hier ist ein hypothetisches Denkmodell. Das sagt überhaupt nichts darüber aus, was die Zeit »in Wirklichkeit« ist oder sein mag. Piaget hat m. E. völlig recht, wenn er betont, daß der kognitive Organismus auch in einer ontologischen Welt, die dauernd in Bewegung ist, ein stabiles Weltbild konstruieren könnte. (Wobei stabil natürlich relativ ist.) Wenn man nur genügend Elemente hat, kann man sich überall ein stabiles Weltbild bauen. M. E. meint Maturana dasselbe, wenn er den lebenden Organismus als eine induktive Organisation beschreibt. Sobald man von Induktion spricht, ist die Zeit schon konstruiert; denn die Induktion im elementaren Sinne besteht ja darin, daß man wiederholt, was funktioniert hat.

Alles was die Zeit in den Erfahrungsbereich bringt, alle Möglichkeiten, sich der Zeit gewahr zu werden, beruhen auf einem Vergleich. Wenn man nicht sagen kann: »Das ist das gleiche wie...« oder »Das hat sich verändert«, dann gibt es kein Vorher und Nachher. Solche Feststellungen kann aber immer nur ein Beobachter treffen, der ein Verhältnis konstruiert zwischen zwei Erlebnisstücken. Und um dieses Verhältnis zu konstruieren, muß man sich als Beobachter aus der Ebene des Erlebens herausbewegen. (...)

10. Wie eine Begriffssemantik aussehen könnte

EvG: Wenn wir zu dem Problem der Sprache kommen, dann sehen wir uns von vornherein mit der Schwierigkeit konfrontiert, daß wir Sprache brauchen, um über Sprache reden zu können. Wenn man ein Lexikon aufschlägt, dann findet man dort Stichwörter, und dann folgen Erläuterungen, die wieder aus Wörtern bestehen. In der herkömmlichen Semantik bestand die Aufgabenstellung – soweit ich sehe – darin, ein Wort richtig durch andere Wörter zu ersetzen. Zielsetzung dabei war, jemandem plausibel zu machen, wie ein Wort verwendet wird, damit er es anzuwenden lernt. Nun ist das offensichtlich zirkulär. Wenn jemand die Anwendung der Wörter nicht kennt, die als sogenannte Definitionen oder Erklärungen im Wörterbuch stehen, dann kommt er überhaupt nicht weiter. Irgendwo muß also die Annahme stecken, die nie offiziell ausgesprochen wird, daß es doch eine Möglichkeit gibt, die Bedeutung dieser Wörter ohne Rekurs auf Sprache zu lernen. Zumindest muß man einige erlernen können, damit man überhaupt in das System der Verwendung hineinkommt.

Was heißt es nun aber, die Bedeutung eines Wortes dadurch zu lernen, daß man jemandem mit anderen Wörtern sagt, wie das geschieht? Die Antwort – die m. E. mit Maturanas Ansichten übereinstimmt – kann lauten: Man muß etwas zusammen erleben. Man muß dann als Beobachter die Situation »zerstückeln« und dann die Interaktion in diesen Stücken beschreiben. Das geschieht, indem man sagt: Wenn ein anderer dieses Wort ausspricht, dann manifestiert dieses Verhalten (qua Aussprechen dieses Stücks Sprache) das und das. Das ist verhältnismäßig

einsichtig, solange es sich um Befehle und ähnliche leicht beobachtbare Operationen handelt. Sobald man aber auf ein operatives Niveau kommt, wird es sehr viel schwieriger.
Nun kann man eine Semantik entwerfen, in der man die Bedeutung der Wörter so ähnlich darstellt, wie ein organischer Chemiker aus Elementen und Beziehungen seine chemischen Verbindungen aufbaut. In den späten 40er und 50er Jahren haben Ceccato und seine Gruppe versucht, eine Art Notation zu konstruieren, mit der man begriffliche Operationen darstellen kann, ohne Wörter zu benutzen.*
Worauf ich hinaus will ist, daß man in das *begriffliche* Gebiet gehen muß, wenn man wirklich Semantik betreiben will. Das ist natürlich ein ganz anderes Gebiet als das der traditionellen Semantik. Es handelt sich nicht mehr darum, neue Wörter zu finden, die irgendwie mit dem Wort, desen Bedeutung man sucht, eine Beziehung herstellen; sondern es handelt sich darum, ein System zu entwickeln, mit dem man zum Beispiel klar machen kann, was ›in‹, ›aus‹, ›darüber‹ oder ›darunter‹ bedeuten.
Es ist sehr schwer, ostensive Definitionen anzuwenden. Wenn ich zum Beispiel sage: Der Kaffee ist *in* diesem Becher. Dann fragt ein Kind: Was heißt das *in*? Und wenn ich ihm das zeige, dann verlange ich ja von dem Kind, daß es die Operation im Wahrnehmungsfeld ausführt, daß es eine Beziehung herstellt zwischen dem Kaffee und dem Becher, die durch das *in* ausgedrückt wird. Nun fragt sich aber, wie diese Beziehung im Wahrnehmungsfeld hergestellt wird. Denn man muß dann ja in der Lage sein, das zu verbildlichen, bevor man sagen kann, was *in* heißt. Das ist eine außerordentlich schwierige Arbeit, aber ich glaube, daß sie machbar ist; sie ist allerdings sehr unpopulär, weil jeder sofort erkennt, daß diese Arbeit sehr langwierig und gefährlich ist.
Ich mache solche Versuche manchmal in einem Kurs über Sprache und Wirklichkeit. Da frage ich die Leute: »What is change?« Dann versuchen wir auszuarbeiten, wie man *change* definieren könnte. Dabei kommt sehr bald heraus, daß man zumindest eine Beobachtung zu einem Zeitpunkt t_1 und eine Beobachtung zu

* Ich möchte da auf den italienischen Philosophen Giuseppe Vaccarino hinweisen, der diese Ansätze aus Ceccatos Gruppe in zwei Büchern viel weiter ausgearbeitet hat: *La chimica della mente* (Die Chemie des Verstandes), Messina, Carbone Editore, 1977, und *Analisi dei significati* (Analyse der Bedeutungen), Rom, Armando Armando Editore, 1981).

einem Zeitpunkt t_2 braucht. Das ist aber noch nicht genug. Man braucht noch etwas anderes, was man beobachtet: das kann man zum Beispiel X nennen. Zudem braucht man eine Eigenschaft oder etwas Zuschreibbares von diesem X, was man nur an einem der beiden Zeitpunkte von X aussagen kann, zum Beispiel: »X ist rot.« Um zu zeigen, daß ein Wechsel oder eine Veränderung vorliegt, muß man zum Zeitpunkt t_2 auch das X haben. Da kommt schon eine begriffliche Unterscheidung ins Spiel, die enorm wichtig ist; man muß nämlich sagen, daß dieses X und jenes X nicht nur gleich sind, sondern identisch. Es muß eine individuelle Identität vorliegen, sonst kann ich nicht von Veränderung sprechen. Veränderung kann ich also nur klar machen, wenn ich zwei Frames, also zwei Momentaufnahmen habe, in denen ich eine Sache als identisch hinstelle und gleichzeitig einen Unterschied demonstrieren kann. Es geht wohlgemerkt nicht darum zu sagen, was ›Änderung‹ ist, sondern darum, was ich machen muß, um eine Änderung festzustellen.
Jede Situation, die ich *change* nenne, muß diese Bestandteile enthalten.
Um solche nicht-sprachlichen begrifflichen semantischen Untersuchungen zu machen, muß man in mehr als einer Sprache arbeiten. Ich stehe auf dem Standpunkt, daß ohne diese Arbeit eine maschinelle Übersetzung nicht möglich ist. Maschinelle Übersetzung ist überhaupt erst dann denkbar, wenn man eine wirkliche begriffliche Semantik entwickelt hat.
In der englischsprachigen semantischen Diskussion beschäftigt man sich fast ausnahmslos nur mit englischen Beispielsätzen. Aber schon ein einfacher Satz wie »The boy hits the ball« läßt sich nicht eindeutig ins Deutsche übersetzen. Heißt das: Der Knabe schlägt den Ball? Der Knabe trifft den Ball? Es gibt sicher noch mehr, aber das sind die Hauptbedeutungen. Für die amerikanische Linguistik ist es typisch, daß solche Fragen der Semantik überhaupt nie angeschnitten wurden, weil man eben amerikanisch sprach. (And, what was good enough for Jesus, is good enough for me.)
Lassen sie mich einige Beispiele anführen. Es gibt etwa zwischen dem Englischen und dem Deutschen Äußerungen, die völlig unübersetzbar sind, die man auch kaum umschreiben kann. Wenn ich jemandem meinen Regenschirm borge, und er bringt ihn mir vom Sturm verbogen zurück, dann sage ich: »Teufel, du

hast ihn mir kaputt gemacht.« Wie soll ich das auf englisch sagen? Ich kann es auf italienisch oder auf französisch sagen. Man hat mir auch gesagt, daß man es auf japanisch sagen kann. Aber auf englisch gibt es überhaupt keine Möglichkeit, kein Gegenstück für dieses »mir«. Intessanterweise kann man in Irland diesen Satz so übersetzen: »You have broken it on me!« Das hat ungefähr die gleiche Bedeutung, mit einigen ethischen Implikationen, mit etwas Böswilligkeit darin usw. Aber auf englisch gibt es keine Übersetzung. Wenn ich sage: »You have broken my umbrella«, dann ist das etwas ganz anderes. Warum sagt ein junger Mann, der über die Straße geht und jemanden auf der anderen Seite sieht: »I like that girl«? Auf deutsch sagt er: »Dieses Mädchen gefällt mir.« Hier liegt die Aktivität beim Mädchen, im englischen liegt sie beim Mann. Das sind doch begrifflich unwahrscheinlich große Unterschiede.

Neben den Unterschieden, die aus dem begrifflichen Aufbau kommen, gibt es viele andere Unübersetzbarkeiten, die aus dem konnotativen Bereich kommen. Ein Freund von mir mußte in Italien ein Gedicht von Uhland übersetzen. In diesem Gedicht kam – in etwa zitiert – die Zeile vor: »Die Götter, die auf den Bergen leben, wo der Nebel ihre Wange küßt«. Für einen Deutschsprachigen hat diese Zeile etwas Romantisches. Versucht man aber, das ins Italienische zu übersetzen, dann findet man vier oder fünf Wörter für Nebel; aber alle diese Wörter erinnern an Schnupfen, Halsweh und Grippe. Den Nebel romantisch zu sehen, wie eine deutsche Mädchenhand, ist völlig ausgeschlossen.

11. Nachwort

Was diese recht verschiedenen Gesprächsstücke zumindest in gewissem Sinn verbindet, ohne jedoch selbst ausdrücklich besprochen zu werden, ist einer der Grundbegriffe des radikalen Konstruktivismus: Der Begriff der *Anpassung*. Ob es sich nun um »Erkenntnis« oder Wissen, um wissenschaftliche Theorien, um die Bedeutung von Wörtern oder ganz schlicht um das handelt, was wir »verstehen« nennen, in allen diesen scheinbar unterschiedlichen Zusammenhängen geht es von meinem Gesichtspunkt aus grundsätzlich um *Viabilität*. Und den Begriff der Viabilität möchte ich, wenn ich das so grob tun darf, als die

Hälfte dessen definieren, was wir gewöhnlich unter »passen« verstehen. Wenn ich mir ein Paar Schuhe kaufen muß, dann suche ich solche, die mir weder zu klein noch zu groß sind. Der Begriff der Viabilität, den ich mir zurechtgelegt habe, zieht lediglich das Zukleinsein in Betracht; wenn ein Schuh nicht drückt, ist es völlig belanglos, wieviel Spielraum er meinem Fuß läßt. Bei Schuhen wäre das freilich unangemessen, denn wenn mein Fuß darin herumrutscht, bekomme ich unweigerlich Blasen. In der biologischen Anpassung jedoch ist es gleichgültig, wieviel Spielraum der lebende Organismus zwischen den Hindernissen hat, die die Umwelt ihm in den Weg stellt – was zählt, ist einzig und allein, daß er durchkommt. Ebenso ist es nicht nur gleichgültig, sondern schlechthin unerkundbar, wie weit die Theorien, die die Wissenschaft aufbaut, von der ontischen »Wirklichkeit« entfernt sind – was zählt ist, daß sie die Probleme der Erlebenswelt, derentwegen sie konstruiert wurden, einigermaßen lösen. Und was schließlich die Sprache und die sprachliche Verständigung betrifft, so halten wir unsere Auslegung des Gehörten oder Gelesenen stets solange für annehmbar (»viabel«), solange wir da nicht auf offenkundige Widersprüche stoßen. Ob die Auslegung, die wir uns aufgebaut haben, mit dem übereinstimmt, was der Sprecher oder Schreiber im Sinn hatte, läßt sich auf keine Weise erkunden; denn selbst wenn wir ihn endlos befragen könnten, feststellen könnten wir ja immer nur Widersprüche oder deren Abwesenheit, nie aber eine »tatsächliche« Übereinstimmung oder Gleichheit.

E. v. G.

Wolfgang Krohn, Günther Küppers,
Rainer Paslack

Selbstorganisation – Zur Genese und Entwicklung einer wissenschaftlichen Revolution

1. Einleitung

Die unterschiedlichen Theorien zu Selbstorganisation, Konstruktivismus, Synergetik, Autopoiese – im folgenden benutzen wir den Ausdruck Selbstorganisation als übergeordnete Kennzeichnung – signalisieren einen umfassenden Paradigmenwechsel in den Wissenschaften – eine wissenschaftliche Revolution. Ob diese Revolution erfolgreich sein und als solche in den Annalen der Wissenschaftsgeschichte geführt werden wird, ob sie an inneren Schwächen oder äußeren Gegnern scheitern oder schließlich als ein legitimer Sonderfall in Randbereichen überleben wird, darüber kann derzeit nicht abschließend geurteilt werden. Aber über Entstehung und Charakter dieser Revolution läßt sich schon jetzt einiges sagen. Unsere Rekonstruktion des bisherigen Verlaufs wird offenlegen, daß »Revolutionen der Denkart« (Kant) in ihrem historisch-sozialen Verlauf selbst manche konstruktivistischen Züge eines selbstorganisierenden Prozesses haben und – wie Haken schon vorgeschlagen hat – nach diesem Modell gedeutet werden können. Hierauf werden wir allerdings in der folgenden Darstellung nicht eingehen, sondern uns darauf beschränken, die wichtigsten disziplinären, interdisziplinären und außerwissenschaftlichen Entwicklungslinien darzustellen, die zu dem heute als ein neues und umfassendes Forschungsprogramm auftretenden Paradigma beigetragen haben.

Revolutionen in der Wissenschaft gleichen einander so wenig wie in der Politik. Ihr gemeinsamer Nenner ist der umfassende Wandlungsprozeß der »Denkungsart«, der Wandel von Weltbildern, der nicht nur viele Theorien, sondern auch kulturelle Traditionen berührt. Aber schon bei der Frage, wie Revolutionen von Zeitgenossen wahrgenommen werden, gibt es große Unterschiede. Die »copernicanische Revolution« (1543 erschien posthum »De Revolutionibus«) verlief über ein halbes Jahrhundert unbemerkt, um erst zur Zeit Galileis und Keplers im Kampf zweier Weltsysteme die Zuschreibung zu erhalten, die sie zum Modell aller späteren machen sollte. Ähnlich ist die Sachlage bei der heute so genannten »Probabilistischen Revolution« des 19. Jahrhunderts, die die Anerkennung des Wahrscheinlichkeitsgedankens und/oder des Zufalls in der Natur zum Gegenstand hat. Auch sie erstreckte sich über einen langen Zeitraum, und ihr revolutionärer Gehalt blieb bis zur Kopenhagener Deutung des quantenphysikalischen Indeterminismus fast unbemerkt. Völlig anders dagegen die »darwinistische Revolution«, deren Schöpfer am Ende seiner »Origins of Species« selbst schon eine »considerable revolution in natural history« vorhersagte und recht behielt. Hierin hatte diese Revolution Ähnlichkeit mit der von Leibniz und Newton in der Mathematik des 17. Jahrhunderts durch die Erfindung der Infinitesimalrechnung inaugurierten. Aber zwischen beiden besteht wiederum ein gravierender Unterschied: Die Infinitesimalrechnung ist eine raffinierte Erfindung einer universalen Methode, der Grundgedanke des Darwinismus glänzt dagegen durch einfache Schlichtheit, die nur wegen der entgegenstehenden religiös-kulturellen Wertmuster ihre revolutionäre Kraft entfalten konnte. Kurz: Ein zusammenfassendes übergeordnetes Beschreibungsmuster für die intuitiv als »revolutionär« gekennzeichneten Phänomene gibt es nicht und eben deswegen auch keine sichere Grundlage für die Behauptung, eine gegenwärtige Entwicklung sei revolutionär.

Voraussetzung für jede Vermutung eines umfassenden Paradigmenwechsels in den Wissenschaften ist, daß die wissenschaftlichen Ideen »revolutionär« sind oder doch dafür gehalten werden. Aber genau an dieser Stelle wirft die Revolution der »Selbstorganisation« ein Problem auf: ihre Grundvorstellungen sind alt. Der Wortgebrauch im modernen Sinn ist (mindestens) bis Kant zurückzuverfolgen, der sich in der »Kritik der Urteilskraft« mit der internen Zweckmäßigkeit in der Natur, also ihren systemischen Eigenschaften auseinandersetzte. Das besondere Denkproblem bestand für Kant darin, für die Erklärung der Zweckmäßigkeit die Zwecke selbst nicht heranzuziehen, da diese nicht weniger »blind« wirken und bewirkt werden, wie alle anderen kausalen Wechselwirkungen. Die begriffliche Lösung, die Kant anbot, steht in unmittelbarer Nähe zu den heutigen Theorien der Autopoiesis und Selbstorganisation[1]:

In einem solchen Produkte der Natur wird ein jeder Teil, so, wie er nur durch alle übrige da ist, auch als um der andern und des Ganzen willen existierend, d.i. als Werkzeug (Organ) gedacht: welches aber nicht genug ist (denn er könnte auch Werkzeug der Kunst sein, und so nur als Zweck überhaupt möglich vorgestellt werden); sondern als ein die andern Teile (folglich jeder den andern wechselseitig) hervorbringendes Organ, dergleichen kein Werkzeug der Kunst, sondern nur der allen Stoff zu Werkzeugen (selbst denen der Kunst) liefernden Natur sein kann: und nur dann und darum wird ein solches Produkt, als organisiertes und sich selbst organisierendes Wesen, ein Naturzweck genannt werden können.

So modern dies klingt, so deutlich formuliert Kant selbst kurz darauf die alles entscheidende Differenz, wenn er »von der Natur und ihrem Vermögen in organisierten Produkten« als von einer »unerforschlichen Eigenschaft« spricht.[2] Daß hier Forschung mit den Mitteln des Experiments und der Mathematik möglich geworden ist, ist vermutlich der entscheidende revolutionäre Impuls. Für den Versuch, das Problem der Selbstorganisation begrifflich zu durchdringen, steht Kant selbst schon in einer Traditionskette, die (mindestens) bis Aristoteles zurückreicht. Aristoteles hatte in seiner »Physik« der Idee der Selbstorganisation durch die für ihn typische Begriffsbildung mittels anthropomorpher Metaphern Ausdruck gegeben (wobei er sich gegen Demokrit wendet)[3]:

Widersinn aber ist es, wenn man an ein zweckbestimmtes Werden mit der Begründung nicht glauben will, es sei nichts davon zu sehen, daß die Prozeßursache zuvor überlegt habe. Auch der erfahrene Handwerker braucht nicht erst zu überlegen. Und hätte die Schiffbaukunst ihren Sitz im Bauholz, so wäre ihre Arbeitsweise wie die der Natur. Daraus folgt: Wenn im menschlichen Herstellen Finalität vorliegt, dann auch in (der Produktion) der Natur. Am aufschlußreichsten aber ist der Fall, daß ein Arzt sich selbst behandelt; denn genauso liegen die Dinge auch bei der Natur.

Im 17. Jahrhundert, dem des mechanistischen Weltbildes, nimmt es nicht Wunder, daß dasselbe Problem bei Leibniz in der »Monadologie« in technomorpher Gestalt verhandelt wird und dabei auf faszinierende Weise Gedanken des Hyperzyklus vorwegzunehmen scheint[4]:

So ist jeder organische Körper eines Lebewesens eine Art von göttlicher Maschine oder natürlichem Automaten, der alle künstlichen Automaten unendlich übertrifft. Denn eine durch Menschenkunst gebaute Maschine ist nicht auch Maschine in jedem ihrer Teile. So hat z. B. der Zahn eines Messingrades Teile oder Stücke, die für uns nichts Kunstvolles mehr sind und die nichts mehr von der Maschine merken lassen, zu deren Betrieb das Rad bestimmt war. Aber die Maschinen der Natur, d. h. die lebendigen Körper, sind noch in ihren kleinsten Teilen, bis ins Unendliche hinein, Maschinen. Eben darin besteht der Unterschied zwischen Natur und Kunst, d. h. zwischen der göttlichen Kunstfertigkeit und der unsrigen.

Nicht nur die Philosophie befaßt sich mit der Selbstorganisation. Für die Gesellschaftswissenschaften wurde das Ordnungsproblem im 18. Jahrhundert mit der Etablierung der Grundidee des autonomen bürgerlichen Individuums gleich in mehreren Bereichen virulent: In der Ethik, der Wirtschaftstheorie und der Staatslehre. Überall war die Frage, wie aus der Annahme selbstsüchtig handelnder Individuen die übergeordneten Strukturen des Gemeinwesens entstehen und erhalten werden können. Ein anderes Gebiet, das schon Kant in seiner Fragestellung beeinflußt hatte, war die Embryologie, die durch das Mikroskop im 18. Jahrhundert großen Aufschwung genommen hatte. Über die Frage, ob die Keimzellen den gesamten späteren Organismus schon enthalten oder dieser sich dank eines ihm innewohnenden »Bildungstriebs« erst herausbilde, spalteten sich die Theorien. Im 19. Jahrhundert war es die Physiologie, in der die experimentelle Erforschung von Funktionszusammenhängen theoretische Unruhe stiftete. Je genauer man diese Zusammenhänge erkannte, desto unwahrscheinlicher erschien es, sie auf chemische oder physikalische Kräfte zurückzuführen. Auf der Basis des darwinistischen Evolutionsgedankens schob sich ein weiteres Problem der Selbstorganisation in den Vordergrund: Die »Selbsterkenntnis« der Materie durch die Ausbildung des Bewußtseins. Allerdings sorgte dieses Thema in erster Linie für weltanschauliche Turbulenz, da es einer über die Physiologie hinausgehenden empirischen Behandlung weitgehend entzogen blieb.
Die modernen Theorien der Selbstorganisation operieren also nicht in einem luftleeren Raum, sondern auf klassischen Feldern der Philosophie und der Wissenschaften.
Warum dann von einer Revolution sprechen? Dazu berechtigen

zwei komplementäre Gesichtspunkte. *Zum einen* ist in allen angeführten Ansätzen trotz vieler wissenschaftlicher Erfolge das Grundproblem der Ausbildung von Strukturen und Funktionen zu höheren Ordnungen immer mit einem Schleier des Geheimnisses umgeben geblieben. Das Dilemma war nicht auflösbar: Man stand entweder mit wohlbekannten Wechselwirkungen diesen Ordnungen hilflos gegenüber und mußte die Behauptung, diese Wechselwirkungen seien letztlich verantwortlich für die Ordnungsbildung, mit dem Vorwurf des spekulativen und metaphysischen Materialismus bezahlen; oder man mußte auf bisher unbekannte teleologische Wirkkräfte bauen, die erkenntnistheoretisch zweifelhaft waren und den Vorwurf des Okkultismus nach sich zogen. Im 20. Jahrhundert ist dieses Dilemma zwar entschärft, aber letztlich nicht beseitigt worden. Eine gewisse Neutralisierung trat dadurch ein, daß das Problem der Selbstorganisation in das Grenzgebiet zwischen jeweils zwei Disziplinen verschoben und eher konventionell behandelt wurde. Die Arbeit in dem einen Fach unterläßt Versuche, die integrierten Elemente der höheren Ebene abzuleiten (z. B. unterläßt die organische Chemie den Versuch, Struktur und Funktion einer Zelle aus chemischen Gleichungen zu bestimmen), die Arbeit in dem anderen Fach unterstellt den höheren Organisationsgrad als gegeben (z. B. die Zellchemie). So faltet sich heute jede Disziplin in Komplexitätsebenen, die als Mikro- und Makroebenen unterschieden werden (beispielsweise von der Molekularbiologie bis zur Soziobiologie, vom symbolischen Interaktionismus bis zur Kultursoziologie). Darüber hinaus stehen die Disziplinen zueinander in demselben Komplexitätsgefälle. Obwohl zwischen fast allen Disziplinen und Fachgebieten Probleme der Selbstorganisation anstehen, wurden sie aus den Zentren der Forschungsinteressen in die Peripherie verschoben und neutralisiert. Kommt es nun zu einer neuen Fokussierung dieser Probleme, dann wird dies mit einer erheblichen Verschiebung der Fachgrenzen einhergehen.

Zum anderen ist für die Wiederaufnahme der Thematik entscheidend, daß es in einigen paradigmatischen Fällen gelungen ist, das dargestellte Grunddilemma aus den Angeln zu heben, also zu zeigen, wie durch elementare Wechselwirkung Ordnung entsteht und erhalten wird. Paradigmatisch sind diese Fälle allerdings für einen neuen, gegenüber der Tradition des 19. Jahrhunderts erheblich anders gefaßten Ordnungs- oder Systembegriff.

Die folgende Darstellung der Entwicklung des Paradigmas der Selbstorganisation beginnt mit einer prägnanten und in dieser Schärfe vielleicht zu engen Definition des Begriffs der Selbstorganisation, die als Kriterium für die Unterscheidung moderner und nicht moderner Konzeptionen von selbstorganisierenden Systemen herangezogen wird. Dann folgt eine nach vier Phasen gegliederte Beschreibung der historischen Entwicklung; schließlich wenden wir uns dem systematischen Gehalt der neuen Konzeption zu, der über einzelne Theorien hinausgehend Beitrag zu einem neuen wissenschaftlichen Weltbild sein soll.

2. Der Beginn

Der Beginn der Entwicklung von Selbstorganisationskonzepten läßt sich wegen der zahlreichen historischen Vorläufer nicht genau festlegen. Es ist aber möglich, zwei Merkmale herauszustellen, durch die moderne Konzepte der Selbstorganisation sich von älteren unterscheiden:
(1) Die Offenheit der Systeme für Materie- und Energiefluß aus der Umwelt einerseits;
(2) ihre operationale Geschlossenheit andererseits.
(1) *Die energetische Offenheit der Systeme* verhindert, daß diese – unabhängig von ihrem Anfangszustand – den Zustand des thermodynamischen Gleichgewichts erreichen. Dieses Merkmal unterscheidet Selbstorganisationssysteme von den gegen Energie-, Wärme- und Massenaustausch abgeschlossenen Systemen der klassischen Gleichgewichtsthermodynamik. Anders als im Falle dieser Systeme, die unabhängig von ihren Anfangsbedingungen über kurz oder lang einem Gleichgewichtszustand zustreben, existieren im Falle offener Systeme dynamische Gleichgewichte (sogenannte stationäre Zustände), die die globalen Ordnungszustände des Systems definieren. Werden sie instabil, geht das System im allgemeinen von einem Ordnungszustand in einen anderen über. Instabilitäten sind demnach der Motor der Systemveränderung.
(2) *Die operationale Geschlossenheit* beschreibt das Organisationsprinzip, nach dem autonome Systeme mit ihrer Umwelt interagieren. Im Gegensatz zur »klassischen« Beschreibung, bei der das System als komplexe Reaktionsmaschine für Umweltreize

konzipiert wurde, spielen in der neuen Systemtheorie rekursive Funktionen eine entscheidende Rolle: die Reaktion wird zum neuen Reiz – die Wirkung zur Ursache. Das hat zwei Konsequenzen: einmal führen rekursive Operationen unabhängig vom Anfangspunkt zu »Eigenwerten« (einfachstes Beispiel ist die unendlich oft wiederholte Operation »Wurzel aus«, die unabhängig von der Zahl, mit der man beginnt, zum Eigenwert 1 führt); zum anderen ist es nicht mehr »Information« aus der Umwelt, die im System eine Reaktion hervorruft, sondern es sind beliebige Störungen, die zu einem »Eigenverhalten« des Systems führen – das System erzeugt sein Verhalten selbst.

Berücksichtigt man diese Kriterien, so lassen sich zumindest fünf von einander unabhängige Entwicklungsstränge der Selbstorganisation unterscheiden.

(a) 1960 veröffentlichte Heinz von Foerster eine Arbeit mit dem Titel »On Self-Organizing Systems and their Environment«,[5] in der er das Prinzip »Order from Noise« einführte. Man kann diese Arbeit als die Geburtsstunde der »Selbstorganisation« betrachten, weil in ihr eine klare Formulierung des neuen Systembegriffs vorliegt, und auch, weil von Foerster es verstand, für seine Ideen einen institutionellen Kontext zu schaffen. Am »Biological Computer Laboratory« (BCL) der University of Urbana (Illinois) sammelte er eine interdisziplinäre Gruppe von Forschern, die sich mit der Ausarbeitung der biologischen Systemtheorie und Kybernetik zur Theorie selbstorganisierter Systeme befaßte. Kybernetik (Wiener, Ashby), Informationstheorie (Shannon), Automatentheorie (Turing, von Neumann) und allgemeine Systemtheorie (von Bertalanffy) gehören zu den wichtigsten Vorläufern dieses Entwicklungsstrangs.[6]

(b) Seit Mitte der 1940er Jahre arbeitete Ilya Prigogine an Problemen der irreversiblen Thermodynamik. Seine Ergebnisse faßte er in der Monographie *Introduction to Thermodynamics of Irreversible Processes* zusammen. 1967, im Vorwort zur 3. Auflage,[7] thematisiert auch er das Problem der Entstehung von Ordnung aus Unordnung: »I have put main emphasis on the question: how may dissipation generate ›order‹ both in time and space?«. 1971 erschien als erstes Hauptwerk zu seiner Theorie dissipativer Strukturen das (zusammen mit P. Glansdorff verfaßte) Buch *Thermodynamic Theory of Structure, Stability and Fluctuation.*[8] Wichtige Vorläufer in diesem Bereich waren A. Turing, A. Zhabotinsky und B. Belusow mit ihren Arbeiten über oszillierende chemische Reaktionen.

(c) Ende der 1960er Jahre begann Manfred Eigen mit Arbeiten zur molekularen Selbstorganisation. In einer 1971 erschienenen Veröffentlichung[9] zeigte Eigen, daß Selektion ein »physikalisches Gesetz« ist, und bewies damit, daß sich die Ideen Darwins auch auf eine Evolution weit unterhalb der Ebene der Organismen anwenden und damit ihrerseits auf die Prinzipien der chemischen Reaktionskinetik beziehen lassen. Hier wurde die Entstehung und Stabilisierung von biologischer Information thematisiert. 1977 bzw. 1978 erschien dann die dreiteilige, mit Peter Schuster verfaßte Arbeit *The Hypercycle*[10], in der ein exaktes Modell der präbiotischen Evolution vorgestellt wird.

(d) Anfang der 1960er Jahre begann Hermann Haken damit, eine Theorie des Lasers auszuarbeiten, in der er zeigte, wie durch das Zusammenwirken vieler unabhängiger Teile kohärentes Verhalten entsteht. 1971 erschien der mit R. Graham verfaßte Aufsatz »Synergetik – Die Lehre vom Zusammenwirken«[11], in dem die ersten Ansätze einer allgemeinen Theorie der Selbstorganisation formuliert wurden.

(e) Eine weitere Wurzel der Selbstorganisation liefert die moderne Ökologie. Hier lassen sich die Ideen vom »Zusammenwirken« bis in die 20er Jahre zurückverfolgen, die Erkenntnis der großen Naturkreisläufe (Stickstoff-, Wasserstoff-, Sauerstoff-Kohlenstoffkreislauf) reicht in das 19. Jahrhundert zurück. Aber erst Mitte der 60er Jahre kommt es auch hier durch das Konzept der Koevolution (Ehrlich, 1965) und die Untersuchung über die Stabilität von Ökosystemen jenseits des Gleichgewichts (Holling, 1973)[12] zu neuen Modellvorstellungen.

In dieser ersten Phase, die bis in den Beginn der 70er Jahre reicht, kam es zur Bildung von Theoriekernen und Modellvorstellungen in Disziplinen, die wenig miteinander zu tun hatten. Man könnte die dargestellten Entwicklungsstränge sogar um einige weitere vermehren (Gestaltpsychologie, Turbulenztheorie, Katastrophentheorie) die den Eindruck der heterogenen Vielfalt noch verstärken. Die Konzepte standen in der jeweiligen Problem- und Theorietradition der entsprechenden Forschungsfelder. Dies geht aus den Arbeiten der Zeit hervor, aber auch aus Äußerungen in Interviews, die wir kürzlich mit einigen der Gründer der modernen Konzepte zur Selbstorganisation gemacht haben.

(a) Von Foersters erste Arbeiten standen noch ganz in der Tradition der Kybernetik. Seine Fragestellung war: »Wie kann man das Problem der Organisation formulieren? ... Kann man z. B. Informationstheorien für Organisationen verwenden? ... Ein Maß [für Organisationen, d. V.], welches die Informationstheorie angeboten hat, war die Formulierung der Redundanz. So habe ich mich damals versuchsweise hingesetzt und habe gefragt ... was passiert da bei einer Organisation.« Mit Hilfe von Shannons Definition der Redundanz als einer relativen Entropie ging von Foerster dann davon aus, daß es zwei Möglichkeiten der Ausbildung von Organisationen gibt. »Entweder die maximale Entropie [eines Systems, d. V.] wächst, oder die gegenwärtige Entropie wird kleiner. Es können sich natürlich auch beide gleichzeitig verändern – das eine wächst, das andere wird kleiner. Das ist der erste theoretische Ansatz, was eine Organisation ist«.[13] Denn hierdurch sei es möglich zu verstehen, was bei einer Organisation passiere, und der Widerspruch zum zweiten Hauptsatz der Thermodynamik löse sich auf. Über die Ankopplung an die Entropie sei außerdem der Anschluß an die Physik gewonnen. In demselben Interview bezeichnete von Foerster sich in der damaligen Phase als Kybernetiker. »Ich bin in die Kybernetik hineingestolpert, 1949, als ich nach Amerika gekommen bin«.

(b) Prigogines Theorie dissipativer Strukturen war eine Ausdehnung des Formalismus der irreversiblen Thermodynamik auf Nichtgleichgewichtsprozesse. Prigogine war Schüler von de Donder, einem Pionier auf dem Gebiet der Nichtgleichgewichtsthermodynamik. Sein Arbeitsgebiet lag auf dem Gebiet der physikalischen Chemie. »It was all physical chemistry.«[14] Er beschäftigte sich mit der Stabilität von Nichtgleichgewichtszuständen in der Thermodynamik (zuerst noch in der Nähe von Gleichgewichten, später weit weg davon), und das führte ihn schließlich 1962/63 zu »the first clear definition I think of dissipative structures and non-equilibrium selforganization. And here you see therefore the first time I think clearly stated the fact that the non equilibrium flow can be transformed into structures – space structures or time structures.«

(c) Eigens Theorie des Hyperzyklus war eingebettet in seine Arbeiten zur Reaktionskinetik: »Wir hatten ja früher sehr viel mehr Kinetik gemacht von schnellen Reaktionen, zunächst mal das methodisch entwickelt, dann haben wir verschiedene Phasen durchlaufen. Erst wurden die ganz schnellen protolytischen Reaktionen untersucht, dann kamen die Metallkomplexe und dann kamen die Organiker ... zum Schluß kamen die Biochemiker dran. Und dann sind wir darangegangen, Enzymreaktionen zu untersuchen und dann kam in einem unserer Winterseminare mal die Frage, wie kommt es eigentlich, daß die Enzyme immer so optimal funktionieren, daß diese komplexen Mechanismen so aufeinander abgestimmt sind. Da sagte einer der Mitarbeiter – das liegt am Darwinschen Prinzip, das ist Selektion ... und dann kam die Frage auf, was ist überhaupt Selektion ... da haben wir versucht, eine Theorie der Selektion zu machen, die sich auf Moleküle anwenden läßt, und daraus ist das Ganze dann entstanden«.[15]

(d) Hakens Theorie des Lasers war eine folgerichtige Weiterentwicklung innerhalb der Quantentheorie von Licht und Materie. »Mit dem Problem des Lasers bin ich 1960 vertraut geworden, weil ich da bei den Telephone Laboratories in New Hill zu einem Gastaufenthalt war. Ich hörte, daß die da eine neue Lichtquelle bauen wollen, und in den folgenden Jahren, 61, 62, habe ich dann so die Grundzüge der Lasertheorie entwickelt – zunächst eine halbklassische Theorie.«[16] Auf die Frage nach dem Kontext dieser Arbeiten antwortet Haken: »Der Hintergrund, von dem ich herkam, war ja die Quantenfeldtheorie des Festkörpers und da quantisiert man das elektromagnetische Feld und betrachtet die Wechselwirkung der Elektronen, so daß es sich von daher anbot, Gleichungen herzuleiten für die Wechselwirkung zwischen Lichtfeld und Materie ...«[17]

(e) Hollings Forschungsarbeiten waren eine Anwendung der Systemtheorie auf ökologische Fragestellungen. 1973 führte er die Unterscheidung zwischen »stability« und »resilience« ein, um ein besseres Verständnis der dynamischen Prozesse in Ökosystemen erlangen zu können.[18] Er ging von der Beobachtung aus, daß bei kritischen Störungen die Stabilität eines Ökosystems nicht mehr gewährleistet ist: »If the variability changes, the balance shifts.« Dabei zeigte sich allerdings: »If control is internal and self-regulated – i.e. homeostatic – then the possibility opens for organizational change.«[19] »Stability« wird von Holling noch ganz im Sinne der kybernetischen Tradition als das Vermögen eines Systems »to attain or retain an equilibrium condition of steady state or stable oscillation« definiert (»it is a classic equilibrium-centered definition«); dagegen bezieht sich »resilience« auf die Fähigkeit eines Sytems, angesichts starker Umwelt-Turbulenzen mit evolutionären Anpassungsprozessen antworten zu können. – Kurz: »Stability, as here defined, emphasizes an equilibrium condition, low variability, and resistance to and absorption of change. In sharp contrast, resilience emphasizes the boundary of a stability domain and events far from equilibrium«. Elastizität ermöglicht dem System diskontinuierliche Übergänge in neue Zustände, wobei gilt: »Discontinuous change is an internal property of each system. For long periods change is gradual and discontinuous behavior is inhibited. Conditions are reached, however, when a jump event becomes increasingly likely and ultimately inevitable«.[20]

Die mögliche allgemeine Bedeutung der Konzepte wurde zu jener Zeit nicht wahrgenommen; noch weniger kann von einer allgemeinen Theorie der Selbstorganisation die Rede sein. Statt dessen wurden spezielle Forschungsprobleme eines disziplinären Feldes lediglich mit neuartigen Ansätzen zu lösen versucht, die durchaus an die existierende Fachsprache des jeweiligen Forschungsfeldes anschlossen und in diesem Sinn noch »konservativ« waren. Sie richteten sich nicht gegen die »Normalentwicklung« des Gebietes, mit ihnen waren keine revolutionären Absichten verbunden, noch besaßen sie eine gravierende Bedeutung für andere Spezialgebiete. Bestes Beispiel für diesen Zustand ist das Feld der Kybernetik. An der 1962 in Chicago veranstalteten Konferenz über »Self-Organizing Systems« (eine desselben Titels hatte schon 1959 stattgefunden) nahmen bereits über 400 Wissenschaftler teil, aber die Thematik blieb angebunden an das kybernetische Hauptproblem des maschinellen Lernens.[21]

Dennoch war in den Ansätzen bereits ein revolutionärer Kern enthalten, der aber nicht entdeckt oder besonders herausgestellt wurde, weil seine zentrale Funktion für einen theoretischen Neuansatz in der eher pragmatischen Einbindung in den disziplinären Kontext verborgen blieb. In Eigens Überlegungen darüber, daß Selektion auf molekularer Ebene einfach das Ergebnis eines kinetischen Verhaltens ist, waren Selbstreproduktion und Metabolismus (d. h. die Offenheit des Systems) als notwendige Voraussetzung enthalten. In Hakens ersten Arbeiten zum Laser wurde zwar die Wechselwirkung zwischen den Atomen als Me-

chanismus für die Erzeugung der kohärenten Lichtwellen identifiziert, aber von Selbstorganisation war nicht die Rede. »Nachträglich gesehen ist es natürlich ein schönes Beispiel für Selbstorganisation, es war mir nur damals in dem Sinne nicht bewußt.«[22]
Prigogines Prinzip der minimalen Entropieproduktion von 1945 stand im Zusammenhang mit der thermodynamischen Stabilität des Nicht-Gleichgewichts, aber es enthielt bereits den Kern zur Formulierung der Selbstorganisation. »Therefore I would say the idea of selforganization was clearly formulated in the frame of non-equilibrium in my work of 1945 and ... that this led to a wide unexpected extension in non-equibrium, far from equilibrium ... that is shown in 1965.«[23]
Fassen wir zusammen, so ist festzuhalten, daß die erste Phase der Entwicklung durch einen Anschluß der Konzepte an die bestehenden Forschungsfelder charakterisiert werden kann. Es wurden mathematische Modelle zur Erklärung besonderer Phänomene bzw. zur Lösung anerkannter Probleme eines Forschungsfeldes gesucht, die Ergebnisse wurden in den für das jeweilige Feld typischen Standardzeitschriften veröffentlicht. Die Erweiterung des vorhandenen Wissens auf der Basis der existierenden »Weltsicht« der jeweiligen Disziplin bestimmte die Forschungsziele dieser Phase.

3. Die Wahrnehmung der anderen Gruppen – die Analogisierung der Konzepte

In einer *zweiten Phase*, die etwa bis 1975 reicht, wurde die Ähnlichkeit der benutzten Gleichungen, die Analogie der Konzepte entdeckt. Die Forscher begannen, wie aus den bereits zitierten Interviewäußerungen hervorgeht, einen gemeinsamen epistemischen Inhalt zu vermuten oder zu entwerfen, über den ganz unterschiedliche Forschungsprogramme aus einer Vielzahl von Disziplinen miteinander verbunden werden konnten. In dieser Phase steht deshalb die Entwicklung der theoretischen Begrifflichkeit selbst zur Diskussion.
Haken diskutiert das plötzliche Auftreten des kohärenten Verhaltens des Laserlichts in Analogie zur Thermodynamik als Phasenübergang. »Als ich die Lasertheorie entwickelte, da hatte ich mich nicht an Phasenübergängen orientiert. In der 1964er Arbeit von

mir, da ist eigentlich schon eine deutliche Analogie mit Phasenübergängen zu sehen, es ist eine Potentialkurve hingemalt, die stark an Phasenübergangskurven erinnert. Ich habe damals mich nicht getraut, dies zu sehr im Detail oder explizit anzusprechen.« Man wußte, daß man eigentlich räumlich kontinuierliche Laser betrachten müsse, um von Phasenübergängen sprechen zu können. Das habe man dann später auch gemacht »und dann zeigte sich auch tatsächlich eine frappante Analogie zur Superleitungstheorie ... Dann war es mir schlagartig klar, das ist eine sehr weitgehende Analogie zu Phasenübergängen.«[24]

Eigen untersucht die Bedeutung der Selbstreproduktion in seiner kinetischen Theorie der Selektion und fragt, was passiert, wenn »die Übersetzungsprodukte (der Enzyme) rückkoppeln müssen«, d. h., wenn das Ergebnis der Selbstreplikation rückgemeldet wird. Der »Hyperzyklus« als eine Klasse autokatalytischer Prozesse höherer Ordnung erweist sich als eine Möglichkeit der Modellierung.

Prigogine analysiert den Zusammenhang der nichtlinearen irreversiblen Thermodynamik mit Instabilitäten in der Hydrodynamik (Benard-Instabilität) und fragt: »Under which conditions may we extrapolate results obtained by equilibrium thermodynamics or by linear non-equilibrium thermodynamics to far from equilibrium conditions? More specifically: What is the generality of instability phenomena? What is the possibility of their occurence in purely dissipative systems and how is the system being organized beyond such a transition?«[25]

Aber die Konzepte wurden nicht nur mit anderen Konzepten aus den verschiedensten Forschungsgebieten analogisierend in Beziehung gesetzt, man begann auch die Analogie der Selbstorganisationskonzepte untereinander zu entdecken. Voraussetzung hierfür war freilich die gegenseitige Wahrnehmung der Gründergruppen. Wie ein Blick in die Forschungsberichte des von Heinz von Foerster geleiteten Biological Computer Laboratorium (BCL) in Urbana zeigt, war dort diese Wahrnehmung über die transdisziplinäre Zusammenarbeit von Anfang an institutionalisiert. Physiker (v. Foerster), Systemtheoretiker (Løfgren), Philosophen (Günther), Kybernetiker (Ashby), Biologen (Maturana) und Vertreter anderer Disziplinen arbeiteten an gemeinsamen Fragestellungen. Das BCL war deshalb ein früher Kristallisationspunkt der weiteren Entwicklung.

Die übrigen Initiatoren der Selbstorganisation sind hingegen eher zufällig miteinander in Berührung gekommen. Interviewäußerungen ergeben, daß Eigen und Haken auf einer Tagung zusammentreffen, daß Prigogine von Eigen zu einem Vortrag eingeladen und dadurch mit Eigens Arbeiten bekannt wird, daß Haken und Prigogine sich zwar als Physiker kannten, aber zunächst nichts über ihre Arbeiten zur Selbstorganisation wußten.
Die Analogisierung der Konzepte untereinander lieferte den Forschern Hinweise und Argumente, daß es sich bei den hier diskutierten Arbeiten um Durchbrüche von großer Tragweite handelte. Haken erklärte in einem Interview: »In einer Arbeit, die 1963 in der *Zeitschrift für Physik* zusammen mit Sauermann veröffentlicht wurde, hatten wir Lasergleichungen aufgestellt und die hatten, wie wir später feststellten, die gleiche Struktur, die auch Eigen ganz unabhängig, auf anderem Wege, für seine Moleküle aufgestellt hat. Das war nun sozusagen der Funke für mich. Wenn zwei ganz verschiedene Gebiete wie die Laserphysik und die Biomoleküle den gleichen Gleichungen genügen, dann zeigt das doch, daß hier viel tiefer liegende Prinzipien da sind als nur diese Gleichungen. Die sind ja vielleicht oberflächlich, aber daß ... die Frage der Ausbildung von Ordnung in Systemen, die sich selbst überlassen sind, hier allerdings von außen mit Energie angetrieben werden, daß diese Frage doch grundsätzlich einheitlich behandelt werden muß.«[26]
Dieser gegenseitige Wahrnehmungsprozeß führte nun dazu, daß man über die Analogie der mathematischen Gleichungen auf die Analogie der benutzten Konzepte und auf ein für die verschiedenen Phänomenbereiche gemeinsam geltendes Prinzip schloß. Die Entstehung von Ordnung wurde nicht mehr als Spezialproblem am Rande verschiedener Gebiete, sondern als ein zentrales Problem, dem man überall begegnet, begriffen. Über die Analogisierung der Konzepte wird aus unabhängig voneinander entstandenen Theorien die gerichtete Entwicklung zu einer neuen Theorie. Im Sneedschen Sinne kann man hier von der Formulierung des theoretischen Kerns der Selbstorganisation sprechen,[27] nach Lakatos von der Formierung eines Forschungsprogramms.

4. Die Suche nach neuen Beispielen – die Globalisierung der Konzepte

Die *dritte Phase*, die bis etwa 1980 reicht, ist gekennzeichnet von Strategien zur »Globalisierung« der Konzepte, mit denen die einzelnen Vertreter der neuen Theorie deren Allgemeingültigkeit und Übertragbarkeit auf eine Reihe von Bereichen, die zunächst nicht zu ihrem Forschungsgebiet gehörten, zu reklamieren versuchten. In seinem Buch »Erfolgsgeheimnisse der Natur«[28] versucht Hermann Haken, in sein Konzept der Synergetik Phänomene der biologischen Evolution, der Ontogenese, der Ökonomie, der Politikwissenschaft und der Wissenschaftsentwicklung zu integrieren. Manfred Eigen behandelt in dem Buch »Das Spiel – Naturgesetze steuern den Zufall«[29] Probleme der Ökologie, der Ökonomie und sogar der Ästhetik. Ilya Prigogine führt in dem Buch »Vom Sein zum Werden«[30] ebenfalls Beispiele aus der Ökologie, der Ökonomie und der Biologie an. Die Übertragung geschah freilich meist nur auf einer metaphorischen Ebene. Wie die Buchform selbst und besonders die genannten Titel zeigen, war die »Globalisierung« mit einer Popularisierungskampagne verbunden, die den expansiven Charakter dieser Phase erhöhte.

Am deutlichsten zeigt sich die Strategie der Globalisierung in der Erweiterung des Themenbereichs der jeweiligen Institutsarbeit. In Brüssel z. B. beginnt man über folgende Probleme zu arbeiten

- Aktienmarkt
- Verkehrsfluß
- urbane Entwicklung (Brussaville)
- Sozialverhalten von Insekten (Termiten)
- Wetter
- Krebs (Entstehung und Dynamik) u. a.

Prigogines Kommentar zu dieser Ausweitung der Forschungsthemen ist interessant: »Many things which I achieved to thermodynamics you can forget ... to do now the work in attractors you don't need to go back to my thermodynamics. Therefore to some extent the thermodynamic in the history of selforganisation is now already a history.«[31]

Ähnlich drückt sich von Foerster aus: »Und jetzt hat man den Anschluß an die cognitive sciences, weil man sich nicht mehr um die Organisation von Systemen kümmert, sondern fragt, wie kann ich meine kognitiven Strukturen organisieren, so daß ich Organisation erkenne, d. h., das Ganze ist jetzt ein Problem des Erkennens, ein erkenntnistheoretisches Problem ... und das ist eine faszinierende Wendung.«

Hinter beiden Äußerungen verbirgt sich der Vorgang, den Kuhn als *Gestaltwechsel* bezeichnet hat. Die ehemaligen Randphänomene und Anomalien der Thermodynamik und der Kybernetik sind zu zentralen Gegenständen einer neuen wissenschaftlichen »Weltsicht« geworden, durch die nicht nur neue Forschungsfelder erschlossen, sondern auch neue ontologische und erkenntnistheoretische Grundlagen geschaffen werden.

Reservierter ist nur die Haltung Eigens, der den Vorstoß in andere Bereiche scheut. »Ja, es ist ganz allgemein das Interesse an diesen dynamischen Fragen hochgekommen, auf allen möglichen Gebieten. ... Da kommen natürlich jetzt alle möglichen anderen Bereiche, es geht ja bis in die Soziologie hinein. Die Leute sagen, Gesellschaft ist ein dynamisches System, mit Sicherheit ist es das, nur ich habe ... immer Hemmungen, zu sehr diese Ideen gleich in andere Bereiche hinein zu extrapolieren. Hier, an diesem System, übersehe ich meine Parameter und da möchte ich erst mal klären, was ist und was ist nicht. In einem Gesellschaftssystem habe ich die Parameter nicht in der Hand, da kann irgend etwas sein, und das ist meiner Ansicht nach nicht geeignet, um das Selbstorganisationsverhalten an sich – und das ist die Physik der Selbstorganisation – zu untersuchen. Das hat interessante Anwendungen, aber ist mit Vorsicht zu genießen.«[32]

Sicher hat Eigen recht mit der skeptischen Einschätzung der Leistungsfähigkeit naturwissenschaftlicher Modelle in Bereichen der Gesellschaftswissenschaften. Die entsprechenden Versuche seit der Vorherrschaft des mechanistischen Weltbildes (man erinnere sich an Hobbes' »social action is nothing but motion«) können nicht gerade als erfolgreich eingestuft werden. Tatsächlich sind aber seit ca. 1980 in verschiedenen Bereichen der Sozial- und Geisteswissenschaften Fachleute damit beschäftigt, eigene Modellierungen vorzunehmen, die nicht generalisierend sind, sondern in denen die Prinzipien der Selbstorganisation an die Besonderheiten der Fachgebiete angeknüpft werden. Zu nennen sind hier etwa Sozialwissenschaft (Theorie sozialer Systeme; Organisationsoziologie), Managementtheorie, Volkswirtschaft, Linguistik, Psychologie (systemische Familienpsychologie).[33] Die von Eigen angesprochene Gefahr einer unkontrollierten, rein metaphorischen und inflationären Verwendung der Sprache der Selbstorganisation ist nicht von der Hand zu weisen; andererseits ist dies auch gerade ein Indikator für den »Gestaltwechsel« der Grundideen, durch die eine neue Dynamik in die Theorienbildung induziert wird. Dieser Prozeß wird durch außerwissenschaftliche Popularisierung, der wir uns jetzt zuwenden, zusätzlich verstärkt.

5. Der Anschluß nach Außen – die Rückwirkung der Umwelt

Bei den schon genannten Büchern von Prigogine *Vom Sein zum Werden*, Haken *Erfolgsgeheimnisse der Natur* und Eigen *Das Spiel – Naturgesetze steuern den Zufall*[34] geht es zum ersten Mal um die Anschlußfähigkeit an andere Systeme der Gesellschaft. Die Präsentation der Selbstorganisation, die schon während der Phase der Analogisierung die Grenzen der ursprünglichen Forschungsfelder verlassen hatte, begann auch an außerwissenschaftliche Wirklichkeitssemantiken in Kultur, Politik, Ökonomie und dergleichen anzuknüpfen. Die Aufnahme wissenschaftlichen Gedankengutes außerhalb der Wissenschaft ist aber an die Existenz bestimmter gesellschaftlicher Problemlagen bzw. -wahrnehmungen gebunden, für die die Wissenschaft neue Problemdefinitionen, wenn nicht sogar Lösungen verspricht. Im Falle der Selbstorganisation bildete die Ausgangslage eine spezifische Art der »Zivilisationskritik« in den 70er Jahren, die man auf drei zentrale Punkte bringen kann:

- Kritik an Prozessen ungeregelten (exponentiellen) *Wachstums*, die mit einer entsprechenden Zerstörung der Umweltbedingungen einhergehen;
- Kritik am *Zentralismus* bürokratisierter Versorgungssysteme und großtechnologischer Zukunftsplanung;
- Kritik an der Logik des Wettrüstens.

In den stark anwachsenden sozialen Bewegungen (Umwelt-, Frauen-, Friedensbewegungen) wurden diese Fehlentwicklungen zugleich mit einer allgemeinen Kritik an Wissenschaft und Technologie verknüpft, die als zentrale Innovations- und Steuerungsinstrumente angesehen werden und ihre klassische Legitimation als neutrale Ressourcen verläßlichen Wissens einbüßten. In dieser Situation konnte das Programm der Selbstorganisation sowohl die Kritik verstärken (als »revolutionäre Bewegung« in der Wissenschaft) als auch abfangen, da es Alternativen anbot, die nicht einfach irrational oder fortschrittsfeindlich waren. »Dialog mit der Natur«, »Selbststeuerung statt Fremdsteuerung«, »Koevolution statt Krieg« sind Stichworte, die zur Popularisierung der Selbstorganisation ebenso beitrugen wie zur Artikulation der Protestbewegungen.

Die Popularisierung der Selbstorganisation wurde deshalb auch von Autoren betrieben, die an ihrer Ausformulierung nicht beteiligt gewesen waren, aber die neue Weltsicht der Selbstorganisation herausstellten und hierin die Grundlage für das zur Lösung der Krisen notwendige Umdenken sahen. Erich Jantsch und Fritjof Capra sind hier beispielhaft zu nennen.[35] In späteren Publikationen wird die Selbstorganisation als Zeichen eines neuen Zeitalters genommen, wofür Marilyn Fergusons Buch »Die sanfte Verschwörung« als Beispiel genannt sei.[36]

Die Globalisierung und die mit ihr verbundene Popularisierung der Selbstorganisation schaffen somit eine Art Wechselwirkung zwischen dem Bereich Wissenschaft und anderen Bereichen der Gesellschaft, insbesondere mit den neuen sozialen Bewegungen. Theoriendynamik und Weltbildwandel sind über diese Wechselwirkung miteinander verknüpft, wobei die Beziehungen zum Teil quer liegen zu den traditionellen politischen Koordinaten des links-rechts Schemas. Nicht wenige der wissenschaftlichen Vertreter der Selbstorganisation sind politisch konservativ, ohne andererseits etwas mit dem Fundamentalismus der wertkonservativen Bewegungen gemein zu haben; Vertreter der sozialen Selbstorganisation (»Antipsychiatrie«, Selbsthilfe-Entwicklungspolitik, biologische Selbstversorgung, etc.) werden die Vorstellungen einer evolutionären Ethik (jenseits des Gleichgewichts), wie sie Jantsch skizziert hat, politisch für unvertretbar halten. Diese Brüche reproduzieren sich als Fraktionskonflikte in den politischen Parteien. Habermas hat der Situation den einschlägigen, aber auch ratlosen Titel der »Neuen Unübersichtlichkeit« gegeben. Dieser politisch-kulturelle Kontext macht wiederum die Schöpfer der Selbstorganisationskonzepte innerhalb der Wissenschaft verdächtig. So ist es nicht verwunderlich, daß sie in ihren eigenen Disziplinen mit ihren Beiträgen zur Selbstorganisation zunächst einmal relativ randständig bleiben und Anerkennung nur innerhalb der community dieses transdisziplinären Programms finden. Die einzelnen Disziplinen als Ganze verhalten sich reserviert und abwartend. Das aber ist wiederum für die Fortentwicklung des Programms eine zusätzliche integrierende Kraft, zumal die wachsende Unterstützung seitens einflußreicher Gruppierungen in der Wissenschaftsumwelt den Zusammenhalt der mit der Selbstorganisation befaßten Wissenschaftler fördert und ihre Chancen erhöht, vermehrt Ressourcen (Geld usw.) an sich ziehen und damit ihre Reputation als Forscher steigern zu können.

6. Epistemische Kennzeichen der Selbstorganisation

Die Entwicklung der Selbstorganisationsidee zeigt, wie aus zunächst heterogenen Anfängen heraus eine immer dichtere Programmatik konstruiert wurde. Von einer neuen und eigenständigen Disziplin kann man dennoch bisher nicht reden, und möglicherweise verbleibt das Forschungsprogramm für längere Zeit stark interdisziplinär. Um so wichtiger ist dann die Frage, auf welchen gemeinsamen oder wenigstens miteinander verwandten konzeptuellen Grundlagen diese transdisziplinäre Zusammenarbeit beruht. Wir haben versucht, aus einer Analyse der programmatischen Äußerungen der maßgeblichen Autoren ein Inventar von Annahmen zusammenzustellen, durch die das Konzept der Selbstorganisation sich selbst kennzeichnet und seine revolutionären Ansprüche gegenüber den wissenschaftlichen Denktraditionen signalisiert. Einige dieser Annahmen beziehen sich stärker auf die Objektstruktur (Positionen 1 mit 3), andere auf die epistemischen Grundlagen (Positionen 4 mit 7), wobei die Trennung ihrerseits nicht immer scharf ist, bzw. gerade in Frage gestellt wird. Auch sind die Annahmen unterschiedlich radikal; nicht jeder Forscher auf dem Gebiet der Selbstorganisation wird alle Positionen akzeptieren.

»klassisch«	»Selbstorganisation«
1. *Systembegriff*	
Analytisch definierte, zentralistisch organisierte, ge-	Realistisch definierte, polyzentrisch organisierte, offene Sy-

schlossene Systeme mit vorgegebener Hierarchie im statistischen und thermodynamischen Gleichgewicht mit einfachen Elementen.	steme mit selbsterzeugter Hierarchie im dynamischen Gleichgewicht, fern ab vom thermodynamischen Gleichgewicht mit komplexen Elementen.
2. *Umweltbegriff*	
Umwelt strukturiert Systeme, Regelung extern.	Systeme strukturieren Umwelt, Regelung intern.
3. *Randbedingungen*	
Randbedingungen sind beliebig, sie gehören zur Umwelt.	Randbedingungen sind wichtig, sie gehören zum System.
4. *Dynamik*	
Trajektorie; thermodynamischer Gleichgewichtszustand; Reversibilität.	Prozeß; thermodynamisches Nicht-Gleichgewicht; Irreversibilität.
5. *Kausalität*	
Linearität.	Zirkularität.
6. *Zeitbegriff*	
Skalare, universelle Zeit.	Zeitoperator, Systemzeit.
7. *Gesetzesbegriff*	
Ordnung als determinierte Struktur.	Ordnung durch Strukturierung.

ad 1: Im klassischen Fall werden die Systeme analytisch, z. B. mit Bezug auf ihre Funktionen definiert, während die Selbstorganisation von empirischen Systemdefinitionen ausgeht, d. h. in erster Linie Kriterien der Zugehörigkeit bzw. der Nichtzugehörigkeit zu einem System benützt. Der zentral gesteuerten Ausdifferenzierung von Teilsystemen (Zellen, Organisationen usw.), die auf verschiedenen Ebenen unterschiedlicher Kontrollmächtigkeit angesiedelt werden, steht im Falle der Selbstorganisation die Vorstellung von einer überwiegend selbstgesteuerten Ausdifferenzierung relativ autonomer Teilsysteme gegenüber, die sich zu einem dynamischen Netzwerk ordnen und gegenüber Reorganisationen offenbleiben. Befindet sich das klassische System aufgrund seiner Geschlossenheit im thermodynamischen Gleichgewicht, so sind die Systeme der Selbstorganisation wegen ihrer Offenheit weit davon entfernt. Systemgleichgewichte sind im klassischen Fall statisch, im Falle der Selbstorganisation stationär, d. h. dyna-

misch. Im klassischen Fall lassen sich daher die Gleichungen in der Nähe des Gleichgewichts linearisieren, die Nichtlinearität wird allenfalls als Störung behandelt. Gleichgewichte fernab vom thermodynamischen Gleichgewicht lassen diese Näherung nicht mehr zu. Erst bei Berücksichtigung der Nichtlinearität des Systems werden seine komplexen Eigenschaften sichtbar. Aus klassischer Sicht kann die interne Struktur der Systemelemente unberücksichtigt bleiben, während sie bei selbstorganisierenden Systemen eine gewisse Rolle spielt: komplexe Systeme dieser Art werden ihrerseits aus komplexen Teilsystemen aufgebaut.

ad 2: Gemäß der klassischen Konzeption entwickeln Systeme sich in durchgängiger Abhängigkeit von ihrer jeweiligen Umwelt, d. h., sie passen sich dieser an, versuchen ihr Gleichgewicht gegenüber Störungen der Umwelt zu behaupten bzw. zurückzugewinnen (die Wirkung der Umwelt auf das System ist instruktiv); dem Selbstorganisationskonzept zufolge wirkt die Umwelt rein negativ, d. h. unspezifisch auf das System; umgekehrt greift das hochentwickelte selbstorganisierende System aktiv in seine Umwelt ein und manipuliert dabei in gewissen Grenzen die Umweltbedingungen, unter denen es sich erhalten kann. Im klassischen Falle (z. B. Thermostat) wird der Sollwert dem System von außen vorgegeben (Fremdnormierung); im Falle der Selbstorganisation wird der Sollwert vom System erzeugt (Selbstnormierung).

ad 3: In klassischen Systemen wird ein klarer Schnitt zwischen den Grundgleichungen (Gesetzen), die das »Verhaltensprogramm« eines Systems definieren, und den Randbedingungen, die sein situatives Verhalten beeinflussen, gezogen; die Selbstorganisationstheorie hingegen geht davon aus, daß gerade die Möglichkeiten der Verfügung über die Ränder die Systemidentität regulieren und zur Selbsterhaltung beitragen.

ad 4: In klassischer Sichtweise werden »Teilchen« in »Feldern« als reversible Trajektorien oder Systeme im Gleichgewicht beschrieben, während in der Selbstorganisation der Prozeßcharakter eines Systems mit seiner Irreversibilität im Vordergrund steht.

ad 5: Im klassischen Ansatz werden auch komplexe Prozesse auf eindeutige Ursache-Wirkung-Ketten hin analysiert, d. h. auf eine sukzessive Abfolge von Kausalereignissen reduziert; für den Selbstorganisationsansatz liegt das Besondere komplexer Prozesse im Auftreten kreiskausaler Verknüpfungen, in dem Sinne, daß Systemoutputs wiederum als inputs für dasselbe System dienen können – Ursachen und Wirkungen sind zirkulär miteinander vernetzt. Zwar gibt es auch klassisch das Phänomen der Wechselwirkung, im Falle der Selbstorganisation wird die Wechselwirkung jedoch hierarchisiert (vgl. z. B. das Versklavungsprinzip von H. Haken).

ad 6: Im klassischen Falle existiert für das gesamte Geschehen ein einheitlicher und homogener Zeitstrom (absolute Zeit); im Falle der Selbstorganisation koordiniert jedes System seine internen Prozesse gemäß einer Eigenzeit (systemischer Zeitrelativismus).

ad 7: Der klassischen Konstitution von Ordnung durch Ableitung aus universellen Gesetzen (Gesetzesdeterminismus) kontrastiert die Vorstellung einer emergenten Selbstkonstitution von Ordnung durch synergetische Prozesse aus Fluktuationen.

Die Unterschiede zwischen klassischer und moderner Sichtweise deuten darauf hin, daß wir es zumindest in den Programmformulierungen mit einem umfassenden Umbruch in der Wissenschaft zu tun haben. Viele der Indikatoren, die von Kuhn zur Beschreibung einer wissenschaftlichen Revolution[37] benutzt werden, sind bei der Entstehung der Selbstorganisationskonzepte aufzufinden: Frühere Phänomene an den Rändern der »normalen Wissenschaft« wurden durch eine Relevanzverschiebung in den Fragestellungen ins Zentrum des Interesses gerückt, bisherige Störgrößen avancierten zu Systemgrößen und werden als wesentliche Anomalien sichtbar (z. B. Dissipation, Nichtlinearität, Instabilität).

Eine neue Modellierung der Wirklichkeit wurde vorgenommen, um diese Anomalien zu erwartbaren Phänomenen des Gegenstandsbereichs zu machen; diese Veränderung betrifft die Objektstruktur nicht weniger als die epistemischen Grundlagen. Auch unterhalb dieses »Gestaltwechsels« auf der Ebene der Paradigmata sind erhebliche Veränderungen im Begriffsgefüge (theoretischer Strukturwandel) erfolgt: Neue Begriffe wie Bifurkation, Fluktuation, »Versklavung« spielen eine zentrale Rolle. In anderen Fällen haben sich die Bedeutungen auch altbekannter Termini stark gewandelt (z. B. die Bedeutung von Randbedingungen für selbstorganisierende Prozesse); schließlich werden auch Grundgrößen relativiert (insbesondere der Zeitbegriff). Eine Reihe von

Entdeckungen und Erfindungen, die aufgrund der neuen Konzepte erfolgt sind, geben die empirischen Verankerungen, ohne die begriffliche Erneuerungen keinen Bestand haben.
Aus den Umrissen der historischen Beschreibung wird aber auch ersichtlich, daß Kuhns Konzeption von revolutionären Prozessen in der Wissenschaft als wesentlich disziplinäre und wissenschaftsinterne Vorgänge zu eng ist. Wenigstens im hier vorliegenden Fall sind sowohl die transdisziplinären Beziehungen als auch die Verbindungen mit außerwissenschaftlichen Entwicklungen von Bedeutung. Dieser disziplinen- und wissenschaftsübergreifende Charakter der Veränderungen ist aber kein exklusives Merkmal der Selbstorganisation. Die Entstehung des Mechanismus im 17. Jahrhundert und des Evolutionismus im 19. Jahrhundert bieten parallele Beispiele von Umbrüchen, an denen mehrere Wissenschaften und andere Bereiche der Gesellschaft beteiligt sind. Wahrscheinlich ist eher die disziplinenbezogene Geschichtsschreibung der Wissenschaftsgeschichte dafür verantwortlich, daß der transdisziplinäre Charakter und die außerwissenschaftlichen Aspekte der wissenschaftlichen Revolutionen ausgeblendet werden. Für die Selbstorganisationstheorie sind diese Aspekte so wichtig, daß vermutlich das Auftreten der Selbstorganisationskonzepte Teil einer Umorientierung größeren Ausmaßes ist, die viele Segmente der Gesellschaft betrifft.

Anmerkungen

1 I. Kant, *Kritik der Urteilskraft*, 65, B 291 f.

2 Ebd., 65, B 293.

3 Aristoteles, *Physik*, Buch II, 8, 199b, 28 ff..

4 G. W. Leibniz, *Monadologie*, 64, Hamburg 1956, S. 57.

5 H. v. Foerster, »On Self-Organizing Systems and their Environment«, in: M. C. Yovits und S. Cameron (Hg.), *Self-Organizing Systems*, London 1960, S. 31-50.

6 Zu A. Turing siehe die Literaturangaben in A. Hodges, *Alan Turing: The Enigma*, N.Y. 1983; zu von L. v. Bertalanffy etwa L. v. Bertalanffy, *General System Theory: Foundations, Development, Applications*, London 1971; sowie von J. v. Neumann etwa: »The general and logical theory of automata«, in: L. A. Jeffress (Hg.), *Cerebral Mechanism in Behavior – The Hixon Symposium* (Sept. 1948 in Pasadena), N.Y. 1951, S. 1-31.

7 I. Prigogine, *Introduction to Thermodynamics of Irreversible Processes*, 3rd ed., N.Y. 1967.
8 I. Prigogine und P. Glansdorff, *Thermodynamic Theory of Structure, Stability and Fluctuation*, London/New York/Sydney/Toronto 1971.
9 M. Eigen, »Self-Organization of Matter and the Evolution of Biological Macromolecules«, in: *Naturwissenschaften* 58, 1971, S. 465 ff.
10 M. Eigen/P. Schuster, *The Hypercycle*, Heidelberg/Berlin/N.Y. 1979.
11 H. Haken/R. Graham, »Synergetik – Die Lehre vom Zusammenwirken«, in: *Umschau in Wissenschaft und Technik* 6, 1971, S. 191 ff.
12 Zum Beispiel H. T. Odum, *Environment, Power and Society*, New York 1971, und C. S. Holling, »Resilience and stability of ecological system«, *Ann. Rev. Ecol. and Syst.* 4/1973, S. 1-23; sowie J. E. Lovelock und L. Margulis, »Atmosperic homeostasis by and for the biosphere: The Gaia hypothesis«, in: *Tellus* 26/1974, S. 1 ff.; bzw. J. E. Lovelock, *Gaia: a new look at life on Earth*, Oxford 1979; außerdem noch P. R. Ehrlich, der 1965 den Begriff der »Koevolution« einführte, etwa: *Ecoscience: population, resources, environment*, San Francisco 1977.
13 H. von Foerster, Interview mit G. Küppers in Pescadero (Cal., USA) im Okt. 1985, Tonbandabschrift.
14 I. Progogine, Interview mit G. Küppers in Brüssel im Juli 1985, Tonbandabschrift.
15 H. Haken, Interview mit G. Küppers in Stuttgart im Mai 1985, Tonbandabschrift.
16 Ebd.
17 M. Eigen, Interview mit G. Küppers in Göttingen im Juli 1985, Tonbandabschrift.
18 C. S.: Holling, »Resilience and Stability of Ecological Systems«, in: *Ann. Rev. Ecol. and Syst.* 4 (1973), S. 1 ff.
19 C. S. Holling, *Terrestrial Ecosystems. Local Surprise and Global Change*, Laxenburg 1984, Ms. S. 6.
20 Ebd., S. 20.
21 M. C. Yovits, G. T. Jacobi, G. D. Goldstein (Hg.), *Self-Organizing Systems*, Washington 1962.
22 H. Haken, s. Anm. 15.
23 I. Prigogine, s. Anm. 14.
24 H. Haken, s. Anm. 15.
25 I. Prigogine u. P. Glansdorff, *Thermodynamic Theory of Structure, Stability and Fluctuation*, London, New York, Sydney, Toronto 1971, S. 5.
26 H. Haken, s. Anm. 15.
27 J. D. Sneed, *The Logical Structure of Mathematical Physics*, Dordrecht 1971.
28 H. Haken, *Erfolgsgeheimnisse der Natur – Synergetik: Die Lehre vom Zusammenwirken*, Stuttgart 1981.

29 M. Eigen/R. Winkler, *Das Spiel – Naturgesetze steuern den Zufall*, München 1975.
30 I. Prigogine, *Vom Sein zum Werden*, München 1979.
31 H. von Foerster, s. Anm. 13.
32 M. Eigen, s. Anm. 17.
33 Seitens der Linguistik etwa Th. Ballmer, *Biological foundations of linguistic communication*, Amsterdam 1982; für die Theorie sozialer Systeme vor allem N. Luhmann, *Soziale Systeme*, Frankfurt 1984, und P. M. Hejl, *Sozialwissenschaft als Theorie selbstreferentieller Systeme*, Frankfurt/N.Y. 1982; für die Managementtheorie insbesondere die Arbeiten der Sankt Gallener Betriebswirtschaftler H. Ulrich, z. B. Unternehmungspolitik, Bern 1978; F. Malik, *Kybernetische und methodische Grundlagen des strategischen Managements*; siehe auch den Titel von Ulrich/Probst in Anmerkung 41; aus dem Bereich der Volkswirtschaft schließlich etwa E. J. Schlicht, »Ökonomische Theorie, speziell auch Verteilungstheorie, und Synergetik«, in: A. Dress/H. Hendrichs/G. Küppers (Hg.), *Selbstorganisation – Die Entstehung von Ordnung in Natur und Gesellschaft*, München/Zürich 1986.
34 S. Anm. 28 u. 29.
35 E. Jantsch, *Die Selbstorganisation des Universums*, München 1979; F. Capra, *Wendezeit – Bausteine für ein neues Weltbild*, Bern, München 1983; ders., *Das Tao der Physik*, Berlin, München 1984.
36 M. Ferguson, *Die sanfte Verschwörung*, Basel 1982.
37 T. S. Kuhn, *Die Struktur wissenschaftlicher Revolutionen*, Frankfurt/M. 1968.

Peter M. Hejl und Siegfried J. Schmidt
Bibliographische Hinweise

Eine vollständige Bibliographie zum Konstruktivismus, die alle Vorläufer oder in diesem Zusammenhang einflußreiche andere Arbeiten berücksichtigte, müßte nicht nur außerordentlich umfangreich sein, sondern würde erhebliche Klassifikationsprobleme mit sich bringen. Auf den folgenden Seiten sind deshalb nur Veröffentlichungen von solchen Autoren zusammengestellt, die teils selber den modernen Konstruktivismus begründet, teils im Kontakt mit den »Gründervätern« deren Überlegungen und Vorschläge im Zusammenhang der eigenen wissenschaftlichen Arbeit aufgenommen und weitergeführt haben. Dieses Netzwerk persönlicher und wissenschaftlicher Beziehungen sollen die folgenden Literaturangaben deutlicher werden lassen.

Der in diesem Sammelband vorgestellte Konstruktivismus hat seine Wurzeln in drei unterschiedlichen Fachgebieten bzw. Theorietraditionen, die aber durch das gemeinsame philosophisch-erkenntnistheoretische Interesse der genannten Autoren verbunden sind: der Kybernetik, der Entwicklungs- und Sprachpsychologie und der Biologie. Entsprechend dieser Herkunft sind denn auch viele der zu nennenden Arbeiten mehreren Gebieten zuzuordnen. Die Charakterisierungen geben also Schwerpunkte an. Da es sich außerdem um eine international geführte Diskussion handelt, ist es auch nicht möglich, die Bibliographie auf deutschsprachige Titel zu beschränken.

Für die »kybernetische Wurzel« seien zwei Sammelbände mit Arbeiten Heinz von Foersters genannt. Mitbegründer der Kybernetik und Herausgeber der Berichte über die legendären Tagungen der Macy Foundation über »Cybernetics: Circular Causal and Feedback Mechanisms«, unternahm Heinz von Foerster bereits in den frühen 60er Jahren erste Schritte zur Lösung des Problems der Selbstorganisation. Er ist damit als einer der wenigen Autoren anzusehen, der das Innovationspotential der Kybernetik, das über die Bereitstellung von Regelungsmodellen weit hinausgeht, bereits sehr früh erkannt hat:

Foerster, Heinz von (1981), *Observing Systems*, Seaside, Cal., Niederzissen: Intersystems Publications, 331 S.

Foerster, Heinz von (1985), *Sicht und Einsicht, Versuche zu einer operativen Erkenntnistheorie*, Braunschweig, Wiesbaden: Vieweg, 233 S. Inhalt: Wahrnehmungen der Zukunft und Zukunft der Wahrnehmung; Die Verantwortung des Experten; Über das Konstruieren von Wirklichkeiten; Bibliothekare und Technik: eine Mesalliance?; Kybernetik einer Erkenntnistheorie; Bemerkungen zu einer Epistemologie des Lebendigen; Gedanken und Bemerkungen über Kognition; Über selbstorganisierende Systeme und ihre Umwelten; Gedächtnis ohne Aufzeichnung; Molekular-Ethologie: ein unbescheidener Versuch semantischer Klärung; Gegenstände: greifbare Symbole für (Eigen-) Verhalten.

Wichtige Arbeiten des Sprach- und Entwicklungspsychologen Ernst von Glasersfeld, dessen Namen mit dem Programm des radikalen Konstruktivismus aufs engste verknüpft ist, werden zusammengefaßt in dem Sammelband:

Glasersfeld, Ernst von (1987), *Wissen, Sprache und Wirklichkeit. Arbeiten zum radikalen Kontruktivismus*, Braunschweig, Wiesbaden: Vieweg, 300 S. Inhalt u. a.: Teil 1 Sprache und Semantik (Lesen, Verstehen und konzeptuelle Situationen; »Weil« und die Konzepte der Begründung; Zeichen, Kommunikation und Sprache; Die Entwicklung der Sprache als absichtsvolles Verhalten; Zum Konzept der Interpretation), Teil 2 Radikal konstruktivistische Erkenntnistheorie (Piaget und die radikal konstruktivistische Erkenntnistheorie; Die Konzepte der Anpassung und Viabilität in einer radikal konstruktivistischen Theorie des Wissens; Kybernetik, Erfahrung und die Konzeption des Selbst; Eine Erkenntnistheorie für kognitive Systeme; Feedback, Induktion und Erkenntnistheorie), Teil 3 Untersuchungen zum Zahlenkonzept (Ein Aufmerksamkeitsmodell zur konzeptuellen Konstruktion von Einheiten und Zahlen; Die Rolle figuraler Muster in der Entwicklung von Zahlenkonzepten; Lernen als konstruktive Tätigkeit).

Ein wichtiger Versuch zur Klärung des Verhältnisses des Konstruktivismus zur spekulativen Philosophie ist zu finden in:

Richards, John/Glasersfeld, Ernst von (1984), »Die Kontrolle von Wahrnehmung und die Konstruktion von Realität. Erkenntnistheoretische Aspekte des Rückkoppelungs-Kontroll-Systems« (autorisierte deutsche Übersetzung von »The Control of Perception and the Construction of Reality«, in: *Dialectica*, vol. 33, no. 1, 1979, 37-58, von S. J. Schmidt), in: DELFIN III, Aug. 1984, 4-25.

Von kommunikationswissenschaftlichen bis zu psychotherapeutischen Aspekten reichen die Beiträge in einem von Paul Watzlawick herausgegebenen Sammelband:

Watzlawick, Paul (Hrsg.) (1981), *Die erfundene Wirklichkeit*, München: Piper. Beiträge: Einführung in den radikalen Konstruktivismus (E. von Glasersfeld), Die Konstruktion einer Wirklichkeit (H. von Foerster), Die Folgen des Ursachendenkens (R. Riedl), Selbsterfüllende Prophezeiungen (P. Watzlawick), Gesund in kranker Umgebung (D. L. Rosenhan), Rückbezüglichkeit in der Literatur (R. Breuer), Aktive und passive Negation (J. Elster), Bausteine ideologischer »Wirklichkeiten« (P. Watzlawick), Kann die Untersuchung der Grundlagen der Mathematik uns etwas über das Denken verraten? (G. Stolzenberg), Der kreative Zirkel (F. Varela).

Einführung:

Watzlawick, Paul (⁹1982), *Wie wirklich ist die Wirklichkeit? Wahn-Täuschung-Verstehen*, München: Piper, 1976, 252 S., 17 Abb.;

sowie die folgenden Beiträge in den »Schriften der Carl Friedrich von Siemens Stiftung«:

Watzlawick, Paul, »Münchhausens Zopf und Wittgensteins Leiter/Zum Problem der Rückbezüglichkeit«, in: *Der Mensch und seine Sprache*, München 1979 (Bd. 1). »Der Wandel des Menschenbildes in der Psychiatrie«, in: *Reproduktion des Menschen/Beiträge zu einer interdisziplinären Anthropologie*, München 1981 (Bd. 5).

Die dritte Wurzel bilden die Arbeiten zur biologischen Theorie der Kognition und zur Funktionsweise lebender Systeme der chilenischen Biologen und Neurokybernetiker Humberto R. Maturana und Francisco J. Varela. Zunächst unabhängig entstanden, wurden sie im Kontakt mit den genannten Autoren weiterentwickelt und stoßen heute auf zunehmendes Interesse in einer Vielzahl von Fachgebieten:

Maturana, Humberto R. (1982), *Erkennen: Die Organisation und Verkörperung von Wirklichkeit. Ausgewählte Arbeiten zur biologischen Epistemologie*, autoris. deutsche Fass. v. W. K. Köck, Braunschweig, Wiesbaden: Vieweg (Wissenschaftstheorie und Philosophie, Bd. 19), x, 322 S. Beiträge u. a.: Biologie der Kognition, 32-80; Größenkonstanz und das Problem der Wahrnehmungsräume (mit F. J. Varela/S. G. Frenk), 81-87; Die Organisation des Lebendigen: eine Theorie der lebendigen Organisation, 138-156; Autopoiese: die Organisation lebender Systeme, ihre nähere Bestimmung und ein Modell (mit F. J. Varela/R. Uribe), 157-168; Autopoietische Systeme: eine Bestim-

mung der lebendigen Organisation (mit F. J. Varela), 170-235; Biologie der Sprache: die Epistemologie der Realität, 236-271; Kognitive Strategien, 297-318.
Maturana, Humberto R./Varela, Francisco J. (1979), *Autopoiesis and Cognition. Boston Studies in the Philosophy of Science*, Boston: Reidel.
Varela, Francisco J. (1979), *Principles of Biological Autonomy*, New York, Oxford: North Holland, 306 S.

In der Bundesrepublik wurden die Arbeiten der genannten Autoren vor allem durch die informelle interdisziplinäre »Arbeitsgruppe empirische Kognitionstheorie« aufgenommen und in verschiedenen Disziplinen angewendet und weiterentwickelt. In diesem Prozeß wurden drei größere Tagungen (1977 u. 1979, Universität Bremen; 1979, Universität Paderborn) mit dem Ziel veranstaltet, die Überlegungen und Vorschläge zum Themenkreis »Kybernetik 2. Ordnung« (H. von Foerster), »Autopoiese« (H. R. Maturana/F. J. Varela) und »radikaler Konstruktivismus« (E. von Glasersfeld) unter möglichst vielen und auch kontroversen Aspekten zu diskutieren. Die Beiträge sind enthalten in:

Hejl, Peter M./Köck, Wolfram K./Roth, Gerhard (Hrsg.) (1978), *Wahrnehmung und Kommunikation*, Frankfurt/M., Bern, Las Vegas:: P. Lang, 315 S. Beiträge: Cognition (H. R. Maturana), 29-50; Wahrnehmung und Denken in erkenntnistheoretischer Sicht (B. Rensch), 51-64; Die Bedeutung der biologischen Wahrnehmungsforschung für die philosophische Erkenntnistheorie (G. Roth), 65-78; Grundlagen einer projektiven Erkenntnistheorie (G. Vollmer), 79-98; Erkenntnistheoretische Aspekte der Selbstorganisation natürlicher Systeme (E. Jantsch), 99-128; Erkennung durch Makromoleküle: Evolutiv entstandene Spezifität von Wechselwirkungen (L. Rensing), 129-140; Autopoietisches oder autokinetisches System (Th. von Uexküll), 141-150; Über die Möglichkeiten der kognitiven Verarbeitung von Biosignalen: Wahrnehmung und Kommunikation aus der Sicht der Handlungstheorie (M. Stadler/P. Schwab/Th. Wehner), 151-162; »Experimentelles Bewußtsein« bei tierischen Primaten (V. Schurig), 163-180; Probleme und Perspektiven der Neurolinguistik (K. Gloning), 181-186; Kognition-Semantik-Kommunikation (W. K. Köck), 187-214; Kognition und Interaktion (N. Wenturis), 215-230; Herrschaft, Objektivität, Trivialisierung: zur Entstehung der theoretischen Komplexität moderner Wissenschaft (P. M. Hejl), 231-258; Interdisziplinäre empirische Handlungstheorie (F. J. Stumpfl), 259-278; Kognitive Ethik? – Die Frage nach der Wahrheit normativer Sätze (H. Rüssmann), 279-290; Systemsteuerung durch juristische Erkenntnis (E. Schmidt), 291-302.
Benseler, Frank/Hejl, Peter M./Köck, Wolfram K. (Hrsg.) (1980), *Auto-*

poiesis, Communication, and Society. The Theory of Autopoietic Systems in the Social Sciences, Frankfurt/M., New York: Campus, 229 S. Beiträge: Man and Society (H. R. Maturana), 11-31; On the History of Systems Thinking in Sociology (F. Benseler), 33-44; Cognition as a Self-Organizing System (G. Roth), 45-52; Cross-Cultural Studies in Perception: A Chink in the Armour? (J. B. Deregowski), 53-74; The Concept of Equilibration in a Constructivist Theory of Knowledge (E. von Glasersfeld), 75-86; Autopoiesis and Communication (W. K. Köck), 87-112; Talking in Medical Science: from Objects to Subjects (Th. von Uexküll), 113-124; On the Dynamics and the Structure of Human Action (F. J. Stumpfl), 125-146; The Problem of a Scientific Description of Society (P. M. Hejl), 147-162; Autopoiesis and the Judicial Process (R. W. M. Dias), 163-184; The Materialisation of Private Law and the Cooperation Maxim of Civil Proceedings (E. Schmidt), 185-196; Cybernetics of Second Order – Some Problems (A. Ghose), 197-207.

Roth, Gerhard/Schwegler, Helmut (Hrsg.) (1981), *Self-organizing systems. An interdisciplinary approach*, Frankfurt/M., New York: Campus, 187 S. Beiträge: Synergetics and the Problem of Selforganization (H. Haken), 9-13; Autonomy and Autopoiesis (F. J. Varela), 14-23; Structure and Organization of Biological Systems (H. Schwegler), 24-38; Is there a Linear Hierarchy of Biological Systems? (D. Mossakowski/H. K. Nettmann), 39-46; Selforganization and Integration of Information Stored in Selfreplicative Units (P. Schuster), 47-61; Self-organized States of Neuronal Networks (U. an der Heiden), 62-72; Stimulus-Secretion Coupling as an Effector Mediated Self-Organizing Process Involving Membrane Fusion (V. Kasche), 73-83; Self-Organizing Characteristics of Ecological Communities (D. L. de Angelis/W. M. Post/C. C. Travis), 84-101; On Cybernetics of Cybernetics and Social Theory (H. von Foerster), 102-105; Biological Systems Thinking and the Problem of Reductionism (G. Roth), 106-120; An Epistemology for Cognitive Systems (E. von Glasersfeld), 121-131; Systems and Crisis in Human Physical and Mental Development (Th. von Uexküll) 132-144; On Communication and the Stability of Social Systems (W. K. Köck), 145-169; The Definition of System and the Problem of the Observer: The Example of the Theory of Society (P. M. Hejl), 170-185.

Im Zuge der Arbeiten dieser Arbeitsgruppe entstanden ebenfalls eine Fülle von Einzelveröffentlichungen, von denen hier lediglich einige wenige angegeben seien:

An der Heiden, Uwe (1985), »Kognitive Selbstreferenz«, in: Gerhard Pasternak (Hrsg.), *Verstehen, Erklären, Begründen*, Bremen: Univ. Verl., S. 59-86.

An der Heiden, Uwe/Roth, Gerhard/Schwegler, Helmut (1985), »Principles of Self-Organization and Self-Maintenance«, in: *Acta Biotheoretica* 5, 330-346.
Hejl, Peter M. (1982), *Sozialwissenschaft als Theorie selbstreferentieller Systeme*, Frankfurt, New York: Campus, 436 S.
Köck, Wolfram K. (1983), »Erkennen = (Über-)Leben, Bemerkungen zu einer radikalen Epistemologie«, in: *Zeitschrift für systemische Therapie*, Jg. 1, H. 1, 45-55.
Köck, Wolfram K. (1984), »Menschliche Kommunikation: Theorie und Empirie«, in: H. Schauer/M. J. Tauber (Hrsg.), *Psychologie der Computerbenutzung*, München, Wien: Oldenbourg, S. 20-54.
Roth, Gerhard (1985), »Das reale Gehirn und seine Wirklichkeit«, in: Gerhard Pasternak (Hrsg.), *Verstehen, Erklären, Begründen*, Bremen: Univ. Verlag, S. 87-109.

Auswirkungen der Theorie autopoietischer Systeme Maturanas und Varelas zeigen sich auch in ganz anders orientierten soziologischen Arbeiten, so z. B. bei

Luhmann, Niklas (1982), »Autopoiesis, Handlung und kommunikative Verständigung«, in: *Zeitschrift f. Soziologie* 11, 1982, 366-379.
Luhmann, Niklas (1984), *Soziale Systeme. Grundriß einer allgemeinen Theorie*, Frankfurt/M.: Suhrkamp, 676 S.

Die Entwicklung der Empirischen Literaturwissenschaft ist in Deutschland eng verbunden mit dem Konstruktivismus, der ihre philosophische Grundlegung lieferte. Diese Entwicklung wird dokumentiert in folgenden Büchern:

Hauptmeier, Helmut/Schmidt, Siegfried J. (1985), *Einführung in die Empirische Literaturwisenschaft*, Braunschweig, Wiesbaden: Vieweg, VIII, 215 S.
Schmidt, Siegfried J. (1980), *Grundriß der Empirischen Literaturwissenschaft.* Teilband 1: *Der gesellschaftliche Handlungsbereich Literatur*, Braunschweig, Wiesbaden: Vieweg (Konzeption Empirische Literaturwissenschaft, Bd. 1, 1), XVI, 348 S.
Schmidt, Siegfried J. (1982), *Foundations for the Empirical Study of Literature. The Components of a Basic Theory* (übersetzt und bearbeitet von R. de Beaugrande), Hamburg: Buske (Papers in Textlinguistics, vol. 36), 208 S.
Schmidt, Siegfried J. (1982), *Grundriß der Empirischen Literaturwissenschaft.* Teilband 2: *Zur Rekonstruktion literaturwissenschaftlicher Fragestellungen in einer Empirischen Theorie der Literatur*, Braunschweig, Wiesbaden: Vieweg (Konzeption Empirische Literaturwissenschaft, Bd. 1, 2), IX, 248 S.

Empirische Projekte auf konstruktivistischer Grundlage werden vorgestellt in:

Hintzenberg, Dagmar/Schmidt, Siegfried J./Zobel, Reinhard (1980), *Zum Literaturbegriff in der Bundesrepublik Deutschland*, Braunschweig, Wiesbaden: Vieweg (Konzeption Empirische Literaturwissenschaft, Bd. III/IV), X, 262 S.

Schmidt, Siegfried J. (Hrsg.), 1981: Empirical Studies in Literature. Amsterdam. (Poetics, vol. 10, nos. 4/5.)

Schmidt, Siegfried J./Zobel, Reinhard (1983), *Empirische Untersuchungen zu Persönlichkeitsvariablen von Literaturproduzenten*, Braunschweig, Wiesbaden: Vieweg (Konzeption Empirische Literaturwissenschaft Bd. V), VIII, 166 S.

Rusch, Gebhard/Schmidt, Siegfried J. (1983), *Das Voraussetzungssystem Georg Trakls*, Braunschweig, Wiesbaden: Vieweg (Konzeption Empirische Literaturwissenschaft, Bd. VI), 345 S.

Rusch, Gebhard (in Vorbereitung), *Von einem konstruktivistischen Standpunkt – Erkenntnistheorie, Geschichte und Diachronie in der Empirischen Literaturwissenschaft.*

Aus der Fülle von Einzelbeiträgen zu Themen empirischer Literaturwissenschaft seien genannt:

Rusch, Gebhard (1985), »The Theory of History, Literary History and Historiography«, in: POETICS 14 (1985), S. 257-278.

Rusch, Gebhard (1986), »Verstehen verstehen – Ein Versuch aus konstruktivistischer Sicht«, in: Luhmann, N., und K. E. Schorr (Hrsg.), *Zwischen Intransparenz und Verstehen*, Frankfurt/M.: Suhrkamp, S. 40-71.

Meutsch, Dietrich (1984), »Wie entsteht ein ›verständlicher‹ Text? Einflüsse literarischer und nicht-literarischer Kontexte auf zielspezifische Verstehensprozesse«, in: Wolfgang Klein (Hrsg.) (1984), *Textverständnis – Textverstehen. Zeitschrift f. Literaturwissenschaft und Linguistik* 55, 86-112.

Schmidt, Siegfried J. (1985), »On writing Histories of Literature«, in: POETICS 14 (1985), S. 279-301.

Schmidt, Siegfried J. (1984), »Kunst und Wissenschaft aus konstruktivistischer Sicht«, in: S. D. Sauerbier (Hrsg.), *Zum veränderten Verhältnis von Kunst und Wissenschaft heute* (Kunst und Therapie Bd. 5), Münster: Lit, 166-176.

Welche neuen Aspekte die Theorie autopoietischer Systeme für die Kunsttheorie eröffnet, entfaltet N. Luhmann:

Luhmann, Niklas (1984), »Das Kunstwerk und die Selbstreproduktion der Kunst«, in: DELFIN III, August 1984, 51-69.

Luhmann, Niklas (1986), »Das Medium der Kunst«, in: DELFIN VII (im Druck).

Den interdisziplinären und internationalen Charakter der hier zu skizzierenden Diskussion dokumentieren außerdem so gewichtige Publikationen wie:

Dupuy, Jean-Pierre (1982), *Ordres et Désordres, Enquête sur un nouveau paradigme*, Paris: Seuil, 280 S.

Dumouchel, Paul/Dupuy, Jean-Pierre (Hrsg.) (1983), *L'autoorganisation. De la physique au politique*, Colloque de Cerisy, Paris: Seuil, 562 S. Beiträge u. a.: Les dangers de l'auto (M. Gutsatz), 29-36; Des tortues jusqu'en bas (I. Stengers), 37-50; Quelques approches physiques de l'organisation (G. Weisbuch), 64-74; Réseaux d'automates et morphogénèse (F. Fogelman-Soulié), 101-114; L'émergence du nouveau et du sens (H. Atlan), 115-130; L'autoorganisation: de l'apparence au méchanisme (F. Varela), 147-164; La fascination de l'autoorganisation (P. Livet), 172-178; Les sciences du système nerveux et le formalisme du hasard organisationnel (J. Paillard), 219-237; Auto-organisation à partir du bruit et système nerveux (J.-C. Tabary), 238-256; La contingence dans les affaires humaines (C. Castoriadis/R. Girard), 282-304; L'autoorganisation du social dans la pensée libérale et économique (J.-P. Dupuy), 377-384; Que disent les oiseaux? Réflexions sur une théorie de la communication (B. Shannon), 407-414; Formation et désintégration de la galaxie »auto« (P. Rosanvallon), 456-465; De la fermeture à l'ouverture, en passant par l'autonomie? (Y. Barel), 466-475.

Ulrich, Hans/Probst, Gilbert J. B. (Hrsg.) (1984), *Self-Organization and Management of Social Systems. Insights, Promises, Doubts, and Questions*, Berlin u. a.: Springer, 155 S. Beiträge: Part I Principles of Self-Organization in Physical, Biological, and Social Systems (Principles of Self-Organization – In a Socio-Managerial Context (H. von Foerster), 2-24; Two Principles for Self-Organization (F. J. Varela), 25-32; Can Synergetics Be of Use to Management Theory? (H. Haken), 33-37; Self-Organization: Some Theoretical Cross-Connections (R. Riedl), 38-59; Towards a Theory of Social Systems: Self-Organization and Self-Maintenance, Self-Reference and Syn-Reference (P. M. Hejl), 60-78; Part II Self-Organization and Management (Management – A Misunderstood Societal Function (H. Ulrich), 80-93; Systems Thinking in Management: The Development of Soft Systems Methodology and its Implications for Social Science (P. B. Checkland), 94-104; Evolutionary Management (F. Malik/G. J. B. Probst), 105-120; Systems Approach to Management: Hopes, Promises, Doubts – A Lot of Questions and Some Afterthoughts (F. Malik), 121-126; Cybernetic Principles for the Design, Control, and Development of Social Systems and Some Afterthoughts (G. J. B. Probst), 127-131; Some Explanatory Boundaries of

Organismic Analogies for the Understanding of Social Systems (P. Dachler), 132-147.
Flores, Carlos F./Winograd, Terry (1986), *Understanding Computers and Cognition: A new Foundation for Design*, Norwood, N. J.: Ablex.
Zeleny, Milan (Hrsg.) (1980a), *Autopoiesis, Dissipative Structures, and Spontaneous Social Orders*, AAAS Selected Symposium 55, Boulder: Westview Press, 149 S. Beiträge: Autopoiesis: A Paradigm Lost? (M. Zeleny), 3-44; Autopoiesis: Reproduction, Heredety and Evolution (H. R. Maturana), 45-80; The Unifying Paradigm Behind Autopoiesis, Dissipative Structures, Hyper- and Ultracycles (E. Jantsch), 81-88; Computer Simulation of Disturbed Cell Renewal Systems: A Study of Their Structural and Dynamic Behaviour (W. Düchting), 89-108; Order by Fluctuation and the Urban System (P. M. Allen/M. Sanglier), 109-132; Socioeconomic Inequalities: Effects of Self-Enhancement and Depletion (A. Gierer), 133-149.
Zeleny, Milan (Hrsg.) (1980), *Autopoiesis; A Theory of the Living Organization*, New York: Elsevier North Holland. Beiträge: What Is Autopoiesis? (M. Zeleny), Autopoiesis (H. R. Maturana), Describing the Logic of the Living (F. J. Varela), Modeling Autopoiesis (R. B. Uribe), Autopoiesis: A Central Aspect of Dissipative Self-Organization (E. Jantsch), Autogenesis (M. Zeleny), Autopoiesis and Neobiogenesis (G. R. Gaines), Autopoiesis – Allopoiesis Interplay (A. M. Andrew), Self-Organization, Autopoiesis, and Evolution (M. U. Beneli), Hierarchical Self-Organization in Living Systems (H. Atlan), Metatheoretical Presuppositions for Autopoiesis (A. Locker), Life as an Autolinguistic Phenomenon (L. Löfgren), The Same Is Different (R. Glanville), Organizational Closure of Potentially Conscious Systems (G. Pask).

Schließlich ist auf zwei Zeitschriften zu verweisen, die sich schwerpunktmäßig mit konstruktivistischen Themen beschäftigen:

DELFIN. Eine deutsche Zeitschrift für Konstruktion, Analyse und Kritik, hrsg. von G. Rusch u. S. J. Schmidt in Zusammenarbeit mit J. Brenner, Siegen/Stuttgart (erscheint halbjährlich seit 1983).

Zeitschrift für systemische Therapie, hrsg. von J. Hargens, Dortmund.

Nachweise

Siegfried J. Schmidt, *Der Radikale Konstruktivismus: Ein neues Paradigma im interdisziplinären Diskurs*, Originalbeitrag.

Humberto R. Maturana, *Cognition*, in: Peter M. Hejl, Wolfram K. Köck & Gerhard Roth (Hrsg.), *Wahrnehmung und Kommunikation*, Frankfurt/Main–New York 1978, S. 29-49.

Francisco J. Varela, *Autonomy and Autopoiesis*, in: Gerhard Roth & Helmut Schwegler (eds.), *Self-organizing systems: an interdisciplinary approach*, Frankfurt/M.–New York 1981, S. 14-23.

Heinz von Foerster, *Erkenntnistheorien und Selbstorganisation*, in: DELFIN 1984, H. IV, S. 6-19.

Erich Jantsch, *Erkenntnistheoretische Aspekte der Selbstorganisation natürlicher Systeme*, in: Peter M. Hejl, Wolfram K. Köck, Gerhard Roth (Hrsg.), *Wahrnehmung und Kommunikation*, Frankfurt/Main–New York 1978, S. 99-127.

John Richards und Ernst von Glasersfeld, *Die Kontrolle von Wahrnehmung und die Konstruktion von Realität*, in: DELFIN 1984, H. III, S. 4-25.

Gerhard Roth, *Erkenntnis und Realität. Das reale Gehirn und seine Wirklichkeit*, in: Gerhard Pasternack (Hrsg.), *Erklären. Verstehen. Begründen* (Schriftenreihe des Zentrums Philosophische Grundlagen der Wissenschaften Bd. 1), Universität Bremen 1984, S. 87-109.

Gerhard Roth, *Autopoiese und Kognition. Die Theorie Maturanas und die Notwendigkeit ihrer Weiterentwicklung*, in: G. Schiepeck (Hrsg.), *Systemische Diagnostik, Pro und Contra*, Weinheim–Basel (im Druck).

Humberto R. Maturana, *Biologie der Sozialität*, in: DELFIN 1985, H. V, S. 6-14.

Peter M. Hejl, *Konstruktion der sozialen Konstruktion: Grundlinien einer konstruktivistischen Sozialtheorie*, in: Heinz Gumin & Armin Mohler (Hrsg.), *Einführung in den Konstruktivismus*, München 1985, S. 85-115.

Wolfram K. Köck, *Kognition – Semantik – Kommunikation*, in: Peter M. Hejl, Wolfram K. Köck & Gerhard Roth (Hrsg.), *Wahrnehmung und Kommunikation*, Frankfurt/Main–New York 1978, S. 187-313.

Gebhard Rusch, *Autopoiesis, Literatur, Wissenschaft. Was die Kognitionstheorie für die Literaturwissenschaft besagt*, in: Siegener Studien 1983/84, Bd. 35, S. 20-44.

Ernst von Glasersfeld, *Siegener Gespräche über Radikalen Konstruktivismus*, Originalbeitrag.

Peter M. Hejl und Siegfried J. Schmidt, *Bibliographische Hinweise*, in: Heinz Gumin & Armin Mohler (Hrsg.), *Einführung in den Konstruktivismus*, München 1985, S. 135-142.

Wolfgang Krohn, Günther Küppers, Rainer Paslack, *Selbstorganisation – Zur Genese und Entwicklung einer wissenschaftlichen Revolution*, Originalbeitrag.

suhrkamp taschenbücher wissenschaft
Wissenschaftsforschung

Bachelard: Die Bildung des wissenschaftlichen Geistes. stw 668
– Die Philosophie des Nein. stw 325
Becker: Grundlagen der Mathematik. stw 114
Böhme, G.: Alternativen der Wissenschaft. stw 334
Böhme, G./Daele/Krohn: Experimentelle Philosophie. stw 205
Böhme, G./Engelhardt (Hg.): Entfremdete Wissenschaft. stw 278
Canguilhem: Wissenschaftsgeschichte und Epistemologie. stw 286
Cicourel: Methode und Messung in der Soziologie. stw 99
Dahms: Positivismusstreit. stw 1058
Daele/Krohn/Weingart (Hg.): Geplante Forschung. stw 229
Dubiel: Wissenschaftsorganisation und politische Erfahrung. stw 258
Fleck: Entstehung und Entwicklung einer wissenschaftlichen Tatsache. stw 312
– Erfahrung und Tatsache. stw 404
Frühwald/Jauß/Koselleck u.a.: Geisteswissenschaften heute. stw 973
Galilei: Sidereus Nuncius (Nachricht von neuen Sternen). stw 337
Gould: Der Daumen des Panda. stw 789
– Der falsch vermessene Mensch. stw 583
– Wie das Zebra zu seinen Streifen kommt. stw 919
Hausen/Nowotny (Hg.): Wie männlich ist die Wissenschaft? stw 590
Helms: Die Militarisierung der Gesellschaft. stw 988
Holton: Thematische Analyse der Wissenschaft. stw 293
Jokisch (Hg.): Techniksoziologie. stw 379
Knorr-Cetina: Die Fabrikation von Erkenntnis. stw 959
Kocka (Hg.): Interdisziplinarität. stw 671
Koyré: Von der geschlossenen Welt zum unendlichen Universum. stw 320
Krohn/Küppers: Die Selbstorganisation der Wissenschaft. stw 776
Krohn/Küppers (Hg.): Emergenz. stw 984
Küppers/Lundgreen/Weingart: Umweltforschung – die gesteuerte Wissenschaft? stw 215
Kuhn: Die Entstehung des Neuen. stw 236
– Die Struktur wissenschaftlicher Revolutionen. stw 25
Maturana: *siehe Riegas/Vetter*
Mehrtens/Richter (Hg.): Naturwissenschaft, Technik und NS-Ideologie. stw 303
Mittelstraß: Die Möglichkeit von Wissenschaft. stw 62
– Wissenschaft als Lebensform. stw 376

202/1/8.92

202/2/8.92